Fremdwörter Lexikon

Fremdwörter Lexikon

Die wichtigsten Fremdwörter von A-Z und ihre Bedeutung

NEUER **PAWLAK** VERLAG

Fremdwörterlexikon

Autor: Friedemann Bedürftig
Gesamtherstellung: MZK-Productions

ISBN 3-86146-120-X

A

à (frz.): für, zu, je, zu je
Abakus, (gr.-lat.), m, -: 1. altes Rechenbrett, 2. Deckplatte des Kapitells einer Säule
Abasie, (gr.), w, -n: Gehunfähigkeit, Lahmheit
Abaton, (gr.), s, Abata: Altarraum in gr.-orthodoxen Kirchen; das Allerheiligste
Abbé, (frz.), m, -s: kath. Geistlicher in Frankreich
Abbevillien, [abewil'*jen*, frz.], s, n.E.: Kulturstufe der Altsteinzeit
Abbreviatur, (lat.), w, -en: Abkürzung
abchangieren, ['absch*anschi*:ren, frz.]: vom Rechtsgalopp zum Linksgalopp wechseln
ABC-Staaten, w, n.M.: die Staaten **A**rgentinien, **B**rasilien und **C**hile
ABC-Waffen, w, n.M.: **a**tomare, **b**iolog. und **ch**em. Kampfstoffe
Abdomen, (lat.), s, Abdomina: 1. Bauch, Unterleib, 2. Hinterleib (der Gliederfüßer)
abdominal, (lat.): zum Abdomen gehörig
Abdominalgravidität, (lat.), w, -en: Bauchhöhlenschwangerschaft
Abduktion, (lat.), w, -en: Abziehung, Wegführung
Abduktor, (lat.), m, Abduktoren: Muskel, der eine Abduktion auslöst
abduzieren, (lat.): abziehen, spreizen
aberrant, (lat.): abweichend, abirrend
Aberration, (lat.), w, -en: 1. Abweichung, Abirrung, 2. scheinbare Ortsveränderung eines Gestirns, 3. Abbildungsfehler in der Optik, 4. starke Abweichung im Aussehen der jeweiligen Pflanzen- oder Tierart
Aberrationskonstante, (lat.), w, -n: gleichbleibender Wert, der die jährliche auf Aberration (2) beruhende Winkelverschiebung eines Gestirns angibt
Abiose, (gr.), w, -n: Lebensunfähigkeit; Leblosigkeit
abiotisch, (gr.): leblos, von der unbelebten Umwelt ausgehend
Abitur, (lat.), s, -e: Reifeprüfung, Abgangsprüfung an einem Gymnasium
Abiturient, (lat.), m, -en: Schüler, der die Reifeprüfung gerade erlangt oder abgelegt hat
Abjudikation, (lat.), w, -en: (gerichtliche) Aberkennung
abjudizieren, (lat.): (gerichtlich) aberkennen
Ablaktation, (lat.), w, -en: 1. das Abstillen, 2. besonderes Veredelungsverfahren für Gehölze
ablaktieren, (lat.): 1. abstillen, 2. (Gehölze) veredeln
Ablation, (lat.), w, -en: 1. das Abschmelzen von Schnee- und Eisflächen bei Gletschern, 2. Abtragung durch Wind und Wasser, 3. operative Ablösung eines Organs von einem anderen
Ablativ, (lat.), m, -e: Kasus (der fünfte Fall) in der lat. Sprache
Ablution, (lat.) die, -en: 1. Abtragung von Meeressedimenten durch Strömungen, 2. Ausspülen des Meßkelches und Handwaschung des Priesters
abnorm, (lat.): nicht normal, von der Regel abweichend; außergewöhnlich
abnormal, (lat.): abnorm; krankhaft, geistig nicht normal, mißgebildet
Abnormität, (lat.), w, -en: 1. vom Normalen abweichendes Verhalten, normwidrige Erscheinung, 2. stärkste Abweichung von der Norm, Mißbildung
Abolition, (lat.), w, -en: 1. Abschaffung, Beseitigung, 2. Niederschlagung einer Untersuchung, eines Strafverfahrens
Abolitionismus,(lat.), m, n.E.: Bewegung zur Beseitigung der Sklaverei in England und in den USA
Abolitionist, (lat.), m, -en: Anhänger des Abolitionismus
Abonnement, [abone'm*an*, frz.], s, -s: auf längere Zeit vereinbarter Bezug von Zeitungen, Büchern, Theater- oder Konzertkarten
Abonnent, (frz.), m, -en: Dauerbezieher von Zeitungen, Büchern, Theater- oder Konzertkarten
abonnieren, (frz.): den Dauerbezug von Zeitungen, Theater- oder Konzertkarten vereinbaren
Aborigines, [äbo'ri.d*sch*ini:s, engl.], w, n.M.: Ureinwohner Australiens
Abort, (lat.), m, -e: Fehlgeburt
abortiv, (lat.): 1. abgekürzt verlaufend, 2. den Abort betreffend; abtreibend

Abortivum, (lat.), s, Abortiva: Mittel, das eine Fehlgeburt herbeiführt
ab ovo, (lat.): von Anfang an; weit ausgeholt dargestellt
abqualifizieren, (dt.-lat.): jmdn. schlecht beurteilen; verächtlich machen
Abrasion, (lat.), w, -en: 1. Abschabung, Auskratzung (z.B. der Gebärmutter), 2. Abtragung der Küste durch die Meeresbrandung
abreagieren, (dt.-lat.): seelische Spannung entladen, aufgestaute Gefühle bei sich abbauen
Abreaktion, (dt.-lat.), w, -en: Abbau, Entladung seelischer Spannung
abrupt, (lat.): plötzlich, unvermittelt
Absence, [ab'*sanß*, frz.], w, -n: kurzdauernde Bewußtseinstrübung, anfallsweise geistige Abwesenheit; kleiner epileptischer Anfall
absent, (lat.): abwesend
absentieren, sich, (lat.): sich entfernen, sich davonmachen; sich fernhalten
Absenz, (lat.), w, -en: 1. Abwesenheit, Fernbleiben, 2. vgl. Absence
abservieren, (dt.-lat.): 1. den Tisch abdecken, 2. (umg.) jmdn. besiegen, deklassieren; jmdn. entlassen
Absinth, (gr.), m, -e: 1. aus der Wermutpflanze gewonnener Branntwein, 2. Wermutpflanze
absolut, (lat.: »losgelöst«): unabhängig, beziehungslos, für sich betrachtet; uneingeschränkt, (umg.) unbedingt, dringend;
absolute Mehrheit: mehr als 50% bezogen auf die Gesamtstimmenzahl
absolute Monarchie: unumschränkte Herrschaft des Monarchen
absoluter Nullpunkt: die tiefste Temperatur (-273,15° C)
Absolution, (lat.), w, -en: Freisprechung; Lossprechung von Sünden
Absolutismus, (lat.), m, n.E.: Regierungsform mit unumschränkter Herrschaft des Monarchen
absolutistisch, (lat.): unumschränkt herrschend, Merkmale des Absolutismus aufweisend
Absolvent, (lat.), m, -en: jmd., der den Besuch einer Bildungseinrichtung erfolgreich beendet hat
absolvieren, (lat.): 1. jmdn. freisprechen von Sünden, die Absolution erteilen, 2. erledigen, ableisten; beenden (z.B. einen Lehrgang)
Absorbens, (lat.), s, Absorbenzien oder Absorbentia: Substanz, die andere Stoffe aufsaugt, absorbierendes Mittel
Absorber, (lat.), m, -: 1. Absauger, technische Vorrichtung zum Absorbieren, 2. absorbierende Substanz
absorbieren, (lat.): 1. etwas einsaugen, aufzehren, verschlucken, 2. jmdn. gänzlich in Anspruch nehmen
Absorption, (lat.), w, -en: 1. das Aufsaugen, Aufnehmen, Absorbieren bestimmter Flüssigkeiten oder anderer Stoffe, 2. Abschwächung der Energie von Strahlen durch Energieabgabe
Absorptiv, (lat.), s, -e: aufgesaugter, absorbierter Stoff
abstinent, (lat.): enthaltsam; (auf alkohol. Getränke) verzichtend
Abstinenz, (lat.), w, n.E.: Enthaltsamkeit; insb. Verzicht auf alkohol. Getränke
Abstinenzler, (lat.), m, -: jmd., der enthaltsam lebt; insb. jmd., der auf alkohol. Getränke verzichtet
abstrahieren, (lat.): absehen von, eine Abstraktion vornehmen, verallgemeinern
abstrakt, (lat.): allgemein, rein begrifflich, ungegenständlich
Abstraktion, (lat.), w, -en: 1. Heraussonderung des Wesentlichen, 2. Verallgemeinerung, Begriff
Abstraktum, (lat.), s, Abstrakta: ein Begriff, der Nichtgegenständliches bezeichnet
abstrus, (lat.): schwer verständlich, absonderlich, verworren
absurd, (lat.): widersinnig, abwegig; (umg.) unvernünftig
Absurdität, (lat.), w, -en: Widersinnigkeit; Unsinn, Ungereimtheit
Abszeß, (lat.), m, Abszesse: Eiteransammlung, Eitergeschwür
Abszisse, (lat.), w, -n: 1. x-Wert, erste Koordinate, 2. vgl. Abszissenachse
Abszissenachse, (lat.-dt.), w, -n: die x-Achse, die waagerechte Achse im kartesischen Koordinatensystem
Abt, (lat.), m, Äbte: Klostervorsteher
abtrainieren, ['abträni:ren, dt.-engl.]: Körpergewicht durch sportl. Betätigung verringern

abturnen, ['abtö(r)nen, dt.-engl.]: jmdn. aus der Stimmung bringen
Abulie, (gr.), w, -n: krankhafte Willensschwäche, Antriebsschwäche
abulisch, (gr.): willenlos, unentschlossen
abundant, (lat.): 1. reichlich, dicht, 2. überreich, überladen
Abundanz, (lat.), w, n.E.: 1. Häufigkeit, Dichte, 2. Reichtum, Überfluß, Übermaß
abusiv, (lat.): mißbräuchlich
Abusus, (lat.), m, Abusus: übermäßiger Gebrauch, Mißbrauch (von Arzneimitteln, Drogen)
a cappella, (ital.): (mehrstimmiger) Gesang ohne Mitwirkung von Instrumenten
accelerando, [atscheler'ando, ital.]: schneller werdend (Mus.)
Accent aigu, [akß*an*tä'gü:, frz.], m, -s -s: Akut, Aussprachezeichen in der frz. Schriftsprache, z.B.: é
Accent circonflexe, [akß*an*ßirk*on*-'flä.kß, frz.], m, -s -s: Zirkumflex, Dehnungszeichen in der frz. Schriftsprache, z.B.: ô, â
Accent grave, [akß*an*'gra:w, frz.], m, -s -s: Gravis, Aussprachezeichen in der frz. Schriftsprache, z. B.: è
Accessoire, [akßäßo'a:(r), frz.], s, -s: modisches Kleidungszubehör
Accompagnato, [akompanja:to, ital.], s, -s oder Accompagnati: orchesterbegleiteter Sprechgesang
Acetat, (lat.), s, -e: Salz der Essigsäure; Chemiefaser
Aceton, (lat.), s, n.E.: farbloses, feuergefährliches Lösungsmittel
Acetum, (lat.), s, n.E.: Essig
Acetylen, (lat.), s, n.E.: ungesättigter, gasförmiger Kohlenwasserstoff
Acetylsäure, (lat.-dt.), w, n.E.: Essigsäure
Achat, (gr.),der, -e: farbig gebänderter Halbedelstein
Achromat, (gr.), m, -e: Linsensystem bei optischen Geräten mit besonderer Art der Farbenkorrektion
achromatisch, (gr.): das Licht nicht in Farben zerlegend; frei von Farbfehlern (bei optischen Geräten)
Acid, ['ä(j)ßid, engl.], s, n.E.: Sammelbez. für Drogen, die Halluzinationen hervorrufen (insb.: LSD)
Acidität, (lat.), w, n.E.: Säuregehalt einer Flüssigkeit
Acidum, (lat.), s, Acida: Säure
Ackja, (finn.-schwed.), m, -s: 1. Rentierschlitten bei den Lappen, 2. Rettungsschlitten der Bergwacht
a conto, (ital.): auf Rechnung von
Acre, ['ä:k(e)r, engl.], m, -s: engl. und nordamerik. Flächenmaß (ca. 4047 m^2)
Acryl, [a'krü:l, gr.], s, n.E.: Kunststoff
Acrylglas, (gr.-dt.), s, n.E.: glasartiger Kunststoff, Plexiglas
Acrylsäure, (gr.-dt.), w, n.E.: streng riechende Karbonsäure
Act, [äkt, lat.-engl.], m, -s: Gesetz, Beschluß, Verordnung
Action, ['äksch(e)n, engl.], w, n.E.: ereignisreicher Vorgang, lebhafte und spannende Handlumg
ad, (lat.): zu, an, bei; betreffend
ad absurdum, (lat.), etwas a. a. führen: die unmöglichen oder widersprüchlichen Folgen einer Behauptung oder eines Gedankens aufzeigen
ad acta, (lat.), etwas a. a. legen: etwas zu den Akten legen, etwas als erledigt betrachten
adagio, [a'da:d*sch*o, ital.]: langsam, ruhig
Adagio, [a'da:d*sch*o, ital.], s, -s: langsames Musikstück
Adaptabilität, (lat.), w, -en: Anpassungsfähigkeit; Anwendbarkeit
Adaptation, (lat.), w, -en: 1. Anpassungsvermögen, Anpassung an wechselnde Umwelteinflüsse, 2. Anpassung eines Menschen an seine soziale Umgebung
Adapter, (lat.), m, -: Zusatzgerät, Zwischenstück zur Verbindung zweier unterschiedlich genormter Geräte
adaptieren, (lat.): 1. anpassen an die Umwelt, 2. (ein Literaturwerk) neu einrichten, bearbeiten
Adaption, (lat.), w, -en: 1. vgl. Adaptation, 2. Bearbeitung eines Literaturwerkes
adaptiv, (lat.): auf Adaption beruhend; anpassungsbedingt
Adäquanz, (lat.), w, n.E.: Angemessenheit eines Verhaltens
adäquat, (lat.): angemessen, entsprechend
a dato, (lat.): vom Tag der Ausstellung an (z.B.: bei Wechseln)

ad calendas Graecas, (lat.: »an den griechischen Kalenden«): niemals (die Griechen kannten keine Kalenden)
Addendum, (lat.): s, Addenda: Nachtrag, Ergänzung
addieren, (lat.): zusammenzählen, hinzufügen
addio, (ital.): auf Wiedersehen! (ital. Gruß)
Addition, (lat.), w, -en: 1. Hinzufügung, das Addieren (eine der vier Grundrechenarten; Math.), 2. Anlagerung von Atomen an Moleküle (Chem.)
additiv, (lat.): hinzufügend, verstärkend
Additiv, (lat.), s, -e: Zusatzstoff zu chem. Verbindungen, der deren gewünschte Eigenschaften verbessern soll
addizieren, (lat.): zusprechen, zuerkennen
Adduktion, (lat.), w, -en: das Heranführen (z.B.: Anlegen des Armes)
Adduktor, (lat.), m, -en: heranführender Muskel
ade! (frz.): lebe wohl!
Adenin, (gr.), s, -e: Bestandteil der Nukleinsäure
Adenitis, (gr.), w, Adenitiden: Drüsen-, Lymphknotenentzündung
adenoid, (gr.): drüsen-, lymphknotenähnlich
Adenom, (gr.), s, -e: meist gutartige Drüsengeschwulst
adenös, (gr.): die Drüsen betreffend
Adept, (lat.), m, -en: Schüler, Jünger, Anhänger einer Lehre; Eingeweihter (in geheime Wissenschaften)
Adermin, (gr.), s, n.E.: u.a. in Hefe, Leber, Kartoffeln auftretendes Vitamin B
à deux mains, [adö'm*än*, frz.]: zweihändig, (Klavierspiel) für zwei Hände
adhärent, (lat.): anhängend, anhaftend; angewachsen
Adhärenz, (lat.), w, -en: das Anhaften, Anhänglichkeit
Adhäsion, (lat.), w, -en: 1. das Aneinanderhaften zweier Körper (z.B.: Wasser am Glas), 2. Verklebung oder Verwachsung zweier Organe oder Gewebe
adhäsiv, (lat.): klebend, haftend
ad hoc, (lat.): sofort, auf der Stelle
adiabatisch, (gr.): ohne Energieaustausch mit der Umgebung verlaufend
adieu, [ad'jö:, frz.]: lebe wohl!, auf Wiedersehen!
ad infinitum, (lat.): ohne Ende, unaufhörlich
ad interim, (lat.): vorläufig, bis auf weiteres
Adjektiv, (lat.), s, -e: Eigenschaftswort, Beiwort (z.B. gut, fremd)
adjektivisch, (lat.): wie ein Eigenschaftswort, als Adjektiv gebraucht
Adjudikation, (lat.), w, -en: Zuerkennung, Übertragung
adjudizieren, (lat.): zuerkennen, übertragen
Adjunktion, (lat.), w, -en: Hinzufügung, Beifügung
adjustieren, (lat.): berichtigen; (ein Werkzeug) genau einstellen, anpassen, eichen
Adjustierung, (lat.), w, -en: das Adjustieren, Anpassen, Einstellen, Eichen
Adjutant, (lat.), m, -en: einem höheren Offizier beigeordneter Offizier
Adjutantur, (lat.), w, -en: Dienststelle des Adjutanten
Adjuvans, (lat.), s, Adjuvanzien: Bestandteil eines Medikamentes, der die Wirkung unterstützen soll
Adlatus, (lat.), m, Adlaten: Gehilfe
ad libitum, (lat.): nach Belieben
Administration, (lat.), w, -en: Verwaltung
administrativ, (lat.): behördlich; auf dem Verwaltungswege
Administrator, (lat.), m, -en: Verwalter; Bevollmächtigter
administrieren, (lat.): verwalten; verfügen
Admiral, (arab.-frz.), m, -e oder Admiräle: 1. höchster Offiziersrang der Seestreitkräfte, 2. schwarzbrauner Tagfalter mit weißen Flecken und orangefarbenen Streifen
Admiralität, (arab.-frz.), w, -en: Gesamtheit aller Admirale; oberste Kommandobehörde der Seestreitkräfte
Admiralstab, (arab.-frz. -dt.), m, -stäbe: oberste Leitung der Kriegsmarine
Admission, (lat.), w, -en: Zulassung, Aufnahme, Zutritt
Adnex, (lat.), m, -e: Anhang, Anhängsel

Adnexitis, (lat.), w, Adnexitiden: Unterleibsentzündung der Eierstöcke und des Eileiters
adnominal, (lat.): beim Nomen (Substantiv) stehend, zum Nomen gehörig
ad notam, (lat.): zur Kenntnis
adoleszent, (lat.): heranwachsend
Adoleszenz, (lat.), w, n.E.: spätes Jugendalter, Lebensabschnitt zw. Pubertät und Erwachsenenalter
Adonai, (hebr.: »mein Herr«), m, n.E.: Umschreibung für den Namen Gottes im Alten Testament
Adonis, m, -se: schöner Mann, Schönling
adoptieren, (lat.): jmdn. als Kind annehmen, an Kindes Statt annehmen
Adoption, (lat.), w, -en: das Adoptieren; Annahme an Kindes Statt
Adoptiveltern, (lat.-dt.), w, n.M.: Eltern eines Adoptivkindes
Adoptivkind, (lat.-dt.), s, -er: adoptiertes Kind
adorieren, (lat.): anbeten; huldigen, verehren
ad referendum, (lat.): zur Berichterstattung
ad rem, (lat.): zur Sache
Adrenalin, (lat.), s, n.E.: Nebennierenmarkhormon
Adressant, (lat.-frz.), m, -en: Absender
Adressat, (lat.-frz.), m, -en: Empfänger; Angesprochener (in einem Text o.ä.)
Adreßbuch, (lat.-frz.-dt.), s, -bücher: Verzeichnis von Anschriften
Adresse, (lat.-frz.), w, -n: 1. Anschrift, 2. politische Rede; offizieller schriftl. Gruß, 3. Nummer einer Speicherzelle im Speicher eines Computers
adressieren, (lat.-frz.): mit der Anschrift versehen
adrett, (frz.): gepflegt, hübsch, sauber und sorgfältig gekleidet
Adsorbens, (lat.), s, Adsorbenzien: adsorbierender Stoff, der an seiner Oberfläche Gase oder gelöste Stoffe anlagert
Adsorber, (lat.), m, -: vgl. Adsorbens
adsorbieren, (lat.): Gase, oder gelöste Stoffe an der Oberfläche anlagern (Chem.)
Adsorption, (lat.), w, -en: das Anlagern von Gasen, oder gelösten Stoffen an der Oberfläche
Adsorptiv, (lat.), s, -e: der adsorbierte Stoff
Adstringens, (lat.), s, Adstringenzien: gefäßverengendes, entzündungshemmendes und blutstillendes Mittel
adstringieren, (lat.): zusammenziehen, als Adstringens wirken
adult, (lat.): erwachsen, geschlechtsreif
ad usum, (lat.): zum Gebrauch
Advantage, [äd'wa:ntidsch, engl.], m, -s: (beim Tennis:) Vorteil, erster gewonnener Punkt nach dem Einstand
Advektion, (lat.), w, -en: das Heranführen von Gas-, Luft- oder Wassermassen in horizontaler Richtung
Adveniat, (lat.): kath. Hilfswerk
Advent, (lat.: »Ankunft«), m, -e: die vier Wochen vor Weihnachten; Vorweihnachtszeit
Adventismus, (lat.), m, n.E.: Glaubenslehre der Adventisten
Adventist, (lat.), m, -en: Anhänger einer christl. Religionsgemeinschaft, nach deren Lehre die baldige Wiederkehr Christi zu erwarten ist
Adverb, (lat.), s, -ien: Umstandswort, das zu einem Verb hinzutritt (z.B: vergebens, gerne)
adverbial, (lat.): umstandswörtlich, einen Umstand angebend
Adverbialbestimmung, (lat.-dt.), w, -en: Umstandsbestimmung
Adverbialsatz, (lat.-dt.), m, Adverbialsätze: Nebensatz, der eine Adverbialbestimmung ersetzt
adversativ, (lat.): entgegenstellend, gegensätzlich
Advertisement, ['ä.dwötaism(e)nt, engl.], sächl, -s: Anzeige, Inserat
Advertizing, ['ä.dwötaising, engl.], s, -s: Anzeige; Werbung, Reklame
Advocatus Dei, (lat.: »Anwalt Gottes«), m, Advocati -: Geistlicher, der im Heiligsprechungsprozeß der kath. Kirche für die Heiligsprechung eintritt
Advocatus Diaboli, (lat.: »Anwalt des Teufels«), m, Advocati -: 1. Geistlicher, der im Heiligsprechungsprozeß der kath. Kirche gegen die Heiligsprechung eintritt; 2. jmd., der gegen seine innere Überzeugung eine schlechte Sache gutheißt
Advokat, (lat.), m, -en: Rechtsanwalt, Anwalt

Advokatur, (lat.), w, -en: Anwaltsbüro; Rechtsanwaltschaft
adynamisch, (lat.): kraftlos, ohne Dynamik
Aerämie, (gr.), w, -n: Bildung von Stickstoffbläschen im Blut
aerob, (gr.): Sauerstoff verbrauchend
Aerobic, (engl.), s, n.E.: Fitneßtraining in Form einer Tanzgymnastik
Aerobier, (gr.), m, -: Lebewesen, das nur mit Sauerstoff leben kann
Aeroclub, (gr.-engl.), m, -s: Luftsportverein
Aerodrom, (gr.), s, -e: Flugplatz
Aerodynamik, (gr.), w, n.E.: Strömungslehre
aerodynamisch, (gr.): auf Aerodynamik beruhend; windschlüpfig
aerogen, (gr.): 1. gasbildend, 2. auf dem Luftweg übertragen
Aerometer, (gr.), s, -: Gerät zum Messen von Luftdichte und -gewicht
Aeronautik, (gr.), w, n.E.: Luftfahrt (kunde)
Aeronavigation, (gr.), w, n.E.: Standortbestimmung (und Steuerung) von Luftfahrzeugen
Aerophotographie, (gr.), w, -n: Luftaufnahme; das Fotografieren aus Luftfahrzeugen zu kartographischen Zwecken
Aeroplan, (gr.-lat.), m, -e: (veraltet für:) Flugzeug
Aerosalon, (gr.-frz.), m, -s: Luft- und Raumfahrtausstellung
Aerosol, (gr.-lat.), s, -e: 1. schwebstoffhaltiges Gas (z.B. Luft, Nebel, Rauch), 2. Inhalationsittel, einzuatmendes Heilmittel
Aerotaxe, (gr.), w, -n: mietbares Flugzeug für kurze Strecken
Aerozin, (gr.), s, n.E.: Raketentreibstoff
afebril, (lat.): fieberfrei
Affäre, (frz.), w, -n: Angelegenheit, unangenehmer und peinlicher Vorfall; Liebesabenteuer, Liebesverhältnis
Affekt, (lat.), m, -e: intensiver Erregungszustand
affektiert, (lat.): geziert, gekünstelt, unnatürlich
Affektion, (lat.), w, -en: Erkrankung, krankhafter Zustand
affektiv, (lat.): gefühlsbetont; heftig und kurzzeitig erregt
Affektivität, (lat.), w, n.E.: Gefühlsansprechbarkeit; Gefühlsleben
afferent, (lat.): hinführend, aufsteigend
affettuoso, (ital.): ausdrucksvoll, bewegt (Mus.)
affin, (lat.): verwandt, wesensverwandt
Affination, (lat.), w, -en: Trenn- und Reinigungsverfahren für Edelmetalle
affinieren, (lat.): trennen, reinigen, scheiden (von Edelmetallen); Rohrzukker reinigen
Affinierung, (lat.), w, -en: vgl. Affination
Affinität, (lat.), w, -en: 1. familiäre Verwandtschaft, 2. Wesensverwandtschaft zw. Menschen, 3. Wesensverwandtschaft (zw. philosoph. Begriffen und Vorstellungen)
Affirmation, (lat.), w, -en: Bekräftigung, Zustimmung
affirmativ, (lat.): zustimmend; zusichernd
affirmieren, (lat.): bekräftigen; zusichern
Affix, (lat.), s, -e: angefügter Wortteil
affiziert, (lat.): ergriffen, befallen
Affront, [a'fr*on*, frz.], m, -s: Beleidigung, Kränkung, Verhöhnung
Afghan, m, -s: 1. handgeknüpfter Wollteppich mit bräunlich-rotem Farbton, meist aus Afghanistan, 2. Haschischsorte
Afghane, m, -n: langhaariger Windhund
Aflatoxin, (Kurzw.), s, -e: Stoffwechselprodukt einiger Schimmelpilze, die Nahrungsmittel befallen können
à fonds perdu, [a'f*on*pär'dü:, frz.]: ohne Aussicht auf Wiedererstattung; auf Verlustkonto
Afrikaander, (niederl.), m, -: Abkömmling in Südafrika eingewanderter Europäer
Afrikaans, s, n.E.: Sprache der Buren in Südafrika, Kapholländisch
Afrikanistik, w, n.E.: Wissenschaft von den Kulturen und Sprachen der Naturvölker Afrikas
Afro-Look, ['a.frolu.k, engl.], m, n.E.: Frisur mit langem Kraushaar
After-shave, ['a:fte(r)che:w, engl.]: Rasierwasser, das nach der Rasur verwendet wird
Agamie, (gr.): 1. Ehelosigkeit, 2. ungeschlechtliche Fortpflanzung

agamisch, (gr.): 1. ehelos, 2. ungeschlechtlich
Agape, (gr.:), w, -n: Nächstenliebe; die Liebe zu Gott
Agar-Agar, (malaiisch), m oder s, n.E.: aus Rotalgen gewonnenes Gel
Agave (gr.), w, -n: Pflanzengattung der Amaryllisgewächse
Agenda, (lat.), w, Agenden: 1. Notizbuch, Terminkalender, 2. Zusammenstellung von Verhandlungspunkten, Liste zu erledigender Dinge
Agende, (lat.), w, -n: Gottesdienstordnung
Agens, (lat.), s, Agenzien: 1. wirkende Ursache; handelndes Wesen; wirksames Prinzip, 2. Stoff, der auf andere einwirkt
Agent, (lat.), m, -en: 1. Geschäftsvermittler, Beauftragter, Vertreter, 2. Abgesandter eines Staates, 3. Spion, Geheimdienstler
Agent provocateur, [a'*schan* prowoka'tö:r, frz.], m, -s -s: Lockspitzel
Agentur, (lat.), w, -en: 1. Nebenstelle, Geschäftsstelle, 2. Nachrichtenbüro, 3. Künstlervermittlung
Agglomeration, (lat.), w, -en: Anhäufung, Zusammenballung
agglutinieren, (lat.): verschmelzen, verklumpen, verkleben; verbinden
Aggregat, (lat.), s, -e: 1. Anhäufung, mehrgliedriges Ganzes, 2. Apparat aus mehreren Maschinen, 3. Verschmelzung oder Zusammenballung von Mineralien
Aggregatzustand, (lat.-dt.), m, -zustände: Erscheinungsform eines Stoffes (gasförmig, flüssig oder fest)
aggregieren, (lat.): anhäufen, zugesellen
Aggression, (lat.), w, -en: 1. Angriff, militärischer Überfall, 2. Angriffsverhalten, feindselige Haltung (bei Mensch oder Tier), 3. aggressive Handlung oder Äußerung
aggressiv, (lat.): feindselig, angriffslustig, herausfordernd; rücksichtslos
Aggressivität, (lat.), w, -en: Angriffslust, Streitsucht; aggressive Haltung
Aggressor, (lat.), m, Aggressoren: Angreifer
Ägide, (gr.), w, n.E.: Schutz, Leitung, Schirmherrschaft, Obhut
agieren, (lat.): handeln, tun, wirken; schauspielerisch tätig sein, eine Rolle spielen
agil, (lat.): beweglich, flink, behend
Agilität, (lat.), w, n.E.: Flinkheit, Beweglichkeit
Agio, ['a:d*sch*(i)o, ital.], s, -s: Aufgeld
Agitation, (lat.), w, -en: aufreizende politische Werbung, politische Propaganda; Hetze
agitato, [ad*schi*'ta:to, ital.]: sehr bewegt (Mus.)
Agitator, (lat.), m, Agitatoren: jmd., der Agitation betreibt
agitatorisch, (lat.): Agitation betreibend
agitieren, (lat.): Agitation betreiben
Agitprop, (aus **Agit**ation und **Propa**ganda), w, n.E.: politische Massenbeeinflussung im kommunist. Sprachgebrauch
Agnat, (lat.), m, en: aus der väterlichen Linie abstammender männlicher Blutsverwandter
Agnation, (lat.), w, n.E.: Blutsverwandtschaft väterlicherseits
Agnus Dei, (lat.: »Lamm Gottes«): 1. Sinnbild, Bez. für Christus, 2. Gebetshymnus in der kath. Messe
à gogo, (frz.): in Hülle und Fülle
Agonie, (gr.), w, -n: Vorstadium des tödlichen Ausgangs einer Krankheit
Agora, (gr.), w, Agoren: (im antiken Griechenland:) Volksversammlung; Versammlungsplatz, Marktplatz
Agraffe, (frz.), w, -n: Schmuckspange, Schnalle zum Schließen des Gewandes; Wundklammer
Agrarier, (lat.), m, -: Großgrundbesitzer; Landwirt als Vertreter landwirtschaftl. Interessen
agrarisch, (lat.): landwirtschaftlich
Agrarpolitik, (lat.-gr.), w, n.E.: sämtliche Maßnahmen, die die Land- und Forstwirtschaft betreffen
Agrarprodukt, (lat.), s, -e: landwirtschaftl. Erzeugnis
Agrarstaat, (lat.-dt.), m, -en: Staat, in dem einer der wichtigsten Wirschaftszweige die Landwirtschaft ist
Agrarstruktur, (lat.), w, n.E.: die jeweiligen Bedingungen für Produktion und Verkauf in der Landwirtschaft
Agrartechnik, (lat.-gr.), w, -en: die technischen Einrichtungen in der Landwirtschaft

Agreement, [e'gri:m(e)nt, engl.], s, -s: Übereinkunft, Vereinbarung, Verabredung
Agrément, [agre:'m*an*, frz.], s, -s: Zustimmung einer Regierung zur einer Person, die bei ihr als Diplomat tätig werden soll
Agrikultur, (lat.), w, -en: Ackerbau, Landwirtschaft
Agronom, (lat.-gr.), m, -en: akademisch ausgebildeter Landwirt
Agronomie, w, n.E.: Landwirtschaftswissenschaft
ahistorisch, (lat.): geschichtliche Argumente nicht berücksichtigend, ohne Bezug zur Geschichte
Aide-mémoire, ['ä:d-memo'a:r, frz.], s, -(s): knappe schriftl. Zusammenfassung von im diplomatischen Verkehr mündl. abgehandelten Sachverhalten
Aids, ['e(j)ds, Kw. für **a**cquired **i**mmune **d**eficiency **s**yndrome], s, n.E.: Infektionskrankheit, die eine schwere Störung des Immunsystems bewirkt (übertragbar nur durch Geschlechtsverkehr und Blut-zu-Blut-Kontakt)
Aikido, (japan.), s, n.E.: System der japan. Selbstverteidigung
Air, ['ä:r, frz.], s, -s: 1. Aussehen, Haltung, Benehmen, 2. Lied, liedartiges Instrumentalstück
Airbag, ['ä:rbäg, engl.], m, -s: sich bei einem Zusammenstoß mit Luft füllender Sack am Lenkrad von Kraftfahrzeugen
Airbus, ['ä:rbus, engl.], m, -e: Großraumpassagierflugzeug
Air-condition, ['ä:rkendisch(e)n, engl.], w, n.E.: Luftfeuchtigkeit- und Raumtemperaturregelung durch eine Klimaanlage
Air-conditioner, ['ä:rkendisch(e)n(e)r, engl.], m, -: Klimaanlage
Airedaleterrier, ['ä:rde(j)lterrier, engl.], m, -: mittelgroße, rauhhaarige, engl. Hunderasse
Airmail, ['ä:rme(j)l, engl.], w, n.E.: Luftpost, Luftpostsendung
Airport, ['ä:rpo(r)t, engl.], m, -s: Flughafen
Ajatollah, (pers.), m, -s: geistlicher Würdenträger im schiitischen Islam
à jour, [a'*sch*u:r, frz.]: bis zum heutigen Tag, auf dem laufenden
Akademie, (gr.), w, -n: 1. Fachschule, Fachhochschule, 2. der Forschung oder Kunst dienende Vereinigung
Akademiker, (gr.), m, -: Hochschulabsolvent
akademisch, (gr.): 1. auf einer Universität oder Akademie ausgebildet, 2. gelehrt, gebildet; wissenschaftlich, 3. (abwertend:) rein theoretisch, ohne Anwendungsmöglichkeit
Akanthus, (gr.), m, -: 1. stachliges Staudengewächs, 2. Ornament an korinthischen Kapitellen gr. Tempel
akausal, (lat.): nicht kausal
Akazie, (gr.), w, -n: Gattung tropischer Laubbäume
Akelei, (lat.), w, -en: Hahnenfußgewächs
Akklamation, (lat.), w, -en: 1. Zustimmung, zustimmender Zuruf, 2. Wahl oder Abstimmung durch Zuruf, 3. Beifall, Applaus
akklamieren, (lat.): 1. wählen oder zustimmen durch Zuruf, 2. Beifall spenden
Akklimatisation, (lat.), w, -en: Gewöhnung an veränderte Umwelt- und Klimabedingungen
akklimatisieren, (lat.): sich an veränderte Umwelt- oder Klimabedingungen gewöhnen, sich eingewöhnen
Akklimatisierung, (lat.), w, -en: vgl. Akklimatisation
Akkolade, (frz.), w, -n: geschweifte Klammer, die Zusammengehörendes zusammenfaßt (Zeichen: {....})
Akkommodation, (frz.), w, -en: Angleichung, Anpassung
akkommodieren, (frz.): angleichen, anpassen
Akkord, (frz.), m, -e: 1. Übereinstimmung, Übereinkunft; Einklang, 2. Vergleich, Vereinbarung (mit Gläubigern), 3. Zusammenklang verschiedener Töne
Akkordeon, (frz.), s, -s: Handharmonika mit Tastatur
akkordieren, (frz.): übereinstimmen, übereinkommen
Akkordlohn, (frz.-dt.), m, -löhne: Stücklohn, Bezahlung nach der bearbeiteten Stückzahl
akkreditieren, (lat.): 1. beglaubigen, bevollmächtigen (einen Diplomaten oder einen Journalisten), 2. Kredit gewähren

Akkreditiv, (lat.), s,-e: Beglaubigungsschreiben
Akku, (Kurzw.), m, -s: vgl. Akkumulator
Akkumulation, (lat.), w, -en: Anhäufung, Ansammlung, Speicherung
Akkumulator, (lat.), m, -en: 1. Gerät zur Speicherung elektrischer Energie, 2. Druckwasserbehälter, 3. spezielle Speicherzelle einer Rechenanlage
akkumulieren, (lat.): anhäufen, ansammeln, speichern
akkurat, (lat.): genau, ordentlich, sorgfältig
Akkuratesse, (frz.), w, n.E.: Sorgfalt, Genauigkeit
Akkusativ, (lat.), m, -e: vierter Fall der Deklination, Wenfall
Akkusativobjekt, (lat.), s, -e: Objekt, das im vierten Fall steht
Akne, (gr.), w, -n: Hauterkrankung, eitrige Entzündung der Talgdrüsen, Mitesserbildung
Akonto, (ital.), s, Akonten: Anzahlung
Akontozahlung, (ital.-dt.), w, -en: Anzahlung, Abschlagszahlung
akquirieren, (lat.): anschaffen, erwerben; Kunden gewinnen
Akquisiteur, [akwisi'tö:r, frz.], m, -e: jmd., der Kunden wirbt, Anzeigenwerber
Akquisition, (lat.), w, -en: Anschaffung, Erwerbung; Errungenschaft; Werbung von Kunden
Akribie, (gr.), w, n.E.: äußerste Genauigkeit, Gründlichkeit
akribisch, (gr.): äußerst genau, gründlich, gewissenhaft
Akrobat, (gr.), m, -en: artistischer Turner
Akrobatik, (gr.), w, n.E.: Kunst bzw. Leistung des Akrobaten
akrobatisch, (gr.): auf Akrobatik beruhend, kunstvoll geturnt, besonders geschickt
Akronym, (gr.), s, -e: aus den Anfangsbuchstaben mehrerer Wörter gebildetes Kurzwort (z.B.: Aids, UNO, Radar, MS-DOS)
Akropolis, (gr.), w, Akropolen: antike griech. burgähnliche Hochstadt
Akt, (lat.), m, -e: 1. Handlung, Maßnahme, Tat, Vollzug, Vorgang, 2. Aufzug, Abschnitt eines Theaterstücks, 3. (künstlerische) Darstellung des nackten menschlichen Körpers, 4. Beischlaf, Koitus, 5. vgl. Akte
Akte, (lat.), w, -n: Schriftstück, Urkunde, Sammlung von inhaltlich zusammengehörenden Schriftstücken
Akteur, [ak'tö:r, frz.], w, -e: handelnde Person, Schauspieler
Aktie, (lat.), w, -n: 1. Anteil am Grundkapital einer Aktiengesellschaft, 2. Urkunde über den Anteilsbesitz
Aktiengesellschaft, (lat.-dt.), w, -en: Handelsgesellschaft, deren Grundkapital aus Einlagen der Gesellschafter (Aktionäre) besteht
Aktienindex, (lat.), m, -e: Kennziffer für die aktuelle Entwicklung des Kursdurchschnitts der bedeutendsten Aktiengesellschaften
Aktienkapital, (lat.), s, -e: in Aktien zerlegtes Grundkapital einer Aktiengesellschaft
Aktienkurs, (lat.), m, -e: Börsenwert einer Aktie
Aktion, (lat.), w, -en: 1. gezielte Handlung, Unternehmung; Maßnahme, 2. Tätigkeit, Vorgehensweise
Aktionär, (lat.), m, -e: Aktienbesitzer, Gesellschafter
Aktionismus, (lat.), m, n.E.: Tätigkeitsdrang; blinder A.: das unüberlegte Inszenieren von Aktionen
Aktionist, (lat.), m, -en: Vertreter des Aktionismus
aktionistisch, (lat.): im Sinne des Aktionismus (handelnd)
Aktionsradius, (lat.), m, -radien: Wirkungsbereich, Reichweite; Streubreite
aktiv, (lat.): 1. tätig, geschäftig; unternehmend, 2. wirksam
aktives Wahlrecht: das Recht zu wählen
aktiver Wortschatz: Gesamtheit aller Wörter, die jmd. verwendet
Aktiv, (lat.), s, -e: Handlungsrichtung, Tätigkeitsform des Verbs
Aktiva, (lat.), w, n.M.: Vermögenswerte eines Unternehmens
aktivieren, (lat.): anregen, in Gang bringen; eine Wirkung verstärken
Aktivismus, (lat.), m, n.E.: Tätigkeitsdrang, zielstrebiges Handeln
Aktivist, (lat.), m, -en: zielstrebig Handelnder

Aktivität, (lat.), w, -en: aktives Verhalten, Tätigkeit; Geschäftigkeit; Tatkraft
Aktivposten, (lat.-dt.), m, -: Vermögensposten auf der Habenseite (einer Bilanz)
Aktrice, [ak'tri:ß, frz.], w, -n: Schauspielerin
aktualisieren, (lat.): auf den neuesten Stand bringen, auf die Gegenwart beziehen
Aktualität, (lat.), w, -en: Gegenwartsbezogenheit, Zeitnähe; Bedeutsamkeit für die Gegenwart; aktuelle Nachricht
aktuell, (lat.): gegenwärtig bedeutsam, im Moment von besonderem Interesse
Akupressur, (lat.), w, -en: Heilverfahren durch Massage und leichten Druck mit den Fingerkuppen
akupunktieren, (lat.): Akupunktur durchführen
Akupunktur, (lat.), w, -en: Heilmethode, bei der Nadeln an bestimmten Stellen in das Körpergewebe eingestochen werden
Akustik, (gr.), w, -en: 1. Lehre vom Schall, Wissenschaft von den Schwingungen und Tönen, 2. Klangbeschaffenheit eines Raumes, Schallwirkung
akustisch, (gr.): 1. zur Akustik gehörig, klanglich, 2. das Gehör betreffend, mit dem Gehör wahrnehmbar
akut, (lat.): 1. vordringlich, dringend, brennend, 2. plötzlich auftretend, schnell und heftig verlaufend
Akut, (lat.), m, -e: in verschiedenen Sprachen auftretendes Betonungszeichen über einem Vokal (z.B.: é)
Akzeleration, (lat.), w, -en: 1. Beschleunigung, 2. allgemeine Entwicklungsbeschleunigung beim jungen Menschen
Akzelerator, (lat.), m, -en: Teilchenbeschleuniger (Phys.)
akzelerieren, (lat.): beschleunigen, vorantreiben; fördern
Akzent, (lat.), m, -e: 1. Betonungskennzeichen, 2. Betonung, um bestimmte Sachverhalte, Wörter oder Silben hervorzuheben, 3. Aussprache(eigenheit), Tonfall
akzentuieren, (lat.): betonen, hervorheben; Nachdruck verleihen
akzeptabel, (lat.): annehmbar
Akzeptant, (lat.), m, -en: 1. jmd., der einen Wechsel akzeptiert, 2. Annehmender, Empfänger
Akzeptanz, (lat.), w, -en: Bereitschaft, etwas zu akzeptieren
akzeptieren, (lat.): annehmen, einwilligen, billigen
Akzeß, (lat.), m, Akzesse: Zutritt; Zulassung
à la, (frz.): nach Art von, im Stil von
Alabaster, (gr.), m, -: durchscheinende, marmorähnliche Gipsart
à la bonne heure!, [alabo'nö:r, frz.]: recht so!, bravo!, vortrefflich!
à la carte, [ala'ka.rt, frz.]: nach der Speisekarte
à la longue, [ala'l*on*, frz.]: auf die Dauer
à la mode, [ala'mo:d, frz.]: nach der Mode
Alarm, (ital.-frz.: »zu den Waffen!«), m, -e: Gefahrmeldung, Warnsignal; Aufruf zur Einsatz- oder Gefechtsbereitschaft
alarmieren, (ital.-frz.): 1. zu Hilfe rufen, 2. warnen, aufrütteln; beunruhigen, 3. zur Einsatz- oder Gefechtsbereitschaft aufrufen
Alaun, (lat.), m, -e: ein farbloses Salz, ein Mineral
Albatros, m, -se: großer Sturmvogel der südlichen Erdhalbkugel
Albe, (lat.), w, -n: Meßgewand der kath. und anglikan. Geistlichen
Albinismus, (lat.), m, n.E.: angeborenes Fehlen der Farbstoffe (Pigmente) in Haut, Haar und Auge bei Mensch und Tier
Albino, (lat.), m, -s: Lebewesen mit fehlender Farbstoffbildung; Weißling
Albion, (keltisch): alter Name für England
Album, (lat.: »das Weiße«), s, Alben: Buch zur Aufnahme von Sammelobjekten; Comic-Band
Alchemie, (arab.), w, n.E.: vorwissenschaftliche, mittelalterliche Chemie; das Bestreben, unedle Metalle in Gold umzuwandeln, Goldmacherei
Alchemist: vgl. Alchimist
Alchimie, (arab.), w, n.E.: vgl. Alchemie
Alchimist, (arab.), m, -en: jmd., der Alchimie betreibt
Aldehyd, (lat.), m, -e: durch Wasser-

entzug aus Alkokol gewonnene chem. Verbindung
aldente, (ital.): (bei Nudelgerichten:) nicht zu fest und nicht zu weich
Ale, ['e(j)l, engl.], s, n.E.: helles englisches Bier
alea iacta est, (lat.: »der Würfel ist geworfen«): die Entscheidung ist gefallen
alert, (frz.): munter, aufgeweckt, lebhaft; zuvorkommend
Alexandriner, (gr.), m, -: 1. Gelehrter in Alexandria; Angehöriger einer philosophischen Strömung, die auf Aristoteles zurückgeht, 2. zwölf- oder dreizehnsilbiger Reimvers
al fine, (ital.): bis zum Schluß (Mus.)
Alge, (lat.), w, -n: niedere Wasserpflanze
Algebra, (arab.), w, Algebren: 1. (n.E.) Lehre von den Gleichungen, (heute:) Lehre von den algebraischen Strukturen (Math.), 2. vgl. algebraische Struktur
algebraisch, (arab.): auf Methoden der Algebra beruhend; mit Hilfe der Algebra (Math.)
algebraische Operation: Verknüpfung von Elementen einer Menge
algebraische Struktur: eine Menge von Elementen, auf der mindestens eine algebraische Operation erklärt ist (Math.)
Algonkium, s, n.E.: jüngerer Abschnitt des Präkambriums
Algorithmus, (arab.), m, Algorithmen: 1. Rechenverfahren zur schematischen Lösung eines bestimmten Problems, 2. Verfahren, das in endlich vielen Schritten zur Lösung einer Aufgabe führt (EDV)
algorithmisch, (arab.-lat.): einem Rechenverfahren schematisch folgend
alias, (lat.): auch .... genannt, eigentlich, sonst
Alibi, (lat.), s, -s: Nachweis der Abwesenheit vom Tatort zur Tatzeit des Verbrechens; Ausrede, Entschuldigung
Alibifunktion, (lat.), w, -en: Aufgabe, etwas zu verdecken oder zu verschleiern
Alimentation, (lat.), w, -en: Gewährung von finanziellen Leistungen für den Lebensunterhalt
Alimente, (lat.), w, n.M.: Unterhaltszahlungen (insb. für nichteheliche Kinder)
alimentieren, (lat.): Zahlungen für den Lebensunterhalt leisten
Alkalde, (span.), m, -n: Gemeindevorsteher oder Bürgermeister mit richterlichen Befugnissen in einer span. Gemeinde
Alkali, (arab.), s, -en: chem. Verbindung, die in wäßriger Lösung basisch reagiert
Alkalimetall, (arab.-gr.), s, -e: eines der Elemente Natrium, Kalium, Lithium, Rubidium, Francium und Caesium
alkalin, (arab.): alkalihaltig
alkalisch, (arab.): basisch reagierend, laugenartig
alkalisieren, (arab.): durch Zusatz von Basen alkalisch machen
Alkaloid, (arab.), s, -e: alkalische, stickstoffhaltige Verbindung
Alkazar, [alka'sar, span.], m, -e: (in Spanien:) Burg, Schloß
Alkohol, (arab.), m, -e: 1. organisch-chem. Verbindung, 2. Äthylalkohol, farblose, leicht entzündliche Flüssigkeit, Bestandteil aller alkoholischen Getränke
Alkoholika, (arab.), w, n.M.: alkohol. Getränke
Alkoholiker, (arab.), m, -: gewohnheitsmäßiger Trinker; jmd., der an Alkoholismus leidet
alkoholisch, (arab.): Alkohol enthaltend
alkoholisieren, (arab.): 1. mit Alkohol vermischen, 2. jmdm. viel Alkohol zu trinken geben
Alkoholismus, (arab.), m, n.E.: chronische Trunksucht, mißbräuchlicher Alkoholgenuß
Alkoven, (span.), m, -: Bettnische, Schrankbett
alla breve, (ital.): in beschleunigtem Takt (Mus.)
Allah, (arab.), n.E.: im Islam Name für Gott
alla marcia, [..'martscha, ital.]: marschmäßig, im Tempo eines Marsches (Mus.)
alla turca, (ital.): im Stil der türkischen Musik
alla zingarese, (ital.): im Stil der Zigeunermusik
Allee, (frz.), w, -n: auf beiden Seiten von Bäumen eingefaßte Straße

Allegorie, (gr.), w, -n: bildhafter Ausdruck; Sinnbild
Allegorik, (gr.), w, n.E.: allegorische Darstellungsweise; Sinnbildlichkeit
allegorisch, (gr.): sinnbildlich, gleichnishaft
allegretto, (ital.): mäßig schnell und lebhaft (Mus.)
allegro, (ital.): schnell und lebhaft, bewegt (Mus.)
Allegro, (ital.): lebhaftes Musikstück
Allemande, [al(e)'m*and*(e), frz.], w, -n: alter Schreit- und Gesellschaftstanz
Allergen, (gr.), s, -e: eine Allergie hervorrufende körperfremde Substanz (z.B.: Blütenpollen)
Allergie, (gr.), w, -n: veränderte Reaktionsfähigkeit, Überempfindlichkeit des Organismus gegen bestimmte körperfremde Substanzen
Allergiker, (gr.), m, -: jmd., der an einer Allergie leidet
allergisch, (gr.): 1. die Allergie betreffend, 2. überempfindlich gegen bestimmte körperfremde Substanzen, 3. (umg.) Abneigung empfindend
Allergologe, (gr.), m, -n: Wissenschaftler auf dem Gebiet der Allergologie
Allergologie, (gr.), w, n.E.: Lehre von den Allergien
allez!, [a'le:, frz.]: los!, vorwärts!
Alliance: vgl. Allianz
Allianz, (lat.-frz.), w, -en: Bündnis, Vereinigung, Vertragsgemeinschaft
Alligator, (span.), m, Alligatoren: Krokodil in Südostasien und im subtropischen Amerika
alliieren, (lat.): verbünden, vereinigen
Alliierte, (lat.), m, -n: Verbündeter, Angehöriger eines Bündnisses
Alliierten, (lat.), w, n.M.: 1. die im 1. und 2. Weltkrieg gegen Deutschland verbündeten Mächte (u.a. USA, Großbritannien), 2. die 1991 im Golfkrieg gegen den Irak verbündeten Mächte
Alliteration, (lat.), w, -en: gleicher Anlaut bei mehreren aufeinanderfolgenden Wörtern oder Silben, Stabreim
Allongeperücke, [al'*onsch*perücke, frz.], w, -n: Männerperücke mit langen Locken im 17. und 18. Jh.
Allopathie, (gr.), w, n.E.: herkömmliche Heilmethode, Schulmedizin
Alloplastik, (gr.), w, -en: Verwendung von körperfremdem Material als Ersatz für körpereigenes Gewebe
Allotria, (gr.), s, n.E.: Unfug, Tumult; Dummheiten
all right!, ['o:l 'rait, engl.): alles in Ordnung!, richtig!, einverstanden!
Allroundman, [o:l'raundmän, engl.]: vielseitig begabte Person
All-Star-Band, ['o:l'ßta:'bänd, engl.], w, -s: Band, Kapelle aus berühmten Musikern
Allüre, (frz.), w, -n: 1. Gangart eines Pferdes, 2. (n.M.) ungewöhnliche Umgangsformen, auffälliges Benehmen
alluvial, (lat.): aus dem Alluvium stammend, angeschwemmt
Alluvium, (lat.), s, n.E.: jüngste Zeitstufe des Quartärs
Alma mater, (lat.), w, n.E.: Hochschule, Universität
Almanach, (lat.), m, -e: 1. Kalender, 2. (bebildertes) Jahrbuch, 3. Verlagskatalog mit Textproben; Sammelband mit Proben aus neuen Werken
Almosen, (gr.), s, -: milde Gabe an Bedürftige, kleine Spende
Aloe, ['a:lo-e, gr.], w, -n: dickfleischiges Liliengewächs
alogisch, (gr.): unlogisch, vernunftwidrig
Alpaka, (span.), s, -s: zahme Lamaart Südamerikas (als Wollieferant)
Alpha, (gr.), s, -s: erster Buchstabe des gr. Alphabets
Alphabet, s, -e: Buchstabenfolge einer Schrift, das ABC (benannt nach den ersten beiden Buchstaben des gr. Alphabets: **Alpha** und **Beta**)
alphabetisch, (gr.): der Buchstabenfolge des Alphabets nach geordnet
alphabetisieren, (gr.): nach dem ABC ordnen, in die Reihenfolge des Alphabets bringen
alphanumerisch, (gr.-lat.): Buchstaben und Dezimalziffern umfassend (EDV)
Alphastrahlen, Ù-Strahlen, (gr.-dt.), w, n.M.: radioaktive Strahlung
Alphatier, (gr.-dt.), s, -e: Leittier, das eine Herde oder Gruppe von Tieren anführt
alpin, (lat.): Hochgebirgscharakter aufweisend; aus den Alpen stammend
Alpinismus, (lat.), m, n.E.: als Sport

betriebenes Bergsteigen im Hochgebirge; Bergwandern
Alpinist, (lat.), m, -en: jmd., der Alpinismus betreibt
Alpinistik, (lat.), weibl, n.E.: vgl. Alpinismus
Alpinum, (lat.), s, Alpinen: Steingartenanlage mit Alpen- oder Hochgebirgspflanzen
al secco, (ital.): auf trockenen Putz
Altar, (lat.), m, -e: heidnische Opferstätte; erhöhter Aufbau für gottesdienstliche Handlungen
Altarsakrament, (lat.), s, -e: Sakrament des Abendmahls
Alter ego, (lat.: »das andere Ich«): eine einem sehr vertraute und nahe stehende Person
alterieren, (lat.): 1. verwirren, ärgern, aufregen, 2. etwas ändern
Alternanz, (lat.), w, -en: Abwechslung, Wechsel
Alternation, (lat.), w, -en: vgl. Alternanz
alternativ, (lat.): 1. abwechselnd, wahlweise, wechselweise, 2. anders als üblich (lebend, wohnend o.ä.)
Alternative, (lat.), w, -n: Wahl-, Entscheidungsmöglichkeit (zwischen zwei Möglichkeiten); die jeweils andere Möglichkeit
Alternative, (lat.), m oder w, -n: (meist M.) Anhänger alternativer Ideen
alternieren, (lat.): abwechseln, zwischen zwei Möglichkeiten (Rollen, Vorzeichen, Zuständen, o.ä.) wechseln, häufig tauschen
Altimeter, (lat.-gr.), s, -: Höhenmeßgerät
Altokumulus, (lat.), m, -kumuli: mittelhohe Haufenwolke
Altostratus, (lat.), m, -strati: mittelhohe Schichtwolke
Altruismus, (lat.), m, n.E.: Selbstlosigkeit, Uneigennützigkeit
Altruist, (lat.), m, -en: selbstloser, uneigennütziger Mensch
altruistisch, (lat.): selbstlos, uneigennützig (Ggs.: egoistisch)
Alu, (Kurzw.), s, n.E.: (umg.) Aluminium
Aluminium, (lat.), s, n.E.: chem. Element, ein Leichtmetall
Alumnat, (lat.), s, -e: Schülerheim, Erziehungsanstalt
amabile, (ital.): lieblich (Mus.)
Amalgam, (arab.), s, -e: Quecksilberlegierung (für Zahnfüllungen)
Amaryllis, (gr.), w, Amaryllen: duftende Zierpflanze
Amateur, [ama'tö:r, frz.], m, -e: jmd., der eine Tätigkeit nicht beruflich ausübt (Ggs.: Profi)
Amazone, (gr.), w, -n: 1. Angehörige eines kriegerischen Frauenvolkes, 2. Turnierreiterin, 3. sportliche, knabenhaft schlanke Frau
Ambassadeur, [*an*bassa'dö:r, frz.], m, -e: Botschafter
Amber, (arab.), m, -: vgl. Ambra
Ambiente, (ital.), s, n.E.: die Umgebung, das Milieu
Ambiguität, (frz.), w, n.E.: Doppel-, Mehrdeutigkeit
Ambition, (frz.), w, -en: Ehrgeiz, Streben
ambitioniert, (frz.): ehrgeizig, bestrebt, heftig bemüht
ambitiös, (frz.): ehrgeizig
ambivalent, (lat.): doppelwertig, zwiespältig
Ambivalenz, (lat.), w, -en: Doppelwertigkeit; Zwiespältigkeit
Ambra, (arab.), w, -s: Duftstoff
Ambrosia, (gr.), w, n.E.: Speise der Götter; köstliche Süßspeise
ambrosisch, (gr.): göttlich; himmlisch, köstlich
ambulant, (lat.): 1. umhergehend, wandernd, 2. nicht stationär, ohne Aufnahme in die Bettenstation des Krankenhauses
Ambulanz, (lat.), w, -en: Abteilung eines Krankenhauses zur ambulanten (2) Behandlung
amen, (hebr.: »wahrlich, es geschehe!«): Schlußwort insb. christlicher Gebete
amerikanisieren: Sitten und Gebräuche der USA in einem anderen Land einführen
Amerikanismus, m, Amerikanismen: in anderen Sprachen nachweisbare Eigentümlichkeit des nordamerikanischen Englisch
amethodisch, (gr.): unmethodisch, planlos
Amethyst, (gr.), m, -e: violette Abart des Quarzes

Amid, (gr.), s, -e: Ammoniakverbindung
Amin, (gr.), s, -e: Ammoniakverbindung
Aminosäure, (gr.-dt.), w, -n: organische Säure, Baustein der Eiweiße in der Natur
Ammoniak, (gr.), s, n.E.: stechend riechendes Gas aus Wasserstoff und Stickstoff
Ammonit, m, -en: ausgestorbener Kopffüßer der Kreidezeit (in Versteinerungen als Fossil erhalten)
Ammonium, (gr.), s, n.E.: Atomgruppe aus Stickstoff und Wasserstoff
Amnesie, (gr.), w, -n: Form der Gedächtnisstörung, zeitlich begrenzte Erinnerungslücke
Amnestie, (gr.), w, -n: Straferlaß, durch Gestz gewährte Begnadigung
amnestieren, (gr.): durch Gesetz begnadigen, Straferlaß gewähren
Amnion, (gr.), s, n.E.: innerste Fruchthülle des Embryos der höheren Wirbeltiere
Amnioskopie, (gr.), w, -n: Fruchtwasserspiegelung
Amöbe, (gr.), w, -n: einzelliger Wurzelfüßer, Wechseltierchen
Amok, (malaiisch), m, n.E.: affektartiger Zustand der Besessenheit mit blindwütiger Angriffs- und Mordlust
Amor, (gr.), m, n.E.: Gott der Liebe
Amoral, (gr.-lat.), w, n.E.: Unmoral
amoralisch, (gr.-lat.): unmoralisch; sich über die Moral hinwegsetzend
Amoralität, (gr.-lat.), w, n.E.: amoralische Lebenshaltung
Amorette, (lat.-frz.), w, -n: Darstellung eines Liebesgottes in Gestalt eines nackten Knaben
amoroso, (ital.): verliebt, innig (Mus.)
amorph, (gr.): 1. gestaltlos, formlos, 2. nicht Kristallform besitzend
Amorphie, (gr.), w, -n: 1. Gestaltlosigkeit, Formlosigkeit, 2. völlige Regellosigkeit in der Anordnung der Atome
Amortisation, (lat.), w, -en: allmähliche Tilgung, planmäßige Abtragung einer Schuld
amortisieren, (lat.): eine Schuld tilgen; den Anschaffungspreis einer Maschine durch Arbeit damit erwirtschaften
Amouren, [a'mu:ren, frz.], w, n.M.: Liebschaften, Liebesabenteuer
amourös, (frz.): die Liebe betreffend; mit einem Liebesabenteuer verbunden
Ampere, [am'pä:r], s, -: Maßeinheit der elektrischen Stromstärke
Amperemeter, (frz.-gr.), s, -: Meßgerät für elektrische Stromstärke
Amphetamin, s, -e: Präparat, das das Zentralnervensystem anregt
Amphibie, [am'fi:bi-e, gr.], w, -n: Land und Wasser bewohnendes Wirbeltier; Lurch
Amphibienfahrzeug, (gr.-dt.), s, -e: Kraftfahrzeug, das sich zu Wasser und zu Lande bewegen kann
Amphitheater, (gr.), s, -: röm. Theater unter freiem Himmel
Amphore, (gr.), w, -n: großes bauchiges Tongefäß mit zwei Henkeln
amplifizieren, (lat.): erweitern; ausführlicher darlegen
Amplitude, (lat.), w, -n: größte Schwingungsweite, maximaler Ausschlag einer Schwingung
Ampulle, (lat.), w, -n: 1. steril verschlossenes Glasbehältnis für Injektionslösungen, 2. bauchiges Gefäß
Amputation, (lat.), w, -en: operatives Abtrennen eines Körperteils
amputieren, (lat.): (einen Körperteil operativ) abtrennen
Amulett, (lat.), s, -e: um den Hals getragener Anhänger in Form eines Medaillons, Glücksbringer
amüsant, (frz.): unterhaltsam, belustigend
Amüsement, [amüs(e)'m*an*, frz.], s, -s: Unterhaltung, vergnüglicher Zeitvertreib
amüsieren, (frz.): unterhalten, belustigen, vergnügen
amusisch, (gr.): nicht musisch begabt, ohne Kunstverständnis
Anabaptismus, (gr.), m, n.E.: Lehre der Wiedertäufer
Anabaptist, (gr.), m, -en: Wiedertäufer
anabatisch, (gr.): aufwärts gerichtet
Anabolika: vgl. Anabolikum
Anabolikum, (gr.), s, Anabolika: muskelaufbauendes Mittel, zur sportlichen Leisterungssteigerung verboten
Anachronismus, (gr.), m, Anachronismen: 1. falsche zeitliche Zuordnung, 2. nicht zeitgemäße Erscheinung oder Einrichtung

anachronistisch, (gr.): unzeitgemäß, nicht in die Zeit passend
anaerob, (gr.): ohne Sauerstoff, unter Luftabschluß lebend
Anagramm, (gr.), s, -e: durch Vertauschung der Buchstaben eines Wortes oder Satzes entstandenes neues Wort oder neuer Satz
Anakonda, w, -s: südamerik. Riesenschlange
anal, (gr.): den After betreffend, am After
Analerotik, (gr.), w, n.E.: 1. frühkindliches lustbetontes Interesse am analen Körperbereich, 2. sexuelles Lustempfinden im Afterbereich
Analgesie, (gr.), w, -n: Schmerzlosigkeit
Analgetikum, (gr.-lat.), s, Analgetika: schmerzstillendes Mittel
analgetisch, (gr.): schmerzstillend
Analgie, (gr.), w, -n: vgl. Analgesie
analog, (gr.): 1. entsprechend, ähnlich; gleichartig, 2. stufenlos; jedem Meßwert eine entsprechende physikalische Größe zuordnend (z.B.: die Länge auf Thermometer, das Bogenmaß auf der Uhr; Ggs.: digital)
Analogie, (gr.), w, -n: Entsprechung, Ähnlichkeit; Gleichartigkeit, Übereinstimmung; sinngemäße Übertragung
Analogon, (gr.), s, Analoga: Entsprechung, ähnlicher Fall
Analoguhr, (gr.-dt.), w, -en: Uhr mit Zeitangabe auf einem Zifferblatt
Analphabet, (gr.), m, -en: des Schreibens und Lesens Unkundiger
analphabetisch, (gr.): des Schreibens und Lesens unkundig
Analphabetismus, (gr.), m, n.E.: Unfähigkeit, zu schreiben und zu lesen
Analverkehr, (gr.-dt.), m, n.E.: Einführen des Penis in den After
Analyse, (gr.), w, -n: 1. Auflösung, Zerlegung eines Ganzen in seine Einzelteile, 2. Ermittlung der Bestandteile chem. Verbindungen
analysieren, (gr.): auflösen, zerlegen, untersuchen, eine Analyse vornehmen
Analysis, (gr.), w, n.E.: Teilgebiet der Mathematik
Analytik, (gr.), w, n.E.: Lehre und Methode der Analyse
Analytiker, (gr.), m, -: jmd., der Analysen fachgerecht durchführt
analytisch, (gr.): zergliedernd, zerlegend, auflösend
Anämie, (gr.), w, -n: Blutarmut, Verringerung der Anzahl der roten Blutkörperchen
anämisch, (gr.): blutarm, an Anämie leidend
Anamnese, (gr.), w, -n: Vorgeschichte einer Krankheit
Anapher, (gr.), w, -n: Wiederholung eines gleichen Wortes am Anfang aufeinanderfolgender Sätze oder Satzglieder
anaphorisch, (gr.): in Form einer Anapher, unter Verwendung von Anaphern
anaphylaktisch, (gr.): überempfindlich, allergisch reagierend
Anaphylaxie, (gr.), w, -n: Überempfindlichkeit, schockartige allergische Reaktion des Körpers (anaphylaktischer Schock)
Anarchie, (gr.), w, -n: Herrschaftslosigkeit, Zustand der Gesetzlosigkeit
anarchisch, (gr.): auf Anarchie beruhend, herrschaftslos, gesetzlos
Anarchismus, (gr.), m, n.E.: jede politische und staatliche Organisation ablehnende politische Bewegung und Überzeugung
Anarchist, (gr.), m, -en: Anhänger des Anarchismus
anarchistisch, (gr.): auf Anarchismus beruhend
Anästhesie, (gr.), w, -n: 1. Schmerzausschaltung; Betäubung, 2. Empfindungslosigkeit gegen Schmerz-, Temperatur- und Berührungsreize
Anästesiologie, (gr.), w, n.E.: Wissenschaft von der Anästhesie
Anästhesist, (gr.), m, -en: Facharzt für Narkose
Anästhetikum, (gr.), s, Anästhetika: schmerzstillendes Mittel
Anatom, (gr.), m, -en: Wissenschaftler auf dem Gebiet der Anatomie
Anatomie, (gr.), w, -n: Lehre vom Körperbau der Lebewesen
anatomisch, (gr.): den Bau des menschlichen Körpers betreffend
Anciennität, [*an*ßiäni'tä:t, frz.], w, -en: Dienstalter, Altersfolge
Ancienntätsprinzip, [*an*ßiäni'tä:tsprinzip, frz.-lat.], s, n.E.: Prinzip, Arbeit-

nehmer nach dem Dienstalter zu befördern

Anciem régime, [*an*ßi'*än* re'*sch*i:m, frz.], s, n.E.: alte und überholte Regierungsform, insb. die absolutistische in Frankreich vor der Revolution 1789

andante, (ital.): mäßig bewegt, ruhig (Mus.)

andantino, (ital.): etwas schneller als andante (Mus.)

andocken, (dt.-engl.): ankoppeln

Andragogik, (gr.), w, n.E.: Erwachsenenbildung

androgyn, (gr.): zweigeschlechtlich; zwitterig

Androgynie, (gr.), w, n.E.: 1. Zwitterbildung bei Pflanzen, 2. Mischung von Merkmalen beider Geschlechter in einer Person

Andrologie, (gr.), w, n.E.: Männerheilkunde

Anekdote, (gr.), w, -n: kurze heitere Geschichte von zeit- oder personentypischem Inhalt

anekdotisch, (gr.): in Form einer Anekdote

Anemone, (gr.), w, -n: 1. kleine Frühlingsblume, Buschwindröschen, 2. Mädchenname (aus Anna und Monika)

Anergie, (gr.), w, -n: 1. Energielosigkeit, Unentschlossenheit, 2. Reizunempfindlichkeit

Angelus, (lat.), m, -: kath. Gebet

Angina, (lat.), w, Anginen: meist fieberhafte Entzündung der Mandeln und des Rachenraumes

Angina pectoris, (lat.), w, n.E.: Erkrankung mit anfallsweise auftretende Schmerzen infolge Verengung der Herzkranzgefäße

anginös, (lat.): anginaartig

Anglaise, [*an*'glä:s, frz.], w, -n: alter engl. Gesellschaftstanz

Anglikaner, (lat.), m, -: Angehöriger der engl. Staatskirche

anglikanische Kirche, (lat.-dt.): engl. Staatskirche

anglisieren, (lat.): dem engl. Stil, der engl. Sprache oder den engl. Sitten angleichen

Anglist, (lat.), m, -en: Fachmann auf dem Gebiet der Anglistik

Anglistik, (lat.), w, n.E.: Wissenschaft von der engl. Sprache, Kultur und Literatur

Anglizismus, (lat.), m, Anglizismen: in sprachlichen Wendungen, Wortschöpfungen und anderen Sprachen nachweisbarer Anklang an die engl. Sprache

Angloamerikaner, m, -: Sammelbez. für Engländer und Amerikaner

anglophil, (lat.-gr.): englandfreundlich gesonnen

Anglophilie, (lat.-gr.), w, n.E.: Englandfreundlichkeit

Anhydrid, (gr.), s, -e: chem. Verbindung, die aus einer Säure oder Base durch Entzug von Wasser entsteht

Anhydrit, (gr.), m, -e: wasserfreies Kalziumsulfat

Anilin, (arab.-lat.), s, n.E.: farblose, giftige Flüssigkeit zur Herstellung von Farbstoffen u.a.

animalisch, (lat.): 1. aus dem Tierreich stammend, tierisch, 2. sinnlich, triebhaft; urwüchsig

Animalismus, (lat.), m, n.E.: religiöse Verehrung von Tieren

Animalität, (lat.), w, n.E.: tierische Wesensart

Animateur, [anima'tö:r, lat.-frz.], m, -e: Angestellter in der Touristikbranche, der Unterhaltung und Freizeitgetaltung organisiert

Animation, (lat.), w, -en: Belebung unbewegter Objekte im Filmtrick

Animierdame, (lat.), w, -n: Bardame, die die Gäste zum Bestellen teurer Getränke anregen soll

animieren, (lat.): 1. beleben, anregen, ermuntern, anreizen, 2. Bewegungsabläufe für einen Trickfilm filmen

Animismus, (lat.), m, n.E.: die Vorstellung, daß Erscheinungen oder Gegenstände der Natur in Form von Geistern o.ä. beseelt sind

Animist, (lat.), m, -en: Anhänger des Animismus

Animosität, (lat.), w, -en: Feindseligkeit, Gefühl oder Äußerung der Ablehnung, Abneigung

Animus,(lat.), m, n.E.: Seele, Gemüt, Gefühl; Geist

Anion, (gr.), s, -en: negativ geladenes Teilchen (Ggs.: Kation)

Anis, (gr.), m, -e: Gewürz- und Arzneipflanze

Anisette, [ani'set, frz.], m, -s: Anislikör

Ankathete, (dt.-gr.), w, -n: diejenige

Kathete, die einem spitzen Winkel anliegt
Annalen, (lat.), w, n.M.: geschichtliche Jahrbücher, nach Jahren geordnete Aufzeichnungen
annektieren, (lat.): sich widerrechtlich einverleiben (meist in bezug auf fremdes Staatsgebiet)
Annex, (lat.), m, -e: Anhang, Anhängsel; Zubehör; Anbau
Annexion, (lat.), w, -en: gewaltsame Aneignung fremden Staatsgebiets
Annexionimus, (lat.), m, n.E.: Streben nach Annexionen
anno, (lat.): im Jahre
anno Domini, (lat.): im Jahre des Herrn; nach Christi Geburt
Annonce, [an'*on*ße, frz.], w, -n: Ankündigung; Anzeige in einer Zeitung, Inserat
annoncieren, [an*on*'ßi:ren, frz.]: ankündigen; eine Anzeige zur Veröffentlichung in einer Zeitung aufgeben, inserieren
annuell, (lat.): einjährig; jährlich
Annuität, (lat.), w, -en: jährliche Zahlung von Zinsen und Tilgungsraten
annullieren, (lat.): für ungültig erklären; außer Kraft setzen; rückgängig machen
Annullierung, (lat.), w, -en: Ungültigkeitserklärung
Anode, (gr.), w, -n: positive Elektrode (Ggs.: Kathode)
anomal, (gr.): von der Regel abweichend, unregelmäßig
Anomalie, (gr.), w, -n: 1. Unregelmäßigkeit, Abweichung, 2. Mißbildung
anonym, (gr.): ohne Namensangabe, ohne Verfassernamen, namenlos
Anonymität, (gr.), w, n.E.: Namenlosigkeit
Anonymus, (gr.-lat.), m, Anonymi: Ungenanter, Namenloser
Anopheles, (gr.), w, -: eine Stechmükke, Überträgerin der Malaria
Anorak, (eskimo.), m, -s: Windjacke
anorganisch, (gr.): mineralisch entstanden; nicht organisch, unbelebt
anorganische Chemie: Wissenschaft von den Elementen und Verbindungen ohne Kohlenstoff
Anorgasmie, (gr.), w, -n: Fehlen des Orgasmus beim sexuellen Verkehr
anormal, (lat.): nicht normal, ungewöhnlich
Anschovis, (span.), w, -: eingelegte Sardelle oder Sprotte
Antagonismus, (gr.), m, Antagonismen: 1. Gegensatz, Widerstreit, Gegnerschaft, 2. Gegenwirkung
Antagonist, (gr.), m, -en: Gegner, Widersacher
antagonistisch, (gr.): gegensätzlich, widerstreitend; gegnerisch
Antarktika, (gr.-lat.), w, n.E.: Kontinent der Antarktis
Antarktis, (gr.-lat.), w, n.E.: Südpolargebiet (Festland und Meer)
ante Christum (natum), (lat.): vor Christi (Geburt) (Abk.: a.Chr.)
ante mortem, (lat.): vor dem Tod (Abk.: a. m.; Ggs.: post mortem)
Antenne, (lat.), w, -n: 1. Vorrichtung zum Abstrahlen oder Empfangen elektromagnetischer Wellen, 2. Fühler (der Gliederfüßer)
ante portas, (lat.: »vor den Toren«): im Anmarsch
Anthologie, (gr.): Sammlung von ausgewählten Gedichten oder Ausschnitten aus literarischen Werken verschiedener Autoren
anthologisch, (gr.): ausgewählt
anthrazit, (gr.): grauschwarz
anthropogen, (gr.): vom Menschen geschaffen, von Menschen beeinflußt
anthropoid, (gr.): menschenähnlich
Anthropologe, (gr.), m, -n: Wissenschaftler auf dem Gebiet der Anthropologie
Anthropologie, (gr.), w, n.E.: Menschenkunde, Wissenschaft von Herkunft und Entwicklung des Menschen
anthropologisch, (griech): menschenkundlich
anthropomorph, (gr.): von menschlicher Gestalt, menschenähnlich
Anthropomorphismus, (gr.), m, -morphismen: Übertragung menschlicher Eigenschaften auf nichtmenschliche Dinge oder Wesen
Anthroposoph, (gr.), m, -en: Anhänger der Anthroposophie
Anthroposophie, (gr.), w, n.E.: von Rudolf Steiner begründete Weltanschauungslehre
anthroposophisch, (gr.): die Anthroposophie betreffend

anthropozentrisch, (gr.): den Menschen in den Mittelpunkt (der Welt) stellend
Anthropus, (gr.), m, n.E.: Frühmensch
Antialkoholiker, (gr.-arab.), m, -: Alkoholgegner
Antiallergikum, (gr.), s, Antiallergika: Mittel zur Behandlung allergischer Krankheiten
Antiasthmatikum, (gr.-lat.), s, Antiasthmatika: Mittel zur Behandlung von Asthma
antiautoritär, (gr.-lat.): gegen autoritäre Normen eingestellt; gegen Autoritäten (Personen oder Normen) gerichtet (Ggs.: autoritär)
Antibabypille, (gr.-engl.-lat.), w, -n: empfängnisverhütendes Arzneimittel
antibakteriell, (gr.): gegen Bakterien wirkend
Antibiotikum, (gr.), s, Antibiotika: Arzneimittel, das die Vermehrung von Viren, Bakterien, Pilzen o.ä. verhindert
antibiotisch, (gr.): in der Art eines Antibiotikums wirkend
antichambrieren, [antischam'bri:ren, frz.]: 1. lange im Vorzimmer feiner Leute warten, 2. liebedienern, einflußreichen Leuten schmeicheln
Antichrist, (gr.-lat.), m, -en: Gegner Christi oder des Christentums
antichristlich, (gr.-lat.): gegen das Christentum gerichtet
antidemokratisch, (gr.): demokratiefeindlich
Antidepressivum, (gr.-lat.), s, -depressiva: Medikament gegen schwere Depressionen
Antidot, (gr.), s, -e: Gegengift
Antifaschismus, (gr.-ital.), m, n.E.: Gegnerschaft, politische Bewegung gegen Faschismus und Nationalsozialismus
Antifaschist, (gr.-ital.), m, -en: Gegner des Faschismus und Nationalsozialismus
antifaschistisch, (gr.-ital.): gegen Faschismus und Nationalsozialismus gerichtet
Antigen, (gr.), s, -e: Fremdeiweißstoff, der im Körper von Mensch oder Tier die Bildung von Antikörpern bewirkt
antik, (frz.): 1. die Antike betreffend, aus der Antike stammend, im Stil der Antike, 2. alt, altertümlich
Antike, (frz.), w, n.E.: das gr. und röm. Altertum und seine Kultur
antiklerikal, (gr.): kirchenfeindlich
Antikoagulans, (gr.-lat.), s, Antikoagulantien: Mittel zur Hemmung der Blutgerinnung
antikonzeptionell, (gr.-lat.): empfängnisverhütend
Antikonzeptivum, (gr.-lat.), s, Antikonzeptiva: empfängnisverhütendes Mittel
Antikörper, (gr.-dt.), m, -: im Blut gebildeter Abwehrstoff gegen Krankheitserreger
Antilope, (gr.-frz.), w, -n: flinkes gehörntes Huftier Afrikas und Asiens
Antimaterie, (gr.-lat.), w, n.E.: Materie aus Atomen, die aus Antiteilchen der Erdmaterie bestehen
Antimilitarismus, (gr.-lat.), m, n.E.: gegen Militarismus gerichtete Einstellung oder Bewegung
Antineuralgikum, (gr.), s, -neuralgika: Mittel gegen (Nerven-)Schmerzen
Antinomie, (gr.-lat.), w, -n: logischer Widerspruch zwischen zwei logisch begründeten Aussagen, Gegebenheiten oder Gesetzen
antinomisch, (gr.-lat.): in der Art einer Antinomie, logisch unvereinbar
Antipasto, (ital.), s, Antipasti: Vorspeise
Antipathie, (gr.), w, -n: (gefühlsmäßige) Abneigung, Widerwille (Ggs.: Sympathie)
Antipode, (gr.), m, -n: 1. auf der entgegengesetzten Seite der Erde lebender Mensch, 2. einen entgegengesetzten Standpunkt vertretender Mensch; Gegner, Widersacher
Antipyretikum, (gr.), s, -pyretika: fiebersenkendes Mittel
Antiqua, (lat.), w, n.E.: heute übliche lat. Druckschrift
Antiquar, (lat.), m, -e: Buchhändler, der mit gebrauchten Büchern, Zeitschriften o.ä. handelt
Antiquariat, (lat.), s, -e: Buchhandlung, in der mit gebrauchten Büchern, Zeitschriften, o.ä. gehandelt wird
antiquarisch, (lat.): alt, gebraucht
antiquiert, (lat.): veraltet, altmodisch, nicht mehr zeitgemäß
Antiquität, (lat.), w, -en: altertümli-

cher, wertvoller Kunst- oder Gebrauchsgegenstand
Antisemit, (gr.), m, -en: Judengegner, Judenfeind
antisemitisch, (gr.): judenfeindlich
Antisemitismus, (gr.), m, n.E.: feindliche Einstellung, Haß gegenüber Juden
Antisepsis, (gr.), w, n.E.: chem. Bekämpfung von Krankheitserregern innerhalb der Wunde
Antiseptikum, (gr.), s, -septika: Krankheitserreger abtötendes Mittel (zur Wundbehandlung)
antiseptisch, (gr.): Krankheitserreger abtötend, Wundinfektion verhindernd
Antiserum, (gr.), s, Antiseren: Heilserum, das Antikörper enthält
Antispasmodikum, (gr.), s, Antispasmodika: krampflösendes Medikament
antispastisch, (gr.): krampflösend
Antistatikmittel, (gr.-dt.), s, -: Mittel zur Verhinderung elektrostatischer Aufladung
Antiteilchen, (gr.-dt.), s, -: Elementarteilchen, dessen Eigenschaften denen eines anderen Teilchens entgegengesetzt ist (z.B. entgegengesetzte elektrische Ladung)
Antithese, (gr.), w, -n: 1. Gegenbehauptung; der These entgegengestellte Behauptung, 2. Gegenüberstellung entgegengesetzter Begriffe
antithetisch, (gr.): entgegengesetzt, gegensätzlich
Antitoxin, (gr.), s, -e: als Gegengift wirksamer Antikörper im Blut
Antitussivum, (gr.-lat.), s, -tussiva: den Hustenreflex dämpfendes Medikament
Antizipation, (lat.), w, -en: Vorwegnahme; Vorgriff
antizipieren, (lat.): (gedanklich) vorwegnehmen
antizyklisch, (gr.): gegen einen Zyklus verlaufend oder gerichtet
Antonym, (gr.), s, -e: Gegenwort, Wort mit entgegengesetzter Bedeutung
anturnen, ['antö(r)nen, dt.-engl.]: in Stimmung bringen
Anus, (lat.), m, Ani: After
Anus praeter, (lat.), m, Ani -: künstlicher Darmausgang
anvisieren, (dt.-lat.): ins Auge fassen, anstreben
Äon, (gr.), m, -en: Ewigkeit; Zeitalter
Aorta, (gr.), w, Aorten: Hauptschlagader
Apache, [a'pa.tsche, indian.], m, -n: Mitglied des gleichnamigen Indianerstammes
apallische Syndrom, (gr.), s, -n -e: Funktionsstörung im Gehirn
Apanage, [apa'na:*sch*, frz.], w, -n: regelmäßige Unterhaltszahlung an Mitglieder fürstlicher Häuser
apart, (frz.): erlesen, außergewöhnlich; eigenartig und reizvoll
Apartheid, (afrikaans), w, n.E.: Politik der Rassentrennung
Apartment, (engl.), s, -s: Kleinwohnung
Apathie, (gr.), w, n.E.: Teilnahmslosigkeit; Abgestumpftheit
apathisch, (gr.): teilnahmslos; gleichgültig, abgestumpft
Aperçu, [aper'ßü:, frz.], s, -s: geistreich zugespitzte Bemerkung
aperiodisch, (gr.): nicht periodisch
Aperitif, (frz.), m, -s: appetitanregendes alkoholisches Getränk
Aphel, (gr.), s, -e: sonnenfernster Punkt der elliptischen Bahn eines Planeten
Aphorismus, (gr.), m, Aphorismen: geistreiche, überraschende Bemerkung, knapp und prägnant formulierter Gedanke
Aphoristik, (gr.), w, n.E.: die Kunst des Aphorismus
Aphoristiker, (gr.), m, -: Verfasser von Aphorismen
aphoristisch, (gr.): in der Art eines Aphorismus; knapp und prägnant formuliert
Aphrodisiakum, s, Aphrodisiaka: angeblich den Geschlechtstrieb anregendes Mittel
Aphte, (gr.), w, -n: schmerzhaftes Bläschen, offene Stelle im Bereich der Mundschleimhaut
apodiktisch, (gr.): 1. unumstößlich geltend, logisch notwendig, 2. keinen Widerspruch zulassend
Apokalypse, (gr.: »Offenbarung«), w, -n: 1. prophetische Abhandlung über das (schreckliche) Ende der Welt (z.B.: die Offenbarung des Johannes), 2. Unheil, Endzeitkatastrophe, Weltuntergang
Apokalyptik, (gr.), w, n.E.: literar. Visionen vom Ende der Welt

apokalyptisch, (gr.): die Apokalyptik betreffend; unheilbringend, Weltuntergang verheißend

apokryph, (gr.): 1. zu den Apokryphen gehörend, 2. später hinzugefügt, untergeschoben, unecht

Apokryph, (gr.), s, -en: später einem Werk hinzugefügte Schrift

apolitisch, (gr.): unpolitisch

Apoll, m, -s: vgl. Apollo (3)

apollinisch, (gr.): 1. den Gott Apollo betreffend, 2. harmonisch, maßvoll

Apollo, (gr. Gott der Weissagung, der Dichtkunst und der Jugend), m, -s: 1. ein Planetoid, 2. ein Tagfalter, 3. schöner, junger Mann

Apologet, (gr.), m, -en: Verfechter, Verteidiger eines Werkes oder einer Lehre

Apologetik, (gr.), w, -en: 1. Rechtfertigung von Werken oder Lehren, 2. wissenschaftl. Schrifttum zur Rechtfertigung des Christentums

apologetisch, (gr.): ein Werk oder eine Lehre verfechtend, rechtfertigend

Apologie, (gr.), w, -n: Verteidigung (srede), Rechtfertigung(sschrift)

Apoplektiker, (gr.), m, -: jmd., der zu Schlaganfällen neigt

apoplektisch, (gr.): zum Schlaganfall neigend

Apoplexie, (gr.), w, -n: Gehirnschlag, Schlaganfall

Apostel, (gr.), m, -: 1. einer der 12 Jünger Jesu, 2. Verkünder, Vorkämpfer einer neuen Lehre

a posteriori, (lat.): im Nachhinein, nachträglich

Apostolikum, (gr.-lat.), s, n.E.: das Apostolische Glaubensbekenntnis

apostolisch, (gr.-lat.): 1. die Apostel betreffend, 2. päpstlich

Apostroph, (gr.), m, -e: Zeichen für einen ausgelassenen Vokal oder eine ausgelassene Silbe (z.B.: 'naus, hätt')

Apostrophe, (gr.), w, Apostrophen: feierliche Anrede

apostrophieren, (gr.): 1. ein Apostroph setzen, 2. feierlich anreden, 3. besonders hervorheben

Apotheke, (gr.), w, -n: 1. Fachgeschäft für Arzneimittel, 2. Schränkchen für Arzneimittel

Apotheose, (gr.), w, -n: 1. Verherrlichung, Erhebung eines Menschen zur Gottheit, 2. eindrucksvolles Schlußbild einer Aufführung

Apparat, (lat.), m, -e: 1. Gerät, Vorrichtung; Hilfsmittel; 2. Verwaltung, Gesamtheit von Behörden

apparativ, (lat.): mit Hilfe eines Apparates

Apparatschik, (lat.-russ.), m, -s: bürokratischer Funktionär

Apparatur, (lat.), w, -en: 1. eine aus verschiedenen Apparaten bestehende Anlage, 2. Gesamtheit von Apparaten

Appartement, [apart(e)'m*an*, frz.], s, -s: komfortable Kleinwohnung

appassionata, (ital.): leidenschaftlich (Mus.)

Appeal, [(e)'pi:l, engl.], m, n.E.: Ausstrahlung; Anreiz

Appeasement, [ä'pi:sm(e)nt, engl.], s, n.E.: Politik des Nachgebens

Appell, (lat.), m, -e: 1. Aufruf, Mahnruf, 2. das Antreten, das Sammeln (beim Militär)

Appellation, (lat.), w, -en: Berufung (bei Gericht)

Appellativ, (lat.), m, -e: Substantiv, das eine Gattung bezeichnet

Appellativum: vgl. Appellativ

appellieren, (lat.): jmdn. ansprechen, aufrufen, auffordern; sich an jmdn. wenden

Appendix, (lat.), m, -e oder Appendizes: 1. Anhängsel, Anhang, 2. Anhang eines Organs, Wurmfortsatz des Blinddarms

Apperzeption, (lat.), w, -en: begriffliche Wahrnehmung, bewußtes Erfassen

apperzipieren, (lat.): begrifflich wahrnehmen, bewußt erfassen

Appetenz, (lat.), w, -en: zweckgerichtetes Verhalten; Sexualverlangen

Appetit, (lat.), m, -e: Eßlust

appetitlich, (lat.): den Appetit anregend, zum Essen verlockend

Appetizer, ['ä.petais(e)r, engl.], m, -: appetitanregendes Mittel

applaudieren, (lat.): Beifall spenden; klatschen

Applaus, (lat.), m, -e: Beifall

Applikation, (lat.), w, -en: 1. Aufnäher (auf Textilien), 2. das Verabreichen von Medikamenten

applizieren, (lat.): 1. anwenden, 2. verabreichen, 3. anbringen; aufnähen

apportieren, (frz.): (Gegenstände oder erlegtes Wild) herbeibringen (von einem Hund)
Apposition, (lat.), w, -en: substantivische Beifügung, z.B.: Die Frau, das unbekannte Wesen
appretieren, (lat.): Textilien verschönern (z.B. durch: Stärken oder Walken)
Appretur, (lat.), w, -en: das Appretieren von Kleidungsstücken
Approbation, (lat.), w, -en: 1. Bewilligung; Bevollmächtigung, 2. staatl. Zulassung für den Arzt- oder Apothekerberuf
approbieren, (lat.): 1. bestätigen, bewilligen; bevollmächtigen, 2. staatl. zulassen
Approximation, (lat.), w, -en: Annäherung, Näherungswert (Math.)
approximativ, (lat.): annähernd
approximieren, (lat.): annähern
Après-Ski, [apre:'schi:, frz.-norweg.], s, n.E.: 1. geselliges Beisammensein nach dem Skifahren, 2. Skisportkleidung
a prima vista, (ital.): ohne zu üben, vom Blatt (Mus.)
a priori, (lat.): von vornherein
a propos, [apro'po:, frz.]: übrigens
Apsis, (gr.), w, Apsiden: halbkugelförmiger Raumabschluß in Kirchen
Aqua destillata, (lat.), s, n.E.: destilliertes, reines Wasser
Aquädukt, (lat.), m oder s, -e: (in der Antike:) Wasserleitung, die auf Brükkenbogen über Land geführt wird
Aquakultur, (lat.), w, -en: planmäßige Bewirtschaftung des Meeres
Aqamarin, (lat.), m, -e: meerblauer Edelstein
Aquanaut, (lat.), m, -en: Tiefseeforscher
Aquaplaning, (engl.), s, -s: Verlust der Bodenhaftung von Autoreifen auf regennasser Fahrbahn
Aquarell, (ital.), s, -e: mit Wasserfarben gemaltes Bild
aquarellieren, (ital.): mit Wasserfarben malen
Aquarium, (lat.), s, Aquarien: 1. Glasbehälter zur Haltung von Wassertieren und -pflanzen, 2. Gebäude, in dem Wassertiere und -pflanzen ausgestellt sind
Aquatinta, (ital.), w, Aquatinten: Kupferstichverfahren
aquatisch, (lat.): im Wasser lebend oder entstanden
Äquator, (lat.), m, Äquatoren: 1. größter, von beiden Polen gleichweit entfernter Breitenkreis der Erdkugel, 2. dessen Projektion auf das Himmelsgewölbe
äquatorial, (lat.): zum Äquator gehörig
Aquavit, (lat.), m, -e: Schnaps mit Kümmelgeschmack
Äquilibrist, (lat.), m, -en: Gleichgewichtskünstler als Artist
Äquilibristik, (lat.), w, n.E.: Gleichgewichtskunst
Äquinoktium, (lat.), s, Äquinoktien: Tagundnachtgleiche (am 21. März und 23. September)
äquivalent, (lat.): gleichwertig; entsprechend
Äquivalent, (lat.), s, -e: Gleichwertiges, Gegenwert; Ersatz
Äquivalenz, (lat.), w, -en: Gleichwertigkeit
äquivok, (lat.): doppelsinnig, mehrdeutig
Ar, (lat.), s, -e: eine Flächenmaßeinheit (1a = 100 m^2)
Ara, m, -s: Papagei
Ära, (lat.), w, Ären: Epoche, längerer Zeitabschnitt; Amtszeit
arabesk, (frz.): rankenförmig verziert
Arabeske, (frz.), w, -n: 1. Rankenornament, Verzierung in Rankenform, 2. heiteres Klaviermusikstück, 3. Tanzpose beim Ballett
Arabistik, w, n.E.: Wissenschaft von der arabischen Sprache, Literatur und Kultur
arachnoid, (gr.): spinnenartig
Arachnologie, (gr.), w, n.E.: Spinnenkunde
Arachnophobie, (gr.), w, n.E.: Angst vor Spinnen
Aralie, (lat.), w, -n: immergrüne Zimmerpflanze
Araukarie, w, -n: südamerik. Nadelbaum; Zimmertanne
Arbitrage, [arbi'tra:*sch*, frz.], w, -n: Schiedsspruch
Archaikum, (gr.), s, n.E.: Urzeit, ältester Abschnitt der erdgeschichtl. Frühzeit

archaisch, (gr.): altertümlich, frühzeitlich
archäisch, (gr.): aus dem Archaikum stammend
archaisieren, (gr.): altertümlich machen
Archäologe, (gr.), m, -n: Wissenschaftler auf dem Gebiet der Archäologie
Archäologie, (gr.), w, n.E.: Altertumskunde, Wissenschaft von den Kulturen des Altertums
archäologisch, (gr.): die Archäologie betreffend
Archäopteryx, (gr.), m, -e: Urvogel, ausgestorbener Vogel, der noch Reptilienmerkmale aufweist
Archetyp, (gr.), m, -en: 1. Urform, Urbild, 2. Muster, Vorbild, 3. älteste überlieferte Fassung
archetypisch, (gr.): der Urform entsprechend, urbildlich
Archimandrit, (gr.), m, -en: Klostervorsteher (in der gr.-orthodoxen Kirche)
archimedisch: im Sinn der Lehren des gr. Mathematiker Archimedes
Archipel, (gr.), s, -e: Inselgruppe
Architekt, (gr.), m, -en: Baufachmann, der Bauwerke entwirft
Architektonik, (gr.), w, n.E.: 1. Wissenschaft von der Baukunst, 2. Aufbau, Bauart eines Bauwerkes
Architektur, (gr.), w, -en: 1. Baukunst; Baustil, 2. der Aufbau eines Bauwerkes
Archiv, (gr.), s, -e: Urkundensammlung; Aufbewahrungsräume für Urkunden, Akten oder andere Schriftstücke
Archivalien, (gr.), w, n.M.: Urkunden, Akten eines Archivs
archivalisch, (gr.): urkundlich
Archivar, (gr.), m, -e: Fachmann, der in einem Archiv arbeitet
archivarisch, (gr.): das Archiv betreffend
archivieren, (gr.): (eine Urkunde o.ä.) in ein Archiv aufnehmen
Areal, (lat.), s, -e: 1. Fläche, Flächeninhalt, 2. Gebiet
areligiös, (lat.): nicht religiös
Arena, (lat.), w, Arenen: Kampfplatz im röm. Amphitheater; Platz zum Austragen sportlicher Wettkämpfe
Areopag, (gr.), m, -e: höchster Gerichtshof im antiken Athen
Argentum, (lat.), s, n.E.: Silber
Argon, (gr.), s, n.E.: ein Edelgas
Argot, [ar'go:, frz.], s oder m, -s: frz. Gaunersprache
Argument, (lat.), s, -e: Beweismittel, Beweisgrund; zur Bekräftigung eines Standpunktes vorgebrachte Aussage
Argumentation, (lat.), w, -en: das Vorbringen von Argumenten, Begründung
argumentativ, (lat.): in der Art eines Arguments; Argumente verwendend
argumentatorisch, (lat.): in der Art einer Argumentation
argumentieren, (lat.): Argumente vorbringen, begründen, schlußfolgern
Argusaugen, (gr.-dt.), w, n.M.: scharf beobachtende, wachsame Augen
Ariadnefaden, (gr.-dt.), m, -: rettendes Mittel, Leitfaden
arid, (lat.): trocken, dürr
Aridität, (lat.), w, n.E.: Trockenheit, Dürre
Arie, (ital.), w, -n: Musikstück für eine Solostimme (insb. in Opern)
Arier, (sanskr.), m, -: 1. (eigtl.:) Angehöriger frühgeschichtlicher indogermanischer Völker, 2. (im nationalsozialistischen Sprachgebrauch:) Angehöriger der nordischen Rasse, Nichtjude
Ariette, (ital.), w, -n: kleine Arie
arios, (ital.): arienhaft, melodiös
arioso, (ital.): vgl. arios
arisch, (sanskr.): 1. die Sprachen der Arier (1) betreffend, 2. (im nationalsozialistischen Sprachgebrauch:) der nordischen Rasse angehörig, nichtjüdisch
Aristokrat, (gr.), m, -en: Adliger, Angehöriger der Aristokratie; vornehmer Mensch
Aristokratie, (gr.), w, -n: 1. Adel, Stand des Adels, 2. Adelsherrschaft
aristokratisch, (gr.): 1. die Staatsform der Aristokratie betreffend, 2. zur Aristokratie (1) gehörend, adelig, vornehm
Arithmetik, (gr.), w, n.E.: Rechenkunst
arithmetisch, (gr.): rechnerisch, zur Arithmetik gehörig
Arkade, (frz.), w, -n: von Säulen getragener Bogen, Bogengang
Arktis, (gr.), w, n.E.: das Gebiet um den Nordpol
arktisch, (gr.): die Arktis betreffend, aus der Arktis stammend

Arkus (Arcus), (lat.), m, arkus: Bogenmaß eines Winkels
Armada, (span.), w, -s: starke Kriegsflotte
Armagnac, [arman'ja.k, frz.], m, -s: ein Weinbrand
Armatur, (lat.), w, -en: 1. Ausrüstung, Bedienungsvorrichtung, 2. Wasserhahn, Duschkopf
Armaturenbrett, (lat.-dt.), s, -er: Leiste, Tafel oder Platte mit Bedienungs-, Kontroll- und Meßgeräten
Armee, (frz.), w, Armeen: die Gesamtheit der Streitkräfte eines Staates
Armeekorps, [ar'me:ko:r, frz.], s, -s: Truppenverband aus mehreren Divisionen
armieren, (lat.): 1. bewaffnen, 2. mit Stahleinlagen verstärken
Arnika, w, -s: Zier- und Heilpflanze
Aroma, (gr.), s, -s oder Aromen: 1. Geschmack, Würze, 2. Wohlgeruch, 3. Geschmacksstoff, Würzmittel
Aromat, (gr.), m, -en: ringförmige organische Verbindung
aromatisch, (gr.): 1. würzig, von kräftigem Geschmack, 2. wohlriechend
arpeggio, [ar'pe.d*sch*o, ital.]: einen Akkord gebrochen spielen, so daß die Töne rasch hintereinander einzeln erklingen
Arrak, (arab.), m, -s: Branntwein aus Reis
Arrangement, [ar*an*sch(e)'m*an*, frz.], s, -s: 1. Zusammenstellung, Anordnung, 2. Bearbeitung eines Musikstückes für andere Instrumente, 3. Verabredung, Übereinkunft
Arrangeur, [ar*an*'schö:r, frz.], m, -e: 1. jmd., der etwas arrangiert, 2. Einrichter von Musikstücken für andere Instrumente
arrangieren, [ar*a(n)*'schi:ren, frz.]: 1. zusammenstellen, gestalten, anordnen, 2. ein Musikstück für andere Instrumente einrichten, 3. etwas organisieren, 4. übereinkommen, vereinbaren
Arrest, (lat.), m, -e: 1. Haft, leichte Freiheitsstrafe, 2. Ort der Haft, 3. Nachsitzen in der Schule, 4. Pfändung, gerichtlich angeordnete Beschlagnahme
Arrestant, (lat.), m, -en: jmd., der sich in Arrest (1) befindet, Inhaftierter
arretieren, (lat.): 1. in Arrest nehmen, festnehmen, 2. befestigen, feststellen
Arrhythmie, (gr.), w, -n: 1. unregelmäßige Bewegung, 2. Unregelmäßigkeit der Herz- und Hirntätigkeit
arrivederci, [ariwe'dä.rtschi, ital.]: auf Wiedersehen!
arriviert, (frz.): emporgekommen, gesellschaftlich aufgestiegen, anerkannt
arrogant, (lat.): eingebildet, anmaßend, überheblich
Arroganz, (lat.), w, n.E.: Anmaßung, Überheblichkeit, arrogantes Verhalten
arrondieren, (frz.): abrunden, zusammenlegen
Arrondissement, [ar*on*diß'm*an*, frz.], m, -s: kleinerer Verwaltungsbezirk in Frankreich
Ars amandi, (lat.), w, n.E.: Liebeskunst
Arsen, (gr.), s, n.E.: chem. Element, gefährliches Gift
Arsenal, (ital.), s, -e: 1. Waffenlager; Vorratslager, 2. Gesamtbestand an Waffen
Arsenik, (gr.), s, n.E.: giftiges weißes Pulver, bedeutendste giftige Arsenverbindung
Art deco, ['a:(r) de'ko:, frz.], w, n.E.: Kunst- und Einrichtungsstil zwischen 1920 und 1940
Art-director, ['a:tdairekt(e)r, engl.], m, -: künstlerischer Leiter
Artefakt, (lat.), s, -e: 1. von Menschen geschaffener Gegenstand, Kunsterzeugnis 2. urgeschichtliches Stein- oder Knochenwerkzeug
artefiziell: vgl. artifiziell
Arterie, (gr.), w, -n: Schlagader, die das Blut vom Herzen wegleitet
arteriell, (gr.): die Arterien betreffend
Arteriosklerose, (gr.), w, -n: Arterienverkalkung
artesisch, (frz.): durch Druck zutage tretend (in Bezug auf Grundwasser)
artesischer Brunnen: natürlicher Brunnen
Arthritis, (gr.), w, Arthritiden: Gelenkentzündung
arthritisch, (gr.): die Arthritis betreffend
Arthrose, (gr.), w, -n: auf Abnutzung beruhende, nicht entzündliche Gelenkerkrankung
artifiziell, (lat.): künstlich hergestellt; gekünstelt
Artikel, (lat.), m, -: 1. Geschlechtswort

(der, die, das), 2. Aufsatz, Beitrag (z.B.: in einer Zeitung), 3. Abschnitt eines Gesetzes, Teil eines Vertrages, 4. Glaubenssatz, 5. Ware, Handelsgegenstand, Warenart

Artikulation, (lat.), w, -en: 1. Aussprache, Lautbildung, 2. das Aussprechen von Gedanken, 3. Gliederung einer Tonfolge

artikulieren, (lat.): 1. Laute bilden, deutlich aussprechen, 2. in Worte fassen

Artillerie, (frz.), w, -n: mit Geschützen ausgerüstete Waffengattung der Landstreitkräfte

Artillerist, (frz.), m, -en: Soldat der Artillerie

Artischocke, (ital.), w, -n: distelartige Gemüsepflanze

Artist, (lat.), m, -en: in Zirkus oder Varieté auftretender Künstler

Artistik, (lat.), w, n.E.: Zirkuskunst, Kunst des Artisten

artistisch, (lat.): besonders geschickt, die Artistik betreffend

As, (frz.), s, Asse: 1. (bei Kartenspielen:) die höchste Karte im Spiel, 2. Spitzenkönner, 3. (beim Tennis:) für den Gegner unerreichbarer Aufschlag, 4. (beim Golf:) Abschlag, der den Ball sofort ins vorgesehene Loch befördert

ASA, (Abk.): Einheit für die Lichtempfindlichkeit fotografischer Schichten

Asbest, (gr.), m, -e: hitzebeständiges faseriges Mineral **Asbestose,** (gr.), w, -n: durch Einatmen von Asbestfasern verursachte Lungenkrankheit

Aschkenasim, (hebr.), n.M.: mittel- und osteuropäische Juden

Aschram, (sanskr.), m, -s: Meditationszentrum in Indien

ASCII, (Abk. für **A**merican **S**tandard **C**ode for **I**nformation **I**nterchange): amerikanischer Normcode für im Computer darstellbare Zeichen

Ascorbinsäure, w, n.E.: (chem. Bez. für:) Vitamin C

Asepsis, (gr.), w, n.E.: Keimfreiheit (z.B. von Verbandsstoffen)

aseptisch, (gr.): keimfrei

asexuell, (gr.-lat.): 1. geschlechtslos, 2. ohne sexuelle Empfindungen, sexuell gleichgültig

Ashram, (sanskr.), m, -s: vgl. Aschram

Askese, (gr.), w, n.E.: enthaltsame Lebensweise

Asket, (gr.), m, -en: enthaltsamer Mensch

asketisch, (gr.): enthaltsam, Vergnügungen entsagend

Askorbinsäure: vgl. Ascorbinsäure

Äskulapstab, m, -stäbe: Schlangenstab als Sinnbild des Arztberufes

asozial, (lat.): 1. nicht sozial; gruppenunfähig, 2. gemeinschaftsschädigend

Aspekt, (lat.), m, -e: Gesichtspunkt, Blickwinkel, Betrachtungsweise

Asphalt, (gr.), m, -e: Gemisch aus Bitumen und Mineralstoffen

aspaltieren, (gr.): Asphalt auftragen

Aspik, (frz.), m oder s, -e: Gallert oder Sülze aus Kalbsknochen

Aspirant, (lat.), m, -en: Anwärter, Bewerber

Aspirator, (lat.), m, -en: Vorrichtung zum Ansaugen von Gasen, Dämpfen

aspirieren, (lat): 1. erstreben, erhoffen, 2. mit einem Hauchlaut aussprechen, 3. ansaugen

Aspirin, (Wz), s, n.E.: schmerzstillendes und fiebersenkendes Mittel

assai, (ital.): sehr, genug (Mus.)

Assekuranz, (lat.), w, -en: Versicherung(sgesellschaft)

Assembler, [(e)'ßämbl(e)r, engl.], m, n.E.: maschinenorientierte Programmiersprache

Asservat, (lat.), s, -e: als Beweismittel amtlich aufbewahrter Gegenstand

Assessor, (lat:), m, Assessoren: Anwärter auf die höhere Beamtenlaufbahn nach dem zweiten Staatsexamen

Assimilation, (lat.), w, -en: Anpassung, Angleichung

assimilieren, (lat.): anpassen, angleichen

Assistent, (lat.), m, -en: Mitarbeiter, Helfer

Assistenz, (lat.), w, -en: Beistand, Hilfe, Mitarbeit

assistieren, (lat.): beistehen, helfen, mitarbeiten

assortieren, (frz.): mit Waren versehen; nach Warensorten ordnen und vervollständigen

Assoziation, (lat.), w, -en: 1. (organisatorischer) Zusammenschluß, Vereinigung, 2. Verknüpfung von Vorstellun-

gen, Gedanken, 3. Vereinigung von Molekülen
assoziativ, (lat.): 1. Assoziationen betreffend, 2. gedankenverbindend, spontan Vorstellungen entwickelnd
Assoziativgesetz, (lat.-dt.), s, -e: math. Gesetz: $(a \cdot b) \cdot c = a \cdot (b \cdot c)$
assoziieren, (lat.): 1. (gedanklich) verknüpfen, 2. (organisatorisch) zusammenschließen, vereinigen
Assoziierung, (lat.), w, -en: Zusammenschluß, Vereinigung
Assunta, (ital.), w, Assunten: bildliche Darstellung der Himmelfahrt Mariae
Asteroid, (gr.), m, -en: kleiner Planet
Asthenie, (gr.), w, -n: Kraftlosigkeit, Schwäche
Astheniker, (gr.), m, -: schlanker, schmalwüchsiger und zartgliedriger Mensch
asthenisch, (gr.): schlank, schmalwüchsig und zartgliedrig
Ästhesie, (gr.), w, n.E.: Empfindungsvermögen
Ästhet, (gr.), m, -en: Freund des Schönen, Schöngeist
Ästhetik, (gr.), w, -en: 1. Lehre vom Schönen in Natur und Kunst und dessen Wahrnehmung durch den Menschen; 2. das Schöne, Stil- und Geschmackvolle
Ästhetiker, (gr.), m, -: Lehrer, Kenner der Ästhetik
ästhetisch, (gr.): auf Ästhetik beruhend; von schöner Gestalt, stil- und geschmackvoll
Ästhetizismus, (gr.), m, n.E.: Lebens- und Kunstanschauung, die die Ästhetik zum einzigen Maßstab erhebt
Asthma, (gr.), s, n.E.: anfallsweise auftretende Atemnot
Asthmatiker, (gr.), m, -: Asthmakranker
asthmatisch, (gr.): an Asthma leidend, kurzatmig
astigmatisch, (gr.): auf Astigmatismus beruhend, Punkte verzerrt abbildend
Astigmatismus, (gr.), m, n.E.: 1. Abbildungsfehler einer Linse, 2. verzerrende Sehstörung infolge Verformung der Hornhaut des Auges
astral, (gr.): die Gestirne betreffend, von den Sternen stammend
Astralleib, (gr.-dt.), m, -er: (in der Anthroposophie und im Okkultismus:) unsichtbarer, übersinnlicher Zweitkörper
Astrolabium, (gr.), s, -labien: altes astronomisches Gerät zur Lagebestimmung und Beobachtung von Sternen
Astrologe, (gr.), m, -n: jmd., der Astrologie betreibt, Sterndeuter
Astrologie, (gr.), w, n.E.: Sterndeutung
astrologisch, (gr.): die Astrologie betreffend
Astronaut, (gr.), m, -en: Weltraumfahrer
Astronautik, (gr.), w, n.E.: Weltraumfahrt; Wissenschaft von der Raumfahrt
Astronom, (gr.), m, -en: jmd., der Astronomie betreibt
Astronomie, (gr.), w, n.E.: Stern- und Himmelskunde
astronomisch, (gr.): zur Astronomie gehörig, auf ihr beruhend; (übertr.) unvorstellbar groß, riesig
Astrophysik, (gr.), w, n.E.: Teilgebiet der Astronomie, das die Beschaffenheit der Himmelskörper untersucht
Ästuar, (lat.), s, -e: trichterartige Flußmündung
Asyl, (gr.), s, -e: 1. Zufluchtsort für (meist politisch) Verfolgte, 2. Obdachlosenheim, Unterkunft für Notleidende
Asylant, (gr.), m, -en: jmd., der um Asyl nachsucht
Asymmetrie, (gr.), w, -n: Ungleichmäßigkeit, Mangel an Symmetrie
asymmetrisch, (gr.): nicht symmetrisch, ungleichmäßig
Asymptote, (gr.), w, -n: Gerade, der sich eine Kurve nähert (Math.)
asynchron, (gr.): nicht gleichzeitig, zeitlich nicht übereinstimmend, nicht gleichlaufend
aszendent, (lat.): aufsteigend
Aszendent, (lat.), m, -en: 1. Vorfahr, Verwandter in aufsteigender Linie, 2. Aufgangspunkt eines Gestirns; (in der Astrologie:) im Augenblick der Geburt aufgehendes Tierkreiszeichen
Aszendenz, (lat.), w, -en: 1. Verwandtschaft in aufsteigender Linie, 2. Aufgang eines Gestirns
ataktisch, (gr.): ungleichmäßig, unregelmäßig
Atavismus, (lat.), m, Atavismen: Rückfall in urtümliche Zustände

atavistisch, (lat.): (abw.) sich wie ein Urmensch verhaltend

Atelier, [atel'je:, frz.], s,-s: Künstlerwerkstatt

a tempo, (ital.): 1. sofort, unverzüglich, 2. wieder im anfänglichen Zeitmaß zu spielen (Mus.)

Äthan, (gr.), s, n.E.: geruchloser gasförmiger, gesättigter Kohlenwasserstoff

Äthanol, (Kurzw. aus Äthan und Alkohol), s, n.E.: chem. Alkoholverbindung

Atheismus, (gr.), m, n.E.: Verneinung der Existenz Gottes

Atheist, (gr.), m, -en: Anhänger des Atheismus; (abw.) Gottloser

atheistisch, (gr.): dem Atheismus entsprechend; (abw.) gottlos

Äther, (gr.), m, n.E.: 1. Himmel, Himmelsluft, 2. organische Verbindung, ein Narkosemittel

ätherisch, (gr.): 1. himmlisch, 2. ätherhaltig, flüchtig, 3. duftig, wohlriechend, 4. zart, vergeistigt

ätherisieren, (gr.): mit Äther behandeln

Ätherleib, (gr.-dt.), m, -er: nach anthroposophischer Überzeugung der ätherisch gedachte Teil des Körpers

Athlet, (gr.), m, -en: 1. Wettkämpfer, trainierter Sportler, 2. muskulös gebauter Mann, Kraftmensch

Athletiker, (gr.), m, -: muskulöser Menschentyp von starkem Knochenbau

athletisch, (gr.): stark und durchtrainiert; von kräftigem Körperbau

Äthylalkohol, m, n.E.: vgl. Äthanol

Ätiologie, (gr.), w, n.E.: Lehre von den Krankheitsursachen

ätiologisch, (gr.): ursächlich

Atlant, (gr.), m, -en: Stützpfeiler in Gestalt einer Männerfigur

Atlantik, (gr.), m, n.E.: Atlantischer Ozean

Atlantikcharta, w, n.E.: 1941 von Roosevelt und Churchill formulierte Kriegs- und Nachkriegsziele

Atlantikpakt, m, n.E.: vgl. NATO

Atlantis, w, n.E.: eine sagenumwobene, versunkene Insel

atlantisch, (gr.): den Atlantik betreffend

Atlas, (arab.), m, -se: ein Seidengewebe

Atlas, (gr.), m, -se oder Atlanten: 1. das Himmelgewölbe tragender Riese in der gr. Mythologie, 2. Sammlung von Land- und Himmelskarten in Buchform, 3. oberster Halswirbel, 4. Gebirgszug in Nordwestafrika

Atmosphäre, (gr.), w, -n: 1. Gashülle eines Himmelskörpers (insb. der Erde), 2. veraltete Maßeinheit für den Druck, 3. Umgebung, Stimmung; geistiges Klima

atmosphärisch, (gr.): die Atmosphäre betreffend

Atoll, (malaiisch), s, -e: ringförmige Koralleninsel

Atom, (gr.), s, -e: kleinstes Teilchen eines chem. Elementes

atomar, (gr.): 1. ein Atom betreffend, 2. die Kernenergie betreffend, 3. Atomwaffen betreffend

Atombombe, (gr.-dt.), w, -n: Bombe, bei deren Explosion Atomenergie und radioaktive Strahlung freigesetzt wird

Atomenergie, (gr.), w, n.E.: bei einer Kernspaltung freiwerdende Energie

Atomgewicht, (gr.-dt.), s,-e: Masse eines Atoms

atomisieren, (gr.): völlig zerstören, in Atome auflösen

Atomkraftwerk, (gr.-dt.), s, -e: Kraftwerk, in dem elektrische Energie durch Atomkernspaltung gewonnen wird

Atomkern, (gr.-dt.), m, -e: positiv geladener innerer Bestandteil des Atoms

Atommeiler, (gr.-dt.), m, -: vgl. Reaktor

Atommüll, (gr.-dt.), m, n.E.: radioaktive Abfallstoffe

Atomphysik, (gr.), w, n.E.: Teilgebiet der Physik, das den Aufbau von und die Vorgänge in Atomen untersucht

atonal, (gr.-lat.): nicht tonal

atoxisch, (gr.): ungiftig

Atrium, (lat.), s, Atrien: 1. Hauptraum des röm. Hauses, 2. Innenhof, von Säulen umgebene Vorhalle eines Hauses, 3. Herzvorkammer

Atrophie, (gr.), w, -n: Verkümmerung von Organen, Zellen

atrophieren, (gr.): schrumpfen, schwinden

atrophisch, (gr.): an Atrophie leidend

Attaché, [ata'sche:, frz.], m, -s: unter-

ster diplomatischer Rang; Diplomat mit besonderem Aufgabengebiet
Attacke, (frz.), w, -n: 1. plötzlicher Angriff; Reiterangriff, 2. Anfall (z.B.: Herzattacke)
attackieren, (frz.): angreifen, jmdm. zusetzen
Attentat, (frz.) das, -e: politischer Mordanschlag
Attentäter, (frz.), m, -: jmd., der ein Attentat verübt
Attest, (lat.), s, -e: ärztliche Bescheinigung
attestieren, (lat.): ein Attest ausstellen, bescheinigen
Attitüde, (frz.), w, -n: 1. Pose, Haltung, innere Einstellung, 2. tänzerische Stellung beim Ballett
Attraktion, (frz.), w, -en: Anziehung, außergewöhnliche Darbietung; Verkaufsschlager
attraktiv, (frz.): anziehend, wirkungsvoll, von großem Reiz
Attraktivität, (frz.), w, n.E.: Anziehungskraft
Attrappe, (frz.), w, -n: täuschend ähnliche Nachbildung
Attribut, (lat.), s, -e: 1. Merkmal, Kennzeichen, Eigenschaft, 2. Beifügung
attributiv, (lat.): beifügend, als Attribut
atypisch, (gr.): nicht typisch, von der Regel abweichend
Aubergine, [ober'*schi*:ne, frz.], w, -n: dunkelviolette Gemüsefrucht
Audienz, (lat.), w, -en: feierlicher, offizieller Empfang; Zulassung zu einer Unterredung
audiovisuell, (lat.): das Hören und das Sehen betreffend; zugleich hörbar und sichtbar
auditiv, (lat.): das Gehör, das Hören betreffend
Auditorium, (lat.), s, Auditorien: 1. Zuhörerschaft, 2. Hörsaal
Auditorium maximum, (lat.), s, n.E.: größter Hörsaal einer Hochschule
Augiasstall, m, n.E.: schwere Mißstände, korrupte Verhältnisse
au gratin, [ogra'*tän*, frz.]: mit einer Kruste überbacken
Augur, (lat.), m, -en: 1. wahrsagender Priester im alten Rom, 2. Eingeweihter, der politische Entwicklungen frühzeitig erkennen kann
Auktion, (lat.), w, -en: Versteigerung
Auktionator, (lat.), m, -en: Versteigerer
Aula, (lat.), w, Aulen: Festsaal in Schulen und Hochschulen
au naturel, [onatü're.l, frz.]: ohne Zutaten zubereitet (bei Speisen)
au pair, [o'pä:r, frz.]: auf Gegenseitigkeit, ohne Bezahlung
Aura, (lat.), w, n.E.: 1. Ausstrahlung einer Person, 2. Vorgefühl vor einem epileptischen Anfall
Aureole, (lat.), w, -n: 1. Heiligenschein 2. atmosphärische Leuchterscheinung
Aurora, (lat.), w, -s: 1. Morgenröte 2. ein Tagfalter
Aurum, (lat.), s, n.E.: Gold
ausbaldowern, (dt.-jidd.): (umg.) erkunden, listig auskundschaften
ausmanövrieren, (dt.-frz.): jmdn. geschickt ausschalten
Auspizium, (lat.), s, Auspizien: (meist M.) Aussicht; Vorzeichen
ausquartieren, (dt.-frz.): aus einer Unterkunft entfernen
ausrangieren, (dt.-frz.): aussortieren und beseitigen
ausstaffieren, (dt.-frz.): jmdn. ausrüsten, ausstatten, einkleiden
austarieren, (dt.-ital.): ins Gleichgewicht bringen
Auster, (gr.), w, -n: eßbare Muschel
autark, (gr.): wirtschaftlich unabhängig, selbständig, sich selbst versorgend
Autarkie, (gr.), w, -n: wirtschaftliche Unabhängigkeit, Selbständigkeit
authentisch, (gr.): echt; zuverlässig, verbürgt
authentisieren, (gr.): glaubwürdig, rechtsgültig machen
Authentizität, (gr.), w, n.E.: Echtheit, Glaubwürdigkeit
Autismus, (gr.), m, n.E.: krankhafte Ichbezogenheit
Autist, (gr.), m, -en: jmd., der an Autismus leidet
autistisch, (gr.): an Autismus leidend
Autobiographie, (gr.), w, -n: literarische Beschreibung des eigenen Lebens
autobiographisch, (gr.): im Stil einer Autobiographie
autochthon, (gr.): einheimisch, bodenständig
Autodafé, (portug.), s, -s: Glaubensge-

richt, Vollstreckung des Inquisitionsurteils
Autodidakt, (gr.), m, -en: jmd., der ohne Anleitung Kenntnisse und Fähigkeiten erwirbt
autodidaktisch, (gr.): ohne Anleitung (lernend)
Autofokus, (gr.-lat.), m, n.E.: Vorrichtung für automatische Einstellung der Bildschärfe (an Kameras)
autogen, (gr.): selbst entstehend, selbsttätig, selbstwirkend
autogenes Training, s, n.E.: Methode zur Konzentration und Selbstentspannung
Autogramm, (gr.), s, -e: eigenhändige Unterschrift
Autokorso, m, -s: aus Autos bestehender Demonstrationszug
Autokrat, (gr.), m, -en: Alleinherrscher
Autokratie, (gr.), w, -n: Alleinherrschaft
autokratisch, (gr.): alleinherrschend
Autolyse, (gr.), w, -n: 1. Selbstauflösung, 2. Selbstverdauung
Automat, (gr.), m, -en: Verkaufsapparat; selbsttätige Maschine
Automatik, (gr.), w, -en: 1. Vorrichtung zum selbständigen Steuern und Regeln eines technischen Vorgangs, 2. Selbststeuerung
Automation, (gr.), w, -en: 1. Einführung mechanischer Steuerung von Arbeitsgängen, 2. von weitgehender Automatisierung gekennzeichnete technische Entwicklung
automatisch, (gr.): 1. selbsttätig, selbststeuernd, 2. unwillkürlich, zwangsläufig
automatisieren, (gr.): auf automatische Produktion umstellen
Automatismus, (gr.), m, Automatismen: unwillkürlich, unbewußt ablaufende Handlung
Automobil, (gr.), s, -e: Kraftfahrzeug
autonom, (gr.): selbständig, unabhängig; nach eigenen Gesetzen lebend
Autonomie, (gr.), w, -n: Selbständigkeit, Unabhängigkeit; Selbstverwaltung
Autophilie, (gr.), w, n.E.: Eigenliebe
Autopilot, (gr.), m, -en: Vorrichtung zur automatischen Steuerung eines Flugzeugs
Autoplastik, (gr.), w, -en: Verpflanzung körpereigenen Gewebes
Autopsie, (gr.), w, -n: richterlich angeordnete Leichenöffnung zur Feststellung der Todesursache
Autor, (lat.), m, Autoren: Urheber, Verfasser
Autorenkollektiv, (gr.-russ.), s, -e: Gruppe von Autoren
Autorisation, (lat.), w, -en: Ermächtigung, Vollmacht
autorisieren, (lat.): ermächtigen; genehmigen
autoritär, (lat.): unbedingten Gehorsam fordernd; machtbesessen
Autorität, (lat.), w, -en: 1. Ansehen, Geltung; bestimmende Ausstrahlung, 2. Person von hohem Ansehen; anerkannter Fachmann
Autosalon, ['autosalong, gr.-frz.], m, -s: Kraftwagenschau
Autostrada, (ital.), w, -s: ital. Autobahn
Autosuggestion, (gr.-lat.), w, -en: Selbstbeeinflussung
autosuggestiv, (gr.-lat.): sich selbst beeinflussend
Autotoxin, (gr.), s, -e: im eigenen Körper entstandenes Gift
autotroph, (gr.): sich selbst ernährend
Avance, [a'w*an*ß, frz.], w, -n: Vorsprung, Gewinn; Geldvorschuß; Entgegenkommen
avancieren, [aw*an*'ßi:ren, frz.]: vorwärtskommen, aufrücken
Avantage, [av*an*'ta:*sch*, frz.], w, -n: Vorteil, Gewinn
Avantgarde, [av*an*'gard, frz.], w, -n: Vorhut, Gruppe von Vorkämpfern einer Idee
Avantgardist, (frz.), m, -en: Vorkämpfer für neue Ideen
avanti, (ital.): los, vorwärts
Ave, (lat.: »sei gegrüßt!«): Kurzw. für Ave-Maria
Avenue, [awe'nü:, frz.], w, -n: Prachtstraße
Aversion, (frz.), w, -en: Abneigung, Widerwille
Avis, [a'wi:(s), frz.], m oder s, -e: Benachrichtigung, Ankündigung
avisieren, (frz.): ankündigen, anmelden
AWACS, (Kurzw.): 1. Frühwarnsystem der NATO-Staaten, 2. fliegende Radarstationen
axial, (lat.): in Achsenrichtung, auf die Achse bezogen

axillar, (lat.): in der Achselhöhle gelegen
Axiom, (gr.), s, -e: grundlegende Aussage
Axiomatik, (gr.), w, n.E.: Lehre von den Axiomen
axiomatisch, (gr.): auf Axiome gegründet; unmittelbar einleuchtend
Ayatollah, (pers.), m, -s: vgl. Ajatollah
Azalee, (gr.), w, -n: strauchartige Pflanze aus der Gattung der Erikagewächse
Azimut, (arab.), s, -e: Winkel auf dem Horizontalkreis zwischen Vertikalebene eines Gestirns und Ortsmeridian
Azur, (frz.), m, n.E.: Himmelsblau, Himmelsbläue
azyklisch, (gr.): 1. nicht zyklisch, unregelmäßig, 2. nicht kreisförmig, spiralig
Azzurri, (ital.: »die Blauen«), n.M.: ital. Sportler in Nationalmannschaften (insb. Fußballer)

B

Baby, ['be:bi, engl.], s, Babies: 1. Säugling, Kleinkind, 2. (umg. für:) Liebling
Babysitter, ['be:bißit(e)r, engl.], m, -: jmd., der ein Kind in Abwesenheit der Eltern beaufsichtigt
Bacchanal, [baka'na:l, gr.-lat.], s, -e: wüstes Trinkgelage
Bachelor, ['bä.tsch(e)l(e)r, engl.], m, -s: akademischer Grad in England
backbord, (Seemannssprache): links (Ggs.: steuerbord)
Background, ['bä.kgraunt, engl.], m, -s: 1. Hintergrund, 2. Herkunft, Milieu
Badminton, ['bä.dmint(e)n, engl.], s, n.E.: Wettkampfform des Federballspiels
Bagage, [ba'ga:*sch*, frz.], w, -n: 1. Gepäck, 2. (beim Militär:) Troß, 3. Gesindel, üble Gesellschaft
Bagatelle, (frz.), w, -n: Kleinigkeit, unwichtiger Umstand
Baguette, [ba'ge.t, frz.], s, -s: frz. Stangenweißbrot
Baiser, [be:'se:, frz.], s, -s: Schaumgebäck
Baisse, [bä:ß, frz.], w, -n: Fallen der Börsenkurse (Ggs.: Hausse)
Bajadere, (portug.), w, -n: ind. Tempeltänzerin
Bajazzo, (italien.), m, -s: komische Figur, Spaßmacher (des italien. Theaters)
Bajonett, (frz.), s, -e: Seitengewehr
Bajonettverschluß, (frz.-dt.), m, -verschlüsse: Verbindung von Rohren oder Stangen durch Ineinanderstecken
Bakelit, (Wz), s, n.E.: Kunstharz
Bakkarat, ['ba.kara, frz.], s, n.E.: ein Kartenglücksspiel
Bakschisch, (pers.), s, -e: Trinkgeld; Bestechungsgeld
Bakterie, (gr.: »Stäbchen«), w, -n: einzelliges Kleinlebewesen, oft Krankheitserreger
bakteriell, (gr.): von Bakterien erzeugt; Bakterien betreffend
Bakteriologie, (gr.), w, n.E.: Lehre von den Bakterien
Bakteriophage, (gr.), m, -n: Virus, das Bakterien auflösen kann
bakterizid, (gr.): bakterientötend
Balalaika, (russ.), w, -s oder Balalaiken: dreieckiges russ. Saiteninstrument
Balance, [ba'*lan*ß(e), frz.], w, -n: Gleichgewicht
Balanceakt, (frz.), m, -e: 1. Seilkunststück eines Balancierkünstlers, 2. Gratwanderung
Balanitis, (gr.), w, Balanitiden: Entzündung der Eichel oder der Vorhaut des Penis
Baldachin, (italien.), m, -e: 1. Stoffhimmel über einem Thron, Altar, Bett, 2. steinerne Überdachung einer Statue
balkanisieren: politische Wirren schaffen, wie sie oft auf dem Balkan herrschen
Balkon, (frz.), m, -e oder -s: Vorbau eines Gebäudes; emporeartiger Rang im Theater
Ball, (frz.), m, Bälle: großes Tanzfest
Ballade, (frz.), w, -n: mehrstrophiges erzählendes Gedicht
balladesk, (frz.): balladenhaft
Ballerina, (italien.), w, Ballerinen: Ballettsolistin
Ballett, (italien.), s, -e: Bühnentanz; Bühnentanzgruppe
Balletteuse, [bale'tö:se, frz.], w, -n: Tänzerin im Ballett

Ballistik, (gr.), w, n.E.: Lehre vom Flugverhalten abgeschossener oder geworfener Körper
Ballon, [ba'l*on*, frz.], m, -s oder -e: 1. mit Gas oder Luft gefüllter kugelförmiger Hohlkörper, 2. mit Gas gefülltes kugelförmiges Luftfahrzeug, 3. Glaskolben
Ballotade, (frz.), w, -n: Sprung der Hohen Reitschule
Ballotage, [balo'ta:*sch*, frz.], w, -n: geheime Abstimmung mit weißen und schwarzen Kugeln
Ballyhoo, [bä.li'hu:, engl.], s, n.E.: marktschreierisches Anpreisen, laute Propaganda
Balneologie, (lat.-gr.), w, n.E.: Bäderkunde
Balneotherapie, (lat.-gr.), w, -n: Bäderbehandlung
Bal paré, (frz.), m, -s -s: besonders festlicher Ball
Balsam, (gr.), m, -e: 1. dickflüssiges Gemisch aus Baumharz und ätherischen Ölen, 2. Linderung, Wohltat
Balustrade, (frz.), w, -n: Brüstung, Geländer
Bambino, (italien.), m, -s: kleiner italien. Junge
Bambule, (Bantu), w, -n: gewaltätige Proteste von Zellen- oder Heiminsassen, auch allg. für Randale
Bambus, (malaiisch), m, -se: Sammelbez. für trop. Gräser
banal, (frz.): alltäglich, gewöhnlich, nichtssagend, abgedroschen
Banalität, (frz.), w, -en: Plattheit, geistlose Bemerkung, Allgemeinplatz
Banane, (portug.), w, -n: trop. Staudenfrucht
Bananenrepublik, (portug.-lat.), w, -en: (umg.) abhängiges kleines Land, Entwicklungsland
Banause, (gr.), m, -n: (abwertend:) Mensch ohne Sinn für Kunst, ungebildete Person
Band, [bä:nd, engl.], w, -s: Kapelle für Unterhaltungsmusik
Bandage, [ban'da:*sch*e, frz.], w, -n: Stütz- oder Schutzverband
Banderillero, [banderi.l'je:ro, span.], m, -s: Stierkämpfer
Banderole, (frz.), w, -n: 1. Papierstreifen mit Steuervermerk, 2. Spruchband auf mittelalterlichen Kunstwerken
Bandit, (italien.), m, -en: Gauner, Räuber; Berufsverbrecher
Bandleader, ['bändli:d(e)r, engl.], m, -: Leiter einer Band
Banjo, ['bänd*sch*o, engl.], s, -s: langhalsiges, gitarrenähnliches Saiteninstrument
Banker, ['bä.ngk(e)r, engl.], m, -: Fachmann im Bankwesen
bankerott: vgl. bankrott
Bankett, (frz.), s, -e: 1. Festmahl, Festessen, 2. unbefestigter Randstreifen neben einer Straße, 3. Absatz einer Grundmauer
Bankier, [bank'je:, frz.], m, -s: Inhaber oder Vorstandsmitglied einer Bank
bankrott, (italien.): zahlungsunfähig, in Konkurs geraten, (umg.) pleite
Bankrott, (italien.), m, -e: wirtschaftlicher Zusammenbruch, Zahlungsunfähigkeit
Bankrotteur, [bankro'tö:r, frz.], m, -e: jmd., der Bankrott gemacht hat
Bantamgewicht, s, n.E.: Gewichtsklasse beim Ringen, Gewichtheben und Boxen
Bantu, m, -s: Angehöriger eines afrikanischen Volksstammes; Sprache des Bantustammes
Baobab, (afrik.), m, -s: Affenbrotbaum
Baptismus, (gr.), m, n.E.: christl. Lehre, die die Kindertaufe nicht zuläßt
Baptist, (gr.), m, -en: Anhänger des Baptismus
Baptisterium, (gr.), s, Baptisterien: Taufstein, -becken; Taufkapelle, -kirche
Bar, (gr.), s, -s: Maßeinheit für Luftdruck (Zeichen: bar)
Bar, (engl.), w, -s: 1. Schanktisch; Ausschank, 2. Nachtlokal
Baracke, (frz.), w, -n: kellerloser Behelfsbau
Barbar, (gr.), m, -en: ungebildeter Mensch, grausamer Mensch, Unmensch
Barbarei, (gr.), w, -en: Rohheit; Grausamkeit, Unmenschlichkeit
barbarisch, (gr.): ungebildet; grausam, unmenschlich
Barbecue, ['ba:bikju, amerik.], s, -s: Grillfest im Garten
Barbier, (frz.), m, -e: Friseur
Barbiturat, (Kunstw.), s, -e: Schlaf- und Beruhigungsmittel
Barde, (frz.), m, -n: 1. keltischer

Sänger und Dichter; Spielmann; (heute:) Liedermacher, 2. Speckscheibe, die zum Braten um Geflügel gewickelt wird

bardieren, (frz.): mit Speck umwickeln

Barett, (frz.), s, -e: kleine, kappenartige Kopfbedeckung

Bariton, (italien.), m, -e: mittlere Männerstimmlage; Sänger mit Baritonstimme

Barium, (gr.), s, n.E.: chem. Element (Zeichen: Ba)

Barkarole, (italien.), w, -n: 1. Gondellied, 2. Ruderboot

Barkasse, (italien.), w, -n: großes Motorboot, größtes Beiboot auf Kriegsschiffen

Barkeeper, ['ba:rki:per, engl.], m, -: Inhaber einer Bar; Kellner hinter der Bar

Bar-Mizwa, (hebr.), w, -s: Einführung eines jüdischen Jungen in die jüdische Glaubensgemeinschaft

barock, (portug.): im Stil des Barock, aus dem Barock stammend; üppig ausgeschmückt, verschnörkelt, überladen

Barock, (portug.), m, n.E.: 1. europaweiter Kunst- und Literaturstil im 17. und 18. Jh., 2. das Zeitalter des Barock

Barometer, (gr.), s, -: Luftdruckmeßgerät

Baron, (frz.), m, -e: Adelstitel eines Freiherrn

Baronesse, (frz.), w, -n: unverheiratete Tochter eines Barons, Freifräulein

Barrakuda, (span.), m, -s: tropischer Raubfisch

Barras, (jidd.), m, n.E.: (umg.) Militär, Militärdienst

Barre, (frz.); w, -n: 1. Sand- oder Schlickanschwemmung in Flußmündungen, 2. Querstange; Schranke, Schlagbaum

Barré, (frz.), s, n.E.: Quergriff eines Fingers über mehrere Saiten beim Gitarrenspiel

Barrel, ['bä.r(e)l, engl.: »Faß, Tonne«], s, -s: engl. und nordamerik. Hohlmaß für Flüssigkeiten (158,76 Liter)

Barriere, (frz.), w, -n: Sperre, Schranke

Barrikade, (frz.), w, -n: Hindernis, Straßensperre

Basaltemperatur, (gr.-lat.), w, -en: vor dem Aufstehen gemessene Körpertemperatur

Basar (Bazar), (pers.), m, -e: 1. orientalischer Markt, 2. Warenverkauf für wohltätige Zwecke

Base, (gr.), w, -n: Verbindung, die mit Säuren Salze bilden kann

Baseball, ['be(j)ßbo:l, engl.], m, -s: (n.E.:) amerik. Schlagballspiel

BASIC, ['be(j)ßik, Abk. für: **b**eginners **a**ll-purpose **s**ymbolic **i**nstruction **c**ode, engl.], s, n.E.: Programmiersprache (EDV)

Basic English, ['be(j)ßik 'inglisch, engl.: »Grundenglisch«], s, n.E.: vereinfachte Form der englischen Sprache

basieren, (gr.): beruhen auf; sich stützen, sich gründen auf

Basilika, (gr.), w, Basiliken: altchristliche Kirche mit erhöhtem und breitem Mittelschiff

Basilikum, (gr.), s, n.E.: Gewürz

Basilisk, (lat.), m, -en: 1. Fabeltier mit tödlichem Blick, 2. mittel- und südamerik. Leguan

Basis, (gr.), w, Basen: 1. Grundlage, Unterlage, 2. Grundzahl einer Potenz u.a., Grundlinie oder -fläche (Math.), 3. militärischer Stützpunkt

basisch, (gr.): sich wie eine Base verhaltend (Chem.)

Basisdemokratie, (gr.), w, -n: direkte Demokratie

Basketball, (engl.), m, -bälle: ein Korbballspiel

Baß, (italien.), m, Bässe: 1. tiefste Tonlage der Männerstimme, 2. Sänger mit Baßstimme; alle Baßstimmen in einem Chor, 3. Kontrabaß

Bassetthorn, s, -hörner: Altklarinette

Bassin, [ba'ß*än*, frz.], s, -s: Wasserbekken

Bassist, (italien.), m, -en: 1. Sänger mit Baßstimme, 2. jmd., der ein Baßinstrument spielt

basta!, (italien.): Schluß!, genug!

Bastard, (frz.), m, -e: 1. Mischling, durch Kreuzung entstandene Pflanze, entstandenes Tier, 2. uneheliches Kind; (abwertend:) minderwertiger Mensch

Bastei, (italien.), w, -en: vorspringender Teil einer Festung, Bastion

Bastille, [bas'ti:j(e), frz.], w, -n: 1.

befestigtes Schloß in Frankreich, 2. Staatsgefängnis in Paris bis 1789
Bastion, (italien.), w, -en: vgl. Bastei
Bastonade, (italien.), w, -n: orientalische Prügelstrafe durch Schläge auf die Fußsohlen
Bataillon, [batal'jo:n, frz.], s, -e: Truppenverband aus mehreren Kompanien
Bathophobie, (gr.), w, -n: Tiefenangst
Bathyskaph, (gr.), m, -en: Tiefseetauchgerät
Batik, (malaiisch), w, -en: Färben von Geweben mit Hilfe von Wachs
Batist, (frz.), m, -e: sehr feines leinwandartiges Gewebe
Batterie, (frz.), w, -n: 1. Zusammenstellung gleichartiger Geräte zu gemeinsamer Wirkung, 2. auswechselbare Stromquelle, 3. kleine Artillerieeinheit, 4. Vorrichtung zum Mischen von warmem und kaltem Wasser
Bauxit, m, -e: Aluminiumerz
Bazille, (lat.), w, -n: (umg.) vgl. Bazillus
Bazillus, (lat.), m, Bazillen: sporenbildende Bakterie
Bazooka, [ba'su:ka, amerik.], w, -s: rückstoßfreie amerik. Panzerfaust
Beat, [bi:t, engl.: »Schlag«], m, n.E.: Popmusik der 60er Jahre
Beatifikation, (lat.), w, -en: Seligsprechung
Beatle, ['bi:t(e)l, engl.], m, -s: 1. Mitglied der engl. Beatgruppe »The Beatles«, 2. (in den 60er und 70er Jahren:) Jugendlicher mit längeren Haaren
Beau, [bo:, frz.], m, -s: schöner, eitler Mann, Schönling
Beaufortskala, ['bo:fertskala], w, n.E.: internationale Skala der Windstärken
Beaujolais, [bo:*sch*o'le:, frz.], m, -: frz. Rotwein
Beauté, [bo'te:, frz.], w, -s: schöne Frau, Schönheit
Beauty, ['bju:ti, engl.], w, -s: vgl. Beauté
Beauty-case, ['bju:tike(j)ß, engl.], m oder s, -: kleiner Schminkkoffer
Bebop, ['bi:bop, amerik.], m, n.E.: amerik. Jazzstil der 40er Jahre
Béchamelsoße, (frz.), w, -: weiße Rahmsoße aus Butter, Mehl und Milch
becircen,: betören, bezaubern
Becquerel, s, -: Einheit der Aktivität einer radioaktiven Substanz (Zeichen: Bq)
Beduine, (arab.), m, -n: arabischer Hirtennomade
Beefsteak, ['bi:fste:k, engl.], s, -s: gebratene oder gegrillte Scheibe Rindfleisch
Beelzebub, (hebr.), m, n.E.: oberster Teufel
Begonie, (frz.), w, -n: Schiefblattgewächs, Zier- und Gartenpflanze
Begum, w, -en: Titel indischer Herrscherinnen
Behaviorismus, [bihe(j)vio'rismus, engl.], m, n.E.: Forschungsrichtung der amerik. Psychologie
beige, [be:*sch*, frz.]: sandfarben, graugelb
Bekassine, (frz.), w, -n: Schnepfenvogel, Sumpfschnepfe
Belami, (frz.), m, -s: Frauenliebling; Herzensfreund
Belcanto, (italien.), m, n.E.: Kunstgesang
Belladonna, (italien.), w, Belladonnen: 1. Tollkirsche, 2. aus der Tollkirsche gewonnenes Medikament
Belletristik, (frz.), w, n.E.: schöngeistige Literatur
Beluga, (russ.), w, -s: 1. Gründelwal, 2. russ. Name für Hausen (eine große Störart)
bene!, (italien.): gut!
benedeien, (lat.): segnen, lobpreisen
Benediktiner, (lat.), m, -: Mönch des Benediktinerordens
Benefiz, (lat.), s, -e: 1. (im Mittelalter:) Lehen, 2. Veranstaltung zu wohltätigen Zwecken
Beneluxstaaten: Kurzw. für die Länder **Be**lgien, **Ne**derlande (Niederlande), **Lux**emburg
bengalisch: farbig brennend
benigne, (lat.): gutartig (bei Tumoren; Ggs.: maligne)
Benjamin, (hebr.), m, -e: jüngstes Kind, Jüngster
Benzin, (arab.), s, -e: aus Erdöl gewonnener Treibstoff für Vergasermotoren
Benzoe, ['bänzo-e, arab.], w, n.E.: Harz des Benzoebaumes
Benzoesäure, (arab.-dt.), w, n.E.: ein Konservierungsmittel

Benzol, (Kurzw. aus **Benz**oe und Alko**hol**), s, -e: einfachster Kohlenwasserstoff
Benzpyren, (arab.-gr.), s, -e: krebserzeugender Kohlenwasserstoff
Beo, (indones.), m, -s: indischer Singvogel
Berceuse, [ber'ßö:s, frz.], w, -n: Wiegenlied
Bergamotte, (italien.-frz.), w, -n: birnenähnliche Zitrusfrucht
Bergamottöl, s, -e: aus den Schalen der Bergamotte gewonnenes ätherisches Öl
Beriberi, (singhalesisch), w, n.E.: Vitaminmangelkrankheit
Bermudahosen, Bermudas, Bermudashorts, w, M.: enganliegende knielange Bade- oder Strandhosen
Bersagliere, [bersal'je:re, italien.], m, Bersaglieri: italien. Scharfschütze
Berserker, (altnord.), m, -: wilder, starker Krieger; kraftstrotzender Mann
Beryll, (gr.), m, -e: ein Edelstein
Beryllium, (gr.), s, n.E.: chem. Element (Zeichen: Be)
Bessemerbirne, w, -n: Kippbehälter zur Erzeugung von Stahl
bestialisch, (lat.): unmenschlich, roh, viehisch, grausam
Bestie, (lat.), w, -n: wildes Raubtier; (übertragen:) Unmensch, grausamer Mensch
Bestseller, (engl.), m, -: Verkaufsschlager
Beta, (gr.), s, -s: zweiter Buchstabe des gr. Alphabets: B, ß
Betablocker, (gr.-engl.), m, -: Medikament zur Behandlung u.a. von Herzkrankheiten
Betastrahlen, (gr.-dt.), w, n.M.: aus Elektronen bestehende radioaktive Strahlen
Betatron, (Kurzw.), s, -e: Gerät zur Beschleunigung von Elektronen
Beton, [be'tong, frz.], m, -s: Baustoff
Biathlon, (lat.-gr.), s, -s: Ski-Mehrkampfsportart
Bibel, (gr.), w, -n: 1. Heilige Schrift, 2. (umg.) besonders verehrtes Buch
Bibliograph, (gr.), m, -en: jmd., der eine Bibliographie verfaßt oder bearbeitet
Bibliographie, (gr.), w, -n: Bücher-, Literaturverzeichnis
bibliophil, (gr.): 1. Bücher liebend, 2. (bei Buchausgaben:) schön und kostbar ausgestattet
Bibliophilie, (gr.), w, n.E.: Bücherliebhaberei
Bibliothek, (gr.), w, -en: Büchersammlung sowie Gebäude dafür
Bibliothekar, (gr.), m, -e: ausgebildeter Verwalter einer Bibliothek
Bidet, [bi'de:, frz.], s, -s: Sitzwaschbecken
biennal, (lat.): zweijährig, alle zwei Jahre stattfindend
Bifokalglas, (lat.-dt.), s, -gläser: Brillenglas mit doppeltem Schliff
Bifurkation, (lat.), w, -en: Gabelung, Zweiteilung
Bigamie, (lat.-gr.), w, -n: Ehe mit zwei Ehepartnern zugleich, Doppelehe
Big Band, ['big 'bänd, engl.], w, - -s: großes Jazz- oder Tanzorchester
bigott, (frz.): übertrieben fromm, frömmelnd; scheinheilig
Bijou, [bi'*sch*u:, frz.], m oder s, -s. Juwel, Kleinod, Schmuckstück
Bikini, m, -s: zweiteiliger Damenbadeanzug
bikonkav, (lat.): (in der Optik:) beidseitig hohl geschliffen, nach innen gewölbt
bikonvex, (lat.): (in der Optik:) beidseitig nach außen gewölbt geschliffen
Bilanz, (italien.), w, -en: 1. Gegenüberstellung von Vermögen und Schulden eines Unternehmens, 2. abschließender Überblick, Resultat
bilateral, (lat.): zweiseitig
Bilge, (engl.), w, -n: Kielraum eines Schiffes
Bilis, (lat.), w, n.E.: Galle, Gallensekret
Bill, (engl.), w, -s: engl. Bez. für Gesetz, Gesetzentwurf
Billard, ['bi.ljard, frz.], s, n.E.: Geschicklichkeitsspiel mit Kugeln und Stab (Queue) auf einem mit Tuch bespannten Tisch
Billett, [bi.l'jä.t, frz.], s, -s oder -e: 1. Eintrittskarte, 2. Fahrkarte, 3. (ehemals Bez. für:) Zettelchen, Briefchen
Billiarde, (frz.), w, -n: die Zahl 1.000.000.000.000.000
Billion, (frz.), w, -en: die Zahl 1.000.000.000.000
Biluxlampe, (Wz), w, -n: Lampe für

Fern- und Abblendlicht in Autoscheinwerfern

Bimetall, (lat.), s, -e: Doppelmetallstreifen, der sich bei Erwärmung krümmt

binär, (frz.): zweistellig, zweigliedrig

Binärcode, (frz.), m, -s: aus zwei Zeichen aufgebauter Code

Binärziffer, (frz.-dt.), w, -n: aus zwei Zeichen (meist 0 und 1) aufgebaute Zahl (EDV)

binokular, (lat.) für das Sehen mit beiden Augen eingerichtet (z.B.: Lupe, Fernrohr); beidäugig

Binom, (lat.), s, -e: Summe aus zwei Gliedern (Math.)

binomischer Lehrsatz: Formel zur Berechnung von Potenzen eines Binoms (Math.)

Biochemie, (gr.), w, n.E.: Lehre von den chem. Vorgängen in Lebewesen

biodynamisch, (gr.): ohne chemische Düngung erzeugt (in bezug auf Nahrungsmittel)

Biogas, (gr.-dt.), s, -e: Faulgas

Biogenese, (gr.), w, -n: Entwicklungsgeschichte des Lebens

Biograph, (gr.), m, -en: Verfasser einer Biographie

Biographie, (gr.), w, -n: Lebenslauf, Lebensgeschichte eines Menschen

Biologe, (gr.), m, -n: Wissenschaftler auf dem Gebiet der Biologie

Biologie, (gr.), w, n.E.: Wissenschaft vom Leben

biologisch, (gr.): 1. die Biologie betreffend, 2. naturbedingt, auf natürlicher Grundlage, unter Verzicht auf chemische Substanzen

biologisch-dynamisch, (gr.): unter Verzicht auf Kunstdünger Landwirtschaft betreibend

Biologismus, (gr.), m, n.E.: Übertragung biologischer Betrachtungsweisen auf andere Wissensgebiete

Bionik, (Kurzw.), w, n.E.: Lehre von der technischen Nutzung biologischer Erkenntnisse

Biophysik, (gr.), w, n.E.: Wissenschaft von den physikalischen Vorgängen des Lebens

Biopsie, (gr.), w, -n: Untersuchung von Gewebe, das dem lebenden Organismus entnommen wurde

Biorhythmus, (gr.), m, -rhythmen: Rhythmus von Lebensvorgängen

Biosphäre, (gr.), w, n.E.: von Lebewesen bewohnter Teil der Erdoberfläche

Biosynthese, (gr.), w, -n: der Aufbau chem. Verbindungen durch die lebende Zelle

Biotechnik, (gr.), w, -en: vg. Bionik

Biotin, (gr.), s, n.E.: Vitamin H

biotisch, (gr.): belebt; das Leben betreffend

Biotop, (gr.), s, -e: natürlicher Lebensraum

bipolar, (lat.): zweipolig

Bisam, (hebr.), m, -e: Fell der Bisamratte

Bisexualität, (lat.), w, n.E.: Zweigeschlechtigkeit; zweigeschlechtiges Empfinden

bisexuell, (lat.): zweigeschlechtig; sich sexuell von beiden Geschlechtern angezogen fühlend

Biskuit, [bis'kwi:t, frz.], m oder s, -s: feines Gebäck

Bison, (german.-lat.). m oder s, -s: nordamerik. Büffel

Bistro, (frz.), s, -s: kleine Gaststätte

Bit, (Kurzw. aus: **bi**nary digi**t,** engl.), s, -s: Binärzeichen in der Datenverarbeitung

Bitumen, (lat.), s, -: teerartige Masse, Erdölrückstand

Bivalenz, (lat.): Zweiwertigkeit (Chem.)

Biwak, (frz.), s, -s: Lager im Freien

biwakieren, (frz.): im Freiem lagern, im Biwak übernachten

bizarr, (frz.): 1. von eigenartiger Gestalt, 2. merkwürdig, absonderlich; launenhaft

Bizeps, (lat.), m, -e: zweiköpfiger Oberarmmuskel

Blackout, ['blä.kaut, engl.], m, -s: 1. plötzlicher Ausfall technischer Funktionen, 2. plötzliches Abdunkeln im Theater, 3. kurzzeitige Bewußtseinstrübung

blamabel, (frz.): beschämend, peinlich, bloßstellend

Blamage, [bla'ma:*sch*(e), frz.], w, -n: beschämender Vorfall, Peinlichkeit, Schande

blamieren, (frz.): beschämen, lächerlich machen, bloßstellen

blanko, (italien.: »weiß«): leer, nicht oder nicht vollständig ausgefüllt
Blankoscheck, m, -s: unausgefüllter, aber unterzeichneter Scheck
Blankovollmacht, w, -en: unbeschränkte Vollmacht, Generalvollmacht
blasiert, (frz.): überheblich, eingebildet, hochnäsig
Blasphemie, (gr.), w, -n: Gotteslästerung
Blazer, ['ble(j)ser, engl.], m, -: sportliches Damen- oder Herrenjackett
blessieren, (frz.): verwunden, verletzen
Blessur, (frz.), w, -en: Verwundung, Verletzung
bleu, [blö:, frz.]: bläulich, mattblau, blaugrau
Blizzard, ['bli.s(e)rd, engl.], m, -s: Schneesturm (in Nordamerika)
Blockade, (frz.), w, -n: 1. Einschließung, Absperrung des Zugangs zu einem Land, einer Stadt, 2. Unterbrechung, Ausschaltung
blockieren, (frz.): 1. sperren, den Zugang versperren, 2. im Wege stehen, 3. etwas an der Bewegung hindern (z.B. Räder am Rollen)
blondieren, (frz.): aufhellen (von Haaren)
Blondine, (frz.), w, -n: blonde Frau
Blouson, [blu'*son*, frz.], m oder s, -s: enganliegende Jacke oder Bluse mit Bund
Blue Jeans, Bluejeans, ['blu:d*sch*i:ns, engl.], w, Plur.: strapazierfähige Hosen aus festem blauem Baumwollstoff
Blue Movie, ['blu:'mu:wi, engl.], m, --s: erot. Film
Blues, [blu:ß, engl.], m, n.E.: 1. älteste Jazzform, 2. langsamer Gesellschaftstanz
Bluff, (engl.), m, -s: dreiste Täuschung, Irreführung
blümerant, (frz.): schwindlig, flau, schwach
Boa, (lat.), w, -s: 1. eine trop. Riesenschlange, 2. schlangenförmiger Damenpelzkragen
Boat people, ['bo:t 'pi:p(e)l, engl.], w, n.M.: Flüchtlinge in Booten (v.a. aus Vietnam)
Bob, (engl.), m, -s: Rennschlitten mit Metallgehäuse
Bobby, (engl.), m, Bobbies: engl. Polizist
Boccia, ['bo.tscha, italien.], s, n.E.: italien. Kugelspiel
Boche, [bo.sch, frz.], m, -s: frz. Schimpfname für den Deutschen
Bodega, (span.), w, -s: span. Weinkeller oder Weinschenke
Body, ['bo.di, engl.], m, -s: vgl. Bodystocking
Bodybuilding, ['bo.dibilding, engl.], s, n.E.: gezieltes Muskeltraining
Bodycheck, ['bo.ditschäck, engl.], m, -s: erlaubter harter Körpereinsatz beim Eishockey
Bodyguard, ['bo.diga:d, engl.], m, -s: Leibwächter
Bodystocking, ['bo.dißtoking, engl.], m, -s: enganliegende einteilige Damenunterwäsche
Boheme, [bo'hä:m, frz.], w, n.E.: ungebundenes Künstlerleben; Künstlermilieu
Bohemien, [bohemi'*än*, frz.], m, -s: unbekümmerte Künstlernatur
Boiler, (engl.), m, -: elektr. Wassererhitzer
Bojar, (russ.), m, -en: Angehöriger des nichtfürstlichen Adels im zaristischen Rußland
Bolero, (span.), m, -s: 1. rhythmischer span. Volkstanz, 2. kurzes, taillenfreies, offenes span. Damen- oder Herrenjäckchen
Bolschewismus, (russ.), m, n.E.: 1. Theorie und Praxis des Sowjetkommunismus, 2. (abwertend für:) Kommunismus, Sozialismus
Bolschewist, (russ.), m, -en: Anhänger des Bolschewismus
Bombardement, [bombarde'm*an*, frz.], s, -s: Abwerfen von Bomben
bombardieren, (frz.): eine Vielzahl von Bomben abwerfen
bombastisch, (engl.): schwülstig, überladen
Bombe, (frz.), w, -n: mit Sprengstoff gefüllter Metallhohlkörper
Bon, [b*on*(g), frz.], m, -s: 1. Gutschein, 2. Kassenzettel
bona fide, (lat.): in gutem Glauben (Ggs.: mala fide)
Bonbon, [b*on*'b*on*(g), frz.], m, -s: Zuckerzeug zum Lutschen
Bonboniere, [b*on*(g)bon'jä:re, frz.], w, -n: Schmuckbehälter für Bonbons oder Pralinen

Bond, (engl.), m, -s: festverzinsliche Schuldverschreibung
Bonhomie, (frz.), w, -n: Gutmütigkeit; Einfalt
Bonität, (lat.), w, -en: 1. Güte, Wert, 2. guter Ruf, Vertrauenswürdigkeit, Zahlungsfähigkeit
Bonmot, [b*on*'mo:, frz.], s, -s: geistreiche Bemerkung
Bonsai, (japan.), m, -s: japan. Zwergbaum
Bonus, (lat.), m, -se und Boni: einmalige Sondervergütung, Gutschrift (Ggs.: Malus)
Bonvivant, [b*on*wi'w*an*, frz.], m, -s: leichtlebiger, liebenswürdiger Mann, Lebemann
Bonze, (japan.), m, -n: 1. buddhistischer Mönch oder Priester, 2. (abwertend:) Funktionär, Parteibürokrat
Boogie-woogie, ['bugi'wugi, engl.], m, -s: 1. schnellerer Blues, 2. ein Gesellschaftstanz
Boom, [bu:m, engl.], m, -s: Hochkonjunktur
Boots, [bu:ts, engl.], w, n.M.: Schuhe, die bis über die Knöchel reichen
Bor, (lat.), s, n.E.: nichtmetallisches chem. Element (Zeichen: B)
Bora, (italien.), w, -s: kalter und trockener Fallwind an der dalmatinischen Küste
Bordcase, ['bo(a)rdke(j)ß, engl.], m oder s, -s: kleines, kofferähnliches Fluggepäckstück
bordeaux, bordeauxrot, [bor'do:, frz.]: weinrot
Bordeaux, [bor'do:, frz.], m, -: Rotwein aus der Umgebung der frz. Stadt Bordeaux
Bordell, (frz.), s, -e: Freudenhaus
bordieren, (frz.): mit einer Borte einfassen
Bordüre, (frz.), w, -n: Einfassung, Geweberand, Besatz
borniert, (frz.): engstirnig, geistig beschränkt, stur
Borschtsch, (russ.), m, n.E.: russische Kohlsuppe
Boß, (amerik.), m, Bosse: Leiter eines Betriebes, Vorgesetzter, Chef; Anführer
Boston, m, -s: langsamer amerik. Walzer
Botanik, (gr.), w, n.E.: Pflanzenkunde
botanisch, (gr.): pflanzenkundlich, pflanzlich
Botulismus, (lat.), m, n.E.: bakterielle Lebensmittelvergiftung
Bouclé, [buk'le:, frz.], s, -s: gekräuseltes Haargarn mit Knoten und Schlingen
Bouclé, [buk'le:, frz.], m, -s: Teppich, Gewebe aus Bouclégarn
Boudoir, [budo'a:r, frz.], s, -s: kleines, elegantes Damenzimmer
Bouillabaisse, [buja'bä:ß, frz.], w, -s: provenzalische Fischsuppe
Bouillon, [bul'jong, frz.], w, -s: klare Fleischbrühe (vom Rind)
Boule, ['bu:l, frz.], s, -s: frz. Kugelwurfspiel
Boulette, (frz.), w, -n: vgl. Bulette
Boulevard, [bul(e)'wa:r, frz.], m, -s: breite Prachtstraße
Boulevardpresse, (frz.-dt.), w, n.E.: sensationell aufgemachte Kaufzeitungen
Boulevardtheaterstück, s, -e: amüsantes, unterhaltendes Theaterstück
Bouquet, [bu'ke:, frz.], s, -s: vgl. Bukett
Bouquinist, [buki'nist, frz.], m, -en: Straßenbuchhändler
Bourbon, ['bö(r)b(e)n, amerik.], m, -s: amerik. Whiskey (aus Mais)
Bourgeois, [bur*sch*o'a., frz.], m, -s: wohlhabender Bürger
Bourgeoisie, [bur*sch*oa'si:, frz.], w, n.E.: besitzendes Bürgertum
Bourrée, [bu're:, frz.], w, -s: altfrz. Volkstanz
Bouteille, [bu'tä(j), frz.], w, -n: Flasche, Weinflasche
Boutique, [bu'tik, frz.], w, -n: Laden für Modeartikel
Bowdenzug, ['baudenzug, engl.-dt.], m, -züge: Drahtseilzug zur Übertragung von Zugkräften
Bowle, ['bo:le, engl.], w, -n: Mischgetränk aus Wein, Sekt oder Selterwasser, Zucker, Früchten u.a.
Bowler, ['bo(u)ler, engl.], m, -: runder steifer Herrenhut mit Krempe, Melone
Bowling, ['bo:ling, engl.], s, n.E.: amerik. Form des Kegelns mit 10 Kegeln
Box, (engl.), w, -en: 1. Schachtel, kleiner Kasten, 2. Bucht, Pferdestand in einem Pferdestall, 3. einfache Kamera in Kastenform

Boy, [beu, engl.], m, -s: Laufjunge, Bote, Hotelbursche, Diener
Boykott, (engl.), m, -s: Abbruch der politischen, wirtschaftlichen oder sozialen Beziehungen
boykottieren, (engl.): mit Boykott belegen
brachial, (lat.): 1. zum Oberarm gehörend, 2. gewaltsam
Brachialgewalt, (lat.-dt.), w, n.E.: rohe körperliche Gewalt
Brahma, (sanskr.), m, n.E.: höchste Gottheit im Hinduismus
Brahman, (sanskr.), s, n.E.: Weltseele im Brahmanismus und Hinduismus
Brahmane, (sanskr.), m, -n: indischer Priester
Brahmanismus, (sanskr.), m, n.E.: eine indische Religion
Brailleschrift, ['brajschrift], w, n.E.: Blindenschrift
Brainstorming, ['brä(i)nßtorming, engl.], s, n.E.: Sammeln und Auswerten spontaner Einfälle und Ideen
Brain-Trust, ['brä(i)ntraßt, engl.], m, -s: Beratergruppe aus Experten
bramarbasieren, (span.): prahlen, aufschneiden
Branche, ['br*an*sch(e), frz.], w, -n: Wirtschafts- oder Geschäftszweig
Brandy, ['brändi, engl.], m, -s: engl. Bez. für Branntwein
Bratsche, (italien.), w, -n: Altgeige
bravissimo!, (italien.): ausgezeichnet!, sehr gut!
bravo!, (italien.): gut!, vortrefflich!
Bravour, [bra'vu:r, italien.-frz.], w, -en: Können, Meisterschaft; Schneid, Kühnheit
bravourös, (italien.-frz.): meisterhaft
break!, ['brä(j)k, engl.): Trennkommando des Ringrichters an die Boxer
Break, ['brä(j)k, engl.], s, -s: 1. (beim Tennis:) das Durchbrechen des Aufschlags, 2. (in anderen Sportarten:) Durchbruch, Konter, 3. kurzes Solo im Jazz
Bredouille, [bre'du.lje, frz.], w, -n: Verlegenheit, schwierige Situation, Klemme
Breeches, ['bri:tsch(i)s, engl.), w, Plur.: oben weite, kurze Reithose
Breve, (lat.), s, -n: päpstlicher Erlaß
Brevier, (lat.), s, -e: Gebetsbuch der kath. Geistlichen
Bridge, ['britsch, engl.], s, n.E.: ein Kartenspiel
Brie, (frz.), m, n.E.: frz. Weichkäsesorte
Briefing, (engl.), s, -s: 1. Einweisung, Unterrichtung, 2. Informationsgespräch, Lagebesprechung
Brigade, (italien.), w, -n: 1. Truppenabteilung, 2. (in der ehemaligen DDR auch:) Gruppe oder Kollektiv von Arbeitern
Brigant, (italien.), m, -en: Straßenräuber
Brikett, (frz.), s, -s: gepreßtes Kohlenstück
brillant, (frz.): glänzend, hervorragend
Brillant, (frz.), m, -en: geschliffener Diamant
Brillantine, (frz.), w, -n: Haarpomade
Brillanz, (frz.), w, n.E.: 1. meisterhafte Geschicklichkeit, glänzende Technik, 2. (von Fotos:) gestochene Schärfe
brillieren, (frz.): durch hervorragende Leistungen auffallen, glänzen
Brimborium, (frz.), s, n.E.: (umg.) unverhältnismäßiger Aufwand, Getue
brisant, (frz.): 1. hochexplosiv, sprengend; zermalmend, 2. äußerst aufregend, hochaktuell; von politischem Zündstoff
Brisanz, (frz.), w, n.E.: 1. Sprengkraft, 2. besondere Aktualität
Broadway, ['bro:dwej], m, n.E.: Hauptverkehrsstraße in New Yorks Stadtteil Manhattan (USA)
Broccoli, (italien.): vgl. Brokkoli
Broiler, (engl.), m, -: Brathähnchen in der ehemaligen DDR
Brokat, (italien.), m, -e: gemustertes Seidengewebe mit eingewebten Gold- oder Silberfäden
Broker, (engl.), m, -: engl. Bez. für Börsenmakler, Wertpapierhändler
Brokkoli, (italien.), m, n.M.: italien. Abart des Blumenkohls
Brom, (gr.), s, n.E.: chem. Element, ein Nichtmetall (Zeichen: Br)
Bromakne, (gr.), w, -n: durch Bromvergiftung verursachter Hautausschlag
Bronchialasthma, (gr.), s, n.E.: anfallsweise auftretende Atemnot
Bronchialkatarrh, (gr.), m, -e: vgl. Bronchitis
Bronchie, ['bronchi-e, gr.], w, -n:

stärkerer Ast der sich gabelnden Luftröhre
Bronchiole, (gr.), w, -n: feinerer Ast der Luftröhre
Bronchitis, (gr.), w, Bronchitiden: Entzündung der Schleimhaut der Bronchien
Brontosaurus, (gr.), m, -saurier: pflanzenfressender Dinosaurier
Bronze, ['br*on*ße, frz.], w, -n: 1. gelblichbraune Legierung aus Kupfer und Zinn, 2. Kunstwerk aus Bronze, 3. gelblichbrauner Farbton
Brosche, (frz.), w, -n: Schmuckstück mit Nadel zum Anstecken
Broschüre, (frz.), w, -n: kleine heftartige Druckschrift
Browning, ['brauning, engl.], w, -s: Faustfeuerwaffe
Brucellose, w, -n: Infektionskrankheit bei Haustieren
Brunch, ['bransch, engl. Kurzw. aus **Br**eakfast und l**unch**), m, -e oder -s: spätes, reichhaltiges Frühstück
brünett, (frz.): braunhaarig
brüsk, (frz.): schroff, barsch, unvermittelt
brüskieren, (frz.): jmdn. unhöflich behandeln, barsch abfertigen, abweisen
brut, [brü:, frz.]: trocken, herb (in bezug auf Sekt oder Champagner)
brutal, (lat.): rücksichtslos, gefühllos, grob; gewalttätig
Brutalität, (lat.), w, -en: Rücksichtslosigkeit; Gewalttätigkeit
brutto, (italien.): (Ggs.: netto) 1. mit Verpackung, 2. vor dem Abzug der Steuern; ohne Abzug von Kosten
Bruttoregistertonne, w, -n: Maßeinheit für den Schiffsrauminhalt (Abk.: BRT)
Bruttosozialprodukt, s, -e: Summe aller in einem Jahr erzeugten Güter und erbrachten Dienstleistungen eines Landes
Buddhismus, (sanskr.), m, n.E.: asiat. Religion
Buddhist, (sanskr.), m, -en: Anhänger des Buddhismus
Budget, [bü'd*sch*e:, frz.], s, -s: Haushalt, Haushaltsplan
budgetieren, [büd*sch*e'ti:ren, frz.]: einen Haushaltsplan aufstellen
Büfett, [bü'fe:, frz.], s, -s: Geschirrschrank; Ausschank - kaltes B.: Tafel mit kalten Speisen zur Selbstbedienung
Buffo, (italien.), m, -s: (in der Oper:) Sänger einer komischen Rolle
Buggy, ['ba.gi, engl.], m, -s: 1. leichter einspänniger hochrädriger Wagen, 2. zusammenklappbarer Kindersportwagen
bugsieren, (niederl.): (ein Schiff im Hafen mit Hilfe eines Schleppers) bewegen, schleppen; (umg.) jmdn. oder etwas mit Mühe in eine bestimmte Richtung befördern
Bukett, (frz.), s, -s: 1. Blumengebinde oder -strauß, 2. Duft, Blume eines Weines oder Weinbrands
Bukinist: vgl. Bouquinist
Bukolik, (gr.), w, n.E.: Gattung der Hirtendichtung
Bulette, (frz.), w, -n: gebratener Hackfleischkloß
Bulldog, (engl.), m, -s: Zugmaschine
Bulldozer, ['bu.ldo(u)ser, engl.], m, -: Planierraupe
Bulle, (lat.), w, -n: besiegelte Urkunde im Mittelalter
Bulletin, [büle'*tän*, frz.], s, -s: 1. amtliche Bekanntmachung, offizieller Bericht, 2. Krankenbericht
Bully, (engl.), s, -s: von zwei Spielern ausgeführtes Anspiel im Hockeysport
Bumerang, (engl.), m, -s und -e: austral. Rückkehrwurfholz
Buna, (Wz), m oder s, n.E.: synthetisch hergestellter Kautschuk
Bungalow, ['bungalo:, engl.], m, -s: eingeschossiges Flachdachhaus
Bunker, (engl.), m, -: 1. Schutzraum bei Luftangriffen, 2. Behälter für Massengüter, 3. (beim Golf:) ein Sandhindernis
bunkern, (engl.): Massengüter einlagern
Bureau, [bü'ro:, frz.], s, -s: frz. Schreibweise für Büro
burlesk, (frz.): derb-komisch, possenhaft
Burleske, (frz.), w, -n: derb-komisches Lustspiel, Posse, Schwank
Büro, (frz.), s, -s: 1. Geschäftsstelle; Arbeits- und Amtszimmer, 2. Gesamtheit der in einem Büro arbeitenden Personen
Bürokrat, (frz.), m, -en: Pedant, Paragraphenreiter
Bürokratie, (frz.), w, -n: 1. Beamten- und Verwaltungsapparat, 2. (abwertend:) bürokratisches Handeln

bürokratisch, (frz.): kleinlich, pedantisch handelnd
burschikos, (dt.-gr.): ungezwungen, burschenhaft
Business, ['bisniß, engl.], s, n.E.: Geschäft, Geschäftsleben; Profitstreben
Butan, (gr.), s, n.E.: gesättigter Kohlenwasserstoff
Butler, ['batl(e)r, engl.], m, -: ranghöchster Diener des Hauspersonals
Butterfly, ['ba.te(r)flai, engl.], m, n.E.: Schmetterlingsstil beim Schwimmen
Button, ['ba.t(e)n, engl.], m, -s: runde Plakette
Bypass, ['baipaß, engl.], m, -pässe: operativ eingesetztes Gefäßtransplantat
Byte, ['bait, engl.], s, -s: Informationseinheit (Buchstabe, Ziffer, Sonderzeichen) in der Datenverarbeitung
Byzantinistik, w, n.E.: Wissenschaft von der Kultur und der Geschichte des Byzantinischen Reiches

C

ca.: Abk. für zirka
Caballero, [kaball'(j)e:ro, span.], m, -s: span. Edelmann; Herr (Anrede in Spanien)
Cabaret, ['ka.bare:, frz.], s, -s: vgl. Kabarett
Caddie, ['kä.di:, engl.], m, -s: 1. Begleiter eines Golfspielers, 2. zweirädriger Golfschlägerwagen
Cadmium: vgl. Kadmium
Caesium: vgl. Cäsium
Café, (frz.), s, -s: Kaffeehaus
Café crème, [ka.fe:'krä:m, frz.), m, -s -: Kaffee mit Sahne
Cafeteria, (span.), w, -s: Selbstbedienungsgaststätte
Caisson, [kä'ß*on(g)*, frz.], m, -s: Schwimm- oder Senkkasten
Calcium: vgl. Kalzium
Callgirl, ['ko.lgö(r)l, engl.], s, -s: telefonisch bestellbare Prostituierte
Calvados, (frz.), m, -: frz. Apfelbranntwein
Calypso, (Herkunft umstritten), m, -s: Musik- und Tanzstil der Karibik
Camembert, ['ka.m*a(n)*bä:r, frz.], m, -s: vollfetter Weichkäse
Camera obscura, (lat.), w, camerae obscurae: innen geschwärzter Kasten mit kleiner Lichtöffnung (Urform der Fotokamera)
Camouflage, [kamu'fla:*sch*, frz.], w, -n: Tarnung; Vortäuschung
Camp, ['kä.mp, engl.], s, -s: Zelt-, Ferien- oder Gefangenenlager
Campanile: vgl. Kampanile
campen, ['kä.mpen, engl.]: zelten
Camping, ['kä.mping, engl.], s, n.E.: das Zelten; Freizeitaufenthalt in Zelten
Campus, (lat.), m, n.E.: Universitätsgelände
Canaille: vgl. Kanaille
Canasta, (span.), s, n.E.: ein Kartenspiel
Cancan, [k*an*'k*an*, frz.], der, -s: schneller Bühnentanz, bei dem die Tänzerinnen die Beine hochwerfen
Candela, (lat.), w, -: Maßeinheit der Lichtstärke (Abk.: cd)
Cannabis, (lat.), m, n.E.: Hanf; Haschisch
Canneloni, (italien.), w, n.M.: mit Käse überbackene Nudelröllchen mit Hackfleischfüllung
Canoe: vgl. Kanu
Cãon, ['kä.nj(e)n, span.], m, -s: schluchtartiges Flußtal (insbes. in Nordamerika)
cantabile, (italien.): gesanglich (Mus.)
Cantus firmus, (lat.), m, Cantus firmi: Grundmelodie (Mus.)
Canzone: vgl. Kanzone
Cape, [ke:p, engl.], s, -s: ärmelloser, weiter Umhang
Cappuccino, [ka.pu'tschi:no, italien.], m, -s: italien. Kaffee mit einem Häubchen aus geschlagener Milch
Capriccio, [ka'pri.tscho, italien.], s, -s: heiteres Musikstück (Mus.)
capriccioso, [ka.pri'tscho:ßo, italien.]: launig, scherzhaft (Mus.)
Captain, ['kä.pt(e)n, m, -s: Hauptmann in der engl. oder der Armee der USA
Captatio benevolentiae, (lat.), w, n.E.: Redewendung, mit der um die Gunst des Lesers oder Hörers geworben wird
Caracho: vgl. Karacho
caramba!, (span.): (umg.) Teufel!, Donnerwetter!
Caravan, (engl.), m, -s: 1. Reisewohn-

wagen, 2. Kombiwagen für Freizeit und Transporte
Carbid, (lat.), s, -e: vgl. Karbid
care of, ['kä:(r)o.f, engl.]: wohnhaft bei (Abk.: c/o)
Carillon, [kari'*jon*, frz.], s, -s: mechanisches Glockenspiel einer Uhr
Carioca, [kari'o:ka, portug.], w -s: lateinamerik. Modetanz
Carmagnole, [karman'jo:l(e)], w, -n: 1. frz. Revolutionslied, 2. Jakobinerjacke ohne Ärmel
Carotin: Karotin
carpe diem!, (lat.: »pflücke den Tag!«): genieße den Augenblick!
Carte blanche, ['ka.rt 'bl*o(n)sch*, frz.], w, -s -s: unbeschränkte Vollmacht
Cartoon, [kar'tu:n, engl.], m, -s: Karikatur
Casanova, (italien.), m, -s: Frauenliebling, Verführer
Cäsarismus, (lat.): Alleinherrschaft, ununmschränkte Staatsgewalt
Casein: vgl. Kasein
cash, [kä.sch, engl.]: gegen Barzahlung
cash and carry, ['kä.sch(e)n'kä.ri, engl.]: bei Mitnahme der Ware sofort bar bezahlen
Cashewnuß, ['kä.schunuß, engl.-dt.], w, -nüsse: nierenförmige Nuß
Casino: vgl. Kasino
Cäsium, (lat.), s, n.E.: chem. Element, radioaktives Metall (Zeichen: Cs)
Cassata, (italien.), s, -(s): italien. Eisspezialität
Casus, (lat.), m, Casus: vgl. Kasus
Casus belli, (lat.), m, Casus -: Kriegsgrund
Catch-as-catch-can, ['kä.tsch(e) s'kä.tsch'kä.n, amerik.], s, n.E.: brutaler Freistilringkampf mit Showeinlagen
catchen, ['kä.tsch(e)n, engl.]: einen Catch-as-catch-can-Kampf austragen
Catcher, ['kä.tsch(e)r, engl.], m, -: Berufsringer im Catch-as-catch-can-Stil
Catchup: vgl. Ketchup
Catenaccio, [kate'na.tscho, italien.], m, n.E.: auf Torverhinderung ausgerichtete Taktik im Fußball
Catering, ['kä(i)tering, engl.], s, n.E.: Verpflegungsbeschaffung
Caterpillar, ['kä:te(r)pi.le(r), engl.] der, -: Raupenschlepper
Caudillo, [kau'diljo, span.], m, -s: span. Titel für Machthaber (insbes. des Diktators Franco)
Cave canem!, (lat.: »Hüte Dich vor dem Hund!«): Inschrift am Eingang altrömischer Häuser
Cavum, (lat.), s, Cava: Hohlraum
Cedille, [ße'di(j)e, span.-frz.], w, -n: Häkchen unter dem c in der frz. und portug. Schriftsprache: ç
Celesta, [tsche'le.sta, italien.], w, -s: harmoniumähnliches Tasteninstrument
Cellist, [tsche.'li.st, italien.], m, -en: Cellospieler
Cello, ['tsche.lo, italien.], s, -s und Celli: Kurzw. für: Violoncello, großes Streichinstrument
Cellophan, [tze.lo'fa:n, lat.], s, n.E.: durchsichtige, dehnbare Folie
Celsius: Gradeinheit für Temperatur (Zeichen: °C)
Cembalist, [tsche.mba'li.st, italien.], m, -en: Cembalospieler
Cembalo, ['tsche.mbalo:, italien.], s, -s: Tasteninstrument, alte Form des Klaviers
Center, ['ßä.nte(r), engl.], s, -: 1. Mittelspieler im Basketball oder im American Football, 2. Zentrum, Mittelpunkt; groß angelegter Verkaufsbereich
Cer, (lat.), s, n.E.: Seltenerdmetall, ein chem. Element (Zeichen: Ce)
Cerebellum, (lat.), s, -bella: Kleinhirn
Cervix, (lat.), w, Cervices: Hals, Gebärmutterhals
c'est la guerre!, [ßala'gä:r, frz.: »das ist der Krieg!«]: so ist es (halt) im Krieg!
c'est la vie!, [ßala'wi:, frz.: »das ist das Leben!«]: so ist (halt) das Leben!
Chablis, [scha'bli:], m, -: Weißwein aus Burgund
Cha-Cha-Cha, ['tscha.tscha.tscha., span.], m, -s: lateinamerik. Gesellschaftstanz
chacun à son goût, [scha'*kön*aß*on*'gu:, frz.]: jeder nach seinem Geschmack
Chairman, ['tschä(r)m(e)n, engl.], m, Chairmen: Vorsitzender eines Gremiums
Chaise, ['schä:s(e), frz.], w, -n: 1. Sessel; halbverdeckter Wagen, 2. (heute abwertend für:) altes Fahrzeug
Chaiselongue, [schäs(e)'lo(*n*), frz.], w,

-s: Liegesofa ohne Rücken-, aber mit Kopflehne
Chalet, [scha'lä:, frz.], s, -s: Schweizer Landhaus; Sennhütte
Chamäleon, (gr.), s, -s: auf Bäumen lebende afrikan. Echse mit der Fähigkeit zum Farbwechsel
Chambre, ['sch*an*br(e), frz.], s, -s: Zimmer, Kammer
chamois, [schamo'a., frz.]: gelbbräunlich
Chamois, [schamo'a., frz.], s, n.E.: 1. chamois Farbton, 2. weiches Gemsen-, Ziegen- oder Schafsleder
champagner, [scham'pa.nj(e)r, frz.]: zartgelb
Champagner, [scham'pa.nj(e)r, frz.], m, -: Schaumwein aus der frz. Landschaft Champagne
Champignon, ['sch*an*pinj*on*, frz.], m, -s: helle Gattung der Blätterpilze
Champion, ['tschä.mpj(e)n, engl.], m, -s: Meister in einer Sportart, erfolgreicher Spitzensportler
Championat, [schampjo'na:t, frz.], s, -e: Meisterschaft in einer Sportart
Chance, ['sch*an*ß(e), frz.], w, -n: günstige Gelegenheit, Aussicht auf Erfolg
Change, ['tschä(i)nd*sch*, engl.], m, n.E.: Geldwechsel
changieren, [sch*an*'*sch*i:ren, frz.] 1. wechseln, tauschen; (sich) ändern, 2. (in mehreren Farben) schillern, 3.(beim Reiten) vom Rechtsgalopp zum Linksgalopp übergehen
Chanson, [sch*an*'ß*on*, frz.], s, -s: geistreiches Lied
Chansonette, [sch*an*ßo'net(e), frz.], w, -n: 1. Chansonsängerin, 2. kleines, freches Lied
Chansonnier, [sch*an*ß*on*'je:, frz.], m, -s: Chansonsänger
Chaos, ['ka:os, gr.], s, n.E.: 1. große Unordnung, totale Verwirrung, wüstes Durcheinander, 2. ungeordneter, formloser Urzustand (in der gr. Mythologie)
Chaot, [ka'o:t, gr.], m, -en: (umg.) jmd., der Chaos und Verwirrung stiftet oder sogar Zerstörungen anrichtet
Chapeau, [scha'po:, frz.], m, -s: Hut
Chapeau claque, [schapo'kla.k, frz.], m, -x -s [schapo'kla.k]: zusammenklappbarer Zylinderhut
Charade: vgl. Scharade
Charakter, [ka.., gr.], m, Charaktere: das Wesen eines Menschen oder einer Sache
charakterisieren, [ka.., gr.]: Wesenszüge beschreiben, genau schildern
Charakteristik, [ka.., gr.], w, -en: zusammenfassende Schilderung kennzeichnender Merkmale
Charakteristikum, [ka.., gr.], s, Charakteristika: kennzeichnendes Merkmal
charakteristisch, [ka.., gr.]: kennzeichnend, typisch
charakterlich, [ka.., gr.]: den Charakter betreffend
Charakterrolle, [ka.., gr.-dt.], w, -n: Darstellung von schwierigen Charakteren im Theater
Charge, ['scha.r*sch*(e), frz.], w, -n: 1. Amt, Rang, 2. (beim Militär) Dienstgrad, Vorgesetzter, 3. Beschickung, Ladung (z.B. eines Hochofens), 4. wichtige Nebenrolle im Theater
Charisma, ['ka:risma, gr.], s, Charismata oder Charismen: 1. göttliche Gabe, Gnade oder Berufung, 2. Ausstrahlung eines Menschen
charismatisch, [ka.., gr.]: begnadet; von großer Ausstrahlungskraft
Charité, [schari'te:, frz.], w, -s: (alte Bez. für:) Krankenhaus
Charleston, ['tscha:(r)lst(e)n], m, -s: Modetanz der 20er Jahre
charmant, [schar'ma.nt, frz.]: anmutig, liebenswürdig, bezaubernd
Charme, ['scha.rm, frz.], m, n.E.: liebenswürdige Art, Anmut
Charmeur, [schar'mö:r, frz.], m, -e: (Frauen gegenüber) betont liebenswürdiger Mann; Schmeichler
charming, ['tscha(r)ming, engl.]: liebenswürdig, schmeichelnd
Charta, ['ka.rta, lat.], w, -s: (Verfassungs-)Urkunde
Charter, ['tscha(r)te(r), engl.], w, -: Miete eines Beförderungsmittels
chartern, ['tscha(r)tern, engl.]: ein Flugzeug oder ein Schiff mieten
Chartreuse, [schar'trö:s, frz.], m, n.E.: Kräuterlikör
Chassis, [scha'ßi:, frz.], s, - [scha'ßi:s]: 1. Montagegestell für elektronische Geräte, 2. Rahmen; Fahrgestell (von Kraftfahrzeugen)

Château, [scha'to:, frz.], s, -s: Schloß, größeres Land- oder Herrenhaus, Weingut
Chateaubriand, [schatobri'*an*], s, -s: doppelt stark geschnittene, rosa gebratene Rindslendenschnitte
Chauffeur, [scho'fö:r, frz.], m, -e: jmd., der (beruflich) andere Personen im Auto fährt
chauffieren, [scho'fi:ren, frz.]: jmdn. in einem Auto befördern
Chaussee, [scho'ße:, frz.], w, -n: befestigte Landstraße
Chauvi, ['scho:wi, Kurzw. für Chauvinist], m, -s: (umg. abwertend) selbstgefälliger, frauenverachtender Mann
Chauvinismus, [schowi'nismus], m, n.E.: 1. nationalistische Haltung, 2. übersteigertes männliches Selbstwertgefühl
Check, ['tschä.k, engl.], m, -s: Rempler im Eishockey
checken, ['tschä.k(e)n, engl.]: 1. rempeln (Eishockey), 2. nachprüfen, kontrollieren, 3. (umg.) begreifen, merken
Check-in, [tschäk'in, engl.], s, -s: Abfertigung der Fluggäste
Checkpoint, ['tschä.kpeunt, engl.], m, -s: Kontrollpunkt an Grenzübergangsstellen
Chef, ['sche.f, frz.], m, -s: Vorgesetzter, Arbeitgeber
Chemie, (gr.) w, n.E.: Wissenschaft von den Stoffen
Chemikalie, (gr.), w, -n: industriell oder im Labor erzeugter chemischer Stoff
Chemiker, (gr.), m, -: Wissenschaftler auf dem Gebiet der Chemie
chemisch, (gr.): die Chemie betreffend, auf Chemie beruhend
Chemisett, (frz.), s, -s: 1. gestärktes Hemdteil an Frack- oder Smokinghemden, 2. heller Einsatz an Damenkleidern
Chemotherapeutikum, (gr.), s, -therapeutika: Arzneimittel aus chem. Substanzen
Chemotherapie, w, -n: Behandlung mit chem. Arzneimitteln
Chenille, [sche'ni.lj(e), frz.], w, -n: Garn mit Fasern, die in Büscheln abstehen
cherchez la femme!, [scher'sche:la-'fa.m, frz.]: es steckt bestimmt eine Frau dahinter!
Cherry Brandy, ['(t)schä.ri 'brä.ndi, engl.], m, - -s: Kirschlikör
Cherub, (hebr.), m, -im: Engel, himmlischer Wächter
cherubinisch, (hebr.): engelgleich, wie ein Cherub
Chesterkäse, m, n.E.: fetter Hartkäse
Chewing-gum, ['tschu:in(g)gam, engl.], s, -s: Kaugummi
Chi, (gr.), s, -s: gr. Buchstabe
Chianti, [ki'a.nti, italien.], m, n.E.: leichter italien. Rotwein
Chiasmus, (gr.), m, n.E.: Kreuzstellung aufeinander bezogener Worte im Satz (z.B.: *lang* war sein Weg, sein Atem jedoch *kurz*)
Chicorée, ['schi.kore:, frz.], m, n.E.: Kulturform der Wegwarte, als Gemüse oder Salat verwendet
Chief, ['tschi:f, engl.], m, -s: Anführer; Häuptling
Chiffon, ['schi.f*on*, frz.), m, -s: glattes, dünnes Seidengewebe
Chiffre, ['schi.fr(e), frz.], w, -n: Ziffer, Zahlzeichen; Geheimzeichen; Kennziffer in Inseraten
chiffrieren, [sch.., frz.]: verschlüsseln
Chihuahua, [tschi'wa:wa, span.], m, -s: kleiner mexikan. Hund
Chili, ['tschi.li, indian.-span.], m, n.E.: scharfe Paprikaart
Chiliasmus, (gr.), m, n.E.: Glaube an ein irdisches tausendjähriges Reich Christi
Chimäre, (gr.), w, -n: Fabeltier der gr. Sage; Hirngespinst
Chinchilla, [tschin'tschi.la, indian.-span.], w, -s: südamerikan. Nagetier mit wertvollem Pelz
Chinin, (indian.), s, n.E.: Alkaloid der Chinarinde
Chinoiserie, [schinoase'ri:, frz.], w, -n: kunstgewerblicher Gegenstand in chines. Stil
Chintz, ['tschi.nz, engl.], m, -e: buntbedrucktes, glänzendes Baumwoll- oder Chemiefasergewebe
Chip, ['tschi.p, engl.], m, -s: 1. rohe in Fett gebackene Kartoffelscheibe, 2. Spielmarke (z.B. beim Roulette), 3. kleines aus Silicium bestehendes Halbleiterplättchen (EDV)

Chippendale, ['tschi.pende:l], s, n.E.: engl. Möbelstil des 18. Jh.
Chiromant, (gr.), m, -en: Handliniendeuter
Chiromantie, (gr.), w, n.E.: Handlesekunst
Chiropraktik, (gr.), w, n.E.: manuelles Einrenken verschobener Wirbel und Bandscheiben
Chirurg, (gr.), der -en: Facharzt für Chirurgie; Operateur
Chirurgie, (gr.), w, n.E.: 1. operative Behandlung von Erkrankungen, 2. (umg.) Krankenhausabteilung für operative Eingriffe
Chitin, (gr.), s, n.E.: Grundsubstanz im panzerartigen Außenskelett der Gliederfüßer
Chlor, ['klo:r, gr.], s, n.E.: chem. Element (Zeichen: Cl)
chloren, ['kl.., gr.]: Chlor zu Desinfektionszwecken verwenden
Chlorid, [kl.., gr.], s, n.E.: Salz der Salzsäure
chlorieren, [kl.., gr.]: 1. Chlor in chem. Verbindungen einführen, 2. vgl. chloren
Chlorit, [kl.., gr.], s, -e: Salz der chlorigen Säure
Chloroform, [kl.., gr.-lat.], s, n.E.: Lösungsmittel, früher als Narkosemittel verwendet
Chlorophyll, [kl.., gr.], s, n.E.: Blattgrün
Choke, ['tscho(u)k, engl.], m, -s: Klappe im Vergaser, die die Luftzufuhr regelt
Cholera, ['ko.., gr.], w, n.E.: meldepflichtige Infektionskrankheit mit raschem Kräfteverfall
Choleriker, [ko.., gr.], m, -: unausgeglichener, jähzorniger Mensch
cholerisch, [ko.., gr.]: unausgeglichen, heftig, jähzornig
Cholesterin, [ko.., gr.], s, n.E.: organische Verbindung, die zu Arterienverkalkung führen kann
Chor, [ko:r, gr.], m, Chöre: 1. Altarraum im christl. Kirchenbau, 2. Empore für die Sänger in der Kirche, 3. Gruppe von Sängern, 4. sämtliche Pfeifen einer Orgelstimme, 5. Komposition für eine Gruppe von Sängern
Choral, [ko.., gr.], m, Choräle: Kirchenlied
Choreograph, [ko.., gr.], m, -en: Tanz- oder Ballettregisseur
Choreographie, [ko.., gr.], w, -n: Entwurf und Gestaltung von Tänzen, Ballettregie
Chorist, [ko.., gr.], m, -en: Chorsänger
Chorus, ['ko.., gr.-lat.], m, -se: improvisierende Variation des Hauptthemas im Jazz; Refrain im Jazz
Chose, ['scho:se, frz.], w, -n: (umg.) Ärgernis, unangenehme Angelegenheit
Chow-Chow, [tschau'tschau, chines.], m, -s: brauner chines. Hund mit blauer Zunge
Christ, [kr.., gr.], m, -en: Anhänger des Christentums
Christentum, [kr.., gr.], s, n.E.: von Jesus Christus gestiftete Religion
christianisieren, [kr.., gr.-lat.]: zu Christen machen
Christian Science, ['kri.stsch(e)n 'ßai(e)ns, engl.: »Christliche Wissenschaft«], w, n.E.: christliche Gemeinschaft, nach deren Lehre der Mensch Ausdruck des göttlichen Wesens ist
Christus, ['kr.., gr.: »der Gesalbte«]: Beiname Jesu
Chrom, ['kr.., gr.], s, n.E.: ein Schwermetall, chem. Element (Zeichen: Cr)
Chromargan, [kr.., gr.], s, n.E.: mit Chrom legierter rostfreier Stahl
Chromatik, [kr.., gr.], w, n.E.: Erhöhung oder Erniedrigung der Stammtöne einer Tonleiter um einen halben Ton
chromatisch, [kr.., gr.]: in Halbtönen fortschreitend (Mus.)
Chromatographie, [kr.., gr.], w, n.E.: Verfahren zur Trennung von Stoffgemischen
Chromosom, [kr.., gr.], s, -en: Zellkernbestandteil, der Träger der Erbanlagen ist
Chronik, ['kr.., gr.], w, -en: Aufzeichnung historischer Ereignisse in zeitlicher Abfolge
Chronique scandaleuse, [kro'ni:k ßk*an*da'lö:s, frz.], w, -s -s: Sammlung von Klatsch- und Skandalgeschichten
chronisch, ['kr.., gr.]: 1. langwierig (in bezug auf Krankheiten), 2. ständig, andauernd
Chronist, [kr.., gr.], m, -en: Verfasser einer Chronik

Chronologie, [kr.., gr.], w, -n: 1. Wissenschaft von der Zeitrechnung, 2. die zeitliche Abfolge
chronologisch, [kr.., gr.]: zeitlich geordnet, in zeitlicher Reihenfolge
Chronometer, [kr.., gr.], m oder s, -: Zeitmesser
Chrysantheme, [kr.., gr.-lat.], w, -n: Zierpflanze
chthonisch, (gr.): erdhaft, der Erde angehörend, unterirdisch
Chuzpe, (jidd.), w, n.E.: Dreistigkeit, Unverschämtheit
CIA, ['ßi:'ai'e:j, Abk. für: **C**entral **I**ntelligence **A**gency], w, n.E.: US-Geheimdienst
ciao!, ['tschau, italien.]: tschüs!, tschau!
Cicerone, [tschitsche'ro:ne, italien.], m, -s: Fremdenführer
Cidre, ['ßi:dr(e), frz.], m, n.E.: frz. Apfelwein
Cineast, [ßi.., frz.], m, -en: Filmkenner
Cinemascope, [ßinema'sko:p, engl.], s, n.E.: Breitwandfilmverfahren
Cinemathek: vgl. Kinemathek
Cinquecento, [tschinquetsche.nto, italien.] s, n.E.: Kunst und Kultur im Italien des 16. Jh.
circa, ['zi.rka, lat.]: ungefähr (Abk.: ca.)
Circe, ['zi.rze], die, -n: Zauberin, Männer betörende Frau in der gr. Mythologie
Circulus vitiosus, ['zi.., lat.], m, Circuli vitiosi: 1. Zirkelschluß (Logik), 2. Teufelskreis von unangenehmen Situationen
Cirrocumulus: vgl. Zirrokumulus
Cirrostratus: vgl. Zirrostratus
Cirrus: vgl. Zirrus
City, ['ßi.ti, engl.], w, -s: Stadt; Innenstadt, Geschäftsviertel
Claim, [kle(j)m, engl.], s, -s: 1. Rechtsanspruch, 2. Werbebehauptung
Clair-obscur, [klä:robs'kü:r, frz.], s, n.E.: Helldunkelmalerei
Clan, [klä:n, engl.], m, -s: Sippe, Gruppe mit gemeinsamen Interessen
Claque, [kla.k, frz.], w, n.E.: Gruppe bestellter Beifallklatscher
Claqueur, [kla'kö:r, frz.], m, -e: bezahlter Beifallklatscher
clean, [kli:n, engl.]: nicht mehr drogenabhängig
Clearing, ['kli:ring, engl.], s, -s: Verrechnung(sverfahren)
Clementine, [kl..], w, -n: kernlose Mandarinenfrucht
clever, [kl.., engl.]: klug, wendig, gerissen
Cleverness, [kl.., engl.], w, n.E.: cleveres Verhalten
Clinch, ['kli.nsch, engl.], m, n.E.: Nahkampf mit unerlaubten Mitteln (Boxen); (umg.) Streit
Clique, ['kli.ke, frz.], w, -n: Bekanntenkreis; (abwertend) Bande, (Partei-) Klüngel
Clochard, [klo'scha:r, frz.], m, -s: Stadtstreicher
Clou, ['klu:, frz.], m, -s: Pointe (einer Geschichte); (umg.) Knüller, Glanzpunkt (einer Vorstellung)
Clown, ['klaun, engl.], m, -s: Spaßmacher im Zirkus
Clownerie, [klaune'ri:, engl.-frz.], w, -n: Vorstellung eines Clowns; spaßige Geste, Albernheit
Club: vgl. Klub
Coach, [ko:tsch, engl.], m, -s: 1. vierrädrige Kutsche, 2. Betreuer, Trainer
coachen, ['ko:tsch(e)n, engl.]: betreuen, trainieren
COBOL, s, n.E.: eine Programmiersprache (EDV)
Cockerspaniel, (engl.), m, -s: engl. Jagdhundrasse
Cockney, ['ko.kni, engl.], s, n.E.: Mundart in Ost-London
Cockpit, ['ko.., engl.], s, -s: Pilotenkabine in Flugzeug oder Rennwagen
Cocktail, ['ko.kte(j)l, engl.], m, -s: alkoholisches Mischgetränk
Cocktailparty, (engl.), w, -parties: zwanglose Gesellschaft in den frühen Abendstunden
Cocktailkleid, (engl.-dt.), s, -er: Kleid (mit kurzem Rock) für kleinere festliche Anlässe
Code, ['ko:t, frz.-engl.], m, -s: 1. Gesetzeswerk, 2. Zeichensystem zur Nachrichtenübertragung oder Datenverarbeitung
Codex: vgl. Kodex
codieren, [ko.., frz.]: (eine Nachricht) verschlüsseln
Coffein: vgl. Koffein

cogito, ergo sum, (lat.: »ich denke, also bin ich«): Grundsatz des frz. Philosophen Descartes
cognac, ['ko.njak, frz.]: goldbraun
Cognac, ['ko.njak], m, -s: frz. Weinbrand
Coiffeur, [koa'fö:r, frz.], m, -e: Friseur
Cointreau, [koa(*n*)'tro:], m, -: frz. Orangenlikör
Coitus: vgl. Koitus
Collage, [ko'la:*sch*(e), frz.], w, -n: aus zahlreichen Elementen komponiertes Klebebild
College, ['ko.lid*sch*, engl.], s, -s: 1. (in England) höhere Privatschule mit Internat; selbständige oder zu einer Universität gehörige Lehranstalt, 2. (in den USA) Eingangsstufe der Universität
Collie, [ko.., engl.], m, -s: schottischer Schäferhund
Collier, [ko.l'je:, frz.], s, -s: wertvoller Halsschmuck
Colt, [ko.., Wz.], m, -s: Trommelrevolver
Combo, [ko.., Kurzw.], w, -s: kleine Jazz- oder Tanzmusikgruppe
Comeback, [ka.m'bä.k, engl.], s, -s: Rückkehr, erneuter Karrierestart
COMECON, (Abk. für: **C**ouncil for **M**utual **Econ**omic Assistance: »Rat für gegenseitige Wirtschaftshilfe«), m oder s: Wirtschaftsorganisation der ehemaligen Ostblockstaaten (Abk.:RGW)
Comic, ['ko.mik, Kurzw. für Comic strip, amerik.], m, -s: gezeichnete Bilderfortsetzungsgeschichte; (umg.) Heft, in dem solche Geschichten abgedruckt sind
comme ci, comme ca, [kom'ßi:kom-'ßa., frz.]: nicht besonders, mittelmäßig
Commedia dell'arte, (italien.), w, n.E.: italien. Stegreifkomödie
comme il faut, [komil'fo:, frz.]: wie es sich gehört, vorbildlich
Common sense, ['ko.m(e)n 'ße.ns, engl.], m, n.E.: gesunder Menschenverstand
Commonwealth, ['ko.men(u)äl*th*, engl.], s, n.E.: Staatenbund (des ehemaligen britischen Weltreiches)
Compact disc, (engl.), w, - -s: Schallplatte, die von einem Laserstrahl abzutasten ist (Abk.: CD)
Compagnon: vgl. Kompagnon
Compiler, [kom'pailer, engl.], m, -: Programm zur Übersetzung einer Programmiersprache in eine Maschinensprache (EDV)
Computer, [kom'pju:ter, engl.], m, -: programmgesteuerte Rechenanlage
computerisieren, (engl.): für einen Computer lesbar machen; in einem Computer speichern
Computertomographie, w, -n: computergestütztes Verfahren der Röntgenuntersuchung in Schichten
Comte, [k*on*t, frz.], m, -s: Graf, frz. Adelstitel
Comtesse, [k*on*'te.ß, frz.], w, -n: Gräfin; Grafentochter in Frankreich
con brio, [kon.., italien.]: mit Feuer, lebhaft (Mus.)
Concertino, [kontscher'ti:no, italien.], s, -s: 1. kleines Konzert, 2. Solistengruppe im Concerto grosso
Concerto grosso, [kon'tsche.rto .., italien.], s, Concerti grossi: barockes Konzert
Concierge, [k*on*ßi'ä.rsch, frz.], m oder w, -s: Portier oder Hausmeisterin
Conditio sine qua non, (lat.): notwendige Bedingung
Conférencier, [k*on*fer*an*'ßje:, frz.], m, -s: unterhaltender Ansager
conferieren, [ko.., lat.]: vgl. konferieren
Confoederatio Helvetica, (lat.), w, n.E.: Schweizerische Eidgenossenschaft (Abk.: CH)
con forza, [kon.., italien.]: kraftvoll (Mus.)
Consensus: vgl. Konsens
Consommé, [k*on*ßo'me:, frz.], w, -s: Kraftbrühe
Container, [kon'tehner, engl.], m, -: 1. standartisierter Transportbehälter, 2. Großbehälter (z.B. zur Müllbeseitigung)
Containerterminal, [kon'tehnertö(r) min(e)l, engl.], m, -s: Hafen, in dem Container (1) auf Schiffe verladen werden
Containment, [kon'tehnm(e)nt, engl.], s, -s: druckfeste Sicherheitshülle für Atomreaktoren
Conte, ['ko.., italien.], m, Conti: italien. Graf
Contenance, [k*on*te'n*an*s, frz.], w, n.E.: Fassung, Gelassenheit, Haltung

Contergan, [ko.., Kunstw.] s, n.E.: Schlafmittel, das 1961 wegen vorgeburtlicher Mißbildungsgefahr aus dem Verkehr gezogen wurde

Contessa, [ko.., italien.], w, Contessen: italien. Gräfin

contra: vgl. kontra

Controller, [kon'tro(u)l(e)r, engl.], m, -: Kostenrechnungsfachmann

Convoi: vgl. Konvoi

cool, ['ku:l, engl.]: (umg.) abgeklärt, lässig; gut drauf

Copilot: vgl. Kopilot

Copyright, ['ko.pirait, engl.], s, -s: Urheberrecht

coram publico, ['ko.., lat.]: öffentlich

Cord, [ko.rd, engl.], m, -s: geripptes Gewebe aus Baumwolle

Cordon bleu, [kord*on*'blö:, frz.], s, -s -s: Kalbsschnitzel mit Käsescheibe und gekochtem Schinken

Corned beef, ['ko(r)n(e)d 'bi:f, engl.], s, n.E.: Pökelrindfleisch

Corn-flakes, ['ko(r)nfle(j)ks, engl.], w, n.M.: geröstete Maisflocken

Cornichon, [ko(r)ni'sch*on*, frz.], s, -s: kleine eingelegte saure Gurke

Corps, [ko:r]: vgl. Korps

Corps consulaire, ['ko:r k*on*ßü'lä:r, frz.], s, - -s: konsularisches Korps (Abk.: CC)

Corps diplomatique, ['ko:r diploma-'ti:k, frz.], s, - -s: diplomatisches Korps (Abk.: CD)

Corpus: vgl. Korpus

Corpus delicti, ['ko.., lat.], s, Corpora -: Beweisgegenstand, Tatwaffe

Corpus juris, ['ko.., lat.], s, n.E.: Gesetzessammlung

Corrida, [ko.., span.], w, -s: Stierkampf

Cortes, [ko.., span.], w, n.M.: das span. Parlament

Cortison: vgl. Kortison

cos: Abk. für die trigonometrische Kosinusfunktion

Cosa Nostra, ['ko.., italien.], w, n.E.: kriminelle Organisation in den USA

cot: Abk. für die trigonometrische Kotangensfunktion

Cotton, ['ko.t(e)n, engl.], m oder s, n.E.: Baumwolle, Baumwollstoff

Couch, ['kautsch, frz.-engl.], w, -s oder -en: gepolsterte Liege

Couleur, [ku'lö:r, frz.], w, -s: 1. Trumpffarbe im Kartenspiel, 2. die Farben studentischer Verbindungen, 3. weltanschauliche oder politische Richtung einer Person

Couloir, [kulo'a(r), frz.], m, -s: 1. Wandelgang, Verbindungsgang, 2. Rinne in einem Hang, 3. Sprunggarten junger Pferde

Coulomb, [ku'l*on*], s, -: Maßeinheit für die Elektrizitätsmenge (Zeichen: C)

Countdown, ['kaunt'daun, engl.], m, -s: das Rückwärtszählen bis zum vorgesehenen Startzeitpunkt (einer Rakete)

Counter, ['kaunter, engl.], m, -: Schalter

Country-music, ['ka.ntrimju:sik, amerik.], w, n.E.: Volksmusik aus dem Süden der USA

County, ['kaunti, engl.: »Grafschaft«], w, -s: Verwaltungsbezirk in England und den USA

Coup, ['ku:, frz.: »Faustschlag«], m, -s: Handstreich, überraschendes Vorgehen

Coupé, [ku'pe:, frz.], s, -s: 1. (früher:) Eisenbahnwagenabteil, 2. sportlicher Personenwagen

Couplet, [kup'le:, frz.], s, -s: geistreiches Lied mit Refrain

Coupon, [ku'p*on*, frz.], m, -s: vgl. Kupon

Courage, [ku'ra:*sch*, frz.], w, n.E.: Mut, Beherztheit

couragiert, [kura'*sch*i:rt, frz.]: mutig, beherzt

Court, ['ko(r)t, engl.], m, -s: Tennisplatz

Courtage, [kur'ta:*sch*, frz.], w, -n: Maklergebühr

Cousin, [ku'*sän*, frz.], m, -s: Vetter

Cousine, [ku'si:ne, frz.], w, -n: Base

Couture, [ku'tü:r, frz.], w, n.E.: Modeschneiderkunst

Couturier, [kutür'je:, frz.], m, -s: Modeschneider

Cover, ['kaw(e)r, engl.], s, -s: Titelbild; Plattenhülle

Covergirl, ['kaw(e)rgö(r)l, engl.]. sächl, -s: Mädchen auf dem Titelbild einer Illustrierten

Cowboy, ['kauboi, engl.), m, -s: berittener nordamerik. Rinderhirt

Crack, [krä.k, engl.], m, -s: 1. Spitzen-

sportler; (umg.) Könner, 2. sehr gutes Pferd, 3. ein Rauschgift
Cracker, ['krä.ker, engl.], m, -: meist salziges Kleingebäck
Crash, [krä.sch, engl.], m, -s: Unfall, Zusammenstoß
Création, [kreaß'j*on*, frz.], w, -s: vgl. Kreation
Credo, ['kr.., lat.], s, -s: Glaubensbekenntnis, Überzeugung
creme, ['krä:m, frz.]: mattgelb, zart gelblich
Creme, ['kr.., frz.], w, -s: 1. pastenartige, der Hautpflege dienende Masse, 2. schaumige Süßspeise, 3. Paste für die Schuhpflege, 4. das Feinste; gesellschaftliche Oberschicht
Crème de la Crème, ['krä:m d(e) la 'krä:m, frz.], w, n.E.: oberste Gesellschaftsschicht
Crème fraîche, ['krä:m 'frä.sch, frz.], w, n.E.: saure Sahne
Crêpe, ['krä.p, frz.], w, -s: hauchdünner Eierkuchen
Crêpe de Chine, [krä.p de 'schi:n, frz.], m, -s - -: feines Seidengewebe
crescendo, [kre'schä.ndo, italien.]: lauter werdend (Mus.)
Crew, ['kru:, engl.], w, -s: Mannschaft, Besatzung
Croissant, [kroa'ß*an*, frz.], s, -s: Hörnchen aus Blätterteig oder Hefe
Cromargan, [kr.., Kunstw.], s, n.E.: Handelsname für Stahl aus Chrom und Nickel
Cross, ['kr.., engl.], m, -: diagonal geschlagener Ball beim Tennis
Croupier, [krup'je:, frz.], m, -s: Spielleiter in Spielbanken
Cruise-Missile, ['kru:s'mi.ßail, engl.], s, -s: Marschflugkörper mit nuklearem oder konventionellem Gefechtskopf
Crux, [kr.., lat.: »Kreuz«], w, n.E.: Last; Not; Leid
Csárdás, ['tscha.rdas, ungar.], m, -: ungar. Nationaltanz
cui bono?, [ku.., lat.]: Wer hat einen Vorteil davon?
cum grano salis, [ku.., lat.]: nicht ganz wörtlich zu nehmen
cum laude, [ku.., lat.]: gut bestanden (drittbeste Note bei der Doktorprüfung)
cum tempore, [ku.., lat.]: eine Viertelstunde nach der verabredeten Zeit (akademisches Viertel, Abk.: c.t.)
Cumulus: vgl. Kumulus
Cunnilingus, [ku.., lat.], m, Cunnilingi: Reizung der weiblichen Geschlechtsorgane mit Mund und Zunge
Cup, ['ka.p, engl.], m, -s: 1. Pokal, 2. Körbchen beim Büstenhalter
Curaçao, [küra'ßa:o], m, -s: Likör aus den Schalen von Pommeranzen
Curare: vgl. Kurare
Curettage, [küre'ta:*sch*, frz.], w, -n: Ausschabung der Gebärmutter
Curling, ['kö(r)ling, engl.], s, n.E.: Eisstockschießen
Curriculum, [ku.., lat.], s, Curricula: 1. Lehrplan, 2. Theorie der Lehrplanentwicklung
Curriculum vitae, [ku.., lat.], s, n.E.: Lebenslauf
Curry, ['kö.ri, ind.], das, -s: 1. indisches Gewürzpulver, 2. ein damit gewürztes Fleisch- oder Fischgericht
Cursor, ['kö(r)se(r), engl.], m, -: bewegliches Zeichen auf dem Computerbildschirm (EDV)
cutten, ['ka.t(e)n, engl.]: Filmstreifen für die Endfassung der Filme schneiden
Cutter, ['ka.t(e)r, engl.], m, -: Filmtechniker, der den Schnitt der Filmstreifen besorgt
Cuvée, [kü'we:, frz.], w oder s, -s: Weinmischung zur Sektherstellung, Verschnitt
Cyanid, [zy.., gr.], s, -e: Salz der Blausäure

D

da capo, [da'ka:po, italien.]: 1. nochmal vom Anfang an (Mus.), 2. noch einmal!
d'accord, [da'ko:r, frz.]: einverstanden
Dadaismus, m, n.E.: Kunst- und Literaturrichtung nach dem ersten Weltkrieg
Daguerreotypie, w, -n: erstes Fotografieverfahren
Daktylogramm, (gr.), s, -e: Fingerabdruck
Daktylologie, (gr.), w, n.E.: Finger- und Gebärdensprache der Gehörlosen
Daktylus, (gr.), m, Daktylen: Versfuß

aus einer langen betonten und zwei kurzen unbetonten Silben
Dalai-Lama, m, -s: Oberhaupt der Tibeter
Dalles, (hebr.), m, n.E.: (umg.) Geldverlegenheit, Armut
dalli!, (poln.): schnell!
Damast, (italien.), m, -e: einfarbiges Gewebe mit in gleicher Farbe eingewebten Mustern
Damnum, (lat.), s, Damna: Vergütung für die Darlehensgewährung
Damoklesschwert, s, n.E.: eine stets drohende Gefahr
Dämon, (gr.), m, Dämonen: (böser) Geist oder übernatürliches Wesen
Dämonie, (gr.), w, -n: dämonische Macht; Besessenheit
dämonisch, (gr.): von einem Dämon besessen; unheimlich und unerklärlich
Dan, (japan.), m, -: an der Gürtelfarbe ablesbarer Leistungsgrad in den Budosportarten
Danaergeschenk, s, -e: schadenbringendes Geschenk
Dandy, ['dändi, engl.], m, -s: Geck
Danebrog, (dän. »Dänentuch«), m, n.E.: dänische Flagge
Darling, (engl.), m, -s: Liebling
Darmflora, (dt.-lat.), w, n.E.: die Darmbakterien
Darwinismus, m, n.E.: Lehre von der stammesgeschichtlichen Entwicklung der Lebewesen
Darwinist, m, -en: Vertreter, Anhänger des Darwinismus
Date, [de:jt, amerik.], m, -s: (umg.) Rendez-vous
Datei, (lat.), w, -en: 1. gespeicherte Sammlung von Daten (EDV), 2. Bestand an Dokumenten oder Belegen
Daten, (lat.), w, n.M.: 1. Tatsachen; Angaben, Informationen, 2. Maße, Werte, Größen
Datenbank, (lat.-dt.), w, -en: zentralisierte Datenaufbewahrungsanlage (EDV)
datieren, (lat.): 1. mit dem Datum versehen, 2. (von einem Zeitpunkt) herrühren
Dativ, (lat.), m, -e: dritter Fall der Deklination, Wemfall
dato, (lat.): heute
Datscha, (russ.), w, -s oder Datschen: russ. Landhaus; (umg.) Wochenendhaus
Datum, (lat.), s, Daten: 1. Zeitangabe aus Tag, Monat und Jahr, 2. Zeitpunkt
Dauphin, [do'*fän*, frz.], m, -z: (histor.) frz. Kronprinz
Davis-Cup, ['dehwiskap], m, n.E.: internationaler Tenniswanderpreis
Davit, ['dehwit, engl.], m, -s: drehbarer Schiffskran
dawai!, (russ.): los!
Deal, [di:l, engl.], m, -s: (umg.) Handel, Geschäft
dealen, ['di:l(e)n, engl.]: mit Rauschgift handeln
Dealer, ['di:l(e)r, engl.], m, -: jmd., der mit Rauschgift handelt
Debakel, (frz.), s, -: Niederlage, Zusammenbruch
Debatte, (frz.), w, -n: Erörterung; Wortgefecht; parlamentarische Verhandlung
debattieren, (frz.): eine Debatte führen, erörtern
Debet, (lat.), s, -s: Schuld, Soll, Sollseite eines Kontos
debil, (lat.): leicht schwachsinnig
Debilität, (lat.), w, n.E.: leichter Schwachsinn
Debitor, (lat.), m, -en: Schuldner
Debüt, (debü:, frz.), s, -s: erster Auftritt
Debütant, (frz.), m, -en: jmd., der zum ersten Mal auftritt
debütieren, (frz.): zum ersten Mal auftreten
dechiffrieren, (frz.): entschlüsseln, entziffern
Decoder, (engl.), m, -: Datenentschlüssler
Décolleté: vgl. Dekollete
decrescendo, [dekre'schendo, italien.]: leiser werdend (Mus.)
Deduktion, (lat.), w, -en: Ableitung des Besonderen aus dem Allgemeinen (Ggs.: Induktion)
deduktiv, (lat.): das Besondere aus dem Allgemeinen ableitend
deduzieren, (lat.): das Besondere aus dem Allgemeinen ableiten
Deeskalation, (lat.), w, -en: Abschwächung, schrittweise Abrüstung (Ggs.: Eskalation)
de facto, (lat.): tatsächlich
Defätismus, (lat.-frz.), m, n.E.: Mutlo-

sigkeit, Schwarzseherei, Resignation; Miesmacherei

defekt, (lat.): schadhaft, fehlerhaft

Defekt, (lat.), m, -e: 1. Schaden, Fehler, 2. Gebrechen

defensiv, (lat.): verteidigend; auf Verteidigung eingestellt (Ggs.: offensiv)

Defensive, (lat.), w, -n: Verteidigung, Abwehrhaltung (Ggs.: Offensive)

Defilee, (lat.-frz.), s, -s: Vorbeimarsch an hochgestellten Persönlichkeiten; Parade

defilieren, (frz.): feierlich vorüberziehen

definieren, (lat.): begrifflich bestimmen; festsetzen

Definition, (lat.), w, -en: Festsetzung von Begriffen oder Zeichen

definitiv, (lat.): endgültig, sicher, bestimmt

definitorisch, (lat.): mit Hilfe einer Definition festgelegt

Defizit, (lat.), s, -e: Mangel; fehlender Betrag; Verlust

defizitär, (lat.): ein Defizit ergebend

Deflation, (lat.), w, -en: Preissenkung; Geldwertsteigerung

deflationär, deflationistisch, deflatorisch, (lat.): eine Deflation bewirkend

Defloration, (lat.), w, -en: Entjungferung

deflorieren, (lat.): entjungfern

Deformation, (lat.), w, -en: 1. Verformung, 2. Verunstaltung

deformieren, (lat.): 1. verformen, 2. verunstalten

Defraudation, (lat.), w, -en: Betrug, Veruntreuung

Defroster, [di'frost(e)r, engl.], m, -: 1. Gebläse gegen das Beschlagen oder Vereisen der Windschutzscheibe, 2. Enteisungsmittel, 3. Anlage zum Abtauen

Degeneration, (lat.), w, -en: Entartung; Verfall, Abbau, Verschlechterung

degenerativ, (lat.): entartend; rückbildend

degenerieren, (lat.): entarten; verfallen, sich zurückbilden

Degout, [de'gu:, frz.], m, n.E.: Ekel, Abneigung

degoutant, (frz.): ekelhaft, abstoßend

degradieren, (lat.): 1. herabwürdigen; (im Rang) herabsetzen, 2. Energie in Wärme umwandeln

Degradierung, (lat.), w, -en: Dienstgradherabsetzung

degressiv, (lat.): sinkend, sich vermindernd

de gustibus non est disputandum, (lat.): über den Geschmack läßt sich nicht streiten

Dehydratation, (lat.-gr.), w, -en: Wasserentzug, Trocknung

dehydrieren, (lat.-gr.): Wasserstoff entziehen

Dei gratia, (lat.): von Gottes Gnaden

deiktisch, (gr.): 1. zeigend, hinweisend, 2. auf Beispiele gegründet

Deismus, (lat.), m, n.E.: Lehre von Gott als Schöpfer, aber nicht als Lenker der Welt

de jure, (lat.): nach der Rechtslage

Dekade, (gr.), w, -n: Zeitraum von zehn Tagen

dekadent, (lat.): kulturell überfeinert und heruntergekommen, sittlich verkommen

Dekadenz, (lat.), w, n.E.: Verfall, kultureller Niedergang, sittliche Verkommenheit

dekadisch, (gr.): zehnteilig; auf die Zahl Zehn bezogen

Dekalog, (gr.), m, n.E.: die Zehn Gebote

Dekan, (lat.), m, -e: 1. kath. Vorsteher eines Kirchenbezirks, 2. Vorgesetzter von ev. Pfarrern, 3. Vorsteher einer Hochschulfakultät

Dekanat, (lat.), s, -e: 1. Amtsbezirk eines Dekans (1), 2. Amt eines Dekans (2), 3. Verwaltung einer Hochschulfakultät

dekartellisieren, (frz.): ein Kartell auflösen

Deklamation, (lat.), w, -en: 1. Vortragen eines literarischen Werkes, 2. pathetische, überbetonte Sprechweise

Deklamatorik, (lat.), w, n.E.: Vortragskunst

deklamatorisch, (lat.): 1. ausdrucksvoll im Vortrag, 2. (beim Gesang:) auf Wortverständlichkeit bedacht

deklamieren, (lat.): 1. wirkungsvoll vortragen, 2. (beim Gesang:) verständlich vortragen

Deklaration, (lat.), w, -en: 1. offizielle

Erklärung, 2. Steuererklärung; Angabe über Inhalt oder Wert eines Paketes
deklarieren, (lat.): 1. eine Deklaration (2) abgeben, 2. als etwas bezeichnen
deklassieren, (lat.): 1. (im Sport:) einen Gegner überlegen schlagen, 2. jmdn. sozial herabsetzen
Deklination, (lat.), w, -en: 1. Beugung von Wörtern, 2. Winkelabstand eines Gestirns vom Himmelsäquator, 3. Abweichung einer Magnetnadel
deklinieren, (lat.): beugen (von Wörtern)
dekodieren, (engl.): entschlüsseln
Dekolleté, [dekol'te:, frz.], s, -s: tiefer Ausschnitt an einem Kleid
dekolletiert, (frz.): tief ausgeschnitten
Dekompression, (lat.), w, -en: Druckabfall
Dekontamination, w, -en: Entgiftung, Entseuchung
Dekor, (lat.), m oder s, -e oder -s: Schmuck; Ausschückung
Dekorateur, [dekora'tö:r, frz.], m, -e: Raumausstatter
Dekoration, (lat.), w, -en: 1. das Ausschmücken, Schaufenster- oder Bühnenausstattung; 2. Auszeichnung, Ordensverleihung
dekorativ, (lat.): schmückend, zierend
Dekret, (lat.), sächl, -e: Verordnung, behördliche Entscheidung
Dekretale, (lat.), s, Dekretalien: päpstliche Weisung
dekretieren, (lat.): anordnen
dekuvrieren, (frz.): enthüllen, offenbaren, entlarven
Delegat, (lat.), m, -en: Abgesandter; päpstlicher Bevollmächtigter
Delegation, (lat.), w, -en: 1. Gesandtschaft, Abordnung von Personen, 2. das Übertragen von Befugnissen
delegieren, (lat.): 1. jmdn. abordnen, entsenden, 2. jmdm. Befugnisse übertragen
delektieren, (lat.): sich ergötzen, laben
delikat, (frz.): 1. auserlesen, köstlich, 2. heikel, bedenklich
Delikatesse, (frz.), w, -n: Leckerbissen, Feinkost
Delikt, (lat.), s, -e: Vergehen, Straftat
Delinquent, (lat.), m, -en: Übeltäter, Straftäter
Delirium, (lat.), s, Delirien: schwere Bewußtseinsstörung
Delirium tremens, (lat.), s, n.E.: Säuferwahnsinn
deliziös, (frz.): köstlich, erlesen
Delphin, (lat.), m, -e: 1. ein Zahnwal, 2. ein Sternbild
Delphin, (lat.), s, n.E.: ein Schwimmstil
Delphinarium, (lat.), s, Delphinarien: großes Wasserbecken für Delphine
delphisch: rätselhaft, doppelsinnig
Delta, (gr.), s, -s: 1. vierter Buchstabe des gr. Alphabets, 2. Flußmündung in mehreren Flußarmen
Demagoge, (gr. »Volksführer«), m, -n: Volksverführer, politischer Hetzer
Demagogie, (gr.), w, n.E.: Volksverführung, politische Hetze
demagogisch, (gr.): aufwiegelnd, hetzerisch
Demarche, [de'marsch, frz.], w, -n: diplomatischer Einspruch
Demarkationslinie, (frz.-dt.), w, -n: vorläufig vereinbarte Grenzlinie
demaskieren, (frz.): die Maske abnehmen; jmdn. entlarven
Dementi, (frz.), s, -s: amtliche Berichtigung einer Nachricht
Dementia, (lat.), w, Dementiae: vgl. Demenz
dementieren, (lat.): (eine Nachricht) in Abrede stellen, amtlich berichtigen
Demenz, (lat.), w, Dementien: erworbener Schwachsinn
demilitarisieren, (lat.): entmilitarisieren
demi-sec, [demi'ßäk, frz.]: halbtrocken (Geschmacksangabe bei Sekt)
Demission, (lat.), w, -en: Abdankung, Rücktritt
Demo, w, -s: (umg.) Kurzw. für Demonstration
demobilisieren, (lat.): die Mobilmachung aufheben
Demographie, (gr.), w, -n: Bevölkerungslehre
demographisch, (gr.): auf Demographie beruhend
Demokrat, (gr.), m, -en: 1. Anhänger der Demokratie, 2. Mitglied einer demokratischen Partei
Demokratie, (gr. »Volksherrschaft«), w, -n: 1. Staatsform, die das Umsetzen des Mehrheitswillens der Bevölkerung gewährleistet, 2. freie und gleichberechtigte Willensbildung

demokratisch, (gr.): den Grundsätzen der Demokratie entsprechend
demolieren, (frz.): gewaltsam zerstören, beschädigen
Demonstrant, (lat.), m, -en: Teilnehmer an einer Demonstration (1)
Demonstration, (lat.), w, -en: 1. Massenprotest, Massenkundgebung, 2. auf eine Vorführung gestützte Erklärung
demonstrativ, (lat.): 1. deutlich, herausfordernd, provozierend, 2. vorführend, veranschaulichend, beweisend
Demonstrativpronomen, (lat.), s, - und -pronomina: hinweisendes Fürwort (z.B.: dieser, jener)
demonstrieren, (lat.): 1. anschaulich darlegen, 2. an einer Demonstration teilnehmen
Demontage, [demon'ta:*sch*e, frz.], w, -n: 1. Abbau (von Maschinen, Industrieanlagen), 2. fortwährende Herabwürdigung eines Menschen
demontieren, (frz.): zerlegen, abbauen
demoralisieren, (lat.): die Moral untergraben, entmutigen
de mortuis nihil nisi bene, (lat.): von den Toten soll man nur Gutes berichten
Demoskop, (gr.), m, -en: Meinungsforscher
Demoskopie, (gr.), w, -n: Meinungsforschung
demoskopisch, (gr.): auf Meinungforschung beruhend
demotivieren, (lat.): entmutigen, den Spaß und das Interesse an etwas nehmen
Denaturalisation, (lat.), w, -en: Ausbürgerung
denaturieren, (lat.): ungenießbar machen
Dendrit, (gr.), m, -en: 1. baum- oder strauchartig verästelte Ablagerungen (Geol.), 2. baumartig verzweigter Nervenzellenfortsatz (Med.)
dendritisch, (gr.): verzweigt, verästelt
Dendrologie, (gr.), w, n.E.: Wissenschaft von den Bäumen und Gehölzen
Denguefieber, ['dängefieber, span.-lat.], s, n.E.: trop. Infektionskrankheit
Denier, [den'je:, frz.], s, - oder -s: Einheit der Fadenstärke bei Seide und Kunstfasern
Densimeter, (lat.-gr.), s, -: Gerät zum Messen der Dichte
Densität, (lat.), w, n.E.: Dichte (Phys.)
dental, (lat.): die Zähne betreffend
Dental, (lat.), m, -e: mit den Zähnen gebildeter Laut
Dentalgie, (lat.-gr.), w, -n: Zahnschmerz
Dentin, (lat.), s, n.E.: Zahnbein
Denudation, (lat.), w, -en: flächenhafte Abtragung (Geol.)
Denunziant, (lat.), m, -en: jmd., der einen anderen denunziert
Denunziation, (lat.), w, -en: das Denunzieren
denunzieren, (lat.): 1. jmdn. anzeigen, jmdn. verraten, 2. jmdn. oder etwas öffentlich verdammen, verleumden
Deo, s, -s: Kurzw. für Deodorant
Deodorant, (engl.), s, -s: geruchunterdrückendes Körperpflegemittel
Departement, [depart'm*an*, frz.], s, -s: 1. Verwaltungsbezirk in Frankreich, 2. Ministerium in der Schweiz
Departure, [di'pa(r)tsch(e), engl.], w, n.E.: Abflughalle; Abflugzeit
Dependance, [dep*an*'d*an*ß, frz.], w, -n: Zweigstelle, Niederlassung
Dependenz, (lat.), w, -en: Abhängigkeit, Bedingtheit
Depersonalisation, (lat.), w, -en: Entpersönlichung
Depesche, (frz.), w, -n: Telegramm
depilieren, (lat.): enthaaren
deplaciert, (frz.): unangebracht, fehl am Platze
Deponie, (lat.), w, -n: Lagerplatz; (meist:) Müllabladeplatz
deponieren, (lat.): hinterlegen, in Verwahrung geben; niederlegen
Deport, (frz.), m, -e: Kursabzug für das Leihen von Effekten
Deportation, (lat.), w, -en: Verschleppung
deportieren, (lat.): verschleppen
Depositen, (lat.), w, n.M.: 1. Geldeinlagen, 2. hinterlegte Wertsachen
Depot, [de'po:, frz.], s, -s: 1. Aufbewahrungsort, Magazin, 2. Ablagerung; Bodensatz
Depotpräparat, (frz.-lat.), s, -e: Medikament mit Langzeitwirkung
Depression, (lat.), w, -en: 1. Niedergeschlagenheit, gedrückte Stimmung, 2. wirtschaftlicher Niedergang, 3. unter dem Meeresspiegel liegendes Festland

depressiv, (lat.): niedergeschlagen, an Depressionen leidend
Depressivität, (lat.), w, n.E.: Niedergeschlagenheit, Neigung zu Depressionen
deprimieren, (lat.): Niedergeschlagenheit hervorrufen, entmutigen
Deprivation, (lat.), w, -en: Verlust, Entzug (z.B.: von Zuwendung, Liebe)
Deputat, (lat.), s, -e: 1. in Sachleistungen ausgezahlter Lohnanteil, 2. Pflichtstundenzahl von Lehrkräften
Deputation, (lat.), w, -en: Abordnung
deputieren, (lat.): abordnen
derangieren, [der*an'sch*i:ren, frz.]: durcheinanderbringen, verwirren
Derby, ['därbi], s, -s: Pferderennen; aufsehenerregender sportlicher Wettkampf (z.B.: Lokalderby)
Derivat, (lat.), s, -e: 1. von einer anderen abgeleitete chem. Verbindung, 2. abgeleitetes Wort
Dermatitis, (gr.), w, Dermatitiden: Hautentzündung
Dermatologe, (gr.), m, -n: Hautarzt
Dermatologie, (gr.), w, n.E.: Lehre von der Haut und deren Krankheiten
Dermatose, (gr.), w, -n: Hautkrankheit
Dernier cri, [dernje:'kri:, frz.], m, -s -s: allerletzte Neuheit
Derwisch, (türk.), m, -e: islamischer Bettelmönch
Desaster, (frz.), s, -: Unheil; Zusammenbruch
desavouieren, [desawu'i:ren, frz.]: nicht anerkennen; bloßstellen
desensibilisieren, (lat.): jmdn. weniger empfindlich machen (gegenüber Allergenen; Med.)
Desensibilisierung, (lat.), w, -en: schrittweise Herabsetzung der Empfindlichkeit bei Allergien (Med.)
Deserteur, [deser'tö:r, frz.], m, -e: Fahnenflüchtiger
desertieren, (frz.): Fahnenflucht begehen
Desertion, (frz.), w, -en: Fahnenflucht
Desiderat, (lat.), s, -e: etwas Fehlendes, Vermißtes
Design, [di'sain, engl.], s, -s: 1. Entwurf, Plan, 2. Gestaltung, Formgebung
Designer, [di'sainer, engl.], m, -: Entwerfer
designieren, (lat.): bestimmen; vorläufig zum späteren Amtsnachfolger ernennen
desillusionieren, (lat.): entäuschen, ernüchtern, der Illusion berauben
Desinfektion, (lat.), w, -en: Entseuchung, Entkeimung
desinfizieren, (lat.): entseuchen, entkeimen
Desinformation, (lat.), w, -en: absichtliches Weitergeben falscher Informationen
Desintegration, (lat.), w, -en: Auflösung eines Ganzen, Spaltung
Desinteresse, (lat.), s, n.E.: Uninteressiertheit
desinteressiert, (lat.): unbeteiligt, gleichgültig
Deskription, (lat.), w, -en: Beschreibung
deskriptiv, (lat.): beschreibend
Desodorant: vgl. Deodorant
desodorieren, (lat.): von schlechtem (Körper)geruch befreien
desolat, (lat.): 1. elend, aussichtslos, 2. vereinsamt, öde
Desorganisation, (lat.), w, -en: 1. mangelhafte Planung, 2. Unordnung
desorientiert, (lat.): falsch unterrichtet, nicht im Bilde
Desoxyribonukleinsäure, (lat.-gr.-dt.), w, -n: Hauptbestandteil der Chromosomen (Abk.: DNS)
despektierlich, (lat.): geringschätzig, abfällig
Desperado, (lat.-span.), m, -s: (politischer) Abenteurer
desperat, (lat.): verzweifelt, hoffnungslos
Despot, (gr.), m, -en: Gewaltherrscher, Tyrann; herrischer Mensch
Despotie, (gr.), w, -n: Gewaltherrschaft, Tyrannei
despotisch, (gr.): rücksichtslos, herrisch
Despotismus, (gr.), m, -: System der Gewaltherrschaft
Dessert, [de'ßä:r, frz.], s, -s: Nachspeise
Dessin, [de'*ßän*, frz.], s, -s: Entwurf, Plan, Muster
Dessous, [de'ßu:, frz.], s, - [de'ßu:s]: Damenunterwäsche
Destillat, (lat.), s, -e: durch Destillation gewonnene Flüssigkeit

Destillation, (lat.), w, -en: 1. Trennung flüssiger Stoffgemische durch Verdampfen, 2. Branntweinbrennerei
Destille, (lat.), w, -n: (umg.) Kneipe, Ausschank
destillieren, (lat.): eine Destillation durchführen
Destination, (lat.), w, -en: Bestimmung, Zweck
Destruktion, (lat.), w, -en: Zerstörung
destruktiv, (lat.): zerstörend, zersetzend
deszendent, (lat.): absteigend, absinkend
Deszendent, (lat.), m, -en: 1. Nachkomme, Abkömmling, 2. Untergangspunkt eines Gestirns
Deszendenz, (lat.), w, -en: 1. Nachkommenschaft, Abstammung, 2. Untergang eines Gestirns
Detail, [de'taj, frz.], s, -s: Einzelheit
detaillieren, [deta'ji:ren, frz.]: im einzelnen darlegen
detailliert, [deta'ji:rt, frz.]: in allen Einzelheiten, genau
Detektei, (lat.), w, -en: Büro eines Detektivs, Auskunftei
Detektiv, (lat.), m, -e: (privat-)berufl. Ermittler
Detektor, (lat.), m, Detektoren: 1. Gerät zum Nachweis sinnlich nicht wahrnehmbarer Stoffe, 2. Hochfrequenzgleichrichter
Détente, [de'*tant*, frz.], w, n.E.: Entspannung zwischen Staaten
Detergens, (lat.), s, Detergenzien: 1. Entspannungsmittel in Spülmitteln, 2. Desinfektionsmittel zur Wundreinigung
Determinante, (lat.), w, -n: 1. Rechenausdruck (Math.), 2. Vererbung vorherbestimmender Faktor
Determination, (lat.), w, -en: 1. Abgrenzung, Begriffsbestimmung (Philos.), 2. das Festgelegtsein der Entwicklungsrichtung (Biol.)
determinativ, (lat.): eingrenzend, bestimmend, festlegend
determinieren, (lat.): 1. abgrenzen, 2. bestimmen, festlegen, entscheiden
Determiniertheit, (lat.), w, n.E.: Bestimmtheit des Handelns und Wollens (Philos.)
Determinismus, (lat.), m, n.E.: Lehre von der Vorherbestimmtheit allen Geschehens
deterministisch, (lat.): auf Vorherbestimmung beruhend
Detonation, (frz.), w, -en: schlagartige chem. Reaktion explosiver Gemische
detonieren, (frz.): sich in Form einer Detonation zersetzen
Deuce, ['dju:ß, engl.], s, n.E.: (beim Tennis:) Einstand
Deus ex machina, (lat.), m, n.E.: unerwartet eintretende Hilfe, unverhoffter Helfer aus schwieriger Lage
Deuterium, (gr.), s, n.E.: schwerer Wasserstoff (Zeichen: D)
Devalvation, (lat.), w, -en: Abwertung einer Währung
Devastation, (lat.), w, -en: Verwüstung, Zerstörung
deviant, (lat.): von der Norm abweichend
Devianz, (lat.), w, -en: Abweichung von der Norm
Devise, (frz.), w, -n: Wahlspruch, Motto
Devisen, (frz.), w, n.M.: Zahlungsmittel in ausländischer Währung
Devon, s, n.E.: Abschnitt des Paläozoikums (des Erdaltertums; Geol.)
devot, (lat.): unterwürfig, gefügig, kriecherisch
Devotion, (lat.), w, -en: Unterwürfigkeit, Gefügigkeit
Devotionalien, (lat.), w, n.M.: Andachtsgegenstände (z.B.: Rosenkranz)
Dextrose, (lat.), w, n.E.: Traubenzucker
Dezennium, (lat.), s, Dezennien: Zeitraum von zehn Jahren
dezent, (lat.): unaufdringlich, zart; zurückhaltend, anständig
dezentral, (lat.): vom Zentrum entfernt
Dezentralisation, (lat.), w, -en: Aufgliederung
dezentralisieren, (lat.): eine zentral organisierte Verwaltung aufgliedern
Dezernat, (lat.), s, -e: Aufgabenbereich, Sachgebiet
Dezernent, (lat.), m, -en: 1. Sachbearbeiter, 2. Berichterstatter
Dezibel, (lat.), s, -: Maßeinheit für Lautstärke (Abk.: dB)
dezidiert, (lat.): entschieden, mit Bestimmtheit
dezimal, (lat.): auf die 10 als Grundzahl bezogen
Dezimalklassifikation, (lat.), w, n.E.:

Ordnungssystem zur Einteilung sämtlicher Wissensgebiete in 10 Hauptabteilungen
Dezimalsystem, (lat.-gr.), s, n.E.: Zehnersystem der Zahlen
Dezime, (lat.), w, -n: 1. Intervall im Tonabstand von 10 Stufen (Mus.), 2. zehnter Ton der diatonischen Tonleiter
Dezimeter, (lat.-gr.), m oder s, -: der zehnte Teil eines Meters (Abk.: dm)
dezimieren, (lat.): große Verluste beibringen
Dia, s, -s: Kurzw. für Diapositiv
Diabetes, (gr.), m, n.E.: (kurz für:) Diabetes mellitus
Diabetes mellitus, (gr.-lat.), m, n.E.: Zuckerkrankheit
Diabetiker, (gr.), m, -: Zuckerkranker
diabolisch, (gr.): teuflisch
Diadem, (gr.), s, -e: Stirn- oder Kopfreif
Diadoche, (gr.), w, -: eine der Personen, die um die Nachfolge einer wichtigen Persönlichkeit streiten
Diagnose, (gr.), w, -n: 1. Krankheitfeststellung, 2. Beurteilung eines Sachverhaltes
Diagnosezentrum, (gr.-lat.), s, -zentren: auf Früherkennung von Krankheiten spezialisierte Klinik
Diagnostik, (gr.), w, n.E.: Kunst und Lehre medizinischer Diagnose
diagnostisch, (gr.): auf Diagnose beruhend
diagnostizieren, (gr.): eine Krankheit feststellen
diagonal, (gr.): zwei nicht benachbarte Ecken eines Vielecks miteinander verbindend
Diagonale, (gr.), w, -n: Verbindungsstrecke zweier nicht benachbarter Eckpunkte eines Vielecks
Diagramm, (gr.), s, -e: Schaubild
Diakon, (gr. »Diener«), m, -e: (in der ev. Kirche:) Gemeindehelfer; (in der kath. Kirche:) niederer Geistlicher
Diakonie, (gr.), w, n.E.: (in der ev. Kirche:) Dienst an Hilfsbedürftigen
Diakonisse, (gr.), w, -n: in ev. Schwesterngemeinschaft lebende Frau
diakritisch, (gr.): trennend, unterscheidend
Dialekt, (gr.), m, -e: Mundart
Dialektik, (gr.), w, n.E.: 1. philosophische Erkenntnismethode, 2. Kunst des Diskutierens
dialektisch, (gr.): die Methode der Dialektik anwendend
Dialog, (gr.), m, -e: Unterhaltung, Zwiegespräch
dialogisieren, (gr.): (einen Text) in Dialogform kleiden; diskutieren
Dialyse, (gr.), w, -n: 1. Blutwäsche mittels einer künstlichen Niere, 2. Trennung unterschiedlicher Moleküle mittels halbdurchlässiger Membranen
Diamant, (gr.), m, -en: härtestes und sehr wertvolles Mineral, Edelstein
diamanten, (gr.): aus Diamanten (bestehend)
diametral, (gr.): völlig entgegengesetzt
Diaphorese, (gr.), w, -n: Hautausdünstung, Schweißsekretion
Diaphragma, (griech), s, Diaphragmen: 1. halbdurchlässige, filterartige Membran, 2. Körperhöhlen abtrennende Scheidewand, 3. Scheidenpessar
Diapositiv, (gr.-lat.), s, -e: durchsichtiges positives Lichtbild
Diarium, (lat.), s, Diarien: Tagebuch, größeres Notizbuch
Diarrhö, (gr.), w, -en: Durchfall
Diaskop, (gr.), s, -e: vgl. Diaprojektor
Diaspora, (gr.), w, n.E.: Gebiet, in dem die Mitglieder einer Religionsgemeinschaft in der Minderheit sind
Diastole, (gr.), w, -n: Erschlaffungsphase des Herzmuskels (Med.)
Diät, (gr.), w, n.E.: Krankenkost, Schonkost
Diäten, (gr.), w, n.M.: Bezüge von Parlamentsabgeordneten
Diätetik, (gr.), w, n.E.: Lehre von der richtigen Ernährung
Diäthylenglykol: vgl. Glykol
Diatomee, (gr.), w, -n: einzellige Kieselalge
Diatonik, (gr.), w, n.E.: übliches siebenstufiges Dur- oder Molltonleitersystem
dichotom, (gr.): gabelartig; zweiteilig
Dichotomie, (gr.), w, -n: Zweiteilung; Verzweigung, Gabelung
Didaktik, (gr.), w, -en: Theorie des Lehrens und Lernens
didaktisch, (gr.): unter dem Gesichtspunkt der Vermittlung des Lehrstoffes
Dielektrikum, [di-e'lektrikum, gr.-lat.], s, Dielektrika: Nichtleiter

Diffamie, (lat.), w, -n: Verleumdung, Rufmord; Beschimpfung
diffamieren, (lat.): verleumden, verunglimpfen, in Verruf bringen
different, (lat.): verschieden, ungleich
differential, (lat.): einen Unterschied darstellend
Differential, (lat.), s, -e: Kurzw. für Differentialgetriebe
Differentialgetriebe, (lat.-dt.): Getriebe, das die Drehzahldifferenz bei Kurvenfahrten ausgleicht
Differentialquotient, (lat.), -en: Grenzwert einer Folge von Tangentensteigungen, Ableitung einer Funktion (Math.)
Differentialrechnung, (lat.-dt.), w, n.E.: Lehre vom Rechnen mit Differentialquotienten (Math.)
Differentiation, (lat.), w, -en: 1. Aussonderung, 2. Auseinanderentwicklung von Sprachen, 3. Berechnung des Differentialquotienten einer Funktion (Math.)
Differenz, (lat.), w, -en: 1. Unterschied, Abweichung; Fehlbetrag, 2. Unstimmigkeit, Meinungsverschiedenheit, 3. Ergebnis einer Subtraktionsaufgabe (Math.)
differenzieren, (lat.): 1. genau unterscheiden, auseinanderhalten, trennen, 2. den Differentialquotienten einer Funktion bestimmen (Math.)
differenziert, (lat.): genau betrachtet, Unterschiede hervorhebend
differieren, (lat.): voneinander abweichen, verschieden sein; anderer Meinung sein
diffizil, (lat.): schwierig; heikel; große Genauigkeit erfordernd
diffus, (lat.): 1. zerstreut, 2. unklar, verschwommen
Diffusion, (lat.), w, -en: 1. Streuung, 2. Vermischung, Durchdringung
Digest, ['daid*sch*(e)st, engl.), m oder s, -s: Zusammenstellung beliebter Texte
digital, (lat.): 1. mit dem Finger, 2. in Stufen ablaufend (EDV), 3. ziffernmäßig dargestellt (Ggs.: analog)
Digitalis, (lat.), s, n.E.: Herz- und Kreislaufmittel
Digitaluhr, (lat.-dt.), w, -en: Uhr mit Leuchtziffernangezeige
Diktaphon, (lat.-gr.), s, -e: Diktiergerät
Diktat, (lat.), s, -e: 1. das Diktieren, 2. Rechtschreibtest, 3. die Niederschrift des Diktierten, 4. aufgezwungene Verpflichtung
Diktator, (lat.), m, -en: Alleinherrscher
diktatorisch, (lat.): unumschränkt herrschend; gebieterisch
Diktatur, (lat.), w, -en: unumschränkte Machtausübung eines Diktators
diktieren, (lat.): 1. einen Text zum Nachschreiben vorsprechen, 2. jmdm. etwas vorschreiben
Diktion, (lat.), w, -en: Ausdrucksweise, Schreibstil
Diktum, (lat.), s, Dikta: Ausspruch
Dilatation, (lat.), w, -en: Ausdehnung, Erweiterung
Dilation, (lat.), w, -en: Aufschub, Frist
dilatorisch, (lat.): aufschiebend, verzögernd, fristverlängernd
Dildo, m, -s: künstlicher Penis zur Selbstbefriedigung
Dilemma, (gr.), s, -ta oder -s: unangenehme Lage, Zwangslage
Dilettant, (lat.), m, -en: Laie, Nichtfachmann; Stümper **dilettantisch,** (lat.): laienhaft, unfachmännisch; anfängerhaft, stümperhaft
Dilettantismus, (lat.): Betätigung aus Liebhaberei; anfängerhaftes Arbeiten, (umg.) Schlamperei
dilettieren, (lat.): laienhaft, unfachmännisch arbeiten
Diluvium, (lat.), s, n.E.: veraltete Bez. für Pleistozän
Dimension, (lat.), w, -en: 1. Abmessung; Ausmaß (von Körpern, Räumen), 2. Bedeutung (eines Geschehens)
dimensionieren, (lat.): bemessen, auslegen; Maße festlegen
diminuendo, (italien.): leiser werdend (Mus.)
Diminutiv, (lat.), s, -e oder -a: sprachliche Verkleinerungsform
Dimmer, (engl.), m, -: Vorrichtung zur stufenlosen Helligkeitsregelung elektrischen Lichts
dimorph, (gr.): zweigestaltig
Dimorphismus, (gr.), m, Dimorphismen: Zweigestaltigkeit (Biol.)
DIN: 1. Kurzw. für: **D**eutsche **In**dustrie-**N**orm, 2. Maßeinheit für die Lichtempfindlichkeit von Filmen
Dinar, (lat.), m, -e: Währungseinheit in zahlreichen Ländern

Diner, [di'ne:, frz.], s, -s: festliches Essen
DIN-Format, s, -e: nach DIN-Bestimmungen festgelegtes Papierformat
Dingi, Dinghi, (Hindi), s, -s: 1. Beiboot auf Schiffen, 2. kleines Sportsegelboot
Dingo, (austral.), m, -s: australischer Wildhund
dinieren, (frz.): festlich speisen
Dink, (Kurzw. aus **d**ouble **i**ncome, **n**o **k**ids: »doppeltes Einkommen, keine Kinder«, engl.), m, -s: aus Karriere- und Geldgründen kinderloses Ehepaar
Dinner, (engl.), s, -: abendliche Hauptmahlzeit in England
Dinosaurier, (gr.), m, -: Sammelbez. für ausgestorbene, Riesenechsen der Jura- und Kreidezeit
Diode, (gr.), w, -n: Zweipolröhre
dionysisch, (gr.): wild, rauschhaft (in bezug auf Feste; Ggs.: apollinisch)
Diopter, (gr.), s, -: Visiervorrichtung, Zielgerät
Dioptrie, (gr.), w, -n: Maßeinheit der Brechkraft optischer Linsen
Diorama, (gr.), s, Dioramen: plastisch wirkendes Schaubild
Dioxid, (gr.), s, -e: vgl. Dioxyd
Dioxin, (gr.), s, n.E.: äußerst giftige Kohlenwasserstoffverbindung
Dioxyd, (gr.), s, -e: anorganische Verbindung mit zwei Sauerstoffatomen
diözesan, (gr.): zu einer Diözese gehörend
Diözese, (gr.), w, -n: Amtsgebiet eines kath. Bischofs; Bistum
Diphterie, (gr.), w, -n: Infektionskrankeit des Hals- und Rachenraumes
Diphtong, (gr.), m, -e: aus zwei aufeinander folgenden Vokalen gebildeter Laut
diploid, (gr.): doppelten Chromosomensatz besitzend (Ggs.: haploid)
Diplom, (gr.), s, -e: 1. Urkunde über die Verleihung eines akademischen Grades, 2. der akademische Grad selbst
Diplomat, (gr.-frz.), m, -en: 1. höherer Beamter des auswärtigen Dienstes, 2. geschickt verhandelnde Person
Diplomatie, (gr.-frz.), w, n.E.: 1. Außenpolitik, 2. berufliche Tätigkeit von Diplomaten, 3. Verhandlungsgeschick
Diplomatik, w, n.E.: Urkundenlehre
diplomatisch: 1. urkundlich, 2. die Diplomatie betreffend, 3. geschickt beim Verhandeln
diplomieren, (gr.): jmdm. ein Diplom verleihen
Dipol, (gr.), m, -e: Anordnung zweier Ladungen entgegengesetzter Polarität
dippen, (engl.): mit Schiffsflagge grüßen
Dipsomanie, (gr.), w, -n: periodisch auftretende Trunksucht
Diptychon, (gr.), s, Diptychen: zweiflügeliges Altarbild
direkt, (lat.): 1. gerade, in gerader Richtung, 2. geradewegs, ohne Umschweife
Direktion, (lat.), w, -en: Geschäftsleitung, Verwaltung, Vorstand
Direktive, (lat.), w, -n: Weisung, Richtlinie
Direktmandat, (lat.), m, -e: in einem Wahlkreis persönlich errungenes Mandat
Direktor, (lat.), m, -en: Leiter, Vorsteher
Direktorat, (lat.), s, -e: 1. Amt eines Direktors, 2. Dienstzimmer eines Direktors
direktorial, (lat.): in der Art eines Direktors
Direktorium, (lat.), s, Direktorien: aus mehreren Personen bestehender Vorstand
Direktrice, [direk'tri:ß, lat.-frz.], w, -n: leitende Angestellte
Dirigent, (lat.), m, -en: Leiter eines Chores, eines Orchesters
dirigieren, (lat.): 1. einen Chor, ein Orchester bzw. eine musikalische Aufführung leiten, 2. etwas steuern, jmdn. lenken, leiten
Dirigismus, (lat.), m, n.E.: staatliche Lenkung der Wirtschaft
dirigistisch, (lat.): bestimmend, reglementierend
Disagio, [dis'a:d*sch*o, italien.], s, -s: Differenz zum Nennwert eines Wertpapiers
Discount, [dis'kaunt, engl.], m, -s: Billiganbieter im Einzelhandel
Diseuse, [di'söse, frz.], w, -n: Sängerin, Vortragskünstlerin im Kabarett
Disharmonie, (lat.-gr.), w, -n: Mißklang; Unstimmigkeit

disjunkt, (lat.): 1. gesondert, einander ausschließend, 2. elementefremd (in bezug auf mathemat. Mengen)
Disjunktion, (lat.), w, -en: 1. Trennung, Sonderung, 2. Verknüpfung durch »entweder - oder« (Math.)
disjunktiv, (lat.): trennend, gegensätzlich; einander ausschließend und doch zusammengehörig
Diskant, (lat.), m, -e: höchste Stimmlage, Sopran
Diskette, (engl.), w, -n: Magnetplatte als Massenspeicher in der EDV
Diskjockey, ['disk*sch*okej, engl.], m, -s: Musikunterhalter in Rundfunk, Fernsehen oder Diskotheken
Disko: Kurzw. für Diskothek
Diskont, (italien.), m, -e: 1. im Voraus abgezogener Betrag, 2. vgl. Diskontsatz
diskontieren, (italien.): 1. einen Wechsel mit Zinsvergütung ankaufen, 2. den Diskontbetrag abziehen
diskontinuierlich, (lat.): unterbrochen; zusammenhanglos
Diskontsatz, (italien.-dt.), m, -sätze: Zinssatz, der bei der Diskontberechnung zugrunde gelegt wird
Diskordanz, (lat.), w, -en: Ungleichmäßigkeit, Mißklang; Mißhelligkeit
Diskothek, (gr.), w, -en: 1. Schallplattensammlung, 2. Tanzlokal
diskreditieren, (lat.): dem Ansehen einer Person schaden
Diskrepanz, (lat.), w, -en: Widersprüchlichkeit, Abweichung, Mißverhältnis
diskret, (lat.): vertraulich; unauffällig, taktvoll
Diskretion, (lat.), w, -en: diskrete Behandlung; Vertraulichkeit; Takt
diskriminieren, (lat.): jmdn. herabwürdigen oder verächtlich machen
Diskriminierung, (lat.), w, -en: Herabwürdigung, Erniedrigung
Diskurs, (lat.), m, -e: 1. Erörterung, wissenschaftliche Abhandlung, 2. Gedankenaustausch
Diskus, (gr.), m, -se: flache Wurfscheibe
Diskussion, (lat.), w, -en: Erörterung, Aussprache, Auseinandersetzung
diskutabel, (lat.): erörterungswert, annehmbar
Diskutant, (lat.), m, -en: Teilnehmer an einer Diskussion
diskutieren, (lat.): etwas erörtern, besprechen
Dislokation, (lat.), w, -en: 1. Standortveränderung, 2. Verschiebung (insbes. von Knochen; Med.)
dislozieren, (lat.): verlagern, verschieben
disparat, (lat.): ungleichartig, abweichend
Disparität, (lat.), w, -en: Ungleichartigkeit, Abweichung
Dispatcher, [dis'pätsch(e)r, engl.], m, -: Produktionsleiter
Dispens, (lat.), m, -e: Befreiung von einer Verpflichtung, Erlaubnis im Ausnahmefall
dispensieren, (lat.): von einer Verpflichtung befreien, eine Erlaubnis im Ausnahmefall erteilen
Dispergens, (lat.), s, ..genzien oder ..gentia: Lösungsmittel
dispergieren, (lat.): zerstreuen, fein verteilen
Dispersion; (lat.), w, -en: 1. Streuung, Verteilung, 2. Zerlegung von Licht, 3. feinste Auflösung eines Stoffes in einem anderen
Display, [dis'plej, engl.], s, -s: 1. werbewirksame Schaufenstergestaltung, 2. Anzeigefenster an elektronischen Geräten
Disponent, (lat.), m, -en: leitender kaufmännischer Angestellter
disponibel, (lat.): verfügbar
disponieren, (lat.): verfügen; kalkulierend planen
disponiert, (lat.): empfänglich, bereit; gestimmt
Disposition, (lat.), w, -en: 1. Planung; Einteilung; Vorbereitung, 2. Empfänglichkeit (z.B.: für eine Krankheit)
Dispositionskredit, (lat.), m, -e: Überziehungskredit
Disproportion, (lat.), w, -en: Mißverhältnis
Disput, (lat.), m, -e: Streitgespräch
Disqualifikation, (lat.), w, -en: 1. Ausschluß aus einem Wettbewerb, 2. Untauglichkeit
disqualifizieren, (lat.): 1. vom Wettkampf ausschließen, 2. für untauglich erklären
Dissens, (lat.), m, -e: Meinungsunterschied

Dissertation, (lat.), w, -en: Doktorarbeit
Dissident, (lat.), m, -en: 1. Andersdenkender, 2. Konfessionsloser, 3. jmd., dessen Meinung von der offiziellen politischen Linie abweicht
Dissimilation, (lat.), w, -en: 1. das Unähnlichmachen, Veränderung, 2. Gesamtheit der Stoffwechselvorgänge zur Energiegewinnung (Biol.), 3. Auseinanderentwicklung von Lauten (Sprachw.)
dissonant, (lat.): 1. mißtönend (Mus.), 2. unstimmig
Dissonanz, (lat.), w, -en: 1. Mißklang; als Mißklang wahrgenommene Tonverbindung (Mus.), 2. Unstimmigkeit
Dissoziation, (lat.), w, -en: 1. Aufspaltung, Zerfall, 2. Aufspaltung von Molekülen (Chem.), 3. krankheitsbedingte Auflösung von Vorstellungen (Psychol.)
dissoziieren, (lat.): auflösen, aufspalten, zerfallen
Distanz, (lat.), w, -en: 1. Entfernung; Strecke, 2. Zurückhaltung
distanzieren, (lat.): 1. jmdn. im Wettkampf deutlich übertreffen, 2. von etwas oder jmdm. abrücken, Abstand nehmen
distanziert, (lat.): auf Abstand bedacht, zurückhaltend
Distichon, (gr.), s, Distichen: zweizeilige Verseinheit
distinguiert, (lat.): sich von anderen unterscheidend, vornehm
Distinktion, (lat.), w, -en: Unterscheidung; Auszeichnung; Rang
Distribution, (lat.), w, -en: Verteilung; Auflösung; Verbreitung
distributiv, (lat.): verteilend, aufteilend
Distrikt, (lat.), m, -e: Bezirk, Bereich
Disziplin, (lat.), w, n.E.: 1. beherrschtes Verhalten, (Selbst)zucht, 2. (wissenschaftliches) Fachgebiet; Sportart
disziplinär, (lat.): die Disziplin betreffend
disziplinarisch, (lat.): die Strafgewalt betreffend
Disziplinarstrafe, (lat.-dt.), w, -n: Strafe für ein Dienstvergehen
disziplinieren, (lat.): 1. Regeln für ein geordnetes Miteinander beibringen, Disziplin lehren, 2. zur Ordnung rufen, bestrafen
diszipliniert, (lat.): beherrscht, sich gut in eine Gemeinschaft einordnend
dito, (italien.): ebenso, gleichfalls (Abk.: dto.)
Diuretikum, (gr.), s, Diuretika: harntreibendes Mittel
Diva, (lat.-italien.), w, -s oder Diven: 1. gefeierter weiblicher Bühnen- oder Filmstar, 2. (umg.) launische Frau
divergent, (lat.): 1. auseinanderstrebend, unterschiedlich, 2. keinen endlichen Grenzwert besitzend (Math.)
Divergenz, (lat.), w, -en: 1. das Auseinanderstreben, Abweichen; 2. Meinungsverschiedenheit
divergieren, (lat.): 1. auseinanderstreben, abweichen, 2. keinen endlichen Grenzwert besitzen (Math.)
divers, (lat.): verschieden, allerlei
Diverses, (lat.): Verschiedenes, Allerlei
Diversifikation, (lat.), w, -en: 1. Veränderung, Vielfalt, 2. Erweiterung der Angebotspalette
diversifizieren, (lat.): die Angebotspalette erweitern
Divertimento, (italien.), s, -s und Divertimenti: 1. unterhaltendes Instrumentalstück, 2. musikalisches Zwischenspiel, 3. Tanzeinlage in Opern
Dividend, (lat.), m, -en: Zahl, die durch eine andere geteilt werden soll
Dividende, (lat.), w, -n: auf eine Aktie entfallender Anteil am Gewinn
dividieren, (lat.): teilen (Math.)
Divination, (lat.), w, n.E.: Ahnungsvermögen, Hellseherei
divinatorisch, (lat.): erahnend; hellsehend
Divis, (lat.), s, -e: Bindestrich, Silbentrennungszeichen
divisibel, (lat.): teilbar
Division, (lat.), w, -en: 1. militärische Einheit eines Heeres, 2. Teilung (Ggs.: Multiplikation; Math.)
Divisor, (lat.), m, Divisoren: Teiler; die Zahl, die eine andere teilt
Diwan, (pers.), m, -e: 1. Ruhebett, 2. islamische Gedichtsammlung
Dixieland, ['di.xi:länd, amerik.], m, n.E.: alte Jazz-Form aus den Südstaaten der USA
DNS, w, n.E.: Abk. für: **D**esoxyribo**n**uklein**s**äure
Dock, (engl.), s, -s: Großanlage in

Werften zum Trockensetzen und Reparieren von Schiffen
Docker, (engl.), m, -: Dockarbeiter
Dodekaphonie, (gr.), w, n.E.: Zwölftonmusik
Dogcart, ['do.gka:t, engl.], m, -s: zweirädriger, einspänniger Wagen für die Jagd
Doge, ['do:*sch*e, italien.], m, -n: (histor.:) Staatsoberhaupt der früheren Republiken Venedig und Genua
Dogma, (gr.), s, Dogmen: verbindlicher Glaubensgrundsatz; festgelegte und starre Lehrmeinung
Dogmatik, (gr.), w, -en: systematische Darstellung von Dogmen
Dogmatiker, (gr.), m, -: einer, der Dogmatik lehrt; Verfechter dogmatischer Lehrmeinungen
dogmatisieren, (gr.): zum Dogma erheben
Dogmatismus, (gr.): Einstellung oder Denkweise, die starr an Dogmen festhält
Dogskin, (engl.), s, n.E.: kräftiges Leder aus Schaffell
Do it yourself!, ['du:it jur'ßelf, engl.]: Schlagwort für handwerkliche Selbsthilfe
Doktor, (lat.), m, -en: 1. akademischer Grad und Titel, 2. (umg.) Arzt
Doktorand, (lat.), m, -en: Promovierender
Doktrin, (lat.), w, -en: politischer Grundsatz, Leitlinie
doktrinär, (lat.): sich auf eine Lehrmeinung versteifend; engstirnig
Dokument, (lat.), s, -e: Urkunde, wichtiges Schriftstück, Beweismittel
Dokumentar, (lat.), m, -e: Mitarbeiter einer Dokumentationsstelle
dokumentarisch, (lat.): auf der Grundlage von Dokumenten, urkundlich
Dokumentation, (lat.), w, -en: 1. Zusammenstellung von Dokumenten aller Art, 2. Beweisführung auf der Grundlage von Dokumenten
dokumentieren, (lat.): unter Beweis stellen, beurkunden
Dolby, (Wz), s, -s: Rauschunterdrükkungsverfahren für Magnetbandaufnahmen
dolce, ['doltsche, italien.]: sanft, lieblich (Mus.)
Dolcefarniente, (italien.), s, n.E.: süßes Nichtstun
Dolce vita, (italien.), s, n.E.: süßes Leben, ausschweifendes Müßiggängertum
Dollar, (amerik.), m, -s: Währungseinheit (u.a. in den USA, Australien, Kanada)
Dolmen, (frz.), m, -: (histor.:) jungsteinzeitliche Steingrabkammer
dolmetschen, (ungar.): mündlich übersetzen
Dolmetscher, (ungar.), m, -: beruflicher Übersetzer
doloroso, (italien.): klagend (Mus.)
Dolus, (lat.), m, n.E.: Arglist, Vorsatz (Rechtsw.)
Dom, (lat.), m, -e: Bischofskirche
Domäne, (frz.), w, -n: 1. Landgut im Besitz eines Herrscherhauses, Staatsbesitz, 2. Spezialgebiet **Domestik,** (frz.), m, -en: 1. Dienstbote, 2. Radrennfahrer, der im Dienste seines Mannschaftskapitäns zu fahren hat
Domestikation, (lat.), w, -en: Züchtung von Haustieren, bzw. Kulturpflanzen
domestizieren, (lat.): Haustiere bzw. Kulturpflanzen züchten
Domina, (lat.), w, -s: 1. Stiftsvorsteherin, 2. auf sadistische Praktiken spezialisierte Prostituierte
dominant, (lat.): 1. (bei Erbanlagen:) vorherrschend, (Ggs.: rezessiv), 2. beherrschend, bestimmend
Dominantakkord, (lat.), m, -e: auf dem fünften Ton der Tonleiter aufgebauter Dreiklang (Mus.)
Dominante, (lat.): die, -n: fünfter Ton einer Tonleiter
Dominanz, (lat.), w, -en: 1. das Vorherrschen (anderer Erbanlagen), 2. beherrschendes und bestimmendes Verhalten
dominieren, (lat.): 1. vorherrschen (Biol.), 2. überwiegen, in der Mehrzahl sein, 3. beherrschen, den Ton angeben, überlegen sein
Dominikaner, (lat.), m, -: Angehöriger eines Bettel- und Predigerordens
Dominion, [do'minj(e)n, engl.], s, -s: zum Commonwealth gehörendes selbständiges Land
Domino, (frz.), m, -s: langer Maskenmantel mit Kapuze; der Träger eines solchen Mantels

Domino, (frz.), s, -s: Anlegespiel mit 28 rechteckigen Steinen
Dominus, (lat.), m, Domini: Herr, Gebieter
Dominus vobiscum, (lat. »der Herr sei mit euch!«): (Gruß des kath. Priesters an seine Gemeinde)
Domizil, (lat.), s, -e: 1. Wohnsitz, Wohnung, Unterkunft, 2. (bei Wechseln:) Zahlungsort
Domkapitel, (lat.), s, -: Gremium von Geistlichen an bischöflichen Kirchen
Dompteur, [dom'tö:r, frz.], m, -e: Tierbändiger
Dompteuse, [dom'tö:se, frz.], w, -n: Tierbändigerin
Donation, (lat.), w, -en: Schenkung (Rechtsw.)
Don Juan, ['do.n*ch*u'an, span.], m, --s: Frauenheld, Verführer
Don Quichotte, ['don ki'scho.t, span.-frz.], m, - -s: schwärmerischer Idealist
Donquichotterie, [donkischo.te'ri:], w, -n: zum Scheitern verurteiltes, ans Lächerliche grenzendes Unternehmen
Don Quijote, (span.): vgl. Don Quichotte
Dope, [do(u)p, engl.], s, n.E.: (umg.) Rauschgift
dopen, (engl.): Anregungspräparate zur sportlichen Leistungssteigerung nehmen
Doping, (engl.), s, -s: unerlaubte Einnahme von Anregungspräparaten im Sport
dorsal, (lat.): zum Rücken gehörig; am Rücken, an der Rückseite gelegen (Med.)
dosieren, (gr.): (Mengen) genau bemessen, abmessen
Dosierung, (gr.), w, -en: Abmessung einer bestimmten Menge
Dosimeter, (gr.), s, -: Gerät, mit dem man die radioaktive Strahlendosis am Menschen mißt
Dosis, (gr.), w, Dosen: genau abgemessene Menge (z.B.: eines Präparates); kleine Menge
Dossier, [doß'je:, frz.], s, -s: Aktenbündel
Dotation, (lat.), w, -en: Zuwendung, Schenkung; Mitgift
dotieren, (lat.): eine Geldsumme festlegen, zuweisen
Douane, [du'a:n(e), frz.], w, -n: Zoll, Zollamt
doubeln, ['du:beln, frz.]: 1. bei gefährlichen Szenen die Rolle des Filmschauspielers übernehmen, 2. einen Filmschauspieler bei gefährlichen Szenen durch einen anderen ersetzen
Double, ['du:bel, frz.], s, -s: 1. Stuntwoman, Stuntman, 2. das Doppel
Doublette: vgl. Dublette
Douglasie, [dug'la:si-e], w, -n: Kiefernart
down, ['daun, engl.]: (umg.) niedergeschlagen, erschöpft
Down-Syndrom, ['daun-sün'dro:m], s, n.E.: vgl. Mongolismus
Doyen, [doa'*jän*, frz.], m, -s: Leiter und Sprecher des diplomatischen Korps
Dozent, (lat.), m, -en: Lehrer an einer Hochschule
Dozentur, (lat.), w, -en: 1. Lehrauftrag für einen Dozenten, 2. Dozentenstelle
dozieren, (lat.): 1. lehren, vortragen, Vorlesungen halten, 2. (abwertend:) in belehrendem Ton reden
Dragée, [dra'*sch*e:, frz.], s, -s: glasierte Tablette (Medikament oder Süßigkeit)
dragieren, [dra'*sch*i:ren, frz.]: mit Zucker glasieren
Dragoner, (frz.), m, -: 1. leichter Reiter, Kavallerist, 2. (umg.) energische Frau
Drain, [dr*än*, engl.-frz.], m, -s: 1. Abzugsrohr zum Abfluß von Wundabsonderungen, 2. Entwässerungsgraben
Drainage, [drä'na:*sche*, engl.-frz.], w, -n: 1. Ableitung von Sekreten (Med.), 2. Entwässerungssystem
drainieren, (engl.-frz.): Sekrete ableiten (Med.)
Draisine, [drei'sine, fälschl. umg. auch drä'si:ne], w, -n: 1. zweirädriges Laufrad, 2. kleines Schienenfahrzeug
drakonisch, (gr.): hart, streng, unnachsichtig
Dralon, (Wz), s, n.E.: Kunstfaser von wollähnlichem Charakter
Drama, (gr.), s, Dramen: 1. Schauspiel, 2. aufregendes, trauriges Geschehnis
Dramatik, (gr.), w, n.E.: 1. dramatische Dichtkunst, 2. Spannung, aufregender Ablauf
Dramatiker, (gr.), m, -: Dichter von Dramen
dramatisch, (gr.): 1. in Form eines Dramas, 2. spannend, erschütternd

dramatisieren, (gr.): 1. für die Bühne bearbeiten, 2. eine Begebenheit übertrieben spannend schildern

Dramaturg, (gr.), m, -en: literarischer Berater am Theater, bei Funk, Film und Fernsehen

Dramaturgie, (gr.), w, -n: 1. Lehre vom Drama, 2. literarische Abteilung am Theater, bei Funk, Film und Fernsehen

Dränage: vgl. Drainage

Dränung: vgl. Drainage (2)

drapieren, (frz.): kunstvoll in Falten legen, raffen; ausschmücken

drastisch, (gr.): derb-anschaulich; deutlich, grob

Dreß, (engl.), m, Dresse: Kleidung für eine bestimmte Gelegenheit

dressieren, (frz.): 1. Tiere abrichten, 2. nachwalzen, strecken

Dressing, (engl.), s, -s: 1. Salatsoße, 2. Gewürzmischung für Bratenfüllungen

Dressman, ['drä.ßm(e)n, engl.], m, Dressmen: 1. Mann, der Herrenkleidung vorführt, 2. männl. Fotomodell

Dressur, (frz.), w, -en: 1. das Abrichten von Tieren, 2. Kunststück eines dressierten Tieres

dribbeln, (engl.): (beim Fußball oder Hockey:) einen Gegner umspielen

Dribbling, (engl.), s, -s: das Dribbeln

Drink, (engl.), m, -s: kleines alkoholisches Mischgetränk

Drive, [draif, engl.], m, -s: 1. Schwung, 2. treibender Rhythmus im Jazz, 3. (beim Golf, Tennis oder Polo:) Treibschlag

Drive-in, [draif'in, engl.], s, -s: Auto-Kino oder -Imbißgaststätte

Droge, (frz.), w, -n: 1. Grundstoff für Arzneien oder Gewürze, 2. Rauschgift

Drogerie, (frz.), w, -n: Einzelhandelsgeschäft zum Verkauf von frei verkäuflichen Arzneien, Körperpflegemitteln, Hauspflegemitteln u.a.

Drogist, (frz.), m, -en: Besitzer oder Angestellter einer Drogerie

Dromedar, (gr.), s, -e: Kamelart mit nur einem Höcker

Dropkick, (engl.), m, -s: (beim Fußball oder Rugby:) das Treten des Balles beim Herunterfallen

Drop-out, (engl.), m, -s: 1. Aussteiger, 2. Ausfall eines Signals in der EDV

Drops, (engl.), m oder s, -: (saures) Fruchtbonbon

Droschke, (russ.), w, -n: 1. Pferdekutsche, 2. Taxi

Drugstore, ['dra.gsto:r, engl.], m, -s: amerik. Gemischtwarenladen mit Imbißraum

Druide, m, -n: keltischer Priester

Drummer, ['dra.mer, engl.], m, -: Schlagzeuger

Drums, [dra.ms, eng.], w, n.M.: Schlagzeug

dry, [drai, engl.]: trocken, herb

Dschungel, (engl.), m, -: Urwald

Dschunke, w, -n: flaches chines. Segelschiff

dual, (lat.): zweiheitlich

Dualismus, (lat.), m, n.E.: 1. Zweiheit, 2. Widerstreit zweier entgegengesetzter Kräfte; konkurrierendes Nebeneinander zweier Machtfaktoren

Dualität, (lat.), w, n.E.: Zweiheit, Austauschbarkeit

Dualsystem, (lat.-gr.), s, -e: Zweiersystem (Math.)

dubios, (lat.): zweifelhaft, fragwürdig

Dublee, (frz.), s, -s: 1. mit dünner Goldschicht überzogenes Metall, 2. Stoß beim Billardspiel

Dublette, (frz.), w, -n: 1. zweimal vorhandener Gegenstand, Doppelstück, 2. Doppeltreffer

dublieren, (frz.): 1. verdoppeln, 2. mit Gold überziehen

Dublone, w, -n: alte span. Goldmünze

Ductus, (lat.), m, -: 1. Gang, Kanal (Med.), 2. vgl. Duktus

Duell, (frz.), s, -e: Zweikampf

Duellant, (frz.), m, -en: Duellteilnehmer

Duett, (italien.), s, -e: Musikstück für zwei Singstimmen (Mus.)

Dufflecoat, ['da.felko:t, engl.], m, -s: knielanger Kapuzenmantel

Dukaten, (italien.), m, -: alte Goldmünze

Duktus, (lat.), m, n.E.: 1. typischer Schriftzug, charakteristische Linienführung, 2. charakteristische Formgebung, Handschrift

Dulzinea, (lat.-span.), w, -s: (scherzh.) Freundin, Geliebte

Duma, (russ.), w, -s: Parlament in Russland

Dumdumgeschoß, s, -geschosse: Sprenggeschoß
Dummy, ['da.mi, engl.], m, Dummies: Attrappe
Dumping, ['da.mping, engl.], s, n.E.: Preisunterbietung ohne Rücksicht auf die Selbstkosten
Duo, (italien.), s, -s: Musikstück für zwei Instrumente; die ausführenden Musiker
Duodenum, (lat.), s, Duodena: Zwölffingerdarm
Duodezfürst, (lat.-dt.), m, -en: Herrscher eines sehr kleinen Staates
Duodezimalsystem, (lat.-gr.), s, n.E.: Zwölfersystem
Duodezime, (lat.), w, -n: Intervall von 12 Tönen (Mus.)
Duodezstaat, m, -en: Zwergstaat
düpieren, (frz.): täuschen, hereinlegen
Duplikat, (lat.), s, -e: Doppel, Abschrift, Kopie
duplizieren, (lat.): verdoppeln
Duplizität, (lat.), w, -en: doppeltes Auftreten, zufälliges Zusammentreffen zweier ähnlicher Ereignisse
Dur, (lat.), s, n.E.: Tongeschlecht (Ggs.: Moll)
durabel, (lat.): dauerhaft, bleibend
Durakkord, (lat.), m, -e: Dreiklang mit großer Terz (Mus.)
Duroplast, (lat.-gr.), m, -e: in Hitze härtbarer, aber nicht schmelzender Kunststoff
Duty-free-Shop, ['dju:ti'fri:'schop, engl.], m, -s: Laden für zollfreie Waren
Dyadik, (gr.), w, n.E.: auf dem Dualsystem aufgebaute Arithmetik
Dynamik, (gr.), w, n.E.: 1. Bewegungslehre (Ggs.: Statik), 2. Schwung, Schubkraft, Lebendigkeit
dynamisch, (gr.): auf Dynamik beruhend; schwungvoll, antriebsstark, lebendig (Ggs.: statisch)
dynamisieren, (gr.): 1. in Schwung bringen, antreiben, 2. etwas dynamisch gestalten, anpassen
Dynamit, (gr.), s, n.E.: Sprengstoff
Dynamo, (gr.), m, -s: vgl. Dynamomaschine
Dynamomaschine, (gr.-lat.), w, -n: kleiner Wechselstromgenerator
Dynamometer, (gr.), s, -: Kraftmesser
Dynastie, (gr.), w, -n: Herrschergeschlecht, Herrscherhaus
dynastisch, (gr.): zur Dynastie gehörig
Dysenterie, (gr.-lat.), w, -n: Ruhr (Med.)
Dysmelie, (gr.), w, -n: Mißbildung der Gliedmaßen
Dyspepsie, (gr.), w, -n: Ernährungsstörung bei Säuglingen
Dysplasie, (gr.), w, -n: körperliche Fehlbildung
Dystonie, (gr.), w, -n: fehlerhafter Spannungszustand der Muskeln und Gefäße (Med.)
Dystrophie, (gr.), w, -n: 1. Ernährungsstörung, 2. Übersäuerung von Gewässern

E

Easy-rider, ['i:si-raider, engl.], m, -: Motorrad mit hohem Lenker
Eau de Cologne, ['o: d(e) ko'lo.nj(e), frz.], s, n.E.: Kölnischwasser
Eau de toilette, ['o: d(e) toa'le.t, frz.], s, -x - -: ein Duftwasser
Ecce-Homo, (lat. »Sehet, welch ein Mensch!«), s, -s: bildliche Darstellung Christi mit Dornenkrone
echauffieren, [escho'fi:ren, frz.]: sich erhitzen, aufregen, ereifern
echauffiert, [escho'fi:rt, frz.]: erregt, erhitzt
Echo, (gr.), s, -s: 1. Widerhall (Phys.), 2. Resonanz, Anklang, Zustimmung, 3. Wiederholung einer Tonfolge in geringerer Lautstärke
echoen, (gr.): 1. widerhallen, 2. wiederholen
Echolot, (gr.-dt.), s, -e: Gerät zum Messen von Wassertiefen
Economyklasse, (engl.-dt.), w, -n: billigste Tarifklasse im Flugverkehr
Ecu, [e'kü:, Abk. für: **E**uropean **C**urrency **U**nit], m, -s: europäische Währungseinheit
Eden, (hebr.), s, n.E.: das Paradies (meist: Garten Eden)
edieren, (lat.): herausgeben, veröffentlichen
Edikt, (lat.), s, -e: amtliche Verlautbarung; Erlaß, Verordnung
editieren, (lat.): Daten eingeben, verändern oder löschen (EDV)

Edition, (lat.), w, -en: Ausgabe, Herausgabe eines anderen Schriftwerkes
Editor, (lat.), m, Editoren: Herausgeber
Editor, ['ä.dit(e)r, lat.-engl.], m, -s: Systemkomponente eines Schreib- oder Graphikprogramms (EDV)
Editorial, (lat.-engl.), s, -s: 1. Vorwort eines Herausgebers, 2. Leitartikel
EDV: Abk. für **e**lektronische **D**aten**v**erarbeitung
EEG: vgl. Elektroenzephalogramm
Efendi (türk.), m, -s: Herr (Anrede, Titel in der Türkei)
Effekt, (lat.), m, -e: Wirkung; Ergebnis; Erfolg
Effekten, (lat.), w, n.M.: Wertpapiere
effektiv, (lat.): 1. wirkungsvoll, lohnend, 2. tatsächlich; im Ergebnis
Effektivität, (lat.), w, n.E.: 1. Wirksamkeit, Wirkungskraft, 2. Nutzen, erzielte Leistung
Effektivlohn, (lat.-dt.), m, -löhne: tatsächlicher Lohn
effektuieren, (lat.): ausführen; zahlen
Effemination, (lat.), w, n.E.: Verweiblichung
Effendi: vgl. Efendi
Effet, [ä'fe:, frz.], m, -s: (bei Ballspielen:) durch Anschneiden erreichter Drall
effizient, (lat.): wirksam, wirkungsvoll; wirtschaftlich
Effizienz, (lat.), w, -en: Wirksamkeit, Wirkungsfraft; Wirtschaftlichkeit
effizieren, (lat.): bewirken, hervorrufen
egal, (frz.): 1. gleich, gleichartig, gleichmäßig, 2. gleichgültig
egalisieren, (frz.): gleichmachen, ausgleichen, (einen Rekord) einstellen
egalitär, (frz.): auf Gleichheit gerichtet
Egalität, (frz.), w, n.E.: Gleichheit
Egghead, ['ä.ghäd, amerik. »Eierkopf«], m, -s: Intellektueller
Ego, (lat.), s, n.E.: das Ich
Egoismus, (lat.), m, Egoismen: Eigenliebe, Selbstsucht, Rücksichtslosigkeit aus Eigennutz (Ggs.: Altruismus)
Egoist, (lat.), m, -en: vom Egoismus bestimmter Mensch
egoistisch, (lat.): selbstsüchtig
Egotrip, m, -s: (umg. für:) bewußt egozentrisches Verhalten
Egozentrik, (lat.-gr.), w, n.E.: Ichbezogenheit
Egozentriker, (lat.-gr.), m, -: ein egozentrischer Mensch
egozentrisch, (lat.-gr.): ichbezogen
Eidetik, (gr.), w, n.E.: Fähigkeit, sich Gegenstände oder Situationen bildlich vorzustellen
Eidetiker, (gr.), m, -: jmd., der die Fähigkeit der Eidetik besitzt
eidetisch, (gr.): anschaulich, bildhaft
einbalsamieren, (dt.-hebr.): (eine Leiche) konservieren, gegen Verwesung schützen
einchecken, ['eintschäcken, dt.-engl.]: sich abfertigen lassen
einquartieren, (dt.-frz.): unterbringen
Ejaculatio praecox, (lat.): vorzeitiger Samenerguß
Ejakulat, (lat.), s, -e: ausgespritzte Samenflüssigkeit
Ejakulation, (lat.), w, -en: Samenerguß
ejakulieren, (lat.): Samenflüssigkeit ausspritzen
Ejektion, (lat.), w, -en: Auswurf
ejizieren, (lat.): 1. auswerfen, 2. vertreiben
EKG: vgl. Elektrokardiogramm
Ekklesia, (gr.), w, n.E.: Kirche, Gemeinde
Ekklesiologie, (gr.), w, n.E.: Lehre von der christlichen Kirche
Eklampsie, (gr.), w, -n: Krämpfe beim Geburtsvorgang
Eklat, [e'kla:, frz.], m, -s: aufsehenerregendes Ereignis, Skandal; das Aufsehen
eklatant, (frz.): 1. aufsehenerregend, skandalös, 2. offenkundig
Eklektiker, (gr. »jmd., der auswählt«), m, -: jmd., der sich aus fremdem Gedankengut das ihm Passende auswählt
eklektisch, (gr.): sich bereits vorhandener Ideen, Kunstformen oder Stilmittel bedienend, nachahmend
Eklektizismus, (gr.), m, n.E.: unschöpferische Übernahme fremden Gedankenguts
Eklipse, (gr.), w, -n: Sonnen- oder Mondfinsternis
Ekliptik, (gr.), w, -en: die scheinbare jährliche Sonnenbahn am Himmel
Ekrasit, (frz.), s, n.E.: Sprengstoff
ekrü, (frz.): ungebleicht, naturfarben

Ekstase, (gr.), w, -n: das Außersichsein, rauschhafte Verzückung
Ekstatiker, (gr.), m, -: jmd., der in Ekstase ist
ekstatisch, (gr.): außer sich, rauschhaft begeistert
Ektoderm, (gr.), s, -e: äußere Zellschicht
Ekzem, (gr.), s, -e: entzündliche, juckende Hautkrankheit
ekzematös, (gr.): von einer juckenden Hautkrankheit befallen
Elaborat, (lat.), s, -e: (eigtl.) schriftliche Ausarbeitung; (meist abschätzig:) Machwerk
Elan, (frz.), m, n.E.: innerer Schwung, Tatkraft
Elaste, (gr.), w, Plur.: elastische Kunststoffe
elastisch, (gr.): 1. dehnbar, biegsam, 2. beweglich, spannkräftig
Elastizität, (gr.), w, n.E.: 1. Dehnbarkeit, Biegsamkeit, 2. Spannkraft, Beweglichkeit
Elastomer, (gr.), s, -e: Stoff von großer Elastizität
Elativ, (lat.), m, -e: Steigerungsstufe eines Adjektivs oder Adverbs (z.B. »bestens«, »sehr schön«)
Eldorado, (span.), s, -s: (eigtl.) sagenhaftes Goldland; (meist:) Wunschland, Traumland, Paradies
Elefantiasis, (gr.), w, Elefantiasen: unförmige Verdickung von Haut und Unterhautbindegewebe
elegant, (frz.): geschmackvoll, ausgesucht
Eleganz, (frz.), w, n.E.: Schick; Gewähltheit
Elegie, (gr.), w, -n: 1. wehmütiges Gedicht, Klagelied, 2. Schwermut
elegisch, (gr.): klagend, wehmütig, schwermütig
Elektrakomplex, m, n.E.: übersteigerte Vaterbindung bei Mädchen
Elektrifizierung, (gr.), w, -en: Umstellung auf elektrischen Betrieb
Elektrik, (gr.), w, n.E.: 1. die gesamte elektrische Austattung, 2. Elektrizitätslehre
Elektriker, (gr.), m, -: Fachmann für elektrische Anlagen
elektrisch, (gr.): mit Elektrizität betrieben, stromführend
elektrisieren, (gr.): 1. elektrische Ladung erzeugen, unter Strom setzen, 2. (umg.) jmdn. begeistern
Elektrizität, (gr.), w, n.E.: elektrische Energie
Elektrode, (gr.), w, -n: Ein- oder Austrittsstelle für elektrische Ladungsträger (Anode und Kathode)
Elektrodynamik, (gr.), w, n.E.: Lehre von der bewegten Elektrizität
Elektroenzephalogramm, (gr.), s, -e: Aufzeichnung der Hirnstromkurve (Abk.: EEG)
Elektrokardiogramm, (gr.), s, -e: Aufzeichnung der Herzstromkurve (Abk.: EKG)
Elektrokardiographie, (gr.), w, n.E.: Aufzeichnungsverfahren für Herzstromkurven
Elektrolyse, (gr.), w, -n: Zersetzung chem. Verbindungen durch Strom
Elektrolyt, (gr.), m, -e: Stoff, der elektrischen Strom leiten und durch ihn zersetzt werden kann
Elektromagnet, (gr.), m, -e(n): stromführende Drahtspule mit einem Weicheisenkern, die ein Magnetfeld erzeugt
Elektromagnetismus, (gr.), m, n.E.: durch Elektrizität hervorgerufener Magnetismus
Elektromotor, (gr.), m, -ore(n): Motor zur Umsetzung elektrischer in Bewegungsenergie
Elektron, (gr.), s, -en: elektrisch negativ geladenes Elementarteilchen
Elektronenmikroskop, (gr.), s, -e: Mikroskop, das mit Elektronenstrahlen arbeitet
Elektronenvolt: vgl. Elektronvolt
Elektronik, (gr.), w, n.E.: Teilgebiet der Elektrotechnik
elektronisch, (gr.): auf Elektronik beruhend
Elektronvolt, s, -: kernphysikalische Maßeinheit für Energie (Abk.: eV)
Elektroschock, (gr.-dt.), m, -s: Schock durch elektrische Stromstöße
Elektrostatik, (gr.), w, n.E.: Lehre von den unbewegten elektrischen Ladungen
Elektrotechnik, (gr.), w, n.E.: technische Nutzung von Elektrizität
Element, (lat.), s, -e: 1. Grundbestandteil; Wesenszug, 2. Naturgewalt, Naturkraft; (in der Antike:) Urstoff, 3.

chem. Grundstoff, 4. Teil einer Menge (Math.)
elementar, (lat.): 1. grundlegend, wesentlich, 2. ursprünglich, 3. für Anfänger geeignet
Elephantiasis: vgl. Elefantiasis
Elevation, (lat.), w, -en: 1. Erhebung, Erhöhung, 2. das Emporheben von Hostie und Kelch durch den Priester, 3. Erhebungswinkel eines Gestirns
Elevator, (lat.), m, Elevatoren: Fördereinrichtung, Aufzug
Eleve, (frz.), m, -n: Lehrling, (Ballett-) Schüler, Anfänger
eliminieren, (lat.): ausschalten, beseitigen, entfernen
elitär, (frz.): 1. zur Elite gehörend, 2. sich als Elite fühlend, dünkelhaft
Elite, (frz.), w, -n: 1. Auslese, die Besten, 2. Führungsschicht
Elixier, (arab.-gr.), s, -e: 1. Zaubertrank; Verjüngungsmittel, 2. alkoholischer Pflanzenauszug
Ellipse, (gr.), w, -n: 1. Kegelschnitt mit zwei Brennpunkten (Math.), 2. Auslassen entbehrlicher Wort- oder Satzteile (Sprachwiss.)
Ellipsoid, (gr.), s, -e: durch Drehung einer Ellipse (1) um eine ihrer Achsen zu erzeugender Körper
elliptisch, (gr.): 1. ellipsenförmig (Math.), 2. eine Ellipse (2) bildend, unvollständig (Sprachwiss.)
Eloge, [e'lo:*sche*, frz.], w, -n: Lob, Schmeichelei
Elongation, (lat.), w, -en: 1. Winkelabstand eines Planeten von der Sonne, 2. Abstand eines Pendels von der Ruhestellung
eloquent, (lat.): beredt, redegewandt
Eloquenz, (lat.), w, n.E.: Beredsamkeit, Redegewandheit
Eloxal, (Kurzw. aus **el**ektrisch **ox**ydiertes **Al**uminium; Wz.), s, n.E.: Schutzüberzug auf Aluminiumteilen
eloxieren: mit Eloxal überziehen
elysäisch: vgl. elysisch
elysisch, (gr.): zum Elysium gehörig; himmlisch, paradiesisch
Elysium, (gr.), s, n.E.: Land der Seligen; Paradies
Email, [e'maj, frz.], s, -s: auf Metallflächen aufgebrannter glasartiger Überzug
Emaille, [e'ma.lje, frz.], w, -n: vgl. Email
emaillieren, [ema'ji:ren, frz.]: mit Email überziehen
Emanation, (lat.), w, -en: 1. das Ausströmen, das Ausfließen, 2. Ausstrahlung (Psychol.), 3. das Hervorgehen aller Dinge aus dem Göttlichen
Emanze, w, -n: (umg. abschätzig:) sich emanzipiert gebende Frau
Emanzipation, (lat.), w, -en: 1. Befreiung aus Abhängigkeit und Bevormundung, 2. gesellschaftliche Gleichstellung
emanzipatorisch, (lat.): Emanzipation anstrebend
emanzipieren, (lat.): sich aus Abhängigkeit und Bevormundung befreien
emanzipiert, (lat.): 1. aus Abhängigkeit und Bevormundung befreit, 2. Gleichberechtigung anstrebend
Embargo, (span.), s, -s: 1. Zurückhalten von Eigentum, das für ein fremdes Land bestimmt ist, 2. Verbot, mit einem fremden Staat Handel zu treiben
Emblem, (frz.), s, -e: Hoheitszeichen, Abzeichen; Sinnbild
Embolie, (gr.), w, -n: Verstopfung eines Blutgefäßes
Embryo, (gr.), m, -s oder Embryonen: Leibesfrucht
Embryologie, (gr.), w, n.E.: Lehre von der Entwicklung der Embryonen
embryonal, (gr.): zum Embryo gehörig; im Zustand eines Embryos, ungeboren
emeritiert, (lat.): (bei Geistlichen oder Hochschullehrern:) in den Ruhestand versetzt (Abk.: em.)
Emetikum, (gr.), s, Emetika: Brechmittel
emetisch, (gr.): Brechreiz auslösend
Emigrant, (lat.), m, -en: Auswanderer
Emigration, (lat.), w, -en: Auswanderung
emigrieren, (lat.): auswandern
eminent, (lat.): hervorragend, außerordentlich
Eminenz, (lat.), w, -en: Hoheit (Euer E.: Anrede für Kardinäle)
Emir, (arab.), m, -e: Titel eines arab. Fürsten, Heerführer
Emirat, (arab.), s, -e: orientalisches Fürstentum
Emissär, (lat.), m, -e: Abgesandter

Emission, (lat.), w, -en: 1. das Ausströmen von Schadstoffen, 2. das Ausstrahlen von elektromagnetischen Teilchen oder Wellen, 3. Ausgabe (von Wertpapieren oder Geld), 4. Entleerung (Med.)
Emittent, (lat.), m, -en: Herausgeber von Wertpapieren
emittieren, (lat.): herausgeben, in Umlauf bringen (von Wertpapieren)
Emotion, (lat.), w, -en: Gemütsbewegung, heftiges Gefühl
emotional, (lat.): mit Gefühlen verbunden; gefühlsmäßig
Emotionalität, (lat.), w, -en: Gefühlslage; inneres Beteiligtsein
emotionell: vgl. emotional
Empathie, (gr.), w, n.E.: Einfühlsamkeit
empathisch, (gr.): einfühlsam
Emphase, (gr.), w, n.E.: Nachdruck, leidenschaftliche Betonung
emphatisch, (gr.): mit Nachdruck, leidenschaftlich betont
Emphysem, (gr.), s, -e: krankhafte Gasansammlung im Gewebe
Empire, [*an*'pi:r, frz.], s, n.E.: 1. das frz. Kaiserreich unter Napoleon I., 2. Bez. für den Kunststil dieser Zeit
Empire, ['ämpai(e)r, engl.], s, n.E.: das britische Weltreich
Empirie, (gr.), w, n.E.: Erfahrung
Empiriker, (gr.), m, -: 1. Anhänger des Empirismus, 2. jmd., der sein Wissen aus der Erfahrung bezieht
empirisch, (gr.): aus der Erfahrung gewonnen, erfahrungsbedingt
Empirismus, (gr.), m, n.E.: allein von der Erfahrung ausgehende Erkenntnistheorie
Empirist, (gr.), m, -en: Anhänger des Empirismus
Emu, m, -s: Laufvogel in Australien
emulgieren, (lat.): eine Emulsion herstellen
Emulsion, (lat.), w, -en: feinste Verteilung einer Flüssigkeit in einer anderen Flüssigkeit
en bloc, [*an* 'blo.k, frz.]: im ganzen, insgesamt
Encoding, [in'ko(u)ding, engl.], s, -s: Verschlüsselung von Nachrichten oder Daten (EDV)
Encounter, [in'kaunt(e)r, engl.], m oder s, -: 1. Begegnung, 2. therapeutisches Gruppentraining (Psychol.)
Endemie, (gr.), w, -n: in einem bestimmten Gebiet immer wieder auftretende Infektionskrankheit
endemisch, (gr.): 1. in einem bestimmten Gebiet auftretend (Med.), 2. in einem bestimmten Gebiet verbreitet (Biol.)
en détail, [*an* de'taj, frz.]: im kleinen; im einzelnen, einzeln
endogen, (gr.): 1. von innen verursacht, im Innern eines Körpers entstehend (Ggs.: exogen), 2. aus dem Erdinneren stammend (Geol.), 3. anlagebedingt
endokrin, (gr.): mit innerer Sekretion (Ggs.: exokrin; Med.)
Endoskop, (gr.), s, -e: Instrument zur Untersuchung von Hohlorganen und Körperhöhlen
Endoskopie, (gr.), w, -n: Untersuchung mit dem Endoskop
Energetik, (gr.), w, n.E.: 1. Lehre von der Energie (Phys.), 2. philosophische Auffassung, nach der die Energie Grundkraft allen Seins ist
Energie, (gr.), w, -n: 1. Tatkraft, Schwung, Wille, 2. Fähigkeit, Arbeit zu verrichten (Phys.)
energisch, (gr.): tatkräftig, willensstark, schwungvoll; entschlossen
enervieren, (lat.): ermüden, entkräften
en face, [*an* 'fa:ß, frz.]: von vorn, gegenüber
en famille, [*an* fa'mij, frz.]: im Familienkreis, im engsten Kreis
Enfant terrible, [*an*'*fan* te'ri:bel, frz.], s, -s -s: jmd., der andere in Verlegenheit bringt oder schockiert
Engagement, [*an*ga*sch*(e)'m*an*, frz.], s, -s: 1. (n.E.:) innere Verpflichtung, besonderer persönlicher Einsatz für eine Sache, 2. Anstellung (eines Künstlers oder Artisten), 3. Liefer- oder Zahlungsverpflichtung
engagieren, [*an*ga'*sch*i:ren, frz.]: 1. (einen Künstler oder Artisten) anstellen, 2. jmdn. zum Tanz auffordern, 3. sich e.: sich besonders für eine Sache einsetzen, 4. sich verpflichten
engagiert, [*an*ga'*sch*i:rt, frz.]: deutlich für etwas eintretend; sehr beschäftigt
en gros, [*an*'gro:, frz.]: in großen Mengen, im großen (Ggs.: en détail)
Enklave, (lat.-frz.), w, -n: fremdes Staatsgebiet, das von eigenem Staatsgebiet umschlossen ist

enkodieren, (gr.-engl.): (Daten, Nachrichten) verschlüsseln (EDV)
en masse, [*an*'ma.ß, frz.]: in Massen, in großer Zahl
en miniature, [*an* minia'tü:r, frz.]: im kleinen, in kleinerem Maßstab
ennuyant, [enü'ja.nt, frz.]: langweilig, lästig
ennuyieren, [enü'ji:ren, frz.]: langweilen, lästig sein
enorm, (frz.): 1. ungeheuer, außerordentlich, 2. großartig, erstaunlich
Enormität, (frz.), w, -en: außerordentliche Größe
en passant, [*an* pa'ß*an*, frz.]: im Vorübergehen, nebenbei, beiläufig
en profil, [*an* pro'fi:l, frz.]: im Profil, von der Seite
Enquete, [*an*'kä:t, frz.], w, -n: amtliche Untersuchung, Erhebung
Enquetekommission, [*an*'kä:t.., frz.], w, -en: Kommission zur Durchführung einer Enquete
enragiert, [*an*ra'*sch*i:rt, frz.]: leidenschaftlich, wütend
Ensemble, [*an*'ß*an*b(e)l, frz.], s, -s: 1. sämtliche Mitwirkenden einer Aufführung, 2. kleine Besetzung in der Instrumentalmusik, 3. eine Gruppe von zusammengehörenden Bauten oder Kunstwerken
en suite, [*an*'swi:t, frz.]: 1. im folgenden, 2. hintereinander
Entelechie, (gr.), w, -n: innere Kraft von Dingen oder Lebewesen (Philos.)
Entente, [*an*'t*an*t, frz.], w, -n: Bündnis
Enteroskop, (gr.), s, -e: Instrument zur Untersuchung des Dickdarms
Entertainer, ['änt(e)r'täin(e)r, engl.], m, -: beruflicher Unterhalter, Conférencier
enthusiasmieren, (gr.): begeistern
Enthusiasmus, (gr.), m, n.E.: große Begeisterung
enthusiastisch, (gr.): begeistert, schwärmerisch
entmilitarisieren, (dt.-lat.): Streitkräfte und militärische Anlagen aus einem Gebiet entfernen
Entnazifizierung, w, en: Entfernung von ehemaligen Nationalsozialisten aus Deutschland nach 1945 und Ausschaltung nationalsozialistischen Gedankenguts
Entomologie, (gr.), w, n.E.: Insektenkunde
Entrecote, [*an*tr(e)'ko:t, frz.], s, -s: Rippenstück vom Rind
Entree, [*an*'tre:, frz.], s, -s: 1. Eintritt, Eingang; Vorzimmer, 2. Eintrittsgeld, 3. Vorspiel zu einem Ballett, 4. Vorspeise
Entropie, (gr.), w, -n: Maß für den Grad der Unordnung in einem thermodynamischen System (Phys.)
Enurese, (gr.), w, -n: Bettnässen
Environment, [än'wai(e)rnm(e)nt, engl.], s, -s: künstlerische Ausgestaltung (z.B. eines Raumes)
en vogue, [*an*'wo:g, frz.]: in Mode, beliebt
Enzephalitis, (gr.), w, Enzephalitiden: Gehirnentzündung
Enzephalographie, (gr.), w, -n: Darstellung des Gehirns im Röntgenbild
Enzyklika, (gr.), w, Enzykliken: päpstliches Rundschreiben
Enzyklopädie, (gr.), w, -n: umfassendes Nachschlagewerk
enzyklopädisch, (gr.): das gesamte Wissen umfassend
Enzym, (gr.), s, -e: in der lebenden Zelle gebildete Eiweißverbindung
enzymatisch, (gr.): durch Enzyme bewirkt
eo ipso, (lat.): eben dadurch; von selbst, selbstverständlich
Eos, (gr.), w, n.E.: Morgenröte
Eosin, (gr.), s, n.E.: roter Farbstoff
Eozän, (gr.), s, n.E.: zweitälteste Abteilung des Tertiärs
Epaulette, [epo'lä.t(e), frz.], w, -n: Schulterstück an Uniformen, Achselklappe
Ephedrin, (Wz.), s, n.E.: kreislaufanregender Wirkstoff
ephemer, (gr.): nur einen Tag dauernd, kurzlebig
Ephemeride, (gr.), w, -n: 1. Erscheinung von kurzer Dauer, 2. Eintagsfliege, 3. Angaben über die tägliche Stellung der Himmelskörper
Epidemie, (gr.), w, -n: Seuche
Epidemiologie, (gr.), w, n.E.: Lehre von den Epidemien
epidemisch, (gr.): epidemieartig auftretend
Epidermis, (gr.), w, Epidermen: Oberhaut

Epidiaskop, (gr.), s, -e: Bildwerfer
epigonal, (gr.): nachahmend, nachgemacht
Epigone, (gr.), m, -n: Nachahmer
Epigramm, (gr.), s, -e: Sinnspruch, kurzes Sinn- oder Spottgedicht
epigrammatisch, (gr.): geistreich, witzig
Epigraphik, (gr.), w, n.E.: Inschriftenkunde
Epik, (gr.), w, n.E.: Gattung der erzählenden Dichtung
Epiker, (gr.), m, -: Dichter epischer Werke
Epikureer, m, -: 1. Anhänger der Lehre des Philosophen Epikur, 2. Genußmensch
epikureisch, (gr.): 1. im Sinne der Lehre Epikurs lebend, 2. genußfreudig
Epilation, (lat.), w, -en: Entfernung von Körperhaaren
Epilepsie, (gr. »Anfall«), w, -n: Anfallsleiden
Epileptiker, (gr.), m, -: jmd., der an Epilepsie leidet
epileptisch, (gr.): durch Epilepsie hervorgerufen; an Epilepsie leidend
epilieren, (lat.): enthaaren
Epilog, (gr.), m, -e: Schlußrede, Nachspiel; Nachwort
Epiphanias: vgl. Epiphanienfest
Epiphanie, (gr.), w, -n: das Erscheinen einer Gottheit
Epiphanienfest, s, -e: Dreikönigsfest am 6. Januar
Epirogenese, (gr.), w, -n: Hebungen und Senkungen der Erdkruste
episch, (gr.): erzählend, im Stile der Epik; ausführlich
Episkop, (gr.), s, -e: Projektor für undurchsichtige Bilder
episkopal, (gr.): bischöflich
Episkopat, (gr.), s, -e: 1. Gesamtheit der Bischöfe eines Landes, 2. Amt eines Bischofs
Episode, (gr.), w, -n: 1. nebensächliches Ereignis, beiläufiges Erlebnis, 2. Nebenhandlung in Literatur, Theater oder Musik
episodisch, (gr.): dazwischengeschaltet; vorübergehend; unbedeutend und von kurzer Dauer
Epistel, (gr.), w, -n: 1. Apostelbrief im Neuen Testament, 2. gottesdienstliche Lesung aus der Apostelgeschichte und Apostelbriefen, 3. (umg.) längerer Brief
Epitaph, (gr.), s, -e: 1. Grabinschrift, 2. Grabmal oder Gedenktafel mit Inschrift
Epithel, (gr.), s, -e: die äußere Zellschicht
Epitheton, (gr.), s, Epitheta: als Attribut gebrauchtes Adjektiv
Epizentrum, (gr.), s, -zentren: senkrecht über einem Erdbebenherd liegendes Gebiet der Erdoberfläche
epochal, (gr.): hochbedeutend, eine Epoche prägend; aufsehenerregend
Epoche, (gr.), w, -n: 1. bedeutungsvoller längerer Zeitabschnitt, 2. Zeitpunkt des Standortes eines Gestirns
Epos, (gr.), s, Epen: Versdichtung; Heldengedicht in Versform
Epsilon, (gr.), s, -s: fünfter Buchstabe des gr. Alphabets
Equestrik, (lat.), w, n.E.: Reitkunst
Equipage, [equi'pa:*sch*, frz.], w, -n: 1. elegante Kutsche, 2. Offiziers- oder Schiffsausrüstung
Equipe, [e'ki.p, frz.], w, -n: Sportmannschaft
Equipment, (engl.), s, -s: Ausrüstung
erektil, (lat.): aufrichtbar, schwellfähig (Med.)
Erektion, (lat.), w, -en: Anschwellung des Penis oder der Klitoris
Eremit, (gr.), m, -en: Einsiedler
Eremitage, [eremi'ta:*sch*, frz.], w, -n: 1. Einsiedelei, 2. Nachbildung einer Einsiedelei (z.B. in Parkanlagen)
ergo, (lat.): also, folglich, deshalb
Ergonomie, (gr.), w, n.E.: Lehre von der Leistungsmöglichkeit des Menschen in Abhängigkeit von den Arbeitsbedingungen
ergonomisch, (gr.): 1. unter dem Gesichtspunkt der Ergonomie, 2. an die menschliche Arbeitsfähigkeit angepaßt
erigieren, (lat.): 1. sich aufrichten, anschwellen und versteifen (insb. beim Penis), 2. eine Erektion haben
Erinnye, (gr.), w, -n: gr. Rachegöttin
erodieren, (lat.): abtragen (Geol.)
erogen, (gr.): sexuelle Empfindungen hervorrufend
Eros, m, n.E.: 1. gr. Gott der Liebe, 2. geschlechtliche Liebe
Erosion, (lat.), w, -en: 1. Abtragung (Geol.), 2. Gewebeschaden

Eroten, (gr.), w, n.M.: geflügelte Liebesgötter in Kindergestalt
erosiv, (lat.): durch Erosion entstanden
Erotik, (gr.), w, n.E.: sinnliche Liebe
Erotikon, (gr.), s, Erotika: literarisches Werk mit erotischem Inhalt
erotisch, (gr.): sinnlich; Verlangen nach Liebe weckend
erotisieren, (gr.): erotisches Verlangen wecken
Erotomanie, (gr.), w, n.E.: krankhaft übersteigertes sexuelles Verlangen
errare humanum est, (lat. »Irren ist menschlich«)
Erratum, (lat.), s, Errata: Druckfehler
erratisch, (lat.): verirrt, verstreut
erratischer Block: Findling
eruieren, (lat.): ermitteln, erforschen, herausfinden
Eruption, (lat.), w, -en: 1. Ausbruch eines Vulkans, 2. Ausbruch von Gas auf der Sonne, 3. plötzliches Auftreten eines Hautausschlages
eruptiv, (lat.): 1. hervorbrechend, 2. durch Eruption (1) entstanden
Erythrozyt, (gr.), m, -en: rotes Blutkörperchen
Eschatologie, (gr.), w, n.E.: Lehre vom Ende der Menschheit; christl. Lehre vom Weltende
eschatologisch, (gr.): in der Art der Eschatologie
Eskadron, (frz.), w, -en: größere Kavallerieeinheit
Eskaladierwand, (frz.-dt.), w, -wände: Holzwand für Kletterübungen
Eskalation, (lat.), w, -en: schrittweise Verschärfung eines Konfliktes
eskalieren, (lat.): sich allmählich steigern
eskamotieren, (frz.): heimlich verschwinden lassen, wegzaubern
Eskapade, (frz.), w, -n: 1. (urspr.:) Seitensprung eines Schulpferdes, 2. unüberlegter Streich, Abenteuer
Eskapismus, (frz.), m, n.E.: Flucht vor der Wirklichkeit
Eskimo, (indian.), m, -s: Abgehöriger eines Volksstammes in der Arktis
Eskorte, (frz.), w, -n: Geleit zur Ehrung, Bewachung oder zum Schutz
eskortieren, (frz.): schützend oder bewachend geleiten
Esoterik, (gr.), w, n.E.: 1. Geheimwissenschaft, Geheimlehre, 2. Weltfremdheit
esoterisch, (gr.): 1. nur für Eingeweihte verständlich bzw. bestimmt, 2. weltfremd
Esperanto, s, n.E.: Welthilfssprache
Esplanade, (frz.), w, -n: großer freier Platz; breite Straße
Espresso, (italien.), m, -s oder Espressi: in einer Spezialmaschine zubereiteter, sehr starker Kaffee
Esprit, [e'spri:, frz.], m, n.E.: geistreiche Art, Scharfsinn
Essay, ['ä.ßej oder ä'ßej, frz.], m oder s, -s: Abhandlung
Essayist, (frz.), m, -en: Verfasser von Essays
Essential, [i'ßänsch(e)l, engl.], s, -s: das eigentlich Wichtige
essentiell, (lat.): 1. wesentlich, hauptsächlich, 2. lebensnotwendig (Biol.)
Essenz, (lat.), w, -en: 1. wesentlichster Teil (eines Sachverhalts), 2. das Wesen, 3. Konzentrat von Geschmacks- oder Duftstoffen, 4. konzentrierter Auszug
Establishment, [i'stä.blischm(e)nt, engl.], s, -s: gesellschaftliche Oberschicht
Estanzia, (span.), w, -s: südamerikanisches Landgut
Ester, (Kunstw. aus:**Essigäther**), m, -: organische Verbindung
Estrade, (frz.), w, -n: erhöhter Platz
Estragon, (frz.), m, n.E.: Gewürzpflanze
et, (lat.): und
etablieren, (frz.):1. begründen, errichten, einrichten, 2. sich einrichten; (abschätzig:) sich breit machen
Etablissement, [etabliß'm*an*, frz.], s, -s: 1. Geschäft, Betrieb, 2. Vergnügungslokal; (abschätzig:) Kaschemme, Bordell
Etage, [e'ta:*sch*(e), frz.], w, -n: Stockwerk, Geschoß
Etagere, [eta'*sch*ä:r(e), frz.], w, -n: Gestell für Bücher oder Geschirr
Etappe, (frz.), w, -n: 1. Teilstrecke, Abschnitt, 2. Nachschubgebiet hinter der Front
Etat, [e'ta:, frz.], m, -s: 1. Haushaltsplan, 2. Haushaltsmittel (eines Staates, Betriebes u.a.)

etatisieren, (frz.): in den Staatshaushalt aufnehmen
et cetera, [ät'zä.tera, lat.]: und so weiter (Abk.: etc.)
Eternit, (Wz.), m oder s, n.E.: wasserfestes Baumaterial
Etesien, (gr.), w, Plur.: trockene Nordwestwinde im östlichen Mittelmeerraum
Ethik, (gr.), w, -en: 1. Sittlichkeitslehre (Philos.), 2. Normen und Prinzipien menschlichen Zusammenlebens
ethisch, (gr.): der Ethik gemäß, sittlich
ethnisch, (gr.): einer bestimmten Volksgruppe zugehörig
Ethnographie, (gr.), w, n.E.: Völkerkunde
Ethnologe, (gr.), m, -n: Völkerkundler
Ethologie, (gr.), w, n.E.: Verhaltensforschung
Ethos, (gr.), s, n.E.: Gesamtheit moralischer Prinzipien
Etikett, (frz.), s, -en: Aufkleber (mit Aufschrift)
Etikette, (frz.), w, -n: Umgangsformen, Anstandsregeln
etikettieren, (frz.): mit einem Etikett versehen
Etüde, (frz.), w, -n: Musikstück zum Üben
Etui, (frz.), s, -s: Hülle
Etymologie, (gr.), w, -n: 1. Wortgeschichte, 2. Wissenschaft von der Herkunft der Wörter
Eucharistie, (gr.), w, -n: das christliche Abendmahl
eucharistisch, (gr.): das Abendmahl betreffend
Eudämonismus, (gr.), m, n.E.: Glückseligkeitslehre und -streben
Eugenik, (gr.), w, n.E.: Erbgesundheitspflege
Eukalyptus, (gr.), m, -: immergrüner austral. Baum oder Strauch
euklidische Geometrie, w: klassische Geometrie
Eunuch, (gr.), m, -en: kastrierter Mann
Euphemismus, (gr.), m, Euphemismen: beschönigende Ausdrucksweise
euphemistisch, (gr.): beschönigend
Euphonie, (gr.), w, -n: Wohlklang
Euphorie, (gr.), w, -n: 1. abnorme Heiterkeit; übertriebene Zuversicht; Rauschzustand, 2. Hochgefühl, Glücksgefühl
euphorisch, (gr.): 1. abnorm heiter; übertrieben zuversichtich, 2. in Hochstimmung, heiter
euphorisieren, (gr.): in Euphorie versetzen; in einen rauschhaften Glückszustand versetzen
Eurasien, s, n.E.: Gesamtraum Europa und Asien
Eurhythmie, (gr.), w, n.E.: 1. Harmonie und Ebenmaß der Bewegung, 2. Pulsregelmäßigkeit (Med.), 3. vgl. Eurythmie
europäisieren: dem europäischen Lebensstil angleichen
Euroscheck, m, -s: bei allen Banken einlösbarer Scheck
Eurovision, (Kunstw. aus **Euro**pa und Tele**vision**), w, n.E.: Programmaustausch westeuropäischer Rundfunk- und Fernsehgesellschaften
Eurythmie, (gr.), w, n.E.: anthroposoph. Kunstform der Vereinigung von tänzerischer Bewegung und Sprache
Eustachische Röhre, w: Ohrtrompete, Verbindungsgang zwischen Mittelohr und Nasen- Rachenraum
Euthanasie, (gr.), w, n.E.: 1. Sterbehilfe, 2. Tötung von Behinderten im 3. Reich
eutroph, (gr.): nährstoffreich; überdüngt (Biol.)
Eutrophie, (gr.), w, n.E.: 1. ausgewogener Ernährungszustand (Ggs.: Dystrophie), 2. Reichtum an Nährstoffen (Biol.)
Eutrophierung, (gr.), w, -en: Überdüngung (eines Gewässers)
evakuieren, (lat.): 1. von Bewohnern räumen, 2. luftleer machen
Evakuierung, (lat.), w, -en: das Evakuieren
Evaluation, (lat.), w, -en: Bewertung; Auswertung
evaluieren, (lat.): bewerten; auswerten
Evangeliar, (gr.), s, -e: Buch mit dem Text der vier Evangelien
Evangelisation, (gr.), w, -en: Bekehrung
evangelisch, (gr.): 1. auf dem Evangelium beruhend, 2. protestantisch
Evangelist, (gr.), m, -en: 1. Verfasser eines der vier Evangelien, 2. Wanderprediger
Evangelium, (gr.), s, Evangelien: 1. die

frohe Botschaft Jesu Christi, 2. einer der vier Berichte des Neuen Testamentes über das Leben Jesu
Evaporation, (lat.), w, -en: Verdampfung, Verdunstung
Evaporator, (lat.), m, -en: Meerwasserentsalzer
eventual: vgl. eventuell
Eventualität, (lat.), w, -en: möglicher Fall
eventuell, (lat.): gegebenenfalls, vielleicht, unter Umständen
Evergreen, ['ä.wergri:n, engl.], m, -s: über viele Jahre hinweg beliebter und gespielter Schlager
evident, (lat.): offenkundig, deutlich zu sehen; einleuchtend, überzeugend
Evidenz, (lat.), w, n.E.: Offensichtlichkeit, Gewißheit, Deutlichkeit
Evokation, (lat.), w, -en: 1. das Erwecken von Vorstellungen oder Empfindungen, 2. Vorladung
Evolution, (lat.), w, -en: 1. Entwicklung der Lebewesen, 2. Weiterentwicklung der menschlichen Gesellschaft
evolutionär, (lat.): 1. auf Evolution beruhend, 2. sich allmählich weiterentwickelnd
evozieren, (lat.): 1. hervorrufen, bewirken, 2. vorladen
evviva!, (italien.): er, sie lebe hoch!
ex, (lat.): 1. (als Vorsilbe:) ehemalig, vormalig, 2. Aufforderung, ein Glas in einem Zug auszutrinken, 3. (umg.) vorbei, zu Ende; tot
exakt, (lat.): genau, sorgfältig; streng wissenschaftlich
Exaktheit, (lat.), w, n.E.: Genauigkeit, Sorgfalt
Exaltation. (lat.), w, en: Überschwenglichkeit; Überspanntheit
exaltiert, (lat.): überschwenglich; überspannt
Examen, (lat.), s, - und Examina: Prüfung
Examinand, (lat.), m, -en: Prüfling
Examinator, (lat.), m, -en: Prüfer
examinieren, (lat.): prüfen
ex cathedra, (lat.): 1. vom unfehlbaren Papst verkündet, 2. (übertr.) verbindlich
Exchange, [ikß'tschejnd*sch*, engl.], w, -n: 1. Geldwechsel, 2. Wechselstube, 3. Börse(nkurs)
excusez!, [exkü'se:!, frz.]: entschuldigen Sie!
Exegese, (gr.), w, -n: Auslegung, Interpretation
Exeget, (gr.), m, -en: jmd., der eine Exegese vornimmt
exekutieren, (lat.): 1. vollstrecken, vollziehen, 2. jmdn. hinrichten
Exekution, (lat.), w, -en: 1. Vollstrekkung, Vollzug, 2. Hinrichtung
exekutiv, (lat.): vollstreckend, ausführend
Exekutive, (lat.), w, -n: ausführende Gewalt im Staat
Exekutor, (lat.), m, Exekutoren: Vollstrecker (einer Strafe)
Exempel, (lat.), s, -: 1. Beispiel, 2. Rechenaufgabe
Exemplar, (lat.), s, -e: einzelnes Stück, einzelnes Individuum
exemplarisch, (lat.): 1. beispielgebend; musterhaft, 2. abschreckend
exemplifizieren, (lat.): am Beispiel erläutern
exemt, (lat.): von bestimmten Pflichten befreit
Exequien, (lat.), w, n.M.: Begräbnisfeier
exerzieren, (lat.): 1. üben, ausbilden, 2. militärische Übungen durchführen
Exerzitien, (lat.), w, n.M.: religiöse Übungen
Exhaustor, (lat.), m, Exhaustoren: Gebläse zum Absaugen, Entlüfter
Exhibition, (lat.), w, -en: das Vorzeigen, Zurschaustellung
Exhibitionismus, (lat.), m, n.E.: 1. krankhafte Neigung zum öffentlichen Entblößen der Geschlechtsteile, 2. Offenbarung intimer Einzelheiten
Exhibitionist, (lat.), m, -en: 1. jmd., der an Exhibitionismus (1) leidet, 2. jmd., der Exhibitionismus (2) betreibt
exhumieren, (lat.): eine Leiche wieder ausgraben
Exil, (lat.), s, -e: 1. Verbannung, 2. Verbannungsort, Zufluchtsort
exilieren, (lat.): verbannen, ins Exil schicken
Exilregierung, (lat.), w, -en: Regierung eines Staates, die sich außerhalb des Staatsgebietes aufhält
existent, (lat.): wirklich, vorhanden
existential, (lat.): vgl. existentiell
Existentialismus, (lat.), m, n.E.: Richtung der Philosophie und Literatur des 20. Jh.

Existentialist, (lat.), m, -en: Anhänger des Existentialismus
existentiell, (lat.): das Dasein betreffend; lebensnotwendig
Existenz, (lat.), w, -en: 1. das Dasein, das Leben, 2. Lebensunterhalt, 3. (umg.) Mensch, Person
Existenzminimum, (lat.), s, -minima: für den Lebensunterhalt erforderliches Mindesteinkommen
Existenzphilosophie: vgl. Existentialismus
existieren, (lat.): dasein, leben
Exit, (lat.), m, -s: Ausgang
Exitus, (lat.), m, -: tödlicher Ausgang, Tod (Med.)
Exklamation, (lat.), w, -en: Ausruf
exklamatorisch, (lat.): ausrufend
Exklave, (lat.), w, -n: eigenes Staatsgebiet, das von fremdem Staatsgebiet umgeben ist
exklusiv, (lat.): 1. ausschließend, ausschließlich, 2. nur einem bestimmten Personenkreis zugänglich oder für diesen bestimmt, 3. außergewöhnlich, vornehm, 4. sich gesellschaftlich absondernd
exklusive, (lat.): ausschließlich, außer (Ggs.: inklusive)
Exklusivität, (lat.), w, n.E.: die Ausschließlichkeit
Exkommunikation, (lat.), w, -en: Ausschluß aus der kath. Kirche
exkommunizieren, (lat.): aus der kath. Kirche ausschließen
Exkrement, (lat.), s, -e: Ausscheidung des Körpers, Kot
Exkulpation, (lat.), w, -en: Entlastung, Schuldbefreiung
exkulpieren, (lat.): entlasten, von Schuld freisprechen
Exkurs, (lat.), m, -e: 1. (in Texten:) kurze Erörterung eines Randproblems; Abschweifung, 2. Anhang, Einschub
Exkursion, (lat.), w, -en: wissenschaftlicher Ausflug
Exlibris, (lat.), s, -: Buchbesitzerzeichen
Exmatrikel, (lat.), w, -n: Bescheinigung über den Abgang von einer Hochschule
Exmatrikulation, (lat.), w, -en: Verlassen einer Hochschule (Ggs.: Immatrikulation)
exmittieren, (lat.): hinausschicken, jmdn. ausweisen, zwangsräumen
Exobiologie, (lat.), w, n.E.: Wissenschaft vom außerirdischen Leben
Exodus, (gr.), m, -se: 1. (urspr.) Auszug der Juden aus Ägypten, 2. (übertr.) Auszug einer größeren Anzahl von Personen
ex officio, (lat.): von Amts wegen, amtlich
exogen, (gr.): 1. von außen kommend, stammend, verursacht (Ggs.:endogen), 2. von außen auf die Erdoberfläche einwirkend (Geol.), 3. außerhalb entstehend (Ggs.: endogen)
exokrin, (gr.): nach außen absondernd (Med.)
exorbitant, (lat.): 1. außerordentlich, gewaltig, 2. übertrieben, übermäßig
Exorzismus, (gr.), m, n.E.: Teufelsaustreibung
Exorzist, (gr.), m, -en: Teufelsaustreiber
Exosphäre, (gr.), w, n.E.: oberste Schicht der Atmosphäre
Exot, (gr.), m, -en: Mensch, Pflanze oder Tier aus einem fernen Land
exoterisch, (gr.): für Außenstehende bestimmt; allgemein verständlich (Ggs.: esoterisch)
Exotik, (gr.), w, n.E.: 1. das Fremdartige, exotische Beschaffenheit, 2. Faszination des Fremdländischen
Expander, (lat.-engl.), m, -: Trainingsgerät
expandieren, (lat.): ausdehnen, ausweiten, vergrößern
Expansion, (lat.), w, -en: räumliche Ausdehnung, Ausweitung, Vergrößerung
expansiv, (lat.): sich ausdehnend, um Expansion bemüht
expatriieren, (lat.): ausbürgern
Expedient, (lat.), m, -en: Versender
expedieren, (lat.): versandfertig machen, absenden
Expedition, (lat.), w, -en: 1. das Verschicken, 2. Versandabteilung, 3. Forschungsreise
Expektorans, (lat.), s, Expektorantien: Hustenmittel
Experiment, (lat.), s, -e: 1. (wissenschaftlicher) Versuch, 2. gewagtes Unternehmen

Experimentalphysik, (lat.-gr.), w, n.E.: Teilgebiet der Physik, das aus Experimenten Erkenntnisse zu gewinnen sucht
experimentell, (lat.): mittels Experiment
experimentieren, (lat.): 1. (wissenschaftliche) Versuche durchführen, 2. (umg.) ausprobieren
Experte, (lat.), m, -n: Fachmann, Sachverständiger
Expertise, (lat.), w, -n: Gutachten eines Sachverständigen
Explikation, (lat.), w, en: Erklärung, Darlegung
explizieren, (lat.): erklären, darlegen
explizit, (lat.): 1. ausdrücklich (Ggs.: implizit), 2. ausführlich
explizite, (lat.): in aller Deutlichkeit
explodieren, (lat.): 1. knallend zerplatzen, bersten, 2. (übertr.) plötzlich zornig werden
exploitieren, (frz.): 1. ausbeuten, ausnutzen, 2. (Bodenschätze) ausbeuten, gewinnen
Exploration, (lat.), w, -en: 1. Untersuchung, Erforschung, 2. Befragung eines Patienten
explorieren, (lat.): 1. untersuchen, erforschen, erkunden, 2. befragen
explosibel, (lat.): leicht explodierend, sprengstoffhaltig
Explosion, (lat.), w, -en: das Explodieren
explosiv, (lat.): 1. leicht explodierend; explosionsartig, (übertr.) energiegeladen, äußerst temperamentvoll
Explosivlaut, (lat.-dt.), m, -e: Verschlußlaut (z.B.: p, b, t, d)
Explosivität, (lat.), w, n.E.: 1. explosive Beschaffenheit, 2. Energiegeladenheit, Heftigkeit
Exponat, (lat.), s, -e: Ausstellungsstück
Exponent, (lat.), m, -en: 1. führender Vertreter (einer Partei u.a.), 2. Hochzahl einer Potenz (Math.)
Exponentialfunktion, (lat.), w, -en: Funktion, bei der die Variable der Exponent eines konstanten Wertes ist (Math.)
exponentiell, (lat.): gemäß einer Exponentialfunktion verlaufend (Math; Phys.)
exponieren, (lat.): 1. hervorheben, heraustellen, ausstellen, 2. die Aufmerksamkeit auf sich lenken, sich der Kritik aussetzen
exponiert, (lat.): an herausragender Stelle; der Kritik ausgesetzt
Export, (lat.), m, -e: 1. Ausfuhr (Ggs.: Import), 2. das Ausgeführte
Exporteur, [expor'tö:r, frz.], m, -e: ein Kaufmann oder ein Unternehmen, das Waren ins Ausland verkauft
exportieren, (lat.): Waren ausführen
Exposé, (frz.), s, -s: 1. kurzer Bericht, 2. Entwurf
Exposition, (lat.), w, -en: 1. Einführung, 2. Ausstellung, 3. Darlegung, Gliederung
expreß, (lat.): eilig, mit Eilpost
Expreß, (lat.), m, Expresse: Fernschnellzug
Expression, (lat.), w, -en: 1. Ausdruck, 2. das Ausdrücken (Med.)
Expressionismus, (lat.), m, n.E.: Ausdruckskunst (Ggs.: Impressionismus)
expressis verbis, (lat.): ausdrücklich
expressiv, (lat.): ausdrucksstark
exquisit, (lat.): ausgesucht, erlesen, vorzüglich
Exspiration, (lat.), w, n.E.: Ausatmung
exspirieren, (lat.): ausatmen
ex tempore, (lat.): aus dem Stegreif, unvorbereitet
Extempore, s, -s: improvisierte Einlage, Stegreifspiel
extemporieren, (lat.): aus dem Stegreif spielen, singen, reden o.ä.
Extension, (lat.), w, -en: 1. Ausdehnung, Erweiterung, 2. Streckung (Med.)
Extensität, (lat.), w, n.E.: Ausdehnung, Umfang
extensiv, (lat.): 1. ausgedehnt, umfassend, 2. erweiternd, ausdehnend, 3. (auf die Bodennutzung bezogen:) weiträumig (Ggs.: intensiv)
Exterieur, [exter'jö:r, frz.], s, -s und -e: das Äußere, äußeres Erscheinungsbild (Ggs.: Interieur)
extern, (lat.): draußen befindlich, auswärtig (Ggs.: intern)
Externe, (lat.), m, -n: 1. Schüler von außerhalb (einer Schule oder eines Internats)
exterritorial, (lat.): außerhalb der Landeshoheit befindlich
Exterritorialität, (lat.), w, n.E.: Unab-

hängigkeit bestimmter Personen von der Staatsgewalt des Gastlandes
extra, (lat.): 1. gesondert, für sich, getrennt, 2. eigens, absichtlich, 3. besonders, außergewöhnlich
Extra, (lat.), s, -s: Sonderleistung, Sonderzubehör
extra dry, ['drai, engl.]: (bei alkoholischen Getränken:) besonders trocken, besonders herb
extrahieren, (lat.): (einen Zahn) herausziehen; herauslösen
extrakorporal, (lat.): außerhalb des Körpers
Extrakt, (lat.), m oder s, -e: 1. Auszug (aus tierischen oder pflanzlichen Stoffen), 2. Auszug, Zusammenfassung des Wesentlichen (aus Texten)
Extraktion, (lat.), w, -en: das Extrahieren
extraordinär, (frz.): außergewöhnlich
extraterrestrisch, (lat.): außerhalb der Erde gelegen
Extratour, (frz.), w, -en: (umg.) eigenmächtiges Handeln
extrauterin, (lat.): außerhalb der Gebärmutter
extravagant, (frz.): ausgefallen, ungewöhnlich; überspannt
Extravaganz, (frz.), w, -en: Ausgefallenheit; Überspanntheit
extravertiert, (lat.): aufgeschlossen, kontaktfreudig; für äußere Einflüsse empfänglich (Ggs.: introvertiert)
extrem, (lat.): 1. äußerst, höchst, 2. übertrieben; radikal
Extrem, (lat.): 1. höchster Wert oder Grad, äußerste Grenze, 2. äußerster Gegensatz; extremer Standpunkt; 3. Übertreibung
Extremismus, (lat.), m, n.E.: extreme politische Überzeugung
Extremist, (lat.), m, -en: Vertreter extremer politischer Überzeugungen
Extremität, (lat.), w, -en: 1. Gliedmaße, Arm, Bein, 2. äußerstes Ende, 3. das Extremsein
Extremwert, (lat.-dt.), m, -e: äußerster Wert einer Funktion (Math.)
extrovertiert: vgl. extravertiert
exzellent, (lat.): herausragend, ausgezeichnet, vortrefflich
Exzellenz, (lat.), w, -en: Anrede für Botschafter und Bischöfe
Exzentrik, (gr.), w, n.E.: exzentrisches (1) Verhalten
Exzentriker, (gr.), m, -: exzentrischer (1) Mensch
exzentrisch, (gr.): 1. verschroben, überspannt, 2. außerhalb des Mittelpunktes liegend
Exzentrizität, (gr.), w, -en: 1. Überspanntheit, Verschrobenheit, 2. das Abweichen vom Mittelpunkt
exzeptionell, (lat.): außergewöhnlich, ausnahmsweise stattfindend
exzerpieren, (lat.): ein Exzerpt verfassen
Exzerpt, (lat.), s, -e: Auszug aus einem Buch
Exzeß, (lat.), m, Exzesse: Ausschreitung, Ausschweifung; maßlose Überschreitung
exzessiv, (lat.): ausschweifend, maßlos
Eyeliner, ['ailainer, engl.], m, -: Stift zum Ziehen eines Lidstriches

F

Fabel, (lat.), w, -n: kurze, lehrreiche Erzählung
Fabrik, (lat.-frz.), w, -en: Industriebetrieb
Fabrikant, (lat.-frz.), m, -en: 1. Besitzer einer Fabrik, 2. Hersteller einer Ware
Fabrikat, (lat.), s, -e: 1. in einer Fabrik hergestellte Ware, 2. Typ eines Fabrikerzeugnisses, Marke
fabrizieren, (lat.): 1. (urspr.) in einer Fabrik herstellen, 2. (umg.) zusammenbasteln
Fabulant, (lat.), m, -en: Erzähler von Erdichtetem; Schwätzer; Lügner
fabulieren, (lat.): Geschichten erfinden; schwätzen; lügen
fabulös, (lat.): märchenhaft; unwahrscheinlich
Facelifting, ['fejßlifting, engl.], s, -s: Gesichtsoperation zur Beseitigung von Falten
Facette, [fa'ße.te, frz.], w, -n: 1. (bei Edelsteinen oder Glaskörpern:) Schliffläche, 2. Gesichtspunkt
Facettenauge, (frz.-dt.), s, -n: Sehorgan der Insekten und Gliederfüßer

facettieren, (frz.): mit Facetten versehen
Façon, [fa'ß*on*, frz.]: vgl. Fasson
Fact, ['fä.kt, engl.], m, -s: Tatsache
Fading, ['fejding, eng.], s, -s: 1. (bei Rundfunk und Fernsehen:) Schwund bei der Übertragung von Funkwellen, 2. (beim Autor:) Nachlassen der Bremswirkung
Fagott, (italien.), s, -s: Holzblasinstrument
Faible, ['fäjb(e)l, frz.], s, -s: Neigung, Vorliebe
fair, ['fä:r, engl.]: 1. (im Sport:) den Wettkampfregeln entsprechend, 2. redlich, anständig
Fairneß, ['fä:rniß, engl.], w, n.E.: den Wettkampfregeln entsprechendes Verhalten; faires (2) Verhalten
Fairplay, [fär'plej, engl.], s, n.E.: vgl. Fairneß
Fait accompli, [fätak*on*'pli:, frz.], s, -s -s: vollendete Tatsache
Fäkalien, (lat.), w, n.M.: Exkremente
Fakir, (arab.), m, -e: asketisch lebender Inder
Faksimile, (lat.), s, -s: Reproduktion
faksimilieren, (lat.): vorlagengetreu wiedergeben
Fakt, (lat.), m, -en: vgl. Faktum
faktisch, (lat.): tatsächlich, wirklich
Faktizität, (lat.), w, n.E.: Tatsächlichkeit, Gegebenheit
Faktor, (lat.), m, -en: 1. Gesichtspunkt, 2. Zahl, die mit einer anderen multipliziert wird
Faktotum, (lat.), s, Faktoten: Diener für alles
Faktum, (lat.), s, Fakten: feststehende Tatsache; Ereignis
Faktur, (lat.), w, -en: 1. Warenrechnung, 2. Lieferschein
fakturieren, (lat.): Rechnungen schreiben
Fakultas, (lat.), w, n.E.: Lehrbefähigung
Fakultät, (lat.), w, -en: 1. Fachbereich an einer Hochschule, 2. Produkt aller natürlichen Zahlen von 1 bis zu einer bestimmten Zahl (z.B. 5! - sprich: fünf Fakultät - zu berechnen durch: 1·2·3·4·5)
fakultativ, (lat.): nach freiem Ermessen
Fallout, [fol'aut, engl.], m, -s: radioaktiver Niederschlag
Falsett, (italien.), s, -e: männliche Kopfstimme
Falsifikat, (lat.), s, -e: gefälschter Gegenstand
Falsifikation, (lat.), w, -en: 1. Widerlegung einer Hypothese, 2. Fälschung
falsifizieren, (lat.): eine Hypothese widerlegen
Fama, (lat.), w, n.E.: Gerücht
familiär, (lat.): vertraut; ungezwungen
Familiarität, (lat.), w, -en: Vertrautheit
Familie, (lat.), w, -n: Gemeinschaft von Eltern und Kindern
famos, (lat.): großartig, vortrefflich
Famulatur, (lat.), w, -en: Praktikum im Krankenhaus
famulieren, (lat.): ein Praktikum im Krankenhaus ableisten
Famulus, (lat.), m, Famuli: Gehilfe, Assistent
Fan, [fän, engl.], m, -s: Anhänger, großer Verehrer
Fanal, (frz.), s, -e: 1. weithin sichtbares Zeichen, 2. Tat, die ein Zeichen setzt
Fanatiker, (lat.), m, -: Eiferer
fanatisch, (lat.): unduldsam
fanatisieren, (lat.): jmdn. aufhetzen
Fanatismus, (lat.), m, n.E.: Eiferertum
Fanfare, (frz.), w, -n: 1. Trompetensignal, 2. Dreiklangtrompete ohne Ventile, 3. kurzes Militärmusikstück
Fango, (italien.), m, -n.E.: vulkanischer Mineralschlamm (für Bäder und Packungen)
Fantasie, (italien.), w, -n: Instrumentalstück in freier Form
Faradaykäfig, m, -e: geerdete metallische Umhüllung zum Abschirmen gegen elektrische Felder
Farce, ['fa.rß(e), frz.], w, -n: 1. Lächerlichkeit, belanglose Angelegenheit, 2. Posse, 3. Füllung für Geflügel und Pasteten
Farm, (engl.), w, -en: 1. landwirtschaftl. Großbetrieb, 2. Tierzuchtbetrieb
Farmer, (engl.), m, -: Besitzer einer Farm
Fasanerie, (frz.), w, -n: Gehege für Fasane
faschieren, (frz.): durch den Fleischwolf drehen
Faschine, (italien.), w, -n: Reisigbündel zur Uferbefestigung

Faschismus, (italien.), m, n.E.: nationalistische, antidemokratische Ideologie und Herrschaft
faschistisch, (italien.): auf Faschismus beruhend
faschistoid, (italien.): faschistische Züge aufweisend
Fashion, ['fä.sch(e)n, engl.], w, n.E.: 1. Mode, 2. eleganter Lebensstil
Fassade, (frz.), w, -n: 1. (bei Gebäuden:) Außenansicht, Stirnseite, 2. (übertr.) das Äußere
Fasson, [fa'ß*on*, frz.], w, -s: 1. (bei Frisuren oder Kleidungsstücken:) Schnitt, 2. Lebensart
Fast food, ['fa:ßt'fu:d, engl.], s, n.E.: Schnellimbißkost
Faszikel, (lat.), m, -: Aktenbündel, Heft
Faszination, (lat.), w, -en: Anziehungskraft, Bezauberung
faszinieren, (lat.): fesseln, anziehen
fatal, (lat.): 1. verhängnisvoll, schicksalhaft, 2. peinlich
Fatalismus, (lat.), m, n.E.: Schicksalsergebenheit
fatalistisch, (lat.): schicksalsergeben
Fata Morgana, (italien.), w, - Morganen: 1. Luftspiegelung, 2. Sinnestäuschung, Wahngebilde
Fatum (lat.), s, Fata: Schicksal, Verhängnis
Faun, m, -e: 1. römischer Wald- und Feldgott, 2. triebhafter, lüsterner Mensch
Fauna, w, Faunen: Tierwelt
faunisch: lüstern, geil
Fauteuil, [fo'töj, frz.], s, -s: Lehnsessel
Fauvismus, [fo'wi.smus, frz.], m, n.E.: Stilrichtung in der frz. Malerei zu Beginn des 20. Jh.
Fauxpas, [fo'pa., frz.], m, -: Taktlosigkeit
Favela, (portug.), w, -s: Elendsquartier
favorisieren, (lat.): 1. begünstigen, bevorzugen, 2. jmdn. zum Favoriten erklären
Favorit, (lat.), m, -en: 1. Liebling, Günstling, 2. Wettkampfteilnehmer mit großen Siegesaussichten
Fayence, [fa'j*anß*, frz.], w, -n: bemalte Feinkeramik
Fazialis, (lat.), m, n.E.: Gesichtsnerv
Fazit, (lat.), s, -s: Ergebnis; Schlußfolgerung
Feature, ['fi:tsch(e)r, engl.], s, -s: aktueller Dokumentarbericht
febril, (lat.): fieberhaft (Med.)
Fedajin, (arab.), m, -: arab. Freischärler
Feedback, [fi:db'ä.k, engl.], s, -s: 1. technische Rückkopplung, 2. Rückmeldung als Reaktion auf ein Verhalten (Psychol.)
Feeling, ['fi:ling, engl.], s, -s: Gefühl, Gespür
Fellache, (arab.), m, -n: ägyptischer Bauer
Fellatio, (lat.), w, Fellationes: sexuelle Reizung des Penis mit Lippen und Zunge
Fellow, ['fe.lo, engl.], m, -s: 1. (in Großbritannien:) Mitglied eines College oder einer wissenschaftlichen Gesellschaft, 2. (in den USA:) Student im höheren Semester
feminin, (lat.): weiblich, frauenhaft
Femininum, (lat.), s, Feminina: weibliches Substantiv
feminisieren, (lat.): verweiblichen
Feminismus, (lat.), m, Feminismen: 1. (n.E.) Frauenbewegung, 2. weibliche Eigenschaft bei Männern; Verweiblichung
Feministin, (lat.), w, -nen: Verfechterin des Feminismus (1)
Femme fatale, ['fa.m fa'ta.l, frz.], w, -s -s: betörende Frau
Femto..., (dän.-norweg.): Vorsilbe für ein Billiardstel einer Einheit
Fender, (engl.), m, -: Puffer
Fermate, (italien.), w, -n: Zeichen zum Aushalten des Tones (Mus.)
Ferment, (lat.), s, -e: vgl. Enzym
Fermentation, (lat.), w, -en: Behandlung von Lebens- und Genußmitteln mit Fermenten
fermentieren, (lat.): durch Fermentation veredeln
Ferrit, (lat.), m, -e: 1. reines, kristallisiertes Eisen mit geringem Kohlenstoffgehalt, 2. hochwertiger Magnetwerkstoff
Ferritantenne, (lat.), w, -n: Richtantenne mit Ferritstab
Ferrum, (lat.), s, n.E.: Eisen, chem. Element (Zeichen: Fe)
fertil, (lat.): fruchtbar; ertragreich
Fertilisation, (lat.), w, -en: Befruchtung

Fertilität, (lat.), w, n.E.: Fruchtbarkeit
Fes, (türk.), m, -(e): rote orientalische kegelstumpfförmige Kopfbedeckung
fesch, (engl.): (umg.) schick, flott
Festival, (engl.), s, -s: 1. festliche Veranstaltung, 2. Festspiele
Festivität, (lat.), w, -en: Fest, Festlichkeit
fetal, (lat.): zum Fetus gehörig
Fete, (frz.), w, -n: (umg.) zwanglose Feier, Party
Fetisch, (frz.), m, -e: Gegenstand religiöser Verehrung
Fetischismus, (frz.), m, n.E.: 1. Anbetung von Gegenständen, 2. durch Gegenstände ausgelöste sexuelle Erregung (Psychol.)
Fetischist, (frz.), m, -en: 1. Fetischverehrer, 2. jmd., der von Fetischismus (2) betroffen ist (Psychol.)
Fetus (Fötus), (lat.), m, Feten: Leibesfrucht des Menschen nach dem 3. Schwangerschaftsmonat
feudal, (lat.): 1. Merkmale des Feudalismus aufweisend, 2. großartig; adlig
Feudalismus, (lat.), m, n.E.: 1. Wirtschafts- und Gesellschaftsform des Mittelalters, 2. die durch das Lehnswesen gekennzeichnete mittelalterliche Epoche
Feudalsystem, (lat.-gr.), s, -e: vgl. Feudalismus (1)
Feuilleton, ['föje'*ton*, frz.], s, -s: 1. Kulturteil einer Zeitung, 2. Beitrag im Feuilleton (1)
feuilletonistisch, (frz.): im Stil eines Feuilletonartikels; (abschätzig:) oberflächlich
Fez, (frz.), m, -e: (umg.) Unsinn, Ulk
Fez, (türk.): vgl. Fes
Fiaker, (frz.), m, -: Pferdedroschke; Kutscher einer solchen Kutsche
Fiale, (italien.), w, -n: spitzes gotisches Ziertürmchen
Fiasko, (italien.), s, -s: Mißerfolg, Reinfall
Fibel, (lat.), w, -n: 1. Lesebuch für Schulanfänger, 2. frühgeschichtliche Spange zum Schließen des Gewandes
Fiber, (lat. »Faser«), w, -n: Faser
Fibrille, (lat.), w, -n: kleine Muskel- oder Nervenfaser
fidel, (lat.): heiter, gut gelaunt
Fidel, (lat.), w, -n: fünfsaitiges Streichinstrument
Fidibus, (lat.), m, -se: Holzspan oder Papierstreifen zum Anzünden
Fiesta, (span.), w, -s: span. Volksfest
FIFA, Fifa, (Abk. für: **F**édération **I**nternationale de **F**ootball **A**ssociation), w, n.E.: Internationaler Fußballverband
fifty-fifty, (engl.): (umg.) zu gleichen Teilen
Figaro, m, -s: Friseur
Fight, ['fait, engl.], m, -s: Wettkampf; Boxkampf
fighten, ['faiten, engl.]: mit viel Einsatz kämpfen
Fighter, ['faiter, engl.], m, -: 1. den Schlagabtausch suchender Boxer, 2. zäher Kämpfer, 3. Kampfflugzeug
Figur, (lat.), w, -en: 1. Körperform, Wuchs, 2. künstlerische Darstellung eines Körpers, 3. handelnde Person in einem literarischen Werk, 4. Spielstein, 5. geometrisches Gebilde, 6. Tonfolge (Mus.), 7. Abfolge von Bewegungen (z.B.: beim Ballett)
figural, (lat.): aus Figuren bestehend
figurativ, (lat.): figürlich; gegenständlich wiedergegeben
figurieren, (lat.): figürlich darstellen, eine Rolle spielen
figürlich, (lat.): eine Figur darstellend; bildlich
Fiktion, (lat.), w, -en: 1. Erdachtes, 2. Unterstellung,, 3. der Wirklichkeit nicht entsprechende Annahme (Philos.)
fiktiv, (lat.): erdichtet, eingebildet, angenommen
Filament, (lat.), s, -e: 1. Staubfaden einer Blüte (Bot.), 2. Gasgebilde oberhalb der Sonnenoberfläche, 3. fadenförmige Zellstruktur
Filet, [fi'le:, frz.], s, -s: 1. zartes Fleischstück aus dem Rücken, 2. (bei Geflügel:) abgelöstes Stück Brustfleisch, 3. entgrätetes Stück Fisch, 4. netzartiges Stück Stoff
Filetarbeit, (frz.-dt.), w, -en: netzartige Stickerei
filetieren, (frz.): herauslösen von Filetstücken aus Fleisch oder Fisch
Filiale, (lat.), w, -n: Zweigniederlassung
Filibuster, (engl.-frz.), m, -: vgl. Flibustier
filigran, (italien.): sehr fein, feingliedrig

Filigran, (italien.), s, -e: Goldschmiedearbeit aus feinen Gold- oder Silberdrähten
Filius, (lat.), m, -se oder Filii: (scherzh. für) Sohn
Filou, [fi'lu:, frz.], m, -s: Spitzbube, Schelm
Filtrat, (lat.), s, -e: filtrierte Flüssigkeit
Filtration, (lat.), w, -en: Verfahren zum Trennen von Stoffen
filtern, filtrieren, (lat.): feste Stoffe aus einer Flüssigkeit oder aus Gasen trennen
Filzokratie, (dt.-gr.), w, -n: Vetternwirtschaft
final, (lat.): 1. abschließend; das Ende bedeutend, 2. den Zweck bezeichnend (Sprachw.)
Finale, (lat.), s, -: 1. Schlußteil (z.B.: eines Kinofilms), Ende, 2. Endkampf, Endspiel, 3. Schlußszene oder -satz
Finalist, (lat.), m, -en: Endkampfteilnehmer
Finalsatz, (lat.-dt.), m, -sätze: Gliedsatz, der den Zweck ausdrückt (Sprachw.)
Financier, [fin*an*ß'je:, frz.]: vgl. Finanzier
Finanz, (frz.), w, n.E.: 1. Geldwesen, 2. Gesamtheit der Finanzfachleute
Finanzen, (frz.), w, n.M.: 1. Geldwesen, Geldangelegenheiten, 2. Staatseinkünfte, 3. Vermögensverhältnisse
finanziell, (frz.): geldlich
Finanzier, [finanz'je:, frz.], m, -s: Geldgeber
finanzieren, (frz.): 1. bezahlen, finanzielle Mittel bereitstellen, 2. mit Hilfe von Krediten kaufen
finassieren, (frz.): Kunstgriffe anwenden
Fin de siècle, ['f*än*d(e)ß'jä.kl, frz.], s, n.E.: Epochenbegriff für die Wende vom 19. zum 20. Jh.
Fine, (italien.), s, -s: Ende, Schluß (Mus.)
Fines herbes, [fin'särb, frz.], w, Plur.: fein gehackte Kräuter
Finesse, (frz.), w, -n: 1. Kniff, 2. Geschick; Schlauheit, 3. Feinheit
fingieren, (lat.): vortäuschen
Finish, ['fi.nisch, engl.], s, -s: 1. Endspurt, harter Endkampf, 2. letzter Arbeitsgang, letzter Schliff
finit, (lat.): bestimmt (Sprachw.); finite Verbform: Verb in konjugierter Form
Finn-Dinghi, Finn-Dingi, s, -s: Einmannjolle
Finnlandisierung, w, n.E.: Neutralitätspolitik
Finte, (italien.), w, -n: 1. Vorwand, List, Täuschung, 2. (beim Fechten:) Scheinmanöver
firm, (lat.): sicher, erfahren, beschlagen
Firma, (lat.), w, Firmen: 1. Betrieb, Unternehmen, 2. Name eines Geschäfts oder Unternehmens
Firmament, (lat.), s, -e: Himmelsgewölbe
firmen, (lat.): einsegnen
firmieren, (lat.): einen bestimmten Geschäftsnamen führen
Firmung, (lat.), w, -en: zweites Sakrament der kath. Kirche, Einsegnung
Firnis, (frz.), m, -se: schützendes Anstreichmittel
firnissen, (frz.): Firnis auf etwas auftragen
first class, ['fö(r)ßt 'kla:ß, engl.]: erster Klasse, erstklassig
First Lady, ['fö(r)ßt 'lejdi, engl.], w, -Ladies: Frau eines Staatsoberhauptes
Fisimatenten, (lat.), w, n.M.: überflüssige Schwierigkeiten, Getue
fiskalisch, (lat.): den Fiskus betreffend
Fiskus, (lat.), m, -se: staatl. Finanzverwaltung
Fission, (lat.), w, -en: 1. Zellteilung (Biol.), 2. Kernspaltung (Phys.)
Fissur, (lat.), w, -en: Spalt, Riß (Med.)
Fistel, (lat.), w, -n: Röhre (Med.)
Fistelstimme, (lat.-dt.), w, -n: hohe männliche Kopfstimme
fit, (engl.-amerik.): durchtrainiert, in Form
Fitness, Fitneß, (engl.), w, n.E.: gute Körperverfassung
Fitnesscenter, (engl.), s, -: Unternehmen, das Trainingsmöglichkeiten anbietet
Fitnesstraining, (engl.), s, -s: Training der körperlichen Leistungsfähigkeit
fix, (lat.): 1. fest, feststehend, 2. (umg.) gewandt, flink
Fixativ, (lat.), s, -e: Bindemittellösung, die Zeichnungen wischfest macht
fixen, (lat.-engl.): 1. Wertpapiere

verkaufen, die man noch gar nicht besitzt, 2. Rauschmittel spritzen
Fixer, (lat.-engl.), m, -: 1. Spekulant, 2. jmd., der sich regelmäßig Rauschmittel spritzt
fixieren, (lat.): 1. mit einem Fixativ behandeln, 2. haltbar machen, 3. (be)festigen, ruhig stellen, 4. schriftlich festhalten, 5. jmdn. ständig starr anschauen
Fixing, (engl.), s, -s: das tägliche Feststellen der aktuellen Devisenkurse
Fixpunkt, m, -e: feststehender Punkt
Fixstern, m, -e: scheinbar feststehender Stern
Fixum, (lat.), s, Fixa: fester Betrag, festes Gehalt
Fizz, ['fi.ß, engl.], m, -e: alkoholisches Mixgetränk
Fjäll, (schwed.), m, -e: Hochfläche in Skandinavien
Fjord, (norweg.), m, -e: ins Landesinnere reichender Meeresarm
Flacon: vgl. Flakon
Flagelant, (lat.), m, -en: (histor.) Geißler
Flagellat, (lat.), m, -en: Geißeltierchen
Flagellum, (lat.), s, Flagellen: Fortbewegungsorgan zahlreicher Einzeller
flagrant, (lat.): offenkundig, ins Auge springend
Flair, ['flä:r, frz.], s, n.E.: Fluidum, Ausstrahlung, Atmosphäre
Flakon, [fla'k*on*, frz.], s oder m, -s: geschliffenes Glasfläschchen
Flambee, [fl*an*'be:, frz.], s, -s: flambierte Speise
flambieren, (frz.): Speisen mit Alkohol übergießen und diesen abbrennen
Flamboyantstil, (frz.-lat.), m, n.E.: Richtung der spätgotischen Baukunst (mit flammenförmigen Ornamenten)
Flamenco, (span.), m, -s: andalusischer Zigeunertanz
Flamingo, (span.), m, -s: langbeiniger rosafarbener Wasserwatvogel
Flammeri, (engl.), m, -s: kalte Süßspeise
Flanell, (frz.), m, -s: angerauhter Baumwollstoff
Flaneur, [fla'nö:r, frz.], m, -e: Müßiggänger
flanieren, (frz.): umherschlendern
flankieren, (frz.): schützend begleiten, Deckung geben
Flash, ['flä.sch, engl.], m, -s: 1. kurze Einblendung in einen Film, 2. (bei Drogensüchtigen:) Augenblick, in dem der Rauschzustand eintritt
Flatulenz, (lat.), w, -en: Blähung(en)
flektieren, (lat.): ein Wort deklinieren oder konjugieren
flexibel, (lat.): 1. biegsam, elastisch, 2. anpassungsfähig
Flexibilität, (lat.), w, n.E.: 1. Biegsamkeit, 2. Anpassungsfähigkeit
Flexion, (lat.), w, -en: 1. Beugung (z.B. von Muskeln), 2. Deklination oder Konjugation eines Wortes
Flibustier, [flibust'je:, frz.], m, -: (histor.) Freibeuter, Seeräuber des 17. Jh.
Flic, (frz.), m, -s: (umg.) frz. Polizist
Flicflac, Flickflack, (frz.), m, -s: Handstandüberschlag rückwärts
Flip, (engl.), m, -s: alkoholisches Mischgetränk mit Ei
Flipflop, (engl.), s, -s: Kippschaltung in elektron. Geräten
Flipper, (engl.), m, -: Spielautomat
Flirt, ['flö(r)t, engl.], m, -s: spielerische Form erotischer Werbung
flirten, ['flö(r)ten, engl.]: Zuneigung bekundende Blicke oder Worte austauschen
Floating, ['flo(u)ting, engl.], s, -s: Schwanken von Wechselkursen
Flop, (engl.), m, -s: 1. vgl. Fosbury-Flop, 2. (geschäftlicher) Mißerfolg
Floppy-disk, (engl.), w, -s: Magnetplättchen als Datenträger (EDV)
Flor, (lat.), m, -e: Blütenpracht
Flor, (niederl.), m, -e: 1. zartes Gewebe, 2. Trauerflor
Flora, (lat.), w, Floren: 1. Pflanzenwelt, 2. alle Bakterien eines Organs
Florett, (frz.), s, -e: Fechtwaffe
florieren, (lat.): blühen, gedeihen
Florist, (lat.), m, -en: 1. Blumenfreund, 2. Blumenhändler; Blumenbinder
Floskel, (lat.): nichtssagende Redewendung
Flottille, (span.), w, -n: Verband von kleinen Kriegsschiffen
fluid, (lat.): flüssig, fließend
Fluidum, (lat.), s, Fluida: eigentümliche Wirkung, besondere Atmosphäre
Fluktuation, (lat.), w, -en: Schwankung; (häufiger) Wechsel

fluktuieren, (lat.): schwanken; (schnell) wechseln
Fluor, (lat.), s, n.E.: gasförmiges Element (Zeichen: F)
Fluoreszenz, (lat.), w, n.E.: das Selbstleuchten von Stoffen nach Bestrahlung
fluoreszieren, (lat.): nach Einwirkung von Strahlen selbst leuchten
Flying Dutchman, ['flaiing 'da.tschm (e)n, engl.], m, - Dutchmen: Zweimannjolle
föderal, (lat.): vgl. föderativ
Föderalismus, (lat.), m, n.E.: Bundesstaatlichkeit
Föderation, (lat.), w, -en: Länderverbindung, Staatenbund; Verband
föderativ, (lat.): in Form eines Staatenbundes
Fog, (engl.), m, n.E.: dichter Nebel
fokal, (lat.): 1. vom Fokus (1) ausgehend, zu ihm gehörend (Phys.), 2. von einem Fokus (2) ausgehend (Med.)
Fokus, (lat.), m, -se: 1. Brennpunkt (Phys.), 2. Infektionsherd (Med.)
fokussieren, (lat.): 1. (Lichtstrahlen) in einem Punkt vereinigen, 2. Linsensysteme scharfstellen
Foliant, (lat.), m, -en: altertümliches, großformatiges Buch
Folie, (lat.), w , -n: dünnes Blatt aus Metall oder Kunststoff
Folio, (lat.), s, -s: altes Papier- und Buchformat
Folk, ['fo(u)k, engl.], m, n.E.: vgl. Folkmusic
Folketing, (dän.), s, n.E.: dänisches Parlament
Folkmusic, ['fo(u)k'mju:sik, engl.], w, n.E.: auf Volksmusik aufbauende Pop- oder Rockmusik
Folklore, (engl.), w, n.E.: Sammelbez. für die Überlieferungen eines Volkes
folkloristisch, (engl.): folkloreartig, volksliedhaft
Follikel, (lat.), m, -: 1. Bläschen (Med.), 2. Zellhülle des ausgereiften Eies im Eierstock
Fond, [f*on*, frz.], m, -s: 1. hinterer Sitzraum im Auto, 2. Hintergrund (eines Gemäldes), 3. beim Braten oder Dünsten zurückbleibender Fleischsaft
Fonds, [f*on*, frz.], m, - ['f*on*ß]: 1. ein Geldvorrat mit festgelegter Zweckbestimmung, 2. Schuldverschreibung öffentlicher Körperschaften
Fondue, [f*on*'dü:, frz.], s, -s: am Tisch selbstzuzubereitendes Fleisch- oder Käsegericht
Fontäne, (frz.), w, -en: aufsteigender Wasserstrahl
Fontanelle, (frz.) die, -n: Knochenlücke am Schädel Neugeborener
Foot, ['fu:t, engl.], m, Feet ['fi:t]: Fuß (engl. Längenmaß; Abk.: 1 ft „ 0,3 m)
Force de frappe, ['fo.rß de 'fra.p, frz.], w, n.E.: französische Atomstreitmacht
forcieren, (frz.): etwas heftig vorantreiben; erzwingen
Forechecking, ['fo:rtschä.king, engl.], s, -s: (beim Fußball und Eishockey:) das frühe Stören des gegnerischen Angriffsaufbaus
Foreign Office, ['fo.rin 'o.fiß, engl.], s, n.E.: das britische Auswärtige Amt
forensisch, (lat.): gerichtlich
formal, (lat.): 1. hinsichtlich der Form, 2. rein äußerlich, förmlich
Formaldehyd, (Kurzw.), m, n.E.: farbloses Gas
Formalie, (lat.), w, -n: Formsache; Äußerlichkeit
Formalin, (Kurzw.), s, n.E.: ein Desinfektionsmittel
formalisieren, (lat.): 1. etwas in eine bestimmte Form bringen, 2. mit Hilfe von Formeln darstellen, systematisieren
Formalismus, (lat.), m, Formalismen: übertriebene Betonung der Form
formalistisch, (lat.): Äußerlichkeiten zu sehr in den Vordergrund stellend, nur auf die Form achtend
Formalität, (lat.), w, -en: vgl. Formalie
formaliter, (lat.): förmlich, der äußeren Form nach
Format, (lat.), s, -e: 1. Maß, Ausmaß, genormte Größe, 2. ausgeprägter Charakter
formatieren, (lat.): 1. Daten zuordnen, 2. einen Datenspeicher (z.B.: Diskette) für die Benutzung präparieren (EDV)
Formation, (lat.), w, -en: 1. Gestaltung, Anordnung, 2. Truppenverband, 3. Epoche der Erdgeschichte, 4. Pflanzengesellschaft
Formel, (lat.), w, -n: 1. feststehender Ausdruck, 2. kurze, treffende Zusammenfassung, 3. in Buchstaben- und Zeichenfolgen ausgedrückte naturwissenschaftliche Zusammenhänge, 4. Rennwagenklasse

formell, (lat.): 1. förmlich; dem Gesetz nach, 2. nur äußerlich
formidabel, (lat.): 1. erstaunlich, großartig, 2. riesig
formieren, (lat.): 1. bilden, gestalten, 2. ordnen, aufstellen, 3. zusammenschließen
Formular, (lat.), s, -e: Vordruck, Formblatt
formulieren, (lat.): in Worte fassen, sprachlich ausdrücken
Forsythie, [for'sü:zi-e], w , -n: Zierstrauch
Fort, [fo:r, frz.], s, -s: Militärfestung
forte, (italien.): kräftig, laut (Mus.)
fortissimo, (italien.): sehr kräftig, sehr laut (Mus.)
FORTRAN, (Kurzw.), s, n.E.: Programmiersprache
Fortuna, (lat.), w, n.E.: Glück, Erfolg
Fortune, [for'tü:n, lat.-frz.], w, n.E.: Glück, Erfolg
Forum, (lat.), s, Foren: 1. (im antiken Rom:) Markt-, Gerichts- und Versammlungsplatz, 2. Zuhörerschaft, Zielgruppe
Fosbury-Flop, ['fo.sberiflop], m, -s: Hochsprungtechnik
fossil, (lat.): aus vorschichtlicher Zeit erhalten, urzeitlich
Fossil, (lat.), s, -ien: Überrest vorgeschichtlicher Lebewesen
Foto, (Kurzw. von Fotografie), s, -s: Lichtbild
Fotoapparat, (gr.-lat.), m, -e: Apparat zum Fotografieren
fotogen, (gr.): auf Fotos gut aussehend
Fotograf, (gr.), m, -en: Lichtbildner
Fotografie, (gr.), w , -n: 1. (n.E.) Herstellung von Lichtbildern, 2. das einzelne Lichtbild
fotografieren, (gr.): eine Fotografie herstellen
Fotokopie, (gr.-lat.), w, -n: Ablichtung
fotomechanisch, (gr.): mittels fotografischer Vervielfältigungsmethode
Fotomodell, (gr.-lat.), s, -e: fotogene Frau für Modeaufnahmen
Fotomontage, ['fo:tomon'ta:*sch*e, gr.-frz.], w, -n: Zusammensetzung von Fotoausschnitten zu einem neuen Bild sowie dieses Bild selbst
Fotoobjektiv, (gr.-lat.), s, -e: bilderzeugende Linsenkombination an Fotoapparaten
Fotosafari, (gr.-arab.), w, -s: Gesellschaftsreise, auf der Tiere fotografiert werden
Fötus, m, Föten: vgl. Fetus
foul, ['faul, engl.]: (im Sport:) regelwidrig, unfair
Foul, ['faul, engl.], s, -s: (im Sport:) unfaires Verhalten, Unsportlichkeit
foulen, ['faulen, engl.]: regelwidrig spielen
Foxtrott, (engl.), m, -s: Gesellschaftstanz
Foyer, [foa'je:, frz.], s, -s: Vorhalle, Wandelgang
fragil, (lat.): zerbrechlich
Fragment, (lat.), s, -e: 1. Bruchstück, Rest, 2. unvollendetes Werk der Literatur oder der Musik
fragmentarisch, (lat.): bruchstückhaft; unvollendet
frais, fraise, ['frä:s, frz.]: erdbeerfarbig
Fraktion, (lat.), w, -en: 1. Abgeordnete einer Partei im Parlament; Gruppe innerhalb einer Partei, 2. Teil eines Stoffgemisches, der abgetrennt wurde
fraktionieren, (lat.): 1. spalten, 2. Stoffgemische trennen
Fraktur, (lat.), w, -en: 1. Knochenbruch, 2. Schrift mit nicht gerundeten Linien; F. reden: sehr deutlich seine Meinung sagen
Franc, [fr*on*, frz.], m, -s: Währungseinheit in Frankreich, Belgien u.a. Ländern
Franchise, [fr*an*'schi:s(e), frz.], w, -n: 1. Abgabenfreiheit, 2. Höhe der Selbstbeteiligung des Versicherungsnehmers
Franchise, ['frä.nschais, engl.], s, -: Vertriebs- und Lizenzsystem
frankieren, (italien.): mit einer Briefmarke versehen, freimachen
franko, (italien.): portofrei, kostenfrei
Frankokanadier, m, -: Einwohner Kanadas französischer Abstammung
frankophil, (frz.-gr.): franzosen- und frankreichfreundlich
frankophob, (frz.-gr.): franzosen- und frankreichfeindlich
frappant, (frz.): überraschend, verblüffend
frappieren, (frz.): 1. überraschen, verblüffen, 2. ein Getränk in Eis kühlen
Frater, (lat.), m, Fratres: (Kloster) bruder
Fraternisation, (lat.), w, -en: Verbrüderung

fraternisieren, (lat.): verbrüdern
Freak, [fri:k, engl.], m, -s: 1. unbürgerlicher Mensch, 2. (umg.) jmd., der in etwas vernarrt ist
Free climbing, ['fri:'klaiming, engl.], s, n.E.: Freies Klettern
Free Jazz, ['fri: 'd*sch*ä:s, engl.], m, n.E.: frei improvisierte Jazzmusik
Fregatte, (franz .), w, -n: Kriegsschiff
frenetisch, (frz.): stürmisch, leidenschaftlich
frequent, (lat.): 1. häufig, 2. beschleunigt (Med.)
frequentieren, (lat.): häufig besuchen, benutzen
Frequenz, (lat.), w, -en: 1. Häufigkeit; Besucherzahl, 2. Gruppengröße in pädagogischen Einrichtungen, 3. Anzahl von Schwingungen einer Welle pro Zeiteinheit (Phys.)
Fresko, (italien.), s, Fresken: auf die frisch verputzte Wand gemaltes Bild
frigide, (lat.): kühl; (von Frauen:) sexuell nicht erregbar
Frigidität, (lat.), w, n.E.: (von Frauen:) sexuelle Empfindungslosigkeit
Frikadelle, (italien.), w, -n: gebratener Kloß aus Hackfleisch
Frikandeau, [frikan'do:, frz.], s, -s: zarter innerer Teil der Kalbskeule
Frikandelle, (italien.), w, -n: 1. vgl. Frikadelle, 2. gedämpfte Fleischschnitte
Frikassee, (frz.), s, -s: Gericht aus gekochtem keingeschnittenem hellem Fleisch (Fisch, Huhn oder Kalb)
frikassieren, (frz.): zu Frikassee verarbeiten
Frikativ, (lat.), m, -e: Reibelaut (Sprachw.)
Friktion, (lat.), w, -en: 1. Reibung, 2. Einreibung; reibende Art zu massieren (Med.), 3. Streit, Unstimmigkeit
Frisbee, ['fri.sbi, amerik.], s, -s: Wurfscheibe aus Plastik (Spiel- und Sportgerät)
Friseur, [fri'sö:r, frz.], m, -e: Haarschneider
Friseuse, [fri'sö:se, frz.], w, -n: weibl. Friseur
frisieren, (frz.): 1. das Haar kämmen und pflegen; einen Haarschnitt gestalten, 2. (einen Motor) zu eine höheren Leistung umkonstruieren, 3. etwas beschönigen, eine Bilanz fälschen
Frisur, (frz.), w, -en: Haartracht
Friteuse, [fri'tö:se, frz.], w, -n: Gerät zum Fritieren
fritieren, (frz.): Speisen in heißem Fett schwimmen und garen lassen
Fritüre, (frz.), w , -n: heißes Fett zum Fritieren
frivol, (frz.): frech und witzig, leichtfertig; zweideutig
Fromage, [fro'ma:*sch*, frz.], m, -s: Käse
Fronde, ['fr*on*d(e), frz.], w, n.E.: oppositionelle Gruppe
Frondeur, [fr*on*'dö:r, frz.], m, -e: Anhänger einer Fronde
Front, (frz.), w, -en: 1. Vorderseite, Stirnseite, 2. vorderste Kampflinie, 3. Grenzlinie zwischen Luftmassen
frontal, (frz.): an der Vorderseite befindlich; von vorn (kommend)
Frontispiz, (frz.), s, -e: 1. Giebeldreieck, 2. dem Titelblatt gegenüberstehendes Bild
Froster, m, -: Tiefkühleinrichtung
Frottee, (frz.), m oder s, -s: Baumwollgewebe aus Kräuselzwirn
frottieren, (frz.): mit einem Handtuch kräftig reiben
frugal, (lat.): (bei Speisen:) einfach, bescheiden (Ggs.: opulent)
Fruktose: (lat.), w, n.E.: Fruchtzucker
Frust, m, -e: (umg. für:) das Frustriertsein
Frustration, (lat.), w, -en: Enttäuschung durch erzwungenen Verzicht
Frustrationstoleranz, (lat.), w, n.E.: Fähigkeit, Frustrationen zu ertragen
frustrieren, (lat.): jmds. Erwartung enttäuschen
Fuge, (lat.), w, -n: streng aufgebautes Musikstück
Fugette, (italien.), w, -n: kleine Fuge
Full-time-Job, ['fu.ltaimd*sch*ob, engl.], m, -s: Ganztagsarbeit
fulminant, (lat.): prächtig, fabelhaft
Fumarole, (italien.), w, -n: das Ausströmen Dampf aus Erdspalten
Fundament, (lat.), s, -e: 1. Unterbau eines Bauwerkes, 2. (übertr.) Grundlage; Grundgedanke
fundamental, (lat.): grundlegend
Fundamentalismus, (lat.), m, n.E.: 1. kompromißloses Festhalten an religiö-

sen Grundsätzen, 2. kompromißloses Eintreten für ideologische Überzeugungen
fundieren, (lat.): 1. unterbauen, 2. untermauern, begründen, 3. (übertr.) mit den erforderlichen Mitteln ausstatten
Fundus, (lat.), m, -: 1. Grundstock, 2. Austattungsmittel, Vorrat
fungibel, (lat.): vertretbar; auswechselbar
fungieren, (lat.): eine Aufgabe haben
Fungizid, (lat.):, s, -e: Pilzvernichtungsmittel
Funk, ['fa.nk, amerik.], m, n.E.: Mischung aus Jazz- und Rockmusik
Funktion, (lat.)., w , -en: 1. Aufgabe, Amt, 2. Tätigkeit 3. Zweck, Sinn, 4. Abbildung, Zuordnung (Math.)
funktionalisieren, (lat.): etwas in Funktion setzen
Funktionalismus, (lat.), m, n.E.: den Gebrauchszweck betonende Auffassung
Funktionär, (lat.), m, -e: Vertreter einer Partei oder Organisation
funktionell, (lat.): die zugewiesene Aufgabe erfüllend
funktionieren, (lat.): ordnungsgemäß arbeiten, ohne Störung ablaufen
Furage, [fu'ra:*sch*, frz.], w, n.E.: 1. Lebensmittel, Verpflegung für die Truppe, 2. Futter
Furie, (lat.), w, -n: 1. röm. Rachegöttin, 2. (übertr.) wütendes Weib, Plagegeist
furios, (lat.): wütend, wild; leidenschaftlich
furioso, (italien.): leidenschaftlich (Mus.)
Furnier, (frz.), s, -e: dünnes Holzblatt auf minderwertigerem Holz
furnieren, (frz.): mit Furnier bedecken
Furor, (lat.), m, n.E.: Wut, Wildheit
Furore, (lat.), w, n.E.: großes Aufsehen
Furunkel, (lat.), s, -: Entzündung eines Haarbalgs und seiner Talgdrüse
Furunkulose, (lat.), w, -n: ausgedehnte Furunkelbildung
Füsilier, (frz.), m, -e: Infanterist
füsilieren, (frz.): standrechtlich erschießen
Fusion, (lat.), w, -en: 1. Vereinigung, Verschmelzung (insb. von Wirtschaftsbetrieben), 2. Kurzw. für Kernfusion (Phys.)
fusionieren, (lat.): sich vereinigen; verschmelzen
Futhark, ['fu:*th*ark], s, -e: germanisches Runenalphabet
Futteral, (german.-lat.), s, -e: Schutzhülle
Futur, (lat.), s, -e: Zunkunftsform des Verbs
Futurismus, (lat.), m, n.E.: künstlerische Bewegung zu Beginn des 20. Jh.
Futurologie, (lat.-gr.), w, n.E.: Zukunftsforschung
Futurologe, (lat.-gr.), m, -n: Zukunftsforscher
Fylke, (norweg.), s, -r: norweg. Verwaltungsbezirk

G

Gabardine, ['ga.bardin, frz.], m oder w, n.E.: Kleiderstoff
Gabelle, [ga'be.l, frz.], w, -n: Steuer, Abgabe
Gag, ['gä.g, amerik.], m, -s: effektvoller Einfall, witzige Idee
Gage, ['ga:*sch*e, frz.], w, -n: Bezahlung für Künstler
Gala, (span.), w, -s: 1. Festkleidung, 2. festliche Aufführung
galaktisch, (gr.): aus der Galaxis stammend
Galan, (span.), m, -e: Verehrer mit vornehmen Umgangsformen
galant, (span.): betont höflich, zuvorkommend, ritterlich
Galanterie, (span.), w, -n: galantes Benehmen
Galaxie, (gr.), w, -n: Sternensystem; Spiralnebel
Galaxis, (gr.), w, n.E.: Milchstraße; Galaxie, dem unser Sonnensystem angehört
Galeasse, (gr.-ital.), w, -n: Frachtsegler des 19. Jh.
Galeere, (gr.-ital.), w, -n: altertümliches Ruderkriegsschiff
Galeone, (lat.-span.), w, -n: Kriegs- und Handelssegelschiff
Galeot, (gr.-ital.), m, -en: Galeerensklave
Galerie, (ital.), w, -n: 1. im oberen Teil eines großen Raumes an der Wand entlangführender Gang, 2. Laufgang an

der Fassade von Kirchen oder Wehrbauten, 3. Kunst- und Gemäldehandlung, 4. Räumlichkeit, die eine Kunstausstellung beherbergt

Galerist, (ital.), m, -en: Inhaber einer Galerie, Kunsthändler

Galimathias, (frz.), m oder s, n.E.: verworrenes Gerede

Galion, (lat.-span.), s, -s: Holzvorbau am Bug früherer Segelschiffe

Galionsfigur, (lat.-span.), w, -en: geschnitzte Figur am Schiffsbug

Gallert, (lat.), s, -e: durchsichtige, gelatineartige Masse

Gallerte, (lat.), w, -n: vgl. Gallert

gallertig, (lat.): aus gallertartigem Stoff bestehend

Gallion: vgl. Galion

Gallizismus, (lat.), m, -zismen: frz. Spracheigentümlichkeit

Gallone, (engl.), w, -n: als Hohlmaß in England 4,55 l und in den USA und Kanada 3,79 l

Galon, (frz.), m, -s: Borte an Seitennähten einer Hose, Tresse

Galone, (ital.), w, -n: vgl. Galon

galonieren, (frz.): mit Galons besetzen

Galopp, (frz.), m, -s und -e: schnellste Gangart des Pferdes

Galosche, (frz.), w, -n: Überschuh; alter Schuh

Galvanisation, w, -en: Überziehen von Werkstücken mit Metall

galvanisch: auf Galvanisation beruhend

galvanisieren: Werkstücke mit Metall überziehen

Gamasche, (span.), w, -n: über Schuh und Strumpf getragene Beinkleidung

Gambe, (ital.), w, -n: Streichinstrument des 16. bis 18. Jh.

Gambit, (span.), s, -s: Eröffnungszug beim Schachspiel

Gamet, (gr.), m, -en: Geschlechtszelle, der Fortpflanzung dienende reife Keimzelle

Gamma, (gr.), s, -s: dritter Buchstabe des gr. Alphabets

Gammaglobulin, (gr.-lat.), s, n.E.: Eiweißkörper im Blutplasma

Gammastrahlen, (gr.-dt.), w, M.: kurzwellige, radioaktive Strahlung

Ganeff, (jidd.), m, -e: vgl. Ganove

Gang, ['gä.ng, amerik.], w, -s: Gruppe meist jugendl. Krimineller

Ganglienzelle, (gr.-dt.), w, -n: Nervenzelle

Ganglion, (gr.), s, Ganglien: Anhäufung von Nervenzellen

Gangster, ['gä.ngster, amerik.], m, -: Mitglied einer Gang, Verbrecher

Gangway, ['gä.ngwej, engl.], w, -s: fahrbare Treppe an Flugzeugen oder Schiffen

Ganove, (jidd.), m, -n: Gauner, Dieb

Garage, (frz.), w, -n: 1. Raum zum Abstellen von Kraftfahrzeugen, 2. Reparaturwerkstatt für Kraftfahrzeuge

Garant, (frz.), m, -en: Bürge, Gewährsmann

Garantie, (frz.), w, -n: 1. Bürgschaft, Gewähr, 2. Zusicherung des Herstellers, auftretende Mängel kostenfrei zu beheben

garantieren, (frz.): 1. sich verbürgen; gewährleisten, 2. eine Garantie geben

Garçon, [gar'ß*on*, frz.], m, -s: Kellner

Garde, (frz.), w, -n: 1. Leibwache (eines Fürsten); Elitetruppe, 2. uniformierte Gruppe eines Karnevalsvereins

Gardenie, w, -n: immergrüner Strauch

Garderobe, (frz.), w, -n: 1. Bestand an Oberbekleidung; Kleidung einer Person, 2. Gestell zum Ablegen der Kleidung, Kleiderablage, 3. Ankleideraum, Umkleideraum

Garderobier, [garderob'je:, frz.], m, -s: Verwalter der Garderobe

Garderobiere, [garderob'je:re, frz.], w, -n: weibl. Garderobier, Aufseherin über die Garderobe

gardez!, [gar'de:!, frz.]: Ankündigung eines Angriffs auf die Dame beim Schachspiel

Gardine, (frz.), w, -n: Fenstervorhang

Gardist, (frz.), m, -en: Angehöriger einer Garde

Garnele, (niederl.), w, -n: Zehnfußkrebs

garnieren, (frz.): (Speisen) verzieren; mit Zubehör versehen

Garnison, (frz.), w, -en: Truppenquartier

Garnitur, (frz.), w, -en: 1. mehrere zusammengehörige Gegenstände, 2. Verzierung

Garotte: vgl. Garrotte

Garrotte, (span.), w, -n: Vorrichtung

mit Würgeschraube zur Hinrichtung durch Erdrosseln
garrottieren, (span.): mit der Garrotte hinrichten
Gasolin, (Wz.), s, n.E.: Leichtbenzin
Gasometer, (gr.), m, -: großer Gasbehälter, Gasspeicher
gastrisch, (gr.): den Magen betreffend
Gastritis, (gr.), w, Gastritiden: Entzündung des Magens, insb. Magenschleimhautentzündung
Gastroenteritis, (gr.), w, -enteritiden: Magen-Darm-Entzündung
gastrogen, (gr.): vom Magen ausgehend
Gastronom, (gr.), m, en: Gastwirt
Gastronomie, (gr.), w, n.E.: Gaststättengewerbe
gastronomisch, (gr.): die Gastronomie betreffend
Gastroskop, (gr.), s, -e: Metallrohr zur Magenspiegelung
Gastroskopie, (gr.), w, -n: Magenspiegelung
Gastrula, (gr.), w, n.E.: embryonales Stadium in der Entwicklung vielzelliger Lebewesen
GAU: Kurzw. für**g**rößter**a**nzunehmender**U**nfall
Gaucho, ['gautscho, span.], m, -s: berittener Viehhirt
Gaudi, s oder w, n.E.: Kurzw. für Gaudium
Gaudium, (lat.), s, n.E.: Scherz, Belustigung
Gaullismus, [go'li.smus] m, n.E.: nach dem frz. Präsidenten General de Gaulle benannte politische Bewegung
Gaullist, m, -en: Anhänger des Gaullismus
Gavotte, [ga'wo.t, frz.], w, -n: 1. alter frz. Volkstanz, 2. Satz der Suite
Gay, [gej, engl.], m, -s: (umg.) Homosexueller
Gaze, ['ga:se, frz.], w, -n: 1. durchsichtiges, weitmaschiges Gewebe, 2. Verbandmull
Gazelle, (arab.-ital.), w, -n: Antilopenart
Gazette, (ital.), w, -n: Zeitung
Gecko, (malaiisch), m, -s: eidechsenähnliches Kriechtier
gehandikapt, [ge'händikäpt, engl.]: durch bestimmte Umstände behindert, benachteiligt
Geiser: vgl. Geysir
Geisha, ['ge:scha, japan.], w, -s: japan. Gesellschafterin in Teehäusern, Hotels
Gel,s, -e: gallertartige Lösung
Gelatine, [*sch*ela'ti:ne, frz.], w, n.E.: geschmack- und farblose Substanz als Binde- und Verdickungsmittel für Speisen
gelatinieren, [*sch*elati'ni:ren, frz.]: zu Gelatine erstarren
Gelee, [*sch*e'le:, frz.], s, -s: 1. eingekochter Fruchtsaft als Brotaufstrich, 2. erstarrter, aus tierischen Substanzen gewonnener Sud
gelieren, ['*sch*eli:ren, frz.]: zu Gelee erstarren
Gemme, (lat.), w, -n: Edelstein mit eingeschnittenem Bild
Gen, (gr.), s, -e: Träger von Erbanlagen in den Chromosomen, Erbfaktor
genant, [*sch*ena.nt, frz.]: sich leicht genierend, schüchtern
Gendarm, [*sch*an'darm, frz.], m, -e: Angehöriger der Gendarmerie, Polizist
Gendarmerie, [*sch*andarme'ri:, frz.], w, -n: Landpolizei
Genealogie, (gr.), w, n.E.: Geschlechterkunde, Ahnenforschung
General, (lat.), m, -e und Generäle: 1. höchster Rang der Offiziere, 2. Offizier im höchsten Rang
Generalabsolution, (lat.), w, -en: Lossprechung von allen Sünden
Generalbaß, (lat.), m, -bässe: Baßstimme mit unter den Noten stehenden Ziffern zur harmonischen Begleitung
Generaldirektor, (lat.), m, -en: Leiter eines Unternehmens
Generalinspekteur, (lat.), m, -e: ranghöchster Soldat der Bundeswehr
Generalintendant, (lat.), m, -en: Leiter eines großen Theaterhauses
Generalisation, (lat.), w, -en: Verallgemeinerung
generalisieren, (lat.): verallgemeinern
Generalissimus, (lat.), m, -se: Titel für den obersten Befehlshaber in einigen Ländern (z.B.: Stalin, Franco)
Generalität, (lat.), w, n.E.: Gesamtheit der Generäle eines Landes
generaliter, (lat.): allgemein betrachtet
Generalkonsul, (lat.), m, -n: ranghöchster Konsul

Generalprobe, (lat.-dt.), w, -n: letzte Probe
Generalsekretär, (lat.), m, -e: Geschäftsführer von Parteien, Verbänden
Generalstab, (lat.-dt.), m, -stäbe: Gruppe von hohen Offizieren
Generalstreik, (lat.-dt.), m, -s: Arbeitsniederlegung, die alle Wirtschaftszweige eines Staates lahmlegt
Generavikariat, (lat.), s, -e: bischöfl. Verwaltungsbehörde
Generation, (lat.), w, -en: 1. alle Personen gleicher Stufe in der Geschlechterfolge, 2. alle Menschen einer Altersgruppe, 3. Gesamtheit von technischen Geräten, die sich von älteren oder weiterentwickelten Geräten unterscheiden, 4. Tiere oder Pflanzen, die ein bestimmtes Entwicklungsstadium erreicht haben
Generationskonflikt, (lat.), m, -e: Konflikt zwischen Angehörigen verschiedener Altersstufen
generativ, (lat.): 1. die geschlechtliche Fortpflanzung betreffend, 2. erzeugend, hervorbringend
Generator, (lat.), m, -en: Gerät zur Stromerzeugung
generell, (lat.): allgemein; grundsätzlich; immer
generieren, (lat.): erzeugen, hervorbringen
generisch, (lat.): das Geschlecht betreffend
generös, (frz.): großzügig, spendabel; edel
Generosität, (frz.), w, -en: Großzügigkeit; Großmut
Genese, (gr.), w, -n: Entstehung, Entwicklung
Genesis, (gr. »Schöpfung«), w, n.E.: 1. das Entstehen, Herkunft, 2. (in der Bibel:) die Schöpfungsgeschichte
Genetik, (gr.), w, n.E.: Vererbungslehre
genetisch, (gr.): 1. die Genese betreffend, 2. Erbanlagen betreffend; erblich bedingt
Genetiv, (gr.), m, -e: vgl. Genitiv
Genever, [*sch*e'ne:wer, frz.], m, -: Wacholderbranntwein
genial, (gr.): 1. schöpferisch hochbegabt, 2. großartig, hervorragend
genialisch, (gr.): genieähnlich, wie ein Genie
Genialität, (gr.), w, n.E.: geniale Begabung
Genie, ['*sch*(e)'ni:, frz.], s, -s: 1. überragende schöpferische Begabung, 2. hochbegabter Mensch
genieren, [*sch*(e)'ni:ren, frz.]: jmdn. in Verlegenheit bringen; sich g.: sich schämen
genital, (lat.): die Geschlechtsorgane betreffend
Genitale, (lat.), s, Genitalien: (meist M.) Geschlechtsorgan
Genitiv, (lat.), m, -e: zweiter Fall, Wesfall
genitivisch, (lat.): zum Genitiv gehörend
Genitivus, (lat.), m, Genitivi: vgl. Genitiv
Genius, (lat.), m, Genien: 1. schöpferischer Geist, 2. vgl. Genie
Genmanipulation, (gr.-lat.), w, -en: Eingriff in die Erbsubstanz zum Zwekke der Veränderung des Erbgutes
Genmutation, (gr.-lat.), w, -en: Veränderung des Erbgutes
Genotyp, (gr.), m, -en: Gesamtheit der in den Chromosomen enthaltenen Erbanlagen
Genozid, (gr.-lat.), m, -e: Völkermord, Ausrottung einer Bevölkerungsgruppe
Genre, ['*schan*r(e), frz.], s, -s: Wesen; Gattung, Sparte
Gent, ['dschä.nt, engl.], m, -s: feiner Mann; Geck
Gentechnologie, (gr.), w, n.E.: Erforschung und Manipulation von Genen
Gentleman, ['dschä.ntlm(e)n, engl.], m, Gentlemen: Ehrenmann
gentlemanlike, ['dschä.ntlm(e)nlaik, engl.]: nach Art eines Gentlemans, vornehm und anständig
Gentlemen's Agreement, ['dschä.ntlm(e)ns (e)'gri:m(e)nt, engl.], s, - -s: formlose Abmachung, Vereinbarung auf der Grundlage gegenseitigen Vertrauens
genuin, (gr.): echt, unverfälscht, ursprünglich
Genus, (lat.), s, Genera: 1. grammatisches Geschlecht der Substantive (m, w oder s), 2. Art, Gattung
Geodäsie, (gr.), w, n.E.: Erdvermessungswesen
Geodät, (gr.), m, -en: Landvermesser
geodätisch, (gr.): die Geodäsie betreffend

Geograph, (gr.), m, -en: Fachmann auf dem Gebiet der Geographie
Geographie, (gr.), w, n.E.: Erdkunde
geographisch, (gr.): die Geographie betreffend; erdkundlich
Geologe, (gr.), m, -n: Fachmann auf dem Gebiet der Geologie
Geologie, (gr.), w, n.E.: Wissenschaft von der Zusammensetzung, Entstehung und Entwicklung der Erde
geologisch, (gr.): die Geologie betreffend
Geometer, (gr.), m, -: Landvermesser, Geodät
Geometrie, (gr.), w, -n: 1. Lehre von den ebenen und räumlichen Gebilden, 2. ein System von Punkten, Geraden und Ebenen (Math.)
geometrisch, (gr.): zur Geometrie gehörig
Geomorphologie, (gr.), w, n.E.: Wissenschaft von Entstehung und Wandel der Erdoberflächenformen
Geophysik, (gr.), w, n.E.: Wissenschaft von den natürlichen physikal. Erscheinungen der Erde
Geopolitik, (gr.), w, n.E.: Abhängigkeit politischer Vorgänge von geographischen Gegebenheiten
geopolitisch, (gr.): vom Standpunkt der Geopolitik
geothermal, (gr.): auf Erdwärme beruhend
Geowissenschaften, (gr.-dt.), w, M.: Sammelbez. für Wissenschaften, die sich mit der Erforschung der Erde befassen
geozentrisch, (gr.): auf die Erde als Mittelpunkt bezogen (Gegens.: heliozentrisch)
Gepard, (frz.), m, -e: schlanke, sehr schnelle Großkatze
Geranie, (gr.), w, -n: ein Storchschnabelgewächs
Gerbera, w, -s: nach T. Gerber benannte Schnittblume
Geriater, (gr.), m, -: Facharzt der Geriatrie
Geriatrie, (gr.), w, n.E.: Altersheilkunde
geriatrisch, (gr.): die Geriatrie betreffend
gerieren, (lat.): sich benehmen, sich aufführen
germanisieren, (lat.): eindeutschen, der dt. Sprache angleichen
Germanismus, (lat.), m, Germanismen: dt. Spracheigentümlichkeit
Germanist, (lat.), m, -en: Fachmann auf dem Gebiet der Germanistik
Germanistik, (lat.), w, n.E.: Wissenschaft, die Herkunft und Entwicklung der dt. Sprache und Literatur untersucht
germanistisch, (lat.): die Germanistik betreffend
germanophil. (lat.-gr.): deutschfreundlich
germanophob, (lat.-gr.): deutschfeindlich
germinal, (lat.): den Keim betreffend
Germination, (lat.), w, -en: (bei Pflanzen:) Keimungsperiode
Gerontologie, (gr.), w, n.E.: (medizinische) Altersforschung
Gerundium, (lat.), s, Gerundien: substantivisch gebrauchter Infinitiv eines lat. Verbs
Gerundiv, (lat.), s, -e: vgl. Gerundivum
Gerundivum, (lat.), s, Gerundiva: adjektivisch gebrauchte Form eines lat. Verbs
Gestagen, (lat.-gr.), s, -e: weibl. Keimdrüsenhormon, Schwangerschaftshormon
Geste, (lat.), w, -n: 1. Ausdrucksbewegung, Gebärde, 2. ein Zeichen unverbindlicher Höflichkeit
Gestik, (lat.), w, n.E.: Gesamtheit der Gesten (1) eines Menschen, Gebärdenspiel
gestikulieren, (lat.): 1. Sprechen mit Gesten begleiten, 2. durch Bewegungen Zeichen geben, 3. (wilde) Gebärden machen
Gestus, (lat.), m, n.E.: 1. vgl. Gestik, 2. die Haltung eines Menschen, Ausdrucksweise
Getto, (ital.), s, -s: abgetrenntes Wohnviertel für Angehörige einer religiösen oder rassischen Minderheit
gettoisieren, (ital.): 1. in ein Getto bringen, 2. zu einem Getto machen
Geysir, ['gaisir, isländ.], m, -e: heiße Springquelle
Ghetto: vgl. Getto
Ghostwriter, ['go(u)ßtrait(e)r, engl.], m, -: Redenschreiber
G.I., [d*sch*i:'ai, amerik.], m, -s: (umg.) amerik. Soldat

Gibbon, (frz.), m, -s: Langarmaffe
Gig, (engl.), m, -s: Auftritt von Musikern (als Nebenjob)
Gig, (engl.), s, -s: zweirädriger offener Wagen, Einspänner
Gig, (engl.), w, -s: kleines Ruderboot, Beiboot auf Schiffen
Giga..., (gr.): das Milliardenfache einer Maßeinheit
Gigant, (gr.), m, -en: Riese
gigantisch, (gr.): riesenhaft, von ungeheurem Ausmaß
Gigantismus, (gr.), m, n.E.: krankhafter Riesenwuchs
Gigantomanie, (gr.), w, n.E.: Vorliebe für riesige Ausmaße
Gigolo, ['*sch*i:golo, frz.], m, -s: Eintänzer; Geck, eitler Mann, der sich von Frauen aushalten läßt
Gigue, ['*sch*i:g, frz.], w, -n: 1. schneller Tanz des 17./18. Jh., 2. Schlußsatz der Suite
Gin, ['d*sch*i.n, engl.], m, -s: engl. Wacholderbranntwein
Ginger, ['d*sch*i.n*sch*er, engl.], m, -: Ingwer
Ginger-ale, ['d*sch*i.n*sch*er-ejl, engl.], s, -s: Getränk mit Ingwergeschmack
Gingivitis, (lat.), w, -vitiden: Zahnfleischentzündung
Gingko, (japan.), m, -s: Zierbaum
Ginseng, (chines.), m, -s: Efeugewächs, dessen Wurzel in China als Allheilmittel gilt
Girandola, Girandole, (ital.), w, Girandolen: 1. mehrarmiger Leuchter, 2. Feuerrad beim Feuerwerk
Girlande, (frz.), w, -n: langes Gebinde aus Blumen, Blättern oder Papier zum Ausschmücken
Giro, ['*sch*i:ro, ital.], s, -s: Überweisung im bargeldlosen Zahlungsverkehr
Giro d'Italia, [d*sch*irodi'ta:lja, ital.], m, -: alljährliches Etappenrennen im Radsport
Girokonto, ['*sch*i:rokonto, ital.], s, -konten: Konto für bargeldlosen Zahlungsverkehr
Gironde, [*sch*i'*ron*d, frz.], w, n.E.: gemäßigter Flügel der Republikaner zur Zeit der Frz. Revolution
Girondist, [*sch*iro*n*'di.ßt, frz.], m, -en: Anhänger der Gironde
Gitarre, (gr.), w, -n: ein Zupfinstrument
Gitarrist, (gr.), m, -en: Gitarrenmusiker
Glace, ['gla:ß, frz.], w, -n: 1. Glasur aus Zucker, 2. Gallert aus Fleischbrühe
Glacé, [gla'ße:, frz.], m, -s: Hochglanzgewebe
glacieren, (frz.): vgl. glasieren
Glacis, [gla'ßi:, frz.], s, - [gla'ßi:ß]: 1. Vorgelände einer Befestigungsanlage, 2. zur Sicherung des eigenen Landes politisch beherrschter fremdstaatlicher Nachbarraum
Gladiator, (lat.), m, -toren: (im antiken Rom:) Schwertkämpfer bei Kampfspielen
Gladiole, (lat.), w, -n: Schnittblume
Glamour, ['glä.m(e)r, engl.], m, n.E.: glanzvolle Aufmachung
Glamourgirl, ['glä.m(e)rgö(r)l, engl.], s, -s: Filmschönheit, attraktiv herausgeputztes Mädchen
Glandula, (lat.), w, -e: Drüse
Glans, (lat.), w, Glandes: Eichel des männl. Gliedes
glasieren, (frz.): mit einer Glasur überziehen
Glasur, (frz.): 1. Überzug aus Zukkerguß, 2. glasartiger Überzug auf Tonwaren
Glasnost, (russ. »Öffentlichkeit«): ungeschminkte Berichterstattung (Errungenschaft der Politik Gorbatschows)
Glaukom, (gr.), s, -e: Augenkrankheit
glazial, (lat.): 1. eiszeitlich, 2. das Eis, einen Gletscher betreffend
Glazial, (lat.), s, -e: Eiszeit
Glazialfauna, (lat.), w, n.E.: Pflanzenwelt der Eiszeit
Glazialflora, (lat.), w, n.E.: Tierwelt der Eiszeit
Glaziologie, (lat.-gr.), w, n.E.: Gletscherkunde
Glencheck, (engl.), m, -s: Wollstoff mit Karomuster
glissando, (ital.): 1. mit dem Fingernagel über die Klaviertasten gleitend, 2. mit dem Finger auf einer Saite gleitend
global, (lat.): weltweit; (übertr.) umfassend, allgemein
Globetrotter, (engl.), m, -: Weltenbummler
Globus, (lat.), m, -se und Globen: Nachbildung der Erdkugel
Gloria, (lat.), s oder w, n.E.: Ruhm, Glanz, Herrlichkeit

Gloria in excelsis Deo, (lat. »Ehre sei Gott in der Höhe«), s, n.E.: Lobgesang in der kath. Messe
Glorie, (lat.), w, -n: 1. Ruhm, Glanz, 2. Lichtkreis um den Schatten eines Körpers, 3. Heiligenschein
Glorienschein, (lat.-dt.), m, -e: Heiligenschein
Goriette, (lat.), w, -n: Gartenpavillon
Glorifikation, (lat.), w, -en: Verherrlichung
glorifizieren, (lat.): verherrlichen
Gloriole, (lat.), w, -n: Heiligenschein
glorios, (lat.): glorreich, glanzvoll, ruhmreich
Glossar, (gr.), s, -e: 1. Sammlung von Glossen, 2. Wörterverzeichnis mit Erklärungen
Glosse, (gr.), w, -n: 1. erläuternde Randbemerkung, 2. witziger Kommentar in einer Zeitung
glossieren, (gr.): 1. mit Randbemerkungen versehen, 2. eine Glosse (2) zu einem aktuellen Thema schreiben, 3. bespötteln
Gloxinie, w, -n: Zimmerpflanze mit glockigen Blüten
Glucose, (gr.), w, n.E.: Traubenzucker
Glukose: vgl. Glucose
Glutamat, (lat.-gr.), s, -e: Salz der Glutaminsäure
Glutamin, (lat.- gr.), s, -e: eine Aminosäure
Gluten, (lat.), s, n.E.: Getreideeiweißstoff, Getreidekleber
Glutin, (lat.), s, n.E.: ein Eiweißstoff
Glycerin: vgl. Glyzerin
Glykämie, (gr.), w, n.E.: normaler Zuckergehalt des Blutes
Glykol, (gr.), s, -e: Alkohol (u.a. für Lösungsmittel)
Glykose: vgl. Glucose
Glypte, (gr.), w, -n: aus Stein Gemeißeltes
Glyzerin, (gr.), s, n.E.: öliger Alkohol (u.a. zur Herstellung von Kunststoffen)
Gnom, (gr.), m, -e: zwergenhafter Erdgeist
Gnosis, (gr.), w, n.E.: Gotteserkenntnis (religiöse Strömung)
Gnostik, (gr.), w, n.E.: Lehre der Gnosis
Gnostiker, (gr.), m, -: Anhänger der Gnosis

Gnu, s, -s: Kuhantilope
Go, (japan.), s, n.E.: japan. Brettspiel
Goalgetter, ['go:lget.er, engl.], m, -: Sportler mit besonderem Geschick beim Erzielen von Toren
Gobelin, [gobe'*län*, frz.], m, -s: handgewebter Wandteppich
Go-Cart: vgl. Go-Kart
Goi, (hebr.), m, Gojim: Bez. der Juden für einen Nichtjuden
Go-in, (engl.), s, -s: Eindringen in eine öffentliche Veranstaltung, um eine Diskussion zu erzwingen
Go-Kart, (engl.), m, -s: kleines Rennfahrzeug
Golem, (hebr.), m, n.E.: mystische Tonfigur in der jüd. Literatur
Golf, (gr.), m, -e: größere Meeresbucht, Meerbusen
Golgatha, (hebr.), s, n.E.: 1. Kreuzigungsstätte Jesu Christi, 2. Sinnbild tiefsten Schmerzes
Goliath, m, -s: großer und kräftiger Mensch, Riese
Gondel, (ital.), w, -n: 1. zu stakendes, venezianisches Boot, 2. Korb an einem Ballon, 3. Kabine am Luftschiff oder einer Seilbahn
gondeln, (ital.): 1. mit einer Gondel fahren, 2. (umg.) langsam fahren
Gondoliere, (ital.), m, -lieri: Gondelführer
Gong, m, -s: Bronzescheibe, die mit einem Klöppel zum Klingen gebracht wird
gongen, den Gong erklingen lassen
Gonokokkus, (gr.), m, Gonokokken: Erreger des Trippers
Gonorrhö, (gr.), w, -en: Geschlechtskrankheit, Tripper
Gonorhoe: vgl. Gonorrhö
Goodwill, [gud'wi.l, engl.], m, n.E.: Wohlwollen
Goodwilltour, [gud'wi.ltu:r, engl.], w, -n: Reise mit der Absicht, Vertrauen und Goodwill herzustellen
gordischer Knoten: schwer zu lösende Aufgabe
Gorgonzola, (ital.), m, -s: ital. Edelpilzkäse
Gorilla, (gr.), m, -s: 1. größter Menschenaffe, 2. (umg.) Leibwächter, Rausschmeißer
Go-slow, [go'slo(u), engl.], m oder s, -s: Bummelstreik

Gospel, (engl.), s, -s: vgl. Gospelsong
Gospelsong, (engl.), m, -s: moderne Form des Negro Spirituals
gotisch, (frz.): 1. zum Volk der Goten gehörig, 2. im Stil der Gotik
Gotik, (frz.), w, n.E.: Stilperiode der Kunst des hohen und späten Mittelalters
Gouda, ['gauda], m, -s: holländischer Schnittkäse
Gourmand, [gur'm*an*, frz.], m, -s: Feinschmecker, Schlemmer
Gourmet, [gur'me:, frz.], m, -s: Feinschmecker, Kenner von Speisen
goutieren, [gu'ti:ren, frz.]: etwas gutheißen, akzeptieren
Gouvernante, (frz.), w, -n: Erzieherin, Hauslehrerin
Gouvernement, [guwärn(e)'m*an*, frz.], s, -s: Regierung; Verwaltungsbezirk
Gouverneur, [guwär'nö:r, frz.], m, -e: 1. Leiter eines Gouvernements, 2. oberster Beamter eines Bundesstaates der USA, 3. Befehlshaber einer Festung
Gradation, (lat.), w, -en: Abstufung, Einteilung nach Graden
graduell, (lat.): abgestuft; stufenweise, geringfügig
graduieren, (lat.): 1. abstufen, 2. einen akademischen Grad verleihen
Graffiti, (ital.), s, -s: z.B. auf Mauern gesprühte Zeichnungen oder Parolen
Graffito, (ital.), m, Graffiti: in Stein eingeritzte Darstellung
Grafik: vgl. Graphik
Gral, (frz.), m, n.E.: (in der Dichtung des Mittelalters:) wunderwirkender Gegenstand
Grammatik, (gr.), w, n.E.: Gesamtheit der Regeln und Aufbau einer Sprache; Sprachlehre
grammatikalisch, (gr.): der Grammatik gemäß; sprachkundlich
grammatisch, (gr.): vgl. grammatikalisch
Grammophon, (gr.), s, -e: alter Schallplattenspieler
Granat, (lat.), m, -e: Mineral, Schmuckstein
Granatapfel, (lat.-dt.), m, -äpfel: Frucht des Granatapfelbaums
Granate, (ital.), w, -n: Artilleriegeschoß
Grand, ['gr*an*, frz.], m, -s: (beim Skat:) Spiel, bei dem nur die Buben Trumpf sind
Grande, (span.), m, -n: (in Spanien:) Angehöriger des Hochadels, höchster Adelstitel
Grandeur, [gr*an*'dö:r, frz.], w, n.E.: Großartigkeit
Grandezza, (span.), w, n.E.: würdevolles, ehrenhaftes Benehmen
Grandhotel, ['gr*an*hotel, frz.], s, -s: großes Hotel
grandios, (ital.): großartig
Grandiosität, (ital.), w, n.E.: Großartigkeit
grandioso, (ital.): großartig, erhaben (Mus.)
Grand mal, ['gr*an* 'ma.l, frz.], s, nur Sing: vgl. Haut mal
Grand Prix, ['gr*an* 'pri:, frz.], m, -s -: Großer Preis
Grandseigneur, [gr*an*ßän'jö:r, frz.], m, -s: weltgewandter Mann
Granit, (ital.), m, -e: magmatisches, hartes Tiefengestein
Granulat, (lat.), s, -e: körnige Substanz (u.a. als Streugut)
Granulation, (lat.), w, -en: Körnchenherstellung; Körnchenbildung
granulieren, (lat.): zu Körnern zerreiben; körnig werden
granulös, (lat.): körnig, gekörnt
Grapefruit, ['grejpfru:t, engl.], w, -s: Pampelmuse
Graph, (gr.), m, -n: graphische Darstellung einer Relation bzw. Funktion im Achsenkreuz (Math.)
Graphik, (gr.), w, -en: 1. Sammelbez. für Techniken des Zeichnens, Holzschnitts, Kupferstichs und der Radierung, 2. mit einer dieser Techniken hergestelltes Bild
Graphiker, (gr.), m, -: jmd., der beruflich Graphik (1) betreibt
graphisch, (gr.): zeichnerisch, die Graphik betreffend
Graphit, (gr.), m, -e: schwarzgraues Mineral
graphitisch, (gr.): aus Graphit bestehend
Graphologe, (gr.), m, -n: Fachmann auf dem Gebiet der Graphologie; Handschriftendeuter
Graphologie, (gr.), w, n.E.: Lehre vom Ausdrucksgehalt der Handschrift

graphologisch, (gr.): auf Graphologie beruhend
grassieren, (lat.): gehäuft auftreten, sich schnell ausbreiten
Gratifikation, (lat.), w, -en: Ehrengabe, Sonderzuwendung an Arbeitnehmer
gratifizieren, (lat.): vergüten
gratinieren, (frz.): (ein Gericht) mit einer Kruste überbacken
gratis, (lat.): kostenlos
Gratulant, (lat.), m, -en: jmd., der gratuliert
Gratulation, (lat.), w, -en: Glückwunsch
gratulieren, (lat.): beglückwünschen
grave, (ital.): schwer, ernst, getragen (Mus.)
Graveur, [gra'wö:r, frz.], m, -e: jmd., der etwas eingraviert
gravid, (lat.): schwanger
Gravidität, (lat.), w, -en: Schwangerschaft
gravieren, (lat.): in Metall, Stein, Glas einschneiden, einritzen
gravierend, (lat.): schwerwiegend; belastend
Gravimetrie, (lat.-gr.), w, n.E.: 1. Messung der Gravitation 2. chem. Analyseverfahren
Gravis, (lat.), m, -: Betonungszeichen über einem Vokal (z.B.: è)
Gravität, (lat.), w, n.E.: Würde, Ernsthaftigkeit
Gravitation, (lat.), w, n.E.: Schwerkraft, Anziehungskraft insb. zwischen Himmelskörpern
Gravitationskonstante, (lat.), w, -: Wert zur Berechnung der Anziehungskraft (Astron.)
gravitätisch, (lat.): würdevoll, gemessen
gravitieren, (lat.): der Schwerkraft unterliegen
Gravur, (lat.), w, -en: gravierte Verzierung oder Schrift
Gravüre, (frz.), w, -n: eine gravierte Verzierung; Kupferstich
Grazie, (lat.), w, -n: Anmut, Liebreiz; (M. scherzh. für:) Schönheiten
grazil, (lat.): schlank und zierlich, geschmeidig
graziös, (lat.): anmutig, mit Grazie
grazioso, (ital.): graziös, anmutig (Mus.)
Greenhorn, ['gri:nho(r)n, engl.], s, -s: Grünschnabel, Neuling
Greenpeace, ['gri:npi:ß, engl.]: internationale Umweltschutzorganisation
gregorianischer Gesang: liturgischer Gesang
gregorianischer Kalender: von Papst Gregor XIII. 1582 eingeführter Kalender
Gremium, (lat.), s, Gremien: Gemeinschaft, Körperschaft
Greyhound, ['grejhaund, engl.], m, -e: 1. Windhund, 2. (in England und den USA:) ein Überlandbus
Grimasse, (span.), w, -n: Gesichtsverzerrung; Fratze
grimassieren, (span.): das Gesicht verzerren
Gringo, (span.), m, -s: (in Südamerika für:) Nordamerikaner
grippal, (frz.): die Grippe betreffend; durch Grippe hervorgerufen
Grippe, (frz.), w, -n: fieberhafte Virusinfektionskrankheit
Grislybär: vgl. Grizzlybär
Grizzlybär, ['gri.slibär, engl.-dt.], m, -en: Bär in den Felsengebirgen Nordamerikas
Grog, (engl.), m, -s: heißes Getränk aus Wasser, Rum und Zucker
groggy, (engl.): angeschlagen, erschöpft; kampfunfähig
groovy, ['gru:wi, amerik.]: toll, prima
Gros, ['gro:, frz.], s, -: Hauptmasse, überwiegender Teil
Gros, (frz.), s, -: 144 Stück (altes Zählmaß)
Grossist, (frz.), m, -en: Großhändler
grotesk, (frz.): 1. komisch-verzerrt, entstellt, 2. absonderlich
Groteske, (frz.), w, -n: 1. (an Bauwerken:) Rankenornament, 2. groteske Dichtung
Grotte, (ital.), w, -n: Felsenhöhle
Groupie, ['gru:pi, engl.], s, -s: junge Frau, die sich Mitgliedern einer Rock- oder Popgruppe andient
Grusical, ['gru:sik(e)l], s, -s: Gruselfilm
Guanako, (indian.), s, -s: südamerikanische Lamaart
Guanin, (indian.), s, n.E.: Bestandteil der Nukleinsäuren

Guano, (indian.), m, n.E.: Ablagerungen insb. aus Exkrementen von Seevögeln, der als Dünger verkauft wird
Guardian, (ital.), m, -e: Wächter, Klostervorsteher
Guerilla, [ge'ri.lja, span.], w, -s: 1. von Partisanen geführter Kleinkrieg, 2. bewaffnete Partisaneneinheit
Guerilla, [ge'ri.lja, span.], m, -s: Partisan, Freischärler
Guerillero, [geri.l'je:ro, span.], m, -s: Guerillakämpfer
Guide, ['gaid, engl.], m, -s: Reiseführer
Guillotine, [gijo'ti:ne, frz.], w, -n: mit einem Fallbeil tötendes Hinrichtungsgerät
guillotinieren, (frz.): durch die Guillotine hinrichten
Guinea, [gi.ni, engl.], w, -s: ehemalige engl. Goldmünze
Guinee, [gi'ne:, engl.], w, -n: vgl. Guinea
Guitarre: vgl. Gitarre
Gulasch, (ungar.), m oder s, -s oder -e: Gericht aus Fleischwürfeln
Gully, (engl.), m, -s: Einlaufschacht in die Kanalisation
Gummi, (gr.), m oder s, -(s): 1. elastischer Werkstoff, 2. aus diesem Material hergestelltes Produkt
Gummiarabikum, (gr.-lat.), s, n.E.: aus der Rinde afrikan. Akazienbäume gewonnener Saft
gummieren, (gr.): Klebschicht auf ein Material aufbringen
Gummigutt, (gr.-malaiisch), s, n.E.: giftiges Gummiharz
Gummiparagraph, (gr.), m, -en: (umg.) dehnbare Bestimmung
Guppy, (engl.), m, -s: kleiner Aquarienfisch
Guru, (Hindi), m, -s: Lehrmeister des Hinduismus
gustieren: vgl. goutieren
Gusto, (ital.), m, -s: Geschmack; Geschmacksrichtung
guttural, (lat.): in der Kehle gebildet
Guttural, (lat.), m, -e: in der Kehle gebildeter Laut (z.B.: g)
gymnasial, (gr.): zu einem Gymnasium gehörig
Gymnasiast, (gr.), m, -en: Schüler eines Gymnasiums
Gymnasium, (gr.), s, Gymnasien: allgemeinbildende Schule, die zur Hochschulreife führt
Gymnastik, (gr.), w, n.E.: Bewegungsschulung, Körperertüchtigung
Gymnastin, (gr.), w, -nen: Lehrerin für Heilgymnastik
gymnastisch, (gr.): die Gymnastik betreffend
Gynäkologe, (gr.), m, -en: Frauenarzt
Gynäkologie, (gr.), w, n.E.: Frauenheilkunde
gynäkologisch, (gr.): die Frauenheilkunde betreffend
Gynandrie, (gr.), w, n.E.: das Auftreten weibl. Geschlechtsmerkmale bei männl. Personen; Zwittertum
Gynandrismus, (gr.), m, n.E.: vgl. Gynandrie
Gynogamet, (gr.), m, -en: Eizelle, weibl. Geschlechtszelle

H

Habanera, w, -s: kubanischer Tanz
Habeaskorpusakte, (lat.), w, n.E.: engl. Gesetz, das Verhaftung ohne richterlichen Haftbefehl verbietet
Habilitation, (lat.), w, -en: Verfahren zum Erwerb der Lehrbefugnis an Hochschulen
habilitieren, (lat.): die Lehrbefugnis an einer Hochschule erwerben, bzw. erteilen
Habit, (lat.), m oder s, -e: Amtskleidung
habitualisieren, (lat.): zur Gewohnheit machen
habituell, (lat.): gewohnheitsmäßig
Habitus, (lat.), m, n.E.: äußere Erscheinung, Gestalt und Verhalten eines Menschen
Haché: vgl. Haschee
Hacienda: vgl. Hazienda
Hacker, (engl.), m, -: in fremde Datenbanken eindringender Computerbenutzer
Hades, (gr.), m, n.E.: (in der gr. Mythologie:) Unterwelt
Hadsch, (arab.), m, n.E.: Pilgerreise nach Mekka
Hadschi, (arab.), m, -s: Mekkapilger (Ehrentitel)

Hakim, (arab.), m, -s: Arzt, Gelehrter
halleluja!, (hebr. »lobet den Herrn!«): gottesdienstlicher Freudenruf
Halloween, ['hä.lo(u)i:n, engl.], s, -s: insb. in den USA begangener Vorabend von Allerheiligen
Halluzination, (lat.), w, -en: schwere Sinnestäuschung
halluzinativ: vgl. halluzinatorisch
halluzinatorisch, (lat.): auf Halluzination beruhend
halluzinieren, (lat.): einer Halluzination unterliegen
halluzinogen, (lat.-gr.): Halluzinationen hervorrufend
Halluzinogen, (lat.-gr.), s, -e: Droge, die Halluzinationen hervorruft
Halma, (gr.), s, n.E.: ein Brettspiel
Halo, (gr.), m, -s: Hof, ringförmige Lichterscheinung um Sonne oder Mond
halogen, (gr.): salzbildend
Halogen, (gr.), s, -e: Salzbildner, chem. Element, das mit Metallen Salze bildet (z.B.: Fluor, Chlor)
Halogenlampe, (gr.-dt.), w, -n: mit einem Edelgas und Halogen gefüllte Glühlampe
Halunke, (tschech.), m, -n: Spitzbube, Schurke, Schuft
Halwa, (arab.), s, n.E.: orientalische Süßigkeit
Häm, (gr.), s, n.E.: Farbstoffanteil im Blutfarbstoff
Hamamelis, (gr.), w, n.E.: Zaubernuß; in Asien beheimateter Strauch
Ham and eggs, ['hä.m(e)n(d)ä.gs, engl. »Schinken und Eier«]: engl. Frühstück
Hämangiom, (gr.), s, -e: Blutschwamm
Hämatit, (gr.), m, -e: rötliches Eisenerz
Hämatoblast, (gr.), m, -en: Blutkörperchen bildende Zelle
hämatogen, (gr.): 1. blutbildend, 2. aus dem Blut stammend
Hämatogramm, (gr.), s, -e: Blutbild
Hämatologie, (gr.), w, n.E.: Lehre vom Blut
Hämatom, (gr.), s, -e: Bluterguß
Hammada, (arab.), w, -s: Stein- und Felsenwüste
Hammondorgel, ['hä.m(e)nd..], w, -n: elektronische Orgel
Hämoblast, (gr.), m, -en: vgl. Hämatoblast
Hämodialyse, (gr.), w, -n: Blutreinigung
Hämoglobin, (gr.-lat.), s, n.E.: Farbstoff der roten Blutkörperchen
Hämophilie, (gr.), w, -n: Bluterkrankheit
hämorrhoidal, (gr.): die Hämorrhoiden betreffend
Hämorrhoide, (gr.), w, -n: knotenartige Erweiterung der Venen des unteren Mastdarms und des Afters
Hämozyt, (gr.), m, -en: Blutkörperchen
Handicap, ['hä.ndikäp, engl.], s, -s: vgl. Handikap
Handikap, ['hä.ndikäp, engl.], s, -s: 1. Hemmnis, Behinderung, Nachteil, 2. (Golf) Vorgabe
Hangar, (frz.), m, -s: Flugzeughalle, Schutzdach
haploid, (gr.): (bei Zellkernen:) mit einfachem Chromosomensatz (Ggs.: diploid)
Happening, ['hä.pening, engl.], s, -s: spontan wirkende künstlerische Veranstaltung
Happy-End, ['hä.pi-'änd, engl.], s, -s: glücklicher Ausgang
Haptik, (Griech.), w, n.E.: Lehre vom Tastsinn
haptisch, (gr.): den Tastsinn betreffend
Harakiri, (japan.), s, -s: ritueller Selbstmord in Japan durch Bauchaufschlitzen
Haraß, (frz.), m, Harasse: Lattenkiste
Hard cover, ['ha:d 'ka.we(r), engl.], s, - -s: Buch mit festem Einband
Hard Rock, (engl.), m, n.E.: Rockmusik mit starkem Rhythmus
Hardware, ['ha:dwär, engl.], w, -s: die technischen Bestandteile einer Datenverarbeitungsanlage
Harem, (arab.-türk.), s, -s: 1. abgeschlossene Frauenräume des islamischen Hauses, 2. alle darin wohnenden (Ehe-)Frauen
Häresie, (gr.), w, -n: von der kirchlichen Lehre abweichende Meinung; Ketzerei
Häretiker, (gr.), m, -: Ketzer
häretisch, (gr.): von der kirchl. Lehre abweichend; ketzerisch
Harlekin, (frz.), m, -e: Spaßmacher, Hanswurst
Harlekinade, (frz.), w, -n: Possenspiel

Harmonie, (gr.), w, -n: 1. Einklang, Eintracht, 2. wohltönender Zusammenklang, 3. Ebenmaß

harmonieren, (gr.): im Einklang sein; gut zusammenpassen, gut zusammenarbeiten

Harmonik, (gr.), w, n.E.: Kunst und Lehre der harmonischen Klanggestaltung

Harmonika, (gr.), w, -s: Musikinstrument

harmonisch, (gr.): 1. übereinstimmend; im Einklang 2. wohlklingend, 3. ästhetisch ansprechend

harmonisieren, (gr.): in Übereinstimmung bringen

Harmonium, (gr.), s, Harmonien: einer Orgel ähnelndes Tasteninstrument

Harpune, (frz.), w, -n: speerartiges Wurfgeschoß

Harpunier, (frz.), m, -e: jmd., der eine Harpune wirft, abschießt

harpunieren, (frz.): mit der Harpune erlegen

Hasard, (frz.), s, n.E.: 1. Glücksspiel, 2. risikoreiches Unternehmen

Hasardeur, (frz.), m, -e: Glücksspieler, leichtsinniger Mensch

hasardieren, (frz.): alles aufs Spiel setzen

Haschee, (frz.), s, -s: Gericht aus feingehacktem Fleisch

haschieren, (frz.): zu Haschee verarbeiten, zerkleinern

Haschisch, (arab.), m oder s, n.E.: Rauschgift aus Hanf

Hat-Trick, Hattrick, ['hä.tri.k, engl.], m, -s: in ununterbrochener Folge erzielter dreimaliger Torerfolg in einem Spielabschnitt

Haubitze, (tschech.), w, -n: Geschütz

Hausse, [ho:ß, frz.], w, -n: 1. Wirtschaftsaufschwung, 2. Steigen der Börsenkurse (Ggs.: Baisse)

Haute Couture, ['o:t ku'tü:r, frz.], w, n.E.: für die Mode tonangebende Schneiderkunst

Hautevolee, [o:two'le:, frz.], w, n.E.: gesellschaftliche Oberschicht

Hautgout, [o:gu:, frz.], m, n.E.: intensiver Geschmack; (übertr.:) Anrüchigkeit

Haut mal, ['o: 'ma.l, frz.], s, n.E.: epileptischer Anfall

Havarie, (arab.), w, -n: Unfallschaden eines Fahrzeugs

havariert, (arab.): durch Havarie beschädigt

Havarist, (arab.), m, -en: 1. beschädigtes Schiff, 2. Eigentümer eines havarierten Schiffes

Hazienda, (span.), w, -s oder Hazienden: Farm in Südamerika

HDTV, Abk. für **H**igh **D**efinition **T**ele**v**ision [engl. 'haidefinschn'tälewischn], hochauflösendes Fernsehen.

Headline, ['hä.dlain, engl.], w, -s: Hauptschlagzeile in einer Zeitung

Hearing, ['hi:ring, engl.], s, -s: öffentliche Anhörung (von Sachverständigen)

Heavy metal, ['hä.wi 'mä.t(e)l, engl.], s, n.E.: extremer Hard Rock

Hebephrenie, (gr.), w, -n: das Jugendirresein

Hedonik, (gr.), w, n.E.: vgl. Hedonismus

Hedoniker, (gr.), m, -: Anhänger des Hedonismus

Hedonismus, (gr.), m, n.E.: auf Genuß gerichtete Lebensauffassung; Luststreben

Hedonist, (gr.), m, -en: vgl. Hedoniker

hedonistisch, (gr.): den Hedonismus betreffend

Hedschra, (arab.), w, n.E.: Flucht Mohammeds von Mekka nach Medina im Jahre 622 n. Chr.

hegemonial, (gr.): Vormachtstellung besitzend, bzw. anstrebend

Hegemonie, (gr.), w, -n: Vormachtstellung, Überlegenheit

Hekatombe, (gr.), w, -n: große Zahl an Opfern

Hektar, (gr.-lat.), s, -e: Flächenmaßeinheit

Hektik, (gr.), w, n.E.: übertriebene Eile, aufgeregte Unruhe

hektisch, (gr.): übertrieben eilig, Unruhe verbreitend

Hektographie, (gr.), w, -n: Vervielfältigung(sverfahren)

hektographieren, (gr.): vervielfältigen

Hektoliter, (gr.), m, -: Maßeinheit für Rauminhalte

Helanca, (Wz.), s, n.E.: elastisches Gewebe

Helianthus, (gr.), m, Helianthen: Korbblütler

Helikopter, (gr.), m, -: Hubschrauber
Heliodor, (gr.), m, -e: Mineral, Edelstein, gelber Beryll
Helioskop, (gr.), s, -e: Fernrohr zur Beobachtung der Sonne
Heliotherapie, (gr.), w, -n: Heilbehandlung mit Sonnenlicht
heliozentrisch, (gr.): auf die Sonne als Mittelpunkt bezogen
Helium, (gr.), s, n.E.: chem. Element, das leichteste Edelgas
Helix, (gr.), w, Helices: spiralige Struktur eines Moleküls (insb. des DNS-Moleküls)
hellenisch, (gr.): das antike Griechenland (Hellas) betreffend
hellenisieren, (gr.): gr. Sprache oder Kultur nachahmen
Hellenismus, (gr.), m, n.E.: von Griechen geprägte Kulturepoche; Griechentum
hellenistisch, (gr.): den Hellenismus betreffend
Helot, (gr.), m, -en: Staatssklave im alten Sparta
helvetisch, (lat.): schweizerisch
Hemisphäre, (gr.), w, -n: Hälfte der Erd- oder Himmelskugel
Hendiadyoin, (gr.), s, -: Stilfigur, die einen Sachverhalt durch Aneinanderreihen zweier gleichbedeutender Wörter hervorhebt (z.B.: bitten und flehen)
Henna, (arab.), s, n.E.: oriental. Färbemittel
Heparin, (gr.), s, n.E.: blutgerinnungshemmender Stoff
Hepatitis, (gr.), w, Hepatitiden: Leberentzündung
Heptagon, (gr.), s, -e: Siebeneck
Herakles: vgl. Herkules
Heraldik, (frz.), w, n.E.: Wappenkunde
Heraldiker, (frz.), m, -: Wappenforscher
Herba, (lat.), w, -e: (in der Pharmazeutik:) oberirdisch gewachsener Pflanzenteil
Herbar: vgl. Herbarium
Herbarium, (lat.), s, Herbarien: Pflanzensammlung
herbizid, (lat.): pflanzenvernichtend
Herbizid, (lat.), s, -e: chem. Pflanzenvernichtungsmittel
Herkules (Herakles), m, -se: 1. (in der gr. Mythologie) ein Halbgott, 2. (übertr.) Mensch von ungewöhnlicher Körperkraft
Hermaphrodit, (gr.), m, -en: Zwitter; Lebewesen mit männl. und weibl. Geschlechtsmerkmalen
hermaphroditisch, (gr.): zwittrig, zweigeschlechtig
Hermaphroditismus, (gr.), m, n.E.: Zweigeschlechtigkeit, Zwitterbildung
Herme, (gr.), w, -n: Pfeiler, Büstensäule
Hermeneutik, (gr.), w, n.E.: Kunst der Auslegung und Deutung
hermeneutisch, (gr.): auslegend, deutend
hermetisch, (gr.): undurchdringlich, dicht verschlossen
Hernie, (lat.), w, -n: Eingeweidebruch
Heroin, (gr.), w, -nen: Heldin, heldenhafte Frau
Heroin, (gr.), s, n.E.: aus Morphin hergestelltes Rauschgift
Heroine, (gr.), w, -n: Heldendarstellerin im Theater
heroisch, (gr.): heldenhaft
heroisieren, (gr.): zum Helden erheben, verherrlichen
Heroismus, (gr.), m, n.E.: Heldentum, Heldenmut
Herold, (frz.), m, -e: (im Mittelalter:) Ausrufer; Bote
Heros, (gr.), m, Heroen: Held; heldenhafter Mensch
Herpes, (gr.), m, n.E.: entzündliche Hauterkrankung
Hetäre, (gr.), w, -n: gebildete, einflußreiche Prostituierte
Hetero, (gr.), m, -s: heterosexueller Mann
Heterochromosom, (gr.), s, -en: geschlechtsbestimmendes Chromosom
heterogen, (gr.): verschiedenartig; uneinheitlich (Ggs.: homogen)
Heterogenität, (gr.), w, n.E.: Verschiedenartigkeit
heteromer, (gr.): aus verschiedenen Bestandteilen zusammengesetzt
heteromorph, (gr.): anders-, verschiedengestaltig
Heteroplastik, (gr.), w, -en: Verpflanzung von artfremdem Gewebe
Heterosexualität, (gr.-lat.), w, n.E.: auf

das andere Geschlecht gerichtetes Sexualempfinden
heterosexuell, (gr.-lat.): sich zum anderen Geschlecht sexuell hingezogen fühlend
heterotrop, (gr.): verschiedenartig beschaffen
heterotroph, (gr.): sich von anderen Lebewesen stammenden Stoffen ernährend (Biol.)
Hetman, (dt.-slaw.), m, -e oder -s: ehemals in Polen, Rußland üblicher Titel
heureka!, (gr. »ich hab's gefunden!«): Ausruf nach Lösungsfindung
Heuristik, (gr.), w, n.E.: 1. Wissenschaft und Lehre von Problemlösungsverfahren, 2. erkenntnistheoretische Methode
heuristisch, (gr.): auf Heuristik beruhend; mit Methoden der Heuristik vorgehend
Hexaeder, (gr.), s, -: Würfel
Hexagon, (gr.), s, -e: Sechseck
Hexagramm, (gr.), s, -e: Sechsstern
Hexameter, (gr.), m, -: sechsfüßiger Vers
Hexan, (gr.), s, n.E.: Kohlenwasserstoff mit sechs Kohlenstoffatomen
Hexapode, (gr.), m, -n: Sechsfüßer, ein Insekt
Hiatus, (lat.), m, Hiatus: Lücke, Spalte (Med.; Geol.)
Hibernation, (lat.), w, -en: Überwinterung; Winterschlaf
hic et nunc, (lat. »hier und jetzt«): sofort
Hidalgo, (span.), m, -s: Angehöriger des spanischen Adels
Hierarchie, (gr.), w, -n: 1. Rangordnung, 2. Gesamtheit derer, die in einer Rangfolge stehen
hierarchisch, (gr.): 1. der Rangfolge entsprechend, 2. streng gegliedert
Hieroglyphe, (gr.), w, -n: 1. Zeichen der altägyptischen Bilderschrift, 2. (übertr.:) unleserlicher Buchstabe
Hi-Fi, ['hai'fai oder 'haifi]: vgl. High-Fidelity
high, ['hai, engl.]: (umg.) im Rauschzustand; in Hochstimmung
High-Fidelity, ['haifi'dä.liti, engl.], w, n.E.: hohe Wiedergabetreue, beste Tonqualität
High-jacker: vgl. Hijacker
Highlife, ['hai'laif, engl.], s, n.E.: 1. exklusives Leben, 2. Ausgelassenheit, Hochstimmung
Highlight, ['hailait, engl.], s, -s: Höhepunkt, Glanzpunkt
High-Society, ['haiße'ßai(e)ti, engl.], w, n.E.: gesellschaftliche Oberschicht
High-Tech, ['hai'tä.k, engl.]: vgl. High Technology
High Technology, ['hai täk'no.l(e) d*schi*, engl.], w, n.E.: Hochtechnologie, Spitzenforschung und -technik
Highway, ['haiwej, engl.], m, -s: große Landstraße, Fernverkehrsstraße
Hijacker, ['haid*sch*ä.ke(r), engl.], m, -: Flugzeugentführer
Hindi, (pers.), s, n.E.: Amtssprache in Indien
Hindu, (pers.), m, -s: Anhänger des Hinduismus; Inder
Hinduismus, (pers.), m, n.E.: vorwiegend in Indien verbreitete Religion
Hiobsbotschaft, w, -en: Unglücksbotschaft
Hippie, (engl.), m, -s: Angehöriger einer Protestbewegung gegen die moderne Wohlstands- und Leistungsgesellschaft; Blumenkind
Hippodrom, (gr.), m oder s, -e: 1. (im Altertum:) Bahn für Pferde- und Wagenrennen, 2. Reitbahn
hippokratischer Eid: Eid, mit dem sich der Arzt verpflichtet, nur zum Wohle des Kranken zu handeln
Hippologie, (gr.), w, n.E.: Pferdekunde
Hippopotamus, (gr.), m, -: Flußpferd, Nilpferd
Histamin, (gr.), s, -e: ein Gewebehormon
Histochemie, (gr.-arab.), w, n.E.: Gewebechemie
Histogenese, (gr.), w, n.E.: Entstehung und Entwicklung von Körpergewebe
Histologie, (gr.), w, n.E.: Lehre von den Körpergeweben
histologisch, (gr.): die Histologie betreffend
Historie, (gr.), w, -n: 1. Geschichte, Weltgeschichte, 2. Geschichtsschreibung, 3. Bericht, Kunde
Historik, (gr.), w, n.E.: Geschichtswissenschaft
Historiker, (gr.), m, -: Geschichtswissenschaftler

Historiograph, (gr.), m, -en: Geschichtsschreiber
Historiographie, (gr.), w, n.E.: Geschichtsschreibung
historisch, (gr.): die Historie (1, 2) betreffend, geschichtlich, durch geschichtliche Quellen überliefert
Historizität, (gr.), w, n.E.: Geschichtlichkeit
Hit, (engl.), m, -s: erfolgreicher Musiktitel; Schlager
hitchhiken, ['hi.tschaik(e)n, amerik.]: trampen, per Anhalter fahren
Hobbock, m, -s: verschließbares zylindrisches Versandgefäß
Hobby, (engl.), s, -s: Beschäftigung aus Liebhaberei, Steckenpferd
Hockey, (engl.), s, n.E.: mit Schlägern zu spielendes Mannschafts-Ballspiel
Hokuspokus, m, n.E.: 1. Zauberformel, 2. Blendwerk
Holding(gesellschaft), ['ho(u)lding.., engl.-dt.], w, -en: Leitungs- und Verwaltungsgesellschaft, die Anteile anderer produzierender Unternehmen besitzt
Hole, ['ho(u)l, engl.], s, -s: (beim Golfspiel:) Loch
Holocaust, (gr.-lat.-engl.), m, -s: Völkermord, insb. die Vernichtung der Juden während des Nationalsozialismus
Hologramm, (gr.), s, -e: durch Holographie erzeugtes Bild
Holographie, (gr.), w, n.E.: optisches Aufzeichnungs- und Wiedergabeverfahren, das räumlich wirkende Bilder ermöglicht
Holozän, (gr.), s, n.E.: vom Ende der letzten Eiszeit bis in die Gegenwart reichender Abschnitt der Erdgeschichte
Homedreß, ['ho(u)mdräß, engl.], m, -dresse: Hausanzug
Homeland, ['ho(u)mländ, engl.], s, -s: Teilen der farbigen Bevölkerung zugewiesenes Siedlungsgebiet in der Republik Südafrika
Homespun, ['ho(u)mßpan, engl.], s, -s: grobes Wollgewebe
Hometrainer, ['ho(u)mträner, engl.], m, -: feststehendes Trainingsgerät
Hominide, (lat.), m, -n: Vertreter einer Familie von Lebewesen, die aus den jetzt lebenden Menschen, seinen stammesgeschichtlichen Vorfahren und Verwandten besteht
Hommage, [o.'ma:*sch*, frz.], w, -n: Huldigung, Würdigung
homo: (umg.) Kurzform von homosexuell (Ggs.: hetero)
Homo, (lat.), m, Homines: Mensch (Gattungsbegriff)
Homo erectus, (lat: »der aufgerichtete Mensch«): Vertreter einer vor ca. 1 Mill. Jahren lebenden Gattung des Menschen
Homoerotik, (gr.), w, n.E.: auf das eigene Geschlecht gerichtete Erotik
Homo faber, (lat.): der Mensch als mit Werkzeugen arbeitendes Wesen
homogen, (gr.): gleichartig, einheitlich (Ggs.: heterogen)
homogenisieren, (gr.): gleichmäßig verteilen, gut vermischen
Homogenität, (gr.), w, n.E.: Gleichartigkeit, Einheitlichkeit
homolog, (gr.): gleichliegend, gleichlautend; entsprechend
Homologie, (gr.), w, -n: Übereinstimmung, Entsprechung
homomorph, (gr.): Verknüpfungstreue aufweisend (Math.)
Homomorphismus, (gr.), m, -morphismen: verknüpfungstreue Abbildung (Math.)
homonym, (gr.): (bei Wörtern:) gleich lautend, aber von verschiedener Bedeutung
Homonym, (gr.), s, -e: gleich lautende Wörter von unterschiedlicher Bedeutung
homöomorph, (gr.): gleichgestaltig
Homöopath, (gr.), m, -en: Arzt, der Homöopathie betreibt
Homöopathie, (gr.), w, n.E.: Behandlungsmethode, die mit in höchster Verdünnung verabreichten Arzneimitteln Heilung anstrebt
homöopathisch, (gr.): auf Grundlage der Homöopathie
Homöoplastik, (gr.), w, -en: Verpflanzung artgleichen Gewebsmaterials
homophil, (gr.): vgl. homosexuell
Homophonie, (gr.), w, n.E.: Kompositionsstil
Homo sapiens, (lat. »vernunftbegabter Mensch«): Bez. für den Menschen und seine entwicklungsgeschichtlich gleichartigen Vorfahren
Homosexualität, (gr.-lat.), w, n.E.: gleichgeschlechtliche Sexualität

homosexuell, (gr.-lat.): gleichgeschlechtlich empfindend
Homunkulus, (lat. »Menschlein«), m, -se: künstlicher Mensch
honett, (lat.): anständig, ehrbar
Honeymoon, ['ha.nimu:n, engl.], m, -s: Flitterwochen
honi soit qui mal y pense, ['oni ßo'a. ki mali'p*anß*, frz.]: ein Schelm, wer Schlechtes dabei denkt
Honneurs, [o.'nö:rs, frz.], w, M.: Ehrenerweisungen
honorabel, (lat.): ehrenwert, ehrbar
Honorar, (lat.), s, -e: Bezahlung, Vergütung
Honoratior, (lat.), m, -en: (meist M.) einflußreiche Person, angesehener Bürger
honorieren, (lat.): 1. anerkennen, würdigen, 2. vergüten
honorig, (lat.): ehrenhaft, anständig
Hooligan, ['hu:lig(e)n, engl.], m, -s: meist in Gruppen auftretender, v.a. bei Fußballspielen randalierender jugendlicher Zuschauer
Horizont, (gr.), m, -e: 1. Gesichtskreis, 2. Begrenzungslinie zwischen Himmel und Erde, 3. geistiges Fassungsvermögen
horizontal, (gr.): waagerecht (Ggs.: vertikal)
Horizontale, (gr.), w, -n: Waagerechte
Hormon, (gr.), s, -e: von Drüsen gebildeter Wirkstoff
hormonal, hormonell, (gr.): von Hormonen bewirkt; aus Hormonen bestehend
Horoskop, (gr.), s, -e: 1. Konstellation der Gestirne zu einem bestimmten Zeitpunkt, 2. Schicksalsdeutung auf Grundlage dieser Konstellation
horrend, (lat.): 1. schauderhaft, schrecklich, 2. übermäßig
horribel, (lat.): fürchterlich
Horror, (lat.), m, n.E.: Grauen, Entsetzen
Horrortrip, (lat.-engl.), m, -s: 1. schreckliche Reise, 2. von Angstzuständen begleiteter Rauschzustand
Horsd'oeuvre, [o:r'dö:wr(e), frz.], s, -s: Vorspeise, appetitanregendes Vorgericht
Hortensie, w, -n: Zierpflanze
hosianna!, (hebr.): biblischer Freudenruf
Hospital, (lat.), s, -e oder -täler: (kleineres) Krankenhaus
Hospitalismus, (lat.), m, n.E.: alle körperlichen und psychischen Veränderungen nach einem längeren Krankenhaus- oder Heimaufenthalt (insb. bei Kindern)
Hospitant, (lat.), m, -en: Gasthörer
Hospitation, (lat.), w, -en: Besuch einer Lehrveranstaltung als Gast
hospitieren, (lat.): als Gast an einer Lehrveranstaltung teilnehmen
Hospiz, (lat.), s, -e: christliche Herberge, Gasthaus
Hostess, Hosteß, (engl.), w, Hostessen: Betreuerin von Gästen
Hostie, (lat.), w, -n: geweihtes Abendmahlsbrot in Form einer Oblate
hostil, (lat.): feindlich
Hot dog, (amerik.), m oder s, -s: in ein aufgeschnittenes Brötchen gelegtes heißes Würstchen
Hotel, (frz.), s, -s: Beherbergungsbetrieb
Hotel garni, (frz.), s, -s -s: Hotel, in dem es als einzige Mahlzeit Frühstück gibt
Hotelier, [hotel'je:, frz.], m, -s: Hotelbesitzer
Hotellerie, (frz.), w, n.E.: Hotelgewerbe
Hot pants, ['ho.tpä.ntz, engl.], w, M.: enge Damenshorts
House of Commons, ['hausow 'ko.m (e)ns, engl.], s, n.E.: das engl. Unterhaus
House of Lords, (engl.), s, n.E.: das engl. Oberhaus
Hovercraft, ['ho.we(r)kra:ft, engl.], s, -s: Luftkissenfahrzeug
Huerta, (span.), w, -s: künstlich bewässertes Ackerland
Hugenotte, (frz.), m, -n: (histor.) frz. Protestant
human, (lat.): menschlich, menschenwürdig
Humanbiologie, (lat.-gr.), w, n.E.: Biologie, die sich mit dem Menschen beschäftigt
Humanbiologe, (lat.-gr.), m, -n: Wissenschaftler auf dem Gebiet der Humanbiologie
Humangenetik, (lat.-gr.), w, n.E.: Genetik, die die Erbvorgänge beim Menschen untersucht

Humangenetiker, (lat.-gr.), m, -: Wissenschaftler auf dem Gebiet der Humangenetik
humanisieren, (lat.): menschlicher, menschenwürdiger gestalten
Humanismus, (lat.), m, n.E.: 1. Denken und Handeln, das sich an der Würde des Menschen orientiert 2. Bildungsbewegung zur Pflege der antiken griechischen und römischen Kultur
Humanist, (lat.), m, -en: jmd., der im Sinne des Humanismus handelt
humanistisch, (lat.): 1. im Sinne des Humanismus handelnd, 2. altsprachlich ausgerichtet
humanitär, (lat.): menschenfreundlich, wohltätig
Humanität, (lat.), w, n.E.: Menschlichkeit
Humanmedizin, (lat.), w, n.E.: Menschenheilkunde
Humbug, (engl.), m, n.E.: Unsinn, Schwindel
humid, (lat.): feucht, naß; niederschlagsreich
humide: vgl. humid
Humidität, (lat.), w, n.E.: Feuchtigkeit
Humor, (lat.), m, -e: 1. heiter-gelassene Geisteshaltung; Sinn für Komik, 2. Äußerung der Heiterkeit
Humor, (lat.), m, Humores: Körperflüssigkeit
Humoreske, (lat.), w, -n: 1. kurze heitere Erzählung, 2. heiteres Musikstück
humorig, (lat.): launig, Humor zeigend
Humorist, (lat.), m, -en: humoristischer Künstler
humoristisch, (lat.): humorvoll, heiter
Humus, (lat.), m, n.E.: Bodenbestandteil, der reich an organischen Substanzen ist
Hunter, ['ha.nt(e)r, engl.], m, -: Jagd- und Springpferd
Hurrikan, ['ha.rik(e)n, engl.], m, -e: heftiger Wirbelsturm
Husar, (ungar.), m, -en: berittener ungarischer Soldat
Husky, ['ha.ski, engl.], m, -s: Eskimohund, Schlittenhund
Hyäne, (gr.), w, -n: hundeähnliches Raubtier
Hyazinth, (gr.), m, -e: 1. (in der gr. Mythologie:) schöner Jüngling, 2. ein Edelstein
Hyazinthe, (gr.), w, -n: stark duftende Zwiebelpflanze
hybrid, (gr.): überheblich, hochmütig, vermessen
hybrid, (lat.): von zweierlei Herkunft; durch Kreuzung entstanden
Hybride, (lat.), die oder der, -n: Kreuzung, Bastard (Biol.)
Hybris, (gr.), w, n.E.: (in der Antike:) frevelhafte Selbstüberhebung; Vermessenheit, Hochmut
Hydarthrose, (gr.), w, -n: Gelenkerguß
Hydra, (gr.), w, Hydren: 1. von Herakles getötetes schlangenartiges Meeresungeheuer, 2. ein Sternbild
Hydrant, (gr.), m, -en: Zapfstelle des Wasserleitungsnetzes
Hydrarthrose: vgl. Hydarthrose
Hydrat, (gr.), s, -e: Wasser enthaltende chem. Verbindung
hydratisieren, (gr.): Wassermoleküle anlagern
Hydraulik, (gr.), w, n.E.: 1. Theorie und Praxis der Bewegung von Flüssigkeiten, 2. technische Vorrichtung, die mit Hilfe des Drucks einer Flüssigkeit ein Gerät steuert
hydraulisch, (gr.): die Hydraulik betreffend; auf Flüssigkeitsdruck beruhend
Hydrid, (gr.), s, -e: chem. Verbindung zwischen Wasserstoff und einem anderen Element
hydrieren, (gr.): Wasserstoff an ungesättigte Verbindungen anlagern
Hydrobiologie, (gr.), w, n.E.: Lehre von den Lebewesen der Gewässer
Hydrodynamik, (gr.), w, n.E.: Lehre von den strömenden Flüssigkeiten
hydroenergetisch, (gr.): durch Wasserkraft Energie erzeugend, von Wasser angetrieben
hydrogam, (gr.): im Wasser befruchtend
Hydrogenium, (gr.), s, n.E.: Wasserstoff
Hydrokultur, (gr.), w, -en: Haltung von Pflanzen in Nährlösungen
Hydrologie, (gr.), w, n.E.: Wissenschaft vom Wasser
Hydrolyse, (gr.), w, -n: Spaltung chem. Verbindungen durch Wasser
Hydromechanik, (gr.), w, n.E.: Mechanik der Flüssigkeiten

Hydrometer, (gr.), s, -: Gerät zum Messen der Durchflußmenge bzw. -geschwindigkeit von Flüssigkeiten
hydrophil, (gr.): wasserliebend; wasseraufnehmend (Bot.)
hydrophob, (gr.): wasserfeindlich; Wasser nicht aufnehmend (Bot.)
Hydrophyt, (gr.), m, -en: im Wasser wachsende Pflanze
Hydrosphäre, (gr.), w, n.E.: Wasserhülle der Erde
Hydrostatik, (gr.), w, n.E.: Wissenschaft von den ruhenden Flüssigkeiten
Hydrotechnik, (gr.), w, n.E.: Technik des Wasserbaus
Hydrotherapie, (gr.), w, -n: Wasserheilverfahren
Hydrozephale, (gr.), m, -n: vgl. Hydrozephalus
Hydrozephalus, (gr.), m, Hydrozephalen: Wasserkopf
Hygiene, (gr.), w, n.E.: 1. Lehre von und Maßnahmen zur Gesundheitspflege und -vorsorge; Wissenschaft von den Wechselwirkungen zwischen Gesundheit und Umweltbedingungen des Menschen, 2. Sauberkeit, Reinlichkeit
hygienisch, (gr.): die Hygiene betreffend; sauber, rein
Hygrometer, (gr.), s, -: Gerät zum Bestimmen der Luftfeuchtigkeit
hygrophil, (gr.): feuchtigkeitsliebend (Bot.)
hygroskopisch, (gr.): wasseranziehend, Wasser bindend (Chem.)
Hygrostat, (gr.), m, -e(n): Gerät zur Herstellung einer konstanten Luftfeuchtigkeit
Hymen, (gr.), s, -: Jungfernhäutchen, Schleimhautfalte am Scheideneingang
Hymne, (gr.), w, -n: 1. feierliches Musikstück, 2. kirchlicher Lobgesang, 3. Lobesgedicht, 4. Nationalhymne
hymnisch, (gr.): in der Art einer Hymne; lobpreisend
Hymnos, (gr.), m, Hymnen: vgl. Hymne
Hymnus, (gr.-lat.), m, Hymnen: vgl. Hymne
Hyperalgesie, (gr.), w, -n: gesteigerte Schmerzempfindlichkeit
Hyperästhesie, (gr.), w, -n: Überempfindlichkeit
Hyperbel, (gr.), w, -n: Kegelschnittkurve (Math.)
hyperbolisch, (gr.): 1. in Form einer Hyperbel (Math.), 2. sprachlich übertreibend
Hyperfunktion, (gr.-lat.), w, -en: Überfunktion (Med.)
Hyperglykämie, (gr.), w, n.E.: vermehrter Zuckergehalt im Blut
Hyperkinese, (gr.), w, -n: übersteigerte Bewegungstätigkeit
hyperkritisch, (gr.): übertrieben kritisch
hypermodern, (gr.-lat.): übertrieben modern
Hypersomie, (gr.), w, n.E.: Riesenwuchs
Hypertonie, (gr.), w, n.E.: 1. krankhafte Erhöhung des Blutdrucks, 2. erhöhte Spannung eines Muskels
hypertonisch, (gr.): die Hypertonie betreffend
hypertroph, (gr.): übermäßig vergrößert (Med.)
Hypertrophie, (gr.), w, -n: übermäßige Größen- und Gewichtszunahme (Med.)
Hyphe, (gr.), w, -n: Zellschlauch der Pilze
Hypnose, (gr.), w, -n: durch Suggestion herbeigeführte Bewußtseinsveränderung, die die Beeinflußbarkeit erhöht
Hypnotikum, (gr.), s, Hypnotika: Schlafmittel
hypnotisch, (gr.): die Hypnose betreffend
Hypnotiseur, (gr.), m, -e: jmd., der andere hypnotisiert
hypnotisieren, (gr.): jmdn. in Hypnose versetzen
Hypochonder, (gr.), m, -: eingebildet Kranker
Hypochondrie, (gr.), w, -n: Krankheitswahn, krankhafte Neigung zur Einbildung von Krankheiten
hypochondrisch, (gr.): an Hypochondrie leidend
Hypofunktion, (gr.-lat.), w, -en: Unterfunktion (Med.)
Hypoglykämie, (gr.), w, n.E.: Verminderung des Blutzuckergehalts
Hypokinese, (gr.), w, n.E.: herabgesetzte Bewegungsfähigkeit, Lähmung
hypokritisch, (gr.): heuchlerisch, scheinheilig
Hypophyse, (gr.), w, -n: unterer Hirnanhang, Hirnanhangsdrüse

Hypoplasie, (gr.), w, -n: Unterentwicklung eines Organs oder von Körpergewebe
Hyposomie, (gr.), w, n.E.: Kleinwuchs
Hypostase, (gr.), w, -n: Grundlage; Stoff, Wesen
hypostasieren, (gr.): vergegenständlichen; personifizieren
hypostatisch, (gr.): gegenständlich; wesentlich
Hyposthenie, (gr.), w, -n: (leichter) Kräfteverfall
hypotaktisch, (gr.): unterordnend, untergeordnet
Hypotaxe, (gr.), w, -n: Unterordnung eines Satzteiles unter einen anderen
Hypotenuse, (gr.), w, -n: die Seite im rechtwinkligen Dreieck, die dem rechten Winkel gegenüberliegt (Math.)
Hypothalamus, (gr.), m, -thalami: unter dem Thalamus liegende Region des Zwischenhirns
Hypothek, (gr.), w, -en: 1. im Grundbuch eingetragenes Recht an einem Grundstück oder Wohnungseigentum, 2. Belastung eines Grundstückes durch eine Hypothek (1)
hypothekarisch, (gr.): in Form einer Hypothek
Hypothese, (gr.), w, -n: unbewiesene Voraussetzung, Annahme
hypothetisch, (gr.): auf einer Hypothese beruhend
Hypotonie, (gr.), w, -n: 1. verminderte Muskelspannung, 2. zu niedriger Blutdruck
hypotroph, (gr.): mangelhaft entwikkelt, unterernährt (Med.)
Hypotrophie, (gr.), w, -n: mangelhafte Entwicklung, Unterernährung (Med.)
Hypovitaminose, (gr.), w, -n: Vitaminmangelkrankheit
Hypozentrum, (gr.), s, -zentren: Herd eines Erdbebens
Hysterektomie, (gr.), w, -n: Entfernung der Gebärmutter
Hysterie, (gr.), w, -n: 1. abnormer Erregungszustand mit unkontrollierten Gefühlsausbrüchen, 2. Neigung zu heftigen Gefühlsausbrüchen
hysterisch, (gr.): 1. an Hysterie leidend, 2. überspannt
Hysteroskopie, (gr.), w, -n: Gebärmutterspiegelung
Hysterotomie, (gr.), w, -n: Gebärmutterschnitt

I

Iambe: vgl. Jambus
Iambus: vgl. Jambus
iberisch, (lat.): die Pyrenäenhalbinsel betreffend
ibidem, (lat.): ebenda, an bereits zitierter Stelle
Ibis, (ägypt.), m, -se: Schreitvogel
Ibn: (vor arab. Personennamen:) Sohn des ...
Ichthyolith, (gr.), m, -e(n): versteinerter Fisch(rest)
Ichthyologie, (gr.), w, n.E.: Fischkunde
Ichthyosaurier, (gr.), m, -: fischähnlicher Saurier
Ichthyosaurus, (gr.), m, -saurier: vgl. Ichthyosaurier
ideal, (gr.): 1. musterhaft, vollkommen, 2. einer Idee entsprechend (Gegens.: real)
Ideal, (gr.), s, -e: Inbegriff höchster Vollkommenheit; Vorbild; Ziel menschlichen Handelns
idealisieren, (gr.): dem Ideal angleichen, verklären
Idealismus, (gr.), m, n.E.: 1. philosophische Anschauung, die die Dinge als Erscheinungsform der Ideen betrachtet, 2. Streben nach Verwirklichung von Idealen
Idealist, (gr.), m, -en: 1. Anhänger des Idealismus, 2. jmd., der selbstlos seinen Idealen gemäß handelt
idealistisch, (gr.): 1. im Sinne des Idealismus (1), 2. selbstlos seinen Idealen gemäß handelnd; (abschätzig:) wirklichkeitsfremd
Idealität, (gr.), w, n.E.: ideale Beschaffenheit
Idee, (gr.), w, -n: 1. Gedanke, Einfall, 2. Grundgedanke; Leitbild, 3. kleinste Menge, ein wenig
ideell, (gr.): 1. eine Idee betreffend, 2. nur gedacht, gedanklich
idem, (lat.): derselbe; dasselbe
Iden, (lat.), w, n.M.: Monatsmitte im altröm. Kalender

Identifikation, (lat.), w, -en: Feststellung der Identität
identifizieren, (lat.): die Identität feststellen; einander gleichsetzen; sich mit etwas i.: mit etwas voll übereinstimmen; sich mit jmdm. i.: das gleiche denken wie jmd.
identisch, (gr.): eins, gleich; wesensgleich
Identität, (gr.), w, n.E.: 1. vollkommene Gleichheit, Wesenseinheit, 2. innere Einheit einer Person (Psychol.), 3. festzustellende Echtheit (z.B. einer Person)
Ideographie, (gr.), w, -n: Bilderschrift
Ideologe, (gr.), m, -n: Vertreter einer Ideologie
Ideologie, (gr.), w, -n: politische Theorie, politisch orientierte Weltanschauung; politisches Denkgebäude
ideologisch, (gr.): auf einer Ideologie beruhend
ideologisieren, (gr.): im Sinne einer Ideologie theoretisieren
idiochromatisch, (gr.): eigenfarbig
idiographisch, (gr.): das Einmalige beschreibend
Idiom, (gr.), s, -e: 1. gebräuchliche Wortverbindung, feststehende Redewendung, 2. eigentümliche Sprache, Mundart
Idiomatik, (gr.), w, n.E.: 1. Mundartenkunde, 2. Gesamtheit der Idiome einer Sprache oder Mundart
idiomatisch, (gr.): die Idiomatik betreffend; mundartlich
Idiot, (gr.), m, -en: 1. schwachsinniger Mensch (Med.), 2. Dummkopf
Idiotie, (gr.), w, -n: 1. hochgradiger Schwachsinn (Med.), 2. (umg.) Blödsinn
idiotisch, (gr.): 1. hochgradig schwachsinnig (Med.), 2. (umg.) unsinnig
Idiotismus, (gr.), m, Idiotismen: 1. hochgradiger Schwachsinn (Med.), 2. mundartlicher Ausdruck
Idol, (gr.), s, -e: 1. Gottesbild, 2. Gegenstand der Verehrung, verehrte Person
Idyll, (gr.), s, -e: Zustand oder Bild eines friedlichen, beschaulichen und einfachen Landlebens
Idylle, (gr.), w, -n: 1. vgl. Idyll, 2. Schilderung eines Idylls in meist idealisierter Form
idyllisch, (gr.): in der Art eines Idylls; beschaulich, einfach und friedlich
Iglu, (eskimo.), m oder s, -s: Hütte der Eskimos
ignorant, (lat.): unwissend und ohne Bemühen, Wissen zu erwerben, beschränkt
Ignorant, (lat.), m, -en: unwissender Mensch, der am Erwerb von Wissen nicht interessiert ist; Dummkopf
Ignoranz, (lat.), w, n.E.: Unwissenheit und mangelnder Erkenntniswille, Beschränktheit
ignorieren, (lat.): nicht wissen wollen; absichtlich nicht beachten; übergehen
Iguanodon, (gr.), s, -s: pflanzenfressender Dinosaurier
Ikebana, (japan.), s, n.E.: japan. Kunst des Blumensteckens
Ikone, (gr.), w, -n: ostkirchl. Heiligenbild
Ikonologie, (gr.), w, n.E.: Lehre vom Sinngehalt alter Bildwerke
Ikonoklast, (gr.), m, -en: Bilderstürmer
ikterisch, (gr.): gelbsüchtig (Med.)
Ikterus, (gr.), m, n.E.: Gelbsucht (Med.)
Iktus, (lat.), m, Ikten: 1. Stoß, Schlag, 2. Hebung im Vers
Ileus, (lat.), m, Ileen: Darmverschluß (Med.)
Ilex, (lat.), w, n.E.: Stechpalme
illegal, (lat.): ungesetzlich; gesetzwidrig
Illegalität, (lat.), w, -n: illegaler Zustand; Ungesetzlichkeit; illegale Handlung
illegitim, (lat.): 1. nicht legitim, unrechtmäßig, 2. unehelich
Illegitimität, (lat.), w, n.E.: Unrechtmäßigkeit
illiberal, (lat.): nicht liberal
illimitiert, (lat.): unbeschränkt, unbegrenzt
illiquid, (lat.): nicht zahlungsfähig
illoyal, ['i.loa'ja:l, frz.]: nicht loyal, untreu
Illoyalität, [i.loajali'tä:t, frz.], w, -en: illoyales Verhalten, Untreue
Illumination, (lat.), w, -en: farbige Festbeleuchtung
illuminieren, (lat.): farbig und festlich erleuchten
Illusion, (lat.), w, -en: 1. Wunschvor-

stellung, trügerische Hoffnung, 2. trügerische Wahrnehmung, 3. Täuschung
illusionär, (lat.): auf Illusionen beruhend
Illusionismus, (lat.), m, n.E.: 1. philosophische Anschauung, die alle Wahrheit als Illusion erklärt, 2. vortäuschende Bildwirkung
Illusionist, (lat.), m, -en: 1. Schwärmer, Träumer, 2. Zauberkünstler, 3. Vertreter des Illusionismus (1)
illusionistisch, (lat.): 1. auf Illusionen beruhend, Illusionen erzeugend, 2. (z.B. räumliche) Wirkung vortäuschend
illusorisch, (lat.): nur als Illusion bestehend; vergeblich
illuster, (lat.): 1. glanzvoll, 2. vornehm, erlaucht
Illustration, (lat.), w, -en: 1. Bebilderung, Ausstattung mit Bildern; Abbildung, 2. Veranschaulichung
illustrativ, (lat.): erläuternd, veranschaulichend
Illustrator, (lat.), m, -toren: illustrierender Künstler
illustrieren, (lat.): 1. bebildern, mit Bildern ausstatten, 2. veranschaulichen
Illustrierte, (lat.), w, -n: illustrierte Zeitschrift
Image, ['i.mid*sch*, engl.], s, -s ['i.mid*sch*is]: 1. Vorstellung, die die Öffentlichkeit von etwas oder jmdm. hat; Persönlichkeitsbild, 2. Bild für die Öffentlichkeit
imaginär, (lat.): scheinbar, vermeintlich, unwirklich
Imagination, (lat.), w, -en: Einbildung; künstlerische Einbildungskraft, Phantasie
imaginieren, (lat.): sich einbilden; anschaulich machen
Imago, (lat.), w, Imagines: 1. Bild einer Person (Psychol.), 2. voll ausgebildetes Insekt
Imam, (arab.), m, -s oder -e: 1. Vorbeter in einer Moschee, Leiter des islamischen Gebets, 2. Oberhaupt der Schiiten
Imitat, (lat.), s, -e: vgl. Imitation
Imitation, (lat.), w, -en: Nachahmung, Nachbildung
imitativ, (lat.): auf Imitation beruhend, nachahmend
Imitator, (lat.), m, -toren: Nachahmer
imitatorisch, (lat.): nachahmend
imitieren, (lat.): nachahmen, nachbilden
Immaculata, (lat. »die Unbefleckte«), w, n.E.: Beiname Marias in der kath. Kirche
immanent, (lat.): enthalten, innewohnend
Immanenz, (lat.), w, n.E.: das Enthaltensein, das Innewohnen
immateriell, (lat.): unstofflich, unkörperlich; geistig
Immatrikulation, (lat.), w, -en: Einschreibung an einer Hochschule
immatrikulieren, (lat.): in eine Hochschule aufnehmen; sich i.: sich an einer Hochschule einschreiben lassen
immediat, (lat.): unmittelbar, ohne Vermittlung
immens, (lat.): unermeßlich, unvorstellbar
immensurabel, (lat.): unmeßbar
Immensurabilität, (lat.), w, n.E.: Unmeßbarkeit
Immigrant, (lat.), m, -en: Einwanderer
Immigration, (lat.), w, -en: Einwanderung
immigrieren, (lat.): einwandern
imminent, (lat.): nahe bevorstehend, drohend
Immission, (lat.), w, -en: das Freisetzen von Schadstoffen
immobil, (lat.): 1. unbeweglich, 2. nicht kriegsbereit
Immobilien, (lat.), w, M.: unbewegliches Vermögen; Gebäude, Grundstücke
Immobilität, (lat.), w, n.E.: 1. Unbeweglichkeit, 2. nicht vorhandene Kriegsbereitschaft
immoralisch, (lat.): unmoralisch
Immoralismus, (lat.), m, n.E.: Ablehnung moralischer Grundsätze
Immoralität, (lat.): Unmoral
Immortalität, (lat.), w, n.E.: Unsterblichkeit
immun, (lat.): 1. unempfänglich, geschützt (gegen bestimmte Krankheiten), 2. gesetzlichen Schutz der Immunität genießend, 3. unempfindlich
immunisieren, (lat.): immun machen
Immunität, (lat.), w, n.E.: 1. Unempfindlichkeit eines Organismus gegen

bestimmte Krankheitserreger, 2. Schutz der Parlamentsmitglieder vor Maßnahmen der Strafbehörden
Immunologie, (lat.), w, n.E.: Wissenschaft von der Immunität
Immunsystem, (lat.-gr.), s, -e: körpereigenes System zum Schutz vor Ansteckungskrankheiten
Impact, ['i.mpäkt, engl.], m, -s: Stärke der Werbewirksamkeit
impair, [*än*'pä:r, frz.]: (beim Roulettespiel:) ungerade
imperativ, (lat.): befehlend, bindend
Imperativ, (lat.), m, -e: Befehlsform des Verbs
imperativisch, (lat.): in Befehlsform
Imperator, (lat.), m, -toren: (im antiken Rom:) Titel des Oberbefehlsinhabers oder Kaisers
Imperfekt, (lat.), s, -e: unvollendete Vergangenheit
imperforabel, (lat.): nicht durchbohrbar
imperial, (lat.): das Imperium betreffend, kaiserlich
Imperialismus, (lat.), m, n.E.: Großmachtstreben eines Staates
Imperialist, (lat.), m, -en: Vertreter des Imperialismus
imperialistisch, (lat.): in der Art des Imperalismus
Imperium, (lat.), s, Imperien: Kaiserreich, Weltreich
impermeabel, (lat.): undurchlässig, undurchdringlich
Impermeabilität, (lat.), w, n.E.: Undurchlässigkeit
impertinent, (lat.): ungehörig, unverschämt, frech
Impertinenz, (lat.), w, -en: Unverschämtheit, Frechheit
impetuoso, (ital.): stürmisch, ungestüm (Mus.)
Impetus, (lat.), m, n.E.: innerer Antrieb, Schwung
Implantat, (lat.), s, -e: eingepflanztes körperfremdes Organ oder Gewebe
Implantation, (lat.), w, -en: 1. Einpflanzung von körperfremdem Gewebe, 2. Einnistung einer befruchteten Eizelle
implantieren, (lat.): eine Implantation durchführen
Implement, (lat.), s, -e: Ergänzung, Erfüllung
Implikation, (lat.), w, -en: 1. Miteinbeziehung (eines Umstandes), 2. aussagenlogische Verknüpfung
implizieren, (lat.): 1. mit einschließen, 2. zur Folge haben
implizit, (lat.): mit enthalten, einschließlich
implizite, (lat.): einschließlich, mit inbegriffen
implodieren, (lat.): durch Überdruck von außen zerstört werden
Implosion, (lat.), w, -en: Zerstörung durch Überdruck
Imponderabilien, (lat.), w, M.: Unwägbarkeiten
imponieren, (lat.): beeindrucken, Bewunderung einflößen
Import, (lat.), m, -e: Einfuhr
Importeur, (frz.), m, -e: Einfuhrunternehmer
importieren, (lat.): Waren einführen
imposant, (lat.): bedeutsam, eindrucksvoll; stattlich
impotent, (lat.): 1. zeugungsunfähig, 2. unfähig zum Geschlechtsverkehr, 3. unvermögend, untüchtig
Impotenz, (lat.), w, -en: 1. Zeugungsunfähigkeit, 2. Unvermögen des Mannes, den Geschlechtsverkehr auszuüben, 3. Unfähigkeit, Untüchtigkeit
imprägnieren, (lat.): Stoffe mit einem Schutzmittel gegen Feuchtigkeit oder Zerfall tränken
Impresario, (ital.), m, -s: Konzert- oder Theateragent
Impression, (lat.), w, -en: Gefühlseindruck, Empfindung
Impressionismus, (lat.), m, n.E.: Stilrichtung in Malerei, Literatur und Musik
Impressionist, (lat.), m, -en: Vertreter des Impressionismus
impressionistisch, (lat.): im Stile des Impressionismus
Impressum, (lat.), s, Impressen: Angabe über Herausgeber, Verlag, Verlagsort, u. ä.
Impromptu, [*än*pro*n*'tü:, frz.], s, -s: Musikstück für Klavier
Improvisation, (lat.), w, -en: 1. unvorbereitete Handlung, 2. Gestalten aus dem Stegreif
improvisieren, (lat.): 1. unvorbereitet handeln, reden, 2. gestalten aus dem Stegreif

Impuls, (lat.), m, -e: 1. Anregung, Anstoß; plötzliche Eingebung, 2. Bewegungsgröße, Kraftstoß (Phys.)
impulsiv, (lat.): 1. durch einen Impuls veranlaßt, spontan handelnd, 2. lebhaft, temperamentvoll
Impulsivität, (lat.), w, n.E.: impulsives Wesen, Handeln; Lebhaftigkeit
in abstracto, (lat.): im allgemeinen
inadäquat, (lat.): nicht entsprechend, unangemessen
in aeternum, (lat.): auf ewig
inakkurat, (lat.): nicht gleichmäßig, ungenau
inaktiv, (lat.): 1. untätig, passiv, 2. beurlaubt, im Ruhestand, 3. keine Reaktion zeigend (Chem.)
Inaktivität, (lat.), w, n.E.: Untätigkeit; Unwirksamkeit
inakzeptabel, (lat.): nicht akzeptabel, unannehmbar
Inappetenz, (lat.), w, n.E.: fehlendes Verlangen
Inauguraldissertation, (lat.), w, -en: wissenschaftliche Abhandlung zum Erlangen der Doktorwürde
Inauguration, (lat.), w, -en: feierliche Einsetzung in ein akademisches Amt oder eine akademische Würde
Inch, ['intsch, engl.], s, -es ['intschis]: angelsächsisches Längenmaß (1 in. = 2,54 cm)
inclusive, (lat.): vgl. inklusive
in concreto, (lat.): im besonderen
indefinit, (lat.): unbestimmt
Indefinitpronomen, (lat.), s, -pronomina: vgl. Indefinitum
Indefinitum, (lat.), s, Indefinita: unbestimmtes Fürwort
indeklinabel, (lat.): nicht beugbar
Indemnität, (lat.), w, n.E.: Straffreiheit
indeterminiert, (lat.): unbestimmt, nicht festgelegt
Index, (lat.), m, -e oder Indizes: 1. Register, Verzeichnis, 2. Kennziffer (Math.; Phys.), 3. Kennziffer, statistischer Meßwert (z.B. Preisindex)
indezent, (lat.): unschicklich, unanständig
indifferent, (lat.): unentschieden; gleichgültig, teilnahmslos
Indifferenz, (lat.), w, -en: Unbestimmtheit; Gleichgültigkeit, Teilnahmslosigkeit
Indignation, (lat.), w, n.E.: Unwille, Mißfallen
indigniert, (lat.): ungehalten, unwillig, beleidigt
Indigo, (gr.), m oder s, -s: blauer Farbstoff
Indikation, (lat.), w, -en: 1. Anzeichen, Merkmal, 2. Grund für einen Schwangerschaftsabbruch
Indikativ, (lat.), m, -e: Wirklichkeitsform des Verbs
Indikator, (lat.): 1. Stoff, der eine chem. Reaktion anzeigt, 2. Merkmal, Anzeichen
Indio, (span.), m, -s: Indianer
indirekt, (lat.): nicht direkt, mittelbar
indiskret, (lat.): nicht diskret, ohne die gebotene Zurückhaltung
Indiskretion, (lat.), w, -en: indiskretes Verhalten; Mangel an Verschwiegenheit; Vertrauensbruch
indiskutabel, (lat.): nicht erörterungswürdig
indisponibel, (lat.): nicht verfügbar, festgelegt
indisponiert, (lat.): unpäßlich; mißgestimmt
Indisposition, (lat.), w, -en: Unpäßlichkeit; Mißgestimmtheit
individualisieren, (lat.): die Individualität hervorheben
Individualismus, (lat.), m, n.E.: Verhalten, das den Bedürfnissen des Einzelnen Vorrang einräumt; Eigenwilligkeit
Individualist, (lat.), m, -en: jmd., der im Sinne des Individualismus handelt
individualistisch, (lat.): im Sinne des Individualismus handelnd, auf Individualismus beruhend; eigenwillig
Individualität, (lat.), w, -en: 1. Einzigartigkeit, Eigenart, 2. Persönlichkeit, eigenwillige Art
Individuation, (lat.), w, -en: Entfaltung der Persönlichkeit
individuell, (lat.): 1. das Individuum betreffend, 2. den Bedürfnissen jedes Einzelnen entsprechend; eigentümlich
Individuum, (lat.), s, Individuen: 1. Einzelmensch, Einzelwesen, 2. (abschätzig:) verkommener Mensch
Indiz, (lat.), s, Indizien: 1. Merkmal, Anzeichen, 2. Verdacht erhärtende Tatsache
indizieren, (lat.): 1. anzeigen, 2. als ratsam erscheinen lassen, 3. auf den Index setzen; verbieten

indiziert, (lat.): angezeigt, erforderlich
Indogermanen, (lat.), w, M.: Sammelbez. für Völker der indogerman. Sprachfamilie
indogermanisch, (lat.): (die Sprache der) Indogermanen betreffend
Indoktrination, (lat.), w, -en: massive ideologische Beeinflussung
indoktrinieren, (lat.): massiv im Sinne einer bestimmten Ideologie beeinflussen; zu einer politischen Haltung drängen
indolent, (lat.): unempfindlich, gleichgültig; träge
Indolenz, (lat.), w, n.E.: Unempfindlichkeit
Indologie, (gr.), w, n.E.: Wissenschaft von indischen Sprachen und Kulturen
Indossament, (lat.), s, -e: Übertragungserklärung
Indosso, (ital.): vgl. Indossament
in dubio, (lat.): im Zweifelsfalle
in dubio pro reo, (lat.): im Zweifel für den Angeklagten
Induktion, (lat.), w, -en: 1. wissenschaftl. Methode, Gesetzmäßigkeiten aus Einzelfällen abzuleiten, 2. elektr. Spannung nach Änderung des magnetischen Flusses (Phys.)
induktiv, (lat.): 1. schlußfolgernd nach der Methode der Induktion, 2. auf Induktion (2) beruhend
indulgent, (lat.): nachgiebig; milde, duldsam
industrialisieren, (lat.): industrielle Herstellungsmethoden einführen
Industrie, (lat.), w, -n: Gesamtheit der Betriebe, in denen maschinell Waren hergestellt werden
industriell, (lat.): die Industrie betreffend; mit Hilfe der Industrie hergestellt
Industrielle, (lat.), m, -n: Inhaber eines Industriebetriebes
induzieren, (lat.): 1. schlußfolgern nach der Methode der Induktion (1), von Einzelfällen auf Gesetzmäßigkeiten schließen, 2. elektr. Strom durch Induktion (2) erzeugen
ineffektiv, (lat.): unwirksam
ineffizient, (lat.): nicht leistungsfähig, unwirtschaftlich
Ineffizienz, (lat.), w, n.E.: mangelnde Leistungsfähigkeit, Unwirtschaftlichkeit
inert, (lat.): untätig, träge
inexakt, (lat.): ungenau
inexistent, (lat.): nicht vorhanden
in extenso, (lat.): in aller Ausführlichkeit
in facto, (lat.): in Wirklichkeit, wirklich
infallibel, (lat.): unfehlbar (vom Papst)
infam, (lat.): niederträchtig, schändlich; ehrlos
Infamie, (lat.), w, -n: Niedertracht; Unverschämtheit
Infant, (lat.), m, -en: Titel königl. Prinzen in Spanien
Infanterie, (lat.), w, -n: Fußtruppe, Landstreitkräfte
Infanterist, (lat.), m, -en: Soldat der Infanterie
infantil, (lat.): kindlich; kindisch, zurückgeblieben
Infantilität, (lat.), w, n.E.: Kindlichkeit, infantiles Verhalten; Unreife
Infarkt, (lat.), m, -e: das Absterben eines Organs oder Gewebestücks nach Verschluß einer Arterie
Infekt, (lat.), m, -e: Ansteckung; Infektionskrankheit
Infektion, (lat.), w, -en: Ansteckung; Infektionskrankeit
infektiös, (lat.): ansteckend; durch Ansteckung hervorgerufen
inferior, (lat.): untergeordnet; minderwertig
Inferiorität, (lat.), w, n.E.: untergeordnete Stellung
infernalisch, (lat.): höllisch, teuflisch
Inferno, (lat.), s, -s: 1. Hölle, Unterwelt, 2. entsetzliches Geschehen
infertil, (lat.): unfruchtbar
Infertilität, (lat.), w, n.E.: Unfruchtbarkeit
Infight, ['infait, engl.], m, -s: (beim Boxen:) Nahkampf
Infiltrat, (lat.), s, -e: in Gewebe eingedrungene Substanz
Infiltration, (lat.), w, -en: das Eindringen, das Einflößen; ideologische Unterwanderung
infiltrieren, (lat.): eindringen, einflößen; ideologisch unterwandern
infinit, (lat.): unbestimmt (Sprachw.)
infinitesimal, (lat.): zu einem Grenzwert hin unendlich klein werdend (Math.)
Infinitesimalrechnung, (lat.-dt.) w, -en: Differential- und Integralrechnung

Infinitiv, (lat.), m, -e: Grundform des Verbs
infizieren, (lat.): Krankheitserreger übertragen, anstecken
in flagranti, (lat.): auf frischer Tat
inflammabel, (lat.): entflammbar
Inflation, (lat.), w, -en: Geldentwertung; Entwertung
inflationär, inflatorisch, (lat.): Inflation bewirkend; zu häufig auftretend oder verwendend
inflationieren, (lat.): eine Inflation herbeiführen; zu häufig verwenden
Inflationismus, (lat.), m, n.E.: Erhöhung des Geldumlaufs
inflationistisch, (lat.): eine Politik des Inflationismus betreibend
inflexibel, (lat.): 1. nicht biegbar, starr, 2. nicht anpassungsfähig, 3. nicht beugbar
Influenza, (lat.), w, n.E.: Grippe
Info, (Kurzw. für: **Info**rmation), s, -s: Informationsblatt
Informand, (lat.), m, -en: jmd., der informiert werden soll
Informant, (lat.), m, -en: Überbringer von Informationen
Informatik, (lat.), w, n.E.: Wissenschaft von den systematischen Verfahren zur Datenverarbeitung
Informatiker, (lat.), m, -: Wissenschaftler der Informatik
Information, (lat.), w, -en: 1. Auskunft, Nachricht Mitteilung, 2. Aufklärung, Belehrung
informativ, (lat.): Informationen vermittelnd, aufschlußreich, belehrend
Informator, (lat.), m, -toren: jmd., der informiert
informatorisch, (lat.): Informationen vermittelnd, einen ersten Überblick verschaffend
informell, (lat.): vgl. informatorisch
informell, (lat.): ohne Formalitäten, nicht offiziell
informieren, (lat.): 1. Auskunft geben, benachrichtigen; aufklären, 2. sich i.: Erkundigungen einziehen
Infotainment, [info'te:jnmnt], Kurzw. aus engl. **information** und enter**tainment**, unterhaltsame Nachrichtensendung
infrarot, (lat.-dt.): im Bereich des Infrarots liegend
Infrarot, (lat.-dt.), s, n.E.: jenseits des Rot liegende Wärmestrahlen (Phys.)
Infrastruktur, (lat.), w, -en: sämtliche für das Funktionieren des öffentlichen Lebens erforderlichen Einrichtungen
infundieren, (lat.): eine Infusion vornehmen
Infusion, (lat.), w, -en: Zufuhr größerer Flüssigkeitsmengen (Med.)
in genere, (lat.): im allgemeinen
Ingenieur, [in*sch*enj'ö:r, frz.], m, -e: Fachmann mit technischer Ausbildung
ingeniös, (lat.): erfinderisch; scharfsinnig
Ingeniosität, (lat.), w, n.E.: Erfindungsgabe; Scharfsinn
Ingenium, (lat.), s, Ingenien: Begabung, Erfindungskraft
Ingestion, (lat.), w, n.E.: Nahrungsaufnahme
Ingredienz, (lat.), w, -en: Zutat; Bestandteil
Ingression, (lat.), w, -en: Vordringen
Ingroup, ['i.ngru:p, engl.], w, -s: Gruppe, zu der man gerne gehört (Psychol.)
Ingwer, (frz.), m, n.E.: 1. Staudenpflanze, 2. Gewürz
Inhalation, (lat.), w, -en: Einatmung
Inhalator, (lat.), m, Inhalatoren: Gerät zum Inhalieren
inhalieren, (lat.): (Dämpfe) einatmen
inhärent, (lat.): anhaftend, innewohnend
Inhärenz, (lat.), w, n.E.: das Innewohnen
inhomogen, (lat.): nicht gleichartig, verschieden
Inhomogenität, (lat.), w, n.E.: Ungleichartigkeit
inhuman, (lat.): menschenunwürdig; unmenschlich
Inhumanität, (lat.), w, n.E.: Unmenschlichkeit; menschenunwürdige Beschaffenheit
Initial, (lat.), s, -e: vgl. Initiale
Initiale, (lat.), w, -n: meist verzierter Anfangsbuchstabe (in Handschriften)
Initialwort, (lat.-dt.), s, -wörter: Kurzw. aus den Anfangsbuchstaben mehrer Wörter
Initiation, (lat.), w, -en: Aufnahme eines Neulings in eine Gemeinschaft (von Erwachsenen)

Initiationsritus, (lat.), m, -riten: Zeremonie bei der Initiation
initiativ, (lat.): den Anstoß gebend, auslösend; Initiative ergreifend, besitzend
Initiative, (lat.), w, -n: 1. Anregung, Anstoß zu einer Handlung, 2. Entschlußkraft, 3. Zusammenschluß von Personen zur Durchsetzung meist politischer Forderungen
Initiator, (lat.), m, -en: jmd., der den Anstoß gibt; Urheber
initiieren, (lat.): 1. auslösen, den Anstoß geben, 2. feierlich (in eine Gemeinschaft) einführen
Injektion, (lat.), w, -en: Einspritzen von gelösten Medikamenten
injizieren, (lat.): (in den Organismus) einspritzen
Injurie, (lat.), w, -n: Beleidigung
Inka, m, -s: ehemaliger Adliger in Peru
Inkarnation, (lat.), w, -en: 1. Fleischwerdung, Menschwerdung (eines Gottes), 2. Verkörperung von etwas Geistigem
inkarnieren, (lat.): sich verkörpern
inkarniert, (lat.): fleischgeworden; verkörpert
Inkasso, (ital.), s, -s: Einziehen fälliger Geldforderungen
Inklination, (lat.), w, -en: 1. Neigung, Vorliebe, 2. Neigungswinkel
Inklusion, (lat.), w, -en: Einschluß; das Enthaltensein
inklusive, (lat.): einschließlich, inbegriffen (Abk.: inkl.)
inkognito, (lat. »unerkannt«): unter fremdem Namen, heimlich
Inkognito, (lat.), s, -s: das Verheimlichen der Identität
inkohärent, (lat.): unzusammenhängend, locker
Inkohärenz, (lat.), w, -en: Zusammenhanglosigkeit
inkommodieren, (lat.): jmdn. bemühen, Ungelegenheiten verursachen
inkompatibel, (lat.): unverträglich, unvereinbar; nicht aufeinander abgestimmt, nicht zusammenpassend
Inkompatibilität, (lat.), w, -en: Unverträglichkeit
inkompetent, (lat.): nicht zuständig; nicht sachverständig
Inkompetenz, (lat.): Mangel an Kompetenz; Nichtzuständigkeit; Unfähigkeit
inkomplett, (frz.): unvollständig
inkongruent, (lat.): nicht übereinstimmend
inkonsequent, (lat.): nicht folgerichtig; unbeständig
Inkonsequenz, (lat.), w, -en: mangelnde Konsequenz; Unbeständigkeit
inkonsistent, (lat.): nicht haltbar; widersprüchlich
Inkonsistenz, (lat.), w, n.E.: Widersprüchlichkeit
inkonstant, (lat.): unbeständig
Inkontinenz, (lat.), w, -en: Unvermögen, Harn oder Stuhl zurückzuhalten
inkonvertibel, (lat.): unwandelbar; nicht austauschbar
inkonziliant, (lat.): nicht entgegenkommend
inkoordiniert, (lat.): nicht aufeinander abgestimmt
inkorporal, (lat.): im Körper befindlich
Inkorporation, (lat.), w, -en: Einverleibung; Aufnahme
inkorporieren, (lat.): einverleiben; eingliedern; aufnehmen
inkorrekt, (lat.): ungenau, fehlerhaft; unangemessen
inkriminieren, (lat.): beschuldigen, zur Last legen
Inkrustation, (lat.), w, -en: Krustenbildung; Überzug
inkrustieren, (lat.): eine Kruste bilden, mit Kruste überziehen
Inkubation, (lat.), w, -en: Einnistung von Krankheitserregern
Inkubationszeit, (lat.-dt.), w, -en: Zeitraum zwischen Ansteckung und Ausbruch der Krankheit
Inkubator, (lat.), m, -toren: Brutkasten; Kasten zur Aufzucht von Bakterienkulturen
inkulant, (lat.): nicht entgegenkommend
Inkunabel, (lat.), w, -n: Werk der Buchdruckerkunst
inkurabel, (lat.): unheilbar
in medias res, (lat.): unmittelbar zur Sache
in memoriam, (lat. »zum Andenken«): zum Gedächtnis
in natura, (lat.): in natürlicher Gestalt, leibhaftig
in nomine, (lat.): im Namen, im Auftrag

in nomine Dei, (lat.): im Namen Gottes
Innovation, (lat.), w, -en: das Einführen von etwas Neuartigem, von neuen Ideen; Erneuerung
innovativ, (lat.): etwas Neuartiges einführend
innovatorisch, (lat.): Innovationen beabsichtigend; Erneuerung bewirkend
in nuce, (lat.): im Kern
inoffiziell, (lat.): nicht amtlich; unverbindlich
inoperabel, (lat.): nicht operierbar
inopportun, (lat.): ungelegen, unangebracht
Inopportunität, (lat.), w, -täten: Ungelegenheit
in persona, (lat.): in Person, persönlich
in petto, (ital.): geplant, bereit, im Sinn
in praxi, (lat.-gr.): in der Praxis, in Wirklichkeit
in puncto, (lat.): in dem Punkt, hinsichtlich
Input, (engl.), m oder s, -s: 1. Eingabe, zugeführte Leistung, 2. einem Computer eingegebene Daten
inquirieren, (lat.): 1. untersuchen, 2. verhören
Inquisition, (lat.), w, -en: 1. Untersuchung, strenges Verhör, 2. (histor.) Gerichtsinstitution zur Ermittlung sogenannter Ketzer
Inquisitor, (lat.), m, -toren: 1. strenger Untersuchungsführer, 2. (histor.) Richter der Inquisition
inquisitorisch, (lat.): genau untersuchend, streng verhörend
Insekt, (lat.), s, -en: Kerbtier
Insektizid, (lat.), s, -e: Schädlingsbekämpfungsmittel
Insemination, (lat.), w, -en: 1. künstliche Befruchtung, Besamung, 2. Eindringen des Samens in das Ei
Inserat, (lat.), s, -e: Anzeige (z.B. in einer Zeitung)
Inserent, (lat.), m, -en: jmd., der eine Anzeige aufgibt
inserieren, (lat.): eine Anzeige aufgeben
Insert, (lat.), s, -s: eingeblendeter Einschub
Insider, ['i.nßaid(e)r, engl.], m, -: jmd., der bestimmte Verhältnisse genau kennt, ein Eingeweihter
Insignien, (lat.), w, M: Kennzeichen, Symbole staatlicher oder ständischer Macht
Insinuation, (lat.), w, -en: Unterstellung; Einschmeichlung
insinuieren, (lat.): unterstellen; einschmeicheln
insistent, (lat.): dringend, beharrlich
insistieren, (lat.): dringen; beharren
Insistenz, (lat.), w, n.E.: Beharrlichkeit
inskribieren, (lat.): sich einschreiben, eintragen
insolent, (lat.): ungebührlich
insolubel, (lat.): unlöslich (Chem.)
insolvent, (lat.): zahlungsunfähig
Insolvenz, (lat.), w, -en: Zahlungsunfähigkeit
in spe, (lat.): in Zukunft, kommend, künftig
Inspekteur, [inspek'tö:r, frz.], m, -e: 1. Leiter einer Inspektion, 2. ranghöchster Offizier einer Teilstreitkraft
Inspektion, (lat.), w, -en: Untersuchung, Besichtigung, Prüfung
Inspektor, (lat.), m, -toren: Verwaltungsbeamter, aufsichtsführender Beamter; Aufseher
Inspiration, (lat.), w, -en: schöpferischer Einfall, Eingebung
inspirativ,(lat.): auf Inspiration beruhend
inspiratorisch, (lat.): vgl. inspirativ
inspirieren, (lat.): anregen, zu schöpferischen Einfällen verhelfen
Inspizient, (lat.), m, -en: Aufsichtsbeamter, Beaufsichtiger
inspizieren, (lat.): prüfen, kontrollieren, beaufsichtigen
instabil, (lat.): unbeständig, unsicher
Instabilität, (lat.): mangelnde Stabilität, Unsicherheit
Installateur, (frz.), m, -e: Handwerker, der Installationsarbeiten durchführt
Installation, (lat.), w, -en: Einbau und Anschluß technischer Anlagen
installieren, (lat.): einbauen und anschließen
instant, ['inßt(e)nt, engl.]: sofort löslich
Instanz, (lat.), w, -en: 1. zuständige Stelle einer Behörde, 2. Stufe eines Verfahrens (Rechtsw.)
in statu nascendi, (lat.): im Zustand des Entstehens

Instinkt, (lat.), m, -e: 1. angeborene Verhaltensweise (insb. bei Tieren), 2. Ahnung, sicheres Gefühl
instinktiv, (lat.): einem Instinkt folgend
instituieren, (lat.): einrichten; einsetzen
Institut, (lat.), s, -e: 1. Einrichtung, die der Erziehung oder wissenschaftl. Arbeit dient, 2. gesetzlich verankertes Rechtsgebilde (z.B.: Ehe)
Institution, (lat.), w, -en: 1. Einsetzung, 2. Einrichtung des öffentlichen Lebens
institutionalisieren, (lat.): zur ständigen Einrichtung machen
institutionell, (lat.): in der Art einer Institution
instruieren, (lat.): unterrichten, einweisen
Instrukteur, (frz.), m, -e: jmd., der Instruktionen erteilt
Instruktion, (lat.), w, -en: 1. Unterrichtung, Anleitung, 2. Vorschrift
instruktiv, (lat.): aufschlußreich, lehrreich
Instrument, (lat.), s, -e: 1. Mittel, Werkzeug, 2. Musikinstrument
instrumental, (lat.): 1. mit Hilfe von Instrumenten (2), 2. als Werkzeug dienend
instrumentalisieren, (lat.): als Instrument benutzen
Instrumentalist, (lat.), m, -en: Musiker, der ein Instrument spielt
Instrumentalmusik, (lat.), w, -en: mit Musikinstrumenten ausgeführte Musik
Instrumentarium, (lat.), s, -tarien: 1. für eine Tätigkeit benötigte Instrumente, 2. Instrumentensammlung
Instrumentation, (lat.), w, -en: Verteilung der Stimmen auf die verschiedenen Orchesterinstrumente
Instrumentenflug, (lat.-dt.), m, -flüge: Blindflug
instrumentieren, (lat.): 1. eine Instrumentation vornehmen, 2. mit Werkzeugen ausstatten
Insubordination, (lat.): Auflehnung gegen Vorgesetzte
insuffizient, (lat.): ungenügend, unzureichend; untüchtig
Insuffizienz, (lat.), w, -en: Unvermögen, Unfähigkeit; Schwäche
Insulaner, (lat.), m, -: Inselbewohner
Insulin, (lat.), s, n.E.: Hormon, das den Zuckerhaushalt des Körpers regelt
in summa, (lat.): insgesamt, alles in allem
Insurgent, (lat.), m, -en: Aufrührer; Aufständischer
insurgieren, (lat.): sich erheben; aufwiegeln
inszenieren, (lat.): in Szene setzen, einrichten, einstudieren
Inszenierung, (lat.), w, -en: künstler. Gestaltung eines Bühnenwerkes
intakt, (lat.): unberührt; heil; fehlerfrei
Intarsia, Intarsie, (lat.-arab.), w, Intarsien: Einlegearbeit aus unterschiedlichem Holz, Elfenbein o.ä.
intarsieren, (lat.-arab.): mit Intarsien verzieren
integer, (lat.): unversehrt; unbescholten, redlich
integral, (lat.): ein Ganzes ausmachend, vollständig
Integration, (lat.), w, -en: Einbeziehung, Eingliederung
integrativ, (lat.): in der Art einer Integration, Integration bewirkend
integrieren, (lat.): 1. vervollständigen, 2. einbeziehen, eingliedern (z.B. in eine Gemeinschaft)
Integrität, (lat.), w, n.E.: Unversehrtheit; Unbescholtenheit, Redlichkeit
Intellekt, (lat.), m, n.E.: Verstand, Denkvermögen
intellektualistisch, (lat.): den Intellekt überbetonend
intellektuell, (lat.): auf dem Intellekt beruhend, verstandesmäßig
Intellektuelle, (lat.), m und w, -n: Verstandesmensch; Person von höherer Bildung
intelligent, (lat.): klug, von ausgeprägtem Denkvermögen
Intelligenz, (lat.), w, -en: 1. Klugheit, Erkenntnisvermögen, Denkfähigkeit, 2. soziale Schicht der geistig schaffenden Menschen
Intelligenzquotient, (lat.), m, -en: Maßzahl, die den Grad der Intelligenz beziffern soll (Abk.: IQ)
Intelligenztest, (lat.), m, -s: Test, mit dem versucht wird, die Intelligenz zu messen
Intendant, (lat.), m, -en: Leiter eines Theaters, einer Rundfunk- oder Fernsehanstalt
Intendantur, (lat.), w, -en: Amt des Intendanten

Intendanz, (lat.), w, -en: Leitung eines Theaters, einer Rundfunk- oder Fernsehanstalt; Amt eines Intendanten
intendieren, (lat.): beabsichtigen, planen, anstreben
Intensität, (lat.), w, n.E.: 1. Anspannung, 2. Stärke, Heftigkeit
intensiv, (lat.): konzentriert, stark, heftig
intensivieren, (lat.): verstärken, erhöhen, steigern
Intensivität, (lat.): vgl. Intensität
Intensivstation, (lat.), w, -en: Krankenhausabteilung, auf der lebensbedrohlich Erkrankte ständig ärztlich überwacht werden
Intention, (lat.), w, -en: Absicht, Bestreben, Plan
intentional, (lat.): beabsichtigt, zielgerichtet
interagieren, (lat.): in Interaktion sein
Interaktion, (lat.), w, -en: aufeinander bezogenes Handeln
Intercity, [inter'ßi.ti, engl.], m, -s: zwischen Großstädten verkehrender Schnellzug
interdependent, (lat.): voneinander abhängig
Interdependenz, (lat.): gegenseitige Abhängigkeit
interdisziplinär, (lat.): fachübergreifend
interessant, (lat.): Interesse weckend; wissenswert, anregend
Interesse, (lat.), s, -n: 1. Aufmerksamkeit, Beachtung, 2. Wichtigkeit, 3. Neigung, 4. Vorteil, 5. Absicht
Interessent, (lat.), m, -en: jmd., der Interesse zeigt
interessieren, (lat.): Interesse wecken; Interesse zeigen
interessiert, (lat.): Interesse zeigend, geistig aufgeschlossen
Interferenz, (lat.), w, -en: Überlagerung; Beeinflussung
interferieren, (lat.): überlagern; gegenseitig beeinflussen
interfraktionell, (lat.): mehrere Fraktionen betreffend
intergalaktisch, (lat.-gr.): zwischen Galaxien befindlich
interglazial, (lat.): warmzeitlich
Interglazial, (lat.), s, -e: Zwischeneiszeit, Warmzeit
Interieur, [*än*ter'jö:r, frz.], s, -s und -e: 1. Innenraum, 2. Ausstattung eines Innenraumes
Interim, (lat.), s, -s: Zwischenzeit; Zwischenzustand
interimistisch, (lat.): vorläufig, zeitweilig
Interjektion, (lat.), w, -en: Ausrufewort (z.B.: au!)
interkonfessionell, (lat.): zwischenkirchlich
interkontinental, (lat.): Kontinente verbindend; zwischen Kontinenten bestehend
interlinear, (lat.): zwischenzeilig
Interludium, (lat.), s, -ludien: musikal. Zwischenspiel
intermediär, (lat.): in der Mitte liegend; vermittelnd
Intermezzo, (ital.), s, -s und -mezzi: Zwischenspiel; kleine Begebenheit
intermittieren, (lat.): zeitweilig aussetzen, zurücktreten
intermolekular, (lat.): zwischen Molekülen bestehend
intern, (lat.): 1. innerlich, 2. innerdienstlich; vertraulich
internal, (lat.): innerlich, verinnerlicht
internalisieren, (lat.): verinnerlichen, übernehmen
Internat, (lat.), s, -e: Lehranstalt
international, (lat.): mehrere Staaten betreffend; zwischenstaatlich; weltweit
Internationale, (lat.), w, -n: 1. internationale Vereinigung von Parteien, Gewerkschaften, 2. (Kurzw. für:) Internationale Arbeiterassoziation, 3. Kampflied der Arbeiterbewegung
internationalisieren, (lat.): 1. international machen, 2. unter internationale Aufsicht stellen
Internationalismus, (lat.), m, n.E.: Streben nach internationaler Zusammenarbeit
Internationalität, (lat.), w, n.E.: Überstaatlichkeit
Interne, (lat.), m und w, -n: Schüler, der im Internat wohnt
internieren, (lat.): 1. in staatlichen Gewahrsam nehmen, in einem Lager unterbringen 2. (einen Kranken) isolieren
Internist, (lat.), m, -en: Facharzt für innere Krankheiten

Internum, (lat.), s, Interna: (meist M) innere Angelegenheit
Interpellation, (lat.), w, -en: parlamentarische Anfrage
interplanetar: vgl. interplanetarisch
interplanetarisch, (lat.): zwischen den Planeten
Interpol, (Kurzw.), w, n.E.:**Inter**nationale kriminal**pol**izeiliche Organisation
Interpret, (lat.), m, -en: 1. jmd., der etwas auslegt, 2. jmd., der etwas (künstlerisch) vorträgt (z.B. ein Musikstück)
Interpretation, (lat.), w, -en: 1. Auslegung, Deutung, 2. (künstlerische) Wiedergabe
interpretatorisch, (lat.): auslegend
interpretieren, (lat.): 1. auslegen, deuten, 2. (z.B. ein Musikstück) kunstvoll vortragen
interpunktieren, (lat.): Satzzeichen setzen
Interpunktion, (lat.), w, n.E.: Zeichensetzung
Interregnum, (lat.), s, -regna und -regnen: Zwischenherrschaft
interrogativ, (lat.): fragend (Sprachw.)
Interrogativ, (lat.), s, -e: vgl. Interrogativpronomen
Interrogativpronomen, (lat.), s, - und pronomina: fragendes Fürwort (z.B.: wer?)
Interruption, (lat.), w, -en: Unterbrechung
interruptus, (lat.): unterbrochen, vorzeitig abgebrochen
interstellar, (lat.): zwischen den Sternen befindlich
Interstitium, (lat.), s, -stitien: Zwischenzeit; Zwischenraum
intersubjektiv, (lat.): verschiedenen Personen gemeinsam
Intervall, (lat.), m, -e: 1. Zwischenzeit, Pause; Zwischenraum, 2. Abstand zwischen zwei Tönen (Mus.)
intervenieren, (lat.): sich einschalten, eingreifen
Intervention, (lat.), w, -en: das Intervenieren
Interview, ['interwju, engl.], s, -s: Befragung durch Reporter
interviewen, [inter'wju:en, engl.]: ein Interview führen; jmdn. befragen
interzellular, interzellulär, (lat.): zwischen Zellen gelegen
interzonal, (lat.): mehrere Zonen betreffend
intestabel, (lat.): unfähig, ein Testament aufzusetzen
inthronisieren, (lat.-gr.): auf den Thron erheben; feierlich einsetzen
intim, (lat.): 1. vertraut, innig, 2. vertraulich; geheim, 3. gemütlich, behaglich, 4. sexuell
Intimität, (lat.), w, -en: 1. intimes Verhältnis, Vertrautheit, 2. Gemütlichkeit, 3. sexuelle Berührung
Intimsphäre, (lat.), w, -n: Privatbereich
Intimus, (lat.), m, Intimi: enger Vertrauter
intolerant, (lat.): unduldsam (gegenüber Andersdenkenden)
Intoleranz, (lat.), w, -en: 1. Unduldsamkeit, 2. Unverträglichkeit
Intonation, (lat.), w, -en: 1. Tongebung, Toneinsatz, 2. Einleitung eines Musikstückes, 3. Satzmelodie einer Sprache
intonieren, (lat.): 1. eine Tonhöhe wählen, 2. anstimmen, den Ton vorgeben, 3. eine Musik einleiten
in toto, (lat.): im Ganzen
Intoxikation, (gr.), w, -en: Vergiftung
intramolekular, (lat.): innerhalb eines Moleküls
intramuskulär, (lat.): in einen Muskel hinein
intransingent, (lat.): unduldsam, unversöhnlich
intransitiv, (lat.): nichtzielend; (bei Verben:) kein Akkusativobjekt verlangend
intrauterin, (lat.): innerhalb der Gebärmutter
Intrauterinpessar, (lat.), m, -e: vgl. Spirale
intravaginal, (lat.): innerhalb der Scheide gelegen
intravenös, (lat.): in einer Vene gelegen; in eine Vene hinein
intrazellular, intrazellulär, (lat.): innerhalb der Zelle(n)
intrigant, (frz.): Intrigen ersinnend, hinterlistig
Intrigant, (frz.), m, -en: hinterlistiger Mensch, Ränkeschmied
Intriganz, (frz.), w, n.E.: intrigantes Verhalten
Intrige, (frz.), w, -n: hinterlistige Handlung; Ränkespiel

intrigieren, (frz.): Intrigen spinnen, hinterlistig handeln
intrinsisch, (lat.): von Innen her kommend
Introduktion, (lat.), w, -en: Einführung; Einleitung
Introversion, (lat.), w, -en: introvertiertes Verhalten
introvertiert, (lat.): nach innen gewandt
Intubation, (lat.), w, -en: Einführen des Schlauches vom Mund in die Luftröhre
Intuition, (lat.), w, -en: 1. unmittelbares Begreifen, instinktives Erfassen, 2. plötzliche Idee, Eingebung
intuitiv, (lat.): auf Intuition beruhend, einer Intuition folgend
intus, (lat.): innen, inwendig, drinnen
Inuit, (eskimo.), w, M.: Eskimos
invalid, (lat.): vgl. invalide
invalide, (lat.): durch körperlichen Schaden auf Dauer beeinträchtigt und erwerbsunfähig
Invalide, (lat.), m, -n: Erwerbsunfähiger (aufgrund körperlichen Gebrechens)
invalidisieren, (lat.): zum Invaliden erklären
Invalidität, (lat.), w, n.E.: Erwerbsunfähigkeit (aufgrund körperlichen Gebrechens)
invariabel, (lat.): unveränderlich
invariant, (lat.): unveränderlich bleibend (Math.)
Invasion, (lat.), w, -en: Einfall fremder Truppen in ein Staatsgebiet
Invasor, (lat.), m, -soren: (meist M.) Angreifer, Eindringling
Inventar, (lat.), s, -e: Bestand(sverzeichnis)
inventarisieren, (lat.): ein Bestandsverzeichnis anfertigen
Inventarium, (lat.), s, Inventarien: vgl. Inventar
Invention, (lat.), w, -en: Komposition für Klavier
Inventur, (lat.), w, -en: kaufmännische Bestandsaufnahme
invers, (lat.): umgekehrt
Inversion, (lat.), w, -en: 1. Umstellung der üblichen Wortfolge (Sprachw.), 2. Temperaturumkehr (Meteor.)
Invertebrat, (lat.), w, -en: wirbelloses Tier
Inverter, (lat.), m, -: technische Einrichtung am Telefon
invertieren, (lat.): umstellen
investieren, (lat.): 1. Kapital, Geld in eine Sache stecken, 2. (Zeit o.ä.) aufbringen, aufwenden
Investition, (lat.), w, -en: Anlegen von Kapital in Produktionsmitteln; Kapitalanlage
Investitur, (lat.), w, -en: 1. Eigentumsübertragung (Rechtsw.), 2. Einsetzung in ein Amt
investiv, (lat.): in Form einer Investition
Investment, [in'wäßtm(e)nt, engl.], s, -s: Wertpapieranlage
Investor, (lat.), m, -storen: Kapitalanleger
in vino veritas, (lat. »im Wein [ist] Wahrheit«)
in vitro, (lat.): im Reagenzglas
In-vitro-Fertilisation, (lat.), w, -en: außerhalb des Körpers herbeigeführte Befruchtung
in vivo, (lat.): am lebenden Organismus
Invokation, (lat.), w, -en: Anrufung Gottes
involvieren, (lat.): 1. einschließen, mit sich bringen, 2. in etwas verwickeln
Inzest, (lat.), m, -e: Inzucht
inzestuös, (lat.): in der Art eines Inzests
Ion, (gr.), s, -en: Atom mit elektr. Ladung
ionisieren, (gr.): Ionen bilden (Phys.)
Ionosphäre, (gr.), w, n.E.: äußerste Hülle der Erdatmosphäre
Iranistik, w, n.E.: Wissenschaft von den iran. Sprachen und Kulturen
Iridium, (gr.), s, n.E.: chem. Element, Edelmetall
Iris, (gr.), w, -: 1. Regenbogen, 2. Regenbogenhaut des Auges, 3. Schwertlilie
Irish coffee, ['airisch 'ko.fi, engl.], m, - -s: Kaffee mit Schlagsahne und Whiskey
Ironie, (gr.), w, -n: versteckter Spott (Äußern des Gegenteils des eigentlich Gemeinten)
Ironiker, (gr.), der -: Mensch, der ironische Ausdrucksformen bevorzugt
ironisch, (gr.): voller Ironie, versteckt spöttisch

ironisieren, (gr.): sich ironisch ausdrükken
irrational, (lat.): verstandesmäßig nicht faßbar; vernunftwidrig; unberechenbar
irrationale Zahl: nicht als Bruch darstellbare Zahl
Irrationalität, (lat.), w, n.E.: irrationale Beschaffenheit
irreal, (lat.): unwirklich
Irrealis, (lat.), m, Irreales: Modus der Unwirklichkeit
Irrealität, (lat.), w, n.E.: Unwirklichkeit
irregulär, (lat.): regelwidrig
irrelevant, (lat.): unerheblich, belanglos
Irrelevanz, (lat.), w, -en: Belanglosigkeit
irreparabel, (lat.): nicht wiederherstellbar, unheilbar
irreversibel, (lat.): nicht umkehrbar
irritabel, (lat.): reizbar, leicht zu irritieren
Irritation, (lat.), w, -en: 1. Erregung, 2. Verwirrung
irritieren, (lat.): 1. erregen, 2. verunsichern, verwirren, ablenken
Ischämie, (gr.), -n: mangelnde Durchblutung
ischämisch, (gr.): blutleer (Med.)
Ischialgie, (gr.), w, n.E.: vgl. Ischias
Ischias, (gr.), m oder s, n.E.: Hüftweh
Islam, (arab.), m, n.E.: von Mohammed begründete Religion; Glaube an Allah, den einzigen Gott
islamisch, (arab.): zum Islam gehörig
islamisieren, (arab.): zum Islam bekehren
Ismus, m, Ismen: eine von den Theorien, die auf ...ismus enden
Isobare, (gr.), w, -n: Verbindungslinie zwischen Orten gleichen Luftdrucks
isochrom, (gr.): vgl. isochromatisch
Isochromasie, (gr.), w, n.E.: Farbtonrichtigkeit
isochromatisch, (gr.): Isochromasie aufweisend
Isohypse, (gr.), w, -n: Verbindungslinie zwischen Orten gleicher Höhenlage
Isolation, (lat.), w, -en: 1. Vereinzelung, Getrennthaltung; Vereinsamung, 2. Abdämmung, Abdichtung
Isolationismus, (lat.), m, n.E.: Außenpolitik, die darauf abzielt, sich gegenüber dem Ausland abzuschließen
Isolator, (lat.), m, -toren: 1. Stoff, der kaum leitet, 2. Material zum Abdichten
isolieren, (lat.): 1. vereinzeln, getrennt halten, 2. abdichten, dämmen
Isolierstation, (lat.), w, -en: Krankenhausabteilung, in der Patienten mit Infektionskrankheiten untergebracht sind
isomer, (gr.): 1. gleich gegliedert, 2. gleich zusammengesetzt (Chem.)
Isomer, (gr.), s, -en: vgl. Isomere
Isomere, (gr.), s, -n: isomere Verbindung (Chem.)
Isometrie, (gr.), w, n.E.: Längengleichheit
isomorph, (gr.): von gleicher Gestalt
Isomorphie, (gr.), w, -n: Gestaltgleichheit
Isopren, (gr.), s, n.E.: ein Kohlenwasserstoff
Isotherme, (gr.), w, -n: Verbindungslinie zwischen Orten gleicher Lufttemperatur
Isotop, (grech.), s, -e: sich nur durch eine andere Massenzahl unterscheidendes Atom
Isotron, (gr.), s, Isotrone: Gerät zur Isotopentrennung
isotrop, (gr.): gleiche physikal. Eigenschaften aufweisend
Isthmus, (gr.), m, Isthmen: Landenge
Italowestern, (amerik.), m, -: von ital. Regisseur gedrehter Western
item, (lat.): desgleichen, ebenso
Iteration, (lat.), w, -en: wiederholte Anwendung; Verdoppelung oder Wiederholung
iterativ, (lat.): wiederholend, verdoppelnd
Iwrit (Iwrith), (neuhebr.), s, n.E.: Neuhebräisch (Landes- und Amtssprache in Israel)

J

Jab, ['d*sch*ä:b, engl.], m, -s: kurzer Haken (Boxsport)
Jabot, [*sch*a'bo:, frz.], s, -s: Rüsche bei Blusen und Hemden
Jacht, w, -en: vgl. Yacht
Jacketkrone, ['d*sch*ä.ketkrone, engl.-

dt.], w, -n: Zahnkrone, die den abgeschliffenen Zahn umhüllt
Jackẹtt, [*scha*'ke.t, frz.], s, -s: Jacke eines Herrenanzuges
Jackpot, ['d*schä*.kpot, engl.], m, -s: erhöhte Gewinnquote u.a. beim Lotto
Jacquard, [*scha*'ka:r, frz.], m, -s: flächig gemusterter Stoff
jade, (span.): blaßgrün
Jade, (span.), m, auch w, n.E.: blaßgrüner Edelstein
Jaguar, (indian.), m, -e: Großkatze
Jahwe, (hebr.): Name des Gottes der Israeliten (Juden)
Jạk, (tibet.), m, -s: Hochgebirgsrind in Zentralasien
Jakobiner, m, -: Mitglied des radikalrevolutionären Jakobinerklubs während der Frz. Revolution
Jalon, [*scha*'l*on*, frz.], m, -s: Meßlatte
Jalousette, [*scha*lu'sett(e), frz.], w, -n: leichte Jalousie
Jalousie, [*scha*lu'si:, frz.], w, -n: aufrollbare Verdunkelungsvorrichtung
Jam, [d*schä*.m, engl.], s, -s: Marmelade
Jạmbe, (gr.), w, -n: vgl. Jambus
Jạmbus, (gr.), m, Jamben: Versfuß aus einer unbetonten und einer betonten Silbe
Jam Session, ['d*schä*.m 'ßä.sch(e)n, engl.], w, - -s: Treffen von Jazzmusikern zum spontanen Improvisieren
Januskopf (Janusgesicht), (lat.-dt.), m, -köpfe: Doppelgesicht; wankelmütiger, zwiespältiger Menschen
Japanologie, w, n.E.: Wissenschaft der japan. Sprache und Kultur
Japon, [*scha*'p*on*, frz.], m, -s: Gewebe aus frz. Rohseide
Jargon, [*schar*'g*on*, frz.], m, -s: Sondersprache von sozialen oder beruflichen Gruppen; derbes Vokabular
Jarl, (altnord.), m, -s: normannischer Adliger
Jasmin, (pers.), m, -e: weiß blühender Zierstrauch
Jạspis, (hebr.-gr.), m, -se: roter Halbedelstein
Jause, (slowen.), w, -n: Zwischenmahlzeit, Vesper
Jazz, [d*schä*.ß, amerik.], m, n.E.: aus Arbeits- und Tanzliedern der Farbigen hervorgegangener Musikstil
Jazzband, ['d*schä*.ßbend, amerik.], w, -s: Kapelle für Jazzmusik
jạzzen, (amerik.): Jazzmusik spielen
Jạzzer, (amerik.), m, -: Jazzmusiker
Jeans, [d*schi*:nß, amerik.], w, meist M.: Kurzw. für: Bluejeans
Jeep, [d*schi*:p, amerik.], m, -s: geländegängiger (Militär-)Kraftwagen mit Allradantrieb
Jehova, (hebr.): vgl. Jahwe
Jeremiade, w, -n: wortreiches Jammern, Klagelied
Jersey, [d*schö*:ßi, engl.], m, -s: fester Maschenstoff für Oberbekleidung
Jesuit, m, -en: Angehöriger der Gesellschaft Jesu, eines kath. Ordens
Jet, [d*schä*.t, engl.], m, -s: Düsenflugzeug
Jeton, [*sche*'t*on*, frz.], m, -s: Spielmarke; Automatenmarke
Jet-set, ['d*schä*.tßet, engl.], m, -s: wohlhabende internationale Gesellschaftsschicht
Jetstream, ['d*schä*.tßtri:m, engl.], m, -s: in hohen Luftschichten auftretendes Band hoher Windgeschwindigkeit
jetten, [d*schä*.t(e)n, engl.]: mit einem Jet reisen
Jeu, [*schö*:, frz.], s, -s: Kartenspiel, Glücksspiel
Jiddisch, s, n.E.: von Juden v.a. Osteuropas gesprochene Mischsprache
Jiu-Jitsu, (japan.), s, n.E.: waffenlose Selbstverteidigung
Job, [d*scho*.b, engl.], m, -s: kurzzeitige Beschäftigung; Beruf
jobben, [d*schọ*bben, engl.]: Gelegenheitsarbeit verrichten
Jobber, [d*schọ*bber, engl.], m, -: 1. Gelegenheitsarbeiter, 2. Börsenhändler in England
Job-sharing, ['d*scho*.bschärin(g), engl.], s, n.E.: Verteilung eines Ganztagsarbeitsplatzes/einer Planstelle auf zwei Arbeitskräfte
Jockei, Jockey, [d*schọ*cki, engl.], m, -s: Berufsrennreiter
Jod, (gr.), s, n.E.: nichtmetallisches Element; Desinfektionsmittel
Joga, (sanskr.), m oder s, n.E.: durch Askese, Meditation und bestimmte körperliche Übungen geprägtes altes philosophisches Lehrsystem
joggen, [d*scho*.gen, engl.]: dauerlaufen
Jogger, [d*scho*.ger, engl.]: Dauerläufer
Jogging, [d*scho*.gin(g), engl.], s, n.E.: das Dauerlaufen

Joghurt, (türk.), m oder s, -s: gesäuerte Dickmilchart
Jogi, (sanskr.), m, -s: Joga-Anhänger
Joint, [d*sch*oint, engl.], m, -s: mit Haschisch oder Marihuana angereicherte Zigarette
Joint-venture, [d*sch*oint'wä.ntsche(r), engl.], s, -(s): zeitweilige Zusammenarbeit unabhängiger Betriebe
Jo-Jo, [amerik.], s, -s: Geschicklichkeitsspiel
Joker, [auch: d*sch*o:ker, engl.], m, -: 1. Spielkarte, höchste Trumpfkarte, 2. Auswechselspieler
Jokus, (lat.), m, n.E.: Scherz
Jom Kippur, (hebr.), m, n.E.: jüd. Festtag der Versöhnung
Jongleur, [*schon*'glö:r, frz.], m, -e: Artist, der Kunststücke mit mehreren Bällen o.ä. vorführt
jonglieren, [*schon*'gli:ren, frz.]: Kunststücke mit mehreren Bällen o.ä. vorführen
Jota, s, -s: 1. neunter Buchstabe des gr. Alphabets, 2. Kleinigkeit, Deut
Joule, [d*sch*u:l], s, -: Maßeinheit für Energie
Jour fixe, [*sch*u:r fi.ks, frz.], m: fest vereinbartes Datum
Journaille, [*sch*ur'na.lje, frz.], w, n.E.: sensationslüsterne Presse
Journal, [*sch*ur'na:l, frz.], s, -e: 1. Zeitschrift, Tageszeitung, 2. Logbuch
Journalismus, (frz.), m, n.E.: 1. Gesamtheit der Presseaktivitäten, 2. Arbeit der Journalisten, 3. Arbeitsweise von Journalisten
Journalist, (frz.), m, -en: Berichterstatter, für die Medien Tätiger
Journalistik, (frz.), w, n.E.: Zeitungswissenschaft
journalistisch, (frz.): als Journalist; in der Art des Journalismus
jovial, (lat.): freundlich-herablassend, leutselig
Jubilar, (lat.), m, -e: jmd., der ein Jubiläum feiert
Jubilate, (lat.): kirchl. Name des 3. Sonntags nach Ostern
Jubiläum, (lat.), s, Jubiläen: Jahrestag; Gedenkfeier
jubilieren, (lat.): jauchzen, frohlocken
Juchten, (russ.), m oder s, n.E.: gefettetes Rindsleder
Judaika, (hebr.), w, n.M.: jüdisches Schrifttum
Judaismus, (hebr.), m, n.E.: jüd. Religion; Judentum
Judaistik, (hebr.), w, n.E.: Wissenschaft der jüd. Kultur und Geschichte
Judas, m, -se: Verräter
Judikative, (lat.), w, -n: Rechtsprechung, richterliche Gewalt
judizieren, (lat.): urteilen, Recht sprechen, richten
Judo, (japan.), s, n.E.: japan. waffenlose Selbstverteidigungskunst
Judoka, (japan.), m, -s: Judosportler
Juice, [d*sch*u:ß, engl.], m oder s, -s: Obst- oder Gemüsesaft
Jukebox, ['d*sch*u:kbo.ks, engl.], w, -es: Musikbox
Jul(fest), (altnord.), s, -e: Weihnachts- und Wintersonnenwendfest in Skandinavien
Julklapp, (altnord.), m, n.E.: Brauch, kleine Weihnachtsgeschenke so zu vergeben, daß der Geber unbekannt bleibt
Jumbo Jet, (engl.), m, -s: Großraumdüsenflugzeug
jumpen, ['d*sch*a.mpen, engl.]: (umg.) springen
Jumper, ['d*sch*a.mpe(r), engl.], m, -s: Strickbluse oder hüftlanger Pullover
junior, (lat.): (nach Personennamen:) der Jüngere
Junior, (lat.), m, Junioren: der Jüngere, Mitglied einer Jugendmannschaft; der Sohn
Juniorchef, m, -s: Sohn des Firmeninhabers
Juniperus, (lat.), m, -: Wacholder
Junkie, ['d*sch*a.nki:, engl.], m, -s: Rauschgiftsüchtiger
Junktim, (lat.), s, -s: Koppelung
Junta, ['*ch*u.nta, span.], w, -s: Komitee mit Sondervollmachten, herrschende (Offiziers-)Clique
Jura, (lat.), ohne Artikel: Rechtswissenschaft
Jura, m, n.E.: Epoche des Mesozoikums
Jurisdiktion, (lat.), w, -en: Rechtsprechung, Gerichtsbarkeit
Jurisprudenz, (lat.), w, n.E.: Rechtswissenschaft
Jurist, (lat.), m, -en: Rechtswissenschaftler; Rechtssachverständiger

juristisch, (lat.): rechtlich, rechtswissenschaftlich
Juror, (lat.), m, Juroren: Mitglied einer Jury
Jurte, (türk.), w, -n: Zelt asiatischer Nomaden
Jury, ['*sch*üri:, frz.], w, -s: 1. Zulassungs- oder Preiskomitee, 2. Schwurgericht, Geschworenenbank
Jus, (lat.), s, Jura: das Recht
Jus primae noctis, (lat. »Recht der ersten Nacht«)
just, (lat.): eben, gerade
justieren, (lat.): genau einstellen, einrichten, eichen
Justifikation, (lat.), w, -en: Rechtfertigung, Anerkennung
justifizieren, (lat.): rechtfertigen; eine Rechnung prüfen und anerkennen
Justitia, (lat.), w, n.E.: altröm. Göttin der Gerechtigkeit, Symbol der Gerechtigkeit
Justitiar, (lat.), m, -e: Leiter der Rechtsabteilung
Justiz, (lat.), w, n.E.: Gerichtsbarkeit, Sammelbez. für alle dafür tätigen Personen und Behörden
Jute, (engl.), w, n.E.: Bastfaser
juvenalisch, (lat.): satirisch, spöttisch
juvenil, (lat.): jugendlich
Juvenilität, (lat.), w, n.E.: Jugendlichkeit
Juwel, (niederl.), m oder s, -en: geschliffener Edelstein, wertvolles Schmuckstück, Kleinod
Juwelier, (niederl.), m, -e: Goldschmied, Schmuckhändler
Jux, (lat.), m, -e: (umg.) Ulk, Scherz

K

Kaaba, (arab.), w, n.E.: Kultstätte des Islam
Kabale, (hebr.), w, -n: Ränkespiel, Intrige
Kabarett, (frz.), s, -s: 1. Kleinkunstbühne, 2. humoristische, politisch-satirische Darbietung
Kabarettist, (frz.), m, -en: Künstler in einem Kabarett
kabarettistisch, (frz.): in der Art einer Kabarettvorstellung
Kabbala, (hebr.), w, n.E.: mittelalterl. jüd. Geheimlehre
Kabeljau, (niederl.), m, -e und -s: Speisefisch (im Jugendstadium als Dorsch bezeichnet)
Kabine, (frz.), w, -n: kleiner Raum; Fahrgastraum; Umkleideraum
Kabinett, (frz.), s, -e: 1. (früher:) kleines Zimmerchen, 2. Ministerkollegium
Kabrio, (Kurzw.), s, -s: vgl. Kabriolett
Kabriolett, ['ka.briole:, frz.], s, -s: 1. zweirädriger Einspänner, 2. Kraftwagen mit rückklappbarem Verdeck
Kadaver, (lat.), m, -: toter Tierkörper; Aas
Kadavergehorsam, (lat.-dt.), m, n.E.: blinder Gehorsam
Kadenz, (lat.), w, -en: 1. ein Musikstück abschließende Akkordfolge, 2. Variieren der Hauptthemen eines Konzertes
Kader, (frz.), m, -: Stamm der Streitkräfte; Stamm einer Sportmannschaft; Funktionärsstamm
Kadett, (frz.), m, -en: Zögling einer militärischen Erziehungsanstalt
Kadi, (arab.), m, -s: (in islam. Ländern:) Richter
Kadmium, (gr.), s, n.E.: chem. Element, hochgiftiges Schwermetall
Kaffer, (jidd.), m, -: (umg.) blöder Kerl
Kaftan, (pers), m, -e: langärmeliger Überrock
Kai, (niederl.), m, -e und -s: befestigte Anlegestelle; befestigtes Ufer
Kaiman, (indian.), m, -e: Krokodil
Kajak, (eskimo.), m oder s, -s: Boot der Eskimos; Sportpaddelboot
Kajüte, (niederl.), w, -n: Raum zum Schlafen auf Schiffen
Kakadu, m, -s: u.a. in Australien lebender Papagei
Kakao, (indian.), m, n.E.: aus den Samen des Kakaobaumes gewonnenes Pulver, bzw. daraus bereitetes Getränk
Kakerlak, m, -en: Küchenschabe
Kakophonie, (gr.), w, -n: Mißklang, Dissonanz
Kaktee, (gr.), w, -n: vgl. Kaktus
Kaktus, (gr.), m, Kakteen: stachelige, dickfleischige Pflanze
Kalabasse: vgl. Kalebasse
Kalabreser, m, -: breitrandiger Filzhut

Kalamität, (lat.), w, -en: Mißstand, große Verlegenheit
Kalauer, m, -: fader oder fauler Wortwitz
Kaldaune, (lat.), w, -n: Innereien, Eingeweide
Kalebasse, (arab.), w, -n: aus der Frucht des Kalebassenbaumes hergestelltes Gefäß
Kaleidoskop, (gr.), s, -e: innen mit Spiegeln bestücktes Spielzeugrohr
kalendarisch, (lat.): nach dem Kalender
Kalendarium, (lat.), s, -darien: 1. kirchl. Festtagsverzeichnis, 2. Terminkalender
Kalenden, (lat.), w, n.M.: (im alten Rom) Monatsanfang
Kalender, (lat.), m, -: Verzeichnis der Tage des Jahres
Kalesche, (poln.), w, -n: vierrädriger Einspänner
Kalfakter, (lat.), m, -: vgl. Kalfaktor
Kalfaktor, (lat.), m, -toren: Hausmeister; Bediensteter für einfache Arbeiten aller Art
kalfatern, (span.): Fugen eines Holzschiffes abdichten
Kali, (arab.), s, -s: Sammelbez. für natürliche Kalisalze und Kaliumverbindungen
Kaliber, (frz.), s, -: 1. innerer Durchmesser von Rohren, 2. Geschoßdurchmesser, 3. Art, Größe
Kalif, (arab.), m, -en: mohammedanischer Herrscher
Kalifat, (arab.), s, -e: (histor.) Reich eines Kalifen
Kalisalz, (arab.-dt.), s, -e: Kaliumverbindung
Kalium, (arab.), s, n.E.: chem. Element, ein Metall
Kaliumpermanganat, s, -e: Kaliumsalz
Kalkül, (lat.), s, -e: berechnende Überlegung
Kalkül, (lat.), m, -e: Rechenverfahren
Kalkulation, (lat.), w, -en: Ermittlung von Kosten, Kostenvoranschlag
kalkulieren, (lat.): Kosten ermitteln, veranschlagen; erwägen
Kalligraphie, (gr.), w, n.E.: Kunst des Schönschreibens
kalligraphisch, (gr.): sehr deutlich geschrieben
Kalmar, (gr.), m, Kalmare: Tintenfisch
Kalme, (gr.), w, -n: Windstille
Kalmengürtel, m, -: Gebiete häufiger Windstille
Kalmus, (gr.), m, -se: Aronstabgewächs
Kalorie, (lat.), w, -n: nicht mehr zulässige Maßeinheit für die Wärmemenge, bzw. den Energieumsatz des Körpers
Kalorimeter, (lat.-gr.), s, -: Wärmemesser
kalorisieren, (lat.): Aluminiumlegierung aufbringen
Kalotte, (frz.), w, -n: Kugel(kappe); flache Kuppel
Kalpak, (türk.), m, -s: Husarenmütze
Kalumet, (frz.), s, -s: Friedenspfeife der Indianer
Kalvarienberg, (lat.-dt.), m, -e: Nachbildung des Kreuzigungsortes Christi
Kalvinismus, m, n.E.: Lehre Calvins
Kalvinist, m, -en: Anhänger des Kalvinismus
Kalzifikation, (lat.), w, -en: Ablagerung von Kalk
Kalzium, (lat.), s, n.E.: chem. Element, ein Metall
Kamarilla, (span.), w, -rillen: einflußreiche Gruppe am Hof eines Herrschers
Kambrium, (lat.), s, n.E.: unterster Abschnitt des Erdaltertums
Kamee, (frz.), w, -n: Edelstein mit geschliffener Darstellung
Kamel, (gr.), s, -e: Last- und Reittier der Wüstengebiete
Kamelie, w, -n: Zimmerpflanze
Kamera, (lat.), w, -s: Fotoapparat; Aufnahmegerät für Filme
Kamerad, (frz.), m, -en: Gefährte
Kameraderie, (frz.), w, n.E.: übertriebene Freundschaft
Kamikaze, (japan.), m, -: japan. Bomberpilot, der sein mit Bomben bestücktes Flugzeug direkt in das vorgesehene Ziel lenkte
Kamille, (lat.), w, -n: Heilpflanze
Kamorra, (ital.), w, n.E.: Geheimbund; mafiaähnliche Organisation
Kampagne, [kam'pa.nje, frz.], w, -n: 1. größere politische Aktivität, 2. saisonbedingte größere Unternehmung
Kampanile, (ital.), m, -: frei stehender Glockenturm

Kanadier, m, -: Kanu der Indianer; offenes Sportboot
Kanaille, [ka'na.lje, frz.], w, -n: Lump, Schurke
Kanake, (polynesisch: "Mensch"), m, -n und -r: Südseeinselbewohner
Kanal, (lat.), m, Kanäle: 1. künstlich angelegte Wasserstraße, 2. Frequenzbereich, 3. Übermittlungsweg
Kanalisation, (lat.), w, -en: 1. System von unterirdischen Abwasserrohren, 2. das Kanalisieren
kanalisieren, (lat.): 1. eine Kanalisation anlegen, 2. in eine bestimmte Richtung lenken
Kanapee, (frz.), s, -s: altmodisches Sofa
Kandare, (ung.), w, -n: Stangengebiß der Pferdezäumung
Kandelaber, (frz.), m, -: Standleuchte; Träger der Straßenbeleuchtungskörper
Kandidat, (lat.), m, -en: Bewerber, Anwärter; Prüfling
Kandidatur, (lat.), w, -en: Bewerbung; Anwartschaft
kandidieren, (lat.): sich (um ein Amt) bewerben
kandieren, (ital.): (Früchte) mit Zuckersirup überziehen
Kandis, Kandiszucker, m, n.E.: größere Zuckerkristalle
Kaneel, (frz.) m, -e: Zimt bester Qualität
Kaniden, (lat.), w, M.: hundeartige (Raub)tiere
Kanister, (lat.), m, -: tragbarer Flüssigkeitsbehälter
kannelieren, (lat.): Rillen oder Riefen anbringen
Kannibale, (span.), m, -n: Menschenfresser
Kannibalismus, (span.), m, n.E.: das Verzehren von Angehörigen derselben Art
Kanon, (gr.), m, -s: 1. Regel, Richtschnur, 2. Gesamtheit von Grundsätzen; Verzeichnis, 3. mehrstimmiger Satz, 4. kirchl. Rechtsvorschrift
Kanonade, (ital.), w, -n: andauerndes Geschützfeuer
Kanone, (ital.), w, -n: Geschütz; großer Könner
Kanonier, (ital.), m, -e: Soldat, der eine Kanone bedient
Kanoniker, (gr.), m, -: Mitglied eines Dom- oder Stiftkapitels
kanonisch, (gr.): einem Kanon gemäß
kanonisches Recht: kath. Kirchenrecht
Känozoikum, (gr.), s, n.E.: Erdneuzeit
Kantate, (lat.): 4. Sonntag nach Ostern
Kantate, (lat.), w, -n: Gesangsstück
Kantilene, (lat.), w, -n: gesangartige Tonfolge
Kantine, (frz.), w, -n: Speiseraum (in Betrieben)
Kanton, (frz.), m, -e: 1. Bundesland der Schweiz, 2. Verwaltungsbezirk
Kantonist, (frz.), m, -en: Rekrut; unsicherer K.: unzuverlässiger Mensch
Kantor, (lat.), m, -toren: Organist; Leiter des Kirchenchors und der Kirchenmusik
Kantorat, (lat.), s, -e: Amt des Kantors
Kantorei, (lat.), w, -en: Wohnung des Kantors
Kantus, (lat.), m, -se: der Gesang
Kanu, (engl.), s, -s: einbaumartiges Boot; Sportpaddelboot
Kanüle, (lat.), w, -n: Röhrchen; Hohlnadel an der Injektionsspritze
Kanute, m, -n: Kanufahrer, Kanusportler
kanzerogen, (lat.-gr.): krebserzeugend (Med.)
kanzerös, (lat.): krebsartig (Med.)
Kanzone, (ital.), w, -n: 1. frz. und ital. Gedichtform, 2. volkstümliches Lied; liedartiges Musikstück
Kanzonette, (ital.), w, -n: kleine Kanzone, Liedchen
Kaolin, (chines.), m oder s, -e: Porzellanerde
Kap, (lat.), s, -s: Landspitze
Kapaun, (lat.), m, -e: kastrierter, gemästeter Hahn
Kapazität, (lat.), w, -en: 1. Aufnahmefähigkeit, Fassungsvermögen, 2. Leistungs-, Produktionsvermögen, 3. hervorragender Fachmann
Kapelle, (lat.), w, -n: 1. kleine Kirche, 2. kleiner (abgeteilter) Kirchenraum, 3. Musikgruppe
Kaper, (gr.), w, -n: Gewürz
Kaperbrief, (niederl.-dt.), m, -e: (histor.) staatl. Vollmacht für Schiffseigner zur Teilnahme am Handelskrieg
kapern, (niederl.): (histor.) Schiffe aufbringen, plündern

kapieren, (lat.): (umg.) begreifen, verstehen
Kapillare, (lat.), w, -n: Haargefäß; kleinstes Blutgefäß
Kapillargefäß: vgl. Kapillare
kapital, (lat.): hauptsächlich; mächtig
Kapital, (lat.), s, -e und -talien: Geld- und Sachvermögen, Produktionsfaktor
Kapitale, (lat.), w, -n: Hauptstadt
kapitalisieren, (lat.): zu Kapital machen
Kapitalismus, (lat.), m, n.E.: Wirtschafts- und Gesellschaftsordnung auf der Grundlage der Marktwirtschaft
Kapitalist, (lat.), m, -en: Verfechter des Kapitalismus; Besitzer von Produktionsmitteln
kapitalistisch, (lat.): den Kapitalismus betreffend
Kapitän, (lat.), m, -e: Kommandant eines Schiffes, Flugzeuges; Mannschaftsführer
Kapitänspatent, (lat.), s, -e: amtl. Zeugnis, das zur Führung eines Schiffes berechtigt
Kapitel, (lat.), s, -: 1. Buchabschnitt, 2. Gesamtheit der Geistlichen einer Dom- oder Stiftskirche
Kapitell, (lat.), s, -e: oberer Abschluß einer Säule
Kapitol, (lat.), s, n.E.: 1. Stadtburg im alten Rom, 2. Kongreßgebäude in Washington
Kapitular, (lat.), m, -e: Mitglied eines Kapitels (2)
Kapitulation, (lat.), w, -en: Unterwerfung, Übergabe (nach einem verlorenen Krieg); Aufgabe
kapitulieren, (lat.): sich ergeben, aufgeben; einen Übergabevertrag unterschreiben
Kaplan, (lat.), m, Kapläne: kath. Hilfsgeistlicher
Kapo, (ital.), m, -s: 1. als Aufseher eingesetzter Häftling in Konzentrationslagern; 2. Unteroffizier
Kapodaster, (ital.), m, -: verschiebbarer Steg für Gitarren
kapores, (jidd.): (umg.) kaputt, entzwei
Kapotte, (frz.), w, -n: kleiner Frauenhut
Kappa, (gr.), s, -s: zehnter Buchstabe des gr. Alphabets
Kaprice, [ka'pri:ß, frz.], w, -n: Laune
Kapriole, (ital.), w, -n: 1. Luftsprung, 2. witziger Einfall, 3. Hochspringen des Pferdes
kaprizieren, (ital.): sich auf etwas versteifen
kapriziös, (ital.): eigenwillig, launenhaft
Kapuze, (lat.), w, -n: an einer Jacke befestigte Kopfbedeckung
Kapuziner, (lat.), m, -: Angehöriger eines Mönchsordens
Karabiner, (frz.), m, -: kurzes Gewehr
Karabinerhaken, (frz.-dt.), m, -: Haken mit Federverschluß
Karacho, (span.), s, n.E.: (umg.) großer Schwung
Karaffe, (arab.), w, -n: bauchige Glasflasche
Karakal, (türk.), m, -s: Wüstenluchs
Karambolage, [karambo'la:*sch*e, frz.], w, -n: Zusammenstoß, Zusammenprall
karambolieren, (frz.): zusammenstoßen
Karamel, (frz.), m, n.E.: gebräunter Zucker
Karamelbonbon, (frz.), m oder s, -s: vgl. Karamelle
Karamelle, (frz.), w, -n: aus Karamel, Milch und Sahne hergestellter Bonbon
Karat, (gr.), s, -e: Gewichtsmaß für Edelsteine; Maß für den Feingehalt einer Goldlegierung
Karate, (japan.), s, n.E.: waffenlose Selbstverteidigungskunst
Karateka, (japan.), m, -(s): Karatekämpfer
Karavelle, (portug.), w, -n: dreimastiges Segelschiff
Karawane, (pers.), w, -n: mit Kamelen durch unwegsame Gebiete ziehende Gesellschaft von Reisenden
Karawanserei, (pers.), w, -en: Herberge für Karawanen
Karbatsche, (türk.), w, -n: geflochtene Peitsche
Karbid, (lat.), s, -e: Verbindung aus Kohlenstoff und Metall
Karbol, (lat.), n.E.: ein Desinfekionsmittel
Karbon, (lat.), s, n.E.: Abschnitt des Erdaltertums
Karbolineum, (lat.), s, n.E.: Steinkohlenteeröl
Karbonade, (lat.), w, -n: gebratenes Rippenstück, Kotelett

Karbunkel, (lat.), m, -: Häufung von Furunkeln
Kardamom, (gr.), m oder s, -e: ingwerähnliches Gewürz
Kardanwelle, w, -n: Antriebswelle für Kraftfahrzeuge
Kardätsche, (ital.), w, -n: Striegelbürste
kardial, (gr.): das Herz betreffend, vom Herzen ausgehend
kardinal, (lat.): grundlegend, entscheidend, wichtig
Kardinal, (lat.), m, -näle: höchster kath. Würdenträger nach dem Papst
Kardinalzahl, (lat.-dt.), w, -en: Mächtigkeit einer Menge (Math.)
Kardiogramm, (gr.), s, -e: graphische Aufzeichnung von Herzbewegungen
Kardiologie, (gr.), w, n.E.: Lehre vom Herzen
Karenz, (lat.), w, -en: Entbehrung, Aussetzen
Karenzzeit, (lat.-dt.), w, n.E.: Wartezeit, Sperrfrist
Karfiol, (ital.), m, n.E.: Blumenkohl
Karfunkel, (lat.), m, -: roter Edelstein
Kargo, (span.), m, -s: Schiffsfracht
Karibu, (indian.), s, -s: nordamerikan. Rentier
karieren, (frz.): mit Karomuster versehen
Karies, (lat.), w, n.E.: Zahnfäule
karikativ, (ital.): in der Art einer Karikatur
Karikatur, (ital.), w, -en: bestimmte Eigenschaften überzeichnende Personendarstellung; Zerrbild, Spottbild
Karikaturist, (ital.), m, -en: Zeichner von Karikaturen
karikaturistisch, (ital.): vgl. karikativ
karikieren, (ital.): als Karikatur darstellen
kariös, (lat.): von Karies befallen
Karitas, (lat.), w, n.E.: Barmherzigkeit
karitativ, (lat.): wohltätig, mildtätig
Karma, (sanskr.), s, n.E.: (in der ind. Religionsphilosophie) Schicksal nach der Wiedergeburt
Karmeliter, m, -: Angehöriger des kath. Karmeliterordens
Karmin, (frz.), s, n.E.: roter Farbstoff
Karneol, (lat.), m, -e: fleischroter Schmuckstein
Karneval, (ital.), m, -s: Fastnachtsfest; Fasching
Karnevalist, (ital.), m, -en: Teilnehmer am Karneval
karnivor, (lat.): fleischfressend
Karnivore, (lat.), w, -n: fleischfressendes Lebewesen
Karo, (lat.), s, -s: 1. Raute, 2. Spielkartenfarbe
Karosse, (frz.), w, -n: Staats- oder Prachtkutsche
Karosserie, (frz.), w, -n: Blechkleid eines Kraftwagens
Karotin, (lat.), s, n.E.: Pflanzenfarbstoff
Karotte, (gr.), w, -n: Mohrrübe, Möhre
Karpell, (gr.), s, -e: Fruchtblatt
Karpellum: vgl. Karpell
Karee, (frz.), s, -s: 1. Viereck, 2. gebratenes Rippenstück
Karriere, (frz.), w, -n: 1. Laufbahn, beruflicher Aufstieg, 2. schneller Galopp
Karrierismus, (frz.), m, n.E.: gesinnungsloses Karrierestreben
Karrierist, (frz.), m, -en: gesinnungsloser Karrieremacher
Kartätsche, (ital.), w, -n: Artilleriegranate mit Kugelfüllung
Kartause, w, -n: Kloster der Kartäuser; Einsiedelei
Kartäuser, m, -: Angehöriger des kath. Einsiedlerordens
Kartell, (ital.), s, -e: Zusammenschluß selbständiger Firmen der gleichen Branche
kartellieren, (ital.): zu einem Kartell zusammenschließen
kartieren, (gr.): von einem Gelände eine Karte anfertigen
Kartogramm, (gr.), s, -e: Darstellung statistischen Materials auf einer Landkarte
Kartograph, (gr.), m, -en: Hersteller von Landkarten
Kartographie, (gr.), w, n.E.: Kartenkunde
kartographisch, (gr.): auf Kartographie beruhend
Karton, (frz.), m, -s: 1. größere Pappschachtel, 2. dünne Pappe, dickes Papier
Kartonage, [karto'na:*sch*e, frz.], w, -n:

1. Verpackung aus Pappe, 2. Bucheinband aus starkem Karton
Kartothek, (lat.-gr.), w, -en: Karteikartensammlung
Kartusche, (frz.), w, -n: 1. schildförmiges Zierstück über Türen, 2. (bei Geschossen) Hülse mit Treibladung
Karussell, (ital.), s, -s und -e: sich drehende Rundbahn auf Jahrmärkten
Karyatide, (gr.), w, -n: weibliche Gewandstatue als Gebälkträgerin
Karyologie, (gr.), w, n.E.: Wissenschaft vom Zellkern
Karyoplasma, (gr.), s, n.E.: Kernplasma
Karzer, (lat.), m, -: früher Arrestraum in Schulen
karzinogen, (gr.): vgl. kanzerogen
Karzinom, (gr.), s, -e: bösartige Krebsgeschwulst
karzinomatös, (gr.): krebsartig, von Krebs befallen
Karzinose, (gr.), w, -n: Krebsgeschwüre am ganzen Körper
Kasack, (frz.), m, -s: blusenartiges Kleidungsstück
Kasatschok, (russ.), m, -s: russ. Volkstanz
Kashba(h), (arab.), w, -s: (in Marokko) Schloß, Burg; Altstadtviertel
Kaschemme, w, -n: schlechtes Wirtshaus
kaschieren, (frz.): überkleben, verbergen; verheimlichen
Kaschmir, (frz.), m, -e: feines Wollgewebe
Kasein, s, n.E.: Eiweißbestandteil in Milchprodukten
Kasematte, (ital.), w, -n: beschußsicherer Raum
Kaserne, (lat.), w, -n: Quartier von Soldaten, Polizisten
kasernieren, (lat.): in Kasernen unterbringen
Kasino, (ital.), s, -s: 1. Offiziersheim, Haus für gesellige Zusammenkünfte, 2. Spielbank
Kaskade, (frz.), w, -n: 1. stufenförmiger Wasserfall, 2. kühner Sprung eines Artisten
Kasko, (span.), m, -s: Schiffsrumpf; Fahrzeug
Kaskoversicherung, (span.-dt.), w, -en: Fahrzeugversicherung
Kassandra, w, Kassandren: (nach der Sagengestalt) Schwarzseherin
Kassandraruf, m, -e: Warnung vor Unheil
Kassation, (lat.), w, -en: Ungültigkeitserklärung eines Urteils, einer Urkunde
Kasserolle, (frz.), w, -n: Schmortopf mit Deckel
Kassette, (ital.), w, -n: 1. Zierkästchen, 2. Behältnis für fotograf. Filme, 3. Schmuckkarton für Bücher, 4. Kunststoffgehäuse mit Ton- oder Videoband
Kassettenrecorder, (ital.-engl.), m, -: Abspielgerät für Tonbänder in Kassetten
Kassiber, (jidd.), m, -: zwischen Gefangenen oder zwischen Gefangenen und Außenstehenden geschmuggeltes Schriftstück
kassieren, (lat.): 1. Geld einnehmen oder einziehen, 2. (umg.) etwas an sich nehmen; jmdn. verhaften, 3. (ein Urteil) aufheben; für ungültig erklären
Kassierer, (lat.), m, -: Rechnungsführer, Kassenwart
Kastagnette, [kastan'je.te, span.], w, -n: Handklapper als Rhythmusinstrument
Kaste, (lat.), w, -n: streng abgeschotteter gesellschaftlicher Stand (in Indien)
Kastell, (lat.), s, -e: altröm. Befestigungsanlage; Burg
Kastellan, (lat.), m, -e: (histor.) Hausmeister, (Schloß)verwalter
Kastrat, (lat.), m, -en: kastrierter Mann, Entmannter
Kastration, (lat.), w, -en: Beseitigung der Zeugungsfähigkeit durch Entfernung der Keimdrüsen; Entmannung
kastrieren, (lat.): eine Kastration durchführen
Kasuar, (malai.), m, -e: australischer Laufvogel
Kasuistik, (lat.), w, n.E.: 1. Lehre vom moralisch richtigen Verhalten in Einzelfällen, 2. Rechtsfindung, die nach Präzedenzfällen vorgeht, 3. Haarspalterei
kasuistisch, (lat.): spitzfindig; auf Kasuistik beruhend
Kasus, (lat.), m, Kasus: 1. Fall, Begebenheit, 2. Fall, Beugungsform der Deklination (z.B.: Dativ)
Kat, m, -s: (Kurzw. für:) Katalysator

katabatisch, (gr.): fallend (in bezug auf Winde)
Katafalk, (ital.), m, -e: geschmücktes Sarggerüst
Katakombe, (gr.-lat.), w, -n: frühchristliche unterirdische Begräbnisanlage; unterirdisches Gangsystem
Katalekten, (gr.), w, M.: Reste alter Schriften; Überbleibsel
katalektisch, (gr.): unvollendet, verkürzt
Katalog, (gr.), m, -e: 1. Verzeichnis (z.B.: von Waren), 2. Begleitbuch für eine Ausstellung
katalogisieren, (gr.): in ein Verzeichnis aufnehmen; einen Katalog anlegen
Katalysator, (gr.), m, -toren: 1. Stoff, der eine chem. Reaktion bewirkt oder fördert, 2. Motorenteil zur Entgiftung der Abgase
Katalyse, (gr.), w, -n: Einleitung oder Förderung einer chem. Reaktion durch Katalysatoren
katalysieren, (gr.): eine chem. Reaktion durch einen Katalysator einleiten oder fördern
Katamaran, (tamil.), m, -e: doppelrümpfiges Segelboot
Katamnese, (gr.), w, -n: abschließender Bericht eines Arztes
Katapult, (gr.), m oder s, -e: 1. antike Wurf- und Schleudermaschine; Schleuder, 2. Startschleuder für Flugzeuge
katapultieren, (gr.): emporschleudern, mit einem Katapult starten
Katarakt, (gr.), m, -e: Stromschnelle; Wasserfall
Katarrh, (gr.), m, -e: Schleimhautentzündung
katarrhalisch, (gr.): zum Katarrh gehörend
Kataster, (ital.), m oder s, -: amtl. Grundstücksverzeichnis
katastrophal, (gr.): schlimm, einer Katastrophe gleichend
Katastrophe, (gr.), w, -n: folgenschweres Unglück, Unglücksfall großen Ausmaßes
Katechese, (gr.), w, -n: christl. Unterweisung
Katechet, (gr.), m, -en: Religionslehrer
Katechismus, (gr.), m, -chismen: Leitfaden der christl. Glaubenslehre
Katechumene, (gr.), m, -n: Schüler eines Katecheten
Kategorie, (gr.), w, -n: 1. Gruppierung, Klasse; Art, Sorte, 2. Grundbegriff
kategorisch, (gr.): 1. aussagend, 2. unbedingt geltend, unabdingbar, 3. keinen Widerspruch duldend
kategorischer Imperativ: unabdingbar gültiges ethisches Gebot
kategorisieren, (gr.): einordnen, in Kategorien einteilen
Katgut, (engl.), s, n.E.: chirurgisches Nahtmaterial
Katharsis, (gr.), w, n.E.: innere Läuterung
Katheder, (gr.), m oder s, -: Lehrerpult, Kanzel
Kathedrale, (gr.), w, -en: Hauptkirche mit Bischofssitz
Kathete, (gr.), w, -n: die den rechten Winkel eines rechtwinkligen Dreiecks bildenden Seiten
Katheter, (gr.), m, -: Röhrchen zum Einführen in Körperorgane
katheterisieren, (gr.): einführen des Katheters
Kathode, (gr.), w, -n: negative Elektrode
Katholik, (gr.), m, -en: Angehöriger der kath. Kirche
katholisch, (gr.): zur kath. Kirche gehörend, (eigentl.) allgemein, umfassend
Katholizismus, (gr.), m, n.E.: Lehre der kath. Kirche
Kation, (gr.), s, -en: positiv geladenes Ion
Katode: vgl. Kathode
Kattun, (arab.), m, -e: bedrucktes Baumwollgewebe
kausal, (lat.): ursächlich, das Verhältnis zwischen Ursache und Wirkung betreffend
Kausalität, (lat.), w, -en: Zusammenhang von Ursache und Wirkung
Kausalsatz, (lat.-dt.), m, -sätze: begründender Nebensatz
Kaustik, (gr.), w, n.E.: Brennfläche einer opt. Linse
kaustisch, (gr.): ätzend, beißend
Kautel, (lat.), w, -en: vertraglicher Vorbehalt, Absicherung; Vorsichtsmaßregel
Kaution, (lat.), w, -en: Sicherheit (sleistung), Bürgschaft; Haftsumme
kautschieren, (indian.): mit Kautschuk überziehen

Kautschuk, (indian.), m, -e: Saft des Kautschukbaumes; Rohgummi
kautschutieren: vgl. kautschieren
Kavalier, (frz.), m, -e: ritterlicher Begleiter einer Dame
Kavaliersdelikt, s, -e: harmloses Vergehen
Kavalkade, (frz.), w, -n: prächtiger Reiteraufzug
Kavallerie, (frz.), w, -n: Reitertruppe, Reiterei
Kavallerist, (frz.), m, -en: Soldat der Kavallerie
Kavatine, (ital.), w, -n: liedartiger Gesangs- oder Instrumentalsatz
Kaverne, (lat.), w, -n: 1. (künstliche) Höhle, 2. Hohlraum (Med.)
Kaviar, (türk.), m, -e: gesalzener Rogen verschiedener Störarten
Kazoo, [kä'su:, amerik.], s, -s: Rohrblasinstrument
Kebab, (türk.), m, n.E.: oriental. Gericht aus am Drehspieß gebratenen (Hammel)fleischstücken
Keeper, ['ki:per, engl.], m, -: Torwart
keep smiling, ['ki:p 'smailing, engl.: "lächle weiter!"]: Frohsinn, Optimismus in jeder Lebenslage
Kefir, (türk.), m, n.E.: vergorene, säuerliche Milch
Keks, (engl.), m oder s, -e: trockenes Feingebäck
Kelim, (türk.), m, -s: Decke oder Teppich aus Wollgewebe im Orient
Keloid, (gr.), s, -e: Hautwulst auf einer Narbe
Keltologie, (lat.-gr.), w, n.E.: Lehre von den keltischen Sprachen und Kulturen
Kelvin, s, -: Maßeinheit der auf den absoluten Nullpunkt (-273,15° C) bezogenen Temperatur
Kendo, (japan.), s, n.E.: japanische Fechtkunst
Kenotaph, (gr.), s, -e: leeres Grabmal (als Gedenkstätte)
Kentaur: vgl. Zentaur
Keramik, (gr.), w, -en: Erzeugnisse aus Tonwaren; Töpferkunst
keramisch, (gr.): zur Keramik gehörend
Keratin, (gr.), s, -e: Gerüsteiweiß in Nägeln und Haaren
Keratose, (gr.), w, -n: krankhafte Verhornung
Kernphysik, (dt.-gr.), w, n.E.: Physik, die Aufbau und Eigenschaften von Atomkernen untersucht
Kernreaktor, (dt.-lat.), m, -en: vgl. Reaktor
Kerosin, (gr.), s, n.E.: Treibstoff für Strahltriebwerke
Ketchup, ['kä.tschap, engl.], m oder s, -s: dickflüssige Würzsoße aus Tomaten
Ketsch, (engl.), w, -en: zweimastiges Segelboot
Kettcar, (Wz), m, -s: Tretauto mit Kettenantrieb
Keybord, ['ki:bo(r)d, engl.], s, -s: elektronisches Tasteninstrument für Jazz- und Popmusik
Khaki, (pers.), s, n.E.: erdbraune Farbe
Khaki, (pers.), m, n.E.: gelbbrauner Stoff
Khan, (mongol.), m, -e: (histor.) Titel asiat. Fürsten
Kibbuz, (hebr.), m, Kibbuzim: israel. Gemeinschaftssiedlung; Genossenschaft israel. Siedler
Kibbuznik, (hebr.), m, -s: Mitglied eines Kibbuz
Kick, (engl.), m, -s: 1. Tritt, Stoß (beim Fußball), 2. anregende Wirkung von Drogen
Kickdown, [ki.k'daun, engl.], m, -s: Durchtreten des Gaspedals
kicken, (engl.): (umg.) Fußball spielen
Kicker, (engl.), m, -: Fußballspieler
Kid, (engl.), s, -s: 1. feines Schafs- oder Kalbsleder, 2. (umg.) Kind
kidnappen, ['ki.dnäp(e)n, engl.]: Menschen entführen
Kidnapper, (engl.), m, -: Entführer
Kidnapping, (engl.), s, -s: Entführung, das Kidnappen
Kids, (engl.), w, M.: 1. Handschuhe aus Kid, 2. (umg.) Kinder, pubertierende Jugendliche
Kif, (arab.), m, n.E.: Haschisch, Marihuana
kiffen, (arab.): (Jargon) Haschisch oder Marihuana rauchen
Kilim: vgl. Kelim
killen, (engl.): (umg.) töten; etw. streichen
Killer, (engl.), m, -: (bezahlter) Mörder
Kilo: vgl. Kilogramm
Kilogramm, (gr.), s, -e: Maß für Masse, bzw. Gewicht

Kilojoule, ['ki:lod*schu*:l], s, -: eintausend Joule (Abk.: kJ)
Kilometer, (gr.), m, -: eintausend Meter (Abk.: km)
Kilopond, s, -s: eintausend Pond (Abk.: kp)
Kilovolt, s, -: eintausend Volt (Abk.: kV)
Kilowatt, s, -: eintausend Watt (Abk.: kW)
Kilt, (engl.), m, -s: Schottenrock (für Männer)
Kimono, (japan.), m, -s: mantelartiges Gewand der Japaner
Kinemathek, (gr.), w, -en: Filmsammlung oder -archiv
Kinematograph, (gr.), m, -en: (früher:) Apparat zur Aufnahme und Wiedergabe bewegter Bilder
Kinematographie, (gr.), w, n.E.: Filmwesen in den Anfängen
Kinetik, (gr.), w, n.E.: Lehre von den Bewegungen (Teilgebiet der Mechanik)
kinetisch, (gr.): bewegend, auf Bewegung beruhend
kinetische Energie: Bewegungsenergie
Kino, (Kurzw. für: **Kin**emat**o**graph), s, -s: Filmtheater
Kiosk, (türk.), m, -e: Verkaufshäuschen für Zeitungen, Getränke, u.ä.
Kir, m, -s: Cocktail aus Johannisbeerlikör und Weißwein
Kir royal: Cocktail aus Johannisbeerlikör und Sekt
Kismet, (arab.), s, n.E.: zugeteiltes Schicksal, Los
Kiwi, m, -s: Laufvogel Neuseelands
Kiwi, (engl.), w, -s: braune Frucht mit grünem Fruchtfleisch
Klamotte, (rotwelsch), w, -n: (umg.) 1. großer Stein, 2. wertloses (Kleidungs) stück, 3. anspruchloses Theaterstück
Klan, (engl.), m, -e: vgl. Clan
klandestin, (lat.): heimlich
klarieren, (lat.): Zollformalitäten erledigen
Klarinette, (ital.), w, -n: Holzblasinstrument
Klarinettist, (ital.), m, -en: Klarinettespieler
Klassement, [kla.se'm*an*, frz.], s, -s: 1. Einteilung, 2. (Sport) Rangliste, Rangordnung
Klassifikation, (lat.), w, -en: das Klassifizieren
klassifizieren, (lat.): (in Klassen) einordnen, gliedern
Klassik, (lat.), w, n.E.: 1. gr.-röm. Antike (in ihrer Blütezeit), 2. Ära kulturell mustergültiger Leistungen, Kulturepoche um 1800
Klassiker, (lat.), m, -: 1. Werk einer klassischen Epoche sowie dessen Schöpfer, 2. mustergültiges Werk
klassisch, (lat.): 1. aus einer klassischen Epoche stammend, 2. mustergültig; epochemachend; altbewährt
Klassizismus, (lat.), m, n.E.: 1. die gr. und röm. Antike nachempfindende Kunstrichtung, 2. Nachahmung der Klassik, 3. neuzeitl. Kunst- und Baustil
klassizistisch, (lat.): in der Art des Klassizismus
Klause, (lat.), w, -n: Klosterzelle; Einsiedelei; enger Raum
Klausel, (lat.), w, -n: Vorbehalt, Sonderbestimmung
Klausner, (lat.), m, -: Bewohner einer Klause; Einsiedler
Klaustrophobie, (lat.-gr.), w, n.E.: Platzangst
Klausur, (lat.), w, -en: 1. (klösterliche) Absperrung, Abgeschiedenheit, 2. unter Aufsicht anzufertigende Prüfungsarbeit
Klaviatur, (lat.), w, -ren: Tastenreihe von Tasteninstrumenten
Klavichord, (lat.-gr.), s, -e: altes Tasteninstrument; Vorläufer des Klaviers
Klavier, (lat.), s, -e: besaitetes Tasteninstrument mit Hammermechanik
Klematis, (gr.), w, -: Kletterpflanze; Waldrebe
Klementine: vgl. Clementine
Kleptomane, (gr.), m, -n: an Kleptomanie Leidender
Kleptomanie, (gr.), w, -n: krankhafter Trieb zu stehlen
klerikal, (gr.): geistlich, die Kirche betreffend
Klerikalismus, (gr.), m, -: das Bemühen kirchl. Kreise, den Einfluß der Kirche auf das politische und kulturelle Leben zu verstärken
Kleriker, (gr.), m, -: Geistlicher, Angehöriger des Klerus
Klerus, (gr.), m, n.E.: Gesamtheit der (kath.) Geistlichen, Priesterschaft

Klient, (lat.), m, -en: Auftraggeber, Kunde (eines Rechtsanwalts)
Klientel, (lat.), w, -en: Klientenkreis (eines Anwalts)
Klima, (gr.), s, -s und Klimate: 1. typische Wetterverhältnisse eines Gebietes, 2. Stimmung, Atmosphäre
Klimakterium, (gr.), s, n.E.: Wechseljahre der Frau
klimatisch, (gr.): das Klima betreffend
klimatisieren, (gr.): Luftfeuchtigkeit und Temperatur in Räumen regeln
Klimatologie, (gr.), w, n.E.: Klimakunde
Klimax, (gr.), w, -e: 1. stufenweise Steigerung im Ausdruck, 2. Endzustand, Höhepunkt, 3. vgl. Klimakterium
Klinik, (gr.), w, -en: 1. Krankenhaus, 2. medizinische Ausbildung am Krankenbett
Klinikum, (gr.), s, Klinika: 1. medizinische Ausbildung im Krankenhaus, 2. Universitätskrankenhausanlage
klinisch, (gr.): zur Klinik gehörig; ärztlich feststellbar
Klipp, (engl.), m, -s: Klammer; Modeschmuckstück
Klipper, (engl.), m, -: schnelles Segelschiff, Verkehrsflugzeug
Klips, (engl.), m, -e: Schmuckstück zum Anklemmen; Klammer
Klischee, (frz.), s, -s: 1. Druckstock, 2. Abdruck, Abklatsch, 3. abgegriffene Redewendung, Phrase
klischieren, (frz.): ein Klischee herstellen
Klistier, (gr.), s, -e: Darmeinlauf, Darmausspülung
klistieren, (gr.): jmdm. ein Klistier verabreichen
Klitoris, (gr.), w, -: Kitzler, Schwellkörper des weibl. Geschlechtsorgans
Kloake, (lat.), w, -n: 1. Abwässerkanal, Senkgrube, 2. Enddarmabschnitt bei Reptilien und einigen niederen Säugern
Klon, (gr.), m, -e: ungeschlechtlich erzeugter Abkömmling eines Lebewesens
klonen, (gr.): durch künstliche Zellkernteilung genetisch identische Pflanzen oder Tiere erzeugen
Klosett, (engl.), s, -s: Toilette(nraum)
Klub, (engl.), m, -s: 1. Verein, 2. Räumlichkeiten für Zusammenkünfte für Mitglieder eines Vereins
Klüse, (niederl.), w, -n: Öffnung am Schiffsbug
Klüver, (niederl.), m, -: dreieckiges Vorsegel
Knast, (jidd.), m, n.E. : (umg.) Freiheitsstrafe; Gefängnis
Knesseth, (hebr.), w, n.E.: israelisches Parlament
Knickerbocker, ['ni.k(e)rbo.k(e)r, engl.], w, n.M.: weite unter den Knien mit Schnallen geschlossene Pumphose
knockdown, ['no.kdaun, engl.]: niederschlagen (Boxen)
knockout, ['no.kaut, engl.]: kampfunfähig nach Wirkungstreffer
Knockout, m, -s: Niederschlag, der zur Kampfunfähigkeit führt
Know-how, [no(u)'hau, engl.], s, n.E.: Erfahrung und Wissen im Bereich der Technologie
Knute, (russ.), w, -n: geflochtene Riemenpeitsche
koagulieren, (lat.): gerinnen (lassen), ausflocken
Koala, (austral.), m, -s: Beutelbär in Australien
koalieren, (lat.): sich verbünden, eine Koalition bilden
Koalition, (lat.), w, -en: zeitweilige Vereinigung, Bündnis, Verbindung von Staaten oder politischen Parteien
Koalitionär, (lat.), m, -e: Angehöriger einer Koalition
Koautor, (lat.), m, -en: Mitverfasser
koaxial, (lat.): eine gemeinsame Achse besitzend
Kobra, (portug.), w, -s: Brillenschlange
Kode, [ko:d, engl.], m, -s: vgl. Code
Kodein, (gr.), s, n.E.: Opiumalkaloid (in Hustenmitteln)
Kodex, (lat.), m, -e und Kodizes: Gesetzbuch, Gesetzessammlung; alte Handschriftensammlung
kodieren: vgl. codieren
Kodifikation, (lat.), w, -en: das Kodifizieren
kodifizieren, (lat.): Rechtsvorschriften in einem Gesetz niederlegen
Koedukation, (lat.), w, n.E.: gemeinschaftl. Erziehung von Jungen und Mädchen
Koeffizient, (lat.), m, -en: Vorzahl, Faktor (Math.)
Koexistenz, (lat.), w, n.E.: friedliches Nebeneinanderbestehen

koexistieren, (lat.): nebeneinander bestehen
Koffein, (arab.), s, n.E.: Alkaloid im Bohnenkaffee
Kognak, ['konja.k, frz.], m, -s: frz. Weinbrand
Kognat, (lat.), m, -en: Blutsverwandter
Kognition, (lat.), w, -en: gerichtliche Untersuchung
kognitiv, (lat.): erkenntnismäßig; mit Hilfe des Verstandes
Kohabitation, (lat.), w, -en: Geschlechtsverkehr, Beischlaf
kohabitieren, (lat.): Geschlechtsverkehr ausüben
kohärent, (lat.): zusammenhängend
Kohärenz, (lat.), w, n.E.: Zusammenhang
kohärieren, (lat.): zusammenhängen
Kohäsion, (lat.), w, n.E.: Zusammenhalt der Moleküle
kohäsiv, (lat.): auf Kohäsion beruhend
Kohle(n)hydrat, (dt.-gr.), s, -e: organ. Verbindung aus Kohlenstoff, Wasserstoff und Sauerstoff
Kohorte, (lat.), w, -n: zehnter Teil einer röm. Legion
koinzident, (lat.): (zeitlich) zusammenfallend; sich deckend
Koinzidenz, (lat.), w, n.E.: zeitliches Zusammenfallen, genaue Übereinstimmung
koinzidieren, (lat.): (zeitlich) zusammenfallen
koitieren, (lat.): Geschlechtsverkehr ausüben
Koitus, (lat.), m, - (Koitus): Geschlechtsverkehr
Koje, (niederl.), w, -n: 1. eingebautes Bett auf Schiffen, 2. Verschlag
Kojote, (mexikan.), m, -n: nordamerikan. Präriewolf
Koka, (indian.), w, -: kokainliefernder Strauch
Kokain, (indian.), s, n.E.: Rauschgift aus Kokablättern
Kokarde, (frz.), w, -n: Abzeichen an Uniformmützen
koken, (engl.): Koks herstellen
Kokerei, (engl.), w, -en: Anlage zur Gewinnung von Koks
kokett, (frz.): bemüht, (Männern) zu gefallen
Koketterie, (frz.), w, -n: kokettes Verhalten
kokettieren, (frz.): sich kokett verhalten
Kokken, (gr.), w, M.: kugelförmige Bakterien
Kokon, [ko'k*on*, frz.], m, -s: zur Verpuppung von Insektenlarven angefertigtes Gespinst
Kokotte, (frz.), w, -n: Dirne; Halbweltdame
Koks, (engl.), m, -e: 1. hochwertiger Brennstoff, 2. Kokain
koksen, (engl.): (Jargon) Kokain nehmen
Kola, (afrikan.), w, n.E.: koffeinhaltiges Anregungsmittel
Kolchos, (russ., m oder s, Kolchosen: vgl. Kolchose
Kolchose, (russ.), w, -n: landwirtschaftl. Produktionsgenossenschaft
Kolibakterie, (gr.), w, -n: Darmbakterie
Kolibri, (karib.), m, -s: sehr kleiner Schwirrvogel
Kolik, (gr.), w, -en: krampfartiger Schmerzanfall
Kolitis, (gr.), w, -tiden: Entzündung des Dickdarms
kollabieren, (lat.): verfallen; einen Kollaps erleiden
Kollaborateur, (frz.), m, -e: jmd., der im Krieg mit dem Feind zusammenarbeitet
Kollaboration, (lat.), w, -en: das Kollaborieren
kollaborieren, (lat.): mit einer Besatzungsmacht zusammenarbeiten
Kollagen, (gr.), s, -e: Gerüsteiweiß (des Bindegewebes)
Kollaps, (lat.), m, -e: 1. körperlicher Zusammenbruch, 2. wirtschaftlicher Ruin
Kolleg, (lat.), s, -s: 1. Vorlesung an Hochschulen; Fernunterricht, 2. Seminar für Theologen
Kollege, (lat.), m, -n: Mitarbeiter, (umg.) Kumpel
kollegial, (lat.): wie ein Kollege, einvernehmlich
Kollegialität, (lat.), w, n.E.: kollegiales Verhalten
Kollegium, (lat.), s, Kollegien: sämtl. Mitarbeiter einer Behörde; gemeinsam entscheidende Kommission

Kollekte, (lat.), w, -n: Spendensammlung (im Gottesdienst)
Kollektion, (lat.), w, -en: Sammlung; Zusammenstellung (von Textilien)
kollektiv, (lat.): gemeinschaftlich, geschlossen
Kollektiv, (lat.), s, -e: Arbeitsgruppe, Gemeinschaft von Personen, Team
kollektivieren, (lat.): Privateigentum in Gemeineigentum überführen
Kollektivismus, (lat.), m, n.E.: Ideologie, die das Gemeinwohl grundsätzlich über das Wohl des Einzelnen stellt
kollektivistisch, (lat.): im Sinne des Kollektivismus
Kollektor, (lat.), m, -toren: Sammler; Stromsammler; Anlage zur Speicherung von Sonnenenergie
kollidieren, (lat.): zusammenstoßen; aneinandergeraten
Kollier, [ko.l'je:, frz.], s, -s: kostbare Halskette
Kollision, (lat.), w, -en: Zusammenstoß
kolloid, (lat.): feinverteilt (Chem.)
Kolloid, (lat.), s, -e: fein verteilter Stoff (Chem.)
kolloidal, (lat.): vgl. kolloid
Kolloquium, (lat.), s, Kolloquien: 1. wissenschaftliches Gespräch, 2. kleine Prüfung
Kolombine, (ital.), w, -n: Geliebte des Harlekins
Kolon, (gr.), s, -s und Kola: Doppelpunkt
kolonial, (lat.): aus den Kolonien stammend; sie betreffend
Kolonialismus, (lat.), m, n.E.: auf Eroberung, Ausbeutung von Kolonien gerichtete Politik
Kolonie, (lat.), w, -n: 1. meist durch Eroberung angeeignete auswärtige Besitzung eines Staates, 2. Ansiedlung einer Gruppe von Fremden, 3. Lebensgemeinschaft niederer Pflanzen oder Tiere
Kolonisation, (lat.), w, -en: das Kolonisieren
kolonisieren, (lat.): 1. fremdes Gebiet erobern und zu einer Kolonie machen, 2. unbebautes Land urbar machen und besiedeln
Kolonist, (lat.), m, -en: Siedler einer Kolonie (2)
Kolonnade, (lat.), w, -n: Säulengang
Kolonne, (lat.), w, -n: 1. Marschformation; langer Menschenzug; lamge Reihe von Fahrzeugen, 2. Reihe untereinandergeschriebener Zahlen
Kollophonium, (gr.), s, n.E.: Geigenharz
Koloratur, (ital.), w, -en: gesangliche Verzierung
kolorieren, (lat.): mit Farbe versehen, ausmalen
Kolorist, (lat.), m, -en: jmd., der Bilder koloriert
Kolorit, (lat.), s, -e: 1. Farbgebung eines Gemäldes, 2. Stimmung, Atmosphäre
Koloß, (gr.), m, Kolosse: sehr großer Mensch, Gegenstand
kolossal, (gr.): riesig, ungeheuer groß; enorm
Kolportage, [kolpor'ta*sch*e, frz.], w, -n: 1. triviale, auf primitive Wirkungen abzielende Literatur, 2. das Verbreiten von Schund, von Gerüchten
kolportieren, (frz.): Gerüchte in Umlauf setzen oder weitergeben
Kolumbine: vgl. Kolombine
Kolumne, (lat.), w, -n: regelmäßig erscheinender Kommentar in einer Zeitung
Kolumnist, (lat.), m, -en: Kommentator einer Zeitung
Koma, (gr.), s, -s und Komata: nicht zu unterbrechende Bewußtlosigkeit
Kombattant, (lat.), m, -en: unmittelbarer Kampf- oder Kriegsteilnehmer, für den der K.-Status gilt
Kombi, (Kurzw.), m, -s: als Transporter geeigneter PKW
Kombinat, (lat.), s, -e: Großbetrieb
Kombination, (lat.), w, -en: Zusammenstellung; Verknüpfung (von Gedanken); planmäßiges Zusammenspiel
Kombinatorik, (lat.), w, n.E.: 1. Gebiet der Mathematik, 2. Methode, ein Begriffssystem zu bilden
kombinatorisch, (lat.): auf Kombinationen beruhend
kombinieren, (lat.): zusammenstellen; Zusammenhänge herstellen; logisch schließen; planmäßig zusammenspielen
Kombiwagen: vgl. Kombi.
Kombüse, (niederl.), w, -n: Küche auf Schiffen
Komet, (gr.), m, -en: Schweifstern

Komfort, [kom'fo:r, frz.], m, n.E.: Gesamtheit der Ausstattung von Anlagen, die bequemes Nutzen ermöglichen
komfortabel, (frz.): bequem zu nutzen oder zu bedienen
Komik, (gr.), w, n.E.: das Erheiternde sowie seine Wirkung
Komiker, (gr.), m, -: auf erheiternde Wirkungen zielender Künstler; Darsteller heiterer Rollen, (umg.) Spaßvogel
komisch, (gr.): erheiternd, lustig; sonderbar
Komitee, (frz.), s, -s: Ausschuß; Gremium
Komma, (gr.), s, -ta und -s: Beistrich, Satzzeichen (,)
Kommandant, (lat.), m, -en: Befehlshaber einer Festung
Kommandantur, (lat.), w, -en: Dienststelle eines Kommandanten
Kommandeur, [koman'dö:r, frz.], m, -e: Befehlshaber eines militärischen Verbandes
kommandieren, (lat.): Truppenverbände befehligen; Befehlston anschlagen
Kommanditgesellschaft, (lat.-dt.), w, -en: Handelsgesellschaft
Kommanditist, (lat.), m, -en: nicht persönlich haftender Gesellschafter einer Kommanditgesellschaft
Kommando, (ital.), s, -s: 1. Befehl; 2. (n.E.) Befehlsgewalt, 3. militärartige Gruppe
kommensurabel, (lat.): vergleichbar
Komment, [ko'm*an*, frz.], m, -s: Lebensregeln in einer Gesellschaft (sschicht), Brauch; Verhaltenskodex
Kommentar, (lat.), m, -e: 1. Meinungsbeitrag in den Medien, 2. wissenschaftliche Erläuterung; juristische Auslegung von Gesetzen
Kommentator, (lat.), m, -toren: Verfasser von Kommentaren
kommentieren, (lat.): 1. Stellung nehmen zu (politischen) Ereignissen, 2. wissenschaftlich erläutern, ein Gesetz auslegen
Kommers, (lat.), m, -e: Trinkgelage in studentischen Verbindungen
Kommerz, (lat.), m, n.E.: Wirtschaft; Profitmacherei
kommerzialisieren, (lat.): wirtschaftlich nutzbar, profitabel machen
kommerziell, (lat.): ökonomisch orientiert, auf Gewinn bedacht
Kommilitone, (lat.), m, -n: Studienkamerad, Mitstudent
Kommiß, (lat.), m, n.E.: Wehr- bzw. Kriegsdienst
Kommissar, (lat.), m, -e: 1. Dienstgrad bei der Polizei, 2. Sonderbeauftragter
Kommissär, (lat.), m, -e: vgl. Kommissar
Kommissariat, (lat.), s, -e: Dienststelle eines Kommissars
kommissarisch, (lat.): vorübergehend, vertretungsweise
Kommission, (lat.), w, -en: Ausschuß, zu besonderen Aufgaben gebildetes Gremium
Kommissionär, (lat.), m, -e: für Rechnung anderer Handeltreibender
kommod, (lat.): (früher und noch österreich.:) bequem
Kommode, (lat.), w, -n: Halbschrank mit Schubladen
Kommodore, (lat.), m, -s und -n: Geschwaderführer bei Luftwaffe und Marine
kommunal, (lat.): auf Gemeinde- und Kreisebene bezogen oder zu ihnen gehörend
kommunalisieren, (lat.): einer Gemeinde zuordnen
Kommunarde, (lat.), m, -n: 1. Mitglied einer radikalen Wohngemeinschaft, 2. Kämpfer der Pariser Kommune 1871
Kommune, (lat.-frz.), w, -n: 1. Gemeinde, 2. Pariser Gemeinderat während der Frz. Revolution, 3. radikale Wohngemeinschaft
Kommunikation, (lat.), w, -en: zwischenmenschliche Verständigung, Informationenaustausch
kommunikativ, (lat.): auf Verständigung bezogen; mitteilungsfreudig
Kommunion, (lat.), w, -en: in der kath. Kirche Empfang des ersten Abendmahls bei Eintritt der Religionsmündigkeit
Kommunique, [komüni'ke:, frz.], s, -s: amtliche Verlautbarung, Denkschrift
Kommunismus, (lat.), m, n.E.: Wirtschafts- und Lebensgemeinschaft auf der Basis von Gemeineigentum
kommunistisch, (lat.): vom Kommunismus geprägt, seine Ideen vertretend
kommunizieren, (lat.): sich mitteilen; miteinander sprechen

Kommutation, (lat.), w, -en: Veränderung; Vertauschung
kommutativ, (lat.): vertauschbar (Math.)
Kommutativität, (lat.), w, n.E.: Vertauschbarkeit (Math.)
kommutieren, (lat.): vertauschen; verändern
Kommödiant, (gr.), m, -en: Schauspieler; Simulant
Komödie, (gr.), w, -n: 1. Drama mit heiterer Lösung des Konflikts, 2. Heuchelei, Affentheater
Kompagnie: vgl. Kompanie
Kompagnon, ['kompanjong, frz.], m, -s: Mitinhaber einer Firma
kompakt, (lat.): massiv, dicht; gedrängt
Kompanie, (frz.), w, -n: Truppeneinheit
komparabel, (lat.): vergleichbar
Komparation, (lat.), w, -en: 1. der Vergleich, 2. Steigerung des Adjektivs
komparativ, (lat.): vergleichend, steigernd
Komparativ, (lat.), m, -e: erste Steigerungsstufe der Adjektive
Komparse, (ital.), m, -n: kleine Nebenrolle
Komparserie, (ital.), w, -n: Gesamtheit der Komparsen
Kompaß, (lat.), m, -passe: Apparat zum Bestimmen der Himmelsrichtung
kompatibel, (lat.): zusammenpassend; zusammenschaltbar
Kompatibilität, (lat.), w, -en: Verträglichkeit; Systemangepaßtheit (EDV)
Kompendium, (lat.), s, -pendien: kurzes Lehr- oder Handbuch
Kompensation, (lat.), w, -en: 1. Erstattung, Entschädigung, 2. Überwindung von Frustationen durch Befriedigung auf anderem Gebiet
kompensatorisch, (lat.): ausgleichend
kompensieren, (lat.): 1. ausgleichen, entschädigen, 2. sich für Frustrationen ausgleichende Befriedigung suchen
kompetent, (lat.): sachverständig, zuständig
Kompetenz, (lat.), w, -en: 1. fachliche Qualifikation, Urteilsfähigkeit, 2. Zuständigkeit
kompilieren, (lat.): 1. zusammentragen, (unkritisch) zusammenstellen, 2. in Maschinensprache übersetzen (EDV)
Komplement, (lat.), s, -e: Ergänzung
komplementär, (lat.): ergänzend
komplementieren, (lat.): ergänzen, vervollständigen
Komplet, [kom'ple:, frz.], s, -s: Kleid mit einer Jacke aus dem gleichen Stoff
Komplet, (lat.), w, -e: in der kath. Kirche Stundengebet
komplett, (lat.): vollständig, fertig
komplettieren, (lat.): vervollständigen; beenden
komplex, (lat.): vielschichtig, verzweigt
Komplex, (lat.), m, -e: 1. Gruppe; Gesamtheit (z.B. von Aufgaben), 2. zwanghafte Vorstellung (Psychol.)
Komplexität, (lat.), w, -en: Vielschichtigkeit; komplexer Sachverhalt
Komplikation, (lat.), w, -en: Verwicklung; Problem; Verschlimmerung
Kompliment, (lat.), s, -e: galante Bemerkung, Lob
komplimentieren, (lat.): jmdn. höflich (hinaus)begleiten
Komplize, (lat.), m, -n: Mittäter, Helfershelfer
komplizieren, (lat.): schwierig machen, problematisieren
kompliziert, (lat.): schwierig, verwikkelt
Komplott, (frz.), s, (auch m), -e: Verschwörung
Komponente, (lat.), w, -n: Bestandteil
komponieren, (lat.): zusammenfügen; ein Musikstück schaffen
Komponist, (lat.), m, -en: Schöpfer musikal. Kunstwerke
Komposition, (lat.), w, -en: 1. Anordnung; Gestaltung, 2. Musikstück
Kompositum, (lat.), s, -posita: Wortzusammensetzung
Kompost, (frz.), m, -e: organischer Dünger
kompostieren, (frz.): zu Kompost werden lassen
Kompott, (frz.), s, -e: mit Zucker gekochtes Obst
kompreß, (lat.): dicht, gedrängt
Kompresse, (lat.), w, -n: Druckverband
Kompression, (lat.), w, -en: Verdichtung (Phys.); Quetschung
Kompressor, (lat.), m, -pressoren: Verdichter
komprimieren, (lat.): verdichten; zusammenfassen

Kompromiß, (lat.), m, -promisse: Einigung durch Nachgeben beider Parteien, Zugeständnis
kompromittieren, (lat.): dem Ansehen schaden, in Verlegenheit stürzen
Komteß, (frz.), w, -tessen: unverheiratete Grafentochter
Komtesse: vgl. Komteß
Kondemnation, (lat.), w, -en: Verurteilung, Verdammung
Kondensat, (lat.), s, -e: durch Niederschlag aus dem Dampfzustand entstandene Flüssigkeit
Kondensation, (lat.), w, -en: Übergang vom gasförmigen in den flüssigen Aggregatzustand
Kondensator, (lat.), m, -toren: 1. Anlage zum Verflüssigen von Dämpfen, 2. Bauelement zum Speichern elektr. Ladungen
kondensieren, (lat.): verflüssigen, verdichten
Kondensstreifen, (lat.-dt.), m, -: durch Kondensation gebildeter Wolkenstreifen
Kondition, (lat.), w, -en: 1. Verfassung eines Menschen; Leistungsstandard eines Sportlers, 2. Geschäfts-, Lieferungs-, Kauf- o.ä. bedingung
konditional, (lat.): bedingend, bedindungsweise
Konditional, (lat.), m, -e: Nebensatzart; Bedingungsform des Verbs
Konditionalis, (lat.), m, -tionales: vgl. Konditional
konditionieren, (lat.): Reaktionen vorprägen
Konditor, (lat.), m, -ditoren: Feinbäkker
Konditorei, (lat.), w, -en: Feinbäckerei mit Café
Kondolenz, (lat.), w, -en: Beileidsbezeigung
kondolieren, (lat.): Trauernde seines Beileids versichern
Kondom, (engl.), s (auch m), -e: Gummiüberzug für den Penis
Kondominium, (lat.), s, -minien: von mehreren Staaten gemeinsam beherrschtes Gebiet
Kondor, (indian.), m, -e: sehr großer Geier
Kondukt, (lat.), m, -e: Geleit bei Beisetzungen
Kondukteur, [konduk'tö:r, frz.], m, -e: Schaffner
Konfekt, (lat.), s, -e: Pralinen und Zuckerbackwerk
Konfektion, (lat.), w, -en: in Großserie produzierte Kleidungsstücke
Konfektionär, (lat.), m, -e: Verkäufer, Hersteller von Konfektionsware
konfektionieren, (lat.): in Großserie produzieren
Konferenz, (lat.), w, -en: Besprechung, Sitzung, Tagung
konferieren, (lat.): sich besprechen
Konfession, (lat.), w, -en: christl. Glaubensgemeinschaft sowie ihr Bekenntnis
konfessionell, (lat.): die Konfession betreffend
Konfetti, (ital.), s, n.E.: bunte Papierschnipsel
Konfiguration, (lat.), w, -en: Gestaltung; Gruppierung; Anordnung
Konfirmand, (lat.), m, -en: zu Konfirmierender
Konfirmation, (lat.), w, -en: in den evangel. Kirchen Aufnahme junger Christen in die Gemeinde
konfirmieren, (lat.): in die Gemeinde der Gläubigen aufnehmen
Konfiserie, (frz.), w, -n: Konfektgeschäft, -herstellung
Konfiskation, (lat.), w, -en: entschädigungslose Enteignung von Staats wegen
konfiszieren, (lat.): beschlagnahmen
Konfitüre, (frz.), w, -n: gekochte Marmelade
Konflikt, (lat.), m, -e: Streit; Meinungsdifferenz, innerer Zwiespalt; Auseinandersetzung; Krieg
Konfluenz, (lat.), w, -en: Zusammenfluß
konfluieren, (lat.): zusammenfließen
Konföderation, (lat.), w, -en: Bündnis, Staatenbund
konföderieren, (lat.): sich verbünden
Konföderierte, (lat.), m oder w, M.: 1. die Verbündeten, 2. Kämpfer der Südstaaten im amerik. Bürgerkrieg
konform, (lat.): übereinstimmend, einig, einer Meinung
Konformismus, (lat.), m, n.E.: anpasserische Lebenseinstellung
Konformist, (lat.), m, -en: Anpasser und Angepaßter
konformistisch, (lat.): die herrschende Meinung teilend

Konformität, (lat.), w, n.E.: Entsprechung; Angepaßtheit
Konfrontation, (lat.), w, -en: 1. Auseinandersetzung, 2. Gegenüberstellung
konfrontieren, (lat.): gegenüberstellen; jmdn. zwingen, sich mit etwas auseinanderzusetzen
konfus, (lat.): verwirrt, unklar
Konfusion, (lat.), w, -en: Verwirrung; Zerstreutheit
Konfuzianismus, m, n.E.: auf der Lehre des Konfuzius basierende Geisteshaltung
kongenial, (lat.): geistig ebenbürtig, geistig verwandt
Kongenialität, (lat.), w, n.E.: geistige Ebenbürtigkeit
kongenital, (lat.): erblich bedingt
Konglomerat, (lat.), s, -e: Gemenge, Anhäufung
konglutinieren, (lat.): verkleben
Kongregation, (lat.), w, -en: in der kath. Kirche »Ministerium« der Kurie
Kongreß, (lat.), m, -gresse: 1. wissenschaftl. oder polit. Arbeitstreffen mit großer Beteiligung, 2. das Parlament der USA
kongruent, (lat.): 1. übereinstimmend, 2. deckungsgleich
Kongruenz, (lat.), w, -en: 1. Übereinstimmung, 2. Deckungsgleichheit (Math.)
Konifere, (lat.), w, -n: Nadelbaum
konisch, (lat.): kegelförmig
Konjugation, (lat.), w, -en: Beugung eines Verbs
konjugieren, (lat.): die verschiedenen Verbformen bilden
Konjunktion, (lat.), w, -en: 1. logische Verknüpfung zweier Aussagen durch »und« (Math.), 2. Planetenkonstellation, 3. Bindewort (z.B.: und, oder)
konjunktional, (lat.): durch ein Bindewort verbunden
konjunktiv, (lat.): verbindend
Konjunktiv, (lat.), m, -e: Möglichkeitsform des Verbs
Konjunktur, (lat.), w, -en: 1. Situation einer Volkswirtschaft, 2. positiver Trend für etwas
konjunkturell, (lat.): auf die volkswirtschaftliche Lage bezogen
konkav, (lat.): nach innen gewölbt (Phys.)
Konklave, (lat.), s, -n: Kollegium der einen neuen Papst wählenden Kardinäle
konkludieren, (lat.): logisch folgern, schließen
Konklusion, (lat.), w, -en: Schlußfolgerung
konklusiv, (lat.): folgernd, schließend
konkordant, (lat.): übereinstimmend
Konkordanz, (lat.), w, -en: Übereinstimmung
Konkordat, (lat.), s, -e: Abkommen zwischen dem Heiligen Stuhl und einem Staat
Konkordia, (lat.), w, n.E.: Eintracht
konkret, (lat.): gegenständlich, wirklich (Ggs.: abstrakt)
Konkretion, (lat.), w, -en: Verdinglichung, Veranschaulichung
konkretisieren, (lat.): veranschaulichen; realisieren
Konkretum, (lat.), s, -kreta: Gegenstände bezeichnendes Hauptwort
Konkubine, (lat.), w, -n: Geliebte, Mätresse
Konkurrent, (lat.), m, -en: Mitbewerber; Rivale
Konkurrenz, (lat.), w, -en: 1. Gegnerschaft, Rivalität, 2. Wettbewerb, 3. Mitbewerberschaft auf dem Markt
konkurrieren, (lat.): rivalisieren, wettstreiten
Konkurs, (lat.), m, -e: 1. Zahlungsunfähigkeit, Bankrott, 2. zur Befriedigung der Gläubiger abzuwickelndes Gerichtsverfahren
Konnex, (lat.), m, -e: Verknüpfung, Zusammenhang
Konnexion, (lat.), w, -en: Beziehung
Konnubium, (lat.), s, -nubien: (veraltet) Ehe
Konquistador, (span.), m, -en: span. Eroberer Mittel- und Südamerikas
Konrektor, (lat.), m, -en: Stellvertreter des Rektors
Konsekration, (lat.), w, -en: Weihe
konsekrieren, (lat.): weihen
konsekutiv, (lat.): folgernd; folgend
Konsens, (lat.), m, -e: Einigkeit, Zustimmung
konsequent, (lat.): folgerichtig; kompromißlos, zielstrebig
Konsequenz, (lat.), w, -en: 1. Folge, Auswirkung, 2. Grundsatztreue

Konservatismus: vgl. Konservativismus
konservativ, (lat.): 1. traditionsbewußt; fortschrittsfeindlich, 2. erhaltend (Med.)
Konservativismus, (lat.), m, -vismen: rückwärtsgewandte politische Orientierung
Konservator, (lat.), m, -toren: für die Instandhaltung von Kulturdenkmälern Zuständiger
Konservatorium, (lat.), s, -torien: Musik(hoch)schule
Konserve, (lat.), w, -n: 1. in Blechdosen oder Gläsern haltbar gemachte Lebensmittel, 2. Band- oder Plattenaufnahme
konservieren, (lat.): haltbar machen, einkochen; sicher aufbewahren
Konsilium, (lat.), s, -silien: Rat; Erörterung eines Krankheitsfalles
konsistent, (lat.): 1. zusammenhängend, zäh; haltbar, 2. in sich logisch
Konsistenz, (lat.), w, n.E.: 1. Beschaffenheit eines Stoffes, 2. Dichte
Konsistorium, (lat.), s, -storien: 1. Verwaltungsorgan in evang. Landeskirchen, 2. (kath. Kirche) Versammlung der Kardinäle
Konsole, (frz.), w, -n: 1. auskragender Bauteil, 2. Wandbrett
Konsolidation, (lat.), w, -en: Absicherung, Sanierung
konsolidieren, (lat.): sichern, festigen, stabilisieren
konsonant, (lat.): zusammenklingend; übereinstimmend
Konsonant, (lat.), m, -en: Mitlaut (Sprachw.)
Konsonanz, (lat.), w, -en: 1. Häufung von Konsonanten, 2. angenehmer Zusammenklang
Konsorte, (lat.), m, -n: Mitbeteiligter; Mitschuldiger
Konsortium, (lat.), s, -sortien: zeitweilige Vereinigung von Kreditinstituten oder Firmen
Konspiration, (lat.), w, -en: Verschwörung
Konstabler, (engl.), m, -: engl. Polizist
konstant, (lat.): gleichbleibend; beständig, stetig
Konstante, (lat.), w, -n: unveränderliche Größe
Konstanz, (lat.), w, n.E.: Beständigkeit
konstatieren, (lat.): feststellen, behaupten
Konstellation, (lat.), w, -en: 1. Gesamtheit von Umständen oder Faktoren; Lage, 2. Gruppierung der Planeten
konsternieren, (lat.): Betroffenheit auslösen
konsterniert, (lat.): betroffen; verwirrt, überrascht
konstituieren, (lat.): zusammentreten, einrichten, gründen
konstituierende Versammlung: verfassunggebende Versammlung
Konstitution, (lat.), w, -en: Zustand, Verfassung
konstitutionell, (lat.): 1. verfassungsgebunden, 2. auf die körperliche Verfassung bezogen
konstitutiv, (lat.): grundlegend, wesentlich
konstruieren, (lat.): entwerfen, herstellen; zeichnen; bilden
Konstrukt, (lat.), s, -e: gedankliche Erfindung
Konstrukteur, (frz.), m, -e: Entwerfer, Erbauer
Konstruktion, (lat.), w, -en: 1. Entwurf; Aufbau, Bauweise; Zeichnung, 2. erfundene Handlung, 3. Satzbildung
konstruktiv, (lat.): 1. auf eine Konstruktion bezogen, 2. förderderlich
Konstruktivismus, (lat.), m, n.E.: Richtung der modernen Kunst
Konstruktivist, (lat.), m, -en: Vertreter des Konstruktivismus
Konsul, (lat.), m, -n: 1. höchster Staatsbeamter im alten Rom, 2. Vertreter eines Staates im Ausland
konsularisch, (lat.): das Konsulat betreffend
Konsulat, (lat.), s, -e: Dienststelle eines Konsuls
Konsultation, (lat.):, w, -en: Beratung
konsultativ, (lat.): beratend
konsultieren, (lat.): Rat einholen; sich miteinander beraten
Konsum, (lat.), m, n.E.: Verbrauch
Konsument, (lat.), m, -en: Verbraucher
konsumieren, (lat.): verbrauchen, verzehren
Konsumtion (Konsumption), (lat.), w, -en: 1. Verbrauch von Konsumgütern, 2. strafrechtliches Prinzip
konsumtiv, (lat.): für den Verbrauch bestimmt

Kontagion, (lat.), w, -en: Ansteckung
kontagiös, (lat.): ansteckend
Kontakt, (lat.), m, -e: 1. Berührung, Verbindung, 2. stromführende Verbindung
kontakten, (lat.): ansprechen, in Beziehung treten
Kontakter, (lat.), m, -: Kundenbetreuer
kontaktieren, (lat.): Kontakt aufnehmen
Kontamination, (lat.), w, -en: radioaktive Verstrahlung
kontaminieren, (lat.): 1. radioaktiv verstrahlen, 2. verschmelzen, verbinden
Kontemplation, (lat.), w, -en: 1. Beschaulichkeit, Gedankenversunkenheit, 2. völlige Konzentration auf Wort und Werk Gottes
kontemplativ, (lat.): beschaulich, besinnlich
kontemporär, (lat.): gleichzeitig; zeitgenössisch
Kontenance: vgl. Contenance
Konter, (frz.), m, -: schneller Gegenangriff; Gegenschlag
Konteradmiral, (frz.), m, -e: Seeoffizier im Rang eines Generalmajors
Konterbande, (frz.), w, n.E.: 1. Schmuggelware, 2. von neutralen Schiffen mitgeführtes, für eine der Kriegsparteien bestimmtes Kriegsmaterial
Konterfei, (frz.), s, -s: Bild, Abbild
konterfeien, (frz.): abbilden, portraitieren
konterkarieren, (frz.): hintertreiben, durchkreuzen
konterminieren, (frz.): entgegenarbeiten
kontern, (frz.): 1. zum schnellen Gegenstoß ansetzen, 2. schlagfertig erwidern
Konterrevolution, (frz.), w, -en: Gegenrevolution
Kontertanz, (frz.-dt.), m, -tänze: Tanz mit einander gegenüberstehenden Paaren (im 18. Jh.)
Kontext, (lat.), m, -e: 1. umgebender Text einer Schriftstelle; Sinnzusammenhang, 2. Lebensumstände
kontieren, (ital.): auf ein Konto verbuchen
Kontinent, (lat.), m, -e: Erdteil; Festland
kontinental, (lat.): festländisch
Kontinenz, (lat.), w, n.E.: Enthaltsamkeit
kontingent, (lat.): zufällig
Kontingent, (lat.), s, -e: Beitrag, Anteil
kontingentieren, (lat.): in Kontingente einteilen; dosieren
Kontingenz, (lat.), w, -en: Zufälligkeit
kontinuierlich, (lat.): beständig, stetig; unaufhörlich, ununterbrochen; lückenlos aufeinanderfolgend
Kontinuität, (lat.), w, n.E.: ununterbrochene Fortsetzung; Stetigkeit; Beständigkeit
Kontinuum, (lat.), s, -tinuen und -tinua: etwas Stetiges, lückenlos sich Fortsetzendes
Konto, (ital.), s, -ten: Rechnung; regelmäßige Aufstellung einer Bank über Einnahmen und Ausgaben eines Kunden
Kontokorrent, (ital.), s, -e: laufende Rechnung
Kontor, (niederl.), s, -e: Handelsniederlassung
Kontorist, (niederl.), m, -en: Büroangestellter eines kaufmännischen Betriebes
kontra, (lat.): gegen, wider, entgegen
Kontra, (lat.), s, -s: das Gegen, das Wider
Kontrabaß, (lat.-dt.), m, -bässe: Baßgeige
Kontradiktion, (lat.), w, -en: Gegensatz, Widerspruch
kontradiktorisch, (lat.): sich widersprechend, im Gegensatz
Kontrahent, (lat.), m, -en: 1. Vertragspartner, 2. Widersacher, Gegner
kontrahieren, (lat.): 1. einen Vertrag schließen, 2. (einen Muskel) zusammenziehen
Kontraindikation, (lat.), w, -en: Gegenanzeige; Grund, ein Mittel oder eine Behandlung nicht anzuwenden
kontraindiziert, (lat.): nicht angezeigt
Kontrakt, (lat.), m, -e: Vertrag; Abkommen
Kontraktion, (lat.), w, -en: Zusammenziehung
Kontraktur, (lat.), w, -en: Gelenksteife
Kontraposition, (lat.), w, -en: Entgegensetzung (Logik)
Kontrapunkt, (lat.), m, -e: 1. Lehre

von der selbständigen Führung mehrerer Melodielinien nebeneinander, 2. unabhängig geführte Gegenstimme
konträr, (lat.): gegensätzlich, gegenteilig; widrig
Kontrast, (lat.), m, -e: Gegensatz, deutlicher Unterschied
kontrastieren, (lat.): einen Kontrast bilden; im Gegensatz zu etwas stehen
Kontrastmittel, (lat.-dt.), s, -: diagnostisches, in den Körper eingebrachtes Hilfsmittel (bei Röntgenaufnahmen)
Kontrastprogramm, (lat.), s, -e: deutlich abweichendes Programm
Kontrazeption, (lat.), w, n.E.: Empfängnisverhütung
kontrazeptiv, (lat.): empfängnisverhütend
Kontrazeptivum, (lat.), s, -zeptiva: empfängnisverhütendes Mittel
Kontretanz: vgl. Kontertanz
Kontribution, (lat.), w, -en: 1. Kriegssteuer, 2. von der Bevölkerung eines besiegten Landes aufzubringende Werte
Kontrolle, (lat.), w, -n: 1. Aufsicht; Prüfung, 2. Herrschaft
Kontroller, (lat.), m, -: Schalter, Anlasser
Kontrolleur, (lat.), m, -e: Aufseher; Prüfer
kontrollieren, (lat.): 1. überwachen; prüfen, 2. in der Gewalt haben
kontrovers, (lat.): entgegengesetzt; strittig
Kontroverse, (lat.), w, -n: Streit; wissenschaftl. Auseinandersetzung
Kontur, (lat.), w, -en: Umriß(linie)
konturieren, (lat.): umreißen; die Umrisse hervorheben
Konus, (lat.), m, -se: kegelstumpfförmiger Schaft; Zapfen
Konvaleszenz, (lat.), w, -en: Genesung
Konvektiom, (lat.), w, -en: vertikale Luftströmung
Konvenienz, (lat.), w, -en: 1. Herkommen, Schicklichkeit, 2. Verträglichkeit; Bequemlichkeit
konvenieren, (lat.): zusagen, passen; schicklich sein
Konvent, (lat.), m, -e: 1. Versammlung, 2. Stift, Kloster
Konventikel, (lat.), s, -: (geheime) Zusammenkunft
Konvention, (lat.), w, -en: 1. Übereinkunft, Abkommen; völkerrechtlicher Vertrag, 2. gesellschaftl. Norm, guter Ton
konventional, (lat.): auf Konvention beruhend
Konventionalstrafe, (lat.-dt.), w, -n: Ahndung von Vertragsverletzungen
konventionell, (lat.): herkömmlich; der Norm entsprechend
konvergent, (lat.): sich annähernd
Konvergenz, (lat.), w, -en: Annäherung, Übereinstimmung
konvergieren, (lat.): sich annähern
Konversation, (lat.), w, -en: Unterhaltung, Plauderei
Konversationslexikon, (lat.-gr.), s, -lexika: alphabetisch geordnetes Nachschlagewerk über alle Wissensgebiete
Konversion, (lat.), w, -en: Umwandlung, Abänderung; Übertritt
Konverter, (lat.), m, -: 1. Stahlgefäß zur Stahlerzeugung, 2. Gleichspannungswandler, 3. Kernreaktor, der spaltbares Material herstellt, 4. Vorrichtung zur Datenübertragung (EDV)
konvertibel, (lat.): umwandelbar
konvertieren, (lat.): 1. umgestalten, umtauschen, 2. die Konfession wechseln
Konvertit, (lat.), m, -en: jmd., der die Konfession gewechselt hat
konvex, (lat.): nach außen gekrümmt, erhaben
Konvikt, (lat.), s, -e: kath. Stift, Wohnheim
Konvoi, (frz.), m, -s: Geleitzug von Schiffen; Wagenkolonne
Konvolut, (lat.), s, -e: Sammelmappe; Bündel von Schriftstücken; umfangreiches Schriftwerk
konzedieren, (lat.): zugestehen, erlauben, gewähren
Konzentrat, (lat.), s, -e: 1. hochprozentige Lösung, 2. Zusammenfassung
Konzentration, (lat.), w, -en: 1. Sammlung; Vereinigung, 2. geistige Sammlung, gespannte Aufmerksamkeit, 3. Grad der Anreicherung einer Lösung (Chem.)
Konzentrationslager, s, -: Internierungslager; (insb. im nationalsozialistischen Deutschland:) Sammel-, Straf- und Vernichtungslager für politisch, rassisch oder religiös Verfolgte (Abk.: KZ)

konzentrieren, (lat.): 1. sammeln; vereinigen, 2. sich geistig sammeln, 3. anreichern, verdichten (Chem.)
konzentriert, (lat.): 1. geballt, versammelt, 2. gesammelt, aufmerksam, 3. verdichtet, gehaltreich (Chem.)
konzentrisch, (lat.-gr.): mit gemeinsamem Mittelpunkt; auf denselben Mittelpunkt gerichtet
Konzept, (lat.), s, -e: 1. erste Niederschrift, Entwurf (eines Schriftstückes), 2. Plan, Programm
Konzeption, (lat.), w, -en: 1. gedanklicher Entwurf, Plan für eine geistige Schöpfung, 2. Befruchtung der Eizelle
konzeptionell, (lat.): die Konzeption betreffend
Konzern, (lat.), m, -e: Zusammenschluß von Unternehmen
konzernieren, (lat.): zu einem Konzern vereinigen
Konzert, (lat.), s, -e: das Zusammenwirken verschiedener Instrumente bzw. Kräfte
konzertant, (lat.): konzertartig
konzertieren, (lat.): ein Konzert geben
konzertiert, (lat.): aufeinander abgestimmt
Konzession, (lat.), w, -en: Zugeständnis; behördliche Gewerbeerlaubnis, Zulassung; Nutzungsrecht
Konzessionär, (lat.), m, -e: Inhaber einer Konzession
konzessionieren, (lat.): eine Konzession erteilen; behördlich zulassen
konzessiv, (lat.): einräumend (Sprachw.)
Konzil, (lat.), s, -e und -zilien: 1. vom Papst geleitete Versammlung von geistl. Würdenträgern, 2. Beratungsgremium an einer Universität
konziliant, (lat.): umgänglich, entgegenkommend, großzügig
Konzilianz, (lat.), w, n.E.: Umgänglichkeit, Großzügigkeit
konzipieren, (lat.): einen Entwurf machen, etwas planen
konzis, (lat.): gedrängt, bündig (in Rede und Schrift)
Kooperation, (lat.), w, -en: Zusammenarbeit, Zusammenwirken
kooperativ, (lat.): zusammenarbeitend; hilfsbereit
Kooperative, (lat.), w, -n: Genossenschaft
kooperieren, (lat.): zusammenarbeiten
kooptieren, (lat.): nachträglich hinzuwählen
Koordinate, (lat.), w, -n: eine die Lage eines Punktes in Fläche oder Raum kennzeichnende Zahl (Math.; Geogr.)
Koordination, (lat.), w, -en: 1. Abstimmung von Vorgehensweisen, 2. Beiordnung (von Satzteilen), 3. harmonisches Zusammenwirken (Med.)
Koordinator, (lat.), m, -toren: für die Koordination zuständige Person
koordinieren, (lat.): aufeinander abstimmen; beiordnen
Kopeke, (russ.), w, -n: russ. Münze
Kopie, (lat.), -n: 1. vgl. Fotokopie, 2. Abschrift, 3. Abzug (eines Filmnegativs), 4. Nachbildung (eines Kunstwerkes)
kopieren, (lat.): 1. vgl. fotokopieren, 2. abschreiben, 3. (ein Kunstwerk) nachbilden
Kopierer, (lat.), m, -: (umg.) Fotokopiergerät
Kopilot, m, -en: zweiter Pilot
Koproduktion, (lat.), w, -en: Gemeinschaftsproduktion
koprophag, (gr.): kotfressend
Kopte, (gr.), m, -n: Angehöriger der ägyptisch-christlichen Kirche
Kopulation, (lat.), w, -en: Begattung, Befruchtung
kopulieren, (lat.): 1. vgl. koitieren, 2. zusammenfügen
Koralle, (gr.), w, -n: koloniebildendes Meerestier; als Schmuck dienendes Skelett dieses Tieres
koram, (lat.): öffentlich, vor aller Augen
Koran, (arab.), m, n.E.: das heilige Buch des Islam
Kord, (engl.), m, n.E.: vgl. Cord
Kordel, (frz.), w, -n: Bindfaden
kordial, (lat.): herzlich; vertraut
Kordon, [kor'd*on*, frz.], m, -s: 1. Schnur, Ordensband, 2. polizeil. Absperrung, Sperrkette
Kore, (gr.), w, -n: gebälktragende weibliche Statue
Koriander, (gr.), m, -: Gewürzpflanze
Korinthe, w, -n: getrocknete kernlose Weinbeere
Kormoran, (lat.), m, -e: Wasservogel

Kormus, (gr.), m, n.E.: Pflanzenkörper (Bot.)
Korner, (engl.), m, -: Käufergruppe an der Börse
Kornett, (frz.), m, -e und -s: Fähnrich, Standartenträger
Kornett, (frz.), s, -e und -s: kleinstes Blechblasinstrument
Korolla (Korolle), (gr.), w, Korollen: Blütenkrone
Korona, (lat.), 1. Kranz, Krone, 2. (umg.) Zuhörerkreis
koronar, (gr.): zu den Herzkranzgefäßen gehörig
Koronargefäß, (gr.-dt.), s, -e: Blutgefäß des Herzens
Korporal, (frz.), m, -e: (früher:) Unteroffizier
Korporation, (lat.), w, -en: 1. Innung, Berufsverband, 2. Studentenverbindung
korporativ, (lat.): körperschaftlich; geschlossen
Korps, [ko:r, frz.], s, - [ko:rß]: 1. größerer Truppenverband, 2. Studentenverbindung, 3. Gesamtheit von Personen des gleichen Berufes (z.B.: diplomatisches K.)
korpulent, (lat.): beleibt, wohlgenährt
Korpulenz, (lat.), w, n.E.: Beleibtheit
Korpus, (lat.), m, -se: 1. Körper, 2. der Leib Christi (am Kruzifix), 3. Grundbauelement
Korpus, (lat.), s, Korpora: Klangkörper (eines Instrumentes)
Korpus delikti: vgl. Corpus delicti
Korpuskel, (lat.), s oder w, -n: Elementarteilchen
Korreferat, (lat.), s, -e: zweiter, alternativer Bericht
Korreferent, (lat.), m, -en: Mitberichterstatter
korrekt, (lat.): richtig, regelgerecht; einwandfrei
Korrektiv, (lat.), s, -e: Mittel zum Verbessern, Maßstab
Korrektor, (lat.), m, -toren: mit der Schriftsatzprüfung beauftragter Angestellter
Korrektur, (lat.), w, -en: Berichtigung, Verbesserung
korrelat, (lat.): entsprechend
Korrelat, (lat.), s, -e: entsprechender Begriff
Korrelation, (lat.), w, -en: Entsprechung, Beziehung
korrelativ: vgl. korrelat
korrelieren, (lat.): einander entsprechen, bedingen
Korrespondent, (lat.), m, -en: 1. Berichterstatter in den Medien, 2. Angestellter eines Betriebs, der den Schriftwechsel führt
Korrespondenz, (lat.), w, -en: 1. Briefwechsel, -verkehr, 2. das Übereinstimmen, das Entsprechen
korrespondieren, (lat.): 1. einen Briefwechsel mit jmdm. betreiben, 2. übereinstimmen, entsprechen
Korridor, (ital.), m, -e: Hausflur, Gang, 2. Gebietsstreifen durch fremdes Staatsgebiet
korrigieren, (lat.): verbessern, berichtigen
korrodieren, (lat.): zerstören; der Korrosion unterliegen
Korrosion, (lat.), w, -en: Schädigung der Oberfläche von Metallen, Gesteinen, Mineralen und Geweben
korrumpieren, (lat.): bestechen; verderben
korrupt, (lat.): bestechlich
Korruption, (lat.), w, -en: Bestechung; Sittenverfall
Korsage, [kor'sa:*sche*, frz.], w, -n: versteifte Miederware
Korsar, (ital.), m, -en: Pirat(enschiff)
Korsett, (frz.), s, -s und -e: Schnürmieder
Korso, (ital.), m, -s: 1. Hauptstraße in südl. Städten, 2. Umzug; Demonstrations- oder Schaufahrt
Kortison, s, n.E.: Medikament, das ein Hormon der Nebennierenrinde enthält
Korund, (tamil.), m, -e: sehr hartes Mineral, Edelstein
Korvette, (frz.), w, -n: kleines Kriegsschiff
Koryphäe, (gr.), w, -n: durch außergewöhnliche Leistungen ausgewiesener Experte
Kosak (russ.), m, -en: berittener Bauernkrieger im südlichen Rußland
koscher, (jidd.): rein, nach den jüdischen Speisegesetzen erlaubt; (umg.) einwandfrei
Kosmetik, (gr.), w, n.E.: Schönheits- und Körperpflege
Kosmetikum, (gr.), s, -metika: Mittel zur Körperpflege

kosmetisch, (gr.): 1. die Kosmetik betreffend, 2. nur oberflächlich
kosmisch, (gr.): das Weltall betreffend, aus ihm stammend
Kosmodrom, (gr.), s, -e: (russ.) Startplatz für Weltraumraketen
Kosmogonie, (gr.), w, -n: Lehre von Werden und Entwicklung des Alls
Kosmologie, (gr.), w, n.E.: Wissenschaft vom Weltraum
Kosmonaut, (gr.), m, -en: (russ.) Weltraumfahrer
Kosmopolit, (gr.), m, -en: Weltbürger
Kosmos, (gr.), s, n.E.: 1. Weltraum, All, 2. Weltordnung
Kostüm, (frz.), s, -e: 1. Oberbekleidung aus Rock und Jacke, 2. Verkleidung, Schauspielerkleidung
kostümieren, (frz.): verkleiden
Kotau, (chines.), m, -s: Unterwürfigkeitsbezeigung
Kote, (frz.), w, -n: Höhenmarke
Kotelett, (frz.), s, -s: Rippenstück mit Knochen
Koteletten, (frz.), w, n.M.: Backenbart
Krake, (norweg.), m, -n: Riesentintenfisch; Seeungeheuer
Kral, (niederl.), m, -e: afrikan. Runddorf
kranial, (gr.): zum Kopf gehörig; kopfwärts gelegen
Kranioten, (gr.), w, M.: Wirbeltiere mit Schädel
kraß, (lat.): extrem, äußerst
Krater, (gr.), m, -: trichterförmige Öffnung eines Vulkans; trichterförmige Einschlagstellen von Meteoriten
Kraul, (altnord.): schnellster Schwimmstil
Krawall, (frz.), m, -e: Aufruhr, Lärm
Krawatte, (frz.), w, -n: 1. Schlips, Binder, 2. Würgegriff
Kreation, (lat.), w, -en: Schöpfung; Erfindung
kreativ, (lat.): schöpferisch, erfinderisch, einfallsreich
Kreativität, (lat.), w, n.E.: schöpferisches Vermögen; Ideenreichtum, Erfindergabe
Kreatur, (lat.), w, -en: Geschöpf, Wesen; (übertr.) höriger Mensch
kredenzen, (lat.): servieren, feierlich darreichen
Kredit, (lat.), m, -e: 1. Vertrauenwürdigkeit, 2. gegen Zinszahlungen verbzw. geliehenes Kapital
Kredit, (lat.), s, -e: Habenseite (eines Buchführungskontos)
kreditieren, (lat.): jmdm. Kredit geben
Kreditor, (lat.), m, -toren: Gläubiger, Kreditgeber
Kredo, (lat.), s, -s: vgl. Credo
kreieren, (lat.): erfinden, entwerfen; in die Welt setzen
Krem, w, -s: vgl. Creme
Kremation, (lat.), w, -en: Feuerbestattung
Krematorium, (lat.), s, -torien: Anlage zur Feuerbestattung
kremieren, (lat.): einäschern
Kreml, (russ.), m, -: 1. festungsartiger Stadtkern alter russ. Städte, 2. Sitz der Regierung in Moskau
Kreole, (frz.), m, -n: Abkömmling weißer Einwanderer in Südamerika
krepieren, (ital.): 1. bersten, zerplatzen, 2. (umg.) sterben, verrecken
Krepp, (frz.), m, -s und -e: Gewebe mit genarbter Oberfläche
Kreszenz, (lat.), w, -en: Wuchs, Herkunft (eines Weines)
Krethi und Plethi: (abschätzig für:) hergelaufenes Volk
Kretin, [kre'*tän*, frz.], m, -s: 1. geistig und körperlich Zurückgebliebener (Med.), 2. (umg.) Dummkopf
Kretinismus, (frz.), m, n.E.: angeborene geistige und körperliche Behinderung
Krevette, (frz.), w, -n: Garnelenart
Kricket, (engl.), s, -s: engl. Schlagballspiel
Krill, (norweg.), m, n.E.: Plankton der Polarmeere
Kriminaler, (lat.), m, -n: (umg.) Kriminalbeamter
kriminalisieren, (lat.): zum Verbrecher machen; als kriminell hinstellen
Kriminalist, (lat.), m, -en: Kriminalbeamter
Kriminalistik, (lat.), w, n.E.: Lehre von den Verbrechen, ihren Ursachen und ihrer Bekämpfung
kriminalistisch, (lat.): die Kriminalistik betreffend
Kriminalität, (lat.), w, n.E.: Straffälligkeit

kriminell, (lat.): straffällig; strafbar; (umg.) schlimm, unerlaubt
Kriminologie, (lat.-gr.), w, n.E.: Wissenschaft von den Erscheinungsformen, den Ursachen und Maßnahmen zur Verhütung von Straftaten
Krinoline, (frz.), w, -n: Reifrock
Kripo: Kurzw. für Kriminalpolizei
Krise, Krisis, (gr.), w, -n: Höhepunkt einer bedrohlichen Entwicklung, schwierige oder gefährliche Lage
kriseln, (gr.): sich einer bedrohlichen Lage nähern
Kristall, (gr.), m, -e: von natürlichen ebenen Flächen begrenzter fester Körper
Kristall, (gr.), s, n.E.: geschliffenes Glas
kristallin, (gr.): aus Kristallen bestehend
Kristallisation, (gr.), w, -en: Kristallbildung
kristallisieren, (gr.): Kristalle bilden (Chem.)
Kristallographie, (gr.), w, n.E.: Wissenschaft von den Kristallen
Kristalloid, (gr.), s, -e: Körper, der Kristallform annimmt
Kriterium, (gr.), s, Kriterien: 1. Kennzeichen, Merkmal; Maßstab, 2. Radrennen mit Punktwertung
Kritik, (gr.), w, -en: 1. Urteilsvermögen, 2. Beurteilung, Wertung; Beanstandung, 3. Würdigung, 4. Gesamtheit der Kritiker
Kritikaster, (gr.), m, -: kleinlicher Kritiker
Kritiker, (gr.), m, -: jmd., der Kritik übt
kritisch, (gr.): 1. prüfend, beurteilend, 2. bedenklich, bedrohlich, 3. mißbilligend
kritisieren, (gr.): 1. prüfen, bewerten, 2. bemängeln, beanstanden, 3. besprechen (einer künstlerischen Leistung)
Krocket, (engl.), s, -s: Rasenspiel mit Holzkugeln
Krokant, (frz.), m oder s, n.E.: feste Masse aus Nüssen und Karamelzucker
Krokette, (frz.), w, -n: in Fett gebackene Kartoffelbreiklößchen
Kroko, Kurzw. für Krokodilleder
Krokodil, (gr.), s, -e: räuberisches Reptil
Krokus, (gr.), m, -se: Frühjahrsblume
Krösus, (gr.), m, -se: steinreicher Mann
Kroton, (gr.), m, -e: tropisches Wolfsmilchgewächs
krud, krude, (lat.): 1. unverdaulich, 2. wirr, kraus
Krupp, (engl.), m, n.E.: Entzündung und Schwellung der Kehlkopfschleimhaut
Krustazee, (lat.), w, -n: Krebstier
Kruzifere, (lat.), w, -n: Kreuzblütler
Kruzifix, (lat.), s, -e: plastische Darstellung des gekreuzigten Christus
Krypta, (gr.), w, Krypten: unterirdischer Kapellen- oder Kirchenraum mit Grabanlage
kryptisch, (gr.): schwer verständlich, unklar; geheimnisvoll
Kryptogramm, (gr.), s, -e: Text mit geheimer Nebenbedeutung
Kryptographie, (gr.), w, -n: Geheimschrift
Krypton, (gr.), s, n.E.: ein Edelgas
Kryptonym, (gr.), s, -e: versteckter Verfassername
Kuben: M. von Kubus
Kubikdezimeter, (gr.), m oder s, -: Raummaß von je einem Dezimeter Länge, Höhe und Breite
Kubikmeter, (gr.), m oder s, -: Raummaß
Kubikmillimeter, (gr.), m oder s, -: Raummaß
Kubikzentimeter, (gr.), m oder s, -: Raummaß
kubisch, (gr.): würfelförmig; in der dritten Potenz
Kubismus, (gr.), m, n.E.: kubische Formen benutzender Kunststil
Kubist, (gr.), m, -en: Vertreter des Kubismus
Kubus, (gr.), m, Kuben: Würfel; dritte Potenz
kujonieren, (frz.): schikanieren; plagen, quälen
Ku-Klux-Klan, (amerik.), m, n.E.: Geheimbund in den USA, der Minderheiten terrorisiert
Kukumer, (lat.), w, -n: Gurke
Kulak, (russ.), m, -en: Großbauer im zaristischen Rußland
kulant, (lat.): entgegenkommend, großzügig; unbürokratisch

Kulanz, (lat.), w, n.E.: Entgegenkommen, Großzügigkeit
Kuli, (ind.-engl.), m, -s: Tagelöhner; ausgebeuteter Arbeiter
kulinarisch, (lat.): feinschmeckerisch
Kulisse, (frz.), w, -n: 1. Bühnenwand, Bühnendekoration, 2. Hintergrund, 3. äußerer Rahmen einer Veranstaltung
kulminieren, (lat.): den Höhepunkt erreichen, gipfeln
Kult, (lat.), m, -e: 1. Form der Religionsausübung, 2. fast religiöse Verehrung
kultisch, (lat.): den Kult betreffend, zum Kult gehörig
Kultivator, (lat.), m, -toren: Gartengerät zum Lockern des Bodens, Grubber
kultivieren, (lat.): 1. urbar machen, bebauen, 2. veredeln, 3. pflegen
kultiviert, (lat.): gesittet, gebildet, mit guten Umgangsformen
Kultur, (lat.), w, -en: 1. die Gesamtheit der von einem Volk geschaffenen geistigen, künstlerischen und sittlichen Werke und Werte, 2. Anbau und Zucht von Pflanzen oder Bakterien, 3. feine Lebensart
kulturell, (lat.): die Kultur (1) betreffend
Kultus: vgl. Kult
Kultusministerium, (lat.), s, -ministerien: für kulturelle Angelegenheiten und das Bildungswesen zuständiges Ministerium
Kumpan, (lat.-frz.), m, -e: (umg.) Begleiter, Kumpel
Kumulation, (lat.), w, -en: Anhäufung, Ansammlung
kumulativ, (lat.): (an)häufend
kumulieren, (lat.): sich (an)häufen
Kumulonimbus, (lat.), m, -se: Haufenwolke, Gewitterwolke
Kumulus, (lat.), m, Kumuli: Haufenwolke
Kung-Fu, (chines.), s, n.E.: Form der Selbstverteidigung
Kupido, (lat.), w, n.E.: sinnliche Begierde
kupieren, (frz.): kürzen, stutzen (bei Pflanzen, Pferden)
Kupon, [ku'p*on*, frz.], m, -s: 1. Abschnitt, 2. Zinsschein
Kur, (lat.), w, -en: Heilverfahren, Pflege
kurabel, (lat.): heilbar
kurant, (lat.): gängig, umlaufend
Kurant, (lat.), s, -e: alte Münze
Kurare, (indian.), s, n.E.: indianisches Pfeilgift
Küraß, (frz.), m, Kürasse: (histor.) Brustpanzer
Kürassier, (frz.), m, -e: (histor.) Reiter mit Küraß
Kuratel, (lat.), w, -en: 1. Vormundschaft, 2. strenge Aufsicht
Kurator, (lat.), m, -toren: Vermögensverwalter; Aufsichtsbeamter
Kuratorium, (lat.), s, -torien: Aufsichtsbehörde oder -ausschuß
Kürettage, [kürä'ta:*sch*, frz.], w, -n: Ausschabung der Gebärmutter
Kürette, (frz.), w, -n: Instrument zur Durchführung der Kürettage
Kurie, (lat.), w, -n: päpstlichen Oberbehörde
Kurier, (frz.), m, -e: Überbringer diplomatischer Botschaften; Eilbote
kurieren, (lat.): heilen
kurios, (lat.): sonderbar, merkwürdig; selten
Kuriosität, (lat.), w, -en: Merkwürdigkeit; Seltenheit
Kuriosum, (lat.), s, Kuriosa: kuriose Angelegenheit oder Sache
Kurkuma, (arab.), w, -kumen: Ingwer (gewächs)
Kurrende, (lat.), w, -n: (früher:) Schülerchor
Kurrikulum: vgl. Currikulum
Kurs, (lat.), m, -e: 1. Richtung, 2. Lehrgang, 3. Börsenpreis von Wertpapieren und Devisen, 4. Rennstrecke
kursieren, (lat.): im Umlauf sein, die Runde machen
kursiv, (lat.): schrägstehend (von Druckschriften)
kursorisch, (lat.): fortlaufend, rasch durchlaufend, flüchtig
Kursus, (lat.), m, Kurse: Lehrgang
Kurtisane, (frz.), w, -n: Hofdame; Geliebte eines Adligen
Kurvatur, (lat.), w, -en: Krümmung
Kurvimeter, (lat.-gr.), s, -: Kurvenmesser
Kusine, (frz.), w, -n: vgl. Cousine
Kuskus, (arab.), m, n.E.: nordafrikan. Grießgericht

Kustode, Kustos, (lat.), m, Kustoden: 1. wissenschaftl. Abteilungsleiter in Museen, 2. Küster
kutan, (lat.): zur Haut gehörend
Kutsche, (ung.), w, -n: Pferdewagen
Kutter, (engl.), m, -: einmastiges Segelboot; motorgetriebenes Fischerboot
Kuvert, [ku'we:r, frz.], s, -s: 1. Briefumschlag, 2. Tafelgedeck für eine Person
kuvertieren, (frz.): in einen Briefumschlag stecken
Kuvertüre, (frz.), w, -n: Schokoladenüberzugsmasse
Küvette, (frz.), w, -n: kleiner Glasbehälter
Kwaß, (russ.), m, n.E.: schwach alkoholisches Getränk
Kybernetik, (gr.), w, n.E.: Lehre von dynamischen, biologischen oder technischen Systemen und ihren Steuerungsmechanismen
kybernetisch, (gr.): die Kybernetik betreffend
Kyniker, (gr.), m, -: Anhänger einer altgriechischen Philosophenschule, deren Ziel völlige Bedürfnislosigkeit war
Kynologie, (gr.), w, n.E.: Hundekunde
Kyrie eleison, (gr.): christl. liturgischer Bittruf
kyrillische Schrift, w, n.E.: kirchenslawische Schrift, die in abgewandelter Form bis heute in Rußland geschrieben wird
Kyrilliza, w: vgl. kyrillische Schrift

L

Label, ['lejbl, engl.], s, -s: Etikett, Aufklebeschildchen; Firmenname (eines Schallplattenherstellers)
labial, (lat.): die Lippen betreffend
Labial, (lat.), m, -e: mit den Lippen gebildeter Konsonant (z.B.: p)
Labiallaut, (lat.-dt.), m, -e: vgl. Labial
labil, (lat.): schwankend, unbeständig; (bei Menschen) haltlos, unsicher, beeinflußbar
Labilität, (lat.), w, -en: labile(s) Beschaffenheit, Wesen
Labiodental, (lat.), m, -e: mit oberen Schneidezähnen und der Unterlippe gebildeter Konsonant (z.B.: f)
Labium, (lat.), s, Labien oder Labia: 1. Lippe, 2. Schamlippe
Labor, (lat.), s, -s oder -e: Arbeitsraum, Versuchs- oder Forschungsstätte
Laborant, (lat.), m, -en: ausgebildete Fachkraft in Labors oder Apotheken
Laboratorium, (lat.), s, -torien: vgl. Labor
laborieren, (lat.): sich abmühen, sich plagen; (an einer Krankheit) leiden
Labrador, m, -e: 1. Schmuckstein, 2. eine Hunderasse
Labskaus, (engl.), s, n.E.: seemännisches Gericht meist aus püriertem Fleisch, Kartoffelbrei, Gurken, Fisch
Labyrinth, (gr.), s, -e: 1. Irrgang, Irrgarten, 2. Innenohr
lacieren, (frz.): (ein)schnüren
Lack, (ital.), m, -e: Anstrichstoff zum Veredeln oder Schützen von Oberflächen
lackieren, (ital.): mit Lack überziehen
Lackmus, (niederl.), m oder s, n.E.: löslicher, blauer Farbstoff (ein chem. Indikator)
Lackmuspapier, s, n.E.: mit Lackmus getränkter Papierstreifen
Lacrimae Christi, (lat.), m, - -: von den Hängen des Vesuvs stammender Wein
lacrimoso, (ital.): tränenreich, klagend (Mus.)
Lactat, (lat.), s, -e: Salz der Milchsäure
Lactose: vgl. Laktose
Ladanum: vgl. Labdanum
lädieren, (lat.): verletzen, beschädigen
Lady, ['le(j)di, engl.], w, -s oder Ladies: 1. Frau eines Lords, Titel einer Adligen in England, 2. Dame, Frau
ladylike, ['le(j)dilaik, engl.]: in der Art einer Lady, damenhaft
Ladyshave, ['le:jdische:jw, engl.]: Damenrasierapparat
Lafette, (frz.), w, -n: Gestell für ein Geschützrohr
lagrimoso, (ital.): vgl. lacrimoso
Lagting, (norweg.), s, n.E.: norweg. Parlament
Lagune, (ital.), w, -n: durch Landstreifen, Sandbänke oder Riffe von der offenen See abgeschnittener Meeresteil

Laie, (gr.), m, -n: 1. Nichtfachmann, Unkundiger, 2. Nichtgeistlicher
laisieren, (gr.): (kath. Kirche) einen Geistlichen in den Laienstand zurückführen
Laisser-faire, [läße:'fä:r, frz.], s, n.E.: Ungezwungenheit; Ungebundenheit; das Treibenlassen
Laizismus, (gr.), m, n.E.: weltanschauliche Richtung, die eine deutliche Trennung von Kirche und Staat fordert
Lakai, (frz.), m, -en: herrschaftlicher, fürstlicher Diener; unterwürfiger Mensch, Mitläufer
lakonisch, (gr.): knapp, kurz und bündig
Lakonismus, (gr.), m, -nismen: knappe Ausdrucksweise
Lakritz, (gr.), m oder s, -e: vgl. Lakritze
Lakritze, (gr.), w, -n: schwarze Masse aus dem Saft der Süßholzwurzel (zur Herstellung von Süßwaren)
Laktat: vgl. Lactat
Laktation, (lat.), w, -en: Milchabsonderung der Brustdrüse; das Stillen
laktieren, (lat.): Milch absondern; stillen
Laktose, (lat.), w, n.E.: Milchzucker
Lakune, (lat.), w, -n: Lücke (in einem Text); Spalte
Lama, (span.), s, -s: höckerloses Kamel Südamerikas
Lama, (tibetan.), m, -s: buddhistischer Priester in Tibet
Lamaismus, (tibetan.), m, n.E.: Form des Buddhismus in Tibet
Lamäng, (frz.), m, n.E.: (umg.) Hand
Lambda, (gr.), s, -s: elfter Buchstabe des gr. Alphabets
Lambitus, (lat.), m, n.E.: gegenseitiges Küssen der Genitalien
Lambrusco, (ital.), m, n.E.: süßer, ein wenig schäumender Rotwein
Lambskin, ['lämskin, engl.], s, -s: plüschähnliche Lammfellimitation
Lambswool, ['lämswu:l, engl.], w, n.E.: Lammwolle
Lamé, (frz.), m, -s: leichtes Gewebe mit Metallfäden
Lamelle, (frz.), w, -n: 1. dünnes Blättchen; Scheibe, 2. dünnes Blättchen unter dem Hut von Blätterpilzen, 3. Heizkörperrippe
Lamentation, (lat.), w, -en: Gejammer, Wehklage
lamentieren, (lat.): laut klagen, jammern
Lamento, (ital.), s, -s: laute Klage, Gejammer; Klagelied
lamentoso, (ital.): klagend (Mus.)
Lametta, (ital.), s, n.E.: 1. dünne, schmale Metallstreifen (als Christbaumschmuck), 2. (abschätzig für:) Ordensschmuck
Lamina, (lat.), w, -e: dünne Gewebsschicht; Platte des Schädeldaches
laminar, (lat.): in parallelen Schichten gleitend
Lampas, (frz.), m, -: schweres Damastgewebe als Möbelüberzug
Lampassen, (frz.), w, M.: breite Streifen an Hosen
Lampion, ['lampiong, frz.], m oder s, -s: Papierlaterne
Län, (schwed.), s, -: schwed. Regierungsbezirk
Lançade, [l*an*'ßa:de, frz.], w, -n: Bogensprung des Pferdes mit erhobener Vorhand
lancieren, [l*an*'ßi:ren, frz.]: jmdn. in eine gewünschte Stelle bringen; etwas geschickt an die Öffentlichkeit bringen
Landrover, ['lä.ndrouwer, engl.], m, -: geländegängiger Personenwagen mit Allradantrieb
languendo, languente, (ital.): schmachtend (Mus.)
Languste, (frz.), w, -n: scherenloser Speisekrebs
Lanolin, (lat.), s, n.E.: Salbengrundlage aus Schafwollfett, Paraffin und Wasser
Lanthan, (gr.), s, n.E.: chem. Element, Metall
Lanugo, (lat.), w, Lanugines: embryonales Haarkleid
Lanzette, (frz.), w, -n: Operationsmesser
Laparoskop, (gr.), s, -e: Instrument zum Untersuchen der Bauchhöhle
Laparoskopie, (gr.), w, -n: Bauchspiegelung
lapidar, (lat.): 1. wuchtig, kraftvoll, 2. kurz und bündig
Lapidarium, (lat.), s, -darien: Steinsammlung
Lapislazuli, (lat.-arab.), m, -: blauer Halbedelstein

Lapsus, (lat.), m, Lapsus: Fehler, Versehen, Irrtum
Lapsus linguae: Sprechfehler, das Sichversprechen
larghetto, (ital.): etwas breit, gedehnt (Mus.)
largo, (ital.): sehr langsam, getragen, breit (Mus.)
Largo, (ital.), s, -s: getragen zu spielendes Musikstück
Larifari, (ital.), s, -s: (umg.) Unsinn, Geschwätz
larmoyant, [larmoa'ja.nt, frz.]: weinerlich; rührselig
Larmoyanz, (frz.), w, n.E.: Weinerlichkeit; Rührseligkeit
L'art pour l'art, ['la:r 'pu:r 'la:r, frz.]: Kunstauffassung, nach der die Kunst reiner Selbstzweck sei
larval, (lat.): die Larve betreffend
Larve, (lat.), w, -n: 1. Spukgestalt, 2. Jugendform mancher Tiere
Laryngal, (gr.), m, -e: im Kehlkopf gebildeter Laut
Larynx, (gr.), m, Laryngen: Kehlkopf
Larynxkarzinom, (gr.), s, -e: Kehlkopfkrebs
Laser, ['lejser, engl.], m, -: Gerät zur Verstärkung und Bündelung von Licht
lasieren, (lat.): mit durchsichtigem Lack überziehen
Läsion, (lat.), w, -en: Verletzung; Störung
Lasso, (span.), s, -s: Wurfschlinge (zum Tierfang)
Lastex, (Kunstw.), s, n.E.: elastisches Gummigewebe
last, (but) not least, ['la:ßt, ('ba.t) 'no.t 'li:ßt, engl.]: in der Reihenfolge zwar zuletzt, aber nicht in der Rangfolge der Wichtigkeit
Lasur, (lat.), w, -en: durchsichtiger Farbüberzug
lasziv, (lat.): schlüpfrig, anstößig
Laszivität, (lat.), w, -en: laszive(s) Verhalten, Bemerkung
Lätare, (lat.): vierter Sonntag der Passionszeit
Lateinamerika, s, n.E.: alle Staaten Mittel- und Südamerikas
La-Tène-Kultur, w, n.E.: Kulturepoche der Eisenzeit
latent, (lat.): versteckt, verborgen; zwar vorhanden, aber nicht sichtbar
Latenz, (lat.), w, n.E.: Versteckheit, Verborgensein; unbemerktes Vorhandensein (von Krankheiten)
Latenzzeit, (lat.-dt.), w, -en: vgl. Inkubationszeit
lateral, (lat.): seitlich, seitwärts gelegen
Lateran, (lat.), m, n.E.: früherer päpstlicher Palast in Rom
Laterankonzil, (lat.), s, -konzilien: im Lateran abgehaltenes Konzil
Laterna magica, (lat.), w, -e -e: im 17. Jh. erfundener, erster Projektionsapparat
Laterne, (lat.), w, -n: 1. Lichtquelle in einem Gehäuse, 2. Aufbau auf Kuppeln als Lichtdurchlaß
Latex, (gr.), m, Latizes: Milchsaft des Kautschukbaumes (u.a. zur Gummiherstellung)
Latifundium, (lat.), s, -fundien: Großgrundbesitz (im alten Rom)
latinisieren, (lat.): den lat. Sprachformen angleichen
Latinismus, (lat.), m, -nismen: lat. Spracheigentümlichkeit; dem Latein nachgebildete Ausdrucksform in anderen Sprachen
Latinität, (lat.), w, n.E.: klassische, lat. Schreibweise
Latinum, s, n.E.: fortgeschrittener Kenntnisstand in der lat. Sprache
Latrine, (lat.), w, -n: behelfsmäßige Toilette, Abort
Latrinenparole, (lat.), w, -n: (umg.) Gerücht
Laudatio, (lat.), w, -tiones: Lobrede (in feierlichem Rahmen vorgetragen)
Laureat, (lat.), m, -en: Preisträger; (histor.) mit dem Lorbeerkranz ausgezeichneter Dichter
Lava, (ital.), w, Laven: aus Vulkanen ausfließende Gesteinschmelze
Lavabo, (lat.), s, -s: 1. Handwaschung des Priesters bei der Messe, 2. Waschraum, Toilette
Lavendel, (ital.), m, -: Lippenblütlerstrauch
lavieren, (lat.): aufgetragene Farbe mit dem Wasserpinsel verwischen; eine Zeichnung schattieren
lavieren, (niederl.): 1. geschickt vorgehen, 2. mit einem Segelfahrzeug kreuzen
Law and order, ['lo: (e)nd 'o:d(e)r, engl.: "Recht und Ordnung"]

Lawine, (lat.), w, -n: herabstürzende Schnee-, Eis- oder Steinmasse
lax, (lat.): lässig, nachgiebig, ohne feste Grundsätze
Laxans, (lat.), s, Laxanzien: Abführmittel
Laxativ, (lat.), s, -e: vgl. Laxans
Laxativum, (lat.), s, Laxativa: vgl. Laxans
laxieren, (lat.): abführen
Layout, ['lejaut, engl.], s, -s: Text- und Bildgestaltung eines Buches, bzw. einer Seite; ein Entwurf hierfür
Layouter, [lej'auter, engl.], m, -: Gestalter von Layouts
Lazarett, (ital.), s, -s: Militärkrankenhaus
Lazarus, (lat.), m, -se: leidender Mensch, Kranker
Lead, ['li:d, engl.], s, n.E.: 1. Führungsstimme (in der Jazzmusik), 2. Beginn, Einleitung
Leader, ['li:der, engl.], m, -: 1. vgl. Bandleader, 2. Sportler, der bei einem Wettkampf in Führung liegt
leasen, ['li:s(e)n, engl.]: im Leasingverfahren mieten
Leasing, ['li:sing, engl.], s, -s: Vermietung von langlebigen Investitionsgütern, wobei die Mietzahlungen bei einem späteren Kauf auf den Kaufpreis angerechnet werden
legal, (lat.): gesetzlich (erlaubt)
Legalisation, (lat.), w, -en: amtl. Bestätigung, Beglaubigung
legalisieren, (lat.): 1. amtl. bestätigen, 2. etwas legal machen
Legalismus, (lat.), m, n.E.: striktes Festhalten an Gesetzen, Gesetzestreue
Legalität, (lat.), w, n.E.: Gesetzlichkeit; Gesetzmäßigkeit
Legalitätsprinzip, (lat.), s, n.E.: Verpflichtung der Staatsanwaltschaft, jede Straftat zu verfolgen
Legasthenie, (lat.-gr.), w, -n: Lese- und Rechtschreibschwäche
Legastheniker, (lat.-gr.), m, -: an Legasthenie Leidender
Legat, (lat.), m, -en: Gesandter
Legat, (lat.), s, -e: Vermächtnis
Legation, (lat.), w, -en: (päpstliche) Gesandtschaft
legato, (ital.): gebunden zu spielen (Mus.)
Legendar, (lat.), s, -e: Legendenbuch
legendär, (lat.): legendenhaft, sagenhaft; unglaublich
Legende, (lat.), w, -n: 1. christl. Heiligenerzählung, 2. sagenhafte Geschichte, Erzählung, 3. Text, der Zeichen, Einfärbungen, o.ä. auf Landkarten erläutert
leger, [le'*sch*ä:r, frz.]: ungezwungen, (nach)lässig, bequem
Leggings, Leggins, (engl.), w, M.: 1. lederne Beinbekleidung bei Indianern, 2. enganliegende, elastische Hose
legieren, (lat.): 1. ein Metall mit anderen durch Zusammenschmelzen vermischen, 2. Suppen oder Soßen mit Eigelb abrühren
Legierung, (lat.), w, -en: durch Legieren (1) hergestelltes Mischmetall
Legion, (lat.), w, -en: 1. altrömische Heereseinheit, 2. Söldnerheer, 3. riesige Anzahl
Legionär, (lat.), m, -e: Angehöriger einer Legion; Söldner
legislativ, (lat.): gesetzgebend
Legislative, (lat.), w, -n: Gesetzgebung; gesetzgebende Gewalt, Versammlung
legislatorisch, (lat.): gesetzgeberisch
Legislatur, (lat.), w, -en: Gesetzgebung
Legislaturperiode, (lat.-gr.), w, -n: Wahlperiode, Amtszeit einer gesetzgebenden Volksvertretung
legitim, (lat.): gesetzlich anerkannt, rechtmäßig; ehelich; vertretbar, erlaubt
Legitimation, (lat.), w, -en: Beglaubigung, Berechtigungsschreiben; Ausweis; Ehelichkeitserklärung; Erlaubnis
legitimieren, (lat.): 1. berechtigen; beglaubigen; für rechtmäßig oder ehelich erklären, 2. sich l.: sich ausweisen
Legitimität, (lat.), w, n.E.: Rechtmäßigkeit, Gesetzmäßigkeit
Leguan, (indian.), m, -e: Reptil mit gezacktem Rückenkamm
Leguminosen, (lat.), w, M.: Hülsenfrüchtler
Lek, (alban.), m, -: alban. Währungseinheit
Lektion, (lat.), w, -en: 1. Lesung; Unterrichtsstunde, 2. Lernabschnitt, 3. Zurechtweisung
Lektor, (lat.), m, -toren: 1. Lehrkraft an Hochschulen, 2. Verlagsangestellter, der

Manuskripte begutachtet, 3. Laie als Vertreter eines Pfarrers

Lektorat, (lat.), s, -e: 1. Amt eines Lektors, 2. Verlagsabteilung

lektorieren, (lat.): als Lektor Manuskripte begutachten

Lektüre, (lat.), w, -n: 1. (ohne M.) das Lesen, 2. Lesestoff

Lemma, (gr.), s, -ta: Stichwort in einem Lexikon

Lemming, (dän.), m, -e: Wühlmaus

Lemur, (lat.), m, -en: katzengroßer Halbaffe

Leninismus, m, n.E.: die Theorien Lenins

Lenis, (lat.), w, Lenes: mit schwachem Druck gesprochener Konsonant (z.B.: b)

lentikular, (lat.): linsenförmig; zur Augenlinse gehörig

lentikulär, (lat.): vgl.lentikular

lento, (ital.): langsam, gedehnt (Mus.)

Leoniden, (lat.), w, n.M.: Sternschnuppenschwarm

Leopard, (lat.), m, -en: gelbschwarze Großkatze

Leporello, s, -s: vgl. Leporelloalbum

Leporelloalbum, s, -alben: ziehharmonikaartig zusammenfaltbare Reihe von Bild- oder Textseiten

Lepra, (gr.), w, n.E.: bakterielle Hautkrankheit, Aussatz

Leprom, (gr.), s, -e: Lepraknoten

leptosom, (gr.): schmal und schlank gewachsen, schmächtig

Leptosome, (gr.), m und w, -n: schmächtiger Mensch

Lesbe, w, -n: (umg.) Lesbierin

Lesbierin, w, -nen: lesbische Frau

lesbisch, (gr.): (bei Frauen) homosexuell

letal, (lat.): tödlich, todbringend (Med.)

Letalität, (lat.), w, n.E.: Maß für die Tödlichkeit einer bestimmten Krankheit (Med.)

Lethargie, (gr.), w, n.E.: Trägheit, Teilnahmslosigkeit, Gleichgültigkeit

lethargisch, (gr.): teilnahmslos, träge, gleichgültig

Letscho, s, -s: ungar. Gemüsegericht

Letter, (lat.), w, -n: Druckbuchstabe

Leukämie, (gr.), w, -n: Blutkrebs (Med.)

leukämisch, (gr.): an Leukämie erkrankt

Leukoblasten, (gr.), w, M.: weiße Blutkörperchen bildende Zellen im Knochenmark

Leukoplast, (gr.), m, -en: Bestandteil der Pflanzenzelle

Leukoplast, (Wz), s, -e: Heftpflaster

Leukozyt, (gr.), m, -en: weißes Blutkörperchen

Leukozytose, (gr.), w, -n: Vermehrung der weißen Blutkörperchen

Leutnant, (frz.), m, -s: unterster Offiziersdienstgrad

Levade, (frz.), w, -n: Aufrichten des Pferdes auf den Hinterbeinen

Levante, (ital.), w, n.E.: Länder des östlichen Mittelmeerraumes

Levantine, (ital.), w, n.E.: dichtes Chemiefasergewebe

Levantiner, (ital.), m, -: Bewohner der Levante

Level, ['lä.wl, engl.], m, -s: Niveau, Stufe, Ebene

Leviathan, (hebr.), m, -e: Drachen, Meerungeheuer

Levit, (hebr.), m, -en: Tempeldiener im Alten Testament; jmdm. die Leviten lesen: jmdn. zurechtweisen

Levkoie, Levkoje, (gr.), w, -n: Kreuzblütlerpflanze

Lex, (lat.), w, Leges: Gesetz(esantrag), Ausnahmegesetz

Lexem, (gr.), s, -e: Wortschatzeinheit; lexikal. Einheit

Lexik, (gr.), w, n.E.: Wortschatz einer Sprache

lexikalisch, (gr.): zum Wörterbuch gehörig; in der Art eines Lexikons

Lexikograph, (gr.), m, -en: Verfasser eines Lexikons

Lexikologie, (gr.), w, n.E.: Erforschung des Wortschatzes einer Sprache

Lexikon, (gr.), s, Lexika oder Lexiken: alphabetisch geordnetes Nachschlagewerk; Wörterbuch

Lezithin, (gr.), s, -e: phosphorreiche Verbindung in lebenden Zellen

L'hombre, ['lo*n*br(e), frz.]: vgl. Lomber

Liaison, [liä's*on*, frz.], w, -s: enge Bindung; Liebschaft

Liane, (frz.), w, -n: Kletterpflanze der trop. Regenwälder

Lias, (frz.), m oder w, n.E.: Zeitabschnitt im Erdmittelalters
Libelle, (lat.), w, -n: 1. langes räuberisches Insekt mit zwei Flügelpaaren, 2. Glasröhrchen der Wasserwaage
liberal, (lat.): freiheitlich, freizügig; im Sinne des Liberalismus
liberalisieren, (lat.): freier gestalten; Reglementierung abbauen
Liberalismus, (lat.), m, n.E.: Weltanschauung, die die freie Entfaltung der Persönlichkeit zu ermöglichen sucht
Liberalist, (lat.), m, -en: Anhänger des Liberalismus
Liberalität, (lat.), w, n.E.: freiheitliche Gesinnung; Vorurteilslosigkeit
Libero, (ital.), m, -s: (im Fußball:) Verteidiger ohne direkten Gegenspieler
libertär, (frz.): extrem freizügig; anarchistisch
Libertät, (frz.), w, -e: Freiheit
Liberté, (frz.), w, n.E.: Freiheit
Libertin, [liber'*tän*, frz.], m, -s: Freigeist; Wüstling
Libertinage, [liberti'na:*sch*, frz.], w, -n: Ausschweifung; Zügellosigkeit
libidinös, (lat.): die Libido betreffend; triebhaft
Libido, (lat.), w, n.E.: Geschlechtstrieb; Lust
Librettist, (ital.), m, -en: Verfasser eines Librettos
Libretto, (ital.), s, -s: Text(buch) zu einer Oper(ette)
Lido, (ital.), m, -s: der Küste vorgelagerte Landzunge
Lift, (engl.), m, -e oder -s: 1. Fahrstuhl, Aufzug, 2. Mitfahrgelegenheit, 3. kosmetische Operation zur Beseitigung von Falten
Liftboy, (engl.), m, -s: Fahrstuhlführer (im Hotel)
liften, (engl.): einen Lift (3) durchführen
Lifting, (engl.), s, -s: vgl. Lift (3)
Liga, (lat.), w, Ligen: 1. Bund, Vereinigung, 2. Wettkampfklasse
Ligament, (lat.), s, -e: sehnenartiger Bindegewebsstrang
Ligatur, (lat.), w, -en: Verbindung
light, ['lait, engl.]: leicht
Ligist, (lat.), m, -en: Ligamitglied
Ligula, (lat.), w, -e: zartes Blatthäutchen der Gräser
Liguster, (lat.), m, -: Ölbaumgewächs (meist als Heckenpflanze)
liieren, (frz.): eng verbinden; eine Liaison eingehen
Likör, (frz.), m, -e: süßer Schnaps
Liktor, (lat.), m, -toren: Amtsdiener eines hohen altröm. Beamten
lila, (frz.): rotblau, hellviolett
Liliputaner, m, -: Mensch mit krankhaft bedingtem Zwergwuchs
Liman, (gr.), m, -e: sumpfige Bucht
Limbo, (karib.), m, -s: karibischer Tanz
Limbus, (lat.), m, Limbi: 1. Vorhölle, 2. Gradkreis
Limerick, m -s: fünfzeiliges Gedicht mit groteskem Inhalt und festgelegtem Reimschema
Limes, (lat.), m, -: von den Römern angelegter Grenzwall
Limette, (frz.), w, -n: dünnschalige Zitrusfrucht
limikol, (lat.): im Schlamm lebend
Limit, (engl.), s, -s: festgelegte Grenze (z.B.: Preis-, Gewichts- Zeitgrenze)
Limitation, (lat.), w, -en: Begrenzung, Beschränkung
limitieren, (lat.): begrenzen, beschränken
Limnimeter, (gr.), s, -: Flutmesser, Pegel
Limnograph, (gr.), m, -en: vgl. Limnimeter
Limnologie, (gr.), w, n.E.: Wissenschaft von den Binnengewässern
Limonade, (ital.), w, -n: Erfrischungsgetränk
Limone, (ital.), w, -n: 1. große Zitrone, 2. vgl. Limette
limos, limös, (lat.): schlammig, sumpfig
Limousine, (frz.), w, -n: geschlossener Personenwagen
limpid, (frz.): durchsichtig, klar
Lineal, (lat.), s, -e: mit Millimeterskala bestücktes Zeichengerät
Lineament, (lat.), s, -e: 1. Hand-, Gesichtslinie, 2. tiefreichende Naht in der Erdkruste
linear, (lat.): geradlinig, linienförmig; durch eine Gerade darstellbar
Linearität, (lat.), w, n.E.: lineare Beschaffenheit
Lineatur, (lat.), w, -en: Linierung; Linienführung

Liner, ['lain(e)r, engl.], m, -: im Liniendienst verkehrendes Passagierschiff (auch: Flugzeug)
Linga, Lingam, (sanskr.), s, n.E.: Phallussymbol des ind. Gottes Schiwa
lingual, (lat.): die Zunge betreffend
Lingual, (lat.), m, -e: mit der Zunge gebildeter Laut
Linguist, (lat.), m, -en: Sprachwissenschaftler
Linguistik, (lat.), w, n.E.: Sprachwissenschaft
Liniatur: vgl. Lineatur
Linie, (lat.), w, -n: 1. Strich, Gerade; Zeile, 2. Richtschnur, 3. Verkehrsverbindung (z.B. Buslinie), 4. regelmäßig befahrene Strecke, 5. Verwandtschaftszweig, 6. Kampfgebiet, Front
linieren, (lat.): Linien (1) ziehen
Liniment, (lat.), -e: dickflüssiges Einreibemittel
Linoleum, (lat.), s, n.E.: Fußbodenbelag
Linon, [li'n*on*, frz.], m, -s: Leinen- oder Baumwollgewebe
Lipase, (gr.), w, -n: fettspaltendes Enzym
Lipid, (gr.), s, -e: Fett oder fettähnliche Substanz
Lippizaner, m, -: in der span. Hofreitschule in Wien gezüchtetes, meist schimmelfarbenes Pferd
lipoid, (gr.): fettähnlich
Lipoid, (gr.), s, -e: fettähnliche Substanz (Biol.; Chem.)
Lipom, (gr.), s, -e: gutartige Fettgewebsgeschwulst
lipophil, (gr.): in Fett löslich
lipophob, (gr.): nicht in Fett löslich
liqueszieren, (lat.): flüssig werden, schmelzen (Chem.)
liquid(e), (lat.): 1. flüssig, 2. zahlungsfähig
Liquid, m, -e: vgl. Liquida
Liquida, (lat.), w, Liquidä: Fließlaut
Liquidation, (lat.), w, -en: 1. Abwicklung einer aufgelösten Handelsgesellschaft, von Börsengeschäften, 2. Honorarforderung eines freiberuflich Arbeitenden, 3. Auflösung; Beseitigung; Tötung, Hinrichtung
liquidieren, (lat.): 1. ein Unternehmen auflösen, 2. Kosten berechnen, 3. abschaffen, beseitigen; töten, hinrichten
Liquidität, (lat.), w, n.E.: Zahlungsfähigkeit
Liquor, (lat.), m, Liquores: 1. Flüssigkeit, 2. Lösung, flüssiges Arzneimittel
Lira, (ital.), w, Lire: ital. Währungseinheit
Litanei, (gr.), w, -en: 1. Wechselgebet zwischen Geistlichem und Gemeinde, 2. langatmiges Gerede, Gejammer
Liter, (gr.), m, -: Maßeinheit für Volumen
Litera, (lat.), w, -s: (auf Wertpapieren) Buchstabe
literarisch, (lat.): zur Literatur gehörend; schriftstellerisch
Literat, (lat.), m, -en: Schriftsteller
Literatur, (lat.), w, -en: 1. Gesamtheit aller Schriftwerke eines Sprachraumes, 2. Gesamtheit der Veröffentlichungen, die es zu einem Wissensgebiet gibt
Lithium, (gr.), s, n.E.: weiches, sehr leichtes Metall
Lithographie, (gr.), w, -n: 1. Verfahren zur Herstellung von Steindrucken, 2. Steinzeichnung
lithographieren, (gr.): 1. auf Stein zeichnen, 2. Lithographien herstellen
Lithologie, (gr.), w, n.E.: Gesteinskunde
Lithophyt, (gr.), m, -en: Felspflanze
Litoral, (lat.), s, -e: Küstenbereich, Strandzone
Litorina, (lat.), w, -rinen: Strandschnecke
Litotes, (gr.-lat.), w, -: indirekte Formulierung des Gemeinten durch doppelte Verneinung
Litschi, (chines.), w, -s: Frucht des Litschibaumes
Liturg, (gr.), m, -en: die Liturgie ausführender Geistlicher
Liturgie, (gr.), w, -n: festgelegte Form des Gottesdienstes; Wechselgesang des Pfarrers mit der Gemeinde
Liturgik, (gr.), w, n.E.: Geschichte der christl. Liturgie
liturgisch, (gr.): die Liturgie betreffend
live, ['laif, engl.]: direkt, original übertragen
Livre, ['li:wr(e), frz.], m oder s, -(s): 1. alte(s) frz. Gewichtsmaß, Währungseinheit
Livree, (frz.), w, -n: uniformähnliche Bekleidung für Bedienstete

livriert, (frz.): in Livree gekleidet
Lizentiat, (lat.), s, -e: akademischer Grad
Lizentiat, (lat.), m, -en: Inhaber eines Lizentiats
Lizenz, (lat.), w, -en: (amtliche) Erlaubnis, Genehmigung
lizenzieren, (lat.): eine Lizenz erteilen
Lob, (engl.), m, -s: (u.a. beim Tennis) hoch geschlagener Ball, um den Gegner zu überspielen
lobben, (engl.): einen Lob schlagen
Lobby, (engl.), w, -s oder Lobbies: sämtliche Personen, die einem bestimmten Interessenverband angehören und Einfluß auf Parlamentarier zu nehmen suchen
Lobbyist, (engl.), m, -en: Angehöriger einer Lobby
Lobelie, w, -n: Glockenblumengewächs
Lobus, (gr.), m, Lobi: Organlappen (Med.)
Lockout, [lock'aut, engl.], s, -s: Aussperrung von Arbeitern
loco, (lat.): am Ort, hier; vorrätig
Lodge, ['lo.d*sch*, engl.], w, -s ['lo.d*sch*iß]: Ferienhotel, -anlage
Log (Logge), (engl.), s, -e: Geschwindigkeitsmesser eines Schiffes
Logarithmentafel, (gr.-dt.), w, -n: tabellarische Zusammenstellung von Logarithmen
logarithmieren, (gr.): den Logarithmus berechnen (Math.)
logarithmisch, (gr.): Logarithmen betreffend
Logarithmus, (gr.), m, -rithmen: Exponent einer Potenz mit vorgegebenem Zahlenwert (Math.)
Logasthenie, (gr.), w, n.E.: Gedächtnis- und Sprachstörung
Logbuch, (engl.-dt.), s, -bücher: Schiffstagebuch
Loge, ['lo:*sch*e, frz.], w, -n: 1. kleiner Seitenraum; abgeteilter Zuschauerraum, 2. Geheimorganisation der Freimaurer
Logger, (niederl.), m, -: kleines Fischereifahrzeug
Loggia, ['lo.d*sch*(i)a, ital.], w, -s oder Loggien: 1. Säulenhalle, Bogenhalle, 2. nach einer Seite hin offener Raum
logieren, [lo*sch*i:ren, frz.]: 1. beherbergen, 2. zeitweilig als Gast wohnen
Logik, (gr.), w, n.E.: 1. Wissenschaft, bzw. Theorie von den Grundlagen menschlicher Denk-, bzw. Schlußweisen, 2. folgerichtiges Denken und Handeln; die Fähigkeit dazu
Logiker, (gr.), m, -: 1. Wissenschaftler auf dem Gebiet der Logik, 2. logisch denkender Mensch
Logis, [lo*sch*i:, frz.], s, - [lo*sch*i:ß]: 1. Wohnung, Unterkunft, 2. (auf Schiffen:) Mannschaftsunterkunft
logisch, (gr.): 1. auf Logik beruhend; den Gesetzen der Logik folgend; folgerichtig, 2. (umg.) einleuchtend, klar
Logismus, (gr.), m, Logismen: 1. Vernunftschluß, 2. Lehre vom logischen Aufbau der Welt
Logistik, (gr.), w, -: sämtliche Planungen und Maßnahmen zur Organisation eines Heeres, bzw. eines Wirtschaftsunternehmens
logistisch, (gr.): die Logistik betreffend
Logopäde, (gr.), m, -n: Fachmann für Sprachtherapie
Logopädie, (gr.), w, n.E.: Sprachheilkunde; Sprachtherapie
Logophobie, (gr.), w, -n: Sprechangst
Logorrhö, (gr.), w, -en: Redesucht
Logos, (gr.), m, Logoi: 1. Wort, Sinn, Lehre (Philos.), 2. Gedanke, Begriff, 3. ordnende göttliche Vernunft; Weltgesetz
Loipe, (norweg.), w, -n: Spur zum Skilanglauf
Lok, w, -s: (Kurzw. für:) Lokomotive
lokal, (lat.): örtlich, örtlich begrenzt; den Ort angebend
Lokal, (lat.), s, -e: 1. Raum; Örtlichkeit, 2. Gaststätte
Lokalanästesie, (lat.-gr.), w, -n: örtliche Betäubung (Med.)
Lokalderby, (lat.-engl.), s, -s: sportl. Begegnung zwischen Ortsrivalen
Lokalisation, (lat.), w, -en: das Lokalisieren
lokalisieren, (lat.): 1. einen Standort ermitteln, 2. den Krankheitsherd ermitteln, 3. etwas örtlich beschränken
Lokalität, (lat.), w, -en: Örtlichkeit, Raum
Lokalkolorit, (lat.), s, -e: typische Merkmale und Eigenarten (einer Gegend)
Lokalmatador, (lat.), m, -en: nur in einer bestimmten Gegend bekannter Sportler

Lokalpatriotismus, (lat.), m, n.E.: gefühlsbedingte Zuneigung zu allem, was mit dem eigenen Wohnort zu tun hat
Lokalredaktion, (lat.), w, -en: für die Nachrichten aus der Umgebung zuständige Abteilung einer Zeitungsredaktion
Lokaltermin, (lat.), m, -e: am Tatort des Rechtsfalles abgehaltener Gerichtstermin
Lokativ, (lat.), m, -e: Kasus, der den Ort ausdrückt
Lokomotive, (lat.), w, -n: Zugmaschine, Eisenbahn
Lokus, (lat.), m, -se: 1. Ort, 2. (umg.) Toilette
Lombard, (ital.), m oder s, -e: Kreditgewährung gegen Pfand
Lombardsatz, (ital.), m, -sätze: Zinssatz für Lombardgeschäfte
Longdrink, (engl.), m, -s: alkohol. Mischgetränk
Longe, ['l*onsch*, frz.], w, -n: (Pferdedressur) lange Leine; Seil
longieren, [l*on'sch*i:ren, frz.]: ein Pferd an der Longe führen
longitudinal, (lat.): in der Längsrichtung, längsgerichtet
longline, ['lo.nglain, engl.]: (Tennis) entlang der Seitenlinie
Longseller, (engl.), m, -: Buch, das über einen längeren Zeitraum ein Bestseller ist
Look, ['lu.k, engl.], m, -s: Modestil
Looping, ['lu:ping, engl.], m oder s: kunstvoll geflogener Überschlag mit dem Flugzeug
Lord, (engl.), m, -s: 1. hoher engl. Adelstitel, 2. Engländer mit diesen Titel
Lore, (engl.), w, -n: kleiner auf Schienen laufender Transportwagen
Lorgnette, [lorn'je.t, frz.], w, -n: Brille, die an einem Stiel vor die Augen zu halten ist
Lorgnon, [lorn'j*on*, frz.], s, -s: vgl. Lorgnette
Lori, (malai.), m, -s: kleiner Papagei
Lori, (frz.), m, -s: nachtaktiver Halbaffe
Lost, (Kurzw.), m, n.E.: Senfgas, chem. Kampfstoff
Lotion, ['lo(u)sch(e)n, lat.-engl.], w, -s· [lozi'o:n, lat.-frz.], w, -en: flüssiges Kosmetikum; Rasierwasser
Lotos, (gr.), m, -: vgl. Lotosblume
Lotosblume, (gr.-dt.), w, -n: Wasserose
Lotse, (niederl.), m, -n: Seemann, der Schiffe durch schwierige Gewässer lenkt
Lotterie, (niederl.), w, -n: 1. Glücksspiel mit Losen, 2. Verlosung, 3. riskante Unternehmung
Lotto, (ital.), s, -s: 1. Zahlenlotterie, 2. Gesellschaftsspiel für Kinder
Louis, ['lui, frz.], m, - ['luis]: (umg.) Zuhälter
Louisdor, [lui'do:r, frz.], m, -e: (histor.) frz. Goldmünze
Louis-quatorze, [lui-ka'torß, frz.], s, n.E.: frz. Kunststil zur Zeit Ludwigs XIV.
Lounge, ['laund*sch*, engl.], w, -s ['laund*sch*is]: in Hotels, Schiffen o.ä. Halle, Aufenthaltsraum
loyal, [loa'ja:l, frz.]: dem Vorgesetzten oder der Regierung gegenüber treu, zuverlässig; gesetzestreu
Loyalität, [loajali'tä:t, frz.], w, -en: loyales Verhalten, Regierungstreue; Gesetzestreue
LSD, (Abk.): synthetisch hergestelltes Rauschmittel
Lues, (lat.), w, n.E.: Syphilis
Luffa, (arab.), w, -s: trop. Kürbisgewächs
Luiker, (lat.), m, -: an Lues Erkrankter
luisch, (lat.): an Lues erkrankt
lukrativ, (lat.): gewinnbringend, einträglich, ergiebig
lukullisch: üppig, opulent, schlemmerhaft
Lullaby, ['la.lebai, engl.], s, Lullabies: Schlaflied, Wiegenlied
Lumbago, (lat.), w, n.E.: Hexenschuß (Med.)
lumbal, (lat.): die Lenden betreffend, von ihnen ausgehend
Lumbalanästhesie, (lat.-gr.), w, -n: Betäubung durch Injizieren des Anästhetikums in den Lendenwirbelkanal
Lumbalgie, (lat.-gr.), w, -n: Lendenschmerz
Lumberjack, ['la.mb(e)rd*sch*äk, engl.], m, -s: Leder- oder Kordjacke mit enger Taille
Lumineszenz, (lat.), w, -en: kaltes Licht
lumineszieren, (lat.): kalt leuchten

Luminophor, (lat.), m, -e: Leuchtstoff
luminos, luminös, (lat.): leuchtend; lichtvoll
Lumme, (skandinav.), w, -n: arktischer Meeresvogel
Luna, (lat.), ohne Artikel: der Mond; die Mondgöttin
lunar, (lat.): den Mond betreffend, zum Mond gehörig
lunatisch, (lat.): mondsüchtig
Lunatismus, (lat.), m, n.E.: Mondsüchtigkeit
Lunch, ['la.nsch, engl.], m, -(e)s oder -e: kleine Mittagsmahlzeit
lunchen, ['la.nsch(e)n, engl.]: den Lunch einnehmen
Lunchpaket, ['la.nsch.., engl.-dt.], s, -e: Verpflegungspaket
Lünette, (frz.), w, -n: halbkreisförmiges Feld über Türen
lunular, (lat.): halbmondförmig
Lupe, (frz.), w, -n: Vergrößerungsglas
Lupine, (lat.), w, -n: Schmetterlingsblütler
lusingando, (ital.): schmeichelnd, betörend (Mus.)
Luster: vgl. Lüster
Lüster, (lat.), m, -: 1. Kronleuchter, 2. glänzender Überzug; glänzendes Gewebe
lustrieren, (lat.): eine kultische Reinigung feiern
lüstrieren, (lat.): Garne und Gewebe glänzend machen
Lutein, (lat.), s, n.E.: gelber Farbstoff (Biol.)
Lutetium, (lat.), s, n.E.: chem. Element, Metall
Lux, (lat.), s, -: Maßeinheit für Beleuchtungsstärke
Luxation, (lat.), w, -en: Verrenkung, Ausrenkung
luxieren, (lat.): verrenken, ausrenken
luxurieren, (lat.): schwelgen; üppiger wachsen (Bot.)
luxuriös, (lat.): üppig, aufwendig, verschwenderisch
Luxus, (lat.), m, n.E.: üppige Ausstattung, Prunk, kostspielige Lebensführung; Verschwendung
Luzerne, (lat.), w, -n: Schneckenklee (Bot.)
luzid, (lat.): licht, hell; glänzend; klar, verständlich
Luzidität, (lat.), w, n.E.: Durchsichtigkeit, Helligkeit; Glanz; Klarheit
Luzifer, (lat.), m, n.E.: Teufel, Satan
Lyase, (gr.), w, -n: Enzym (Chem.)
Lymphadenom, (gr.), s, -e: Lymphknotengeschwulst
lymphatisch, (gr.): zur Lymphe gehörend; das Lymphgewebe betreffend
Lymphe, (gr.), w, -n: eiweißhaltige Gewebsflüssigkeit (Med.)
Lymphom, (gr.), s, -e: vgl. Lymphadenom
Lymphozyt, (gr.), m, -en: weißes Blutkörperchen
Lymphozytose, (gr.), w, -n: (krankhafte) Vermehrung der weißen Blutkörperchen
lynchen, (engl.): jmdn. ungesetzlich, ohne Urteil mißhandeln, bzw. töten, Lynchjustiz üben
Lynchjustiz, (engl.-lat.), w, n.E.: ungesetzliche Mißhandlung eines Menschen durch eine aufgebrachte Menschenmenge
lyophil, (gr.): leicht löslich (Chem.)
lyophob, (gr.): schwer löslich (Chem.)
Lyra, (gr.), w, Lyren: 1. (im antiken Griechenland) Leier, 2. (für Militärkapellen) Glockenspiel
Lyrik, (gr.), w, n.E.: Literaturgattung der Gedichte
Lyriker, (gr.), m, -: Schriftsteller, Verfasser von Gedichten
lyrisch, (gr.): 1. zur Lyrik gehörend, in Gedichtform, 2. stimmungsvoll, gefühlsbetont
Lyrismus, (gr.), m, Lyrismen: übertrieben gefühlsbetonte Darstellung, bzw. Dichtung
Lysin, (gr.), s, -e: auflösender Stoff (Med.)
Lyssa, (gr.), w, n.E.: Tollwut
lytisch, (gr.): allmählich zurückgehend (Med.)
Lyzeum, (gr.), s, Lyzeen: alte Bez. für höhere Mädchenschule

M

Mäander, (gr.), m, -: 1. eine Reihe von Flußwindungen, 2. rechtwinkliges oder spiralförmiges Ornamentband
mäandrisch, (gr.): wie ein Mäander
Mac, [mä.k, schott. »Sohn«]: häufige Vorsilbe schott. Familiennamen
Macchia, ['ma.kja],**Macchie,** ['makje, ital.], w, n.E.: immergrüner Strauch (Hartlaubgewächs)
Machete, (span.), w, -n: Buschmesser in Mittel- und Südamerika
Machiavellismus, [makjave'li.smus], m, n.E.: allein nach Machtinteressen ausgerichtete Politik
Machination, (lat.), w, -en: Machenschaft, Hinterlist
Machismo, [ma'tschi.smo, span.], m, n.E.: Betonung männl. Verhaltens, Männlichkeitswahn
Macho, ['ma.tscho, span.]: sich übertrieben männl. aufführender Mann
Machorka, (russ.), m, -s: kräftiger russ. Tabak
Machorka, (russ.), w, -s: Zigarette aus solchem Tabak
machulle, (jidd.): ruiniert; erschöpft; verdorben
Madam, (frz.), w, -s: Hausherrin, Frau; behäbige Frau
Madam, ['mä.däm, engl.], w, -s: engl. Anrede: (gnädige) Frau
Madame, [ma'da.m, frz.], w, Mesdames, [me'da.m]: frz. Anrede: (gnädige) Frau
made in, ['mäid in, engl.]: produziert, gebaut in
Madeira, [ma'de:ra), m, -s: Süßwein; port. Atlantikinsel
Mademoiselle, [madmoa'se.l, frz.], w, Mesdemoiselles, [medmoa'se.l]: frz. Anrede: Fräulein
Madera: vgl. Madeira
madjarisch, magyarisch, (ung.): ungarisch
Madonna, (ital.), w, Madonnen: Maria, Muttergottes; Darstellung Marias
Madrigal, (ital.), s, -e: 1. ital. Gedicht, 2. Kunstlied des 16./17. Jh.
maestoso, (ital.): feierlich, würdevoll, gemessen
Maestro, (ital.), m, -s: Virtuose, Komponist, Dirigent
Mäeutik, (gr.), w, n.E.: Methode, durch gezieltes Fragen zu richtigen Antworten zu führen
Mafia, Maffia, (ital.), w, n.E.: auf Sizilien entstandene Geheimorganisation; Gangsterorganisation
Mafioso, (ital.), m, Mafiosi: Mitglied der Mafia oder einer Gangsterbande
Mafiote, (ital.), m, -n: vgl. Mafioso
Magazin, (arab.), s, -e: 1. Lagerraum, Speicher; Bibliotheks- oder Archivraum, 2. Illustrierte oder politische Zeitschrift; informative Rundfunk- oder Fernsehsendung mit festem Sendetermin, 3. Laden, 4. Behälter für Diapositive, Filme; Munitionskammer
magazinieren, (arab.): in einem Magazin unterbringen
Magenta, [ma'd*schä*.nta, ital.], s, n.E.: Anilinrot
Maghreb, (arab.), m, n.E.: Sammelbez. für die arab. Staaten Nordafrikas (außer Ägypten)
Magie, (pers.), w, n.E.: Zauberei, Geheimkunst
Magier, (pers.), m, -: Zauberer; Geisterbeschwörer
magisch, (pers.): wie durch Zauberei; geheimnisvoll, bannend
Magister, (lat.), m, -: 1. akademischer Grad, 2. Lehrer
Magistrale, (lat.), w, -n: Hauptverkehrsader
Magistrat, (lat.), m, -e: hoher Beamter im antiken Rom, 2. Stadtverwaltung
Magma, (gr.), s, Magmen: Gesteinsschmelzfluß im Erdinnern
magmatisch, (gr.): aus Magma entstanden
Magna Charta, (lat.), w, n.E.: engl. Grundgesetz, das der Adel 1215 vom König erzwang; Verfassung
magna cum laude, (lat. »mit großem Lob«): sehr gut
Magnat, (lat.), m, -en: 1. hoher Adliger in Ungarn und Polen, 2. Wirtschaftskapitän; Großgrundbesitzer
Magnesia, (gr.), w, n.E.: Magnesiumoxid
Magnesit, (gr.), m, -e: mineral. Magnesiumkarbonat
Magnesium, (gr.), s, n.E.: chem. Element, Leichtmetall
Magnet, (gr.), m, -e(n): 1. eisenanzie-

hender Körper, 2. anziehender Mensch, Ort

Magnetaufzeichnung, (gr.-dt.), w, -en: Speicherung von Tönen und Bildern auf magnetischem Wege, Abk. MAZ

Magnetik, (gr.), w, n.E.: Lehre vom Verhalten der Materie im magnet. Feld

magnetisch, (gr.): (eisen)anziehend, reizvoll

magnetisieren, (gr.): magnetisch machen

Magnetismus, (gr.), m, n.E.: 1. Lehre vom magnet. Feld und den magnet. Eigenschaften der Materie, 2. Kraft, Eisen anzuziehen

Magnetit, (gr.), m, -e: hochwertiges Eisenerz

Magnettongerät, (gr.-dt.), s, -e: Tonbandgerät

magnifik, (lat.): prächtig, großartig

Magnifikat, (lat.), s , n.E.: Lobgesang Marias im Lukas-Evangelium

Magnifizenz, (lat.), w, -en: Titel von Universitätsrektoren

Magnitude, (lat.), w, -n: Maß für die Erdbebenenergie

Magnolie, w, -n: Zierbaum aus Ostasien

Mahagoni, (indian.), s, n.E.: Holz eines trop. amerik. Baums

Maharadscha, (sanskr.), m, -s: ind. Großfürst

Maharani, (sanskr.), w, -s: Frau eines Maharadschas

Mahatma, (sanskr.), m, -s: ind. Ehrentitel

Mahdi, ['ma.chdi, arab.], m, -s: erwarteter Welterneuerer des Islam

Maiden, ['me:den, engl.], s, -: Rennpferd, das kaum Rennpraxis hat

Mailbox, ['me:lbox, engl.], w, -en: elektron. Briefkasten (EDV)

Mail-order, ['me:lorde(r), engl.], w, -s: Direktvertrieb

Maisonnette, [mäso'nä.t, frz.], w, -s: anderthalb oder mehr Stockwerke umfassende Wohnung in einem großen Haus

Maître de plaisir, ['mä:tre de plä'si:r, frz.], m, -s - -: jmd., der ein Fest ausrichtet; Tanzmeister

Maitresse: vgl. Mätresse

Majestät, (lat.), w, -en: 1. Titel von Kaisern und Königen, 2. Hoheit; Prächtigkeit

majestätisch, (lat.): erhaben, hoheitsvoll; prächtig

majeur, [maschör, frz.]: im Französischen Bez. für Dur

Majolika, (ital.), w, -s: Töpferware mit Glasur; Fayence

Major, (lat.), m, -e: unterster Dienstgrad der Stabsoffiziere

Majoran, (lat.), m, -e: Gewürzpflanze

Majorat, (lat.), s, -e: im Erbrecht der Vorrang des Ältesten

Majordomus, (lat.), m, -: im Frankenreich Stellvertreter des Königs; Hausmeier

majorisieren, (lat.): durch Stimmenmehrheit beherrschen, überstimmen

Majorität, (lat.), w, -en: Mehrheit, Überzahl

Majuskel, (lat.), w, -n: Großbuchstabe

makaber, (frz.): schaurig, düster; mit Grausigem scherzend

Makadam, m oder s, -e: Straßenbelag

Makak, (port.), m, Makaken: meerkatzenartiger Affe

Make-up, ['me:jk-a.p, engl.], s, -s: 1. kosmetische Gesichtskorrektur sowie die Mittel dafür, 2. künstliche Verschönerung, Tünche

Maki, m, -s: vgl. Lemur

Makkabiade, (hebr.), m, -s: Wettkämpfe jüdischer Sportler

Makkaroni, (ital.), w, n.M.: Röhrennudeln

Mako, w, m oder s, -s: ägypt. Baumwolle

Makramee, (arab.), s, -s: Knüpftechnik sowie die so hergestellte Ware

Makrele, (niederl.), w, -n: beliebter Speisefisch

Makrobiose, (gr.), w, n.E.: Langlebigkeit

Makrobiotik, (gr.), w, n.E.: 1. Kunst, das Leben zu verlängern, 2. v.a. aus Getreide- und Gemüseprodukten bestehende Ernährung

Makrokosmos, (gr.), m, n.E.: die Welt im Großen, All

Makromolekül, (gr.), s, -e: aus zahllosen Atomen bestehendes Molekül

Makrone, (frz.), w, -n: u.a. aus Mandeln hergestelltes Gebäck

Makulatur, (lat.), w, -en: 1. Papierabfall, 2. dummes Zeug, wertloser Kram

Malachit, (gr.), m, -e: grüner Schmuckstein

malade, (frz.): kränklich, hinfällig
mala fide, (lat.): in böser Absicht
Malaga, m, -s: Süßwein aus Malalga
Malaise, [ma'lä:se, frz.], w, -n: ungünstige Lage, Misere; Unbehagen
Malakologie, (gr.), w, n.E.: Weichtierkunde
Malaria, (ital.), w, n.E.: Sumpffieber (von Stechmücken übertragen)
Malefiz, (lat.), s, -e: Verbrechen, Untat
Malepartus, (lat.), m, n.E.: Fuchsbau in Tierfabeln
Malheur, [ma'lö:r, frz.], s, -e: Unglück; Mißgeschick
maligne, (lat.): bösartig (Med.)
Malignom, (lat.), s, -e: bösartige (Krebs-)Geschwulst
maliziös, (lat.): boshaft; hämisch, giftig
mall, (niederl.): gedreht (vom Wind); (umg.) töricht
Maloche, (jidd.), w, n.E.: (umg.) schwere Arbeit
malochen, (jidd.): (umg.) schwer arbeiten, schuften
Maltase, (lat.) w, -n: ein Enzym
Malteser, m, -: Angehöriger des Johanniterordens
Maltose, (frz.), w, n.E.: Malzzucker
malträtieren, (frz.): quälen, mißhandeln
Malum, (lat.), s, Mala: Krankheit, Übel
Malus, (lat.), m, - oder -se: 1. nachträglicher Zuschlag zur Versicherungsprämie, 2. Punktnachteil
Malve, (lat.), w, -n: Arznei- und Zierpflanze
Mamba, (afrikan.), w, -s: afrikan. Giftnatter
Mambo, (span.), m, -s: aus Kuba stammender Tanz
Mameluck, (arab.), m, -en: türkischer Sklave, Leibwächter oriental. Herrscher
Mamelucken, (arab.), w, M.: mittelalterl. Dynastie in Syrien und Ägypten
Mamilla, (lat.), w, -e: Brustwarze
Mamille, (lat.), w, -n: vgl. Mamilla
Mamma, (lat.), w, -e: Brust, Brustdrüse der Frau
Mammakarzinom, (lat.-gr.), s, -e: Brustkrebs
Mammalia, (lat.), w, n.M.: Sammelbez. für alle Säugetiere
Mammographie, (lat.-gr.), w, -n: Untersuchung der weiblichen Brust mit Röntgengerät
Mammon, (gr.), m, n.E.: Reichtum, Vermögen, (abschätzig) Geld (schnöder M.)
Mammut, (russ.), s, -s oder -e: eiszeitliches Rüsseltier
Mamsell, (frz.), w, -en oder -s: Köchin, Wirtschafterin; (scherzhaft) Fräulein
Management, ['mänädschm(e)nt, engl.], s, -s: Führungstechnik, Geschäftsführung; Sammelbez. für die leitenden Angestellten eines Unternehmens
managen, ['mänädschen, engl.]: 1. leiten; (umg.) bewerkstelligen, 2. jmds. Karriere fördern
Manager, ['mänädscher, engl.], m, -: 1. Geschäftsführer, leitender Angestellter, 2. Berater eines Sportlers oder Künstlers
mancando, (ital.): dahinschwindend (Mus.)
Manchester, ['mäntschester, engl.], m, n.E.: gerippter Kordsamt
Mandant, (lat.), m, -en: Auftraggeber, Kunde (eines Anwalts)
Mandarin, (port.), m, -e: hoher Beamter im chines. Kaiserreich
Mandarin, (port.), s, n.E.: alte Verkehrssprache in China; Hochchinesisch
Mandarine, (port.), w, -n: apfelsinenähnliche Frucht
Mandat, (lat.), s, -e: Auftrag; Vollmacht; Amt bzw. Parlamentssitz eines gewählten Abgeordneten
Mandatar, (lat.), m, -e: Beauftragter; Sachwalter
Mandibula, (lat.), w, -e: Unterkiefer
Mandola, (ital.), w, -dolen: tiefer gestimmte Mandoline
Mandoline, (ital.), w, -n: Zupfinstrument
Mandora: vgl. Mandola
Mandorla, (gr.), w, -dorlen: Heiligenschein in Mandelform
Mandragora: vgl. Mandragore
Mandrill, (engl.), m, -e: afrikan. Hundskopfaffe
Manege, [ma'ne:*sche*, frz.], w, -n: Reitbahn; (runder) Platz für Darbietungen im Zirkus
Mangan, (gr.), s, n.E.: ein Schwermetall

Manganat, (gr.), s, -e: Salz der Mangansäure
Manganit, (gr.), m, -e: Manganerz
Mangobaum, (port.), m, -bäume: tropischer Baum
Mangrove, (indian.), w, -n: Pflanze an Flußmündungen trop. Gebiete
Manguste, (port.), w, -n: Schleichkatze
Manie, (gr.), w, -n: 1. Sucht, Besessenheit, krankhafte Leidenschaft, 2. Phase des manisch-depressiven Irreseins
Manier, (frz.), w, -en: 1. Art, Eigenart; Gewohnheit, 2. (n.M.) Umgangsformen
manieriert, (frz.): übertrieben, affektiert, gekünstelt
Maniertheit, (frz.), w, n.E.: manierierte Art und Weise
Manierismus, (frz.), m, n.E.: 1. bewußt übertriebener Kunststil, 2. Kunstrichtung
Manierist, (frz.), m, -en: Vertreter des Manierismus
manieristisch, (frz.): nach Art des Manierismus
manierlich, (frz.): gesittet; anständig; ziemlich gut
manifest, (lat.): deutlich, handgreiflich; klar zu erkennen
Manifest, (lat.), s, -e: öffentliche Erklärung, Darlegung von Grundsätzen, Programm; Bekanntmachung
Manifestation, (lat.), w, -en: das Offenlegen, Sichtbarwerden, Bekanntmachen
manifestieren, (lat.): öffentlich erklären, bekanntmachen; sichtbar, erkennbar werden
Manihot, (indian.), m, -s: vgl. Maniok
Maniküre, (frz.), w, -n: 1. (n. E.) Handpflege, 2. Frau, die Handpflege beruflich betreibt
maniküren, (frz.): Hände und Fingernägel pflegen
Maniok, (indian.), m, -s: Wolfsmilchgewächs
Manipulant, (lat.), m, -en: Drahtzieher, Verfälscher
Manipulation, (lat.), w, -en: 1. absichtliche Umfälschung von Informationen, 2. Kunstgriff; Beeinflussung; gezielte Veränderung, 3. Machenschaft
manipulativ, (lat.): mit Manipulation arbeitend, darauf beruhend
Manipulator, (lat.), m, -toren: 1. jmd., der (andere) manipuliert, 2. Anlage zur Übertragung von Handbewegungen auf eine künstliche Greifhand
manipulieren, (lat.): 1. Informationen absichtlich umfälschen, 2. Kunstgriffe anwenden; gezielt beeinflussen, verändern (z.B. das Erbgut)
manisch, (gr.): die Manie betreffend; tobsüchtig (Psych.)
manisch-depressiv, (gr.-lat.): schwankend grundlos heiter-zornig oder traurig-mißmutig (Psych.)
Manismus, (lat.), m, n.E.: Ahnenkult
Manitu, (indian.), m, n.E.: in der Religion der Indiander der Große Geist, Weltgeist
Manko, (ital.), s, -s: Mangel; Fehlbetrag, Ausfall
Manna, (hebr.), s, n.E.: 1. (in der Bibel:) Himmelsbrot, 2. Rindensaft mancher Bäume
Mannequin, [mane'*kän*, frz.], s, -s: 1. junge Dame, die Modeschöpfungen vorführt
mano destra, (ital.): rechtshändig zu spielen (Mus.)
Manometer, (gr.), s, -: Druckmesser für Gase und Flüssigkeiten
ma non troppo, (ital.): aber nicht so sehr (Mus.)
mano sinistra, (ital.): linkshändig zu spielen (Mus.)
Manöver, (frz.), s, -: 1. Gefechtsübung von Truppen, 2. Kunstgriff, Ablenkungsversuch, 3. mit einem Fahrzeug vorgenommener Richtungswechsel (z.B. Wende-M.)
manövrieren, (frz.): (ein Fahrzeug) zielgerichtet lenken; geschickt zu Werke gehen, in eine gewünschte Lage zu bringen
Mansarde, (frz.), w, -n: Dachausbau zu Wohnzwecken
Manschette, (frz.), die -n: 1. Dichtungsring an Maschinenteilen oder Rohren, 2. Ärmelabschluß an der Oberbekleidung, 3. Kreppumschlag für Blumentöpfe, 4. Halsgriff beim Ringen
Mantik, (gr.), w, n.E.: Seherkunst
Mantille, (span.), w, -n: Umhang für die Schultern
Manual, (lat.), s, -e: 1. Tage-, Handbuch, 2. Tastatur, Klaviatur
manuell, (lat.): mit der Hand, von Hand (hergestellt)

Manufaktur, (lat.), w, -en: 1. Handarbeit, 2. Fabrik in vorindustrieller Zeit
manu propria, (lat.): eigenhändig, mit eigener Hand
Manuskript, (lat.), s, -e: Handschrift, Urschrift; Satz- oder Redevorlage
Maoismus, m, n.E.: chines. Auslegung des Marxismus (nach Mao Tse-tung)
Maoist, m, -en: Anhänger des Maoismus
Maori, (polynes.), m, -s: Eingeborener Neuseelands
Mapam, (Kurzw.), w, n.E.: israelische Arbeiterpartei
Maquette, [ma'kä.t, frz.], w, -n: Entwurf, Skizze
Maquis, [ma'ki:, frz.], m, n.E.: Buschwald, Unterholz
Maquisard, [maki'sa:r, frz.], m, -s: Kämpfer der Résistance
Marabu, (arab.), m, -s: storchartiger Schreitvogel
Maracuja, (indian.), w, -s: Frucht der Passionsblume
Maräne, (slaw.), w, -n: Lachsfisch; Felchen
marantisch, (gr.): kraftlos, schwach
Maraschino, [maras'ki:no, ital.], m, -s: ein Likör
Marathonlauf, (gr.-dt.), m, -läufe: längste olympische Laufdisziplin über 42,195 km
marcato, (ital.): deutlich hervorgehoben (Mus.)
Marchesa, [mar'ke:sa, ital.], w, -s oder Marchesen: hohe Adlige in Italien
Marchese, [mar'ke:se, ital.], m, -n: hoher Adliger in Italien
Marcia, ['ma.rtscha, ital.], w, -s: Marsch (Mus.)
Marcia funebre, (ital.): Trauermarsch (Mus.)
Mare, (lat. »Meer«), s, - oder Maria: Bez. für dunkel aussehende Gegenden auf Mond und Mars
Marelle: vgl. Marille
Marengo, (ital.), m, -s: Kammgarnstoff
Margarine, (gr.), w, n.E.: pflanzl. Speisefett
Marge, ['ma.r*sche*, frz.], w, -n: Abstand; (Handels)spanne
Margerite, (gr.), w, -n: Garten- und Wiesenpflanze
marginal, (lat.): randständig; beiläufig, unwichtig
Marginalexistenz, (lat.), w, -en: Außenseiter, Randexistenz
Marginalie, (lat.), w, -n: Anmerkung, Randbemerkung
Marginalität, (lat.), w, n.E.: Randständigkeit
Mariage, [mar'ja:*sch*, frz.], w, -n: Heirat, Ehe
marianisch, (hebr.): die Jungfrau Maria betreffend
Marihuana, (span.), s, n.E.: Rauschgift aus Hanf
Marille, w, -n: (österreich.) Aprikose
Marimba, (afrikan.-span.), w, -s: xylophonartiges Schlaginstrument
marin, (lat.): zum Meer gehörend, aus ihm kommend
Marinade, (lat.), w, -n: zum Einlegen verwendete Soße
Marine, (lat.), w, -n: Kriegs- bzw. Handelsflotte eines Staates
marineblau, (lat.-dt.): dunkelblau
Mariner, (lat.), m, -: (scherzhaft) Matrose, Seemann
marinieren, (lat.): in Marinade einlegen
Mariolatrie, (gr.), w, n.E.: Marienverehrung
Mariologie, (gr.), w, n.E.: Lehre von der Muttergottes
Marionette, (frz.), w, -n: an Fäden geführte Figur im Puppentheater; hörige, lenkbare Person
maritim, (lat.): die Schiffahrt, das Meer betreffend, zu ihnen gehörig
maritimes Klima: Seeklima
markant, (frz.): ausgeprägt, auffallend, sich abhebend
Marker, (engl.), m, -: 1. Schreiber zum Kennzeichnen von Textstellen, 2. kennzeichnende Substanz (Biol.)
Marketenderin, (ital.), w, -nen: Händlerin für Truppen im Feld oder bei Manövern
Marketing, (engl.), s, -s: Sammelbez. für Maßnahmen zur Förderung des Verkaufs
markieren, (frz.): 1. kennzeichnen, hervorheben, 2. einen Treffer erzielen; einen Gegner abschirmen (bei Ballsportarten), 3. so tun, als ob; simulieren
Markierung, (frz.), w, -en: Merk- und Kennzeichen, Einkerbung, Marke

Markise, (frz.), w, -n: Sonnenschutzvorrichtung (zum Aufrollen)
Markisette, [marki'sätt, frz.], w, -s: durchsichtiges Gewebe
Marmor, (gr.), m, -e: kristalliner, schleif- und polierbarer Kalkstein
marmorieren, (gr.): mit feinädrigem Muster bemalen
Marmotte, (frz.), w, -n: Alpenmurmeltier
Marocain, [maro'k*än*, frz.], s, -s: kreppartiges Gewebe
marode, (frz.): ermüdet, erschöpft; marschunfähig
Marodeur, [maro'dö:r, frz.], m, -e: plündernder Soldat
marodieren, (frz.): plündernd herumziehen
Marone, (ital.), w, -n: 1. eßbare Frucht der Edelkastanie, 2. Speisepilz
Maroquin, [maro'k*än*, frz.], m, n.E.: ein Ziegenleder
Marotte, (hebr.), w, -n: sonderbare Angewohnheit, Vorliebe; Tick
Marqueß, Markquess, ['ma:kwiß, engl.], m, -: Markgraf (engl. Adeltitel)
Marquis, [mar'ki:, frz.], m, - [marki:s]: Markgraf (frz. Adelstitel)
Marquise, [mar'ki:se, frz.], w, -n: Frau oder Tochter eines Marquis
Marquisette: vgl. Markisette
Marsala, m, -s: Süßwein aus Sizilien
Marseillaise, [marße'jä:s, frz.], w, n.E.: Marschlied der Frz. Revolution, heute frz. Nationalhymne
Marsupialier, (gr.), w, n.M.: Familie der Beuteltiere
martialisch, (lat.): kriegerisch, säbelrasselnd
Märtyrer, (gr.), m, -: jmd., der wegen seines Glaubens oder seiner Überzeugung Verfolgung oder Tod erlitten hat
Martyrium, (gr.), s, -tyrien: 1. Folterung, Tod eines Märtyrers sowie dessen Grabstätte, 2. schwere Pein, langes Leiden
Martyrologium, (gr.), s, -logien: Verzeichnis der Heiligen und Märtyrer
Marxismus, m, n.E.: von Karl Marx begründete sozialistische Staats-, Gesellschafts- und Wirtschaftstheorie
Marxist, m, -en: Anhänger des Marxismus
Mary Jane, ['mä:ri 'd*sch*e:jn, engl.], w, n.E.: (umg.) Marihuana
Marzipan, (arab.), s, -e: Konfekt aus Zucker und Mandeln
Maschine, (gr.), w, -n: Einrichtung, die nach Vorgabe Arbeit verrichtet und Kräfte überträgt; (umg.) Motorrad
maschinell, (gr.): mit Hilfe von Maschinen durchführbar oder durchgeführt
Maschinerie, (gr.), w, -n: 1. selbstlaufendes System, Verwaltungsapparat, 2. Austattung mit Maschinen
Maschinist, (gr.), m, -en: Bediener von Maschinen (v.a. auf Schiffen)
Maskaron, (frz.), m, -e: Maske oder fratzenhaftes Gesicht über Türbogen
Maske, (frz.), w, -n: 1. künstliche Hohlgesichtsform; verkleidete Person, 2. Schminkraum, 3. Deckmantel, Verstellung, 4. kosmetische Masse
Maskerade, (frz.), w, -n: 1. Verkleidung, Vermummung, 2. Fest für verkleidete Gäste, 3. Täuschung
maskieren, (frz.): durch eine Maske unkenntlich machen, vermummen; tarnen
Maskottchen, (frz.), s, -: Talisman in Form von Tier- oder Menschenfiguren, Anhängern o.ä.
maskulin, (lat.): männlich (aussehend)
Maskulinum, (lat.), s , -kulina: männl. Geschlecht eines Substantivs
Masochismus, m, -chismen: sexuelle Ansprechbarkeit durch Erleiden von physischen wie psychischen Mißhandlungen
Masochist, m, -en: sexuell durch Erdulden von Mißhandlungen ansprechbarer Mensch; (allg.) Dulder
masochistisch: zum Masochismus gehörig, auf ihm beruhend
Massage, [mas'sa:*sch*e, frz.], w, -n: Heil- oder Lockerungsbehandlung des Körpers
Massaker, (frz.), s, -: Gemetzel, Massenmord, Blutbad
massakrieren, (frz.): abschlachten, grausam töten
Massel, (jidd.), m, n.E.: (unverdientes) Glück
Massenmedium, (dt.-lat.), s, -medien: Publikationsorgan wie Presse, Rundfunk und Fernsehen
Masseur, [mas'sö:r, frz.], m, -e: m Fachkraft für Massage
Masseuse, [mas'sö:se, frz.], w, -n: w Fachkraft für Massage

massieren, (frz.): 1. mit Massage behandeln, 2. zusammenziehen, verstärken
massiv, (frz.): fest, voll; schwer; energisch
Massiv, (frz.), s, -e: größere Gebirgseinheit; Gesteinskomplex
Massivität, (frz.), w, n.E.: Wucht, Geschlossenheit; Nachdruck
Master, (engl.), m, -: 1. engl. Anrede für einen Halbwüchsigen, 2. in England und den USA verbreiteter akademischer Grad
Mastiff, (engl.), m, -s: großer Wachhund, engl. Dogge
Mastodon, (gr.), s, -s: eiszeitliches Rüsseltier
Masturbation, (lat.), w, -en: sexuelle Selbstbefriedigung, manuelle Reizung der Genitalien
masturbieren, (lat.): sich selbst sexuell befriedigen
Masurka: vgl. Mazurka
Matador, (span.), m, -e(n): 1. Hauptkämpfer im Stierkampf; 2. Anführer, Sieger
Match, [mä.tsch, engl.], s, -s oder -e: Wettkampf, -spiel
Matchball, ['mä.tschbal, engl.-dt.], m, ..bälle: Ballwechsel, der das Spiel entscheiden kann
Mate, (indian.), m, n.E.: Tee aus den Blättern des Matestrauchs
Mater, (lat. »Mutter«), w, -n: vgl. Matrize
Mater dolorosa, (lat.), w, n.E.: Beiname der Jungfrau Maria
material, (lat.): dinglich; inhaltlich
Material, (lat.), s, -ien: Roh-, Arbeitsstoff; Zutaten, Hilfsmittel; Unterlagen
Materialisation, (lat.), w, -en: 1. Verkörperung, Verstofflichung, 2. Umwandlung von Strahlungsenergie in Masseteilchen
materialisieren, (lat.): verstofflichen, real werden lassen
Materialismus, (lat.), m, n.E.: Weltsicht, nach der alles Sein materiellen Ursprungs ist
Materialist, (lat.), m, -en: 1. Anhänger des Materialismus, 2. nur an Besitz und Vergnügungen interessierter Mensch
materialistisch, (lat.): 1. auf den Materialismus bezogen, ihn betreffend, 2. nur an Besitz und Vergnügen interessiert
Materialität, (lat.), w, n.E.: Dinglichkeit
Materie, (lat.), w, -n: 1. (Ur)stoff; Substanz, 2. Inhalt, Gegenstand, Sachgebiet, 3. Masseteilchen (Phys.), 4. objektive Wirklichkeit (Philos.)
materiell, (lat.): 1. dinglich, körperlich, 2. wirtschaftlich; auf wirtschaftlichen Vorteil bedacht
matern, (lat.): die Mutter(schaft) betreffend
Maternität, (lat.), w, -en: Mutterschaft
Mathematik, (gr.), w, n.E.: Wissenschaft von den Zahlen und Figuren, Mengen und algebraischen Strukturen
Mathematiker, (gr.), m, -: jmd., der Mathematik studiert hat
mathematisieren, (gr.): mit mathematischen Methoden bearbeiten
Matinee, (frz.), w, Matineen: künstlerische Veranstaltung am Vormittag
Matratze, (arab.), w, -n: Polster als Unterlage
Mätresse, (frz.), w, -n: Geliebte, Nebenfrau (eines Fürsten); Dirne
matriarchalisch, (lat.-gr.): mutterrechtlich
Matriarchat, (lat.-gr.), s, -e: Mutterrecht; Gesellschaft mit weiblicher Dominanz
Matrikel, (lat.), w, -n: Verzeichnis von Mitgliedern
Matrix, (lat.), w, Matrizes oder Matrizen: 1. Keimschicht; Chromosomenhülle (Biol.), 2. rechteckiges Zahlenschema
Matrize, (lat.), w, -n: 1. Guß-, Präge- oder Preßform für den Druck, 2. vgl. Matrix
Matrone, (lat.), w, -n: Mutter der (Groß-)Familie, ältere würdige Frau; dicke Frau
Matrose, (niederl.), m, -n: ausgebildeter Seemann
Matur, Maturum, (lat.), s, n.E.: (veraltet) Abitur
Matura, (lat.), w, n.E.: Reifeprüfung, Abitur
Matutin, (lat.), w, -e(n): nächtliches Stundengebet
Matze, (hebr.), w, -n: vgl. Matzen
Matzen, (hebr.), m, -: in der Passahzeit von den Juden gegessenes Brot

Mauschel, (jidd.), m, -: armer Jude
mauscheln, (jidd.): 1. jiddisch sprechen, 2. undeutlich reden, nuscheln, 3. zwielichtigen Handel treiben, betrügen
Mausoleum, (gr.), s, Mausoleen: monumentaler Grabbau
mauve, [mo:w, frz.]: malvenfarbig, violett
maxi, (Kurzw.): knöchellang (von Textilien)
Maxi, (Kurzw.), m, -s: knöchellanger Damenrock
maximal, (lat.): sehr groß, größt..., höchstens
maximalisieren, (lat.): bis zum Äußersten steigern
Maxime, (lat.), w, -n: allgemeine Lebensregel; Denkspruch
maximieren, (lat.): das Maximum anstreben oder erreichen
Maximum, (lat.), s, Maxima: größter Wert, das Höchste
Mayday, ['me:jde:j, engl.]: im Funksprechverkehr weltweit verwendeter Hilferuf
Mayonnaise, [majo'nä:se, frz.], w, -n: dicke Soße aus Eidottern und Öl
MAZ, (Kurzw.),w: Vorrichtung zur Speicherung von Fernsehbildern sowie das Gespeicherte selbst
Mäzen, (lat.), m, -e: Kunstfreund, Beschützer und Förderer von Künstlern und Künsten
Mäzenatentum, (lat.), s, n.E.: Förderung von Künsten und Künstlern
Mazeration, (lat.), -en: 1. Auflösung organischer Gewebe unter Wassereinwirkung, 2. Präparationsverfahren
mazerieren, (lat.): eine Mazeration vornehmen
Mazurka, [ma'su.rka, poln.], w, Mazurken: poln. Volkstanz
mea culpa!, (lat.): durch meine Schuld; ich bin schuldig
Mechanik, (gr.), w, -en: 1. Lehre von Gleichgewicht und Bewegung der Körper unter Krafteinfluß, 2. Trieb- oder Uhrwerk, vgl. Mechanismus, 3. die Art des Funktionierens
Mechaniker, (gr.), m, -: jmd., der Maschinen instand hält
mechanisch, (gr.): 1. automatisch, 2. den Gesetzen der Mechanik (1) entsprechend, 3. instinktiv, unbewußt
mechanisieren, (gr.): auf Maschinenbetrieb umstellen
Mechanismus, (gr.), m, -nismen: 1. Getriebe; sich bewegende Einrichtung zur Übertragung von Kraft, 2. maschinenhafter Ablauf; selbsttätiger Vorgang
mechanistisch, (gr.): alles rein mechanisch erklärend; wie ein Mechanismus wirkend
Medaille, [me'da.lje, frz.], w, -n: Gedenkmünze
Medailleur, [medal'jö:r, frz.], m, -e: Prägestempel für Medaillen entwerfender Künstler
Medaillon, [medal'jong, frz.], s, -s: 1. Anhänger, der ein Bildchen o.ä. enthält, 2. vgl. Medaille, 3. rund ausgestochene Scheibe Fleisch
Media, (lat.), w, Mediae: stimmhafter Laut (z.B. b)
medial, (lat.): 1. zur Mitte hin, die Mitte bildend, 2. in der Art eines okkulten Mediums
Media-Mann, m, -Männer: Experte für Werbung
median, (lat.): die Mitte betreffend
mediäval, (lat.): mittelalterlich
Mediävistik, (lat.), w, n.E.: Teilgebiet der Geschichtswissenschaft
Medikament, (lat.), s, -e: Heilmittel, Arznei
medikamentös, (lat.): mit Medikamenten behandelnd
Medikus, (lat.), m, Medizi: Arzt
medioker, (lat.): mittelmäßig
Mediokrität, (lat.), w, -en: Mittelmäßigkeit
Mediothek, (lat.-gr.), w, -en: Bibliothek, die neben Büchern auch Videokassetten, Tonträger u.ä. enthält
Meditation, (lat.), w, -en: das Sichvertiefen in Gedanken; religiöse, mystische Versenkung
meditativ, (lat.): mit den Mittel der Meditation; versunken betrachtend
mediterran, (lat.): zum Mittelmeer gehörend
meditieren, (lat.): nachsinnen; versunken betrachten
Medium, (lat.), s, Medien oder Media: Mitte, Mittel; (Ver)mittler; Lösungsmittel
Medizin, (lat.), w, -en: Medikament; Heilkunde

Mediziner, (lat.), m, -: Arzt, Wissenschaftler der Medizin
medizinisch, (lat.): die Medizin betreffend, nach ihren Erkenntnissen vorgehend
Medley, ['mädli, engl.], s, -s: Melodienfolge, Potpourri
Meduse, w, -n: 1. weibl. Ungeheuer der altgr. Sage, 2. Qualleart
Meeting, ['mi:ting, engl.], s, -s: Treffen, Versammlung; Wettkampfveranstaltung
mefitisch, (ital.): stinkend; verpestend
Mega..., mega..., (gr.): 1. das Millionenfache (bei Maßeinheiten), 2. Riesen..., groß... (in Zusammensetzungen)
Megabit, (gr.-engl.), s, -s: 1 Million Bits (EDV)
Megabyte, [megabait, gr.-engl.], s, -s: 1 Million Bytes (EDV)
Megalith, (gr.), m, -e: riesiger Steinblock
Megalithkultur, (gr.), w, n.E.: durch Kultbauten aus Großsteinen gekennzeichnete Kultur
megaloman, (gr.): größenwahnsinnig
Megalomanie, (gr.): Größenwahn
Megalopolis, (gr.), w, -polen: Riesenstadt
Megaphon, (gr.), s, -e: lautverstärkendes Sprachrohr
Megäre, (gr.), w, -n: bösartige, wütende Frau
Melamin, (gr.), s, n.E.: klares Kunstharz
Melancholie, (gr.), w, -n: Schwermut, Trübsinnigkeit
Melancholiker, (gr.), m, -: antriebsschwacher, unter Melancholie leidender Mensch
melancholisch, (gr.): schwermütig, trübsinnig
Melange, [me'*lansch*, frz.], w, -n: 1. Mischung; Mischfarbe, 2. Kaffee mit Milch
Melanin, (gr.), s, -e: Pigment (Biol.)
Melanit, (gr.), m, -e: Kalkeisengranat, ein Mineral
Melanom, (gr.), s, -e: bösartige Hautgeschwulst
Melasse, (frz.), w, -n: Rückstand bei der Zuckergewinnung
melieren, (frz.): mischen, vermengen; sprenkeln
meliert, (frz.): aus verschiedenen Farben gemischt
Melioration, (lat.), w, -en: Verbesserung der Ertragsfähigkeit von Böden
meliorativ, (lat.): eine positivere Bedeutung gewinnend (Sprachw.)
meliorieren, (lat.): verbessern
melisch, (gr.): liedhaft (Mus.)
Melisse, (gr.), w, -n: Gewürzpflanze
Melodie, (gr.), w, -n: singbare Tonfolge
Melodik, (gr.), w, n.E.: Kunst der Melodiegestaltung; Charakter einer Melodie
melodiös, (gr.): einer Melodie ähnelnd
melodisch, (gr.): singbar, wohlklingend
Melodrama, Melodram, (gr.), s, -dramen: Rührstück, auf sentimentale Wirkungen berechnetes Theaterstück, theatralisches Geschehen
melodramatisch, (gr.): wie ein Melodrama; rührselig
Melone, (gr.), w, -n: 1. Kürbisgewächs, 2. steifer, runder Hut
Membrane, Menbran, (lat.), w, -n: dünnes (schwingungsfähiges) Blättchen, zarte Haut; hauchdünne Zellwand
Memento, (lat.), s, -s: 1. Mahnung; Denkzettel, 2. Anfangswort der Fürbitte in der kath. Messe
Memento mori, (lat.), s, - -: an den Tod gemahnender Gegenstand, Vorfall
Memoir, [memo'a:r, frz.], s, -s: Denkschrift
Memoiren, [memoaren, frz.], w, M.: autobiographische Schrift, Lebenserinnerungen
Memorabilien, (lat.), w, M.: Denkwürdigkeiten
Memorandum, (lat.), s, -randen: Denkschrift, diplomatische Stellungnahme
Memorial, (lat.), s, -e oder -ien: Tagebuch; Eingabe
Memorial, [mi'mo:ri(e)l, engl.], s, -s: Gedenkveranstaltung
memorieren, (lat.): sich fest einprägen
Menage, [me'na:*sche*, frz.), w, -n: 1. kleines Gestell (für Gewürze), 2. Haushalt
Menagerie, [mena*sche*'ri:, frz.]:, w, -n: Tierschau
Menetekel, (aramäisch), s, -: Anzeichen drohenden Unheils
menetekeln, (aramäisch): (umg.) unken

Menhir, (frz.), m, -e: unbehauener Großstein eines jungsteinzeitl. Kults
Meningitis, (gr.), w, -tiden: Hirnhautentzündung
Meniskus, (gr.), m, Menisken: Faserknorpelring in den Gelenken
Menjoubart, [män'*sch*u:bart, frz.], m, ..bärte: dünner Schnurrbart
Mennige, (lat.), w, n.E.: roter Rostschutzanstrich
Mennonit, m, -en: Wiedertäufer
Menopause, (gr.), w, -n: Aufhören der Menstruation in den Wechseljahren
Menorrhö, (gr.), w, -en: vgl. Menstruation
Menostase, (gr.), w, -n: Ausbleiben der Menstruation
Mensa, (lat.), w, -s oder Mensen: 1. Studentenspeisesaal, 2. Altardeckplatte
Menses, (lat.), w, n.M.: vgl. Menstruation
mens sana in corpore sano, (lat. »gesunder Geist in gesundem Körper«)
Menstruation, (lat.), w, -en: Regelblutung der Frau, Periode
menstruieren, (lat.): die Menstruation haben
Mensur, (lat.), w, -en: 1. Kampfabstand der Fechter; üblicher Fechtzweikampf, 2. Zeitmaß der Noten (Mus.)
mensurabel, (lat.): meßbar
Mensurabilität, (lat.), w, n.E.: Meßbarkeit
mental, (lat.): Geist, Psyche oder Denken betreffend; geistig
Mentalität, (lat.), w, -en: Geistes- und Sinnesart, Auffassungs- und Anschauungsweise
Menthol, (lat.), s, n.E.: Bestandteil des Pfefferminzöls
Mentor, (lat.), m, -toren: väterlicher Freund, Berater; Betreuer von angehenden Lehrern
Menü, (frz.), s, -s: 1. Mahlzeit aus mehreren Gängen, 2. Kommando-Liste auf dem Computerbildschirm
Menuett, (frz.), s, -e: Gesellschaftstanz des 17. Jh.
Mephisto (Mephistopheles), m, -s: Teufel in mittelalterl. Volksbüchern
mephistophelisch: teuflisch
Merchandiser, ['mö:tsch(e)ndeiser, engl.], m, -s: Warengestalter
merci!, [mär'ßi:, frz.]: danke! Dank!
merde!, (frz.): Scheiße! (Ausruf)
Meridian, (lat.), m, -e: 1. Halbkreis über die Erde, der von Pol zu Pol reicht, halber Längenkreis, 2. Mittagskreis, größter Kreis an der Himmelskugel
meridional, (lat.): den Meridian betreffend, auf ihn bezogen
Meringe, (frz.), w, -n: Schaumgebäck, Baiser
Merino, (span.), m, -s: weißes, feinwolliges Schaf
Meriten, (lat.), w, M.: Verdienste
merkantil, (lat.): kaufmännisch, auf Handel beruhend
Merkantilismus, (lat.), m., n.E.: Wirtschaftstheorie des 17./18.Jh., nach der hohe Ausfuhren die Machtpolitik des Staates volkswirtschaftlich am besten flankieren
merkantilistisch, (lat.): nach den Grundsätzen des Merkantilismus handelnd, auf ihnen beruhend
Merlan, (lat.), m, -e: See- und Speisefisch
Merlin, (frz.), m, -e: 1. Zwergfalkenart, 2. Zauberer
merzerisieren: Baumwollgewebe glänzend machen
Mesalliance, [mesal'*j*anß, frz.], w, -n: 1. unglückliche oder unerwünschte eheliche Verbindung, 2. Eheschließung mit einer Person niedrigeren Standes
Mescalin: vgl. Meskalin
meschugge, (jidd.): (umg.) verrückt, bescheuert
Mesdames, [me'da.m, frz.]: M. von Madame
Meskal, (indian.), m, -: mittelamerikan. Branntwein
Meskalin, (indian.), s, -e: Alkaloid einer mexikanischen Kaktee, ein Rauschmittel
Mesolithikum, (gr.), s, n.E.: mittlere Steinzeit
Mesozoikum, (gr.), s, n.E.: Erdmittelalter
Messe, (lat.), w, -n: 1. Hauptgottesdienst in der kath. Kirche, 2. für die Messe (1) komponiertes Musikwerk, 3. Ausstellung von Industriewaren, Markt
Messe, (engl.), w, -n: auf Schiffen für Offiziere vorgesehener Speise- und Aufenthaltsraum

Messer, (ital.): mein Herr, Gebieter (Anrede)
messianisch, (hebr.): auf den Messias, bzw. Messianismus bezogen
Messianismus, (hebr.), m, n.E.: Lehre von der Erlösung durch den verheißenen Messias
Messias, (hebr.), m, n.E.: 1. Erlöser; im Alten Testament der angekündigte Heiland, 2. im Neuen Testament Jesus Christus
Messieurs, [mäß'jö:, frz.]: M. von Monsieur
Mestize, (span.), m, -n: Mischling von Weißen und Indianern
Metabasis, (gr.), w, -basen: Gedankensprung
Metabolie, (gr.), w, -n: Umwandlung; Gestaltveränderung
metabolisch, (gr.): 1. durch Stoffwechsel entstanden 2. auf Metabolie bezogen (Biol.)
Metabolismus, (gr.), m, n.E.: Stoffwechsel
Metall, (gr.), s, -e: durch hohe Leitfähigkeit ausgezeichnetes meist festes chem. Element
Metallogie, (gr.), w, n.E.: Metallkunde
Metallographie, (gr.), w, n.E.: Teildisziplin der Metallogie
Metallurgie, (gr.), w, n.E.: Hüttenkunde; Lehre von der Metallgewinnung aus Erzen und von der Metallverarbeitung
metamorph(isch), (gr.): sich in Gestalt wandelnd
Metamorphose, (gr.), w, -n: Ver- oder Umwandlung, Änderung der Gestalt oder des Zustands
Metapher, (gr.), w, -n: bildlicher Ausdruck
Metaphorik, (gr.), w, n.E.: bildhafte Redeweise
metaphorisch, (gr.): im übertragenen Sinne, bildlich
Metaphyse, (gr.), w, -n: Abschnitt des Röhrenknochens (Med.)
Metaphysik, (gr.), w, n.E.: Teilgebiet der Philosophie, das das Sein jenseits der Erfahrungswelt zum Gegenstand hat
metaphysisch, (gr.): jenseits der Erfahrungswelt liegend; übersinnlich
Metaplasie, (gr.), w, -n: Umwandlung von Gewebe
Metastase, (gr.), w, -n: Tochtergeschwulst (v.a. bei Krebsgeschwülsten)
metastasieren, (gr.): Metastasen bilden (Med.)
Metatheorie, (gr.), w, -n: über eine andere Theorie aufgestellte Theorie
Metazoon, (gr.), s, -zoen: Vielzeller
Metempsychose, (gr.), w, -n: Seelenwanderung
Meteor, (gr.), m, -e: Sternschnuppe
Meteorismus, (gr.), m, -rismen: Blähungen
Meteorit, (gr.), m, -en: kosmischer Gesteinskörper, dessen Reste die Erdoberfläche erreichen
Meteorologe, (gr.), m, -n: Wetterkundler
Meteorologie, (gr.), w, n.E.: Wetterkunde
Meter, (gr.), m (auch s), -: Längenmaß
Methadon, s, n.E.: umstrittene Ersatzdroge für Heroin
Methan, (gr.), s, n.E.: bei Fäulnisprozessen entstehendes Gas
Methanol, (Kurzw. aus Methan und Alkohol): vgl. Methylalkohol
Methode, (gr.), w, -n: planmäßiges Vorgehen; Untersuchungsweise, Produktionsschema, Unterrichtsaufbau
Methodik, (gr.), w, -en: Lehre von den wissenschaftl. Methoden
methodisch, (gr.): systematisch, planmäßig, durchdacht
Methodismus, (gr.), m, n.E.: Erweckungsbewegung
Methodist, (gr.), m, -en: Angehöriger einer methodistischen Kirche
Methodologie, (gr.), w, -n: Methodenlehre
Methusalem, m, -s: ein sehr alter Mann
Methyl, (gr.), s, n.E.: einwertiger Rest des Methans (Chem.)
Methylalkohol, (gr.), m, n.E.: einfachster Alkohol (Chem.)
Metier, [met'je:, frz.], s, -s: Gewerbe, Fach, Beruf
Metrik, (gr.), w, -en: 1. Verslehre, 2. Lehre vom Takt (Mus.)
metrisch, (gr.): 1. den Regeln der Verslehre gemäß, 2. den Takt betreffend, 3. auf das Meter bezogen; meßbar
Metro, w, -s: Pariser Untergrundbahn (auch für U-Bahn)
Metrologie, (gr.), w, n.E.: Maßkunde

Metronom. (gr.), s, -e: Taktmesser (Mus.)
Metropole, (gr.), w, -n: Großstadt, Weltstadt, Zentrum
Metropolit, (gr.), m, -en: Erzbischof in den Ostkirchen
Metrum, (gr.), s, Metren: 1. Versmaß, rhythmisches Schema, 2. Zeitmaß; Taktart (Mus.)
Mettage, [me'ta:*sch*, frz.], w, -n: Umbruch
Mette, (lat.), w, -n: Früh- oder Nachtgottesdienst
Metteur, [me'tö:r, frz.], m, -e: für den Umbruch zuständiger Schriftsetzer
mezzoforte, (ital.): halblaut, mittelstark (Mus.)
mezzopiano, (ital.): halbleise, ziemlich gedämpft (Mus.)
Mezzosopran, (ital.), m, -e: mittlere Frauenstimme (Mus.)
Miasma, (gr.), s, Miasmen: schlechte Luft (v.a. über Sumpfgebieten); Pesthauch
Midlife-crisis, ['mi.dlaifkraisiß, engl.], w, n.E.: Krise in der Lebensmitte;
Mignon, ['mi.njong, frz.], m, -s: Günstling, Geliebter; Vorname
Migräne, (gr.), w, -n: anfallsweise auftretender, starker, halbseitiger Kopfschmerz
Migration, (lat.), w, -en: Wanderung menschlicher wie tierischer Populationen
migrieren, (lat.): wandern
Mijnheer, [m(e)'ne:r, niederl.], m, -s: im Holländischen Anrede: mein Herr
Mikado, (japan.), m, -s: archaischer Titel des Tenno
Mikado, (japan.), s, -s: Geschicklichkeitsspiel
Mikrobe, (gr.), w, -n: Einzeller, Kleinlebewesen
Mikrobiologie, (gr.), w, n.E.: Lehre von den Kleinlebewesen
Mikrobion, (gr.), s, -bien: vgl. Mikrobe
Mikrochip: vgl. Chip
Mikrochirurgie, (gr.), w, n.E.: Chirurgie mit Hilfe des Mikroskops
Mikroelektronik, (gr.), w, n.E.: Fertigung und Einsatz von integrierten Schaltelementen (Mirkochips)
Mikrofauna, (gr.-lat.), w, -faunen: Kleintierwelt
Mikrofilm, (gr.-dt.), m, -e: stark verkleinerte Aufnahme von Schriftstükken auf Film
Mikrofon, (gr.), s, -e: Schallwandler, Gerät zur Übersetzung von Schallschwingungen in elektr. Impulse
Mikrogramm, (gr.), s, -e: ein millionstel Gramm
Mikrokopie, (gr.), w, -n: fotograf. Herstellung stark verkleinerter Reproduktionen
Mikrokosmos, (gr.), m, n.E.: 1. kleine irdische Welt im Gegensatz zum Universum, 2. Welt der Kleinlebewesen
Mikrometer, (gr.), s, -: ein millionstel Meter
Mikroorganismus, (gr.), m, -organismen: Kleinstlebewesen, Mikrobe
Mikrophon: vgl. Mikrofon
Mikroprozessor, (gr.-lat.), m, -en: Zentralbaustein von Mikrocomputern
Mikroskop, (gr.), s, -e: stark vergrößerndes optisches Gerät
Mikroskopie, (gr.), w, n.E.: das Sichtbarmachen kleinster Objekte; Lehre von der Untersuchung von Objekten mit dem Mikroskop
mikroskopisch, (gr.): 1. äußerst klein, winzig, 2. mit Hilfe eines Mikroskops; zur Mikroskopie gehörend
Mikrowelle, (gr.-dt.), w, -n: elektromagnetische Welle
Mikrozensus, (gr.-lat.), m, -zensus: auf kleinen Stichproben beruhende Bestandshochrechnung der Bevölkerung eines Gebiets
Milan, (lat.), m, -e: Greifvogel mit Gabelschwanz
Milieu, [mil'jö:, frz.], s, -s: Umgebung, Umfeld; Halbwelt
militant, (lat.): kämpferisch, eine Überzeugung aggressiv vertretend
Militär, (lat.), s, n.E.: Gesamtheit der Streitkräfte eines Landes; Wehrwesen
Militär, (lat.), m, -s: (höherer) Offizier
Militaria, (lat.), s, n.M.: Erinnerungsstücke aus dem militär. Bereich
militärisch, (lat.): zum Militär gehörig; soldatisch
militarisieren, (lat.): aufrüsten; das gesellschaftl. Leben nach militär. Erfordernissen ausrichten
Militarismus, (lat.), m, n.E.: militär. Ausrichtung des gesellschaftl. Lebens; Primat des Militärischen

Militarist, (lat.), m, -en: Vertreter des Militarismus
militaristisch, (lat.): gesonnen wie ein Militarist
Militärjunta, (lat.-span.), w, -s: nach Staatsstreich aus Militärs gebildete Regierung
Military, ['mi.litäri, engl.], w, -s: reiterl. Vielseitigkeitsprüfung
Miliz, (lat.), w, -en: 1. Bürger-, Volksheer, 2. halbmilitärische kasernierte Polizeiverbände
Milizionär, (lat.), m, -e: Angehöriger einer Miliz
Milk-Shake, ['mi.lkschejk, engl.], m, -s: Milchmixgetränk
Mille, (lat.), s, -: Tausend
Millefleurs, [mi.l'flö:r, frz.], m, n.E.: mit Blümchen bedruckter Stoff
Millenium, (lat.), s, Millenien: Jahrtausend
Milli..., (lat.): (vor Maßeinheiten) der tausendste Teil
Milliardär, (lat.), m, -e: Besitzer eines Milliarden-Vermögens
Milliarde, (lat.), w, -en: 1000 Millionen
Millibar, (lat.-gr.), s, -s: alte Maßeinheit für den Luftdruck
Milligramm, (lat.-gr.), s, -e: 1/1000 Gramm
Milliliter, (lat.-gr.), m, -: 1/1000 Liter
Millimeter, (lat.-gr.), m oder s, -: 1/1000 Meter
Million, (lat.), w, -en: 1000 mal 1000, 1000^2
Millionär, (lat.), m, -e: Besitzer eines Millionen-Vermögens
Mime, (gr.), m, -n: Schauspieler
mimen, (gr.): eine Rolle spielen; so tun, als ob; simulieren
Mimik, (gr.), w, n.E.: Mienenspiel; Schauspielkunst
Mimikry, (gr.-engl.), w, n.E.: Anpassung an die Umgebung zum Selbstschutz, Schutzfärbung
mimisch, (gr.): das Mienenspiel betreffend; schauspielerisch
Mimose, (gr.), w, -n: 1. Sinnpflanze, deren Blätter bei Berührung zusammenklappen, 2. (übertr.) überempfindlicher Mensch
Minarett, (arab.), s, -s: Turm der Moschee
Mine, (frz.), w, -n: 1. unter der Oberfläche deponierter Sprengkörper, 2. Bergwerk, Erzader, 3. schreibender Teil u.a. in Kugelschreibern
Mineral, (lat.), s, -e und -ien: anorganischer, stofflich einheitlicher Bestandteil der Erdkruste
Mineralisation, (lat.), w, -en: Bildung von Mineralen
mineralisch, (lat.): aus Mineralen hervorgegangen, sie enthaltend
mineralisieren, (lat.): Minerale bilden
Mineralogie, (lat.-gr.), w, -n: Lehre von den Mineralen
Mineralöl, (lat.), s, -e: flüssiges Erdöl- oder Teerprodukt
Minestra, (ital.), w, Minestren: vgl. Minestrone
Minestrone, (ital.), w, -n: ital. Gemüsesuppe
mineur, [mi'nö:r, frz.]: frz. Bez. für Moll, Molltonart (Mus.)
Mineur, [mi'nö:r, frz.], m, -e: Bergmann
Mini, (Kurzw.), s, n.E.: weit über dem Knie endende weibl. Oberbekleidung
Mini, (Kurzw.), m, -s: Rock, der weit oberhalb des Knies endet
Miniatur, (ital.), w, -en: Illustration in mittelalterl. Handschriften oder Büchern; kleines Bild
miniaturisieren, (ital.): verkleinern
minieren, (frz.): unterhöhlen, einen unterirdischen Gang anlegen
minimal, (lat.): geringfügig; winzig; niedrigst, mindest
minimalisieren, (lat.): möglichst klein machen, stark reduzieren
minimieren, (lat.): verringern, auf den geringst möglichen Wert bringen
Minimum, (lat.), s, Minima: niedrigster Wert; Mindestmaß
Minispion, m, -e: sehr kleines Abhörgerät, Wanze
Minister, (lat.), m, -: Leiter eines Ministeriums
ministerial, (lat.): von einem Ministerium ausgehend
Ministerialdirektor, (lat.), m, -en: Abteilungsleiter eines Ministeriums
Ministerialdirigent, (lat.), m, -en: Beamtendienstrang unterhalb des Ministerialdirektors
Ministeriale, (lat.), m, -n: Angehöriger des mittelalterl. Dienstadels

ministeriell, (lat.): auf einen Minister bezogen, ihn betreffend
Ministerium, (lat.), s, Ministerien: für einen bestimmten Geschäftsbereich zuständige oberste Verwaltungsbehörde des Staates
Ministerpräsident, (lat.), m, -en: Chef einer Ministerrunde, Leiter einer Landesregierung
ministrabel, (lat.): für ein Ministeramt geeignet
Ministrant, (lat.), m, -en: Meßdiener in der kath. Kirche
ministrieren, (lat.): Dienst tun in der kath. Messe
Mink, (engl.), m, -e: Marderart
minore, (ital.): ital. Bez. für Moll
minorenn, (lat.): minderjährig, unmündig
Minorität, (lat.), w, -en: Minderzahl, Minderheit
Minuend, (lat.), m, -en: die Größe, von der subtrahiert wird
minus, (lat.): 1. unter Null Grad, 2. weniger, zu subtrahieren (Math.)
Minus, (lat.), s, -se: Fehlbetrag, Verlust, Mangel
Minuskel, (lat.), w, -n: Kleinbuchstabe
minutiös, minuziös, (lat.): bis ins Kleinste gehend, ganz genau
miotisch, (gr.): pupillenverengend
Mir, (russ.), m, n.E.: russ. Dorfgemeinschaft zur Zarenzeit
Mirabelle, (frz.), w, -n: gelbe Pflaumenart
Mirage, (frz.), w, -n: 1. Luftspiegelung, 2. frz. Kampfflugzeug
Mirakel, (lat.), s, -: Wunder, Wundertat
Mirza, (pers. »Fürstensohn«), m, -s: pers. Ehrentitel
Misandrie, (gr.), w, -n: Männerscheu
Misanthrop, (gr.), m, -en: Menschenfeind, Menschenhasser
Misanthropie, (gr.), w, n.E.: Menschenfeindlichkeit
misanthropisch, (gr.): menschenfeindlich, menschenscheu
Mischpoke, Mischpoche, (jidd.), w, n.E.: Familie; Sippschaft
miserabel, (lat.): sehr schlecht; erbärmlich; elend
Misere, (lat.), w, -n: Not, Elend; Armseligkeit
Miserere, (lat.), s, n.E.: in der kath. Kirche Bußpsalm
Misogam, (gr.), m, -en: Verächter der Ehe
Misogyn, (gr.), m, -e(n): Frauenfeind
Miß, (engl. Schreibung: Miss) (engl.), w, -es: 1. in England Anrede für junge Frau, 2. Siegerin in einem Schönheitswettbewerb
Mission, (lat.), w, -en: 1. das Lehren des christl. Glaubens in nichtchristl. Gebieten, 2. Sendung, Auftrag, 3. diplomatische Vertretung eines Staates
Missionar, (lat.), m, -e: zur Verbreitung der (christl.) Religion ausgesandter Prediger
missionarisch, (lat.): den Missionar und seine Aufgabe betreffend; Überzeugungen aufdrängend
missionieren, (lat.): als Missionar wirken; eifernd zu überzeugen suchen
Mister, (engl.), m, -: engl. Anrede: Herr
Mistral, (frz.), m, -e: trockener Nordwind im Rhonetal
Mitose, (gr.), w, -n: indirekte Teilung des Zellkerns
Mitra, (gr.), w, Mitren: Kopfbedeckung hoher Würdenträger der kath. Kirche
Mixed, [mi.kst, engl.], s, -(s): gemischtes Doppel
Mixed Pickles, ['mi.kst 'pi.kls, engl.], w, n.M.: in Essig eingelegtes Mischgemüse
mixen, (engl.): mischen
Mixer, (engl.), m, -: 1. elektr. Gerät zum Zerkleinern von Speisen und Getränken, 2. Barkeeper, der Getränke mischt, 3. Tonmischer
Mixpickles, ['mi.kspikls, engl.]: vgl. Mixed Pickles
Mixtur, (lat.), w, -en: Mischung; Mischgetränk
Mneme, (gr.), w, n.E.: Gedächtnis
Mnemonik, Mnemotechnik, (gr.), w, -en: Gedächtniskunst
Mob, (engl.), m, n.E.: Pöbel, aufgehetzte Menschenmenge
mobil, (lat.): 1. beweglich; wohlauf, behende, 2. einsatzbereit
Mobile, (lat.), s, -s: beweglicher Zimmerschmuck
Mobiliar, (lat.), s, n.E.: alle Einrichtungsgegenstände einer Wohnung

mobilisieren, (lat.): 1. beweglich machen, 2. Streitkräfte einsatzbereit machen, 3. zum Handeln anregen
Mobilität, (lat.), w, n.E.: Beweglichkeit
Mobilmachung, (lat.-dt.), w, -en: Vorbereitung auf einen bewaffneten Konflikt durch Aufmarsch der Streitkräfte
möblieren, (lat.): eine Wohnung einrichten
modal, (lat.): 1. die Art und Weise bezeichnend (Sprachw.), 2. durch die Verhältnisse bedingt
Modalität, (lat.), w, -en: Art und Weise; Bedingung, Möglichkeit
Modalsatz, (lat.-dt.), m, -sätze: die Art und Weise eines Vorgangs bestimmender Nebensatz
Modalverb, (lat.), s, -en: Möglichkeit, Notwendigkeit o.ä. eines Vorgangs bezeichnendes Zeitwort (z.B. dürfen)
mode, [mo:t, frz.]: bräunlich, dunkel sandfarben
Model, Modul, (lat.), m, -: Gußform, erhabene Form
Model, [mo.dl, engl.], s, -s: Mannequin, Fotomodell
Modell, (lat.), s, -e: 1. Muster; Typ; Urform, Entwurf, 2. Nachbildung in verkleinerter Form, 3. Person, die Malern als Vorbild dient, 4. vereinfachende Darstellung, 5. Mannequin
modellieren, (lat.): eine Skulptur formen; ein Modell herstellen
modeln, (lat.): formen, gestalten
Modem, m, -s: Peripheriegerät von Computern zur telefon. Datenübertragung
moderat, (lat.): gemäßigt, maßvoll; bescheiden
Moderation, (lat.), w, -en: 1. Mäßigung, 2. Diskussionsleitung; Gestaltung einer Fernsehsendung
moderato, (ital.): mäßig bewegt (Mus.)
Moderator, (lat.), w, -toren: 1. Gesprächsleiter, 2. Sprecher, der durch eine Rundfunk- oder Fernsehsendung führt
moderieren, (lat.): eine (Fernseh) Sendung gestalten und leiten
modern, (lat.): zeitgemäß, neuzeitlich; nach neuestem Geschmack
Moderne, w, n.E.: heutige Zeit, Gegenwartskunst
modernisieren, (lat.): dem neuesten Entwicklungsstand oder Geschmack anpassen
Modernismus, (lat.), m, n.E.: Überbetonung des Zeitgenössischen
modernistisch, (lat.): sich modern gebend
Modernität, (lat.), w, n.E.: neuzeitliches Gepräge, Neuheit
Modern Jazz, ['mo.dern d*schä*:s, engl.-amerik.], m, n.E.: die Jazzstile in den 40er, 50er Jahren
Modifikation, (lat.), w, -en: Abwandlung, Einschränkung; Veränderung
modifizieren, (lat.): ändern, abwandeln; einschränken, bestimmen
modisch, (lat.): dem Zeitgeschmack gemäß, nach der Mode
Modul, (lat.), m, -n: 1. Kenngröße in Physik oder Technik, 2. (s, -e) Bauelement in elektr. Geräten, Funktionseinheit
Modulation, (lat.), w, -en: 1. Abwandlung; Abwechslung, 2. Übergang in eine andere Tonart
modulieren, (lat.): 1. abwandeln; abwechseln, 2. in eine andere Tonart übergehen
Modus, (lat.), m, Modi: 1. Art und Weise; Maßstab, Regel, 2. Aussageform des Verbs
Modus operandi, (lat.): Handlungs- oder Vorgehensweise
Modus vivendi, (lat.): Basis für (friedliches) Zusammenleben
Mogul, (pers.), m, -n: im alten Indien islam. Herrscher
Mohair, [mo'hä:r, arab.], m, -e: Wolle der Angoraziege
Mohammedaner, m, -: Anhänger des Islam
Mohammedanismus, m, n.E.: vgl. Islam
Mohär: vgl. Mohair
Moira, (gr.), w, Moiren: (in der gr. Mythologie) Schicksal
mokant, (frz.): spöttisch
Mokassin, (indian.), m, -s: wildlederne Fußbekleidung der Indianer
Mokick, (Kurzw. aus**Moped** und**Kick**starter), s, -s: Kleinkraftrad
mokieren, sich, (frz.): sich spöttisch äußern
Mokka, (engl.), m, -s: Kaffeesorte; sehr starker Kaffee

Mol, s, -e: dem relativen Molekulargewicht in Gramm entsprechende Menge eines Stoffes (Chem.)
Molar, (lat.), m, -en: Backenzahn
Molekül, (lat.), s, -e: kleinste aus Atomen bestehende Einheit einer chem. Verbindung
molekular, (lat.): zu den Molekülen gehörend, sie betreffend
Moll, (lat.), s, n.E.: Tongeschlecht (Ggs.: Dur; Mus.)
Molla: vgl. Mulla(h)
Molluske, lat.), w, -n: Weichtier
Moloch, (hebr.), m, -e: Menschenverschlinger; alles verschlingendes Ungeheuer
Molotowcocktail, m, -s: mit Benzin gefüllte Flasche als Wurfgeschoß
molto, (ital.): viel, sehr (Mus.)
Molton, (frz.), m, -s: weiches Gewebe aus Baumwolle
Moltopren, (Wz), s, -e: sehr leichter Kunststoff
Moment, (lat.), s, -e: 1. Faktor, Beweggrund; Merkmal, 2. Produkt zweier physikal. Größen
Moment, (lat.), m, -e: Augenblick, Zeitpunkt, kurze Zeitspanne
momentan, (lat.): zum jetzigen Zeitpunkt, vorübergehend
Monade, (gr.), w, -n: unteilbare Einheit
Monarch, (gr.), m, -en: gekrönter Herrscher (z.B. König)
Monarchie, (gr.), w, -n: Königreich sowie -tum
monarchisch, (gr.): auf die Monarchie bezogen; königlich
Monarchist, (gr.), m, -en: Anhänger des erblichen Königtums
monarchistisch, (gr.): für die Monarchie als Staatsform eintretend
Monasterium, (gr.), s, -sterien: Einsiedelei, Kloster
monastisch, (gr.): mönchisch, weltabgeschieden
mondän, (lat.): hochelegant, extravagant; weltläufig; hochgestochen
mondial, (lat.): weltweit
mon dieu!, [m*on* 'djö:, frz.]: mein Gott!
Monem, (gr.), s, -e: kleinste bedeutungstragende Spracheinheit
monetär, (lat.): geldlich, finanziell
Moneten, (lat.), w, n.M.: Geld, Münzen
Moneymaker, ['ma.nimejke(r), engl.], m, -: Großverdiener; Spekulant
Mongolismus, m, n.E.: Art des angeborenen Schwachsinns mit mongoloider Gesichtsbildung
mongoloid, (mongol.-gr.): 1. wie ein Mongole aussehend, 2. Symptome des Mongolismus zeigend (Med.)
monieren, (lat.): rügen, beanstanden
Monismus, (gr.), m, n.E.: Einheitslehre (Philos.)
Monitor, (lat.), m, -toren: Bildschirm, kleines Fernsehgerät
Monochord, (gr.), s, -e: Gerät zur Ton- und Intervallbestimmung
monochrom, (gr.): einfarbig
Monochromasie, (gr.), w, n.E.: Farbenblindheit
monogam, (gr.): nur auf einen Geschlechtpartner fixiert, in Einehe lebend
Monogamie, (gr.), w, n.E.: Einehe, sexuelle Beziehung zu nur einem Partner
Monogramm, (gr.), s, -e: Namenszeichen; Anfangsbuchstaben des Namens
Monographie, (gr.), w, -n: Einzeldarstellung
monokausal, (gr.-lat.): eine einzige Ursache habend
Monokel, (frz.), s, -: Einglas, Brille für nur ein Auge
Monokratie, (gr.), w, -n: persönliche Diktatur
Monokultur, (gr.-lat.), w, -en: Anbau oder Anpflanzung nur einer Nutzpflanzensorte
Monolith, (gr.), m, -e: aus nur einem Stein gehauene monumentale Plastik; geschlossener Machtblock
Monolog, (gr.), m, -e: Selbstgespräch; längere Einzelrede
monologisieren, (gr.): eine lange Einzelrede halten
Monomane, (gr.), m, -n: von einer einzigen Idee Besessener
Monomanie, (gr.), w, -n: zwanghaftes Tun, Fixierung auf eine einzige Idee (Psych.)
Monophtong, (gr.), m, -e: einfacher Selbstlaut (z.B. a)
Monopol, (gr.), s, -e: alleiniges Vorrecht; alleiniger Anbieter auf dem Markt; marktbeherrschendes Unternehmen

monopolisieren, (gr.): unter Kontrolle bringen (von Märkten), zu einem Konzern zusammenschließen
Monopolismus, (gr.), m, n.E.: auf die Beherrschung des Marktes gerichtetes Streben
Monopolist, (gr.), m, -en: Marktbeherrscher; Vertreter des Monopolismus
Monotheismus, (gr.), m, n.E.: Eingottlehre bzw. -glaube
monoton, (gr.): eintönig, öde
Monotonie, (gr.), w, n.E.: Eintönigkeit, Ödnis
monovalent, (gr.-lat.): einwertig (Chem.)
Monoxid, (gr.), s, -e: chem. Verbindung mit nur einem Sauerstoffatom
Monseigneur, [m*on*ßän'jö:r, frz.], m, -e oder -s: Anrede hoher kath. Würdenträger in Frankreich
Monsieur, [miß'jö:, frz.], m, Messieurs, [mäß'jö:]: mein Herr
Monsignore, [monßin'jo:re, ital.], m, -signori: Anrede hoher Würdenträger der kath. Kirche in Italien
Monster, (lat.), s, -: (riesenhafte) Schreckgestalt
Monstera, w, -e: Klettergewächs
Monstranz, (lat.), w, -en: Gefäß zum Tragen der geweihten Hostie in der kath. Kirche
monströs, (lat.): unglaublich; ungeheuer aufwendig; unförmig
Monstrosität, (lat.), w, -en: Ungeheuerlichkeit; Unförmigkeit
Monstrum, (lat.), s, Monstren oder Monstra: Ungeheuer, Ungetüm; Mißgeburt
Monsun, (arab.), m, -e: Luftströmung in Asien
Montage, [mon'ta:*sch*e, frz.], w, -n: Zusammenbau, Aufstellung; Zusammenstellung
montan, (lat.): zum Bergbau und Hüttenwesen gehörig
Montangesellschaft, (lat.-dt.), w, -en: Handelsgesellschaft für Bergbauprodukte
Montanindustrie, (lat.), w, -n: Produktionsbetriebe, die bergbaulich orientiert sind
Monteur, [mon'tö:r, frz.], m, -e: für Aufbau und Wartung von Maschinen zuständiger Facharbeiter
montieren, (lat.): aufbauen, installieren, anbringen; zusammenstellen
Montur, (lat.), w, -en: Dienstkleidung, Arbeitsanzug
Monument, (lat.), s, -e: Denk- oder Mahnmal; große Kulturschöpfung
monumental, (lat.): riesenhaft; überdimensioniert; bedeutend
Monumentalität, (lat.), w, n.E.: Denkmalhaftigkeit, Bedeutsamkeit; Klotzigkeit
Moonboots, ['mu:nbu:ts, engl.], w, M.: dicke Kunststoffwinterstiefel
Mop, (engl.), m, -s: Staubbesen mit Fransen
Moped, (Kurzw.), s, -s: kleines Motorrad
Moral, (lat.), w, n.E.: 1. System geltender sittlicher Normen, 2. Sittenlehre (Philos.), 3. Kampfgeist, Arbeitshaltung, 4. Sinn einer Geschichte
Moralin, (lat.), s, n.E.: Sittenschnüffelei, heuchlerische Entrüstung
moralisch, (lat.): mit den sittlichen Normen übereinstimmend, tugendhaft
moralisieren, (lat.): nach moralischen Kategorien urteilen; Moral predigen
Moralismus, (lat.), m, n.E.: Anerkennung des hohen Rangs sittlicher Normen; Überbetonung von Vorschriften
Moralist, (lat.), m, -en: jmd., der eigenes und fremdes Tun immer auf den sittlichen Wert hin prüft; Moralprediger
moralistisch, (lat.): wie ein Moralist
Moralität, (lat.), w, -en: 1. sittliches Empfinden, tugendhafte Einstellung, 2. religiöses Drama
Moräne, (frz.), w, -n: von Gletschereis abgelagerte Gesteinsmasse
Moratorium, (lat.), -torien: Aufschub, temporäres Aussetzen; Stundung
morbid, (lat.): 1. kränklich, 2. verwahrlost, moralisch verfallen, morsch
Morbidität, (lat.), w, n.E.: 1. Zustand sittlichen Verfalls, 2. Krankheitshäufigkeit, Krankenstand (Med.)
Morbus, (lat.), m, Morbi: Krankheit (Med.)
morendo, (ital.): ersterbend (Mus.)
Mores, (lat.), w, M.: Sitten, Tugend
moribund, (lat.): im Sterben liegend, dem Tod geweiht (Med.)
Mormone, m, -n: Angehöriger einer christl. Sekte in Nordamerika

Morphem, (gr.), s, -e: kleinster bedeutungshaltiger Teil eines Wortes
Morphin, (gr.), s, n.E.: Hauptalkaloid des Opiums, schmerzlinderndes Mittel, das süchtig macht
Morphinismus, (gr.), m, n.E.: Morphinabhängigkeit, Morphinvergiftung
Morphinist, (gr.), m, -en: Morphinabhängiger
Morphium, (gr.), s, n.E.: vgl. Morphin
Morphologie, (gr.), w, n.E.: 1. Gestaltlehre, 2. Wissenschaft von Gestalt und Formenentstehung der Lebewesen (Biol.), 3. Lehre von der Formbildung der Wörter
morphologisch, (gr.): Gestalt oder Form betreffend
Morsealphabet, s, n.E.: Alphabet zur telegraphischen Nachrichtenübermittlung
Mortadella, (ital.), w, -s: Brühwurst
Mortalität, (lat.), w, n.E.: Sterblichkeitsziffer
mortifizieren, (lat.): absterben; abtöten
Morula, (lat.), w, n.E.: Zellhaufen (Biol.)
Mosaik, (gr.), s, -e(n): aus Stein- oder Glasstückchen zusammengesetztes Bild oder Ornament; zusammengefügte Erkenntnisse
mosaisch, (hebr.): jüdisch
Moschee, (arab.), w, Moscheen: Gotteshaus der Moslems
Moschus, (sanskr.), m, n.E.: stark riechendes Sekret der m. Geschlechtsdrüsen des Moschustiers
Moskito, (span.), m, -s: Stechmücke
Moslem, (arab.), m, -s: Anhänger des Islam
moslemisch, (arab.): islamisch
Moslime, (arab.), w, -n: w Moslem
mosso, (ital.): lebhaft, bewegt (Mus.)
Motel, (Kurzw.), s, -s: Hotel an Überlandstraßen
Motette, (ital.), w, -n: geistliches Chorwerk (Mus.)
Motilität, (lat.), w, n.E.: Bewegungsvermögen
Motiv, (lat.), s, -e: 1. Beweggrund einer Handlung, Ursache, 2. Thema eines Musikstücks o.ä., 3. zu fotografierender Gegenstand
Motivation, (lat.), w, -en: 1. Bündel von Motiven, 2. Bereitschaft, etwas zu tun
motivational, (lat.): von der Motivation her
motivieren, (lat.): die Einsatzfreude stärken; eine Tat begründen
motivisch, (lat.): das Motiv betreffend
Moto-Cross, (engl.), s, -e: Querfeldeinrennen für Motorräder
Motodrom, (lat.-gr.), s, -e: Anlage für Auto- oder Motorradrennen
Motor, (lat.), m, -toren: Kraftmaschine zur Erzeugung von mechanischer Antriebsenergie; Triebkraft
Motorik, (lat.), w, n.E.: 1. Sammelbez. für alle willkürlich steuerbaren Bewegungsvorgänge im menschl. Körper sowie die Lehre von diesen Funktionen, 2. Gesamtheit der Gestik und Mimik eines Menschen
motorisch, (lat.): auf Motorik bezogen, zu ihr gehörend
motorisieren, (lat.): mit Kraftfahrzeugen und/oder Kraftmaschinen ausrüsten
Motto, (ital.), s, -s: Geleitwort, Kennwort, Handlungsmaxime
Mouliné, (frz.), m, -s: ein Zwirn
Mount, [maunt, engl.], m, -s: Berg
Mousse, [mu:ß, frz.], w, -s: Süßspeise mit Eischnee
Mousseline: vgl. Musselin
moussieren, (frz.): perlen, schäumen (von Getränken)
Movens, (lat.), s, n.E.: bewegende Ursache, treibende Kraft
Movie, ['mu:wi:, engl.], s, -s: Unterhaltungsfilm, Kino
Muezzin, (arab.), m, -s: Ausrufer in der Moschee
Muff, (frz.), m, -e: wattierte Wärmeröhre für beide Hände
Muffins, ['ma.fins, engl.], w, M.: Kleingebäck
Mufflon, (frz.), m, -s: Wildschaf mit Schneckengehörn
Mufti, (arab.), m, -s: hoher islam. Geistlicher
mukös, (lat.): schleimig
Mulatte, (span.), m, -n: von einem schwarzen und einem weißen Elternteil abstammende Person
Muleta, (span.), w, -s: rotes Tuch der Stierkämpfer
Muli, (lat.), m oder s, -s: durch Kreuzung von Pferd und Esel entstandenes Maultier

Mulla(h), (arab.), m, -s: Titel islam. Geistlicher
multi..., (lat.): (als Vorsilbe) viel..., mehrfach...
Multi, (lat.), m, -s: weltweit operierendes Unternehmen
multidimensional, (lat.): vielschichtig
multilateral, (lat.): mehr- oder vielseitig; mehrere Staaten betreffend
Multimedia..., (lat.): (nur in Zusammensetzungen) unter Einsatz von verschiedenen Medien
Multimillionär, (lat.), m, -e: mehrfacher Millionär
multipel, (lat.): vielfältig, mehrfach
Multiple-choice-Verfahren, ['ma.ltip (e)ltscheuß-..., engl.-dt.], s, n.E.: Vorgabe von Antworten, unter denen die richtige angekreuzt werden soll
Multiple Sklerose, (lat.-gr.), w , n.E.: Erkrankung des Zentralnervensystems
Multiplikand, (lat.), m, -en: zu multiplizierender Faktor
Multiplikation, (lat.), w, -en: das Malnehmen, Vervielfachen
Multiplikator, (lat.), m, -toren: erster Faktor in einem Produkt; Vervielfacher
multiplizieren, (lat.): vervielfachen, malnehmen; steigern
multivalent, (lat.): vielwertig
Multivision, (lat.), w, n.E.: gleichzeitiges Vorführen mehrerer Diapositive
Mumie, (pers.), w, -n: vor Verwesung geschützte Leiche (v.a. in altägyptischen Gräbern)
mumifizieren, (pers.): vor Verwesung schützen
Mumps, (engl.), m, n.E.: Ziegenpeter, eine Virusinfektion (v.a. als Kinderkrankheit)
Mundus, (lat.), m, n.E.: Kosmos; Welt
Mungo, (ind.), m, -s: Schleichkatze in Südasien
Munition, (lat.), w, -en: Geschosse für Feuerwaffen, Sprengladungen
Muräne, (gr.), w, -n: aalartiger Raubfisch
muriatisch, (lat.): kochsalzhaltig
Muschik, (russ.), m, -s: Bauer im vorrevolutionären Rußland
Muschkote, (frz.), m, -n: einfacher Soldat der Infanterie
Muse, (gr.), w, -n: eine der gr. Göttinnen der Künste
museal, (gr.): 1. das Museum betreffend, 2. verstaubt, überholt
Muselman, (arab.), m, -en: (veraltend) Moslem
Musette, [mü'sä.t, frz.], w, -s: Tanz der Suite im 18. Jh.
Museum, (gr.), s, Museen: öffentl. Sammlung von Gegenständen aus Kunst und Wissenschaft
Musica, (gr.), w, n.E.: Musik
Musical, ['mju:sikl, engl.], s, -s: amerik. Mischform aus Kabarett, Operette, Revue und Singspiel
Musik, (gr.), w, -en: Tonkunst sowie ihre Werke
Musikalien, (gr.), w, M.: gedruckte Musikwerke
musikalisch, (gr.): 1. musikbegabt und -liebend, 2. auf die Musik bezogen
Musikalität, (gr.), w, n.E.: Musikbegabung, Empfänglichkeit für Musik; musik. Beschaffenheit
Musikant, (gr.), m, -en: (Unterhaltungs)musiker
Musikbox, (engl.), w, -en: Schallplattenautomat
Musikinstrument, (gr.-lat.), s, -e: Mittel zur Tonerzeugung
Musikus, (gr.-lat.), m, Musizi: (salopp für) Musiker
musisch, (gr.): 1. künstlerisch (veranlagt), 2. zur Musik gehörig
musivisch, (gr.): mosaikartig
musizieren, (gr.): Musik machen
Muskarin, (lat.), s, n.E.: giftiges Alkaloid des Fliegenpilzes
Muskat, (sanskr.), m, -e: ein Gewürz
Muskateller, (sanskr.), m, -: würziger Süßwein
Muskete, (frz.), w, -n: großkalibrige alte Flinte
Musketier, (frz.), m, -e: mit einer Muskete bewaffneter Infanterist
muskulär, (lat.): zur Muskulatur gehörend, sie betreffend
Muskulatur, (lat.), w, -en: die Muskeln eines Körper(teil)s
muskulös, (lat.): muskelreich, sehr kräftig
Muslim: vgl. Moslem
Muslime: vgl. Moslime
Musselin, (frz.), m, -e: leichtes, feines Wollgewebe

Musseron, [musse'*ron* frz.], m, -s: ein Würzpilz
Mustang, (span.), m, -s: wildes Pferd der Prärie
mutabel, (lat.): veränderlich; wandelbar
Mutagene, (lat.-gr.), w, M.: Stoffe oder Strahlen, die Veränderungen der Erbsubstanz auslösen können
Mutant, (lat.), m , -en: Lebewesen, das aufgrund einer Mutation vom Ausgangstyp abweicht
Mutante, (lat.), w, -n: vgl. Mutant
Mutation, (lat.), w, -en: Veränderung des Erbguts
mutieren, (lat.): das Erbgut ändern, eine erbliche Veränderung durchmachen
mutilieren, (lat.): verstümmeln (Med.)
Mutismus, (lat.), m, n.E.: das Stummsein (Psych.)
Mutität, (lat.), w, n.E.: Stummheit (Med.)
mutual, (lat.): gegenseitig, wechselseitig
Mutualismus, (lat.), m, n.E.: 1. gegenseitige Anerkennung, Duldung, 2. enge Beziehung zwischen zwei Arten (Biol.)
Mutualität, (lat.), w, -en: Wechselseitigkeit
mutuell: vgl. mutual
My, s, -s: im gr. Alphabet der zwölfte Buchstabe: Ü, M
Myalgie, (gr.), w, -n: Muskelschmerz
Mykologie, (gr.), w, n.E.: Wissenschaft von den Pilzen
Mykose, (gr.), w, -n: Erkrankung durch niedere Pilze
Mykotoxin, (gr.), s, -e: von Schimmelpilzen erzeugtes Gift
Mylady, [mi'le:jdi, engl.]: engl. Anrede für eine (höhergestellte) Dame
Mylord, [mi'lo:(r)d, engl.]: Anrede für einen engl. Adligen
Myokard, (gr.), s, -e: Herzmuskel
Myokarditis, (gr.), w, -tiden: Herzmuskelentzündung
Myologie, (gr.), w, n.E.: Lehre von den Muskeln
Myom, (gr.), s, -e: gutartige Muskelgeschwulst
Myopathie, (gr.), w, -n: Muskelerkrankung
Myopie, (gr.), w, -n: Kurzsichtigkeit
Myriade, (gr.), w, -n: Zahl von Zehntausend; (übertr.) unendlich viele
Myriopode, (gr.), m, -n: Tausendfüß(l)er
Myrrhe, (gr.), w, -n: Harz aus Myrrhensträuchern
Myrte, (gr.), w, -n: immergrüner, weißblühender Strauch
Mysterien, (gr.), w, M.: geheime Götterkulte des Altertums
mysteriös, (gr.): rätselhaft, geheimnisumwittert
Mysterium, (gr.), s, Mysterien: geheimer Götterkult, Geheimnis
mystifizieren, (gr.): ein Geheimnis aus etwas machen
Mystik, (gr.), w, n.E.: religiöse Strömung, die unmittelbare Verbindung mit dem Göttlichen anstrebt
Mystiker, (gr.), m, -: Anhänger der Mystik
mystisch, (gr.): 1. zur Mystik gehörend, 2. rätselhaft, geheimnisvoll
Mystizismus, (gr.), m, n.E.: schwärmerische Religiosität, Hang zum Geheimnisvollen
Mythe, (gr.), w, -n: vgl. Mythos
mythisch, (gr.): den Mythos betreffend; sagenhaft
Mythologie, (gr.), w, -n: Götter- und Sagenwelt eines Volkes sowie die Lehre davon
mythologisch, (gr.): die Mythologie betreffend
mythologisieren, (gr.): zum Mythos erheben, in mythische Form fassen
Mythos, Mythus, (gr.), m, Mythen: 1. sagenhafte Überlieferung, Götter- und Heldensagen, 2. glorifizierte Begebenheit, Sache oder Person
Mytilus, (gr.), w, n.E.: Miesmuschel
Myzel, Myzelium, (gr.), s, Myzelien: Pilzfäden
Myzet, (gr.), m, -en: Pilz

N

Nabob, (arab.), m, -s: (histor.) islam. Statthalter in Indien
Nadir, (arab.), m, n.E.: dem Zenit gegenüberliegender Punkt auf der Himmelskugel
Naevus, ['nä:wus, lat.], m, Naevi: Mal, Muttermal

naiv, (frz.): kindlich, einfältig, leichtgläubig; unbefangen; natürlich
Naive, (frz.), w, -n: (im Theater:) Rolle(nfach) der jugendl. arglosen Liebhaberin
Naivität, (frz.), w, n.E.: Kindlichkeit, Einfalt, Leichtgläubigkeit; Unbefangenheit; Natürlichkeit
Nandu, (indian.), m, -s: straußenähnlicher Laufvogel
Nano..., (lat.): (vor Maßeinheiten:) der milliardste Teil
Nanometer, (lat.-gr.), s, -: milliardster Teil eines Meters
Napalm, (Wz), s, n.E.: Füllstoff von Benzinbrandbomben
Naphtalin, (pers.), s, n.E.: ein aromat. Kohlenwasserstoff
Nappaleder, s, -: abwaschbares Glacéleder
Narkose, (gr.), w, -n: durch Narkotika herbeigeführter Betäubungszustand
Narkotikum, (gr.), s, Narkotika: Betäubungsmittel; Rauschmittel (Med.)
narkotisch, (gr.): betäubend (Med.)
narkotisieren, (gr.): betäuben (Med.)
Narwal, (nord.), m, -e: Wal im nördl. Eismeer
Narziß, (gr.), m, Narzisse: eitler, selbstbezogener Mensch, der sich selbst bewundert
Narzisse, (gr.), w, -n: Zwiebelpflanze (Osterglocke)
Narzißmus, (gr.), m, n.E.: Eigenliebe; Ichbezogenheit
Narzißt, (gr.), m, -en: Mensch, der sich narzißtisch verhält
narzißtisch, (gr.): übertrieben eitel; selbstsüchtig
NASA, (Abk.), w, n.E.: Nationale Luft- und Raumfahrtbehörde der USA
nasal, (lat.): 1. die Nase betreffend, zur Nase gehörend, 2. durch die Nase gesprochen
Nasal, (lat.), m, -e: durch die Nase gesprochener Laut
nasalieren, (lat.): durch die Nase aussprechen
Nasi-goreng, (malai.), s, -s: indones. Reisgericht
naszierend, (lat.): im Entstehen begriffen, werdend
Natalität, (lat.), w, n.E.: Geburtenhäufigkeit
Nation, (lat.), w, -en: Menschengemeinschaft, die sich durch gemeinsame Herkunft, Geschichte, Sprache u.ä. auszeichnet
national, (lat.): 1. eine Nation betreffend, zu einer Nation gehörend, 2. sich besonders für eine Nation einsetzend, vaterländisch
Nationalepos, (lat.-gr.), s, -epen: für eine Nation typisches Heldenepos
Nationalhymne, (lat.-gr.), w, -n: bei feierlichen Anlässen gespieltes Lied einer Nation
nationalisieren, (lat.): 1. verstaatlichen, 2. die Staatsbürgerschaft verleihen
Nationalismus, (lat.), m, n.E.: starkes oder gar übersteigertes Nationalgefühl, das bis zur Verachtung anderer Nationen führen kann
Nationalist, (lat.), m, -en: eifernder Anhänger des Nationalismus
nationalistisch, (lat.): Nationalismus offenbarend; von übersteigertem Nationalgefühl
Nationalität, (lat.), w, -en: Zugehörigkeit zu einer Nation, Staatsangehörigkeit
Nationalsozialismus, (lat.), m, n.E.: von Hitler in Reden und Schriften formulierte extrem antisemitische, antimarxistische, völkisch-nationalistische, imperialistische Ideologie sowie die entspr. totalitäre Herrschaftspraxis
Nationalsozialist, (lat.), m, -n: Anhänger des Nationalsozialismus; Mitglied der NSDAP
nationalsozialistisch, (lat.): den Nationalsozialismus betreffend, im Sinne des Nationalsozialismus
nativ, (lat.): im natürlichen Zustand; angeboren
Native, ['ne:jtif, lat.-engl.], m, -s: Eingeborener
Nativität, (lat.), w, n.E.: (Stand der Gestirne bei der) Geburtsstunde
NATO, (Abk. für: **N**orth **At**lantic **T**reaty **O**rganization), w, n.E.: Nordatlantikpakt
Natrium, (ägypt.-lat.), s, n.E.: chem. Element, leichtes und weiches Alkalimetall
Natron, (ägypt.), s, n.E.: doppeltkohlensaures Natrium
Natur, (lat.), w, -en: 1. Gesamtheit des nicht vom Menschen Geschaffenen,

2. sämtliche Pflanzen, Tiere, Gewässer, u.ä., 3. im urspr. Zustand Belassenes, 4. Veranlagung; Eigenart
Naturalien, (lat.), w, n.M.: Naturprodukte, landwirtschaftl. Erzeugnisse
Naturalisation, (lat.), w, -en: 1. Anpassung an einen zuvor nicht bewohnten Lebensraum (Biol.), 2. Einbürgerung
naturalisieren, (lat.): 1. anpassen an einen zuvor fremden Lebensraum, 2. einbürgern, Staatsbürgerrechte verleihen
Naturalismus, (lat.), m, -lismen: 1. Wirklichkeitstreue, 2. Weltanschauung, nach der nur die Natur wirklich existent ist, 3. Kunstrichtung, die eine genaue Wiedergabe der Wirklichkeit anstrebt
Naturalist, (lat.), m, -en: Vertreter des Naturalismus
naturalistisch, (lat.): naturgetreu, wirklichkeitsnah; im Sinne des Naturalismus
Naturallohn, (lat.-dt.), m, -löhne: Lohn in Form von Naturalien
Naturalobligation, (lat.), w, -en: nicht einklagbare Schuld
naturell, (lat.): natürlich, ohne Zusatz
Naturell, (lat.), s, -e: Wesensart, Temperament
Naturphilosophie, (lat.-gr.), w, n.E.: Richtung der Philosophie, die die Natur zu erklären bemüht ist
Nautik, (gr.), w, n.E.: Schiffahrtskunde
Nautiker, (gr.), m, -: 1. Student, Lehrer der Nautik, 2. Seemann mit abgeschlossenem Nautikstudium
Nautilus, (gr.), m, -se: Tintenfisch mit Gehäuse
nautisch, (gr.): auf Nautik beruhend
Navel, (engl.), w, -s: kernlose Orangensorte
Navigateur, [nawiga'tö:r, lat.-frz.], m, -e: die Navigation durchführender Seemann an Bord eines Schiffes
Navigation, (lat.), w, n.E.: Standort- und Kursbestimmung an Bord eines Schiffes oder Flugzeuges
Navigator, (lat.), m, -toren: die Navigation durchführendes Mitglied einer Flugzeugbesatzung
navigieren, (lat.): den Standort und Kurs eines Schiffes oder Flugzeuges bestimmen
Nazi, m, -s: Kurzw. für Nationalsozialist
Nazismus, m, n.E.: Kurzw. für Nationalsozialismus
nazistisch: Kurzw. für nationalsozialistisch
nebbich!, (jidd.): leider!, Mist!, wenn schon!
nebulös, (lat.): neblig; nebelhaft, unklar, undurchsichtig
Necessaire, [neße'ßä:r, frz.], s, -s: Behälter für kleinere Gebrauchsgegenstände
Necking, (engl.), s, -s: Schmuserei, Liebkosen
Negation, (lat.), w, -en: Verneinung (swort); Ablehnung
negativ, (lat.): 1. verneinend, 2. ungünstig, schlecht; ergebnislos, 3. kleiner als Null (Math.), 4. keinen krankhaften Befund aufweisend (Med.)
Negativ, (lat.), s, -e: fotograf. Bild auf einem Film
Negativismus, (lat.), m, n.E.: ablehnende Haltung, negative Einstellung
negativistisch, (lat.): ständig verneinend, negativ eingestellt
Negativität, (lat.), w, n.E.: verneinendes Verhalten
Negativum, (lat.), s, -tiva: als ungünstig beurteilter Sachverhalt
negieren, (lat.): verneinen, ablehnen; bestreiten, leugnen
Negligé, [negli'*sch*e:, frz.], s, -s: leichter Morgenmantel
negrid, (lat.): zu den Negriden gehörend
Negride, (lat.), m, -n: Angehöriger der schwarzen Menschenrasse
negroid, (lat.): die Merkmale eines Negriden aufweisend
Negus, (äthiop.), m, -se: Titel der Kaiser von Äthiopien
Nekrolog, (gr.), m, -e: Nachruf auf einen Verstorbenen
Nekrophilie, (gr.), w, n.E.: sexueller Trieb zur Leichenschändung
Nekropsie, (gr.), w, -n: Leichenschau
Nekrose, (gr.), w, -n: das Absterben von Zellen, Geweben
nekrotisch, (gr.): durch Nekrose verursacht
Nektar, (gr.), m, -e: 1. Unsterblichkeit verleihender Göttertrank der gr. Sage, 2. von Blüten abgesonderte Zuckerlösung, 3. mit Wasser und Zucker vermischtes Fruchtsaftgetränk

Nektarine, (gr.), w, -n: glatthäutiger Pfirsich
Nektarium, (gr.), s, Nektarien: Honigdrüse der Blüten
Nematoden, (gr.), w, M.: Fadenwürmer (Parasiten)
Nemesis, (gr.), w, n.E.: Göttin der Rache; ausgleichende und strafende Gerechtigkeit
Neofaschismus, (gr.-lat.), m, n.E.: das Wiederaufleben faschistischer Überzeugungen, Bewegungen und Organisationen nach dem 2. Weltkrieg
Neokolonialismus, (gr.-lat.), m, n.E.: Politik, die zu wirtschaftl. und polit. Abhängigkeit ehemaliger Kolonien führt
Neolithikum, (gr.), s, n.E.: Jungsteinzeit
Neologismus, (gr.), m, -logismen: sprachl. Neubildung
Neon, (gr.), s, n.E.: chem. Element, ein Edelgas
Neonazi, m, -s: Rechtsradikaler, der das Wiederaufleben des Nationalsozialismus befürwortet
Neonröhre, (gr.-dt.), w, -n: mit Neon gefüllte Leuchtröhre
Neoplasma, (gr.), s, -plasmen: Gewebsneubildung (Med.)
Neopren, (Wz), s, n.E.: künstlicher Kautschuk
Neozoikum, (gr.), s, n.E.: vgl. Känozoikum
nephisch, (gr.): die Bewölkung betreffend
Nephrit, (gr.), m, -e: grünes Mineral
Nephritis, (gr.), w, -tiden: Entzündung der Nieren
Nephrolith, (gr.), m, -e(n): Nierenstein
Nepotismus, (lat.), m, n.E.: Bevorzugung der eigenen Verwandten, Vetternwirtschaft
Nereide, (gr.), w, -n: Meerjungfrau
neritisch, (gr.): zum Küstengewässer gehörend
Nerv, (lat.), m, -en: 1. Strang des Nervensystems, 2. kritische Stelle
nerval, (lat.): nervlich; die Tätigkeit der Nerven betreffend
nerven, (lat.): (umg.) jmdn. nervös machen, stören
nervig, (lat.): 1. sehnig, 2. (umg.) nervös machend
nervlich, (lat.): in bezug auf die Nerven
nervös, (lat.): 1. die Nerven betreffend, 2. nervenschwach; aufgeregt; zerfahren
Nervosität, (lat.), w, -en: Nervenschwäche; Aufgeregtheit; Unkonzentriertheit
Nervus, (lat.), m, Nervi: Nerv (Med.)
Nervus rerum, (lat.), m, n.E.: Triebfeder, Hauptursache
Nestor, (gr.), m, Nestoren: alter und weiser Berater; Ältester einer Gemeinschaft oder eines Wissenschaftszweiges
netto, (ital.): 1. ohne Verpackung, 2. nach Abzug von Unkosten oder Steuern
Nettoregistertonne, w, -n: Maß für den Laderaum von Schiffen
neural, (gr.): das Nervensystem betreffend
Neuralgie, (gr.), w, -n: Nervenschmerz
neuralgisch, (gr.): 1. auf Neuralgie beruhend, Nervenschmerzen verursachend, 2. sehr problematisch, kritisch
Neurin, (gr.), s, n.E.: Fäulnisgift
Neurit, (gr.), m, -en: Nervenfaser
Neuritis, (gr.), w, -ritiden: Entzündung der Nerven
Neurochirurgie, (gr.), w, n.E.: Fachgebiet der Chirurgie, das Diagnose und operative Eingriffe am zentralen Nervensystem umfaßt
Neurodermatose, (gr.), w, -n: nervöse Hauterkrankung
Neurodermitis, (gr.), w, -dermitiden: entzündliche Erkrankung der Haut, Juckflechte
neurogen, (gr.): von den Nerven ausgehend
Neurologe, (gr.), m, -n: Nervenarzt
Neurologie, (gr.), w, n.E.: Wissenschaft vom Nervensystem und den Nervenkrankheiten
neurologisch, (gr.): die Neurologie betreffend, zum Nervensystem gehörend, Nervenkrankheiten betreffend
Neurose, (gr.), w, -n: psych. Verfassungsanomalie, gestörte seelische Einstellung zu den Mitmenschen
Neurotiker, (gr.), m, -: an einer Neurose Leidender
neurotisch, (gr.): an einer Neurose leidend; auf einer Neurose beruhend
Neurotoxin, (gr.), s, -e: Nervengift (Med.)
neutral, (lat.): 1. unparteiisch, unabhän-

gig, 2. keinem Staatenbündnis angehörend, 3. zu allem passend, 4. nicht elektrisch geladen (Phys.)

Neutralisation, (lat.), w, -en: Ausschaltung

neutralisieren, (lat.): unwirksam machen, die Wirkung von etwas aufheben, ausschalten

Neutralismus, (lat.), m, n.E.: politische Haltung, die eine Parteinahme im Falle internationaler Konflikte ablehnt

Neutralität, (lat.), w, n.E.: unparteiische Haltung, Nichteinmischung; Nichtparteinahme

Neutrino, (ital.), s, -s: ungeladenes und masseloses Elementarteilchen (Phys.)

Neutron, (lat.), s, -tronen: ungeladenes, zu den Bausteinen der Atomkerne gehörendes Elementarteilchen (Phys.)

Neutrum, (lat.), s, Neutren oder Neutra: 1. sächl. Geschlecht, 2. Nomen sächl. Geschlechts

Newcomer, [n'ju:kamer, engl.], m, -: Neuling

New Look, [nju 'lu.k, engl.], m oder s, n.E.: neue Mode

News, [n'ju:s, engl.], w, n.M.: Neuigkeiten, Nachrichten

Newton, [n'ju:t(e)n], s, -s: Maßeinheit der physik. Kraft

Nexus, (lat.), m, Nexus: Verbindung, Verpflichtung

Nidation, (lat.), w, -en: Einnistung des befruchteten Eies

Nightclub, ['naitklab, engl.], m, -s: Nachtbar

Nihilismus, (lat.), m, n.E.: Überzeugung von der Nichtigkeit alles Seienden, Standpunkt der Verneinung aller Werte und Ziele (Philos.)

Nihilist, (lat.), m, -en: Anhänger des Nihilismus

nihilistisch, (lat.): alle Werte verneinend

Nikotin, (frz.), s, n.E.: giftiges Alkaloid der Tabakpflanze

Nikotinismus, (frz.), m, n.E.: Nikotinvergiftung

Nimbus, (lat.), m, -se: 1. Heiligenschein, 2. Ansehen; Ruhm

Nimrod, (hebr.), m, -e: leidenschaftl. Jäger

Nippes, (frz.): kleine Ziergegenstände

Nirwana, (sanskr.), s, n.E.: Heilsziel des Buddhismus, die Überwindung des Daseins und das Erlangen völliger Ruhe

Nitrat, (gr.), s, -e: Salz der Salpetersäure

Nitrid, (gr.), s, -e: Stickstoffverbindung

nitrieren, (gr.): Salpetersäure in organ. Verbindungen einbringen

Nitrit, (gr.), s, -e: Salz der salpetrigen Säure

Nitroglyzerin, (gr.), s, n.E.: nitriertes Glycerin, als Sprengstoff dienende Flüssigkeit

nitros, (gr.): Stickstoffoxid enthaltend

Nitrosamin, (gr.), s, -e: hochgiftige organ. Stickstoffverbindung

nitschewo, (russ.): (umg.) macht nichts!, nicht doch!

Niveau, [ni'wo:, frz.], s, -s: 1. waagerechte Ebene, Bezugsebene; eine bestimmte Höhenstufe, 2. Stufe, Rang; Standard

Nivellement, [niwäl(e)'m*on*, frz.], s, -s: das Nivellieren

nivellieren, (frz.): 1. gleichmachen, auf gleiche Höhe bringen, 2. Höhenunterschiede messen

nobel, (lat.): 1. vornehm, edel; adelig, 2. großzügig

nobilitieren, (lat.): adeln

Noblesse, [no'blä.ß, frz.], w, -n: 1. der Adel; vornehme Gesellschaft, 2. Vornehmheit

noblesse oblige, [no'blä.ß o'bli:*sch*, frz.]: Adel verpflichtet

Nobody, ['no:badi, engl.], m, Nobodies: ein Niemand, ein in der Öffentlichkeit noch nicht bekannter Mensch

Nocturne, [nok'tü.rn, frz.]), s, -s: elegisches Musikstück

Nodus, (lat.), m, Nodi: Knoten (Bot.)

nodös, (lat.): knotig (Bot.)

Noetik, (gr.), w, n.E.: Denk- und Erkenntnislehre (Philos.)

noir, [no'a:r, frz.]: schwarz

Nokturne: vgl. Nocturne

nolens volens, (lat.): notgedrungen, wohl oder übel

Nolimetangere, (lat.), s, -: 1. Darstellung des Maria Magdalena erscheinenden Christus, 2. Springkraut, Rührmichnichtan (Bot.)

Nomade, (gr.), m, -n: Angehöriger eines mit Viehherden wandernden Hirtenvolkes

nomadisch, (gr.): in der Art der Nomaden lebend; nicht seßhaft; unstet
nomadisieren, (gr.): als Nomade wandern, wie ein Nomade leben; unstet, ohne festen Wohnsitz leben
Nomen, (lat.), s, Nomina: deklinierbare Wortart; Substantiv, Hauptwort
Nomen est omen, (lat. »der Name ist Vorbedeutung«)
Nomenklatur, (lat.), w, -en: 1. (Verzeichnis der) Fachausdrücke eines Wissensgebietes, 2. Namengebung, Klassifizierung wissenschaftl. Gegenstände oder Begriffe
nominal, (lat.): 1. das Nomen betreffend; in der Art eines Nomens, 2. (Bankwesen) zum Nennwert
Nominativ, (lat.), m, -e: erster Fall in der Deklination, Werfall
nominell, (lat.): 1. dem Namen nach, angeblich, 2. vgl. nominal (2)
nominieren, (lat.): (be)nennen, ernennen; jmdn. vorschlagen
Nomos, (gr.), m, Nomoi: Ordnung der Natur; das menschl. Handeln bestimmende Gesetz (Philos.)
Nonchalance, [n*on*scha'l*an*ß, frz.], w, n.E.: (Nach)lässigkeit, Unbekümmertheit
nonchalant, [n*on*scha'l*an*, frz.]: (nach) lässig, unbekümmert
None, (lat.), w, -n: 1. neunter Ton der Tonleiter, 2. ein Intervall von neun Tonstufen
nonfigurativ, (lat.): nicht figürlich, abstrakt
Nonius, m, -se: verschiebbarer Hilfsmaßstab mit gleichabständiger Einteilung (an Schieblehren)
Nonkonformismus, (lat.), m, n.E.: sich in Ablehnung vorherrschender Ansichten und Verhaltensmuster äußernde individualistische Haltung
Nonkonformist, (lat.), m, -en: ein nonkonformistischer Mensch
nonkonformistisch, (lat.): vorherrschende Ansichten und Verhaltensmuster ablehnend
Nonplusultra, (lat.), s, n.E.: das Unübertreffbare, Beste
Nonproliferation, (lat.), w, -en: Nichtverbreitung von Kernwaffen
Nonsens, (engl.), m, n.E.: Unsinn, Geschwätz
nonstop, (engl.): ohne Unterbrechung; ohne Zwischenlandung
nonverbal, (lat.): nicht durch Sprache
Norm, (lat.), w, -en: 1. allgemeingültige Richtschnur, verbindliche Regel, Maßstab; Verhaltensmuster; Leistungssoll, 2. Vorschrift für Größen, Qualitäten (z.B. DIN-Norm)
normal, (lat.): 1. der Norm entsprechend, 2. gewöhnlich, üblich, 3. geistig gesund
Normal, (lat.), s, -e: Maßstab von besonderer Genauigkeit
Normalien, (lat.), w, M.: Grundformen
normalisieren, (lat.): der Norm angleichen; den normalen Zustand wiederherstellen
Normalität, (lat.), w, n.E.: normale Beschaffenheit, gewöhnlicher Zustand
Normalnull, (lat.-dt.), s, n.E.: festgelegte Niveaufläche als Bezugshöhe für Höhenmessungen (in Deutschland die Höhe des mittleren Wasserstandes der Nordsee)
normativ, (lat.): Normen setzend; als Norm geltend; maßgebend
normen, (lat.): eine Norm aufstellen, einheitlich festsetzen
normieren, (lat.): nach einer Norm festlegen; vereinheitlichen
Normierung: vgl. Normung
Normung, (lat.), w, -en: Festsetzung von Normen; Vereinheitlichung von Abmessungen oder Bezeichnungen
Norne, (altnord.), w, -n: nordische Schicksalsgöttin
Nostalgie, (gr.), w, n.E.: schwärmerische Hinwendung zu früheren Zeiten
nostalgisch, (gr.): sich nach alten Zeiten zurücksehnend
Nota, (lat.), w, -s: 1. Zeichen; Anmerkung, 2. Rechnung
notabel, (lat.): bemerkenswert, wichtig
Notabeln, (lat.), w, M.: Angehörige der bürgerlichen Oberschicht
notabene, (lat.): übrigens, wohlgemerkt
Notabene, (lat.), s, -(s): Merkzeichen; Anmerkung
Notar, (lat.), m, -e: staatl. vereidigter Jurist, der berechtigt ist, Schriftstücke zu beglaubigen, Rechtsgeschäfte zu beurkunden u.ä.
Notariat, (lat.), s, -e: Büro, Amt eines Notars

notariell, (lat.): von einem Notar beglaubigt oder beurkundet
Notation, (lat.), w, -en: das Aufschreiben von Notenschrift
notieren, (lat.): 1. aufschreiben, schriftlich festhalten, 2. einen Börsenkurswert festsetzen und veröffentlichen
Notiz, (lat.), w, -en: schriftl. Anmerkung, Angabe; Aufzeichnung; Meldung
notorisch, (lat.): 1. offenkundig, allgemein bekannt, 2. gewohnheitsmäßig
Notturno, (ital.), s, -s: 1. stimmungsvolles Musikstück, 2. ital. Bez. für Nocturne
Nougat, ['nu:gat, frz.], m oder s, -s: aus zerkleinerten und gerösteten Nüssen gewonnene Masse
Nouvelle cuisine, [nu'wä.l küi'si:n, frz.], w, n.E.: moderne Richtung in der Kochkunst
Nova, (lat.), w, Novae: veränderl. Stern mit plötzlichen Helligkeitsausbrüchen
Novecento, [nowe'tschä.nto, ital.], s, n.E.: ital. Stilbezeichnung für die Kunst des 20. Jh.
Novelle, (lat.), w, -n: 1. kurze Erzählung einer Begebenheit, 2. die literarische Kunstform solcher Erzählungen, 3. Abänderung oder Ergänzung eines Gesetzes
Novellette, (lat.), w, -n: kleine Novelle (1)
novellieren, (lat.): ein Gesetz ändern oder ergänzen
Novellist, (lat.), m, -en: Verfasser von Novellen (1)
Novität, (lat.), w, -en: 1. Neuheit, 2. Neuerscheinung
Novize, (lat.), m, -n: junger Mönch oder junge Nonne während der Probezeit
Noviziat, (lat.), s, -e: Probezeit für Mönch oder Nonne
Novizin, (lat.), w, -nen: junge Nonne während der Probezeit
Novum, (lat.), s, Nova: Neuheit, Neuerung; neuer Gesichtspunkt
Nuance, [nü'*an*ß, frz.], w, -n: 1. Abstufung, feiner Unterschied; Feinheit, 2. Kleinigkeit
nuancieren, [nü*an*'ßi:ren, frz.]: 1. abstufen, geringfügig verändern, 2. feine Unterschiede machen, herausarbeiten
Nucleus: vgl. Nukleus
Nudismus, (lat.), m, n.E.: Freikörperkultur
Nudist, (lat.), m, -en: Anhänger des Nudismus
nudistisch, (lat.): den Nudismus betreffend
Nudität, (lat.), w, -en: Nacktheit, Blöße
Nugat: vgl. Nougat
Nugget, [na.g(e)t, engl.], s, -s: natürlicher Goldklumpen
nuklear, (lat.): den Atomkern betreffend; durch Atomkraft angetrieben
Nuklearmedizin, (lat.), w, n.E.: Medizin, die radioaktive Stoffe zur Diagnose und Therapie einsetzt
Nuklein, (lat.), s, -e: vgl. Nukleoproteid
Nukleinsäure, (lat.-dt.), w, -en: Verbindung in Zellen, die genetische Informationen trägt
Nukleon, (lat.), s, Nukleonen: Bez. für Proton und Neutron
Nukleoproteid, (lat.-gr.), s, -e: Eiweißverbindung im Zellkern
Nukleus, (lat.), m, Nuklei: Kern, Zellkern (Biol.)
Nulldiät, (lat.), w, -en: Verzicht auf feste Nahrung
nullifizieren, (lat.): aufheben, für ungültig erklären
Nullität, (lat.), w, -en: Nichtigkeit; Wertlosigkeit
Nullmeridian, (lat.), m, n.E.: Längenkreis, von dem aus die Längenkreise nach Ost und West von 0°C bis 180°C gezählt werden
Null ouvert, [nulu'we:r, lat.-frz.], m, --s: Variante des Nullspiels beim Skat
Nulltarif, (lat.), m, -e: kein Entgeld für Dienstleistungen
Numen, (lat.), s, n.E.: göttliches Wesen
Numerale, (lat.), s, Numeralien: Zahlwort
numerieren, (lat.): Nummern vergeben, beziffern
numerisch, (lat.): 1. der Zahl nach, zahlenmäßig, 2. unter Verwendung von Zahlen oder Ziffern
numerische Mathematik: Bereich der Mathematik, der mathematische Probleme zahlenmäßig bearbeitet
Numero, (ital.), s, -s: Nummer
Numerus, (lat.), m, Numeri: grammati-

sche Kategorie, die etwas über die Anzahl aussagt (Singular, Plural)
Numerus clausus, (lat.): begrenzte Zulassung von Studienbewerbern
numinos, (lat.): göttlich
Numismatik, (gr.), w, n.E.: Münzkunde
Nummer, (lat.), w, -n: 1. Zahl, Kennziffer, 2. einzelne Darbietung, 3. einzelnes Exemplar
Nummernkonto, (lat.-ital.), s, -s: nur durch eine Nummer, nicht durch den Namen gekennzeichnetes Konto
Nuntiatur, (lat.), w, -en: Amt, Sitz eines Nuntius
Nuntius, (lat.), m, Nuntien: päpstlicher Gesandter, Botschafter
Nurse, ['nö:ß, frz.], w, -n: Kindermädchen
Nus, (gr.), m, n.E.: Geist, Vernunft (Philos.)
Nutation, (lat.), w, -en: Schwankung der Erdachse
Nutria, (span.), w, -s: (Fell der) Biberratte
nutrieren, (lat.): ernähren (Med.)
Ny, (gr.), s, -s: 13. Buchstabe des gr. Alphabets; N
Nylon, ['nailon, engl.], s, n.E.: synthetische Textilfaser
Nymphäe, (gr.), w, -n: Seerose
Nymphe, (gr.), w, -n: 1. Naturgottheit in der gr. Sage, 2. Entwicklungsstadium bestimmter Insekten
nymphoman, (gr.): an Nymphomanie leidend, mannstoll
Nymphomanie, (gr.), w, n.E.: krankhaft gesteigerter Sexualtrieb bei Frauen, Mannstollheit
Nymphomanin, (gr.), w, -nen: an Nymphomanie leidende Frau
Nystagmus, (gr.), m, n.E.: Augenzittern

O

Oase, (ägypt.), w, -n: Wasserstelle in der Wüste; erholsamer Ort
Obduktion, (lat.), w, -en: Leichenöffnung
Obduzent, (lat.), m, -en: obduzierender Arzt
obduzieren, (lat.): eine Obduktion vornehmen
Obelisk, (gr.), m, -en: sich nach oben verjüngende Säule mit vierkantigem Grundriss und pyramidenförmiger Spitze
Objekt, (lat.), s, -e: 1. Sache, Gegenstand, 2. vom Verb geforderter Satzteil (vgl. Akkusativ- und Dativobjekt)
Objektion, (lat.), w, -en: das Übertragen seelischer Empfindungen auf Sachverhalte, Gegenstände (Psych.)
objektiv, (lat.): 1. dinglich, wirklich vorhanden, 2. sachlich, unvoreingenommen (Ggs.: subjektiv)
Objektiv, (lat.), s, -e: Linsensystem eines optischen Gerätes
Objektivation, (lat.), w, -en: vergegenständlichende Darstellung
objektivieren, (lat.): vergegenständlichen; etwas einer objektiven Betrachtung zugänglich machen
Objektivismus, (lat.), m, n.E.: Lehre, nach der es objektive Wahrheiten, Werte und Ideen gibt (Philos.)
Objektivität, (lat.), w, n.E.: Unvoreingenommenheit, strenge Sachlichkeit
Objektschutz, (lat.-dt.), m, n.E.: Bewachung gefährdeter Anlagen oder Gebäude
Oblate, (lat.), w, -n: 1. hauchdünne Unterlage für Kleingebäck, 2. (kath. Kirche) noch nicht geweihte Hostie, 3. (ev. Kirche) Abendmahlsbrot, 4. kleines Bildchen
obligat, (lat.): unerläßlich, notwendig; üblich
Obligation, (lat.), w, -en: 1. Verbindlichkeit, Haftung (Rechtsw.), 2. Schuldverschreibung; festverzinsliches Wertpapier
obligatorisch, (lat.): verpflichtend, verbindlich
Obligo, (lat.), s, -s: 1. finanzielle Verbindlichkeit, Haftung, 2. Gewähr
Obliteration, (lat.), w, -en: Löschung; Stillegung
obliterieren, (lat.): löschen, tilgen; stillegen
Oboe, (ital.), w, -n: Holzblasinstrument
Oboist, (ital.), m, -en: Oboenspieler
Obolus, (gr.), m, - oder -se: kleine Münze; kleiner Geldbetrag, Spende
Observanz, (lat.), w, -en: Brauch; Gewohnheitsrecht
Observation, (lat.), w, -en: Beobach-

tung; Ausspähung; polizeiliche Überwachung

Observator, (lat.), m, -toren: jmd., der Beobachtungen in einem Observatorium durchführt

Observatorium, (lat.), s, -atorien: wissenschaftl. Beobachtungsinstitut, insb. Wetter- oder Sternwarte

observieren, (lat.): beobachten; ausspähen; polizeil. überwachen

Obsession, (lat.), w, -en: Zwangsvorstellung (Psych.)

obsessiv, (lat.): unter einer Zwangsvorstellung leidend

Obsidian, (lat.), m, -e: dunkles, vulkan. Gestein

obskur, (lat.): dunkel; unbekannter Herkunft; unklar; verdächtig

Obskurität, (lat.), w, -en: obskure Beschaffenheit, obskurer Vorgang

obsolet, (lat.): veraltet, überholt

obstinat, (lat.): starrsinnig, eigensinnig; widerspenstig

Obstination, (lat.), w, -en: Starrsinn, Eigensinn; Hartnäckigkeit

Obstipation, (lat.), w, -en: Verstopfung (Med.)

obstruieren, (lat.): stören, behindern, hemmen

Obstruktion, (lat.), w, -en: Störung, Behinderung; Verzögerung

obstruktiv, (lat.): störend, behindernd, hemmend, verzögernd

obszön, (lat.): unanständig, anstößig

Obszönität, (lat.), w, -en: obszöne Darstellung, obszönes Verhalten, Schamlosigkeit

Ochlokratie, (gr.), w, -n: zur Herrschaft des Pöbels entartete Demokratie

Ochrana, (russ.), w, n.E.: (im zarist. Rußland) Geheimpolizei

Ocker, (gr.), m oder s, -: 1. Brauneisenstein, 2. gelbbrauner Farbton

Octan: vgl. Oktan

Odaliske, (türk.), w, -n: europ. Sklavin im türk. Harem

Odds, (engl.), w, M.: Vorgabe bei sportl. Wettkämpfen

Ode, (gr.), w, -n: 1. lyrisches Strophengedicht, 2. feierl. Chorgesang

Ödem, (gr.), s, -e: Wassersucht (Med.)

ödematös, (gr.): ödemartig; Ödeme aufweisend

Odeon, (gr.), s, -s: Name von Gebäuden, in denen Aufführungen stattfinden

Odeum, (gr.), s, Odeen: vgl. Odeon

Odeur, [o'dö:r, frz.], s, -s oder -e: Duft; Geruch

odios, odiös, (lat.): widerwärtig, verhaßt

ödipal, (gr.): auf dem Ödipuskomplex beruhend

Ödipuskomplex, (gr.-lat.), m, n.E.: übersteigerte Bindung an den gegengeschlechtlichen Elternteil

Odium, (lat.), s, n.E.: 1. Haß, 2. Makel, übler Beigeschmack

Odontologie, (gr.), w, n.E.: Zahnheilkunde

Odor, (lat.), m, Odores: Geruch (Med.)

Odyssee, (gr.), w, -n: Irrfahrt

off, (engl.): 1. (beim Film und im Theater) im Bild, bzw. auf der Bühne nicht zu sehen, 2. aus, abgeschaltet

offensiv, (lat.): die Initiative ergreifend, angreifend

Offensive, (lat.), w, -n: Angriff, Vorstoß

offerieren, (lat.): darbringen, anbieten

Offerte, (lat.), w, -n: Antrag, Angebot

Offertorium, (lat.), s, -torien: (in der kath. Messe) das Darbringen von Brot und Wein

Office, ['o.fiß, engl.], s, -s: Dienststelle, Büro

Officium: vgl. Offizium

Offizialdelikt, (lat.), s, -e: Vergehen, das auch dann gerichtlich verfolgt werden muß, wenn keine Anzeige vorliegt

offiziell, (lat.): verbindlich, amtlich; förmlich

Offizier, (lat.-frz.), m, -e: 1. militär. Dienstgrad vom Leutnant an aufwärts, 2. Vorgesetzter für bestimmte Aufgabenbereiche an Bord von Handelsschiffen

offiziös, (lat.): halbamtlich, nicht verbürgt

Offizium, (lat.), s, Offizien: 1. Dienstpflicht, 2. Gottesdienst, Stundengebet

off limits!, (engl.): Zutritt verboten!

off line, ['o.f 'lain, engl.]: indirekt mit einem Zentralcomputer verbunden, aber getrennt von ihm arbeitend

Offsetdruck, (engl.-dt.), m, n.E.: Flachdruckverfahren

off shore, ['o.f 'scho:r, engl.]: vor der Küste
Off-shore-Bohrung, w, -en: Bohrung in Küstennähe
Okapi, (afrik.), s, -s: Waldgiraffe
Okarina, (ital.), w, -s: eiförmige Gefäßflöte
okay, [o(u)'kej, amerik.]: in Ordnung!; einverstanden! (Abk.: o.k. oder O.K.)
Okkasion, (lat.), w, -en: Gelegenheit (skauf)
okkludieren, (lat.): verschließen
Okklusion, (lat.), w, -en: Verschluß, Einschluß
okklusiv, (lat.): abschließend; sperrend
okkult, (lat.): verborgen; geheim
Okkultismus, (lat.), m, n.E.: Lehren und Praktiken, die durch Naturgesetze nicht erklärbare Wahrnehmungen betreffen
Okkultist, (lat.), m, -en: Anhänger des Okkultismus
Okkupant, (lat.), m, -en: jmd., der etwas okkupiert
Okkupation, (lat.), w, -en: Besetzung, Besitzergreifung fremden Staatsgebietes
okkupieren, (lat.): fremdes Staatsgebiet besetzen; sich aneignen
Ökologe, (gr.), m, -n: Fachmann auf dem Gebiet der Ökologie
Ökologie, (gr.), w, n.E.: Umweltwissenschaft
ökologisch, (gr.): die Wechselbeziehungen zwischen den Organismen und ihrer Umwelt berücksichtigend
Ökonom, (gr.), m, -en: Wirtschaftswissenschaftler
Ökonomie, (gr.), w, -n: Wirtschaft (swissenschaft); Wirtschaftlichkeit
Ökonomik, (gr.), w, n.E.: Wirtschaftskunde; Sparsamkeit
ökonomisch, (gr.): auf Ökonomie beruhend; wirtschaftlich, sparsam
Ökonomismus, (gr.), m, n.E.: Auffassung, nach der gesellschaftl. Entwicklungen von wirtschaftl. Faktoren bestimmt werden
Ökosystem, (gr.), s, -e: ökologische Einheit aus einer Lebensgemeinschaft und deren Lebensraum
Ökotop, (gr.), s, -e: kleinste ökologische Einheit
Oktaeder, (gr.), s, -: von 8 Dreiecksflächen begrenzter Körper
Oktan, (lat.), s, n.E.: gesättigter Kohlenwasserstoff
Oktant, (lat.), m, -en: 1. ein Achtel des Vollkreises, 2. nautisches Winkelmeßgerät
Oktanzahl, (lat.-dt.), w, -en: Kennzahl für die Klopffestigkeit eines Kraftstoffes
Oktav, (lat.), s, n.E.: Achtelbogengröße (als Buchformat)
Oktave, (lat.), w, -n: achter Ton der Tonleiter; Intervall von 8 Tönen
Oktett, (lat.), s, -e: Musikstück für 8 Instrumente oder Singstimmen
Oktogon, (gr.), s, -e: Achteck
oktogonal, (gr.): achteckig
Oktopode, (gr.), m, -n: achtarmiger Tintenfisch, Krake
Oktopus, (gr.), m, -se: Krake
oktroyieren, [oktroa'ji:ren, frz.]: aufzwingen, auferlegen
okular, (lat.): das Auge betreffend; mit dem Auge
Okular, (lat.), s, -e: Linse eines optischen Gerätes
Ökumene, (gr.), w, n.E.: Gesamtheit der christl. Kirchen
ökumenisch, (gr.): 1. die gesamte Christenheit betreffend, 2. das Zusammenwirken der christl. Kirchen betreffend oder anstrebend
Okzident, (lat.), m, n.E.: Westen, Abend(land)
okzidental, (lat.): abendländisch
Oldie, (amerik.), m, -s: alter Schlager
Oldtimer, ['o(u)ltaim(e)r, engl.], m, -: altes Fahrzeug
olé!, (span.): los!, hurra!
Oleander, (ital.), m, -: immergrüner Zierstrauch
Oleat, (gr.), s, -e: Salz der Ölsäure
Olein, (gr.), s, -e: Ölsäure
Oleum, (gr.-lat.), s, Olea: Öl, ölartige Substanz
olfaktorisch, (lat.): den Geruchssinn betreffend (Med.)
Olfaktorium, (lat.), s, -faktorien: Riechstoff (Med.)
Olfaktorius, (lat.), m, n.E.: Riechnerv
Olibanum, (arab.), s, n.E.: Weihrauch
Oligarchie, (gr.), w, -n: die Herrschaft einer kleinen Interessengruppe
oligotroph, (gr.): nährstoffarm (Biol.)

Oligozän, (gr.), s, n.E.: mittlerer Abschnitt des Tertiär
oliv, (gr.): olivenfarbig, gelbgrün
Olive, (gr.), w, -n: Frucht des Ölbaumes; Ölbaum
Olivin, (gr.), m, -e: olivgrünes Mineral
Olymp, (gr.), m, n.E.: (in der gr. Mythologie) Wohnsitz der Götter
Olympiade, (gr.), w, -n: 1. (in der Antike) vier Jahre umfassende Zeitspanne zwischen zwei olymp. Festen, 2. Olympische Spiele
Olympier, (gr.), m, -: 1. Bewohner des Olymp, 2. überragende Persönlichkeit
Olympionike, (gr.), m, -n: Teilnehmer an Olymp. Spielen
olympisch, (gr.): 1. den Olymp betreffend, 2. zu den Olymp. Spielen gehörend
Olympische Spiele: alle vier Jahre ausgetragene Sportwettkämpfe für Sportler aus aller Welt
Ombudsmann, (schwed.), m, -männer: (vom Parlament beauftragte) Vertrauensperson
Omega, (gr.), s, -: letzter Buchstabe im gr. Alphabet (Â, Û)
Omelett, (frz.), s, -s: in der Pfanne zubereitete Speise aus Eiern
Omelette, [om(e)'lä.t, frz.], w, -n: vgl. Omelett
Omen, (lat.), s, - oder Omina: Vorzeichen; Vorbedeutung
Omikron, (gr.), s, -s: 15. Buchstabe im gr. Alphabet
ominös, (lat.): bedenklich, zweifelhaft; unheilvoll
Omissivdelikt, (lat.), s, -e: strafbare Unterlassung
Omnibus, (lat.), m, -se: Kraftwagen zur Beförderung von mehr als 8 Personen
omnipotent, (lat.) allmächtig, allgewaltig
Omnipotenz, (lat.), w, n.E.: Allmacht, Allgewalt
omnipräsent, (lat.): allgegenwärtig
Omnipräsenz, (lat.), w, n.E.: Allgegenwart (Gottes)
Omnium, (lat.), s, Omnien: Mehrkampf im Radsport
omnivor, (lat.): allesfressend (Pflanzen und Tiere; Zool.)
Omnivore, (lat.), w, -n: Allesfresser (Zool.)
on, (engl.): 1. (beim Film und im Theater) auf der Bühne, bzw. der Leinwand zu sehen, 2. an, angeschaltet
Onanie, w, -n: Selbstbefriedigung durch manuelle Reizung der Geschlechtsorgane, Masturbation
onanieren: sich durch manuelle Reizung der Geschlechtsorgane selbst befriedigen, masturbieren
Onanist, m, -en: jmd., der onaniert
Ondit, [*on*'di:, frz.], s, -s: Gerücht, Gerede
ondulieren, (frz.): Haare wellen oder kräuseln
Onkologie, (gr.), w, n.E.: Lehre von den Geschwulstkrankheiten
on line, ['on 'lain, engl.]: direkt mit einem Zentralcomputer verbunden
Önologie, (gr.), w, n.E.: Weinbaukunde
Onomastik, (gr.), w, n.E.: Namenkunde
Onomatologie, (gr.), w, n.E.: vgl. Onomastik
Onomatomanie, (gr.), w, n.E.: krankhafter Zwang, sich an bestimmte Wörter zu erinnern, bzw. sie ständig auszusprechen
Onomatopoesie, (gr.), w, n.E.: vgl. Onomatopöie
onomatopoetisch, (gr.): lautmalend, schallnachahmend
Onomatopöie, (gr.), w, -n: Lautmalerei
on the road, ['on *th*e 'ro(u)d, engl.]: unterwegs
on the rocks, ['on *th*e 'ro.ks, engl.]: auf Eiswürfeln
ontisch, (gr.): dem Sein nach, seiend (Philos.)
Ontogenese, (gr.), w, -n: die gesamte Entwicklung eines Lebewesens (Biol.)
ontogenetisch, (gr.): die Ontogenese betreffend
Ontogenie, (gr.), w, n.E.: vgl. Ontogenese
Ontologie, (gr.), w, n.E.: Lehre vom Sein (Philos.)
ontologisch, (gr.): die Ontologie betreffend
Onyx, (gr.), m, -e: Mineral, schwarzweißer Quarz
Oophoron, (gr.), s, Oophora: Eierstock
OP, m, -s: Abk. für Operationssaal (Med.)
opak, (lat.): undurchsichtig, lichtundurchlässig

Opal, (sanskr.), m, -e: ein Mineral, Schmuckstein
Opaleszens, (sanskr.), w, n.E.: opalartiges Schimmern
Op-art, (Kurzw.), w, n.E.: Kunstrichtung der 60er Jahre
Open-air-Festival, ['o:p(e)n-'ä:r-'fä.ßtiw(e)l, engl.], s, -s: musikal. Großveranstaltung im Freien
open end, ['o:p(e)n 'änd, engl.]: ohne zeitliche Begrenzung
Oper, (ital.), w, -n: musikal. Bühnenwerk mit Gesang
Opera, (ital.), w, -re: ital. Bez. für Oper
operabel, (lat.): operierbar (Med.)
Operateur, [opera'tö:r, lat.-frz.], m, -e: 1. operierender Chirurg, 2. Vorführer; Toningenieur; Kameramann
Operation, (lat.), w, -en: 1. chirurgischer Eingriff, 2. Arbeitsvorgang, 3. militär. Unternehmen, 4. Rechenschritt
operational, (lat.): verfahrensbedingt
operativ, (lat.): 1. mit Hilfe einer Operation, 2. planvoll handelnd; strategisch
Operator, (lat.), m, -toren: 1. mathemat. Symbol für eine bestimmte Operation, 2. Fachkraft für die Bedienung von Datenverarbeitungsanlagen
Operette, (ital.), w, -n: heiteres, musikal. Bühnenwerk mit gesungenen und gesprochenen Dialogen
operieren, (lat.): 1. eine Operation durchführen, 2. handeln; verfahren
Ophthalmiatrie, (gr.), w, n.E.: Augenheilkunde
Ophthalmie, (gr.), w, -n: Augenentzündung
Ophthalmikum, (gr.), s, -thalmika: Augenheilmittel
Ophthalmologie, (gr.), w, n.E.: Augenheilkunde
Opiat, (gr.), s, -e: Arzneimittel, das Opium enthält
Opium, (gr.), s, n.E.: aus Schlafmohnkapseln gewonnenes Rauschmittel (auch als schmerzstillendes Medikament)
Opossum, (indian.), s, -s: nordamerik. Beutelratte
Opponent, (lat.), m, -en: Gegner in einer Diskussion
opponieren, (lat.): 1. widersprechen, 2. sich widersetzen, 3. gegenüberstellen
opportun, (lat.): nützlich, gelegen; passend, zweckmäßig
Opportunismus, (lat.), m, n.E.: eine Haltung, die bei allen Handlungen Zweckmäßigkeitserwägungen oder gar persönl. Vorteil Vorrang vor eigenen Überzeugungen einräumt
Opportunist, (lat.), m, -en: jmd., dessen Handeln von Opportunismus geprägt ist
opportunistisch, (lat.): wie ein Opportunist handelnd
Opportunität, (lat.), w, -en: passende Gelegenheit, Zweckmäßigkeit
Opposition, (lat.), w, -en: 1. Gegenüberstellung; Gegensatz; Widerstand, 2. diejenigen Parlamentsmitglieder, die nicht den Fraktionen der Regierungspartei angehören
oppositionell, (lat.): 1. in Opposition befindlich, 2. gegnerisch; gegensätzlich
Oppression, (lat.), w, -en: Bedrückung, Unterdrückung
Optant, (lat.), m, -en: jmd., der optiert
optativ, (lat.): einen Wunsch ausdrükkend
optieren, (lat.): 1. sich entscheiden, 2. Gebrauch machen von einem Erwerbsrecht
Optik, (gr.), w, n.E.: 1. Lehre vom Licht (Phys.), 2. Linsensystem in opt. Geräten, 3. Erscheinungsbild
Optiker, (gr.), m, -: Fachmann für opt. Geräte, insb. für Brillen
optimal, (lat.): sehr gut, so gut wie nur möglich
optimieren, (lat.): möglichst gut, optimal gestalten
Optimismus, (lat.), m, n.E.: Lebensbejahung, Zuversichtlichkeit
Optimist, (lat.), m, -en: lebensbejahender, zuversichtlicher Mensch
optimistisch, (lat.): lebensbejahend, zuversichtlich
Optimum, (lat.), s, Optima: die günstigste Lösung, das Bestmögliche, das Höchstmaß
Option, (lat.), w, -en: 1. staatsrechtl. Befugnis eines Menschen, sich für eine Staatsangehörigkeit zu entscheiden, 2. Vorkaufsrecht
optisch, (lat.): 1. die Optik betreffend, auf der Optik beruhend, 2. vom äußeren Erscheinungsbild her

opulent, (lat.): üppig; reichhaltig
Opulenz, (lat.), w, n.E.: Üppigkeit; Reichtum
Opus, (lat.), s, Opera: Werk eines Künstlers, Komponisten oder Schriftstellers
Orakel, (lat.), s, -: Deutung des Schicksals; rätselhafter Ausspruch
orakeln, (lat.): weissagen; in rätselhaften Andeutungen sprechen
oral, (lat.): den Mund betreffend, durch den Mund, mündlich
Oral, (lat.), m, -e: Laut, der mit dem Mund gebildet wird
orange, [o'r*ansch*, frz.]: orangenfarbig, gelbrötlich
Orange, [o'r*ansch*(e), frz.], w, -n: Apfelsine
Orangeade, [or*an'scha*:de, frz.], w, -n: Orangenlimonade
Orangeat, [or*an'scha*:t, frz.], s, -e: kandierte Schale von Orangen
Orangerie, [or*ansche*'ri:, frz.], w, -n: Gewächshaus zum Überwintern von exotischen Pflanzen
Orang-Utan, (malai.), m, -s: Menschenaffe
Orator, (lat.), m, -toren: Redner
oratorisch, (lat.): rednerisch; schwungvoll
Oratorium, (lat.), s, -torien: 1. Raum zum Beten, 2. mehrteilige, meist geistliche Komposition für Chor, Einzelstimmen und Orchester
Orbis, (lat.), m, n.E.: Kreis, Umkreis, Erdkreis
Orbit, (lat.-engl.), m, -s: Umlaufbahn eines künstl. Satelliten
orbital, (lat.): den Orbit betreffend, im Orbit befindlich
Orbiter, (lat.), m, -: Teil eines Raumflugsystems
Orchester, (gr.), s, -: 1. (in der Oper) Platz für die Musiker vor der Bühne, 2. größere Anzahl von zusammenspielenden Musikern
orchestrieren, (gr.): eine Komposition so bearbeiten, daß es von einer Orchesterbesetzung gespielt werden kann
Orchestrion, (gr.), s, -s: mechan. Musikinstrument des 19. Jh.; Drehorgel
Orchidee, (gr.), w, -n: ein Knabenkrautgewächs
Orchis, (gr.), m, Orches: 1. Knabenkraut, 2. Hoden
Order, (frz.), w, -s oder -n: 1. Anordnung, 2. Auftrag; Warenbestellung
ordern, (frz.): einen Auftrag erteilen; Waren bestellen
Ordinalzahl, (lat.-dt.), w, -en: Ordnungszahl (z.B. der zweite; Math.)
ordinär, (frz.): alltäglich; gewöhnlich; unanständig
Ordinariat, (lat.), s, -e: 1. Verwaltungsbehörde eines Bistums, 2. Amt eines ordentl. Hochschulprofessors, eines Klassenlehrers
Ordinarius, (lat.), m, -narien: 1. (in der kath. Kirche) Inhaber kirchl. Rechtsgewalt, 2. ordentl. Hochschulprofessor; Klassenlehrer
Ordinate, (lat.), w, -n: 1. vgl. Ordinatenachse, 2. die zweite Koordinate eines Punktes (umg.: y-Wert; Math.)
Ordinatenachse, (lat.-dt.), w, -n: senkrechte Achse (y-Achse) in einem Koodinatensystem (Math.)
Ordination, (lat.), w, -en: 1. feierl. Einsetzung in das Amt des Pfarrers; Priesterweihe, 2. ärztl. Verordnung, Sprechstunde
ordinieren, (lat.): 1. feierl. in das Amt des Pfarrers einführen, 2. zum Priester weihen, 3. etwas verschreiben; Sprechstunde halten (Med.)
Ordo, (lat.), m, Ordines: ordnende Einheit (Biol.)
Ordonanz, (lat.), w, -en: 1. Befehl, Verfügung; königl. Erlaß, 2. abkommandierter Soldat
Ordre, (frz.), w, -s: vgl. Order
Öre, (skand.), s, -: Währungseinheit in Dänemark, Norwegen und Schweden
Oregano: vgl. Origano
Organ, (gr.), s, -e: 1. Teil eines Ganzen, 2. Werkzeug, Mittel, 3. der Sinneswahrnehmung dienender Körperteil; die Stimme, 4. Zeitschrift einer Partei, o.ä., 5. Aufträge und Anordnungen ausführende Behörde
Organdin, (frz.), m, n.E.: festes Baumwollgewebe
Organdy, (engl.), m, n.E.: vgl. Organdin
Organiker, (gr.), m, -: Wissenschaftler auf dem Gebiet der organ. Chemie
Organisation, (gr.), w, -en: 1. das Organisieren; Gestaltung, Aufbau, 2. das Zusammenschließen, bzw. der

Zusammenschluß von Menschen zur Durchsetzung bestimmter Ziele
Organisator, (gr.), m, -toren: 1. eine Person, die etwas organisiert, 2. Gestalter; Veranstalter
organisatorisch, (gr.): die Organisation betreffend, auf Organisation beruhend
organisch, (gr.): 1. den Organismus betreffend; von einem Organ ausgehend, 2. von Lebewesen stammend, zur belebten Natur gehörend, 3. einen Organismus bildend, zusammenpassend
organische Chemie: Teilgebiet der Chemie, das die Erforschung der Kohlenstoffverbindungen betreibt
organisieren, (gr.): 1. etwas planmäßig vorbereiten und gestalten, zielgerichtet aufbauen, 2. sich o.: sich zusammenschließen zur Durchsetzung bestimmter Ziele, 3. sich einer Organisation anschließen
organisiert, (gr.): zu einer Organisation gehörend
Organismus, (gr.), m, Organismen: 1. Organsystem eines lebenden Körpers, 2. zweckmäßig gegliedertes Ganzes
Organist, (gr.), m, -en: Orgelspieler
organogen, (gr.): 1. von Organen gebildet; Organe bildend, 2. am Aufbau organ. Verbindungen beteiligt (Chem.)
Organologie, (gr.), w, n.E.: Lehre von den Organen
Organon, (gr.), s, n.E.: 1. der Erkenntnishilfe dienende Schrift, 2. Organ (Med.)
Organum, (gr.), s, Organa: 1. eine Form der Mehrstimmigkeit (Mus.), 2. Musikinstrument; Orgel
Orgasmus, (gr.), m, Orgasmen: Höhepunkt der sexuellen Erregung
orgastisch, (gr.): den Orgasmus betreffend; auf Orgasmus beruhend
orgiastisch, (gr.): in der Art einer Orgie, ausschweifend
Orgie, (gr.), w, -n: Gelage, ausschweifendes Fest
Orient, (lat.), m, n.E.: 1. Morgenland; Osten, 2. die Länder Vorder- und Mittelasiens
Orientale, (lat.), m, -n: Bewohner des Orients
orientalisch, (lat.): den Orient betreffend
Orientalistik, (lat.), w, n.E.: Wissenschaft von den Sprachen und Kulturen des Orients
orientieren, (lat.): 1. jmdn. unterrichten, informieren, 2. sich o.: den Standort feststellen; sich nach etwas richten
Origami, (japan.), s, n.E.: Kunst des Papierfaltens
Origano, (ital.), m, n.E.: Gewürz aus Origanum
Origanum, (ital.), s, n.E.: wilder Majoran
original, (lat.): 1. ursprünglich, echt, 2. schöpferisch
Original, (lat.), s, -e: 1. Urbild; erste Fassung, 2. eigentümlicher Mensch, Sonderling
Orginalität, (lat.), w, -en: originelle Beschaffenheit, Ursprünglichkeit, Echtheit
originär, (lat.): ursprünglich
originell, (lat.): 1. ursprünglich, 2. schöpferisch, 3. eigenartig, ungewöhnlich und interessant
Orkan, (span.), m, -e: heftiger Sturm ab Winstärke 12
Orkus, (lat.), m, n.E.: (in der röm. Mythologie) Unterwelt; Abgrund
Ornament, (lat.), s, -e: Verzierung
ornamental, (lat.): verzierend, schmükkend
Ornamentik, (lat.), w, n.E.: Kunst der Verzierung mit Ornamenten
Ornat, (lat.), s, -e: feierliche Amtstracht
Ornithologe, (gr.), m, -n: Vogelkundler
Ornithologie, (gr.), w, n.E.: Vogelkunde
ornithologisch, (gr.): vogelkundlich
orogen, (gr.): durch Bildung von Gebirge enstanden
Orogenese, (gr.), w, -n: Bildung von Gebirge
orphisch, (gr.): geheimnisvoll, dunkel
orthodox, (gr.): 1. zu den orthodoxen Kirchen gehörig, 2. rechtgläubig, strenggläubig; nicht von der Lehrmeinung abweichend; starr, engstirnig
orthodoxe Kirche: die seit 1054 von Rom getrennte Ostkirche
Orthodoxie, (gr.), w, n.E.: Recht-, Strenggläubigkeit; Beharren auf der Lehrmeinung; Engstirnigkeit
Orthoepie, Orthoepik, (gr.), w, n.E.: Lehre von der richtigen Aussprache der Wörter

Orthogon, (gr.), s, -e: Rechteck
orthogonal, (gr.): rechtwinklig; senkrecht
Orthographie, (gr.), w, n.E.: Rechtschreibung
orthographisch, (gr.): die Rechtschreibung betreffend, zur Rechtschreibung gehörend
Orthopäde, (gr.), m, -n: Facharzt für Orthopädie
Orthopädie, (greich.), w, n.E.: medizin. Wissenschaft der Behandlung von Fehlern des Bewegungsapparates
orthopädisch, (gr.): mit Hilfe der Orthopädie
Orthopädist, (gr.), m, -en: Hersteller orthopädischer Geräte
orthotrop, (gr.): senkrecht wachsend (Bot.)
Ortolan, (ital.), m, -e: Finkenvogel
Os, (lat.), s, Ora: Mund
Os, (lat.), s, Ossa: Knochen
Oscar, (amerik.), m, -s: jährlich verliehener amerik. Filmpreis
Osmose, (gr.), w, n.E.: das Eindringen eines Lösungsmittels in eine stärker konzentrierte Lösung bis zum Ausgleich der Konzentrationsunterschiede beider Lösungen
osmotisch, (gr.): auf Osmose beruhend (Biol.; Chem.)
Ösophagus, (gr.), m, -phagi: Speiseröhre
Ossarium, (lat.), s, Ossarien: Beinhaus
Ossuarium, (lat.), s, Ossuarien: vgl. Ossarium
ostentativ, (lat.): offensichtlich; zur Schau gestellt
Osteoblast, (gr.), m, -en: knochenbildende Zelle
Osteoblastom, (gr.), s, -e: vgl. Osteom
osteogen, (gr.): von den Knochen stammend
Osteogenese, (gr.), w, -n: Knochenbildung
osteoid, (gr.): knochenähnlich
Osteologie, (gr.), w, n.E.: Lehre von den Knochen
Osteolyse, (gr.), w, -n: Auflösung von Knochengewebe
Osteom, (gr.), s, -e: Geschwulst des Knochengewebes
Osteopathie, (gr.), w, -n: Knochenleiden
Osteoplastik, (gr.), w, -en: Knochentransplantation
Osteria, (ital.), w, -s: ital. Wirtshaus
ostinat(o), (ital.): beharrlich, ständig wiederholt (Mus.)
Ostitis, (gr.), w, -tiden: Entzündung eines Knochens
Ostrakismos: vgl. Ostrazismus
Ostrazismus, (gr.), m, n.E.: (im antiken Athen) Scherbengericht
Östrogen, (gr.), s, -e: ein w. Geschlechtshormon
Oszillation, (lat.), w, -en: Schwingung; Schwankung
Oszillator, (lat.), m, -toren: Gerät zur Erzeugung elektr. Schwingungen (Phys.)
oszillieren, (lat.): pendeln, schwanken; schwingen (Phys.)
Oszillogramm, (lat.-gr.), s, -e: Darstellung eines Schwingungsvorgangs
Oszillograph, (lat.-gr.), m, -en: Gerät, das Schwingungsvorgänge aufzeichnet
Otalgie, (gr.), w, -n: Ohrenschmerz
Otiatrie, (gr.), w, n.E.: Ohrenheilkunde
Otitis, (gr.), w, Otitiden: Entzündung im Ohrenbereich
Otitis media: (Med.) Mittelohrentzündung
Otologie, (gr.), w, n.E.: Ohrenheilkunde
Otoskop, (gr.), s, -e: Innenohrspiegel (Med.)
Ottomane, (türk.), w, -n: niedriges gepolstertes Sofa
out, ['aut, engl.]: 1. aus, außerhalb, 2. nicht mehr gefragt
Outcast, ['autka:ßt, engl.], m, -s: Ausgestoßener
Outfit, ['autfit, engl.], s, -s: Aufmachung; Ausrüstung
Outlaw, ['autlo:, engl.], m, -s: jmd., der außerhalb der Gesellschaft steht, ein Geächteter; Verbrecher
Output, ['autput, engl.], m, -s: 1. Daten, die eine EDV-Anlage liefert, 2. Ausstoß an Waren, 3. Ausgangsleistung eines Verstärkers
Outsider, ['autßaid(e)r, engl.], m, -: Außenseiter
Ouvertüre, [uwer'tü:re, frz.], w, -n: instrumentale Einleitung einer Oper, Operette, o.ä.
Ouzo, ['u:so, gr.], m, -s: gr. Anis-Branntwein

oval, (lat.): eiförmig, länglichrund
Oval, (lat.), s, -e: ovale Form; ovale Fläche
Ovarektomie, (lat.-gr.), w, -n: chirurg. Entfernung der Eierstöcke
ovarial, (lat.): zum Eierstock gehörend
Ovarium, (lat.), s, Ovarien: Eierstock; weibl. Keimdrüse
Ovation, (lat.), w, -en: begeisterter Beifall
Overall, ['o(u)wero:l, engl.], m, -s: aus einem Stück bestehender Arbeitsanzug
overdressed, ['o(u)w(e)rdräßt, engl.]: zu vornehm angezogen
Overflow, ['o(u)w(e)rflo(u), engl.], m, n.E.: Überlastung eines Datenspeichers
Overheadprojektor, ['o(u)w(e)rhät.., engl.-lat.], m, -en: Tageslichtprojektor
Overkill, ['o(u)w(e)rkill, engl.], m, -s: Bewaffnung von Staaten, die größer ist als für die Vernichtung des Gegners erforderlich
Ovidukt, (lat.), m, -e: Eileiter (Biol.)
ovipar, (lat.): Eier legend (Biol.)
ovoid, (lat.): eiförmig
Ovulation, (lat.), w, -en: Eisprung, das Sichlösen der reifen Eizelle aus dem Eierstock
Ovulum, (lat.), s, Ovula: Ei, Eizelle (Med; Biol.)
Ovum, (lat.), s, Ova: vgl. Ovulum
Oxer, (engl.), m, -: (beim Springreiten) zwei hintereinander stehende Barrieren
Oxid, (gr.), s, -e: Verbindung eines chem. Elementes mit Sauerstoff
Oxidation, (gr.), w, -en: das Oxidieren eines Stoffes
oxidieren, (gr.): sich mit Sauerstoff verbinden; verbrennen (Chem.)
Oxyd: vgl. Oxid
Oxydation: vgl. Oxidation
oxydieren: vgl. oxidieren
Oxygen, (gr.), s, n.E.: Sauerstoff (Zeichen: O)
Oxygenium: vgl. Oxygen
Ozean, (gr.), m, -e: Weltmeer
ozeanisch, (gr.): zum Ozean gehörend
Ozeanographie, (gr.), w, n.E.: Meereskunde
Ozeanologie, (gr.), w, n.E.: vgl. Ozeanographie
Ozelot, (indian.), m, -e oder -s: Raubkatze in Süd- und Mittelamerika
Ozon, (gr.), m oder s, n.E.: dreiwertiger Sauerstoff in der Stratosphäre
Ozonloch, (gr.-dt.), s, n.E.: durch Schadstoffe verursachte Verringerung des Ozongehaltes der Ozonschicht
Ozonschicht, (gr.-dt.), w, n.E.: in der Stratosphäre befindliche Schicht aus Ozon
Ozonosphäre, (gr.), w, n.E.: vgl. Ozonschicht
Ozontherapie, (gr.), w, -n: Verabreichung eines Ozongemisches zu therapeutischen Zwecken

P

Pace, [pe:jß, engl.], w, n.E.: Tempo (eines Pferderennens)
Pacemaker, [pe:jßme:jker, engl.], m, -s: beim Rennen führendes Pferd; Tempomacher
Pädagoge, (gr.), m, -n: Lehrer, Erzieher, Wissenschaftler der Pädagogik
Pädagogik, (gr.), w, n.E.: Erziehungswissenschaft
pädagogisch, (gr.): erzieherisch, auf Pädagogik beruhend
Päderast, (gr.), m, -en: Mann mit erotisch-sexueller Vorliebe für Jungen
Päderastie, (gr.), w, n.E.: homosexuelle Beziehung zwischen Männern und Jungen
Pädiater, (gr.), m, -: Kinderarzt
Pädiatrie, (gr.), w, n.E.: Kinderheilkunde
Pädodontie, (gr.), w, n.E.: Kinderzahnheilkunde
Pädophilie, (gr.), w, n.E.: auf Kinder gerichtete (sexuelle) Neigung Erwachsener
Padre, (ital.), m, -s: ital. Ordenspriester
Padrone, (ital.), m, -s: Schutzheiliger, ital. Hausherr
Paella, [pa'elja, span.], w, -s: span. Reisgericht
Paganismus, (lat.), m, n.E.: Heidentum
Page, [pa:*sche*, frz.], m, -n: im Dienst eines Monarchen stehender Jugendlicher; junger Hoteldiener
Pagina, (lat.), w, -s oder ..nae: Buchseite, Seitenzahl

paginieren, (lat.): mit Seitenzahlen versehen
Pagode, (drawid.), w, -n: buddhistischer Tempelbau
Paillette, [pai'je.te, frz.], w, -n: auf Kleidung aufgenähtes Metallblättchen
pair, [pä:r, frz.]: Gewinnmöglichkeit beim Roulette auf den geraden Zahlen
Pair, [pä:r, frz.], m, -s: (früher) frz. Adliger
Pakt, (lat.), m, -e: Vertrag, Bündnis
Paläanthropologie, (gr.), w, n.E.: Wissenschaft von den vorgeschichtlichen Menschen
Paladin, (frz.), m, -e: Berater, treuer Gefolgsmann
Palais, [palä:, frz.], s, -: Palast, Schloß
paläo..., Paläo..., (gr.): Vorsilbe mit der Bedeutung alt..., ur..., Ur...
Paläographie, (gr.), w, n.E.: Handschriftenkunde
Päläolithikum, (gr.), s, n.E.: Altsteinzeit
Paläontologie, (gr.), w, n.E.: Lehre von den ausgestorbenen Tieren und Pflanzen vergangener Epochen
Paläozän, (gr.), s, n.E.: älteste Abteilung des Tertiärs
Paläozoikum, (gr.), s, n.E.: Erdaltertum
Palas, (frz.), m, -se: Wohngebäude einer Ritterburg
palatal, (lat.): am Gaumen gebildet (Sprachw.)
Palatin, (lat.), m, -e: 1. mittelalterl. Pfalzgraf, 2. einer der 7 Hügel Roms
Palatschinken, (ungar.), w, n.M.: gefüllter Eierkuchen
Palaver, (port.), s, -: Geschwätz, überflüssiges Gerede
palavern, (portug.): (umg.) verhandeln; ziellos schwatzen
Palazzo, (ital.), m, Palazzi: Palast
Paletot, ['pa.leto, frz.], m, -s: zweireihiger Mantel
Palette, (frz.), w, -n: 1. Mischbrett für Farben, 2. Plattform für Stückgut, 3. Angebot, Auswahl von Produkten
paletti, nur in der Form: alles p.: (umg.) alles in Ordnung
Palindrom, (gr.), s, -e: Wort oder Satz, das/der rückwärts wie vorwärts sinnvoll gelesen werden kann (z.B. Nebel)
Palingenese, (gr.), w, -n: Wiedergeburt; Wiederholung
Palisade, (frz.), w, -n: Befestigungspfahl; Hindernis oder Umzäunung aus Pfählen
Palisander, (indian.), m, -: Edelholz tropischer Bäume
Palladium, (lat.), s, n.E.: silberweißes Edelmetall
palliativ, (lat.) schmerzlindernd
Palliativ, (lat.), s, -e: nur die Beschwerden lindernde Arznei
Pallium, (lat.), s, Pallien: mantelartiger Überwurf im antiken Rom; mittelalterl. Kaisermantel; Schulterbinde
Palme, (lat.), w, -n: baumförmige Pflanze der (Sub)tropen
Palmette, (lat.), w, -n: palmblattähnliches Ornament
palpabel, (lat.): tast-, fühl-, greifbar (Med.)
palpieren, (lat.): abtasten (Med.)
PAL-System, (Kurzw.), s, n.E.: ein Übertragungssystem für Farbfernsehen
Pampa, (indian.), w, -s Hartgrassteppe in Argentinien
Pampelmuse, (niederl.), w, -n: gelbe Zitrusfrucht, Grapefruit
Pamphlet, (engl.), s, -e: Flug-, Streit-, Schmähschrift
Pan, (poln.), m, -s: (poln. Anrede) Herr
Panade, (lat.), w, -n: Brei aus Semmelbröseln und Eigelb (zum Panieren)
Panda, (tibet.), m, -s: chines. Bambusbär
Pandemie, (gr.), w, -n: über weite Landstriche verbreitete Seuche
Pandit, (sanskr.), m, n.E.: brahman. Gelehrter
Paneel, (niederl.), s, -e: Holztäfelung (der unteren Wandhälfte)
Panel ['pä.nel, engl.], s, -s: repräsentative Personengruppe für die Meinungsforschung
panem et circenses, (lat. »Brot und Spiele«)
Paneuropa, (ohne Artikel): Schlagwort für eine polit. Einheit der europ. Staaten
Panflöte, (gr.-dt.), w, -n: altgr. Musikinstrument
Pani, (poln.), w, -s: Herrin, Frau (poln. Anrede)
Panier, (frz.), s, -e: 1. Banner, Fahne, 2. Wahlspruch
panieren, (lat.): Bratgut in Panade braten

Panik, (gr.), w, -en: Angstanfall mit Fluchtimpuls, der überlegtes Handeln nicht mehr zuläßt
panisch, (gr.): von Furcht überwältigt, wie gelähmt
Pankreas, (gr.), s, n.E.: Bauchspeicheldrüse
Panoptikum, (gr.), s, ..tiken: Wachsfiguren- oder Kuriositätenkabinett
Panorama, (gr.), s, -ramen: 1. Rund- oder Ausblick, 2. Rundbild
panta rhei, (gr. »alles fließt«)
Pantheismus, (gr.), m, n.E.: Lehre, nach der Gott in allen Dingen existiert (Philos.)
Panther, (gr.), m, -: vgl. Leopard
Pantoffel, (frz.), m, -n: Hausschuh ohne Fersenteil
Pantokrator, (gr.), m, -ren: Titel Gottes und des auferstandenen Christus
Pantolette, (frz.), w, -n: Sommerschuh ohne Fersenteil
Pantomime, (gr.), w, -n: Gebärdenspiel, wortlose Darstellung einer Handlung
Pantomime, (gr.), m, -n: Schauspieler, der mit pantomimischen Mitteln arbeitet
pantomimisch, (gr.): mit den Mitteln einer Pantomime, nur durch Gebärdensprache
Pantophage, (gr.), m, -n: Allesfresser (Biol.)
Pantry, [pä.ntri, engl.], w, -s: Speisekammer, Anrichteraum (z.B. auf Schiffen)
Papa, (gr.), m, n.E.: Bez. des Papstes
Papagallo, (ital.), m, -s und Papagalli: junger Mann (in südl. Ländern), der Liebesabenteuer mit Touristinnen sucht
Papagei, (frz.), m, -en: bunter tropischer Vogel
Papaya, [pa'pa:ja, span.], w, -s: Frucht des Melonenbaums
Paperback, ['pe:jpe(r)bäk, engl.], s, -s: Taschenbuch
Papeterie, (gr.), w, -n: Schreibwarengeschäft
Papille, (lat.), w, -n: kleine Erhebung an Organen
Papillon, [papi'j*on*, frz.], m, -s: Schmetterling; flatterhafter Mensch
Papirossa,, (russ.), w, ..rossi: russ. Zigarette
Papismus, (gr.), m, n.E.: (abschätzig) Papsttum
Papist, (gr.), m, -en: (abschätzig) Anhänger des Papsttums
Paprika, (ungar.), m, -s: südamerik. Gemüse- und Gewürzpflanze
Papyrus, (gr.), m, Papyri: 1. trop. Sumpfgras, 2. Schriftträger, Schriftstück im Altertum
Par, (engl.), s, -s: Anzahl von Schlägen bis zum Einlochen (Golf)
Parabel, (gr.), w, -n: Gleichnis, lehrhafte Dichtung
Parade, (lat.), w, -n: 1. Vorbeimarsch von Truppen(teilen), 2. (gekonntes) Abfangen eines Balles durch den Torhüter; Abwehr eines Angriffs
paradieren, (lat.): vorbeimarschieren (von Truppen)
Paradies, (gr.), s, -e: 1. Aufenthaltsort der ersten Menschen vor dem Sündenfall, Garten Eden (im Alten Testament), 2. Ort des Weiterlebens nach dem Tod in der Vorstellungswelt vieler Religionen, 3. zauberhafter Ort
Paradigma, (gr.), s, -ta oder Paradigmen: (Muster-)Beispiel (in der Sprachlehre)
paradox, (gr.): scheinbar widersinnig
Paraffin, (lat.), s, -e: wachsähnliche Masse
Paragliding, ['pa.raglaiding, engl.], das Fliegen von Hängen mit einem fallschirmähnlichen Segel
Paragraph, (gr.), m, -en: Abschnitt in Gesetzbüchern; Passage eines Textes
Paralipomenon, (gr.), s, -pomena: Ergänzung
Parallaxe, (gr.), w, -n: Winkel zwischen zwei Strahlen, die von verschiedenem Ort auf den gleichen Punkt gerichtet sind
parallel, (gr.): 1. gleichlaufend, sich nicht schneidend (Math.), 2. Daten gleichzeitig übertragend oder verarbeitend
Parallele, (gr.), w, -n: 1. zu einer anderen Geraden in gleichem Abstand verlaufende Gerade (Math.) 2. vergleichbarer Sachverhalt
Parallelismus, (gr.), m, Parallelismen: Entsprechung, Gleichförmigkeit, Übereinstimmung
Parallelität, (gr.), w, -en: 1. Eigenschaft zweier Geraden, sich nie zu schneiden (Math.), 2. Ähnlichkeit
Parallelogramm, (gr.), s, -e: von

paarweise parallelen Seiten begrenztes Viereck
Parallelprojektion, (gr.), w, -en: durch parallele Strahlen auf einer Ebene dargestellter Körper (Math.)
Paralogie, (gr.), w, -n: Vernunftwidrigkeit, Irrtum
Paralogismus, (gr.), m, Paralogismen: Trugschluß
Paralyse, (gr.), w, -n: völlige Lähmung; fortschreitende Gerhirnerweichung
paralysieren, (gr.): lähmen; entkräften, unwirksam machen
Parameter, (gr.), m, -: bei Berechnungen verwendete Hilfsgröße; Annahme bestimmter Rahmenbedingungen; Bestimmungsgröße
paramilitärisch, (gr.): militärartig, halbmilitärisch
Parang, (malaiisch), m, -s: schwertartige Waffe
Paranoia, (gr.), w, -: mit Wahnvorstellungen einhergehende Geistesgestörtheit
paranoid, (gr.): der Paranoia ähnlich
Paraphe, (gr.), w, -n: Namenszeichen, Namenszug
paraphieren, (gr.): mit dem Namenszug versehen, unterzeichnen
Paraphrase, (gr.), w, -n: 1. Umschreibung, Wiedergabe eines Wortes oder Sachverhaltes mit anderen Worten, 2. sinngemäße Übersetzung in eine andere Sprache
Paraplasie, (gr.), w, -n: Mißbildung (Med.)
Parapsychologie, (gr.), w, n.E.: mit angeblich übersinnlichen Wahrnehmungen befaßtes Gebiet der Psychologie
Parasche, (hebr.), w, -n: Thoraabschnitt
Parasit, (gr.), m, -en: Schmarotzer; Lebewesen, das seinen Ernährungsbedarf von anderen bezieht
parasitär, (gr.): schmarotzerisch
Paraski, (gr.-norweg.), m, n.E.: aus Fallschirmspringen und Riesenslalom bestehende Wintersportart
Parasol, (lat.), m, -e: 1. Sonnenschirm, 2. Blätterpilz
Parästhesie, (gr.), w, -n: gestörte Körperempfindung
parat, (lat.): bereit, gerüstet, fertig
Parataxe, (gr.), w, -n: Beiordnung von Sätzen durch Konjunktionen
Paratyphus, (gr.), m, n.E.: typhusähnliche Darmkrankheit
paravenös, (lat.): neben einer Vene
Paravent, ['pa.rav*an*, frz.], m, -s: Wind-, Wandschirm
par avion, [par aw'j*on*, frz.]: mit Luftpost
Parcours, [par'ku:r, frz.], m, -: Hindernisbahn für Springprüfungen im Reitsport
par distance, [par dis'*tan*ß, frz.]: mit Abstand
pardon!, [par'd*on*, frz.]: Verzeihung!
Parenchym, (gr.), s, -e: pflanzl. und tierisches Grundgewebe
Parentalgeneration, (lat.), w, -en: Elterngeneration
parenteral, (gr.): den Verdauungskanal umgehend (Med.)
Parenthese, (gr.), w, -n: eingeschobener Satz oder Redeteil
paretisch, (gr.): teilweise gelähmt (Med.)
par excellence, [par äxe'*lan*ß, frz.]: vorzugsweise; schlechthin; in ganz besonderem Grade
Parforcejagd, [par'fo.rß.., frz.], w, -en: Hetzjagd mit Pferden und Meute
Parfum [par'f*ön*, frz.]: vgl. Parfüm
Parfüm, (frz.), s, -e und -s: Riechstoff, ein Kosmetikum
Parfümerie, (frz.), w, -n: Fachgeschäft für Kosmetikartikel
parfümieren, (frz.): mit Parfüm betupfen oder besprühen
Paria, (tamil.), m, -s: 1. Angehöriger der niedrigsten Kaste in Indien, 2. gesellschaftlich Geächteter
parieren, (lat.): 1. ein Pferd anhalten oder in eine andere Gangart wechseln, 2. einen Angriff abwehren, 3. gehorchen
Parität, (lat.), w, -en: 1. Gleichstellung oder -berechtigung, Verteilung nach Anteil, 2. Austauschverhältnis zweier Währungen
paritätisch, (lat.): gleichberechtigt
Parka, (eskimo.), m, -s: langer Anorak mit Kapuze
Park-and-Ride-System, ['pa:k(ä)n(d) 'raid..., engl.), s, -e: Abstellen des Autos und Umsteigen in ein öffentl. Verkehrsmittel zur Entlastung des Innenstadtverkehrs
Parkett, (lat.), s, -e: 1. getäfelter Fußboden aus Hartholz, 2. zu ebener Erde gelegener vorderer Zuschauerraum

Parkinsonismus, m, Parkinsonismen: Schüttellähmung
Parlament, (gr.), s, -e: Volksvertretung, gesetzgebende Körperschaft sowie ihr Tagungsgebäude
Parlamentär, (gr.), m, -e: Unterhändler zwischen kriegführenden Parteien, Vermittler
Parlamentarier, (gr.), m, -: Mitglied eines Parlaments, Abgeordneter
parlamentarisch, (gr.): vom Parlament ausgehend, mit dem/durch das Parlament
Parlamentarismus, (gr.), m, n.E.: demokratische Regierungsform, in der das Parlament die Regierung kontrolliert
parlando, (ital.): halb sprechend, halb singend (Mus.)
Parlando, (ital.), s, -di: Sprechgesang (Mus.)
parlieren, (frz.): (in einer fremden Sprache) sich locker unterhalten, plaudern
Parmesan, m, -s: Hartkäse (nach der ital. Stadt Parma)
Parodie, (gr.), w, -n: satirische, komödiantische Nachahmung, karikierende Verspottung
parodieren, (gr.): karikierend verspotten, nachahmen
Parodist, (gr.), m, -en: jmd., der etwas parodiert
Parodontitis, (gr.), w, -titiden: Zahnbettentzündung
Parodontose (gr.), w, -n: krankhafte Rückbildung des Zahnfleisches
Parole, (gr.), w, -n: Kennwort, Losung; Wahlspruch
Paroli, (lat.), s, -s: (nur in der Formel) P. bieten: Widerstand entgegensetzen
Parorexie, (gr.), w, -n: ungewöhnliche Eßgelüste
Parotis, (gr.), w, -tiden: Ohrspeicheldrüse
Paroxysmus, (gr.), m, -men: plötzliche Verschlimmerung; intensivierte Tätigkeit
Part, (lat.), m, -s: 1. Anteil, 2. Einzelstimme; Rolle
Partei, (lat.), w, -en: 1. programmatisch fundierte Organisation von Personen mit ähnlichen polit. Absichten, 2. Mieter in einem Mietshaus, 3. die in einem Prozeß gegeneinander stehenden Gruppen oder Einzelpersonen
parterre, [par'tä.r, frz.]: zu ebener Erde
Parterre, [par'tä.r, frz.], s, -s: Erdgeschoß
Parthenogenese, (gr.), w, -n: 1. Jungfernzeugung, Entwicklung der Eizelle ohne vorangegangene Befruchtung, 2. Jungfrauengeburt eines Gottes
Partialobligation, (lat.), w, -en: Teilschuldverschreibung
Partie, (lat.), w, -n: 1. Abschnitt, Teil, 2. Anzahl von Waren, 3. Ausflug, 4. einzelner Wettkampf
partiell, (lat.): teilweise, auf ein Teilgebiet bezüglich
Partikel, (lat.), w, -n: 1. (Materie) teilchen, Stück, 2. Wort, das nicht gebeugt werden kann (Sprachw.)
partikular, (lat.): einzeln, auf einen Teil bezüglich
Partikularismus, (lat.), m, n.E.: Streben nach Autonomie oder Unabhängigkeit gegenüber einer Zentralgewalt
Partisan, (lat.), m, -en: bewaffneter Widerstandskämpfer in einem von einem Feind besetzten Gebiet
partitiv, (lat.): teilend, die Teilung bezeichnend
Partitur, (lat.), w, -en: Aufzeichnung sämtlicher Stimmen einer Komposition
Partizip, (lat.), s, -ien: vom Verb abgeleitete adjektivische Wortart
Partizipation, (lat.), w, -en: Beteiligung, Teilnahme
partizipieren, (lat.): an etwas teilhaben
Partnerlook, [..lu:k, dt.-engl.], m, -s: gleiche Kleidung eines Paares
partout, [par'tu:, frz.]: unbedingt, um jeden Preis
Partus, (lat.), m, -: Geburt (Med.)
Party, ['pa:ti, engl.], w, Parties: kleine, zwanglose Feier
Parvenü, [parwe'nü:, frz.], m, -s: Neureicher, Emporkömmling
Parzelle, (lat.), w, -n: kleine Landfläche, Grundstück
parzellieren, (lat.): in Parzellen aufteilen
Pas, [pa., frz.], m, - [pa.ß]: Tanzschritt
Pasch, (lat.), m, -e und Päsche: Wurf mit gleicher Augenzahl auf zwei oder mehr Würfeln

Pascha, (türk.), m, -s: höherer Beamter in der Türkei vor 1918; herrischer Mann, der in Frauen Dienerinnen sieht
paschen, (hebr.): schmuggeln
Pas de deux, [pa. de 'dö:, frz.], m, -: Tanzduett
Paso doble, (span.), m, -: span. Gesellschaftstanz
Paspel, (frz.), w, -n: Vorstoß, schmaler Zierstreifen an den Nähten von Kleidungsstücken
paspellieren, (frz.): mit Paspeln verzieren
Pasquill, (ital.), s, -e: anonyme Schmähschrift
passabel, (lat.): gangbar, erträglich
Passage, [pa'ßa:*sche*, frz.], w, -n: 1. Durchgang, überdachte Ladenstraße, 2. Überfahrt (auf Schiffen), 3. Gangart in der Dressur (Reitsport)
Passagier, [paßa'*sch*i:r, frz.], m, -e: Fahr-, Fluggast
Passah, (hebr.), s, n.E.: jüdisches Fest zur Erinnerung an den Auszug aus Ägypten
Passant, (lat.), m, -en: Fußgänger, Vorübergehender
Passat, (niederl.), m, -e: äquatorwärts wehender trop. Wind
passé, [pa'ße:, lat.-frz.]: vergangen, vorbei
Passepartout, [paßpar'tu:, frz.], s, -s: 1. Wechselrahmen für Bilder, 2. Hauptschlüssel einer Schließanlage
passieren, (lat.): 1. vorübergehen, vorbeireisen, 2. zustoßen, sich ereignen, 3. durch ein Sieb rühren
Passiflora, (lat.), w, -ren: Passionsblume
Passion, (lat.), w, -en: 1. Leidenschaft, Eifer, 2. Leidensweg und Erlösertod Christi
passionato, (lat.): leidenschaftlich (Mus.)
passioniert, (lat.): begesteigert, leidenschaftlich
passiv, (lat.): 1. leidend, untätig, duldend, 2. im Passiv (Sprachw.)
Passiv, (lat.), s, -e: Aktionsform des Verbs, die ausdrückt, daß etwas mit dem Subjekt geschieht; Leideform
Passiva, Passiven, (lat.), w, M.: Schulden, Verbindlichkeiten
Passivität, (lat.), w, n.E.: 1. Untätigkeit, Trägheit, 2. mangelnde chem. Reaktionsfähigkeit
Passus, (lat.), m, Passus: Abschnitt, Schriftstelle
Pasta: vgl. Paste
Pasta asciutta, ['pa.staschu:ta, ital.], w, - asciutte: ital. Nudelgericht mit Tomatensoße, Hackfleisch oder Käse
Paste, (gr.), w, -n: streichbare, dickliche Masse
Pastell, (gr.), s, -e: Farbstiftmalerei mit hellen, blassen Farben
Pastete, (gr.), w, -n: 1. gebackene Blätterteighülle, 2. sehr feine Leberwurst
Pasteurisation, (frz.), w, -en: Haltbarmachung von Lebensmitteln (z.B. Milch) durch kurzes Erhitzen
pasteurisieren, [paßtö:ri'si:ren, frz.]: Lebensmittel durch kurzes Erhitzen entkeimen
Pasticcio, [pas'ti.tscho, ital.], s, -s oder ..cci: Fälschung eines Kunstwerkes durch Nachahmung der Manier des Künstlers
Pastille, (lat.), w, -n: Kügelchen, Pille
Pastinak, (lat.), m, -e: vgl. Pastinake
Pastinake, w, -n: Gemüsepflanze mit eßbarer Wurzel
Pastor, (lat.), m, -oren: ev. Geistlicher, Pfarrer
pastoral, (lat.): idyllisch; seelsorgerisch, salbungsvoll
Pastorale, (lat.), w, -n: 1. ländl. Musikstück, 2. Schäferspiel (Lit.), 3. malerische Gestaltung ländl. Lebens
Pastorat, (lat.), s, e: Pfarrhaus, -amt, -bezirk
pastos, (gr.): dickaufgetragen (von Farben)
pastös, (gr.): teigig, aufgedunsen (Med.)
Patchwork, [pätsch'wö:k, engl.], s, n.E.: aus vielen bunten Stoffteilchen zusammengefügter Kleider- oder Deckenstoff
Patella, (lat.), w, Patellen: Kniescheibe
Patellarreflex, (lat.), m, -e: reflektor. Streckung des Kniegelenks
Patene, (gr.), w, -n: Hostienteller beim Abendmahl
patent, (lat.): tüchtig, geschickt, praktisch; nett
Patent, (lat.), s, -e: 1. Schutz(brief) für

das Recht der alleinigen Nutzung einer Erfindung, 2. Urkunde über den Erwerb einer berufl. Befähigung (z.B. Offiziers-P.)

patentieren, (lat.): eine Erfindung durch ein Patent schützen lassen

Pater, (lat.): Geistlicher, der einem Orden angehört

Paternalismus, (lat.), m, n.E.: Bevormundung, Gängelung

paternalistisch, (lat.): bevormundend

Paternoster, (lat.), s, -: das »Vater unser« in lat. Sprache

Paternoster, (lat.), m, -: ständig umlaufender und während der Fahrt besteigbarer Personen- oder Warenaufzug

Pathetik, (gr.), w, n.E.: übertriebener Gefühlsausdruck

pathetisch, (gr.): gefühl- und ausdrucksvoll; rührselig

pathogen, (gr.), w, -n: krankheitserregend

Pathologe, (gr.), m, -n: Facharzt für Pathologie

Pathologie, (gr.), w, -n: 1. Medizin, die sich mit Ursachen und Folgen von Krankheiten beschäftigt, 2. pathologische Abteilung

pathologisch, (gr.): 1. die Pathologie betreffend, 2. krankhaft

Pathopsychologie, (gr.), w, n.E.: Lehre von seelisch bedingten Krankheiten

Pathos, (gr.), s, n.E.: gefühlsgeladener Stil; zur Schau gestelltes Ergriffensein, Leidenschaft

Patience, [paß'j*an*ß, frz.], w, -n: Geduldsspiel mit Karten

Patient, (lat.), m, -en: Klient eines Arztes; zu Behandelnder

Patina, (ital.), w, n.E.: Überzug auf kupferhaltigen Gegenständen, Grünspan, Edelrost

patinieren, (ital.): mit künstlicher Patina überziehen

Patio, (span.), m, -s: Innenhof eines span. Landhauses

Patisserie, (gr.), w, -n: Feingebäck; Konditorei

Patriarch, (gr.), m, -en: 1. Stammvater, 2. in der orthodoxen Kirche Titel von Bischöfen, 3. Familiendespot

patriarchalisch, (gr.): 1. väterlich, in der Art eines Patriarchen, 2. als Familienvater dominierend

Patriarchat, (gr.), s, -e: Vaterherrschaft, vaterrechtliche Gesellschaftsform

patriarchisch, (gr.): auf dem Patriarchat beruhend

Patriot, (gr.), m, -en: vaterländisch gesonnener Mensch

patriotisch, (gr.): vaterländisch gesinnt

Patriotismus, (gr.), m, n.E.: Vaterlandsliebe

Patrizier, (lat.), m, -: 1. Adliger im alten Rom, 2. wohlhabender Bürger in mittelalterl. Städten

Patron, (lat.), m, -e: Schutzheiliger; Stifter einer Kirche; Handelsherr; hoher Funktionär der Mafia

Patronage, [patro'na:*sch,* frz.], w, -n: Protektion, Förderung; Vetternwirtschaft

Patronat, (lat.), s, -e: Schutzherrschaft; Recht eines Kirchenstifters; Schirmherrschaft

Patrone, (lat.), w, -n: 1. mit Sprengstoff gefüllte Metallhülse, 2. lichtundurchlässige Filmkassette

Patronin, (lat.), w, -nen: Schutzheilige, Schutzherrin

Patrouille, [pa'tru.lje, frz.], w, -n: Spähtrupp, Streife

patrouillieren, [patru'li:ren, frz.]: Patrouille gehen, auf Wache gehen

Patschuli, (tamil.), s, -s: vorderindische Pflanze

patt, (frz.): im Schach eine Remis-Stellung

Patt, (frz.), s, -s: 1. als Remis geltende Schlußstellung im Schach, 2. Situation, aus der keiner von zwei Kontrahenten einen Vorteil ziehen kann

Pattern (engl.), s, -s: Muster, Schema, Schablone

pauperieren, (lat.): kümmerlich wachsen (Bot.)

Pauperismus, (lat.), m, n.E.: Zustand größter Verelendung

pauschal: in Bausch und Bogen, ungenau

Pauschale, w, -n: für alle Leistungen oder Aufwendungen zusammen vereinbarter und/oder vergüteter Betrag

pauschalieren: gesammelt berechnen und/oder zahlen

pauschalisieren: pauschal betrachten, undifferenziert urteilen

Pause, (gr.), w, -n: Rast, Unterbrechung

Pause, (frz.), w -n: Durchzeichnung
pausen, (frz.): durchzeichnen, eine Kopie machen
pausieren, (gr.): ruhen, die Arbeit unterbrechen
Pavane, (ital.), w, -n: langsamer Schreittanz (16./17. Jh.)
Pavian, (niederl.), m, -e: afrikan. Affe mit blauroten Gesäßschwielen
Pavillon, ['pa.wil'*jon*, frz.], m, -s: Gartenhäuschen; Vorbau eines größeren Gebäudes, Nebengebäude
Pavor, (lat.), m, n.E.: Schreck, Angst (Med.)
Pax, (lat.), w, n.E.: Frieden(sgruß)
Pazifik, (lat.), m, n.E.: Pazifischer Ozean
Pazifismus, (lat.), m, n.E.: Ablehnung jeglicher (kriegerischer) Gewalt; polit. Bestreben, den Frieden um jeden Preis zu bewahren
PC, m, -s: Abk. für Personalcomputer
Pedal, (lat.), s, -e: Vorrichtung zur Übertragung von Bewegung mit dem Fuß: Tretwerk, Fußhebel
Pedant, (lat.), m, -en: kleinlicher, übertrieben genauer Mensch
Pedanterie, (lat.), w, -n: übertriebene Genauigkeit, Ordnungssucht
pedantisch, (lat.): übergenau, pingelig, überordentlich
Pedell, (dt.), m, -e: Hochschuldiener, Hausmeister
Pedikulose, (lat.), w, -n: Läusebefall
Pediküre, (lat.), w, -n: Fuß- und Fußnagelpflege
pediküren, (lat.): Fußnägel pflegen
Pedometer, (lat.), s, -: Schrittmesser, Schrittzähler
Peeling, ['pi:ling, engl.], s, -s: Schälung der Gesichtshaut in der Kosmetik
Peepshow, [pi:pscho:, engl.], w, -s: Zurschaustellung einer nackten Frau durch ein Fenster
Peer, [pi:r, engl.], m, -s: engl. Adliger; Oberhausmitglied
Peer-group, ['pi:r-gru:p, engl.]: außerfamiliäre Gruppe von Gleichaltrigen mit großem Einfluß auf Kinder und Jugendliche
Pegasus, (gr.), m, n.E.: 1. geflügeltes Pferd in der gr. Mythologie, 2. Sternbild
Peies, (hebr.), w, M.: Schläfenlocken der orthodoxen Juden
Pejoration, (lat.), w, -en: sich ins Negative wendende Bedeutung eines Wortes im Verlauf der Sprachentwicklung
pejorativ, (lat.): abwertend, im negativen Sinne
Pekari, (karib.), s, -s: amerikan. Paarhufer
Pekinese, m, -n: chines. Zwerghund
Pekoe ['pä.ko(u), chines.], m, -s: ind. Teesorte aus dünnen Blättern
Pektin, (gr.), s, -e: gelierender Pflanzenstoff
pektoral, (lat.): die Brust betreffend
Pektorale, (lat.), s, -s: Brustkreuz hoher Geistlicher
pekuniär, (lat.): geldlich, hinsichtlich des Geldes
Pelagial, (gr.), s, n.E.: Lebenswelt offener Meere und Binnenseen
pelagisch, (gr.): im Pelagial lebend
Pelargonie, (gr.), w, -n: Zierpflanze
Pelerine, (lat.), w, -n: weiter, ärmelloser Umhang
Pelikan, (gr.), m, -e: (sub)tropischer Schwimmvogel
Pemmikan, (indian.), m, n.E.: Fleischpulverkonserve
Penalty, ['pä.nelti, engl.], m, -s: Strafstoß im Eishockey
Pence, [pä.nß, engl.]: M. von Penny
PEN-Club, (Kurzw.), m, n.E.: internat. Schriftstellerverband
Pendant, [p*an*'d*an*, frz.], s, -s: Gegenstück, Entsprechung
Pendüle, (frz.), w, -n: Tischpendeluhr
penetrant, (lat.): durchdringend; aufdringlich, hartnäckig
Penetranz, (lat.), w, -en: durchdringende Schärfe; Hartnäckigkeit, Aufdringlichkeit
Penetration, (lat.), w, -en: 1. Durchdringung, (milit.) Besitzergreifung, 2. Eindringen des Penis in die Scheide
penetrieren, (lat.): 1. durchdringen, 2. mit dem Penis in die Scheide eindringen
Penholdergriff, (engl.-dt.), m, -e: Schlägerhaltung im Tischtennis
penibel, (gr.): 1. sorgfältig, genau, 2. peinlich
Penibilität, (gr.), w, -en: Sorgfalt, Genauigkeit

Penicillin, (lat.), s, -e: ein Antibiotikum (gegen viele Infektionskrankheiten)
Peninsula, (lat.), w, -insuln: Halbinsel
Penis, (lat.), m, -se: männl. Glied
Penizillin: vgl. Penicillin
Pennäler, (lat.), m, -: Schüler
pennen, (jidd.): (umg.) schlafen
Penny, (engl.), m, Pennies: engl. Münze
Pension, [p*ans*'jo:n, lat.], w, -en: 1. Ruhestandsbezüge (von Beamten), Ruhestand, 2. Herberge
Pensionär, (lat.), m, -e: Ruheständler
Pensionat, (lat.), s, -e: Erziehungsinstitut, Internat
pensionieren, (lat.): in den Ruhestand versetzen
Pensum, (lat.), s, Pensen und Pensa: Aufgabe mit best. Umfang
Pentagon, (gr.), s, -e: 1. Fünfeck, 2. Verteidigungsministerium der USA
pentagonal, (gr.): fünfeckig
Pentagramm, (gr.), s, -e: fünfeckiger Stern
Pentathlon, (gr.), s, n.E.: altgr. Fünfkampf
Pentatonik, (gr.), w, n.E.: auf der Fünftonleiter beruhende Komposition
Penthaus, (engl.-dt.), s, -häuser: besonders exklusive Wohnung auf einem Flachdach
Penthouse: vgl. Penthaus
Pentode, (gr.), w, -n: Fünfpolröhre
Penunsen, Penunzen, (poln.), w, n.M.: (umg.) Geld
Peon, (span.), m, -en: Landarbeiter in Südamerika
Pep, (engl.), m, n.E.: Schwung, Elan
Peperone, (sanskr.), m, Peperoni: vgl. Peperoni
Peperoni, (sanskr.), w, -: scharfe Paprikafrucht
Pepita, (span.), m oder s, -s: kleinkariert gemusterter Stoff
Pepsin, (gr.), s, -e: Enzym des Magensaftes
Peptid, (gr.), s, -e: Spaltprodukt des Eiweißstoffwechsels
per, (lat.): 1. durch, mit (Hilfe), 2. am, bis (zum)
per acclamationem, (lat.): durch Zuruf
per Adresse, (lat.): wohnhaft bei
per anum, (lat.): durch den After (Med.)
per aspera ad astra, (lat.): nach viel Mühe zum Erfolg
Percussion, [pör'ka.schn, engl.]: vgl. Perkussion
per definitionem, (lat.): erklärtermaßen, im Wortsinn
perdu [per'dü:, frz.]: verloren, entzwei
perennierend, (lat.): ausdauernd, mehrjährig (Bot.)
Perestroika, (russ.), w, n.E.: Schlagwort der Politik des sowjet. Reformers Gorbatschow: wirtschaftl. Umbau und gesellschaftl. Umgestaltung
perfekt, (lat.): vollendet, vollkommen, abgemacht; fertig
Perfekt, (lat.), s, -e: vollendete Gegenwart (Sprachw.)
Perfektion, (lat.), w, -en: Vollendung, Vollkommenheit
perfektionieren, (lat.): vervollkommnen
Perfektionismus, (lat.), m, n.E.: (übertriebenes) Streben nach völliger Fehlerlosigkeit, Vollkommenheitsfimmel
Perfektionist, (lat.), m, -en: jmd., der (in unangemessener Weise) Vollkommenheit anstrebt
perfektionistisch, (lat.): (zu sehr) auf Perfektion bedacht
perfektiv, (lat.): einen Vorgang mit Blick auf sein Ende darstellend (Sprachw.)
perfid(e), (lat.): hinterlistig, heimtückisch
Perfidie, (lat.), w, -n: Treulosigkeit, Tücke, Hinterlist
Perforation, (lat.), w, -en: 1. Durchbruch (Med.), 2. vorgelochte Linie
perforieren, (lat.): 1. durchstoßen, hindurchdringen (Med.), 2. mit einer gelochten Reißlinie versehen
Pergament, (gr.), s, -e: getrocknete, dünne Tierhaut als Schreibmaterial; Schriftstück auf diesem Material
Pergola, (lat.), w, -golen: laubenähnlicher Anbau an Gebäuden
Peridot, (frz.), m, -e: ein Schmuckstein
Perigäum, (gr.), s, Perigäen: erdnaher Raum, erdnächster Punkt der Bahn des Mondes oder eines künstl. Erdsatelliten
Perigramm, (gr.), s, -e: Darstellung statistischer Größenverhältnisse durch Kreissegmente

Perihel, (gr.), s, -e: sonnennaher Raum, sonnennächster Punkt der Bahn eines Planeten oder Kometen
Perikard, (gr.), s, -e: Herzbeutel (Med.)
Perikarp, (gr.), s, -e: Fruchtwand, Fruchtschale
Perikope, (gr.), w, -n: 1. Bibelabschnitt, 2. Strophengruppe
perinatal, (gr.): den Zeitraum kurz vor, während und kurz nach der Geburt betreffend (Med.)
Perineum, (gr.), s, Perinea und Perineen: Damm zwischen äußeren Geschlechtsteilen und After
Periode, (gr.), w, -n: 1. Zeitraum, Zeitalter, 2. Umlaufzeit; Schwingungsdauer, 3. Monatsblutung der Frau, 4. sich ständig wiederholende Zifferngruppe (Math.)
Periodikum, (gr.), s, -dika: regelmäßig erscheinende Publikation
periodisch, (gr.) regelmäßig wiederkehrend
periodisieren, (gr.): in Zeitabschnitte einteilen
Periöke, (gr.), m, -n: Umwohner
Periost, (gr.), s, -e: Knochenhaut
Peripetie, (gr.), w, -n: entscheidende Wende im Drama (Lit.)
peripher, (gr.): am Rande liegend, nebensächlich
Peripherie, (gr.), w, -n: 1. Umkreis, Randgebiet; Umfangslinie, 2. Sammelbez. für an einen Computer angeschlossene Geräte
Periphrase, (gr.), w, -n: Umschreibung eines Begriffs
Periskop, (gr.), s, -e: Sehrohr
Peristaltik, (gr.), w, n.E.: Eigenbewegung von Hohlorganen zum Transport von Stoffen
Peristase, (gr.), w, -n: Gesamtheit der Faktoren, die Einfluß auf die Entwicklung eines Lebewesens haben
Perkal, (pers.), m, -e: Baumwollgewebe
Perkussion, (lat.), w, en: 1. Erschütterung, Stoß, 2. Schlagzeug in Rock- und Jazzbands
perkutan, (lat.): durch die Haut hindurch (Med.)
Perlon, (Wz), s, n.E.: Chemiefaser
Perm, s, n.E.: jüngster Abschnitt des Paläozooikums
permanent, (lat.): dauernd, ununterbrochen
Permanenz, (lat.), w, n.E.: Dauer, Beharrlichkeit
Permanganat, (lat.), s, -e: Salz der Übermangansäure
permeabel, (lat.): durchlässig für Gase oder Flüssigkeiten
Permission, (lat.), w, -en: Erlaubnis
permissiv, (lat.): gewähren lassend, nicht autoritär
Permissivität, (lat.), w, n.E.: (sexuelle) Freizügigkeit
Permutation, (lat.):, w, -en: Vertauschung, Umordnung
permutieren, (lat.): umstellen, vertauschen
pernasal, (lat.): durch die Nase (Med.)
peroral, (lat.): durch den Mund (Med.)
Peroxid, (lat.), s, -e: sauerstoffreiche chem. Verbindung
per pedes, (lat.): zu Fuß
Perpendikel, (lat.), m oder s, -: Lot, Pendel bei Uhren
perpendikular, (lat.): senkrecht
Perpetuum mobile, (lat.), s, - -: gedachte Maschine, die ohne Energiezufuhr ständig Arbeit leiset
perplex, (lat.): fassungslos, bestürzt, betreten
per procura, (lat.): in Vollmacht
per rectum, (lat.): durch den Mastdarm (Med.)
per saldo, (ital.): auf Grund des Saldos, als Restbetrag
per se, (lat.): von selbst, an und für sich
Persenning, (lat.), w, -e(n) und -s: wasserdichte Segeltuchhülle
Perseveranz, (lat.), w, -: Ausdauer, Standhaftigkeit
Perseveration, (lat.), w, -en: Wiederholungszwang
Pershing, ['pö:sching, engl.], w, -s: amerik. Mittelstreckenrakete
Persianer, m, -: Pelzmantel aus dem Fell des Karakulschafes
Persiflage, [persi'fla:*sch*e, frz.], w, -n: (geistreiche, kritische) Verspottung
persiflieren, (frz.): geistreich verspotten
persistent, (lat.): hartnäckig, beharrlich
Persistenz, (lat.), w, -en: Beharrlichkeit, Eigensinn

Person, (lat.), w, en: 1. das menschliche Individuum, 2. juristische P.: Gruppe, Vereinigung, die rechtl. als eine P. betrachtet wird
Persona grata, (lat.), w, -: erwünschte Person
Persona ingrata, (lat.), w, -: unerwünscht gewordener ausländischer Diplomat; in Ungnade gefallener Mensch
Personal, (lat.), s, n.E.: Gesamtheit der Angestellten
Personalcomputer, (engl.), m, -: Mikrocomputer für den persönl. Bedarf
Personalie, (lat.), w, -n: Angaben über persönliche Verhältnisse (Name, Wohnung u.a.); Ausweispapiere
personalisieren, (lat.): auf Einzelpersonen ausrichten, Geschichte als Geschichte von Personen darstellen
Personalität, (lat.), w, -en: Kern einer Persönlichkeit
Personality-Show, [pöß̈(e)'nä.liti-scho:, engl.], w, -s: auf einen Künstler zugeschnitten Fernsehsendung
Personalpronomen, (lat.), s, -: persönliches Fürwort
Personalunion, (lat.), w, n.E.: Vereinigung zweier Länder unter einem Staatsoberhaupt; Ämter in der Hand einer Person
Persona non grata, (lat.), w, -: vgl. Persona ingrata
personell, (lat.): persönlich; den Personalbestand betreffend
Personifikation, (lat.), w, -en: Vermenschlichung
personifizieren, (lat.): vermenschlichen, als Person darstellen
Perspektiv, (lat.), s, -e: einäugiges kleines Fernrohr
Perspektive, (lat.), w, -n: Raumsicht; Blickwinkel, persönliche Sicht; Zukunftsaussicht
perspektivisch, (lat.): räumlich, auf die Perspektive bezogen
Perspiration, (lat.), w, n.E.: Hautatmung
Pertubation, (lat.), w, -en: Durchblasung (Med.)
Perturbation, (lat.), w, -en: Verwirrung, Störung
Pertussis, (lat.), w, n.E.: Keuchhusten
Perücke, (frz.), w, -n: Haarersatz
per ultimo, (lat.): am Monatsletzten
pervers (lat.): (sexuell) andersartig veranlagt, abweichend, widernatürlich
Perversion, (lat.), w, -en: krankhafte Abweichung von der Norm; ins Abartige umschlagendes Verhalten
pervertieren, (lat.): von der Norm abweichen; verfälschen, verdrehen
Perzeption, (lat.), w, -en: Sinneswahrnehmung (als erste Stufe der Erkenntnis)
perzipieren, (lat.): wahrnehmen, sinnlich erfassen
Pessar, (gr.), s, -e: zur Empfängnisverhütung auf den Gebärmuttermund aufgesetzte Kappe
Pessimismus, (lat.), m, n.E.: prinzipiell negative (Lebens-)Einstellung, Schwarzseherei
Pessimist, (lat.), m, -en: Schwarzseher, Mensch mit negativer (Lebens-)Einstellung
pessimistisch, (lat.): von schlechten Erwartungen geprägt
Pestilenz, (lat.), w, -en: Pest; bösartige Seuche
Pestizid, (lat.), s, -e: Schädlingsbekämpfungsmittel
Petarde, (lat.), w, -n: ein mit Sprengpulver gefülltes Gefäß zum Sprengen von Festungstoren
Petitesse, [p(e)ti'teß, frz.], w, -n: Kleinigkeit, Bagatelle
Petition, (lat.), w, -en: Bittschrift, Gesuch
Petit mal, [p(e)ti'ma.l, frz.], s, n.E.: kurzzeitige anfallartige Bewußtseinsstörung (Med.)
Petit point, [p(e)tipo'*än*, frz.]: mit feinen Nadeln gearbeitete Stickerei
Petits fours, [p(e)ti'fu:r, frz.], n.M.: Feingebäck
Petrefakt, (gr.), s, -e(n): Versteinerung
Petrochemie, (gr.), w, n.E.: vgl. Petrolchemie
Petrodollar(s), (gr.-amerik.), m, n.M.: durch Verkauf von Erdöl erwirtschaftete Devisen
Petroglyphe, (gr.), w, -n: Bilderschrift auf Steinen
Petrographie, (gr.), w, n.E.: Gesteinsbeschreibung
Petrolchemie, (gr.), w, n.E.: Chemie, die sich mit Gewinnung von Benzin, Kunststoffen u.a. aus Erdöl beschäftigt

Petroleum, (gr.), s, n.E.: Destillationsprodukt des Erdöls
Petschaft, (tschech.), s, -e: Siegel
Petticoat, ['pä.tiko:t, engl.], m, -s: in den 50er Jahren aufgekommener versteifter Halbunterrock
Petting, (engl.-amerik.), s, -s: erotisch-sexuelles Spiel (v.a. bei Jugendlichen) ohne Koitus
Petunie, (indian.), w, -n: Balkonpflanze
peu à peu, [pö: a'pö:, frz.]: nach und nach, allmählich
Phagozyt, (gr.), m, -en: Freßzelle
Phalanx, (gr.), w, Phalangen: Schlachtordnung der Fußtruppen in den altgr. Heeren; (übertr.) Abwehrfront
phallisch, (gr.): wie ein Phallus
Phallokratie, (gr.), w, -n: Penisherrschaft; Unterdrückung der Frau durch den Mann
Phallus, (gr.), m, Phalli und Phallen: (erigiertes) Glied des Mannes
Phänologie, (gr.), w, n.E.: Biologie, die sich mit den jahreszeitlich bedingten Erscheinungen im Tier- und Pflanzenleben beschäftigt
Phänomen, (gr.), s, -e: 1. sinnlich wahrnehmbare Erscheinung, 2. seltenes, eigenartiges Ereignis
phänomenal, (gr.): ungewöhnlich, sehr erstaunlich
Phänomenologie, (gr.), w, n.E.: Lehre von den Erscheinungen
Phänotypus, (gr.), m, Phänotypen: das äußere Erscheinungsbild eines Lebewesens
Phantasie, (gr.), w, -n: 1. Einbildungskraft; Fabulierlust, 2. Täuschung
phantasieren, (gr.): fabulieren, frei erfinden; im Fieber reden
Phantasma, (gr.), s, Phantasmen: Trug- oder Scheinbild
Phantasmagonie, (gr.), w, -n: Zauber, Wahngebilde
Phantast, (gr.), m, -en: Schwärmer
phantastisch, (gr.): auf Phantasie beruhend, unwirklich; großartig
Phantom, (gr.), s, -e: 1. Trugbild, Hirngespinst, 2. Zeichnung nur nach Zeugenaussagen (P.-Bild)
Pharao, (ägypt.), m, -onen: Königstitel im alten Ägypten
Pharisäer, (hebr.), m, -: 1. Talmud-Lehrer, 2. Heuchler
pharisäisch, (hebr.): selbstgerecht, heuchlerisch
Pharmakologie, (gr.), w, n.E.: Wissenschaft von den Arzneimitteln
Pharmakon, (gr.), s, Pharmaka: Heilmittel, Medikament
Pharmazeut, (gr.), m, -en: Fachmann auf dem Gebiet der Pharmazeutik, Apotheker
Pharmazeutik, (gr.), w, n.E.: Lehre von Herstellung, Gabe und Dosierung von Arznei- und Heilmitteln
Pharmazie, (gr.), w, n.E.: vgl. Pharmazeutik
Pharynx, (gr.), m, Pharyngen: Rachen
Phase, (gr.), w, -n: 1. Abschnitt, Zeitraum, 2. Zustandsform eines Stoffes (Chem.), 3. Pol einer elektr. Leitung
Phi, (gr.), s, -s: 21. Buchstabe des gr. Alphabets
Philantrop, (gr.), m, -en: Menschenfreund
Philanthropie, (gr.), w, n.E.: Menschenfreundlichkeit
philanthropisch, (gr.): menschenliebend
Philatelie, (gr.), w, n.E.: Briefmarkenkunde
Philatelist, (gr.), m, -en: Briefmarkensammler
Philharmonie, (gr.), w, -n: (Gebäude der) Konzertgesellschaft
Philharmoniker, (gr.), m, -: Angehöriger eines philharmon. Orchesters
philharmonisch, (gr.): Musikpflege betreibend, in großer Besetzung spielend
Philister, m, -: engstirniger Mensch, Spießer
Philodendron, (gr.), m, ..dendren: Aronstabgewächs
Philologie, (gr.), w, n.E.: Sprach- und Literaturwissenschaft
philologisch, (gr.): auf die Philologie bezogen; überkorrekt
Philosoph, (gr.), m, -en: Wissenschaftler der Philosophie und ihrer Geschichte; Begründer eines philosoph. Lehrgebäudes
Philosophie, (gr.), w, -n: Lehre von den Ursprüngen und dem Sinn des Denkens und Seins; eine bestimmte Weltanschauung oder Seinsbeschreibung
philosophieren, (gr.): 1. sich mit

Fragestellungen der Philosophie beschäftigen, 2. grübeln, die Sinnfrage stellen
Philosophikum, (gr.), s, n.E.: Prüfung in Philosophie
philosophisch, (gr.): auf der Philosophie beruhend, in der Art eines Philosophen; weise
Phimose, (gr.), w, -n: Vorhautverengung (Med.)
Phiole, (gr.), w, -n: bauchige Glasflasche mit langem Hals
Phlegma, (gr.), s, n.E.: Sturheit, Gleichgültigkeit; geistige und körperliche Behäbigkeit
Phlegmatiker, (gr.), m, -: phlegmatischer Mensch(entyp)
phlegmatisch, (gr.): schwerfällig, behäbig, gleichgültig
Phobie, (gr.), w, -n: krankhafte Angst (Psych.)
Phon, (gr.), s, -: Maß der Lautstärke
Phonem, (gr.), s, -e: kleinste lautliche Einheit, die der Bedeutungsunterscheidung dient (Sprachw.)
Phonetik, (gr.), w, n.E.: Teilgebiet der Sprachw., das sich mit Art und Ort der Erzeugung von Sprechlauten beschäftigt
phonetisch, (gr.): hinsichtlich der Phonetik, lautlich
Phönix, (gr.), m, -e: Wundervogel der ägypt. Mythologie
Phonodiktat, (gr.), s, -e: auf Tonband gesprochenes Diktat
phonogen, (gr.): für Tonübertragungen gut geeignet
Phonogramm, (gr.), s, -e: Aufzeichnen von Tönen auf Tonbändern u.ä.
Phonologie, (gr.), w, n.E.: Klangkunde
Phonometer, (gr.), s, -: Ton-, Schall-, Klangmesser
Phonothek, (gr.), w, -en: Sammlung von Tonträgern
Phontypistin, (gr.), w, -nen: Schreibkraft, die auf Tonträger diktierte Texte in Maschinenschrift überträgt
Phosgen, (gr.), s, n.E.: Kohlenoxidchlorid, chem. Kampfstoff
Phosphat, (gr.), s, -e: Salz der Phosphorsäure
Phosphatase, (gr.), w, -n: die Stoffwechselvorgänge beeinflussendes Enzym
Phosphor, (gr.), m, n.E.: chem. Element, Nichtmetall
Phosphoreszenz, (gr.), w, n.E.: Nachleuchten von zuvor bestrahlten Stoffen
phosphoreszieren, (gr.): nach Bestrahlung mit Licht leuchten
Photo, photo... vgl. auch Foto, foto...
Photon, (gr.), s, -en: kleinstes Energieteilchen einer elektromagnet. Strahlung
Photosphäre, (gr.), w, -n: Schicht der Sonnenatmosphäre
Photosynthese, (gr.), w, n.E.: Aufbau organ. Verbindungen aus anorgan. in grünen Pflanzen
Phrase, (gr.), w, -n: 1. Teil eines Satzes, 2. leere Versprechung, Floskel, 3. Abschnitt eines Musikstücks
Phraseologie, (gr.), w, n.E.: Lehre oder Sammlung der einer Sprache eigentümlichen Redewendungen
phrasieren, (gr.): eine Komposition in melodisch-rhythmische Abschnitte gliedern, sie so spielen
phrenetisch, (gr.): geistesgestört, wahnsinnig
Phyllit, (gr.), m, -e: kristalliner Schiefer
Phylogenese, (gr.), w, -n: Stammesgeschichte (Biol.)
phylogenetisch, (gr.): stammesgeschichtlich
Physiatrie, (gr.), w, n.E.: Naturheilkunde
Physik, (gr.), w, n.E.: Wissenschaft von den Erscheinungen in der unbelebten Natur und ihren Gesetzmäßigkeiten
physikalisch, (gr.): zur Physik gehörend
Physiker, (gr.), m, -: Wissenschaftler der Physik
Physikum, (gr.), s, Physika: ärztl. Vorprüfung
Physikus, (gr.), m, -se: (veraltet) Kreisarzt
Physiognomie, (gr.), w, -n: äußere Erscheinung eines Lebewesens
Physiognomik, (gr.), w, n.E.: Deutung der Physiognomie
Physiologe, (gr.), m, -n: Wissenschaftler der Physiologie
Physiologie, (gr.), w, n.E.: Lehre von den Lebensvorgängen in den Organismen
Physiotherapie, (gr.), w, n.E.: Heilbehandlung mit natürl. Mitteln
Physiotherapeut, (gr.), m, -en: Masseur, der mit den Mitteln der Physiotherapie behandelt

Physis, (gr.), w, n.E.: Natur, Körper eines Lebewesens
phytogen, (gr.): pflanzlicher Herkunft
Phytophage, (gr.), m, -n: Tier, das Pflanzen frißt
Phytotherapie, (gr.), w, n.E.: Behandlung mit pflanzl. Substanzen
Pi, (gr.), s, -s: 1. 16. Buchstabe des gr. Alphabets: π, 2. für das Verhältnis von Kreisumfang zu Kreisdurchmesser geltende Zahl (π = 3,14159...)
Piaffe, (frz.), w, -n: Trab auf der Stelle
pianissimo, (lat.): sehr leise (Mus.)
Pianist, (lat.), m, -en: Klavierspieler
piano, (lat.): leise (Mus.)
Piano, (lat.), s, -s: Klavier
Pianola, (lat.), s, -s: mechan. Klavierspielautomat
Piazza, (gr.), w, -s und Piazze: Platz, ital. Markplatz
Picador, (span.), m, -es: berittener Stierkämpfer
Picknick, (frz.), s, -e und -s: Mahlzeit im Freien
Pidgin-Englisch, ['pidschin.., engl.], s, n.E.: vereinfachte engl.-chines. Mischsprache
Pier, (lat.), m, -e: Hafendamm, Landungsbrücke
Pierrot, (frz.), m, -s: männl. Lustspielfigur
Pierrette, (frz.), w, -n: weibl. Pierrot
Pieta, (ital.), w, -s: Darstellung Marias mit dem Leichnam Christi
Pietät, (lat.), w, n.E.: Gedenken, Achtung (vor den Toten), Frömmigkeit
Pietismus, (lat.), m, n.E.: ev. Bewegung zur Erneuerung des kirchl. Lebens durch tätiges Christentum
Piezometer, (gr.), s, -: Gerät zum Messen der Komprimierbarkeit von Flüssigkeiten
Pigment, (lat.), s, -e: Farbstoff (im Gewebe von Lebewesen)
pigmentieren, (lat.): mit Pigment färben, Pigment bilden
Pignole, [pin'jo:le, ital.], w, -n: Samenkern der Pinie
Pik, (frz.), 1. s, -s: Spielkartenfarbe, 2. m, -e und -s: Berggipfel
pikant, (frz.): 1. scharf (gewürzt), 2. prickelnd, anzüglich
Pikanterie, (frz.), w, -n: pikante Bemerkung; Zweideutigkeit
Pike, (frz.), w, -n: 1. langschäftiger Spieß, 2. von der P. auf: von Grund auf
Pikee, (frz.), m, -s: Baumwollgewebe mit reliefartiger Musterung
pikieren, (frz.): Pflänzlinge auspflanzen, verziehen
pikiert, (frz.): beleidigt, gekränkt
Pikkolo, (ital.), m, -s: 1. Kellnerlehrling, 2. Kurzw. für Pikkoloflöte (kleine Querflöte), 3. kleine Sektflasche
Pikör, (frz.), m, -e: Vorreiter bei einer Parforcejagd
Piktogramm, (lat.), s, -e: internat. verständliches Bildsymbol
Piktographie, (lat.), w, -n: Bilderschrift
Pilaw, (türk.), m, -s: oriental. Reisgericht
Pilot, (gr.), m, -en: 1. Flugzeugführer, 2. Lotsenfisch
Pilotfilm, (gr.), m, -e: erste Folge einer Fernsehserie
Pilotprojekt, (gr.), s, -e: Ausführung einer Pilotstudie
Pilotstudie, (gr.), w, -n: vorbereitende Untersuchung für ein Projekt
Pimelose, (gr.), w, n.E.: Fettleibigkeit
Piment, (lat.), m oder s, -e: Nelkenpfeffer
Pimpernelle, (sanskr.), w, -n: wilder Kümmel
Pinakothek, (gr.), w, -en: Gebäude zur Aufbewahrung von Gemälden, Gemäldesammlung
Pinasse, (lat.), w, -n: Beiboot
Pinboard, (engl.), s, -s: Wandbrett zum Anheften von Merkzetteln
Pingpong, (engl.), s, n.E.: Tischtennis
Pinke, (Rotwelsch), w, n.E.: Geld
Pint, [paint, engl.], s, -s: engl. Flüssigkeitsmaß (ca. 0,5 l)
Pinte, (frz.), w, -n: Wirtshaus, Kneipe
Pin-up-girl, [pin'apgö:l, engl.], s, -s: leicht bekleidetes Mädchen (auf Titelseiten, Postern)
Pinzette, (frz.), w, -n: feine Greif-, Federzange
Pionier, (lat.), m, -e: 1. Wegbereiter, Bahnbrecher, 2. Soldat einer Truppeneinheit, die zum Bau von Brücken, Sperren o.ä. eingesetzt wird
Pipe, [paip, engl.], w, -s: engl. Flüssigkeitsmaß
Pipeline, ['paiplain, engl.], w, -s: Rohrleitung

Pipette, (lat.), w, -n: Saugröhrchen zum Abmessen kleiner Flüssigkeitsmengen
Piranha, [pi'ra.nja, indian.], m, -s: südamerik. Raubfisch mit scharfen Zähnen
Pirat, (gr.), m, -en: Seeräuber
Piroge, (karib.), w, -n: Einbaum südamerik. Indianer
Pirogge, (russ.), -n: russ. Pastetenart mit Füllung
Pirouette, (frz.), w, -n: 1. Drehung um die eigene Achse, 2. Drehung des Pferdes um die eigene Hinterhand
Pissoir, [pißo'a:r, frz.], s, -e und -s: Bedürfnisanstalt für Männer
Piste, (lat.), w, -n: 1. Start- und Landeplatz auf Flughäfen, 2. Strecke für Skiläufe und zum Rodeln, 3. Radrennbahn
Pistole, (tschech.), w, -n: kurze Handfeuerwaffe
Piston, [pis'*ton*, frz.], s, -s: 1. Pumpkolben; Ventil, 2. vgl. Kornett
pittoresk, (lat.): malerisch
più, (ital.): mehr (Mus.)
Piz, (ladin.), m, -e: Bergspitze
Pizza, (ital.), w, -s (auch Pizzen): ital. Speise (runder Hefeteig mit unterschiedl. Belag)
Pizzeria, (ital.), w, -s: ital. Restaurant, in dem es u.a. Pizzas gibt
pizzicato, (ital.): gezupft (Mus.)
Pizzikato, (ital.), s, -s und Pizzikati: Spiel auf Streichinstrumenten mit gezupften Saiten
Placebo, (lat.), s, -s: Arzneimittel ohne Wirkstoffanteil
Placement, [plaß'*man*, frz.], s, -s: Absatz von Waren, Anlage von Kapital
plädieren, (lat.): eine Sache (vor Gericht) vertreten, verteidigen
Plädoyer, [plädoa'.je:, lat.], s, -s: mündl. Begründung ihrer Anträge durch Staatsanwalt und Verteidiger vor Gericht
Plafond, [pla'*fon*, frz.], m, -s: Saal- oder Zimmerdecke
Plagiat, (lat.), s, -e: Diebstahl geistigen Eigentums
Plaid, [ple:jd, engl.], s oder m, -s: karierte Reisedecke
Plakat, (niederl.), s, -e: großformatige Reklamezeichnung
plakatieren, (niederl.): ein Plakat ankleben, öffentlich anschlagen
plakativ, (niederl.): plakathaft; betont, deutlich herausgestellt
Plakette, (niederl.), w, -n: Abzeichen
plan, (lat.): eben, flach, deutlich
Planche, [pl*an*sch, frz.], w, -n: Fechtbahn
Planet, (gr.), m, -en: Himmelskörper, der um die Sonne kreist
planetarisch, (gr.): planetenartig, die Planeten betreffend
Planetarium, (gr.), s, -tarien: (Gebäude mit) Gerät zur Veranschaulichung von Lage, Größe und Bewegung der Gestirne
Planetoid, (gr.), m, -en: kleiner Planet
planieren, (lat.): glätten, einebnen
plankonkav, (lat.): vorderseitig eben, rückseitig hohl geschliffen
plankonvex, (lat.): vorderseitig eben, rückseitig erhaben geschliffen
Plankton, (gr.), s, n.E.: Lebensgemeinschaft der im Wasser frei schwebenden Organismen
Planktont, (gr.), m, -en: Lebewesen, das im Wasser schwebt
Plantage, [plan'ta:*sche*, frz.], w, -n: größere Pflanzung (z.B. Obst)
Plaque, [plak, frz.], w, -s: Zahnbelag
Pläsier, (lat.), s, -e: Vergnügen, Spaß
Plasma, (gr.), s, Plasmen: 1. Grundsubstanz der lebenden Zelle, 2. flüssiger Anteil des Blutes
Plastik, (gr.), w, -en: 1. Bildhauerwerk, 2. künstlicher Körperteil
Plastik, s, -s: Kunststoff
plastisch, (gr.): körperlich, anschaulich; verformbar
Plastizität, (gr.), w, n.E.: 1. Formbarkeit, 2. Anschaulichkeit, Bildhaftigkeit
Platane, (gr.), w, -n: Laubbaum
Plateau, [pla'to:, gr.], s, -s: Hochfläche, -ebene, -land
Platin, (gr.), s, n.E.: ein kostbares Edelmetall
Platine, (gr.), w, -n: 1. aus Blech ausgeschnittenes Formteil, 2. Montageplatte zur Halterung einzelner Bauelemente, 3. Platte mit dünnen Leiterbahnen (EDV)
platinieren, (gr.): Metall mit einer Platinschicht überziehen
Platitüde, (gr.), w, -n: Plattheit, geistlose Redensart

platonisch, (gr.): geistig-seelisch, unsinnlich
plausibel, (lat.): verständlich, einleuchtend
Playback, [plej'bä.k, engl.], s, -s: 1. Kombinierung von einzeln aufgezeichneten Bild- und Tonaufnahmen, 2. Praxis, bei der ein Sänger zu dem vorher aufgenommenen Gesang nur imitierend die Lippen bewegt
Playboy, ['plejboi, engl.], m, -s: reicher Mann, der nur für sein Vergnügen lebt
Playgirl, ['plejgörl, engl.], s, -s: attraktive Frau, die sich von reichen Männern aushalten läßt
Playmate, ['plejmet, engl.], s, -s: Gefährtin eines Playboys, unbekleidetes Mädchen als Poster in einem Herrenmagazin
Play-off, ['plej'of, engl.], s, -s: Ausscheidungsrunde im Eishockey
Plazenta, (gr.), w, -s und Plazenten: Mutterkuchen (Med.)
Plazet, (lat.), s, -s: Zustimmung, Genehmigung
plazieren, (lat.): aufstellen; einen Platz anweisen; einen Ball gezielt abspielen; (Geld) anlegen
Plebejer, (lat.), m, -: 1. (im alten Rom) politisch freier, aber nicht gleichberechtigter Bürger, 2. ungebildete, ungehobelte Person
plebejisch, (lat.): pöbelhaft, ordinär
Plebiszit, (lat.), s, -e: Entscheidung durch Volksabstimmung
Plebs, (lat.), w, n.E.: Gesamtheit der röm. Plebejer
Plebs, (lat.), m oder w, n.E.: Volksmasse, Pöbel
Pleinpouvoir, [plä*n*puwo'a:r, frz.], s, -s: unbeschränkte Vollmacht
Pleistozän, (gr.), s, n.E.: älterer Abschnitt des Quartärs
Plektron, (gr.), s, Plektren: Plättchen zum Anreißen der Saiten von Zupfinstrumenten
Plenum, (lat.), s, Plenen: Vollversammlung
Pleonasmus, (gr.), m, Pleonasmen: (überflüssige) Häufung sinnverwandter Ausdrücke
Plesiosaurier, (gr.), m, -: Saurier mit langem Hals
Pleura, (gr.), w, Pleuren: Brustfell
Pleureuse, [plö'rö:se, frz.], w, -n: 1. Trauerflor, 2. Straußenfedern als Hutschmuck
Plexiglas, (lat.), s, n.E.: glasartiger Kunststoff
Plexus, (lat.), m, n.E.: Gefäß- und Nervengeflecht
Pliozän, (gr.), s, n.E.: jüngster Abschnitt des Tertiärs
Plissee, (frz.), s, -s: Faltung von Stoffen
plissieren, (frz.): in schmale Falten legen
Plombe, (lat.), w, -n: 1. Bleiverschluß an Containern o.ä., 2. Zahnfüllung
plombieren, (lat.): mit einer Plombe verschließen, füllen
Plot, (engl.), m oder s, -s: Aufbau und Ablauf einer Handlung und eines Konflikts im Roman und Drama
Plumbum, (lat.), s, n.E.: Blei, chem. Element
Plumeau, [plü'mo:, frz.], -s: kleines Federbett
Plumpudding, ['plamp.., engl.], m, -s: schwerer Rosinenpudding
Plural, (lat.), m, -e: Mehrzahl
Pluraletantum, (lat.), s, -s (lat. pluraliatantum): nur in der Mehrzahl vorkommendes Substantiv
Pluralis majestatis, (lat.), m: Bez. eines Fürsten für die eigene Person im Plural
Pluralismus, (lat.), m, n.E.: gesellschaftl. Mit- und Nebeneinander vielgestaltiger weltanschaulicher, politischer und ökonomischer Kräfte
pluralistisch, (lat.): auf dem Pluralismus beruhend, mannigfaltig
Pluralität, (lat.), w, -en: Vielzahl, Mannigfaltigkeit
Plus, (lat.), s, -: Mehr, Überschuß, Vorteil
Plusquamperfekt, (lat.), s, -e: vollendete Vergangenheit, Vorvergangenheit; Zeitform des Verbs
Plutokrat, (gr.), m, -en: Angehöriger der Plutokratie
Plutokratie, (gr.), w, -n: Gesellschaftsordnung, in der eine finanzstarke Oberschicht dominiert; Geldherrschaft
plutonisch, (gr.): (Mythologie) der Unterwelt angehörend
Plutonium, (gr.), s, n.E.: radioaktives, chem. Element

Pluviale, (lat.), s, -(s): 1. Umhang der kath. Geistlichen im Gottesdienst, 2. Krönungsmantel von Königen
Pluviometer, (lat.), s, -: Regenmesser
Pneu, (gr.), m, -s: Luftreifen an Fahrzeugen
Pneuma, (gr.), s, n.E.: Atem, Geist, Seele
Pneumatik, (gr.), w, n.E.: Lehre von der Luft und ihrer Anwendung
pneumatisch, (gr.): die Luft, das Atmen betreffend
Pneumokoniose, (gr.), w, -n: Staublunge (Med.)
Pneumonie, (gr.), w, -n: Lungenentzündung (Med.)
Pneumothorax, (gr.), m, -e: Luftansammlung im Brustfellraum
pochieren, (frz.): Speisen in erhitztem Wasser garziehen lassen
Pocketbook, ['po.ketbuk, engl.], s -s: Taschenbuch
Pocketkamera, (engl.), w, -s: handlicher, einfacher Fotoapparat
poco, (ital.): wenig, ein wenig (Mus.)
Podagra, (gr.), s, n.E.: Gicht in Zehen
Podest, (gr.), m (auch s), -e: Treppenabsatz, kleines Podium
Podex, (lat.), m, -e: (umg.) Gesäß, Popo
Podium, (gr.), s, Podien: Bühne, erhöhter Teil eines Raumes
Podsol, (russ.), m, n.E.: Grau- und Bleicherde (Geol.)
Poem, (gr.), s, -e: Gedicht, Dichtung
Poesie, (gr.), w, -n: Dichtkunst, Dichtung (v.a. Lyrik; Lit.)
Poet, (gr.), m, -en: Dichter
Poetik, (gr.), w, -en: wissenschaftl. Untersuchung und Beschreibung von Dichtung; Theorie der Dichtung
poetisch, (gr.): dichterisch, in gehobener Sprache
poetisieren, (gr.): dichterisch ausschmücken
Pogrom, (russ.), m, -e: blutige Ausschreitungen gegen rassische oder religiöse Minderheiten, früher v.a. gegen Juden in europ. Ländern
Point, [po'*än*, frz.], m, -s: Stich im Kartenspiel, Auge beim Würfeln
Pointe, [po'*än*te, frz.], w, -n: Sinn der Sache; Höhepunkt von Witzen, Anekdoten und dgl.
Pointer, ['peunter, engl.], m, -: engl. Vorstehhund
pointieren, [po*än*'ti:ren, frz.]: das Wesentliche einer Sache betonen, zuspitzen
Pointillismus, (frz.), m, n.E.: Maltechnik im Impressionismus
Pokal, (gr.), m, -e: Trinkbecher mit Fuß; Siegpreis bei Wettkämpfen
Poker, (amerik.), s, n.E.: Kartenglücksspiel
Pokerface, ['po(a)kerfe:jß, amerik.], s, -s: gleichgültig wirkender, unbewegter Gesichtsausdruck
pokern, (engl.): 1. hart verhandeln, hohes Risiko gehen, 2. Poker spielen
pokulieren, (lat.): zechen, stark trinken
Pol, (gr.), m, -e: 1. Drehpunkt, der selbst in Ruhe ist, 2. Endpunkt der Erdachse, 3. Kraftlinienzentrum eines Magneten; Anode sowie Kathode (Phys.), 4. Kabelphase einer Stromleitung
polar, (gr.): an den Polen befindlich; entgegengesetzt wirkend
Polarisation, (gr.), w, -en: 1. Bildung von Gegensätzen, 2. das Herstellen einer einheitl. Schwingungsrichtung des Lichts (Phys.)
polarisieren, (gr.): Gegensätze herausbilden, schärfer konturieren
Polarität, (gr.), w, -en: 1. Vorhandensein zweier Pole, 2. Gegensätzlichkeit
Polaroidkamera, (Wz), w, -s: Sofortbildkamera
Polarkreis, (gr.), m, -e: Breitenkreis der Erde bei etwa 66,5 Grad
Polarstern, (gr.), m, n.E.: hellster Stern im Kleinen Wagen
Polemik, (gr.), w, -en: 1. literarische, wissenschaftl., polit. Fehde, Meinungsstreit, 2. unfaire, unsachliche Kritik
polemisch, (gr.): 1. mit scharfen Worten, 2. unfair kritisierend
polemisieren, (gr.): 1. wissenschaftl. oder literar. streiten, 2. unsachlich, unfair kritisieren
Polenta, (lat.), w, -s: ital. Maisbrei
Polente, (jidd.), w, n.E.: (abschätzig) Polizei
Police, [po'li:ß, frz.], w, -n: Versicherungsschein
Polier, (gr.), m, -e: Vorarbeiter
polieren, (gr.): glänzend putzen

Poliklinik, (gr.), w, -en: Krankenhaus zur ambulanten Behandlung
Polio, (gr.), w, n.E.: Kurzw. für Poliomyelitis
Poliomyelitis, (gr.), w, -litiden: spinale Kinderlähmung
Polis, (gr.), w, Poleis: altgr. Stadtstaat
Politbüro, (gr.), s, -s: oberstes Führungsgremium kommunist. Parteien
Politesse, (frz.), w, -n: 1. Höflichkeit, 2. Hilfspolizistin
Politik, (gr.), w, -en: 1. Gesamtheit der Regierungstätigkeit, der Regelkreise menschl. Zusammenlebens, 2. berechnendes Handeln
Politikaster, (gr.), m, -: politischer Schwätzer
Politikum, (gr.), s, -tika: Sache, Ereignis von öffentl. Interesse
Politiker, (gr.), m, -: jmd., der aktiv Politik gestaltet
politisch, (gr.): zur Politik gehörend
politisieren, (gr.): 1. über Politik reden, 2. zum Gegenstand polit. Entscheidungsfindung machen; das polit. Interesse einer Person wecken
Politologe, (gr.), m, -n: Wissenschaftler der Politologie
Politologie, (gr.), w, n.E.: Sammelbez. für die polit. Wissenschaften
Politur, (lat.), w, -en: 1. Glätte, Glanz, 2. Poliermittel
Polka, (poln.), w, -s: böhmischer Rundtanz
Pollen, (lat.), m, -: Blütenstaub (Bot.)
Pollution, (lat.), w, -en: unwillkürlicher nächtlicher Samenerguß
Polo, (engl.), s, -s: Treibballspiel zu Pferde
Polonaise, [polo'nä:se, frz.], w, -n: poln. Nationaltanz; Tanz in langen Ketten
Polyamid, (gr.), s, -e: Kunststoff (u.a. Perlon, Nylon)
Polyandrie, (gr.), w, n.E.: Vielmännerei
Polyarthritis, (gr.), w, -arthritiden: Gelenkentzündung
Polyäthylen, (gr.), s, -e: Kunststoff aus polymerisiertem Äther
Polychromie, (gr.), w, -n: Vielfarbigkeit
Polyeder, (gr.), s, -: Vielflach (Math.)
Polyester, (gr.), m, -: ein Kunststoff
polygam, (gr.): in Vielehe lebend; geschlechtl. Beziehungen zu mehreren Partnern unterhaltend
Polygamie, (gr.), w, n.E.: Vielehe, eheliche Lebensgemeinschaft mit mehreren Partnern
polygen, (gr.): geprägt durch mehrere Erbfaktoren (Biol.)
polyglott, (gr.): mehrsprachig, vielsprachig
Polygon, (gr.), s, -e: Vieleck (Math.)
polygonal, (gr.): vieleckig
Polygynie, (gr.), w, n.E.: Vielweiberei
polykarp, (gr.): vielfruchtig, mehrmals Früchte tragend (Bot.)
polymer, (gr.): 1. vielteilig, 2. aus größeren Molekülen bestehend
Polymer, (gr.), s, -e: chem. Verbindung mit großen Molekülen
polymorph, (gr.): vielgestaltig
Polymorphie, (gr.), w, n.E.: Vielgestaltigkeit
Polynom, (gr.), s, -e: als Summe von Gliedern dargestellter mathemat. Ausdruck
Polyp, (gr.), m, -en: 1. achtarmiger Kopffüßer, 2. gutartige Schleimhautgeschwulst
Polyphage, (gr.), m, -n: Allesfresser (Zool.)
polyphon, (gr.): mehrstimmig
Polyphonie, (gr.), w, n.E.: Vielstimmigkeit
polyploid, (gr.): mit mehreren Chromosomensätzen
Polystyrol, (gr.), s, -e: ein Kunststoff
Polytechnikum, (gr.), s, -technika oder -techniken: Fachschule für Technik
Polytheismus, (gr.), m, n.E.: Glaube an viele Götter
polytrop, (gr.): vielfach anpassungsfähig (Biol.)
polyvalent, (gr.): gegen mehrere Krankheitserreger wirksam
Polyvinylchlorid, (gr.), s, -e: ein Kunststoff (Abk.: PVC)
Pomade, (lat.), w, -n: parfümierte Haarcreme
pomadisieren, (lat.): mit Pomade einreiben
pomadig, (franz): mit Pomade behandelt; (umg.) träge, behäbig
Pomeranze, (lat.), w, -n: Bitterorange

Pommes frites, [po.m'fri.t, frz.], s, (M.): in kochendem Fett gebackene Kartoffelstäbchen
Pomologie, (lat.), w, -n: Obst(bau)kunde
Pomp, (gr.), m, n.E.: Prunk, Prachtentfaltung
pompös, (gr.): prunkhaft, hochtrabend
Poncho, ['po.ntscho, indian.], m, -s: ärmelloser Umhang
Pond, (lat.), s, -: Maßeinheit der Kraft (Phys.)
Ponderabilien, (lat.), w, (M.): genau bestimmbare, wägbare Dinge
Pontifex, (lat.), m, -tifices: altröm. Priester
Pontifex maximus, (lat.), m, -tifices -ximi: Titel des Papstes
Pontifikalamt, (lat.), s, -ämter: vom Bischof gehaltene Messe
Pontifikat, (lat.), m oder s, -e: Amtsdauer des Papstes
Ponton, [p*on*'t*on*, frz.], m, -s: Bootskörper zum Tragen schwimmender Brücken, Schwimmkörper von Docks
Pony, (engl.), s, -s: 1. Kleinpferd, 2. kurzgeschnittenes Stirnhaar
Pool, [pu:l, engl.], m, -s: 1. Swimmingpool, 2. Einsatztopf bei Geldglücksspielen, 3. gemeinsamer Betrieb, gemeinsamer Fonds
Pop, (engl. Kurzw.), m, n.E.: Bez. für moderne Kunst-, Musik- und Unterhaltungsstile; grelle Jugendkultur
Popanz, (slaw.), m, -e: Schreckgestalt; willenloser Mensch
Pop-art, ['po.pa:(r)t, amerik.], w, n.E.: Richtung der modernen Kunst
Popcorn, (engl.), s, n.E.: Puffmais
Pope, (gr.), m, -n: Geistlicher der Ostkirchen
Popelin(e), (frz.), m, -(e): feingeripptes Gewebe
Popmusik, (engl.), w, n.E.: moderne Schlagermusik
Popper, (engl.), m, -: angepaßter, elegant gekleideter Jugendlicher
poppig, (engl.): grell-bunt und auffallend
Popstar, (engl.), m, -s: prominenter Popmusiker
populär, (lat.): volkstümlich, beliebt bei vielen Menschen
popularisieren, (lat.): verständlich machen, in der Öffentlichkeit verbreiten
Popularität, (lat.), w, n.E.: Volkstümlichkeit, Beliebtheit
Population, (lat.), w, -en: 1. Einwohnerschaft eines Gebiets, 2. Gesamtheit der Lebewesen in einem Gebiet
Porno, (gr.), m, -s: pornograph. Film oder Werk der pornograph. Literatur
Pornographie, (gr.), w, -n: primitiv aufreizende Darstellung sexueller Handlungen
pornographisch, (gr.): in primitiver, oft verletzender Art geschlechtl. Handlungen darstellend
porös, (gr.): durchlässig, mit Poren versehen
Porphyr, (gr.), m, -e: ein rötliches Ergußgestein
Porree, (lat.), m, -s: Gemüsepflanze (Lauch)
Porridge, ['po.ridsch, engl.], s, n.E.: engl. Haferbrei
Port, (lat.), m, -e: Hafen
Portable, ['po:tebl, engl.], m oder s, -s: tragbarer Fernseher o.ä.
Portal, (lat.), s, e-: Haupteingang, Tor
Portefeuille, [port'fö:ij, frz.], s, -s: 1. Brieftasche, Aktenmappe, 2. Geschäftsbereich
Portemonnaie, [portmo'nä:, frz.], s, -s: Geldbörse
Portepee, (frz.), s, -s: Band mit Troddel am Griff eines Offiziersdegens; jmdn. beim P. fassen: an jmds. Ehre appellieren
Porter, (engl.), s, n.E.: engl. Starkbier
Porterhousesteak, ['po:(r)te(r)hauß-ßte:k, engl.], s, -s: (gegrillte) dicke Scheibe aus dem Rippenstück eines Rindes mit Filet
Portier, [port'je:, frz.], m, -s: Pförtner
Portiere, [port'jä:re, frz.], w, -n: schwerer Türvorhang
Portikus, (lat.), m, -tiken: Säulenhalle, Säulengang
Portion, (lat.), w, -en: Anteil, zugemessene Speisemenge
Porto, (lat.), s, -s: Postgebühr
Portrait, [por'trä:, frz.], s, -s: vgl. Porträt
Porträt, (frz.), s, -s: Bildnis, Brustbild eines Menschen
porträtieren, (frz.): ein Porträt von jmdm. anfertigen
Porzellan, (lat.), s, -e: kostbare weiße Tonware

Posamenten, (lat.), w, n.M.: Kleiderbesatz
Posaune, (lat.), w, -n: Blechblasinstrument mit verstellbaren Zügen
posaunen, (lat.): die Posaune blasen
Pose, (gr.), w, -n: gekünstelte Stellung, Heuchelei
posieren, (gr.): eine bestimmte Haltung annehmen
Position, (lat.), w, -n: 1. Stellung, Lage; Standpunkt; momentaner Standort, 2. Einzelposten
positiv, (lat.): 1. gut; günstig, 2. tatsächlich, bestimmt, 3. größer als Null, 4. elektr. geladen, 5. einen krankhaften Befund aufweisend
Positiv, (lat.), m, -e: ungesteigerte Grundform des Adjektivs
Positiv, (lat.), s, -e: Abzug von einem fotograf. Negativ
Positivismus, (lat.), m, n.E.: Theorie, nach der alle Erkenntnis auf Wahrnehmung beruht (Philos.)
positivistisch, (lat.): 1. nach Art des Positivismus, 2. wertfrei
Positivum, (lat.), s, -tiva: tatsächlicher Wert; Vorzug
Positron, s, -tronen: Elementarteilchen mit positiver Elementarladung
Positur, (lat.), w, -en: auf Wirkung bedachte Haltung, Stellung
possessiv, (lat.): besitzanzeigend (Sprachw.)
Possessivpronomen, (lat.), s, -: besitzanzeigendes Fürwort
possierlich, (lat.): drollig, niedlich
postalisch, (lat.): die Post betreffend
Postament, (lat.), s, -e: Unterbau, Sockel
post Christum (natum), (lat.): nach Christi Geburt
Poster, (engl.), s, -: Plakat, Großfoto
postglazial, (lat.): nacheiszeitlich
posthum, (lat.): vgl. postum
postieren, (lat.): (zur Bewachung oder Beobachtung) an einer bestimmten Stelle hinstellen, etwas plazieren
Postille, (lat.), w, -n: Erbauungs-, Predigtheftchen
Postillion, (lat.), m, -e: 1. Postkutscher, 2. Tagschmetterling
Postillion d'amour, [poßtil'j*on* da-'mu:r, frz.], m, -s -: Überbringer von Liebesbriefen oder -grüßen
Postludium, (lat.), s, -ludien: Nachspiel (Mus.)
postmortal, (lat.): nach dem Tode auftretend (Med.)
post mortem, (lat.): nach dem Tod
postnatal, (lat.): nach der Geburt eingetreten oder eintretend
postnumerando, (lat.): nach dem Empfang (zahlbar)
postoperativ, (lat.): nach der Operation auftretend
Postskript(um), (lat.), s, -e: Nachtrag (Abk.: PS)
Postulant, (lat.), m, -en: Bewerber
Postulat, (lat.), s, -e: Forderung; Annahme; Voraussetzung
postulieren, (lat.): fordern, verlangen, voraussetzen
postum, (lat.): nach dem Tod bekannt geworden, erfolgt
Pot, (engl.), s, n.E.: Haschisch, Marihuana,
Pot, (engl.), männ., -s: n.E.: Summe der Einsätze beim Poker
Potaufeu, [poto'fö:, frz.], m, -s: frz. Eintopfgericht
potent, (lat.): mächtig, leistungsfähig; zeugungsfähig
Potentat, (lat.), m, -en: Machthaber, regierender Fürst
potential, (lat.): möglich
Potential, (lat.), s, -e: Leistungsfähigkeit, Gesamtheit der zur Verfügung stehenden Kräfte oder Mittel
Potentialis, (lat.), m, -tiales: Möglichkeitsform des Verbs
potentiell, (lat.): möglich, denkbar
Potenz, (lat.), w, -en: 1. Macht, Leistungsfähigkeit, 2. Zeugungs-, Erektionsfähigkeit, 3. Rechenoperation (vielfaches Multiplizieren einer Zahl mit sich selbst)
potenzieren, (lat.): erhöhen, vervielfachen; zur Potenz erheben
Potpourri, ['po.tpuri, frz.], s, -s: Allerlei; Mischgericht; Zusammenstellung verschiedener Melodien
Poularde, [pu'la.rde, frz.], w, -n: kastriertes Masthuhn
Pour le mérite, [pu:rleme'ri:t, frz.], m, -: hoher dt. Verdienstorden
poussieren, [pu'ßi:ren, frz.]: flirten, liebäugeln
Pouvoir, [puwo'a:r, frz.], s, -s: Handlungsvollmacht

Power, [paue(r), engl.], w, n.E.: Macht, Dynamik, Stärke
powern, [pauern, engl.]: sich voll einsetzen, Dampf machen
Powerplay, ['pauerple:j, engl.], s, -s: Kampf mit letztem Einsatz; Einschnüren der gegnerischen Mannschaft
PR, (engl.), w, n.E.: Abk. für Public Relations
Prä, (lat.), s, -s: 1. Vorrang, 2. Vorteil
Präambel, (lat.), w, -n: Einleitung, Vorrede; Geleitwort
Präbende, (lat.), w, -n: Pfründe
Prädestination, (lat.), w, n.E.: Vorherbestimmung, das Vorausbestimmtsein
prädestinieren, (lat.): vorbestimmen
prädestiniert, (lat.): vorbestimmt; wie geschaffen für etwas
Prädikat, (lat.), s, -e: 1. Note, Zensur, 2. Titelbezeichnung, 3. Satzaussage (Sprachw.)
Prädiktion, (lat.), w, -en: Voraussage
Prädisposition, (lat.), w, -en: Anlage, Empfänglichkeit
prädominieren, (lat.): vorherrschen
praecox, (lat.): zu früh auf- oder eintretend (Med.)
Präfekt, (lat.), m, -en: 1. Bezirksvorsteher, oberster Beamter einer Präfektur, 2. Statthalter im antiken Rom
Präfektur, (lat.), w, -en: Amt(sgewalt) und Bezirk eines Präfekten
Präferenz, (lat.), w, -en: Vorrang, Vorzug
Präfix, (lat.), s, -e: Vorsilbe
präglazial, (lat.): voreiszeitlich
Pragmatik, (gr.), w, n.E.: Realitätssinn, am Nützlichen und Möglichen orientiertes Handeln
Pragmatiker, (gr.), m, -: 1. Anhänger des Pragmatismus, 2. Person, die ihr Handeln auf das Nützliche und Mögliche ausrichtet
pragmatisch, (gr.): 1. an der Praxis orientiert, realitätsbezogen, 2. fach- und geschäftskundig
Pragmatismus, (gr.), m, n.E.: Methode der Wahrheits- und Wertprüfung allein anhand der praktischen Konsequenzen einer Theorie oder Handlung
prägnant, (lat.): kurz, treffend, bedeutungsvoll
Prägnanz, (lat.), w, n.E.: Schärfe, Genauigkeit (der Formulierung)
Prähistorie, (lat.), w, n.E.: Vorgeschichte
prähistorisch, (lat.): vorgeschichtlich
Präjudiz, (lat.), s, -e: 1. Vorurteil, 2. wegweisender Richterspruch, 3. den weiteren Entscheidungsprozeß beeinflussende Handlung
präjudizieren, (lat.): einer gerichtl. Entscheidung vorgreifen, einen Entscheidungsprozeß im Vorhinein in eine bestimmte Richtung lenken
Präkambrium, (lat.), s, n.E.: Frühzeit der Erdgeschichte
präklusiv, (lat.): ein Recht verwirkend, ausschließend (Rechtsw.)
praktifizieren, (gr.): verwirklichen, in die Praxis umsetzen
Praktik, (gr.), w, -en: 1. Ausübung, Handhabung, 2. Trick
praktikabel, (gr.): brauchbar, gangbar, machbar
Praktikant, (gr.), m, -en: Berufsanwärter; zeitweilig mitarbeitende Person, die eine Berufspraxis kennenlernen will
Praktiker, (gr.), m, -: 1. die praktische Arbeit vorziehender Mensch, 2. praktischer Arzt
Praktikum, (gr.), s, -tika: praktische Betätigung zum Kennenlernen eines Berufs; prakt. Kursus während eines Studiums
Praktikus, (gr.): patenter Mensch
praktisch, (gr.): 1. in der Praxis, 2. zweckmäßig, 3. erfahren
praktizieren, (gr.): 1. in der Praxis anwenden; etwas ausüben, 2. als niedergelassener Arzt arbeiten
Prälat, (lat.), m, -en: höherer Geistlicher der kath. Kirche
Präliminarien, (lat.), s, (M.): Einleitung, Vorverhandlungen
Praline, (frz.), w, -n: gefüllte Süßigkeit
Praliné, (frz.), s, -s: vgl. Praline
präludieren, (lat.): ein Vorspiel frei gestalten (Mus.)
Präludium, (lat.), s, -ludien: Vorspiel, einleitendes Stück (Mus.)
Prämie, (lat.), w, -n: 1. Belohnung, Gewinn, Zuschlag, 2. Versicherungsbeitrag
prämieren, (lat.): auszeichnen, belohnen
Prämisse, (lat.), w, -n: Voraussetzung, Vordersatz eines logischen Schlusses

prämortal, (lat.): dem Tode unmittelbar vorangehend (Med.)
pränatal, (lat.): der Geburt unmittelbar vorausgehend (Med.)
pränumerando, (lat.): im voraus zahlbar
Präparat, (lat.), s, -e: 1. sachgemäß Zubereitetes (z.B. Medikament), 2. vorbereitetes Objekt zum Mikroskopieren, 3. haltbar gemachte Pflanzen- oder Tierkörperteile
Präparation, (lat.), w, -en: Herstellung eines Präparats
Präparator, (lat.), m, -toren: beruflich Präparate herstellende Person, jmd., der Tiere ausstopft
präparieren, (lat.): 1. zerlegen und haltbar machen, 2. sich auf den Unterricht vorbereiten, sich bereitmachen
Präposition, (lat.), w, -en: Verhältniswort (z.B. vor, seit)
präpositional, (lat.): mit einer Präposition verbunden
Präputium, (lat.), s, -putien: Penisvorhaut
Prärie, (frz.), w, -n: Grassteppe im Westen Nordamerikas
Prärogativ, (lat.), s, -e: Vorrecht, Vorzug
Präsens, (lat.), s, -sentia oder -sentien: Gegenwartsform des Verbs
präsent, (lat.): gegenwärtig, anwesend; aufmerksam
Präsent, (lat.), s, -e: Geschenk, Gabe
Präsentation, (lat.), w, -en: Vorstellung, Darbietung
präsentieren, (lat.): 1. darbieten, vorstellen, 2. unters Gewehr treten (und einen hohen Gast begrüßen)
Präsenz, (lat.), w, n.E.: Anwesenheit; Aufmerksamkeit
Präservativ, (frz.), s, -e: Empfängnisverhütungsmittel aus Gummi, Kondom
Präserve, (frz.), w, -n: Halbkonserve zum baldigen Gebrauch
Präses, (lat.), m, n.E.: Vorsitzender, in der ev. Kirche Präsident einer Landeskirche
Präsident, (lat.), m, -en: gewähltes Staatsoberhaupt; Leiter einer Tagung, einer Behörde u.ä.
präsidial, (lat.): den Präsidenten oder das Präsidium betreffend
Präsidialsystem, (lat.), s, n.E.: Regierungssystem, in dem der Präsident auch regiert
präsidieren, (lat.): eine Versammlung leiten, den Vorsitz innehaben
Präsidium, (lat.), s, -sidien: 1. Vorsitz, 2. Leitungsgremium, 3. Amtssitz eines Präsidenten
präskriptiv, (lat.): auf Vorschriften beruhend
präsumieren, (lat.): voraussetzen, vermuten
Präsumtion, (lat.), w, -en: Annahme, Voraussetzung
Prätendent, (lat.), m, -en: Anspruch erhebende Person; Thronanwärter
prätendieren, (lat.): fordern, beanspruchen, auf Rechte pochen
Prätention, (lat.), w, -en: Anspruch, Anmaßung
prätentiös, (lat.): anmaßend, anspruchsvoll
Präteritum, (lat.), s, -terita: Vergangenheitsform des Verbs
Prätor, (lat.), m, -en: hoher Beamter im antiken Rom
Prätorianer, (lat.), m, -: Leibgardist des röm. Kaisers
prävalent, (lat.): vorherrschend, überwiegend
Prävalenz, (lat.), w, n.E.: Übergewicht, Vorrang
Prävention, (lat.), w, -en: das Zuvorkommen, Vorbeugung
präventiv, (lat.): vorbeugend
Praxis, (gr.), w, Praxen: 1. Tätigkeit, Ausübung; Erfahrung, 2. Untersuchungsräume eines niedergelassenen Arztes
Präzedenz, (lat.), s, -zedenzien: Vorrang, Vortritt
Präzedenzfall, (lat.-dt.), m, -fälle: Musterfall (Rechtsw.)
Präzeptor, (lat.), m, -zeptoren: Lehrer, Erzieher
Präzession, (lat.), w, -en: Schwankung der Achse eines rotierenden (Himmels-)Körpers
präzis(e), (lat.): genau, sorgfältig, eindeutig
präzisieren, (lat.): treffender und genauer formulieren
Präzision, (lat.), w, n.E.: Genauigkeit, Schärfe
prekär, (lat.): unsicher, peinlich

Prélude, [pre'lü:d, frz.], s, -s: 1. Präludium, 2. Klavierstück
Premier, [prem'je:, frz.], m, -s: Premierminister
Premiere, (frz.), w, -n: Ur-, Erstaufführung
Premierminister, [prem'je:..., frz.-dt.], m, -: Leiter der Regierung
Presbyter, (gr.), m, -: Gemeindevorsteher; Mitglied des Kirchenvorstandes
Presbyterianer, (gr.), m, -: Angehöriger protestant. Kirchen mit reformierter Ordnung in Nordamerika und England
Presbyterium, (gr.), s, -byterien: 1. Altarraum; Priesterschaft, 2. Kirchenvorstand in der ev. Kirche
pressieren, (lat.): drängen, Eile haben
Pression, (lat.), w, -en: Druck, Nötigung
Pressure-group, ['prä.sche(r)gru:p, engl.], w, -s: mit Werbung, Druckmitteln bei Regierung, Verwaltung usw. arbeitender Interessenverband
Prestige, [pre'sti:*sch*, frz.], s, n.E.: Ansehen, Ruf
prestissimo, (lat.): äußerst schnell (Mus.)
presto, (lat.): sehr schnell (Mus.)
Pretiosen, (lat.), w, M.: Sammelbez. für kostbaren Schmuck
preziös, (lat.): geziert, kostbar
Priapismus, (gr.), m, n.E.: anhaltende Erektion des Penis
prim, (lat.): nur durch 1 und sich selbst teilbar (Math.)
prima, (lat.): erstklassig, ausgezeichnet
Primaballerina, (ital.), w, -rinen: erste Tänzerin
Primadonna, (ital.), w, -donnen: erste Sängerin
Primaner, (lat.), m, -: Schüler der 12. oder 13. Klasse
primär, (lat.): 1. ursprünglich, 2. vorrangig; grundlegend
Primärenergie, (lat.), w, -n: Rohenergie; aus natürl. Energieträgern gewonnene Energie
Primarius, (lat.), m, -rien: erster Geiger
Primarstufe, (lat.), w, -n: 1.-4. Schuljahr in der Grundschule
Primary, ['praimeri, engl.], w, Primeries: Vorwahl in den USA
Primas, (lat.), m, -se: oberster Bischof der röm.-kath. Kirche eines Landes
Primat, (lat.), m, -e: Vorrang, bevorzugte Stellung
Primat, (lat.), m, -en: Säugetier der obersten Tierordnung (Halbaffe, Affe, Mensch)
prima vista, (ital.): vom Blatt (spielen; Mus.)
Prime, (lat.), w, -n: erster Ton der Tonleiter (Mus.)
Primipara, (lat.), w, -paren: Erstgebärende (Med.)
primitiv, (lat.): 1. urzuständlich; einfach; auf niedriger Entwicklungsstufe stehend, 2. niveaulos, billig
Primitivität, (lat.), w, n.E.: Einfachheit; Niveaulosigkeit
primo, (lat.): erster, zuerst (Mus.)
Primogenitur, (lat.), w, -en: Erb- und Thronfolge des erstgeborenen Sohnes
Primus, (lat.), m, -se und Primi: Klassenbester
Primus inter pares, (lat.): Erster unter Ranggleichen
Primzahl, (lat.-dt.), w, -en: Zahl, größer als 1, die nur durch 1 und durch sich selbst teilbar ist
Printed in, (engl.): gedruckt in
Printer, (engl.), m, -: Drucker
Printmedien, (lat.), s, M.: gedruckte Informations-, Meinungs- und Unterhaltunsgträger
Prinzeps, (lat.), m, -zipes: 1. Titel der antiken röm. Kaiser, 2. Senator im alten Rom
Prinzip, (lat.), s, -ien: Grundsatz; Gesetzmäßigkeit
Prinzipal, (lat.), m, -e: Lehrherr, Leiter
Prinzipal, (lat.), s, -e: Hauptstimme, ein Orgelregister
prinzipiell, (lat.): auf einem Prinzip beruhend; grundsätzlich
Prior, (lat.), m, -oren: Vorsteher eines Ordens oder Klosters
Priorität, (lat.), w, -en: Vorrang, Dringlichkeit
Prise, (lat.), w, -n: 1. kleine Menge, 2. aufgebrachtes feindl. Handelsschiff
Prisma, (gr.), s, Prismen: ein Körper, Kristall mit kongruenten Grund- und Deckflächen, dessen Seitenkanten parallel verlaufen (Math.; Chem.; Phys.)
privat, (lat.): persönlich; nicht öffentlich; vertraulich

Privataudienz, (lat.), w, -en: Gespräch unter vier Augen mit einer hochgestellten Persönlichkeit
Privatdozent, (lat.), m, -en: habilitierter Hochschullehrer ohne Professur
Privatier, [priwat'je:, frz.], m, -s: 1. Rentner, 2. vom Vermögen lebende Person
privatim, (lat.): vertraulich, geheim
Privatinitiative, (lat.), w, -n: Unternehmung aus eigenem Antrieb oder einer Privatperson
privatisieren, (lat.): staatl. Betriebe verkaufen
Privatisierung, (lat.), w, -en: Verkauf von staatl. Besitz
privatissime, (lat.): streng vertraulich, im engsten Kreis
Privileg, (lat.), s, -ien: Vorrecht, Ausnahmerecht
privilegieren, (lat.): bevorzugen, mit Vorrechten ausstatten
Prix, [pri, frz.], m, -: Preis
pro, (lat.): für, je
Pro, (lat.), s, n.E.: das Dafürsein, das Für
pro anno, (lat.): je Jahr, jährlich
probabel, (lat.): wahrscheinlich, vermutlich
Proband, (lat.), m, -en: Testperson, Prüfling, Kandidat
probat, (lat.): bewährt, erprobt
probieren, (lat.): prüfen; kosten; proben
Problem, (gr.), s, -e: Schwierigkeit; Aufgabe(nstellung); komplizierter Sachverhalt
Problematik, (gr.), w, n.E.: Kompliziertheit; Schwierigkeit
problematisch, (gr.): schwierig; fragwürdig
problematisieren, (gr.): zum Problem machen, ein Problem sichtbar machen
Procedere, (lat.), s, -: Prozedur, Vorgehen, Ablauf
pro die, (lat.): täglich, je Tag
Producer, [pro'dju:ße(r), engl.], m, -: Hersteller, Produzent
Product placement, ['prodakt'ple:jßm(e)nt, engl.], s, -s: verdeckte Werbemethode
Produkt, (lat.), s, -e: 1. Ergebnis einer Multiplikation, 2. Erzeugnis, Ware
Produktion, (lat.), w, -en: 1. Herstellung(sprozeß), 2. Gesamtheit der Waren eines Herstellers
produktiv, (lat.): schaffend; schöpferisch, fruchtbar
Produktivität, (lat.), w, n.E.: Leistungsfähigkeit
Produzent, (lat.), m, -en: 1. Hersteller, 2. Auftrag- und Geldgeber eines Films o.ä.
produzieren, (lat.): 1. herstellen, 2. sich zur Schau stellen, angeben
profan, (lat.): weltlich, alltäglich
Profanität, (lat.), w, n.E.: Weltlichkeit
Profession, (lat.), w, -en: Beruf, Gewerbe
Professional, [pro'fä.schnel, engl.], m, -s: Berufssportler, Profi
professionalisieren, (lat.): zum Beruf machen
professionell, (lat.): berufsmäßig, fachmännisch
Professor, (lat.), m, ..fessoren: Hochschullehrer, verliehener akademischer Titel
Professur, (lat.), w, -en: Lehrstuhl an einer Hochschule
Profi, m, -s: jmd., der berufsmäßig an eine Sache herangeht
Profil, (lat.), s, -e: 1. Längs- oder Querschnitt, 2. Seitenansicht einer Person, 3. Persönlichkeitsstruktur; Programmstruktur, 4. Reifen- und Schuhsohlenkerbung
profilieren, (lat.): 1. einer Sache eine markante Prägung geben, 2. sich p.: eine persönliche Eigenart ausbilden; sich in den Vordergrund spielen
Profilneurose, (lat.), w, -n: Störung des Selbstwertgefühls; Ruhmsucht
Profit, (lat.), m, -e: Nutzen, Gewinn; Kapitalertrag
profitabel, (lat.): gewinnbringend
profitieren, (lat.): einen Gewinn haben, Nutzen ziehen
pro forma, (lat.): der Form wegen, zum Schein
profund, (lat.): gründlich, umfassend
Prognose, (gr.), w, -n: Voraussage einer Entwicklung, Hochrechnung
prognostisch, (gr.): vorhersagend
prognostizieren, (gr.): voraussagen, vorhererkennen
Programm, (gr.), s, -e: 1. Plan,

2. Darlegung von Grundsätzen und Zielen z.B. einer Partei, 3. Spiel-, Sende-, Vortragsfolge, 4. Folge von Befehlen (EDV), 5. Warenpalette eines Anbieters

Programmatik, (gr.), w, -en: Zielsetzung, grundsätzliche Haltung

programmatisch, (gr.): einem Programm entsprechend; richtungweisend

programmieren, (gr.): ein Befehlsschema in einen Computer eingeben

Programmierer, (gr.), m, -: Fachmann für Computer-Programme

Programmusik, (gr.), w, n.E.: Filmmusik

Progredienz, (lat.), w, n.E.: Fortschreiten

Progreß, (lat.), m, ..gresse: Fortschritt; Deduktion

Progression, (lat.), w, -en: Steigerung, das Ansteigen

progressiv, (lat.): 1. fortschreitend, 2. fortschrittlich

Prohibition, (lat.), w, -en: Verhinderung, Verbot

Prohibitionist, (lat.), m, -en: Anhänger der Prohibitionsbewegung gegen Alkohol

prohibitiv, (lat.): verhindernd, vorbeugend

Projekt, (lat.), s, -e: 1. Plan, Vorhaben, 2. (geplante) Unternehmung

Projekteur, [projek'tö:r, frz.], m, -e: Planer

projektieren, (lat.): planen, entwerfen

Projektil, (lat.), s, -e: Geschoß

Projektion, (lat.), w, -en: 1. Bildwiedergabe mit Hilfe eines Projektors, 2. Abbildung von räuml. Gebilden auf eine Ebene, 3. Übertragung von Gefühlen, Wünschen auf einen anderen Menschen

Projektor, (lat.), m, -en: Vorführapparat für Diapositive

projizieren, (lat.): 1. ein räuml. Gebilde auf eine Ebene abbilden, 2. ein Bild mit Hilfe eines Projektors sichtbar machen, 3. Gefühle, Wünsche auf einen anderen Menschen übertragen (Psych.)

Proklamation, (lat.), w, -en: Aufruf, Bekanntmachung

proklamieren, (lat.): verkünden, öffentlich bekanntgeben

Prokura, (lat.), w, -kuren: Handlungsvollmacht

Prokurator, (lat.), m, -en: Anwalt, Bevollmächtigter

Prokurist, (lat.), m, -en: Mitarbeiter mit Handlungsvollmacht für das Unternehmen

prolabieren, (lat.): aus einer Öffnung herausfallen (Med.)

Prolaps, (lat.), m, -e: Vorfall eines Organ(teil)s

Prolet, (lat.), m, -en: vgl. Proletarier; ungehobelter, ungebildeter Mensch

Proletarier, (lat.), m, -: 1. Besitzloser im antiken Rom, 2. (in der marxist. Lehre) abhängiger Lohnarbeiter

Proletariat, (lat.), s, -e: 1. Gesamtheit der Besitzlosen im antiken Rom, 2. (nach marxist. Lehre) Klasse der Proletarier

proletarisch: (lat.): 1. zu den Proletariern gehörend, aus dem Arbeitermilieu stammend, 2. ungehobelt, unkultiviert

proletarisieren, (lat.): zu Proletariern machen

Proliferation, (lat.), w, -en: (Gewebe) Vermehrung

proliferativ, (lat.): wuchernd (Med.)

proliferieren, (lat.): wuchern (Med.)

Prolog, (gr.), m, -e: Einleitung, Vorrede auf der Bühne

Prolongation, (lat.), w, en: Aufschub

pro memoria, (lat.): zur Erinnerung an

Promenade, (lat.), w, -n: (breiter) Spazierweg, Uferweg

promenieren, (lat.): spazierengehen, dahinschlendern

pro mille, (lat.): vom Tausend

Promille, (lat.), s, -: ein Tausendstel

prominent, (lat.): allgemein bekannt, berühmt; bedeutend

Prominenz, (lat.), w, -en: 1. überragende Bedeutung, Berühmtheit, 2. Gesamtheit der bedeutenden Persönlichkeiten

Promiskuität, (lat.), w, n.E.: häufig wechselnder Geschlechtsverkehr mit unterschiedl. Partnern

Promoter, (lat.-engl.), m, -: Manager, Veranstalter von Popkonzerten, Sportveranstaltungen usw.

Promotion, (lat.), w, -en: Verfahren zum Erwerb des Doktortitels

Promotion, [pro'mo(u)schn, engl.], w, n.E.: Werbung, Weckung der Aufmerksamkeit für ein Produkt

promovieren, (lat.): den Doktorgrad erlangen oder verleihen

prompt, (lat.): bereit, pünktlich, rasch
Pronomen, (lat.), s, -nomina: Fürwort (z.B. du, unser)
pronominal, (lat.): das Fürwort betreffend
prononciert, [pronon'ßi:rt, frz.]: akzentuiert, betont
Propädeutik, (gr.), w, -en: vorbereitende Einführung; Vorübung
Propaganda, (lat.), w, n.E.: systematische Werbung für politische Ziele, Ideen und Theorien
propagandistisch, (lat.): werbend, Propaganda machend
propagieren, (lat.): werben für, verbreiten, anpreisen
Propan, (gr.), s, n.E.: Gas mit hohem Brennwert
Propeller, (lat.), m, -: Flügelschraube (z.B. an Flugzeugen)
proper, (lat.): sauber, nett, ordentlich
Prophet, (gr.), m, -en: Seher, Verkünder (der göttl. Botschaft)
Prophetie, (gr.), w, -n: Weissagung, Offenbarung
prophetisch, (gr.): weissagend, vorhersagend
prophezeien, (gr.): vorhersagen, weissagen
prophylaktisch, (gr.): vorbeugend
Prophylaxe, (gr.), w, -n: vorbeugende Maßnahme (Med.)
Propolis, (gr.), w, n.E.: Baustoff der Bienenwabe
Proportion, (lat.), w, -en: 1. Größenverhältnis, Ebenmaß, 2. Verhältnisgleichung (Math.)
proportional, (lat.): entsprechend, im gleichen Verhältnis
Proportionalität, (lat.), w, -en: Verhältnis(mäßigkeit)
proportioniert, (lat.): wohlgeformt, im richtigen Verhältnis
Proporz, (Kurzw.), m, -e: Mandat- oder Sitzverteilung und Ämtervergabe nach gesellschaftl. Stärkeverhältnis
Propyläen, (gr.), w, M.: Vorhalle mit Säulen
Prorektor, (lat.), m, -toren: Stellvertreter des Leiters einer Hochschule
Prorogation, (lat.), w, -en: Vertagung, Verlängerung
prorogativ, (lat.): vertagend, aufschiebend
Prosa, (lat.), w, n.E.: Alltagssprache; erzählende Dichtung in solcher Sprache
Prosaiker, (lat.), m, -: 1. Schriftsteller, der Prosa schreibt, 2. realistischer Mensch
prosaisch, (lat.): sachlich und nüchtern (berichtet)
Prosekution, (lat.), w, -en: (gerichtliche) Verfolgung
Proselyt, (gr.), m, -en: zu einer Religion Übergetretener
Proseminar, (lat.), s, -e: einführendes Seminar
prosit!, (lat.): zum Wohl!
Prosit, (lat.), s, -s: Trunk auf jmds. Wohl
proskribieren, (lat.): verbannen, ächten
Proskription, (lat.), w, -en: Verbannung, Ächtung
Prospekt, (lat.), m, -e: 1. Werbebroschüre, 2. Preisliste, 3. Boulevard in russ. Großstädten
prospektieren, (lat.): Lagerstätten erkunden, kartieren
prospektiv, (lat.): vorausschauend
Prospektor, (lat.), m, -en: Goldsucher
prosperieren, (lat.): wirtschaftl. aufblühen, gedeihen
Prosperität, (lat.), w, n.E.: Wirtschaftsblüte, Wohlstand
prost!: vgl. prosit!
Prostata, (gr.), w, -statae: Vorsteherdrüse (Med.)
prostituieren, (lat.): 1. sich p.: Prostitution betreiben, 2. jmdn. bloßstellen, herabwürdigen
Prostituierte, (lat.), w, -n: gegen Entgelt Geschlechtsverkehr ausübende Frau; Dirne, Hure
Prostitution, (lat.), w, n.E.: Ausübung sexueller Handlungen gegen Entgelt
Proszenium, (gr.), s, -szenien: Raum zwischen Bühne und Zuschauerraum
Protagonist, (gr.), m, -en: Hauptdarsteller, Vorkämpfer
Protegé, [prote'*sche*:, frz.], m, -s: Schützling, Günstling
protegieren, [prote'*schi*:ren, frz.]: beschützen, begünstigen
Protein, (gr.), s, -e: aus Aminosäuren aufgebautes Eiweiß
Protektion, (lat.), w, -en: Förderung, Schutz

Protektor, (lat.), m, ..toren: Beschützer, Gönner
Protektorat, (lat.), s, -e: Schutzherrschaft über ein Gebiet eines anderen Staates; Schutzgebiet (oft beschönigende Bez. für besetztes Gebiet)
Protest, (lat.), m, -e: Einspruch, Widerspruch; Unwille, Demonstration gegen etwas
Protestant, (lat.), m, -en: Mitglied einer protestant. Kirche, ev. Christ
protestantisch, (lat.): zur protestant. Kirche gehörig, evangelisch
Protestantismus, (lat.), m, n.E.: Gesamtheit der aus der Reformation hervorgegangenen Kirchengemeinschaften
protestieren, (lat.): Einspruch, Widerspruch erheben
Prothese, (gr.), w, -n: künstlicher Ersatz eines Körperteils
Prothetik, (gr.), w, n.E.: Medizin, die sich mit Konstruktion und Einsatz künstl. Gliedmaßen beschäftigt
protogen, (gr.): zuerst entstanden, urzeitlich
Protokoll, (gr.), s, -e: 1. Verhandlungs-, Konferenz-, Sitzungsbericht, 2. Regelwerk des diplomat. Zeremoniells
Protokollant, (gr.), m, -en: Schriftführer, Verfasser eines Sitzungsberichts
protokollarisch, (gr.): 1. in Form eines Sitzungsberichts, 2. nach den Regeln des diplomat. Zeremoniells
protokollieren, (gr.): mitschreiben, in einem Protokoll festhalten
Proton, (gr.), s, -tonen: positiv geladenes Elementarteilchen des Atomkerns
Protophyte, (gr.), w, -n: einzellige Pflanze
Protoplasma, (gr.), s, n.E.: lebende Substanz der Tier- und Pflanzenzelle
Prototyp, (gr.), m, -en: Urbild, Muster(stück); Einzelanfertigung
Protozoon, (gr.), s, -zoen: Urtier (Einzeller)
Protuberanz, (lat.), w, -en: Gasexplosion auf der Sonne
Provenienz, (lat.), w, -en: Herkunft, Ursprung
Proverb, (lat.), s, -en: Sprichwort
Proviant, (lat.), -e: Wegzehrung
Provinz, (lat.), w, -en: größerer Verwaltungsbezirk, Region; ländliche Gegend
Provinzialismus, (lat.), m, -lismen: kleinbürgerliche, engstirnige Denkungsart und Lebenshaltung
provinziell, (lat.): nicht großstädtisch, kulturell zurückgeblieben
Provision, (lat.), w, -en: Vermittlungsgebühr
provisorisch, (lat.): vorläufig, behelfsmäßig
Provisorium, (lat.), s, -sorien: Übergangslösung, Behelf
Provitamin, (lat.), s, -e: Vorstufe eines Vitamins
provokant, (lat.): herausfordernd, aufwiegelnd
Provokation, (lat.), w, -en: Herausforderung, Aufwiegelung
provokatorisch, (lat.): herausfordernd
provozieren, (lat.): herausfordern, reizen, aufstacheln; hervorrufen
Prozedur, (lat.), w, -en: schwieriges Verfahren, Behandlungsweise; Unterprogramm (EDV)
Prozent, (lat.), s, -e: ein Teil von Hundert, Hundertstel
prozentual, (lat.): in Prozenten ausgedrückt
Prozeß, (lat.), m, -zesse: 1. Gerichtsverfahren, 2. Vorgang, Entwicklung
prozessieren, (lat.): in Rechtsstreit liegen
Prozession, (lat.), w, -en: Umzug (an Feier- oder Gedenktagen der kath. Kirche)
prüde, (lat.): zimperlich, übertrieben schamhaft
Prüderie, (lat.), w, -n: Zimperlichkeit in geschlechtl. Hinsicht
Psalm, (gr.), m, -en: gesungene Anbetung, geistl. Lied im Alten Testament
Psalmist, (gr.), m, -en: Psalmdichter und -sänger
Psalmodie, (gr.), w, -n: Psalmengesang
psalmodieren, (gr.): einen Psalm vortragen
Psalter, (gr.), m, -: Buch der Psalmen im Alten Testament
pseudo, (gr.): (umg.) nachgemacht, unecht
Pseudokrupp, (gr.), m, n.E.: dem Krupp ähnelnde Erkrankung
pseudonym, (gr.): unter einem Decknamen (geschrieben)
Pseudonym, (gr.), s, -e: angenommener Name, Deckname

Psi, (gr.), s, -s: 1. 23. Buchstabe des gr. Alphabets, 2. Gesamtheit des Übersinnlichen (Parapsych.)
Psilose, (gr.), w, -n: Haarausfall
Psoriasis, (gr.), w, Psoriasen: Schuppenflechte (Med.)
Psychagogik, (gr.), w, n.E.: psycholog. und pädagog. Behandlung
Psyche, (gr.), w, -n: Seele, Seelenleben
psychedelisch, (gr.): scheinbar bewußtseinserweiternd
Psychiater, (gr.), m, -: Facharzt für Psychiatrie
Psychiatrie, (gr.), w, -n: Lehre von den Geistes- und Gemütskrankheiten; Anstalt für psychisch Kranke
psychiatrisch, (gr.): zur Psychiatrie gehörend
psychisch, (gr.): seelisch
Psychoanalyse, (gr.), w, -n: Methode zur Behandlung seelischer Störungen
psychoanalysieren, (gr.): jmdn. psychoanalytisch behandeln
Psychoanalytiker, (gr.), m, -: Therapeut, der mit Mitteln der Psychoanalyse arbeitet
psychoanalytisch, (gr.): mit Hilfe der Psychoanalyse
psychogen, (gr.): seelisch bedingt
Psychogramm, (gr.), s, -e: Eigenschaften einer Person zeigende grafische Darstellung
Psychographie, (gr.), w, -n: Beschreibung des Seelenlebens einer Person
Psychokinese, (gr.), w, -n: physikal. unerklärliches Bewegen von Gegenständen (Parapsych.)
Psychologe, (gr.), m, -n: Fachmann auf dem Gebiet der Psychologie; Menschenkenner
Psychologie, (gr.), w, n.E.: Wissenschaft von den seelischen Vorgängen
psychologisch, (gr.): 1. mit Mitteln der Psychologie, 2. einfühlsam
psychologisieren, (gr.): 1. unter psycholog. Aspekten betrachten, 2. in allem psycholog. Gründe suchen
Psychomotorik, (gr.), w, n.E.: alle durch Seele und Willen beeinflußten körperl. Bewegungen
Psychopath, (gr.), m, -en: Mensch, dessen Psyche bleibend gestört ist
Psychopathie, (gr.), w, n.E.: seelische Krankheit
psychopathisch, (gr.): an einer Psychopathie leidend
Psychopathologie, (gr.), w, n.E.: Lehre von den geistig-seelischen Erkrankungen
Psychopharmakon, (gr.), s, -pharmaka: beruhigendes, stimmungsaufhellendes wirkendes Medikament (oft mit Suchtpotential)
Psychose, (gr.), w, -n: gestörtes Seelenleben, seelische Erkrankung
Psychosomatik, (gr.), w, n.E.: Medizin, die sich mit dem Einfluß des Psychischen auf die körperl. Gesundheit beschäftigt
psychosomatisch, (gr.): auf seelisch-körperlichen Wechselwirkungen beruhend
Psychotherapeut, (gr.), m, -en: mit Mitteln der Psychotherapie behandelnder Arzt oder Psychologe
Psychotherapie, (gr.), w, -n: Behandlung seelischer Erkrankungen u.a. durch Bewußtmachung von verdeckten Problemen
Psychotiker, (gr.), m, -: an einer Psychose leidender Mensch
psychotisch, (gr.): an einer Psychose leidend; gemütskrank
Ptomain, (gr.), s, -e: Leichengift (Med.)
Ptyalin, (gr.), s, n.E.: Enzym im Speichel
Pub, [pa.b, engl.], s, -s: Kneipe in England und Irland
pubertär, (lat.): mit der Pubertät zusammenhängend, unreif
Pubertät, (lat.), w, n.E.: Phase in der Entwicklung eines jungen Menschen, in der die Geschlechtsreife eintritt
pubertieren, (lat.): in die Pubertät kommen, in der Pubertät sein
Pubes, (lat.), w, -: Schambehaarung, -gegend (Med.)
pubeszent, (lat.): geschlechtsreif (Med.)
Publicity, [pab'li.ßiti, engl.], w, n.E.: Bekanntsein in der Öffentlichkeit, Aufsehen
Public Relations, ['pa.blikri'le:jschens, engl.], w, n.M.: Öffentlichkeitsarbeit, Arbeit am Image, Werbung um Vertrauen
publik, (lat.): öffentlich, allgemein bekannt

Publikation, (lat.), w, -en: Veröffentlichung
Publikum, (lat.), s, Publika: 1. Zuschauerschaft, Leserschaft, 2. Öffentlichkeit, Allgemeinheit
publizieren, (lat.): veröffentlichen
Publizist, (lat.), m, -en: 1. Politik regelmäßig kommentierender Journalist oder Schriftsteller, 2. Zeitungswissenschaftler
Publizistik, (lat.), w, n.E.: 1. Zeitungswissenschaft, 2. Gesamtheit der Medien
Publizität, (lat.), w, n.E.: Bekanntsein in der Öffentlichkeit
Puck, (engl.), m, -s: 1. Kobold, 2. Spielscheibe beim Eishockey
Pueblo, (span.), m, -s: Indianer im südwestl. Nordamerika; ihre übereinandergebauten Dorfanlagen
pueril, (lat.): kindlich, kindisch (Med.)
Puerilismus, (lat.), m, n.E.: krankhaftes Verharren im kindl. Stadium
Puerilität, (lat.), w, n.E.: Kinderei, kindisches Wesen
Pulk, (slaw.), m, -s (seltener -e): Heeresabteilung; Gruppe von Läufern
pullen, (engl.): 1. rudern, 2. stark vorwärtsdrängen (Pferdesport)
Pulp, (gr.), m, -e: Krakenart
Pulpa, (lat.), w, Pulpae: Gewebemasse im Zahn; Zahnmark
Pulpitis, (lat.), w, -tiden: Zahnmarkentzündung
pulpös, (lat.): fleischig, markig
Pulque, ['pu.lke, indian.], m, n.E.: berauschender Agavensaft
Puls, (lat.), m, -e: Herzschlag (Med.)
Pulsar, (lat.), m, -e: Radiowellen abstrahlender Stern(haufen)
Pulsation, (lat.), w, -en: Pulsschlag (Med.)
pulsieren, (lat.): sich rhythmisch, stoßweise bewegen
pulverisieren, (lat.): zu Pulver verfeinern, zerstäuben
Pumps, [pö.mpß, engl.], m, -: Damenschuh mit hohem Absatz
Punch, [pa.ntsch, engl.], m, -s: 1. Training des Boxers an einem federnden Ball, 2. Schlag(kraft) eines Boxers
Punchingball, ['pa.ntschingball, engl.], m, -bälle: federnder Lederball für das Boxtraining
Punk, [pa.nk, engl.], m, -s: 1. aggressiv-monotone Rockmusik zu zynischen Texten, 2. Anhänger dieser Rockmusik mit greller Aufmachung
Punker, ['pa.nker, engl.], m, -: Musiker des Punk; vgl. Punk
Punktat, (lat.), s, -e: durch Punktion entnommene Körperflüssigkeit (Med.)
punktieren, (lat.): 1. mit Punkten versehen, 2. in Körperhöhlen oder -kanäle einstechen und aus ihnen Flüssigkeit absaugen
Punktion, (lat.), w, -en: Entnahme von Körperflüssigkeit durch Einführen einer Hohlnadel
punktuell, (lat.): einige Punkte betreffend, stellenweise
Punktum!, (lat.): Schluß!, basta!
Punktur, (lat.), w, -en: vgl. Punktion
Pupille, (lat.), w, -n: Öffnung der Regenbogenhaut
pur, (lat.): rein, unvermischt, klar
Püree, (frz.), s, -s: Speise in Breiform
Purgans, (lat.), s, -ganzien: Abführmittel
purgativ, (lat.): abführend
Purgativ, (lat.), s, -e: stärkeres Abführmittel
Purgatorium, (lat.), s, n.E.: Feg(e)feuer
purgieren, (lat.): abführen
pürieren, (lat.): ein Püree bereiten
purifizieren, (lat.): reinigen, läutern
Purim, (hebr.), s, n.E.: an die Errettung der pers. Juden erinnerndes jüd. Fest
Purismus, (lat.), m, n.E.: 1. übertriebenes Bemühen um Sprachreinheit, 2. strenge Linienführung in Malerei und Architektur
Purist, (lat.), m, -en: Anhänger des Purismus
Puritaner, (lat.), m, -: 1. Anhänger des Puritanismus, 2. Sittenapostel, Asket
puritanisch, (lat.): zum Puritanismus gehörend; luxusfeindlich
Puritanismus, (lat.), m, n.E.: 1. kalvinist. Reformbewegung in der engl. Kirche des 16./17. Jh., 2. übertriebene Sittenstrenge
Purpur, (gr.), m, n.E.: bläulichroter Farbstoff
Purser, ['pö:ßer, engl.], m, -: Zahlmeister; erster Steward
puschen, (engl.): 1. starke Werbeanreize schaffen, 2. (umg.) dealen

Pußta, (ung.), w, Pußten: Grassteppe in Ungarn
Pustel, (lat.), w, -n: entzündetes oder eitriges Hautbläschen
putativ, (lat.): vermeintlich, eingebildet
putreszieren, (lat.): verwesen, faulen (Med.)
Putte, (lat.), w, -n: nackte Kindergestalt (als Engel) in Malerei und Plastik
putten, (engl.): einen Golfball einlochen
Putter, (engl.), m, -: Spezialgolfschläger zum Putten
puzzeln, (engl.): ein Puzzle zusammensetzen
Puzzle, [oder: 'pa.sl, engl.], s, -s: in viele Teile zerlegtes Bild, das mosaikartig wieder zusammengesetzt werden muß
PVC, s, n.E.: Kurzw. für Polyvinylchlorid
Pygmäe, (gr.), m, -n: Angehöriger eines Zwergvolkes im afrikan. Urwald
Pyjama, [püd'*sch*ama, Hindi.], m, -s: Schlafanzug
Pykniker, ['pü.kniker, gr.], m, -: kräftig und gedrungen gebauter Mensch(entyp)
pyknisch, ['pü.knisch, gr.]: gedrungen, untersetzt
Pylon, (gr.), m, -en: 1. Pfeiler einer Hängebrücke, 2. Absperrkegel beim Straßenbau
Pyramide, (ägypt.-gr.), w, -n: 1. geometr. Körper mit dreieckigen oben in einer Spitze zusammenlaufenden Seitenflächen, 2. monumentales altägypt. Königsgrab
Pyretikum, (gr.), s, -tika: fiebererzeugendes Arzneimittel
Pyromane, (gr.), m oder w, -n: jmd., der an Pyromanie leidet
Pyromanie, (gr.), w, n.E.: zwanghafter Trieb zur Brandstiftung
pyrophor, (gr.): selbstentzündlich
Pyrotechnik, (gr.), w, n.E.: Feuerwerkskunst
Pyrotechniker, (gr.), m, -: Feuerwerker
Pythia, w, -s: Frau mit angeblich prophet. Gaben
Python, (gr.), m, -s: eierlegende Riesenschlange
Pyxis, ['pü.ksis, gr.], w, Pyxiden: Hostienbehälter im Tabernakel

Q

qua, (lat.): als; gemäß; durch, mittels
Quader, (lat.), m, -: geometr. Körper mit parallelen Flächen und senkrechten Kanten; Baustein
Quadrant, (lat.), m, -en: Viertelkreis
Quadrat, (lat.), s, -e: 1. gleichseitiges Viereck mit vier rechten Winkeln, 2. zweite Potenz einer Zahl
Quadratdezimeter, -kilometer, -meter, -millimeter, -zentimeter, (lat.-gr.), m (auch s), -: Quadrat mit 1 dm (km; m; mm; cm) langen Seiten; Maßeinheit einer Fläche von 1 dm (km; m; mm; cm) Länge und 1 dm (km; m; mm; cm) Breite
Quadratur, (lat.), w, -en: Darstellung einer ebenen Fläche als flächengleiches Quadrat
Quadriga, (lat.), w, -drigen: Vierergespann bei Wagenrennen im alten Rom
Quadrille, [kwa'dri.lje, frz.], w, -n: von 4 Paaren getanzter Kontertanz
Quadrophonie, (lat.-gr.), w, n.E.: Übertragungstechnik von Musik mit 4 Kanälen und 4 Verstärkern
Quäker, (engl.), m, -: protestant. Sekte in Nordamerika
Qualifikation, (lat.), m, -en: 1. Eignung, Befähigungsnachweis, 2. Ausbildung
qualifizieren, (lat.): ausbilden, fähig machen; einstufen
Qualität, (lat.), w, -en: Beschaffenheit, Eigenschaft; Güte einer Ware u.a.
qualitativ, (lat.): gütemäßig; bezüglich der Qualität
Quant, (lat.), s, -en: kleinste Einheit physikal. Größen
Quantentheorie, (lat.-gr.), w, -n: Lehre, nach der die Strahlungsenergie nur in ganzzahligen Vielfachen einer kleinsten Energiemenge aufgenommen oder abgegeben werden kann
quantifizieren, (lat.): in Zahlen, meßbaren Größen ausdrücken
Quantität, (lat.), w, -en: Menge, Größe, Anzahl, Masse
quantitativ, (lat.): mengenmäßig
Quantum, (lat.), s, -ten: gewisse Menge, Portion, Maß
Quarantäne, (lat.), w, -n: Isolation

infektiöser Menschen und Tiere zur Vermeidung einer Verbreitung der Krankheit
Quark, (engl.), s, -s: hypothet. Elementarteilchen (Phys.)
Quart, [kuo:(a)t, engl.], s, -s: engl.-amerik. Hohlmaß
Quart, (lat.), w, -s: 1. vgl. Quarte, 2. Fechthieb
Quartal, (lat.), s, -e: Vierteljahr
Quartär, (lat.), s, n.E.: der jüngere Abschnitt der erdgeschichtl. Neuzeit
Quarte, (lat.), w, -n: vierter Ton der Tonleiter; Intervall im Vierstufenabstand
Quartett, (lat.), s, -e: 1. Komposition für 4 Stimmen sowie die Gruppe der 4 Interpreten, 2. Kartenspiel, 3. Vierermannschaft (im Sport)
Quartier, (lat.), s, -e: 1. Unterkunft, 2. Stadtviertel
Quasar, (Kurzw.), m, -e: starke Radiostrahlung aussendende Himmelsgegend
quasi, (lat.): gewissermaßen, gleichsam, scheinbar
Quästor, (lat.), m, -storen: Finanzbeamter im alten Rom
quaternär, (lat.): viergliedrig (Chem.)
Quattrocento, [kwa.tro'tschä.nto, ital.], s, n. E.: Sammelbez. für Kunst und Kultur im Italien des 15. Jh.
Queen, [kwi:n, engl.], w, -s: (Titel der) engl. Königin
Quempas, (lat.), m, n.E.: Sammlung alter Weihnachtslieder, Wechselgesang in der Christmette
Querele, (lat.), w, -n: Klage, Streit
Querulant, (lat.), m, -en: Nörgler, Quertreiber
Queue, [kö:, frz.], s, -s: Billiardstock
Quiche, [ki.sch, frz.], w, -s: warmer Speckkuchen
Quietismus, (lat.), m, n.E.: gottergebene Frömmigkeit
Quint, (lat.), w, -en: 1. vgl. Quinte, 2. Fechthieb
Quinte, (lat.), w , -n: fünfter Ton der Tonleiter; fünfstufiges Intervall
Quintessenz, (lat.), w, -en: Kern, innerstes Wesen einer Sache, Schlußfolgerung
Quintett, (lat.), s, -e: Komposition für 5 Stimmen sowie die Gruppe der 5 Interpreten
Quisling, (norweg.), m, -e: Kollaborateur, Verräter (nach dem norweg. Faschistenführer Quisling)
Quisquilien, (lat.), w, M.: Belanglosigkeiten, Bagatellen
quitt, (lat.): ausgeglichen, wett
quittieren, (lat.): 1. den Erhalt bestätigen, 2. beantworten, 3. aufgeben (den Dienst q.)
Quittung, (lat.), w, -en: 1. Empfangsbescheinigung, 2. Rache
Quivive, [ki'wi:f, frz.]: auf der Hut, auf der Höhe
Quiz, [kwi.ß, engl.], s, -: Frage- und Antwortspiel
Quizmaster, ['kwi.ßma:ßter, engl.], m, -: Moderator eines Quiz
Quorum, (lat.), s, n.E.: zur Abstimmung notwendige Zahl anwesender Mitglieder
Quote, (lat.), w, -n: Anteil, Beteiligungszahl
Quotient, (lat.), m, -en: Bruch, Verhältnis zweier Größen; Ergebnis einer Division (Math.)
quo vadis?: (lat. »wohin gehst du?«): wohin wird das noch führen?

R

Rabatt, (ital.), m, -e: Preisnachlaß
Rabatte, (niederl.), w, -n: schmales eingefaßtes Blumenbeet
Rabauke, (niederl.), m, -n: Flegel, rüpelhafter junger Mann
Rabbi, (hebr.), m, -s oder Rabbinen: im Judentum Ehrentitel von Schriftgelehrten und Gesetzeslehrern
Rabbinat, (hebr.), s, -e: Amt, Würde eines Rabbiners
Rabbiner, (hebr.), m, -: jüd. Religionslehrer, mosaischer Geistlicher
rabiat, (lat.): wütend, grob, brutal
Rabulistik, (lat.), w, -en: Wort- und Rechtsverdreherei
Rachitis, (gr.), w, -tiden: Kinderkrankheit, die auf Vitamin-D-Mangel beruht
Racket, ['rä.ket, engl.], s, -s: Tennis- oder Badmintonschläger
Raclette, [rak'lä.t, frz.], m, n.E.: schweiz. Käsesorte

Raclette, [rak'lä.t, frz.], s, -s: bei Tisch auf Hitzplatten geschmolzener Raclette-Käse mit Beilagen
Radar, (Kurzw.), s, n.E.: Verfahren zur Ortung von Gegenständen (z.B. Schiffen)
Radiator, (lat.), m, -en: Heizkörper, Wärmestrahler
Radierung, (lat.), w, -en: Tiefdruckverfahren; mittels dieses Verfahrens hergestelltes Kunstwerk
radikal, (lat.): 1. gründlich, rücksichtslos, 2. politisch extrem eingestellt
Radikal, (lat.), s, -e: Atomgruppe (Chem.)
radikalisieren, (lat.): aufhetzen, auf die Spitze treiben
Radikalismus, (lat.), m, -lismen: Extremismus, polit. Kompromißlosigkeit
Radikand, (lat.), m, -en: Größe, aus der eine Wurzel gezogen wird (Math.)
Radio, (engl.), s, -s: Rundfunkgerät
Radioaktivität, (lat.), w, n.E.: Eigenschaft gewisser Stoffe, bestimmte Strahlen aussenden zu können
Radioastronomie, (lat.), w, n.E.: Astronomie, die Frequenzstrahlungen aus dem Weltall beobachtet
Radiokarbonmethode, (lat.-gr.), w, -n: Verfahren zur Altersbestimmung archäolog. oder geolog. Funde
Radiologie, (lat.), w, n.E.: Strahlenkunde, Lehre von der Anwendung ionisierender Strahlen (Med.)
Radium, (lat.), s, n.E.: radioaktives Metall
Radius, (lat.), m, Radien: 1. halber Durchmesser eines Kreises, 2. Unterarmknochen
Radix, (lat.), w, Radizes (auch Radices): Wurzel (Math.)
Radon, (lat.), s, n.E.: radioaktives Edelgas
Raffinade, (lat.), w, -n: gemahlener, gereinigter Zucker
Raffination, (lat.), w, -en: Verfeinerung, Reinigung von Naturstoffen
Raffinement, [raffine'm*an*, frz.], s, -s: vgl. Raffinesse
Raffinerie, (lat.), w, -n: Anlage zur Reinigung und Veredelung von Zucker, Erdöl u.a.
Raffinesse, (frz.), w, -n: Überfeinerung; Gerissenheit
raffiniert, (lat.): 1. gereinigt, 2. durchtrieben, schlau
Rage, ['ra:*sch*e, frz.], w, n.E.: Wut, Raserei
Ragout, [ra'gu:, frz.], s, -s: gewürfeltes Schmorfleisch in pikanter Soße
Ragout fin, [ragu:'f*än*, franz], s, -s: Ragout aus hellem Fleisch als Pastetenfüllung
Ragtime, ['rä.gtaim, engl.], m, n.E.: Vorläufer des Jazz in Nordamerika
Raid, [re:jd, engl.], m, -s: Kommandounternehmen
Rakete, (ital.), w, -n: Flugkörper
Raki, (türk.), m, -s: Schnaps aus Rosinen und Anissamen
Rallye, ['ra.li oder 'rä.li, engl.], w, -s: Wettfahrt in Etappen oder -lauf mit Sonderprüfungen
Ramadan, (arab.), m, n.E.: Fastenmonat im Islam
ramponieren (ital.): stark beschädigen
Ranch, [rä.ntsch, engl.], w, -es: Farm in den USA
Randale, w, n.E.: Lärm, Gejohle; Krawall
randalieren: lärmen; verwüsten
Ranger, ['reind*sch*er, engl.], m, -s: bes. ausgebildeter Soldat, Polizist in den USA
rangieren, [rang'*sch*i:ren, frz.]: 1. Eisenbahnwaggons verschieben, 2. einen bestimmten Rang einnehmen
Rankünе, (frz.), w, -n: heiml. Feindschaft
Rap, [rä.p, engl.], m, -s: Rockmusik, bei der rhythmisch gesprochen wird
rapide, (lat.): reißend, schnell, stürmisch
Rapport, (lat.), m, -e: Bericht, dienstl. Meldung
rar, (lat.), w, -en: selten, kostbar
Rarität, (lat.), w, -en: Seltenheit, Sammlerstück
rasant, (lat.): schwungvoll, rasch
Rasanz, (lat.), w, n.E.: rasende Geschwindigkeit, Schwung, Dynamik
rasieren, (lat.): Bartstoppeln entfernen
Räson, [rä's*on*, frz.], w, n.E.: Vernunft, Einsicht
räsonabel, (frz.): vernünftig
räsonieren, (frz.): lärmend reden, schimpfen, nörgeln

Rassismus, (ital.), m, n.E.: übersteigertes Rassenbewußtsein; Hetze gegen Angehörige anderer Rassen oder anderer Menschengruppen

Rasur, (lat.), -en: 1. das Rasieren, 2. das Radierte

Ratatouille, [rata'tu:ij, frz.], w, n.E.: Auberginеneintopf

Ratifikation, (lat.), w, -en: Bestätigung und Inkraftsetzung (polit. Verträge durch die Volksvertretung)

ratifizieren, (lat.): als Parlament einem zwischenstaatl. Vertrag zustimmen

Ratio, (lat.), w, n.E.: Vernunft, Verstand

Ration, (lat.), w, -en: Portion, zugeteiltes Maß

rational, (lat.): 1. vernünftig, beweis- und nachprüfbar, 2. rationale Zahl: als gemeiner Bruch darstellbare Zahl

rationalisieren, (lat.): 1. zweckmäßig vereinfachen; auf Maschinenarbeit umstellen, Arbeitsplätze einsparen, 2. für ein gefühlsmäßiges Handeln Vernunftgründe angeben

Rationalismus, (lat.), m, n.E.: Haltung, die das Gewinnen von Erkenntnissen nur durch Denken für möglich hält

rationell, (lat.): zweckmäßig; wirtschaftlich, sparsam

rationieren, (lat.): etwas Knappes begrenzen, zuteilen; einteilen

Rattan, (malaiisch), s, -e: Rohr der Rotangpalme

Ravioli, (ital.), n.M.: gefüllte Nudelteigtaschen

Rayon, [rä'j*on*, frz.], m, -s: Bezirk, Vorfeld von Festungen

Razzia, (arab.), w, Razzien: polizeil. Fahndungsaktion (z.B. in Lokalen)

Reader, ['ri:der, engl.], m, -: Lesebuch

Reagenz, (lat.), s, -ien: zur Bestimmung eines Grundstoffs oder einer Verbindung dienender Stoff (Chem.)

reagieren, (lat.): 1. eine chem. Reaktion ablaufen lassen, 2. auf etwas eingehen, ansprechen, rückwirken

Reaktion, (lat.), w, -en: 1. das Reagieren; Antwort, 2. Radikalkonservatismus; Sammelbez. für die Anhänger solcher polit. Haltung

reaktionär, (lat.): politisch rückschrittlich

reaktivieren, (lat.): wieder in Tätigkeit setzen, in Dienst stellen

Reaktor, (lat.), m, -aktoren: Anlage zur Durchführung von Kernkettenreaktionen (zur Energiegewinnung); Kernreaktor

real, (lat.): wirklich, tatsächlich

Realien, (lat.), w, M.: wirkliche Dinge, Tatsachen

Realisation, (lat.), w, -en: 1. Verwirklichung, 2. Umwandlung in bares Geld

realisieren, (lat.): 1. verwirklichen, 2. einen Wert verkaufen und zu Geld machen, 3. begreifen

Realismus, (lat.), m, n.E.: 1. Wirklichkeitssinn, Sachlichkeit, 2. Literatur- und Kunstepoche und Darstellungsart, die die Wirklichkeit ungeschminkt schildert

Realist, (lat.), m, -en: 1. nüchtern und vernünftig handelnder Mensch, 2. Vertreter des Realismus (2)

Realität, (lat.), w, -en: Wirklichkeit, Tatsache

realiter, (lat.): in Wirklichkeit

Realo, (lat.), m, -s: (umg.) realist. Politiker (z.B. bei den Grünen)

Realpolitik, (lat.-gr.), w, n.E.: Politik des Machbaren

Reanimation, (lat.), w, n.E.: Wiederbelebung (Med.)

Reaumur, ['re:omü:r]: eine Einteilung der Temperaturskala

Rebell, (lat.), m, -en: Aufständischer

rebellieren, (lat.): sich auflehnen, den Gehorsam verweigern

Rebellion, (lat.), w, -en: Aufruhr, Empörung, Widerstand

Rebus, (lat.), m oder s, -se: Bilderrätsel

Receiver, [ri'ßi:wer, engl.], m, -: Rundfunkempfänger mit Verstärker

Rechaud, [re'scho:, frz.], m, -s: Heizplatte zum Warmhalten

Recherche, [re'schä.rsche, frz.], w, -n: Nachforschung, Zusammentragen von Fakten

recherchieren, [reschär'schi:ren, frz.]: nachforschen, ermitteln

Recorder, [ri'co.rder, engl.], m, -: Tonbandgerät

Recycling, [ri'ßaikling, engl.], s, -s: Wiederverwendung von Abfällen

Redakteur, [redak'tö:r, lat.-frz.], m, -e: für Massenmedien tätiger Manuskriptbearbeiter

Redaktion, (lat.), w, -en: 1. Gesamtheit der angestellten journalist. Mitarbeiter einer Zeitung oder Sendeanstalt, 2. Arbeit eines Redakteurs

redigieren, (lat.): Texte bearbeiten, überarbeiten

Redoute, [re'du:t, frz.], w, -n: Tanz- und Festsaal

Reduit, (frz.), s, -s: gut zu verteidigende Rückzugsstellung

Reduktion, (lat.), w, -en: Zurückführung, Verkürzung, Minderung; Umwandlung

redundant, (lat.): sehr reichlich; weitschweifig; überflüssig

Redundanz, (lat.), w, -en: 1. Überfluß, 2. Weitschweifigkeit; Häufung sprachl. Mittel ohne neue Information

Reduplikation, (lat.), w, -en: Verdopplung, Wiederholung von Silben oder Wörtern

reduzieren, (lat.): zurückführen, herabsetzen; verkürzen, mindern

reell, (lat.): wirklich, ehrlich, solide

Refektorium, (lat.), s, -torien: Speisesaal in Klöstern

Referat, (lat.), s, -e: 1. Bericht, Vortrag, kurze Inhaltsangabe eines Textes, 2. selbständiges Arbeitsgebiet

Referendar, (lat.), m, -e: nach erstem Examen im Vorbereitungsdienst stehender Lehrer oder Jurist

Referendum, (lat.), s, Referenden: Volksentscheid

Referent, (lat.), m, -en: 1. Berichterstatter, Vortragender, 2. Sachbearbeiter

Referenz, (lat.), w, -en: Empfehlung, Auskunft

referieren, (lat.): einen Bericht geben, ein Referat halten

reflektieren, (lat.): 1. zurückstrahlen, spiegeln, 2. nachdenken, erwägen, 3. (r. auf) etwas haben wollen

Reflektor, (lat.), m, -flektoren: Rückstrahler

Reflex, (lat.), m, -e: 1. Rückstrahlung, 2. rasche Bewegung, Reaktion des Organismus auf einen Reiz

Reflexion, (lat.), w, -en: 1. Rückstrahlung, 2. Vertiefung in einen Gedanken, Betrachtung

reflexiv, (lat.): rückbezüglich (Sprachw.)

Reflexivpronomen, (lat.), s, - und -nomina: rückbezügliches Fürwort (z.B.: sich)

Reform, (lat.), w, -en: Rückführung einer Fehlentwicklung, Umgestaltung, Erneuerung einer Ordnung

Reformation, (lat.), w, n.E.: 1. durch Luther in Gang gesetzte Lösung der ev. von der kath. Kirche, 2. Umgestaltung, Erneuerung

Reformator, (lat.), w, -en: (religiöser) Erneuerer

Reformer, (lat.), m, -: Umgestalter, Erneuerer

Reformismus, (lat.), m, n.E.: Streben nach sozialer Veränderung und polit. Neuordnung auf evolutionärem Wege

Refrain, [re'frän, frz.], m, -s: Wiederholung gleicher Lied- oder Gedichtverse am Strophenende

Refugium, (lat.), s, Refugien: Zufluchtsort

Regal, s, -e: 1. Fächergestell, 2. Orgelregister

Regal, (lat.), s, -ien: Hoheitsrecht

Regatta, (ital.), w, Regatten: Wettfahrt zu Wasser

Regeneration, (lat.), w, -en: Wiedererzeugung; Erholung, Genesung

regenerativ, (lat.): durch Regeneration entstanden, erneuernd

regenerieren, (lat.): neu bilden; sich ausruhen, gesunden

Regent, (lat.), m, -en: Herrscher

Reggae, ['rä.gäj, amerik.], m, n.E.: volkstümliche Musik aus Jamaika (in der Popmusik)

Regie, [re'*sch*i:, frz.], w, -n: Gestaltung eines Films, einer Schauspielaufführung durch einen Regisseur

regieren, (lat.): lenken, herrschen, politisch handeln

Regierung, (lat.), w, -en: 1. Staatshandeln, 2. Gesamtheit der Personen, die ein Land regieren; Kabinett

Regime, [re'*sch*i:m, frz.], s, - [re'*sch*i-:me]: Herrschaft; totalitäre Regierung (sform)

Regiment, (lat.), s, -e bzw. -er: 1. Herrschaft, 2. größere Truppeneinheit

Region, (lat.), w, -en: Gegend, Bereich, Gebiet

regional, (lat.): räumlich, gebietsmäßig

Regisseur, [re*sch*i'ßö:r, frz.], m, -e: künstlerischer Leiter und Gestalter

Register, (lat.), s, -: 1. (amtl.) Verzeichnis, 2. Orgelpfeifen derselben Klangart, 3. Speicher im Computer

Registertonne, (lat.-dt.), w, -n: Raummaß zur Bestimmung der Schiffsgröße
Registratur, (lat.), w, -en: 1. Aktensammlung, Aktenschrank, 2. Gesamtheit der Registerzüge einer Orgel
registrieren, (lat.): 1. in ein Register eintragen, 2. etwas wahrnehmen
Reglement, [regle'm*an*, frz.], s, -s: (Dienst)vorschrift; Gesamtheit der (Spiel-)Regeln
reglementieren, (frz.): festen Regeln unterwerfen
Regreß, (lat.), m, -gresse: Ersatz (anspruch)
Regression, (lat.), w, -en: Rückbildung, Rückbewegung
regressiv, (lat.): zurückgehend, rückschreitend
regulär, (lat.): der Regel entsprechend; gewöhnlich
Regulation, (lat.), w, -en: Ausgleich, Regelung
Regulativ, (lat.), s, -e: Anweisung, Ordnung; Maßstab
regulieren, (lat.): regeln, ordnen; begradigen
Rehabilitation, (lat.), w, -en: 1. Wiederherstellung der Leistungsfähigkeit von Kranken und Unfallopfern, 2. Ehrenrettung, Wiedereinsetzen in frühere Rechte
rehabilitieren, (lat.): 1. wieder eingliedern (Kranke), 2. den guten Ruf wieder herstellen
Reibach, (jidd.), m, n.E.: unverhältnismäßig hoher Gewinn
Reinkarnation, (lat.), w, -en: Eintritt der Seele in einen anderen Körper nach dem Tode; Seelenwanderung
rekapitulieren, (lat.): gerafft wiederholen
Reklamation, (lat.), w, -en: Rückforderung, Beanstandung
Reklame, (lat.), w, -n: Werbung, Empfehlung; Anzeige
reklamieren, (lat.): beanstanden, sich beschweren
rekognoszieren, (lat.): erkunden; anerkennen
rekonstruieren, (lat.): wiederherstellen; nachvollziehen
Rekonstruktion, (lat.), w, -en: Wiederherstellung oder Nachbildung; Wiederaufbau
Rekonvaleszenz, (lat.), w, n.E.: Genesung(szeit)
Rekord, (lat.), m, -e: Best-, Spitzenleistung
Rekreation, (lat.), w, -en: Erholung, Erfrischung
Rekrut, (lat.), m, -en: Soldat in der Grundausbildungszeit
rekrutieren, (lat.): 1. neue Soldaten einberufen, 2. beschaffen, einstellen, 3. sich zusammensetzen aus
rektal, (lat.): durch den Mastdarm (Med.)
Rektor, (lat.), m, -en: Schulleiter, Leiter einer Hochschule
Rektorat, (lat.), s, -e: Amt(szimmer) eines Rektors
Rektoskopie, (lat.), w, -n: Spiegeluntersuchung des Mastdarms
Rektum, (lat.), s, Rekta: Mastdarm (Med.)
rekkurieren, (lat.): 1. sich zurückziehen auf, 2. Einspruch erheben, 3. zurückgreifen auf
Rekurs, (lat.), m, -e: 1. Beschwerde gegen Justizorgane, 2. Bezugnahme, Rückgriff
Relais, [re'lä:, frz.], s, - [re'lä:ß]: Schalt- oder Verbindungselement (in einem Stromkreis)
Relaisstation, (frz.), w, -en: Funkstation zur verstärkten Weitergabe von Sendungen
Relation, (lat.), w, -en: Beziehung, Verhältnis
relativ, (lat.): bedingt, bezüglich, verhältnismäßig
relativieren, (lat.): in Vergleich setzen; nur bedingte Gültigkeit einräumen
Relativismus, (lat.), m, n.E.: geistige Haltung, die alles Unbedingte oder Absolute ablehnt
Relativitätstheorie, w, n.E.: Theorie der Struktur von Raum und Zeit, Masse und Energie als relativer Größen
Relativpronomen (lat.), s, -s oder -nomina: bezügliches Fürwort
relaxen, [ri'lä.ksen, engl.]: sich entspannen, sich erholen
Release-Center, [ri'li:ß-ßä.nter, engl.], s, -: Einrichtung zur Entwöhnung Drogenabhängiger
Relegation, (lat.), w, -en: Verweisung von der Hochschule

relevant, (lat.): erheblich, belangvoll
Relevanz, (lat.), w, -en: Erheblichkeit, Wichtigkeit
Reliabilität, (lat.), w, -en: Verläßlichkeit
Relief, (lat.), s, -s: 1. plastische Darstellung, 2. Oberflächenform der Erde
Religion, (lat.), w, -en: 1. Gottesverehrung, Glaube an Wirklichkeiten jenseits der erfahrbaren Welt, 2. Bekenntnis
religiös, (lat.): einer Religion angehörend, fromm; kirchlich
Relikt, (lat.), s, -e: Überbleibsel, Fundstück
Reliquie, (lat.), w, -n: segensreiches Überbleibsel, kultisch verehrtes religiöses Andenken
Remake, [ri'me:jk, engl.], s, -s: Neufassung, Neuverfilmung eines Stoffes
Remedur, (lat.), w, n.E.: Abhilfe
Reminiszenz, (lat.), w, -en: bleibende Erinnerung
remis, [re'mi:, frz.]: unentschieden
Remis, [re'mi:, frz.], s, -[re'mi:ß]: unentschiedenes Spiel
Remission, (lat.), w, -en: Rücksendung
Remittende, (lat.), w, -n: nicht verkauftes Buch
remittieren, (lat.): zurücksenden; nachlassen
Remoulade, [remula:de, frz.], w, -n: Tunke aus Öl, Eiern u.a.
Renaissance, [rene'ß*an*ß, frz.], w, -n: Kunst- und Kulturepoche, die an die gr.-röm. Antike anknüpfte; Wiederaufleben, neue Blüte
Rendezvous, [*ran*de'wu:, frz.], s, -: Treffen zweier Verliebter
Rendite, (lat.), w, -n: Ertrag einer Vermögensanlage
Renegat, (lat.), m, -en: Abtrünniger, Überläufer
renitent, (lat.): widerspenstig
Renitenz, (lat.), w, n.E.: Widerspenstigkeit, Auflehnung
Renkontre, [*ran*'k*on*tre, frz.], s, -s: feindl. Begegnung
Renommee, (frz.), s, -s: guter Ruf, Ansehen
renommieren, (frz.): prahlen, angeben
renommiert, (frz.): mit gutem Ruf, namhaft
renovieren, (lat.): wiederherstellen, instandsetzen
rentabel, (frz.): lohnend, vorteilhaft
Rentabilität, (frz.), w, n.E.: Wirtschaftlichkeit
Rente, (lat.), w, -n: Altersruhegeld; regelmäßiges Einkommen aus Vermögens-, Versicherungs-, Versorgungsansprüchen
rentieren, (lat.): Gewinn bringen, sich lohnen
Reorganisation, (lat.), w, -en: Neugestaltung, Neubildung
reorganisieren, (lat.): neu regeln, neu einrichten
reparabel, (lat.): wiederherstellbar, reparierbar
Reparation, (lat.), w, -en: 1. Wiederherstellung, 2. Kriegsentschädigungen
Reparatur, (lat.), w, -en: Instandsetzung, Wiederherstellung
reparieren, (lat.): instandsetzen
repatriieren, (lat.): wiedereinbürgern
Repertoire, [reperto'a:r, frz.], s, -s: Gesamtheit der Rollen, die ein Schauspieler, der Kompositionen, die ein Interpret, Akrobat usw. beherrscht
repetieren, (lat.): wiederholen und dabei üben
Repetiergewehr, (lat.), s, -e: Mehrladegewehr
Repetitor, (lat.), m, -en: jmd., der mit Studenten Lehrstoff wiederholt
Replik, (lat.), w, -en: Entgegnung, Erwiderung
replizieren, (lat.): entgegnen, erwidern
Report, (lat.), m, -e: Bericht
Reportage, [repor'ta:*sch*e, frz.], w, -n: Bericht
Reporter, (lat.), m, -: Berichterstatter für Fernsehen, Presse und Rundfunk
Repräsentant, (lat.), m, -en: 1. jmd., der für etwas steht, 2. offizieller Vertreter eines Staates, 3. Firmenvertreter
Repräsentation, (lat.), w, -en: 1. Vertretung, 2. würdiges Auftreten
repräsentativ, (lat.): 1. charakteristisch, typisch, 2. würdig, ansehnlich
repräsentieren, (lat.): 1. standesgemäß auftreten, 2. jmdn. oder etwas vertreten, darstellen
Repressalie, (lat.), w, -n: Druckmittel
Repression, (lat.), w, -en: Unterdrükkung
repressiv, (lat.): hemmend, unterdrükkend

Reprint, [ri'pri.nt, engl.], m, -s: Neudruck eines vergriffenen Druckwerks
Reprise, (frz.), w, -n: Wiederholung; Wiederaufnahme eines Stückes oder Films in den Spielplan
reprivatisieren, (lat.): verstaatl. Eigentum wieder in Privatbesitz überführen
Reproduktion, (lat.), w, -en: Nachbildung, Vervielfältigung
reproduzieren, (lat.): nachbilden, wiedergeben; fortpflanzen
Reptil, (lat.), s, -ien: Kriechtier
Republik, (lat.), w, -en: Staatsform, in der das Staatsoberhaupt kein Monarch oder Diktator ist
Republikaner, (lat.), m, -: Anhänger der republikan. Staatsform; Anhänger der konservativen Partei in den USA; Mitglied der rechtsradikalen Partei "Die Republikaner"
republikanisch, (lat.): für eine Republik eintretend
Reputation, (lat.), w, -en: Ansehen, Ruf
Requiem, (lat.), s, -s: (würdig-getragenes Musikstück für eine) Totenmesse
Requiescat in pace! (lat.): er (sie) möge in Frieden ruhen!
requirieren, (lat.): herbeischaffen, beschlagnahmen
Requisit, (lat.), s, -en: Zubehör für Film- und Bühnenausstattungen
Research, [ri'ßö:(r)tsch, engl.], s, -s: (Markt- und Meinungs)forschung
Reservat, (lat.), s, -e: 1. vgl. Reservation, 2. Schutzgebiet für Pflanzen und Tiere
Reservation, (lat.), w, -en: Land, das Resten der Urbevölkerung zugewiesen wird
Reserve, (lat.), w, -n: 1. Zurückhaltung, 2. milit. Ersatztruppe; Ersatzmannschaft, 3. Rücklage
reservieren, (lat.): aufbewahren, vorbestellen
reserviert, (lat.): unnahbar; vorbestellt
Reservist, (lat.), m, -en: Wehrpflichtiger der Reserve
Reservoir, [reserwo'a:r, frz.], s, -e: Sammelbecken, Vorrat
Residenz, (lat.), w, -en: Wohn-, Regierungssitz eines Fürsten
residieren, (lat.): als Residenz bewohnen, hofhalten
Resignation, (lat.), w, -en: Verzicht; Aufgabe
resignieren, (lat.): verzichten, entsagen; aufgeben
Résistance, [resiß'*tanß*, frz.], w, n.E.: frz. Widerstandsbewegung im 2. Weltkrieg
resistent, (lat.): gefeit, widerstandsfähig
Resistenz, (lat.), w, -en: 1. aktiver Widerstand, Gegenwehr, 2. Widerstandsfähigkeit (Med.)
resolut, (lat.): entschlossen, beherzt, energisch
Resolution, (lat.), w, -en: Entschließung (einer Versammlung)
Resonanz, (lat.), w, -en: 1. Widerhall; 2. Anteilnahme
Resorption, (lat.), w, -en: das Aufsaugen, Aufnahme
resozialisieren, (lat.): wieder in die Gesellschaft eingliedern
Respekt, (lat.), m, n.E.: Rücksicht, Achtung
respektabel, (lat.): achtbar, respekteinflößend
respektieren, (lat.): achten, anerkennen
respektive, (lat.): beziehungsweise
Responsorium, (lat.), s, -sorien: liturg. Wechselgesang
Ressentiment, [reß*an*ti'm*an*, frz.], s, -s: gefühlsmäßige Abneigung, Vorurteil
Ressort, [re'ßo:r, frz.], s, -s: Amts-, Geschäfts-, Arbeitsbereich
Ressource, [re'ßu.rß, frz.], w, -n: Hilfsmittel, Reserve
Restaurant, [reßto'r*an*, frz.], s, -s: Speisegaststätte
Restauration, (lat.), w, -en: 1. Wiederherstellung, 2. vgl. Restaurant
restaurativ, (lat.): auf die Wiederherstellung überlebter früherer Zustände bedacht
Restaurator, (lat.), m, -en: Fachmann für Wiederherstellung von Kunstwerken
restaurieren, (lat.): wiederherstellen; ausbessern
Restitution, (lat.), w, -en: 1. Wiederherstellung, 2. Wiedererstattung, Schadenersatz
Restriktion, (lat.), w, -en: Beschränkung, Vorbehalt
restriktiv, (lat.): beschränkend
Resultat, (lat.), s, -e: Ergebnis, Erfolg

resultieren, (lat.): als Ergebnis haben, zur Folge haben
Resümee, (frz.), s, -s: Zusammenfassung, Übersicht
resümieren, (frz.): zusammenfassen
retardiert, (lat.): zurückgeblieben
Retina, (lat.), w, Retinae: Netzhaut des Auges (Med.)
retirieren, (lat.): sich zurückziehen, zurückweichen
Retorte, (lat.), w, -n: Destillationsgerät in Labors; aus der R.: künstlich hergestellt
Retortenbaby, (lat.-engl.), s, -s: Baby, das durch künstl. Befruchtung außerhalb des Mutterleibs entstanden ist
retour, [retu:r, frz.]: zurück
Retourkutsche, w, -n: Zurückgeben einer Beleidigung
retournieren, (frz.): zurückschicken, zurücksenden
retrograd, (lat.): rückläufig
retrospektiv, (lat.): rückblickend
Retrospektive, (lat.), w, -n: Rückschau
Retsina, (gr.), m, n.E.: geharzter gr. Wein
Return, [ri'tö:(r)n, engl.], m, -s: Rückschlag beim (Tisch-)Tennis (v.a. nach dem Aufschlag)
Retusche, (frz.), w, -n: Nachbesserung, Handüberarbeitung (z.B. bei Fotos); Schönung
retuschieren, (frz.): schönen; Retuschen vornehmen
reüssieren, (lat.): Erfolg haben; gelingen
Revanche, [re'v*an*sch, frz.), w, -n: Rache; Rückkampf; Rückspiel
revanchieren, (frz.): 1. vergelten, sich rächen, 2. eine Niederlage wettmachen
Revanchismus, (frz.), m, n.E.: von Rachegelüsten geleitete polit. Haltung und polit. Handeln
Reverenz, (lat.), w, -en: Ehrerbietung, Verbeugung
Revers, [re'wä:r, frz.], s oder m, -: Jackett- oder Mantelaufschlag
Revers, [re'wä.rß, lat.], m, -e: 1. Rückseite einer Münze oder Medaille, 2. schriftl. Verpflichtung
reversibel, (lat.): umkehrbar
revidieren, (lat.): überprüfen; korrigieren, ändern
Revier, (lat.): Jagdbezirk, Gebiet; Bergbauregion
Revirement, [rewire'm*an*, frz.], s, -s: Regierungsumbildung
Revision, (lat.), w, -en: 1. Nach-, Überprüfung, 2. (Ab)änderung, 3. Rechtsmittel zur Überprüfung eines Urteils
Revisionismus, (lat.), m, n.E.: 1. Streben nach Wiederherstellung eines früheren politischen Zustands, 2. reformerische Strömung in der Arbeiterbewegung
Revisor, (lat.), m, -en: Wirtschaftsprüfer
Revival, [ri'waiwl, engl.], s, -s: Wiederaufleben
Revolte, (lat.), w, -n: Aufstand, Aufruhr, Meuterei
revoltieren, (lat.): sich auflehnen, eine Revolte anzetteln
Revolution, (lat.), w, -en: (gewaltsamer) Umsturz einer Gesellschaftsordnung
revolutionär, (lat.): umstürzlerisch; umwälzend; unerwartet
Revolutionär, (lat.), m, -e: Teilnehmer oder Wegbereiter einer Revolution
Revolver, (engl.), m, -: Handfeuerwaffe
Revue, [re'wü:, frz.], w, -n: 1. Show, 2. Übersicht, -blick
Rezensent, (lat.), m, -en: Verfasser einer Buchbesprechung
Rezension, (lat.), w, -en: Beurteilung (v.a. von Büchern)
rezent, (lat.): gegenwärtig lebend (Biol.)
Rezept, (lat.), s, -e: 1. Medikamentverschreibung, 2. Koch- und Backanleitung
Rezeption, (lat.), w, -en: 1. Annahme, Aufnahme, 2. Empfangsstelle im Hotel
rezeptiv, (lat.): aufnehmend, empfänglich
Rezeptor, (lat.), m, -en: Organ, das Reize aufnimmt
Rezeptur, (lat.), w, -en: Zubereitung von Medikamenten nach Angaben eines Rezepts
Rezession, (lat.), w, -en: Abflauen der Konjunktur
Rezidiv, (lat.), s, -e: Rückfall (Med.)
rezipieren, (lat.): aufnehmen, übernehmen

reziprok, (lat.): wechselseitig, gegenseitig, umgekehrt
Rezitation, (lat.), w, -en: Vortrag von dichterischen Texten
Rezitativ, (lat.), s, -e: Sprechgesang
rezitieren, (lat.): (eine Dichtung) künstlerisch vortragen
Rhapsodie, (gr.), w, -n: erzählendes Gedicht; balladenhaftes Musikstück
Rhesusfaktor, (gr.), m, -en: erbliche Eigenschaft des Blutes
Rhetorik, (gr.), w, -en: Redekunst, Beredsamkeit, Redelehre
rhethorische Frage: Frage, auf die keine Antwort erwartet wird
Rheuma, (gr.), s, n.E.: Rheumatismus
Rheumatismus, (gr.), m, -tismen: entzündliche Erkrankung der Gelenke, Muskulatur, Sehnen, Nerven
Rhinitis, (gr.), w, -tiden: Schnupfen
Rhinologie, (gr.), w, n.E.: Nasenheilkunde
Rhinozeros, (gr.), s, -se: Nashorn
Rho, (gr.), s, -s: 17. Buchstabe des gr. Alphabets
Rhododendron (gr.), m, -dendren: immergrüner Zierstrauch
rhombisch, (gr.): rautenförmig
Rhombus, (gr.), m, Rhomben: Raute (Math.)
Rhythm and Blues, ['ri.*th*m(ä)n'blu:s, amerik.], m, n.E.: Musikstil der Afroamerikaner in den USA
Rhythmik, (gr.), w, n.E.: Lehre vom Rhythmus; Kunst rhythm. Gestaltung
Rhythmus, (gr.), m, Rhythmen: gleichmäßige Abfolge von Bewegungen, von betonten und unbetonten Tongruppen
Ribonukleinsäure, (lat.-dt.), w, -n: Bestandteil der Zellen
ridikül, (frz.): lächerlich
rien ne va plus, [ri'*än* ne wa 'plü:, frz.]: »nichts geht mehr« (Ansage des Croupiers beim Roulette)
rigid, rigide, (lat.): starr, unnachsichtig
Rigorismus, (lat.), m, n.E.: übertriebene Strenge, Härte, Rücksichtslosigkeit
rigoros, (lat.): streng, hart, rücksichtslos
Rigorosum, (lat.), s, -rosa: mündl. Prüfung bei der Promotion
Rikscha, (japan.), w, -s: von einem Mann gezogener Karren zur Personenbeförderung
Riposte, (ital.), w, -n: Gegenstoß beim Fechten
Rips, (engl.), m, -e: Gewebe mit Längs- oder Querrippen
Risiko, (ital.), s, -s und Risiken: Gefahr, Wagnis
Risi-Pisi, (ital.), s, -: ital. Gericht (Erbsen mit Reis u.a.)
riskant, (ital.): gewagt, gefährlich
riskieren, (ital.): wagen, aufs Spiel setzen
Risotto, (ital.), m (auch s), -s: dickgekochter Reis mit Parmesan u.a.
rite, (lat.): genügend (Promotionsnote)
Ritual, (lat.), s, -e: 1. zeremonielle Ordnung; kult. Brauch; schematisierter feierlicher Ablauf, 2. vorgeprägtes Verhalten von Tieren
rituell, (lat.): den Ritus betreffend
Ritus, (lat.), m, Riten: Gesamtheit der bei religiösen Handlungen vorgeschriebenen Bräuche; Zeremoniell
Rivale, (lat.), m, -n: Nebenbuhler, Konkurrent
rivalisieren, (lat.): wetteifern, um die Gunst streiten
Rivalität, (lat.), w, -en: Wettbewerb, Konkurrenz
Rizinus, (lat.), m, -se: Öl der Rizinussamen (Abführmittel)
Roadie, ['ro:(a)di, engl.], m, -s: Begleiter von Rockgruppen
Roadster, ['ro:(a)dßter, engl.], m, -: offener zweisitziger Sportwagen
Roastbeef, ['ro:(a)ßtbi:f, engl.], s, -s: Rinderbraten nach engl. Art (halbdurchgebraten)
Robinsonade, w, -n: Abenteuer ähnlich denen des Robinson Crusoe im Roman von D. Defoe
Roboter, (tschech.), m, -: Maschinenmensch, elektronisch gesteuerter Automat
robust, (lat.): kräftig, unempfindlich, derb
Rochade, (pers.), w, -n: Positionswechsel (von König und Turm im Schach)
Rochett, [rö'schät, frz.], s, -s: Chorhemd des Priesters
rochieren, (pers.): die Rochade ausführen
Rochus, (hebr.): Zorn
Rock, (engl.), m, n.E.: 1. vgl. Rockmusik, 2. vgl. Rock and Roll

Rock and Roll, Rock'n Roll, ['ro.k(ä) nro:(a)l, engl.], m, n.E.: rhythmisierter Musikstil; Tanz mit akrobat. Einlagen
rọcken, (engl.): Rockmusik machen; nach Rockmusik tanzen
Rọcker, (engl.), m, -: Mitglied von Jugendbanden, die in Lederlook auftreten und schwere Motorräder fahren
Rọckmusik, w, n.E.: angloamerik. Popmusik, die aus Rock and Roll, Jazzrock, Beat und Folkloremusik enstanden ist
Rodẹo, (span.), m oder s, -s: Reiterwettkämpfe der Cowboys
Rọkoko, (frz.), s, n.E.: Kulturepoche des 18. Jh.
rollieren, (lat.): nach einem best. System abwechseln
Rọm, (sanskr.), m, Roma: Eigenbezeichnung der vom Volksmund diskriminierend "Zigeuner" Genannten
Roman, (lat.), m, -e: episch breite Prosaerzählung
Romancier, [rom*an*ß'je:, frz.], m, -s: Romanschriftsteller
Romane, (lat.), m, -n: Angehöriger eines Volkes, dessen Sprache sich aus dem Lateinischen entwickelt hat
Rọmani, (sanskr.), s, n.E.: Sprache der Roma
Romanik, (lat.), w, n.E.: Stilepoche der Kunst des frühen Mittelalters
romanisch, (lat.): 1. zur Sprachgruppe der Romanen gehörig, 2. im Stil der Romanik
Romanịstik, (lat.), w, n.E.: Wissenschaft von den roman. Sprachen
Romạntik, (lat.), w, n.E.: 1. Kunst- und Literaturepoche zwischen 1795 und 1830, 2. gefühlsbetontes Verhalten, Schwärmerei
Romạntiker (lat.), der -: 1. Künstler der Romantik, 2. Gefühlsschwärmer, romant. Mensch
romạntisch, (lat.): 1. von der Romantik geprägt, 2. stimmungsvoll, schwärmerisch, anhimmelnd
Rọmmé, (frz.), s, -s: ein Kartenspiel
Rondeau, [r*on*do:, frz.], s, -s: kunstvolles Refrainlied, mittelalterl. Tanzlied
Rondẹll, (frz.), s, -e: Rundbeet, runder Platz
Rọndo, (ital.), s, -s: 1. Instrumentalsatz mit wiederkehrender Hauptmelodie, 2. mittelalterl. Tanzlied

Röntgenologie, w, n.E.: Physik, die sich mit Röntgenstrahlen beschäftigt
Rooming-in, ['ru:ming-in, engl.], s, -s: gemeinsame Unterbringung von Mutter und Kind auf der Entbindungs-Station
Roquefort, [ro.k'fo:r, frz.], m, -s: von Schimmel durchzogener Edelkäse
Rosarium, (lat.), s, -sarien: Rosenpflanzung
Rosé, (frz.), m, -s: blaßroter Wein
Rosẹtte(frz.), w, -n: rundes Kirchenfenster in der stilisierten Form einer Rose
Rota, (lat.), w, n.E.: Gerichtshof der kath. Kirche
Rotary Club, ['ro:teri'kla.b, engl.], m, n.E.: internat. Vereinigung von einflußreichen Personen
Rotation, (lat.), w, -en: (Um)drehung, Umlauf; Wechsel
rotieren, (lat.): 1. sich drehen, umlaufen, 2. die Position wechseln, 3. umg. heftig arbeiten
Rotor, (engl.), m, -en: 1. Hubschrauberpropeller, 2. sich drehender Teil von Elektromaschinen
Rotụnde, (lat.), w, -n: Rundbau, runder Saal
Roué, [ru'e:, frz.], m, -s: Wüstling, Lebemann
Rouge, [ru:*sch*, frz.], s, -s: rote Schminke; Rot
Roulade, [ru'la:de, frz.], w, -n: zusammengerollte gefüllte Rindfleischscheibe
Roulette, [ru'lä.t, frz.], s, -s: Glücksspiel mit drehbarer Scheibe und Kugel
Round-table-Konferenz, ['raund'te:jbl-..., engl.], w, -en: Gespräch am runden Tisch
Route, ['ru:te, frz.], w, -n: vorgeschriebener Weg, Reiseweg
Routine, [ru'ti:ne, frz.], m, -s: durch Übung gewonnenes Geschick; Erfahrenheit
Routinier, [rutin'je:, frz.], m, -s: routinierter Praktiker
routiniert, (frz.): erfahren, gewitzt, gekonnt
Rowdy, ['raudi, engl.], m, -s: Raufbold, rücksichtsloser Kerl
Royalịst, (frz.), m, en: Königstreuer
Rubin, (lat.), m, -e: roter Korund, Edelstein
Rubrik, (lat.), w, -en: Abschnitt, Kolumne

Rudiment, (lat.), s, -e: Überbleibsel, Rest

rudimentär, (lat.): rückgebildet, verkümmert

Rugby, ['ra.gbi, engl.], s, n.E.: mit einem eiförmigen Ball gespieltes Mannschaftsspiel

Ruin, (lat.), m, n.E.: Zusammenbruch; Verderb; Pleite

Ruine, (lat.), w, n: zerstörtes oder verfallenes Bauwerk

ruinieren, (lat.): zerstören, zugrunde richten

Rumba, (span.), w, -s: Gesellschaftstanz aus Kuba

rumoren, (lat.): lärmen, poltern

Rumpsteak, [rump'ßte:jk, engl.], s, -s: Rindfleischscheibe aus dem Rückenteil

Run, [ra.n, engl.], m, -s: Ansturm auf ein Geschäft, eine Ware u.a.

Rush-hour, ['rasch-auer, engl.], w, -s: Hauptverkehrszeit bei Arbeitsbeginn oder -ende

rustikal, (lat.): ländlich, bäuerlich

S

Sabbat, (hebr.), m, -e: der siebente Wochentag, jüd. Ruhetag

Sabotage, [sabo'ta:*sch*e, frz.], w, -n: Vereitelung durch passiven Widerstand

Saboteur, [sabo'tö:r, frz.], m, -e: Sabotage betreibende Person

sabotieren, (frz.): verraten, (zer)stören, Sabotage treiben

Sa(c)charin, (gr.), s, n.E.: Süßstoff

Sa(c)charose, (gr.), w, n.E.: Rohr-, Rübenzucker

Sadismus, m, n.E.: Freude, Spaß an Mißhandlungen, Quällust

Sadist, m, -en: sadistisch veranlagter Mensch

Sadomasochismus, m, n.E.: sowohl durch Erleiden wie durch Zufügen von Quälereien sexuelles Befriedigtsein

Safari, (arab.), w, -s: Jagdausflug oder Fahrt zur Tierbeobachtung in Afrika

Safe, [se:jf, engl.], m, -s: Geld(wand)schrank, Tresor

Safran, (pers.), m, -e: gelbfärbendes Gewürz

Saga, (altnord.), w, -s: altnord. (mythische) Prosaerzählung

Sago, (indones.), m oder s, n.E.: gekörnte Stärke aus dem Mark der Sagopalme

Sahib, (arab.), m, -s: früher in Indien Anrede für Europäer

Saison, [sä's*on*, frz.], w, -s: Hauptbetriebs-, -geschäfts- oder -reisezeit; Spielzeit der Theater

saisonal, (frz.): saisonbedingt, die Saison betreffend

Sake, (japan.), m, n.E.: japan. Reiswein

Sakko, (ital.), s, -s: Herrenjackett

sakral, (lat.): heilig; religiöses Tun betreffend; kirchlich

Sakralbau, (lat.), m, -ten: Bauwerk mit kirchl. Bestimmung

Sakrament, (lat.), s, -e: kirchl. Weihehandlungen zum Empfang der göttl. Gnade (z.B. Taufe)

Sakrileg, (lat.), s, -e: Entweihung, Frevel; Verstoß gegen »geheiligte« Traditionen oder Regeln

Sakristan, (lat.), m, -e: Küster

Sakristei, (lat.), w, -en: Nebenraum in Kirchen

sakrosankt, (lat.): unantastbar, geheiligt, hochheilig

säkular, (lat.): 1. hundertjährlich, 2. weltlich

Säkularisation, (lat.), w, n.E.: 1. Übergang von kirchl. in weltl. Besitz, 2. Verstaatlichung, Verweltlichung

Säkulum, (lat.), s, Säkula: Jahrhundert

Salam alaikum!, (arab.): (islam. Gruß) Friede sei mit Euch!

Salamander, (gr.), m, -: Schwanzlurch, Molch

Salami, (ital.), w, -s: Dauerwurst

Salär, (frz.), s, -e: Lohn, Honorar

Salchow, m, -s: gedrehter Sprung beim Eiskunstlauf

Saldo, (ital.), m, Saldi oder Salden: Differenzbetrag zwischen Haben und Soll (eines Kontos)

Salespromotion, ['ße:jlspromo(u)schn, engl.], w, n.E.: Verkaufsförderung

Saline, (lat.), w, -n: Anlage zur Salzgewinnung

Salmiak, (lat.), m oder s, n.E.: Ammoniumchlorid, farb- und geruchloses Salz

Salmonelle, w, -n: Stäbchenbakterie, die Darmerkrankungen auslöst

Salmonellose, w, -n: durch Salmonellen verursachte Erkrankung
salomonisch: weise, allen Betroffenen gerecht werdend
Salon, [sa'l*on*, frz.], m, -s: 1. Besuch- oder Empfangszimmer; Raum für gesellschaftl. Veranstaltungen, 2. Mode- oder Frisörgeschäft, 3. Ausstellung, 4. Künstlertreff
salonfähig, (frz.-dt.): vorzeigbar, in vornehme Gesellschaft passend
Saloon, [sa'lu:n, amerik.], m, -s: Gastwirtschaft oder Amüsierbetrieb im Wilden Westen
salopp, (frz.): nachlässig-bequem gekleidet; ungezwungen
SALT, [so(a)lt, engl.], Abk. für **S**trategic **A**rms **L**imitation **T**alks: Abrüstungsverhandlungen
Salto, (ital.), m, -s oder Salti: Flugrolle, freier Überschlag (Turnen, Kunstspringen)
Salto mortale, (ital.), m, - -: in großer Höhe ausgeführter Salto mit mehrfacher Drehung
salü, (lat.): Sei gegrüßt!
Salut, (lat.), m, -e: Salve von Kanonenschüssen als Ehrenbezeigung
salutieren, (lat.): milit. grüßen; Salut schießen
Salvation Army, [ßäl'we:jschn 'A:mi, engl.], w, n.E.: Heilsarmee
Salvator, (lat.), m, -toren: Erlöser; Heiland
salve!, (lat.): sei gegrüßt!
Salve, (lat.), w, -n: gleichzeitiges Feuern von mehreren Gewehren oder Geschützen
Samariter, m, -: hilfsbereiter Mensch; freiwilliger Krankenpfleger
Samba, (port.), w (auch m), -(s): brasilian. Gesellschaftstanz
Sambal, (malai.), s, n.E.: scharfe Sauce in Indonesien
Samowar, (rus..), m, -e: Teemaschine aus Rußland
Sampan, (chines.), m, -s: asiat. Ruderkahn mit Verdeck
Sample, ['sämpl, engl.], s, -s: Stichprobe, Auswahl
Samum, (arab.), m, -e oder -s: nordafrikan. Wüstenwind
Samurai, (japan.), m, -(s): Angehöriger des japan. Kriegeradels
Sanatorium, (lat.), s, -torien: Heilstätte, Kuranstalt
Sancho Pansa, m, - -s: derber, pfiffiger Mensch
Sancta simplicitas!, (lat.): heilige Einfalt!
Sanctus, Sanktus, (lat.), s, -: Lobgesang in der kath. Messe
Sandale, (gr.), w, -n: leichter Riemenschuh
Sandalette, (gr.), w, -n: leichte Sommersandale
Sandwich, ['ßä:n(d)witsch, engl.], s, -(e)s: doppelte belegte Weißbrotschnitte
Sandwichman, ['sän(d)witschmän, engl.], m, -men: jmd., der mit einem Reklameschild auf Brust und Rücken wirbt
Sangria, (span.), w, -s: span. Rotweinbowle mit Früchten
Sanguiniker, (lat.), m, -: lebhaft, heiter und beweglich veranlagter Mensch
sanieren, (lat.): 1. (z.B. ein Haus) modernisieren, verbessern, 2. in Ordnung bringen; kurieren, heilen
sanitär: (lat.): zum Gesundheitswesen gehörend; auf Toiletteneinrichtung bezogen (sanitäre Anlagen)
Sanitäter, (lat.), m, -: in Erster Hilfe ausgebildete Person; Krankenpfleger
Sankt, (lat.): heilig
Sanktion, (lat.), w, -en: 1. Billigung, 2. zur Bestrafung verhängte Zwangsmaßnahme
sanktionieren, (lat.): 1. billigen; Gesetzeskraft erteilen, 2. mit Zwangsmaßnahmen belegen
Sanktuarium, (lat.), s, -tuarien: Heiligtum; Altarraum
Sanskrit, (sanskr.), s, n.E.: altind. Literatur- und Wissenschaftssprache
Sanyasi, (sanskr.), m, -n: Anhänger/Funktionär der Sekte des Baghwans Rajneesh
Saphir, (gr.), m, -e: blau-durchsichtiger Edelstein; Tonabnehmernadel am Plattenspieler
Sarabande, (arab.), w, -n: frz. Gesellschaftstanz, langsamer Satz der Suite
Sarazene, (arab.), m, -n: mittelalterl. Bez. für Araber, islam. Kämpfer
Sardelle, (ital.), w, -n: kleiner Schwarmfisch
Sardine, (ital.), w, -n: heringsartiger Schwarmfisch

sardonisch, (gr.): hämisch; krankhaft verzerrt
Sari, (sanskr.), m, -s: ind. Frauengewand
Sarkasmus, (gr.), m, -kasmen: bittere Verspottung; höhnische, verächtliche Bemerkung
Sarkom, (gr.), s, -e: bösartige Geschwulst des Bindegewebes
Sarkophag, (gr.), m, -e: prächtiger Sarg (aus Stein)
Sarong, (malaiisch), m, -s: indones. Frauenrock
Satan, (hebr.), m, -e: Teufel, Widersacher Gottes
Satellit, (lat.), m, -en: um einen Planeten kreisender künstl. oder natürl. Himmelskörper
Satellitenstaat, (lat.-dt.), m, -en: von einer Großmacht gegängelter Staat
Satin, [sa'*tän*, frz.], m, -s: hochglänzendes Gewebe
Satire, (lat.), w, -n: Dichtung oder Schrift, die menschl. Schwächen, polit. Ereignisse o.ä. mit Ironie und scharfem Spott bloßstellt
satirisch, (lat.): in der Art einer Satire
Satisfaktion, (lat.), w, -en: Genugtuung
Satrap, (pers.), m, -en: Statthalter einer Provinz im antiken Persien
saturieren, (lat.): sättigen; (Ansprüche) befriedigen
Saturnismus, (lat.), m, n.E.: Bleivergiftung
Satyr, (gr.), m, -n: lüsterner Naturdämon der gr. Mythologie
Sauciere, [soß'jä:re, frz.], w, -n: Soßenschüssel
Sauna, (finn.), w, -s oder Saunen: Heißluft- und Dampfbad
Saurier, (gr.), m, -: ausgestorbene Echse
sautieren, [ßo'ti:ren, frz.]: kurz in Fett braten
Savanne, (indian.), w, -n: trop. Steppe
Savoir-vivre, [ßawoa'wi:wr(e), frz.], s, n.E.: Lebensart; raffinierte Lebensführung
Saxophon, s, -e: geschwungenes Blechblasinstrument
Sazerdotium, (lat.), s, n.E.: Priesteramt oder -tum; des Papstes geistl. Gewalt im Mittelalter
Scampi: ital. Handelsbez. für eine Art großer Garnelen
Scanner, ['ßkä.ner, engl.], m, -: Peripheriegerät eines Computers, das Bilder, Schriftvorlagen u.a. Objekte für den Druck oder zu Satzschriften weiterverarbeitet
Scaramouche, [ßkara'mu:sch, frz.], m, -s: Großsprecher in der frz. und ital. Komödie
Scene, [ßi:n, engl.], w, n.E.: (umg.) (Drogen)milieu
Schablone, w, -n: Formvorlage, Muster
Schabracke, (ungar.), w, -n: 1. bunte Decke als Sattelunterlage, 2. alter Gaul, 3. Möbelüberwurf
Schador, (pers.), m, -s: von islam. Perserinnen getragener überwurfartiger Schleier
Schafott, (niederl.), s, -e: erhöhte Hinrichtungsstätte, Galgen
Schah, (pers.), m, -s: König, Titel früherer pers. Herrscher
Schakal, (sanskr.), m, -e: Wildhund u.a. in Afrika
Schalom!, (hebr.): (Gruß in Israel) Frieden!
Schaluppe, (frz.), w, -n: größeres Beiboot; einfaches Boot
Schamane, (sanskr.), m, -n: angeblich mit unsichtbaren Mächten im Bund stehender Magier und Priester bei Naturvölkern
Schammes, (jidd.), m, -: Synagogendiener
Schamott, (jidd.), m, n.E.: Kram, unnützes Zeug
Schamotte, (ital.), w, n.E.: feuerfester Ton zum Ofenbau
Schampon: vgl. Shampoo
schamponieren: mit Shampoo die Haare waschen
Schampus, m, n.E.: (umg.) Champagner
schanghaien: eine Matrosen mit Gewalt anheuern
Schanker, (lat.-frz.), m, -: Geschwür an den Genitalien bei Geschlechtskrankheiten
Scharade, (frz.), w, -n: Silbenrätsel; lebendes Bild, das von jmd. erraten werden muß
Scharlach, (lat.), m, n.E.: 1. leuchtendes Rot, 2. fiebrige Kinderkrankheit
Scharlatan, (frz.), m, -e: Quacksalber, Kurpfuscher

Scharlatanerie, (frz.), w, -n: Kurpfuscherei; Schwindel

Scharmützel, (ital.), s, -: kleines Gefecht; Geplänkel

Scharnier, (frz.), s, -e: Drehgelenk (z.B. für Türen)

scharwenzeln, (tschech.): liebedienern, sich um jmds. Gunst bemühen

Schaschlik, (russ.), m oder s, -s: an Spießen gebratene Fleischstückchen mit Zwiebeln, Paprika u.a.

schassen, (frz.): hinauswerfen, entlassen

Schatulle, (lat.), w, -n: Privatkasse (eines Fürsten); schmuckes Kästchen

Schekel, (hebr.), m, -: israel. Währungseinheit

Schelf, (engl.), m oder r, -s: Festlandsockel

Schema, (gr.), s, -s oder -ta: vereinfachte zeichnerische Darstellung; Grundstruktur, Plan, Form

schematisieren, (gr.): in ein Schema bringen; vereinfachen

Schematismus, (gr.), m, -tismen: unangemessene Vereinfachung

Scherzo, ['ßkä.rtzo, ital.], s, -s: schneller, heiterer Satz z.B. einer Sinfonie; kurzes Instrumentalstück

Schia, (arab.), w, n.E.: zweite Hauptrichtung des Islam, Staatsreligion im Iran

Schickeria, (ital.), w, n.E.: oberflächliche Gesellschaft(sschicht)

Schickse, (jidd.), w, -n: aufgetakelte Frau, Flittchen

Schiit, (arab.), m, -en: Anhänger der Schia

Schikane, (frz.), w, -n: 1. absichtlich bereitete Schwierigkeit, 2. Kniff, Feinheit

schikanieren, (frz.): vorsätzlich Schwierigkeiten bereiten

schikanös, (frz.): boshaft; Schikanen bereitend

Schimäre, (gr.), w, -n: Hirngespinst, Einbildung

Schimpanse, (Bantu), m, -n: mittelgroßer Menschenaffe

Schintoismus (Shintoismus), (japan.), m, n.E.: japan. Nationalreligion

Schirokko, (arab.), m, -s: Südwind im Mittelmeerraum

Schisma, (gr.), s, -ta oder Schismen: Kirchenspaltung

schizoid, (gr.): seelisch zerrissen, psychisch gespalten; unter leichter Schizophrenie leidend

schizophren, (gr.): 1. unter Schizophrenie leidend, 2. widersinnig

Schizophrenie, (gr.), w, n.E.: Bewußtseinsspaltung, Zerfall der psych. Persönlichkeit

Schlamassel, (jidd.), m, n.E.: Unglück; verfahrene Situation

Schlemihl, (hebr.), m, -s: Pechvogel; Schlitzohr

Schmu, (jidd.), m, n.E.: harmloser Betrug

Schmus, (jidd.), m, n.E.: schmeichlerisches Getue

schmusen, (jidd.): liebkosen; schmeicheln

Schock, (engl.), m, -s: 1. durch Schreck, Angst oder Schmerz ausgelöstes Kreislaufversagen, 2. schwerer Schlag

schocken, (engl.): einen Schock versetzen

Schocker, (engl.), m, -: gruseliger Film oder Roman

schockieren, (engl.): Anstoß erregen, empören

schofel, (jidd.): (umg.) schäbig, knauserig, geizig

Schogun, (japan.), m, -e: im feudalen Japan oberster Feldherr, kaiserl. Statthalter

Scholar, (gr.), m, -en: mittelalterl. fahrender Schüler

Scholastik, (gr.), w, n.E.: Lehre, die den christl. Glauben wissenschaftl. zu fundieren suchte

scholastisch, (gr.): 1. in der Art der Scholastik, 2. haarspalterisch

Schose, (frz.), w, -n: (umg.) Angelegenheit, Vorhaben

schraffieren, (niederl.): eine Fläche mit feinen parallelen Linien stricheln

Schraffur, (niederl.), w, -en: Strichelung

Schrapnell, (engl.), s, -s oder -e: 1. altes Sprenggeschoß, 2. zänkisches altes Weib

Schredder, (engl.), m, -: Anlage zum Verschrotten und Zerkleinern

Schwadron, (ital.), w, -en: kleinste Einheit der Kavallerie

schwadronieren, (ital.): weitschweifig daherreden; prahlen

Science-fiction, ['ßai(e)nß-'fi.kschn, engl.], w, n.E.: abenteuerlich-phantast. Literatur futuristischen Inhalts
scilicet, (lat.): nämlich (Abk.: sc.)
Scotch, ['ßko.tsch, engl.], m, -s: schott. Whisky
Scotland Yard, ['ßko.tländ 'Ja:d, engl.], m, n.E.: Kriminalpolizei in London
Scout, [ßkaut, engl.], m, -s: 1. Pfadfinder, 2. Wegbereiter
Screening, ['skri:nin(g), engl.], s, -s: Reihenuntersuchung
Scribble, ['skribl, engl.], s, -s: Rohentwurf einer Graphik
Séance, [ße:'*anß*, frz.], w, -n: spiritistische Sitzung
SECAM-System, (frz.) s, n.E.: Übertragungsverfahren für Farbfernsehen
secco, ['ße.ko, ital.]: trocken (von Weinen)
Secondhandshop, ['ßä.ken(d) 'hä.ndschop, engl.], m, -s: Geschäft mit Waren aus »zweiter Hand«
Secret Service, ['ßi:krit 'ßö:wiß, engl.], m, n.E.: brit. Geheimdienst
sedativ, (lat.): beruhigend, schmerzstillend (Med.)
Sedativ, Sedativum, (lat.), s, -tiva: Beruhigungsmittel
Sediment, (lat.), s, -e: Ablagerung, Absatzgestein
Sedimentation, (lat.), w, -en: Ablagerung (Geol.)
Segment, (lat.), s, -e: Ab- oder Ausschnitt, Teilstück
segmentieren, (lat.): in Segmente gliedern
segregieren, (lat.): aufspalten, absondern, trennen
Seicento, [sej'tschä.nto, ital.], s, n.E.: ital. Kunst des 17. Jh.
Seigneur, [ßän'jö:r, frz.], m, -s: feudaler Grund- und Lehnsherr in Frankreich; vornehmer Herr
seismisch, (gr.): 1. die Seismologie betreffend, 2. Erdbeben betreffend
Seismogramm, (gr.), s , -e: Aufzeichnung eines Erdstoßes
Seismograph, (gr.), m, -en: Erdbebenschreiber
Seismologie, (gr.), w, n.E.: Erdbebenkunde
Sejm, [ßä.jm, poln.], m, n.E.: Parlament in Polen
Sekante, (lat.), w, -n: eine Kurve schneidende Gerade
Sekret, (lat.), s, -e: Absonderung von Drüsen, Exkrement, Ausscheidung
Sekretär, (lat.), m, -e: 1. zugeordneter kaufmänn. Angesteller, der die Büroorganisation führt (meist Sekretärin), 2. Schreibschrank, 3. afrikan. Raubvogel
Sekrtariat, lat.), s, -e: Vorzimmer, Geschäftsstelle
Sekretion, (lat.), w, -en: Absonderung von Sekret (Med.)
sekretorisch, (lat.): die Sekretion betreffend
Sekte, (lat.), w, -n: von einer Glaubensgemeinschft abgespaltene, kleine religiöse Gruppierung
Sektierer, (lat.), m, -: 1. Angehöriger einer Sekte, 2. (polit.) Abweichler, Eiferer
Sektion, (lat.), w, -en: 1. Abteilung, Zweig, 2. operativer Schnitt; Obduktion (Med.)
Sektor, (lat.), m, -toren: Abschnitt, Ausschnitt; Bezirk
Sekundant, (lat.), m, -en: 1. Beistand und Zeuge bei einem Duell, 2. Berater (eines Sportlers)
sekundär, (lat.): zweitrangig, nachgeordnet
Sekundärliteratur, (lat.), w, n.E.: (wissenschaftl.) Lit. über (schöne) Lit.
Sekunde, (lat.), w, -n: 1. der 60. Teil einer Minute; kurzer Augenblick, 2. 3600. Teil eines Winkelgrads (Math.), 3. zweite Stufe der Tonleiter, Intervall von zwei Stufen
sekundieren, (lat.): als Sekundant tätig sein; mit Argumenten unterstützen
selektieren, (lat.): gezielt aussondern
Selektion, (lat.), w, -en: Auswahl; Aussonderung
selektiv, (lat.): auswählend; gezielt aussondernd
Selen, (gr.), s, n.E.: schwefelähnliches chem. Element
Selfmademan, ['ßä.lfmejdmän, engl.], m, -men: jmd., der es aus eigener Kraft zu etwas gebracht hat
Selfservice, ['ßä.lfßöwis, engl.], m, n.E.: Selbstbedienung
Semantik, (gr.), w, n.E.: Lehre von der Bedeutung der Silben, Wörter, Sätze
Semester, (lat.), s, -: Studienhalbjahr

Semifinale, (lat.), s, -(s): Halbfinale
Semikolon, (lat.-gr.), s, -s oder -kola: Strichpunkt (;)
Seminar, (lat.), s, -e: Ausbildungsstätte; Studienveranstaltung an einer Hochschule
Semiotik, (gr.), w, n.E.: Lehre von den sprachl. Zeichen, Symbolen und anderen Kommunikationsmitteln
semipermeabel, (lat.): halbdurchlässig
Semit, (nach Sem, dem ältesten Sohn Noahs), m, -en: Angehöriger einer sprachl. verwandten Gruppe von Völkern in Vorderasien und Nordafrika
Semitistik, w, n.E.: Wissenschaft von den semit. Sprachen, Kulturen
semper aliquid haeret, (lat.: "immer bleibt etwas hängen")
Senat, (lat.), m, -e: (im antiken Rom) Rat der Alten als oberstes Regierungsgremium; Landesregierung der Stadtstaaten Bremen, Hamburg, Berlin; Selbstverwaltungsorgan an Hochschulen; Richtergremium; Parlamentskammer
Senator, (lat.), m, -toren: Mitglied eines Senats
senil, (lat.): alt, greisenhaft; (umg.) verkalkt
Senilität, (lat.), w, n.E.: Altersschwäche, Greisenhaftigkeit
Senior, (lat.), m, Senioren: der Ältere, Älteste
Seniorat, (lat.), s, n.E.: Ältestenwürde, -recht
Sensation, (lat.), w, -en: aufsehenerregendes Ereignis, große Überraschung
sensationell, (lat.): aufsehenerregend, sehr eindrucksvoll
sensibel, (lat.): 1. empfindsam, feinfühlig, 2. heikel
sensibilisieren, (lat.): sensibel, empfindsam(er) machen
Sensibilität, (lat.), w, n.E.: Empfindlichkeit; Feinfühligkeit; die Fähigkeit, Sinnesreize wahrzunehmen
sensitiv, (lat.): empfindlich, leicht reizbar; sinnlich
Sensomotorik, (lat.), w, n.E.: Zusammenspiel von Sinnesorganen und Muskeln
Sensor, (lat.), m, Sensoren: 1. elektron. Meßfühler, 2. Schaltvorrichtung, die durch bloßes Berühren betätigt wird
sensorisch, (lat.): die Sinnesorgane oder die Sinneswahrnehmung betreffend
Sensualität, (lat.), w, n.E.: Empfindungsvermögen
Sensus, (lat.), m, Sensus: Sinn; Wahrnehmungsvermögen
Sentenz, (lat.), w, -en: 1. bekannter Ausspruch; Sinnspruch, 2. Richterspruch
Sentiment, [ßanti'man, frz.], s, -s: Gefühl(igkeit)
sentimental, (lat.): empfindsam; rührselig; übertrieben gefühlvoll
Sentimentalität, (lat.), w, -en: Empfindsamkeit; Gefühlsüberschwang; Rührseligkeit
separat, (lat.): abgesondert, getrennt; einzeln
Separatismus, (lat.), m, n.E.: Selbständigkeitsstreben einer Region, Wunsch nach Autonomie
separatistisch, (lat.): in der Art des Separatismus
Séparée, (frz.), s, -s: abgeteilter Raum, Nebenraum, Nische
separieren, (lat.): absondern, trennen; ausschließen
Sephardim, (hebr.), w, n.M.: span. und port. Juden
sepia, (gr.): dunkelbraun
Sepsis, (gr.), w, Sepsen: Blutvergiftung
Septime, (lat.), w, -n: 7. Ton der Tonleiter; 7-stufiges Intervall
septisch, (gr.): die Sepsis betreffend; nicht keimfrei
Sequenz, (lat.), w, -en: Reihe, (Aufeinander)folge
Sequoia, Sequoie, (indian.), w, Sequoien: Mammutbaum
Serail, [se'raij, pers.], s, -s: Sultanspalast
Seraph, (hebr.), m, -im: Engel mit sechs Flügeln und Schlangenleib
seraphisch, (hebr.): engelgleich
Serenade, (ital.), w, -n: kleine Komposition; Abendmusik
Serenissimus, (lat.), m, -nissimi: Fürst eines Kleinstaates
Sergeant, [ser'*scha*.nt, frz. oder 'ßa:dschnt, engl.], m, -en (frz. Aussprache) oder -s (engl. Aussprache): Unteroffizier(sdienstgrad); Wachtmeister
Serie, (lat.), w, -n: Reihe, Folge gleichartiger Dinge

seriell, (lat.): 1. Daten nacheinander übertragend, bzw. verarbeitend (EDV), 2. in Serie (erscheinend)
Serife, (niederl.-engl.), w, -n: Abschlußlinie am Buchstabenkörper
Serigraphie, (gr.), w, -n: Siebdruck
seriös, (lat.): ernst(haft); glaub-, vertrauenswürdig; gediegen
Seriosität, (lat.), w, n.E.: Ernsthaftigkeit; Glaub-, Vertrauenswürdigkeit; Gediegenheit
Sermon, (lat.), m, -e: Rede; (Straf) predigt; ödes Gerede
Serologie, (lat.-gr.), w, n.E.: Lehre von den Eigenschaften der Blutflüssigkeit
Serpentine, (lat.), w, -n: (Weg, Straße in) Schlangenlinie
Serum, (lat.), s, Seren oder Sera: wässriger, nicht gerinnender Bestandteil des Blutes
Service, ['ßö:wiß, engl.], m, -s: 1. Bedienung; Kundendienst, 2. (Tennis) Aufschlag
Service, [ser'wi:ß, frz.], s, -: zusammengehöriges Tafelgeschirr
servieren, (lat.): 1. (Speisen) auftragen, bedienen; auftischen, 2. (Tennis) aufschlagen
Serviette, (frz.), w, -n: Mundtuch
servil, (lat.): übertrieben diensteifrig, unterwürfig
Servolenkung, (lat.-dt.), w, -en: hydraulisch unterstützte Kraftfahrzeuglenkung
Servus!, (lat.): Grußwort im süddt. Raum und Österreich
Sesam, (gr.), m, -s: trop. Ölpflanze; deren Samen
Session, (lat.), w, -en: Sitzungszeitraum
Sesterz, (lat.), w, -e: altröm. Silbermünze
Set, [ßä.t, engl.], m oder s, -s: 1. Satz zusammengehöriger Gegenstände (z.B. Koffer, Kleidungsstücke), 2. Platzdeckchen
Sex, (engl.), m, n.E.: 1. Geschlecht (lichkeit), Sexualität; Sex-Appeal, 2. Geschlechtsverkehr
Sex-Appeal, ['ßä.xepi:l, engl.], m, n.E.: erotische Attraktivität (einer Frau)
Sexismus, (lat.), m, n.E.: diskriminierendes Verhalten gegenüber dem anderen Geschlecht (insb. gegenüber Frauen)
Sexologie, (lat.-gr.), w, n.E.: Wissenschaft zur Erforschung von Sexualität und Sexualverhalten
Sextant, (lat.), m, -en: Winkelmeßgerät für Gestirnshöhen über dem Horizont
Sexte, (lat.), w, -n: 6. Ton der Tonleiter; 6-stufiges Intervall
Sextourismus, (engl.), m, n.E.: Tourismus in (Fernost-)Länder mit preiswerter Prostitution
Sexualdelikt, (lat.), s, -e: Straftat auf sexuellem Gebiet (z.B. Vergewaltigung)
Sexualität, (lat.), w, n.E.: Geschlechtlichkeit, Geschlechtsleben
Sexualobjekt, (lat.), s, -e: jmd., der zur Befriedigung sexueller Wünsche benutzt wird
sexuell, (lat.): geschlechtlich, das Geschlechtsleben betreffend
Sexus, (lat.), m, Sexus: Geschlecht
sexy, (engl.): geschlechtlich anziehend, attraktiv
Sezession, (lat.), w, -en: Trennung, Loslösung (von einer Gruppe); Austritt eines Staatsteiles aus einem Staatsverband
Sezessionskrieg, (lat.-dt.), m: amerik. Bürgerkrieg
sezieren, (lat.): eine Leiche zerlegen und untersuchen
Shag, [schä.g, engl.], m, -s: feingeschnittener Pfeifentabak
Shake, [schäjk, engl.], m, -s: 1. ein Mixgetränk, 2. Modetanz
Shakehands, [schäjk'hä:nds, engl.], s, -: Händeschütteln
Shampoo, ['scha.mpu, engl.], s, -s: Haarwaschmittel
Shanty, ['schä.nti, engl.], s, -s oder Shanties: Seemannslied
Share, [schä:r, engl.], m, -s: Aktie
Shareware, ['schä:rwär, engl.], w, -s: Kurzversion eines EDV-Programms
Sheriff, ['sche.rif, engl.], m, -s: 1. hoher Beamter in einer engl. Grafschaft, 2. gewählter Vollzugsbeamter mit polizeil. und richterl. Befugnissen in den USA
Sherpa, (tibetanisch), m, -s: Angehöriger eines Bergstammes im Himalaja (als Lastenträger oder Bergführer)
Sherry, ['sche.ri, engl.], m, -s: span. Apéritifwein
Shilling, (engl.), m, -s: alte engl. Münze

Shimmy, (engl.), m, -s: nordamerik. Gesellschaftstanz

Shirt, [schö:rt, engl.], s, -s: (kurzärmeliges) Baumwollhemd

Shit, (engl.), m, n.E.: (Jargon) Haschisch

Shooting-Star, ['schu:ting-ßta:r, engl.], m, -s: Person oder Produkt mit raketenartigem Erfolg

Shop, (engl.), m, -s: Laden, Geschäft

Shopping, (engl.), s, -s: Einkaufen; Einkaufsbummel

Shorts, (engl.), w, n.M.: kurze, knielange Sporthose

Show, [scho:u, engl.], w, -s: Unterhaltungsveranstaltung oder -sendung mit Darbietungen

Showbusineß, ['scho:ubisniß, engl.), s, n.E.: Showgeschäft, Unterhaltungsbranche

Showdown, [scho:u'daun, engl.], m, -s: Schlußduell

Showmaster, ['scho:umaster, engl.], m, -: jmd., der eine Show präsentiert

Shrimp, (engl.), m, -s: kleine Garnele

siamesische Zwillinge: zusammengewachsene eineiige Zwillinge

sibyllinisch, (gr.): wahrsagerisch, rätselhaft

sic!, (lat.): so!, so steht es wörtlich da!

Sideboard, ['ßaidbo(a)d, engl.], s, -s: Anrichte

siderisch, (lat.): die Sterne betreffend

Sidestep, ['ßaidßtep, engl.], m, -s: Seit-, Ausweichschritt

siena, (nach der ital. Stadt): rotbraun

Sierra, (span.), w, -s oder Sierren: Gebirgskette

Siesta, (span.), w, -s oder Siesten: Mittagsruhe(pause)

Sightseeing, ['ßaitßi:ing, engl.], s, -s: Besichtigung von Sehenswürdigkeiten

Sigma, (gr.), s, -s: 18. Buchstabe des gr. Alphabets

Signal, (lat.), s, -e: opt. oder akust. Zeichen (mit fester Bedeutung)

signalisieren, (lat.): ein Signal geben, anzeigen, ankündigen

Signatar, (lat.), m, -e: Staat als Unterzeichner eines Vertrages

Signatur, (lat.), w, -en: 1. Aufschrift, Unterschrift; Namenszug, 2. Standortnummer eines Buches (in Bibliotheken)

Signet, [ßin'je:, frz.], s, -s: Namenszeichen, Schriftzug

signieren, (lat.): unterschreiben, ein Autogramm geben

signifikant, (lat.): typisch; bezeichnend; bedeutungsvoll

Signum, (lat.), s, Signa: Marke, Zeichen, abgekürzte Unterschrift

Sikh, ['ßik, sanskr.], m, -s: Mitglied einer militanten hinduistischen Glaubensgemeinschaft in Indien

Sild, (norweg.), m, -(e): eingelegter Junghering

Silentium, (lat.), s, -lentien: Schweigen; Zeitraum, in dem Ruhe zu halten ist

Silhouette, (frz.), w, -n: Umriß; Schattenbild

Silicium, (lat.), s, n.E.: ein chem. Element (zur Herstellung von Halbleiterelementen)

Silikat, (lat.), s, -e: Salz der Kieselsäure

Silikon, (lat.), s, -e: siliciumhaltiger Stoff

Silo, (span.), m oder s, -s: Großspeicher (für Getreide o.ä.)

Silur, s, n.E.: Abschnitt des Erdaltertums

Silvaner, m, -: Traubensorte; daraus gewonnener Wein

Silvester, s, -: der letzte Tag des Jahres

Simonie, w, -n: Handel mit geistlichen Ämtern; Ämterkauf

simpel, (lat.): einfach, leicht verständlich; einfältig

simplifizieren, (lat.): (zu) stark vereinfacht darstellen

Simulant, (lat.), m, -en: jmd., der eine Krankheit vortäuscht

Simulation, (lat.), w, -en: 1. Vortäuschen (einer Krankheit), 2. Nachahmen (technischer Vorgänge)

Simulator, (lat.), m, -toren: Gerät, das technische Vorgänge nachahmt

simulieren, (lat.): 1. (eine Krankheit) vortäuschen, 2. technische Vorgänge nachahmen

simultan, (lat.): gemeinsam; gleichzeitig, zu gleicher Zeit

sine ira et studio, (lat.: "ohne Zorn und Eifer"): unparteiisch

Sinfonie, (ital.), w, -n: Werk für Orchester

Sinfonietta, (ital.), w, -fonietten: kleine Sinfonie
Sinfonik, (ital.), w, n.E.: Kunst der Sinfoniekomposition
Single, ['ßi.ngl, engl.], m, -s: Alleinlebender
Single, (engl.), w, -s: kleine Schallplatte
Singular, (lat.), m, -e: Einzahl (Sprachw.)
singulär, (lat.): vereinzelt vorkommend, selten; einzig
Singularität, (lat.), w, -en: vereinzelte Erscheinung; Seltenheit; Einzigartigkeit; singuläre Beschaffenheit
sinister, (lat.): 1. links, linker, 2. böse, unselig
Sinologie, (lat.-gr.), w, n.E.: Wissenschaft von der chines. Sprache und Kultur
Sinto, m, Sinti: Angehöriger einer Volksstamms ind. Abstammung (diskriminierend als "Zigeuner" bezeichnet)
Sinus, (lat.), m, -se oder Sinus: Winkelfunktion (Math.)
Siphon, ['si.fong, frz.], m, -s: 1. Geruchsverschluß von Abwasserleitungen, 2. Gefäß mit Druckverschluß für kohlensäurehaltige Getränke
Sir, [ßö:(r), engl.], m, -s: Herr (engl. Anrede)
Sire, [ßi:r, frz.]: (frz. Anrede:) Majestät
Sirene, (gr.), w, -n: Alarmanlage, die laute Töne erzeugt
Sirtaki, (gr.), m, -s: ein gr. Tanz
Sirup, (arab.), m, -e: eingedickter Zuckerrübensaft; konzentrierter Obstsaft mit Zucker
Sisyphusarbeit, w, n.E.: vergebliche, nie ans Ziel führende Arbeit
Sit-in, (engl.), s, -s: Sitzstreik
Situation, (lat.), w, -en: (Sach)lage; Zustand; Stellung
situativ, (lat.): durch die (jeweilige) Situation bedingt
situieren, (lat.): stellen, legen
Skai, (Wz), s, n.E.: ein Kunstleder
skål!: (in Skandinavien:) prost!, zum Wohl!
Skala, (lat.), w, Skalen: 1. Maßeinteilung auf Meßinstrumenten, 2. Stufenfolge, Reihe, 3. Tonleiter
skalar, (lat.): an einer Skala abgelesen, sie betreffend
Skalar, (lat.), m, -e: allein durch ihren Zahlenwert bestimmte Größe (Math.)
Skalp, (engl.), m, -e: abgezogene Kopfhaut eines besiegten Feindes als Trophäe (bei nordamerik. Indianern)
Skalpell, (lat.), s, -e: chirurg. Messer
skalpieren, (engl.): Kopfhaut als Trophäe abziehen
Skandal, (gr.), m, -e: Ärgernis erregendes Geschehen, Aufsehen und Empörung hervorrufendes Ereignis
skandalös, (gr.): in der Art eines Skandals; empörend
skandieren, (lat.): betonte Silben besonders hervorheben; abgehackt sprechen
Skateboard, ['ßke:jtbo(a)d, engl.], s, -s: Brett auf 4 Rollen als Spiel- und Sportgerät
Skeetschießen, ['ßki:t..., engl.-dt.], s, n.E.: Wurf- oder Tontaubenschießen
Skeleton, ['ßkä.letn, engl.], m, -s: niedriger Rennschlitten
Skelett, (gr.), s, -e: 1. Gerippe, Knochengerüst, 2. tragender Unterbau, Gerüst
Skepsis, (gr.), w, n.E.: Zweifel, Bedenken
Skeptiker, (gr.), m, -: 1. Zweifler, mißtrauischer Mensch, 2. Anhänger des Skeptizismus
skeptisch, (gr.): mißtrauisch, zweifelnd; ungläubig; zum Zweifel neigend
Skeptizismus, (gr.), m, n.E.: philosoph. Richtung, die den Zweifel zum Prinzip des Denkens erhebt
Sketch, ['ßkä.tsch, engl.], m, -e(s) oder -s: kurzes Bühnenstück mit Pointe
Ski, [schi:, norweg.], m, -er: Brett zum Schneegleiten
Skiff, (engl.), s, -e: schmales Einmannrennruderboot
Skiffle, ['ßki.fl, engl.], m oder s, n.E.: Jazz auf einfachsten Instrumenten
Skinhead, ['ßki.nhät, engl.], m, -s: kahlköpfiger Angehöriger einer rechtsradikal-gewalttätigen Jugendgruppe
Skipper, (engl.), m, -: Mannschaftsführer in einem Segel- oder Ruderboot
Skizze, (ital.), w, -n: flüchtig angefertigte Zeichnung oder Niederschrift; grober Entwurf
skizzieren, (ital.): eine Skizze anfertigen

Sklave, (slaw.-lat.), m, -en: als Sache gehandelter entrechteter Mensch als Eigentum eines anderen
sklavisch, (slaw.-lat.): blind gehorchend, willenlos ergeben
Sklerose, (gr.), w, -n: krankhafte Verhärtung eines Organs
Skonto, (ital.), m oder s, -s: Preisnachlaß bei Barzahlung
Skooter, ['ßku:ter, engl.], m, -: Kleinauto auf Jahrmärkten
Skorbut, m, n.E.: Krankheit infolge Mangels an Vitamin C
Skorpion, (gr.), m, -e: Spinnentier mit Giftstachel; ein Sternbild
Skribent, (lat.), m, -en: Vielschreiber, Schreiberling
Skript, (lat.), s, -en: Schriftstück; schriftl. Fassung
Skrotum, (lat.), s, Skrota: Hodensack
Skrupel, (lat.), m, -: Bedenken, Zweifel, Gewissensbisse
skrupellos, (lat.-dt.): bedenkenlos; rücksichtslos
Skull, (engl.), s, -s: Holm mit Ruderblatt eines Sportruderbootes
Skuller, engl.), m, -: Sportruderer
Skulptur, (lat.), w, -en: (ein Werk der) Bildhauerkunst
Skunk, (indian.), m, -e: Stinktier
skurril, (lat.): sonderbar, verschroben, eigenwillig
Skyline, ['ßkailain, engl.], w, -s: Konturen einer Stadt am Horizont
Slalom, (norweg.), m, -s: Torlauf (v.a. im Skisport); Zickzacklauf
Slang, [ßlä.ng, engl.], m, -s: lockere Umgangssprache; Jargon
Slapstick, ['ßlä.pstik, engl.], m, -s: Situationskomik; vergagtes Spiel im Film oder auf der Bühne
Slawistik, (slaw.), w, n.E.: Wissenschaft von den slaw. Sprachen, Kulturen
Slibowitz, (slaw.), m, -e: Pflaumenbranntwein
Slice, [ßlaiß, engl.], m, -s: angeschnittener Ball im Tennis
Slip, (engl.), m, -s: kurzes, knapp sitzendes Höschen
Slipper, (engl.), m, -: Schuh ohne Schnürung
Slogan, ['ßlo:(u)gen, engl.], m, -s: griffiges Schlagwort
Slowfox, ['ßlo:(u)fox, engl.], m, -e: langsamer Foxtrott
Slow motion, ['ßlo:(u) 'mo:schn, engl.], w, n.E.: Zeitlupe
Slum, [ßla.m, engl.], m, -s: Elendsviertel
Small talk, [ßmo:(a)l to:(a)k, engl.], m, - -s: Geplauder, belanglose Unterhaltung
Smaragd, (gr.), m, -e: grüner Edelstein
smart, (engl.): gewandt; schneidig; fein, flott
Smog, (engl.), m, -s: Form gefährl. industrieller Luftverunreinigung
Smoking, (engl.), m, -s: schwarzer Herrenanzug mit Rockaufschlägen
Snack, [ßnä.k, engl.], m, -s: kleiner Imbiß
Snackbar, (engl.), w, -s: Imbißstube
sniefen, sniffen, (engl.): Dämpfe einatmen, die einen Rauschzustand hervorrufen
Snob, (engl.), m, -s: eingebildeter, blasierter Mensch
Snobismus, (engl.), m, -bismen: Wichtigtuerei; Verhalten eines Snobs
Soap-opera, ['ßso:(a)p'ope.ra, engl.], w, -s: rührselige Fernsehserie
Soda, (ital.), s, n.E.: 1. kristallines Natriumsalz, 2. mit Kohlensäure versetztes Trinkwasser
Sodawasser, (ital.-dt.), s, n.E.: vgl. Soda (2)
Sodomie, w, n.E.: Unzucht mit Tieren
Sodomit, m, -en: jmd., der Sodomie treibt
Sofa, (arab.), s, -s: gepolstertes Sitz- und Liegemöbel
soft, (engl.): weich
Soft Drink, (engl.), m, -s: alkoholfreies Getränk
Soft-Eis, (engl.-dt.), s, -: weiches Sahneeis
Softie, (engl.), m, -s: empfindsamer junger Mann
Software, (engl.), w, n.E.: Computer-Programme
Soiree, [ßoa're:, frz.], w, -n: Abendgesellschaft
Soja, (japan.), w, Sojen: Schmetterlingsblütler mit eiweiß- und ölreichen Samen
sola fide, (lat. »allein durch den Glauben«)

solar, (lat.): die Sonne betreffend, von ihr verursacht
Solarium, (lat.), s, -larien: Bräunungsraum und -betrieb
Solarplexus, (lat.), m, -: Nervengeflecht im Oberbauch
Solarzelle, (lat.), w, -n: Sonnenzelle, Fotoelement, das aus Sonnenenergie elektr. Energie gewinnt
Soldateska, (ital.), w, -tesken: gewalttätiges Kriegsvolk
solenn, (lat.): feierlich, festlich
solidarisch, (lat.): füreinander einstehend; loyal
solidarisieren, (lat.): für jmdn. eintreten, mit jmdm. verbünden
Solidarität, (lat.), w, n.E.: Zusammengehörigkeitsgefühl; Bereitschaft, füreinander einzustehen
solide, (lat.): zuverlässig; rechtschaffen, gediegen
Solidität, (lat.), w, n.E.: Haltbarkeit, Zuverlässigkeit; Rechtschaffenheit, Gediegenheit
Solist, (lat.), m, -en: Einzelsänger oder -musiker
Soling, (lat.); m, -s (auch -e): olymp. Segelbootklasse
solitär, (lat.): einzeln, einsam lebend (Zool.)
Solitär, (lat.), m, -e: einzeln gefaßter Brillant
solo, (ital.): allein, einzeln; unbegleitet
Solo, (ital.), s, -s oder Soli: Einzeldarbietung
Solstitium, (lat.), s, -stitien: Sonnenwende
solvent, (lat.): zahlungsfähig
Solvenz, (lat.), w, -en: Zahlungsfähigkeit
somatisch, (gr.): leiblich; den Körper betreffend (Psych.)
Sombrero, (span.), m, -s: südamerik. Strohhut
Somnambulismus, (lat.), m, n.E.: das Schlafwandeln
Sonar(gerät), (Kurzw.), s, -e: Unterwasserortungsgerät
Sonate, (ital.), w, -n: Instrumentalstück in mehreren Sätzen
Sonatine, (ital.), w, -n: kleine Sonate
Sonde, (frz.), w, -n: 1. Untersuchungsinstrument zum Einführen in Hohlorgane (Med.), 2. unbemannter Raumflugkörper
sondieren, (frz.): vorsichtig untersuchen, erfragen
Sonett, (ital.), s, -e: Gedichtform von 14 Zeilen in zwei Vier- und zwei Dreizeilern
Song, (engl.), m, -s: Lied (Kabarett und Revue); Schlager
Sonnyboy, ['ßo.niboi, engl.], m, -s: fröhlicher Junge
Sonographie, (lat.-gr.), w, -: Ultraschalluntersuchung
sonor, (lat.): klangvoll, tief- und volltönend
Sophist, (gr.), m, -en: Wortverdreher, spitzfindiger Mensch
Sophisterei, (gr.), w, -en: Wortklauberei
sophisticated, [ßo'fi.stike:jtid, engl.]: weltgewandt; geistreich
Sopran, (ital.), m, -e: höchste Frauen- oder Knabenstimme
Sorbet, [sorbä:, frz.], s, -s: kaltes Getränk aus Fruchtsaft oder Halbgefrorenes aus Fruchtsäften und Wein
Sore, (jidd.), w, -n: Diebesgut
sortieren, (ital.): ordnen, nach Merkmalen zusammenstellen
Sortiment, (ital.), s, -e: Warenangebot
Sortimenter, (ital.), m, -: Einzelhandelsbuchhändler
SOS, (engl.), n.E.: internat. Seenotfunksignal
Sottise, (frz.), w, -n: Dummheit; Grobheit
Soubrette, (frz.), w, -n: Sängerin heiterer Sopranrollen
Soufflé, (frz.), s, -s: locker-schaumiger Auflauf
Souffleur, [su'flö:r, frz.], m, -e: Vorsager der Schauspieler
Souffleuse, [su'flö:se, frz.], w, -n: weibl. Souffleur
soufflieren, (frz.): (den Darstellern auf der Bühne) vorsagen
Souflaki, (gr.), m, -(s): kleiner gr. Fleischspieß
Soul, [ßo:(u)l, amerik.], m, n.E.: ausdrucksstarker Jazz- oder Rockstil
Sound, [ßaund, amerik.], m, n.E.: Klang(qualität) in der Jazz- und Rockmusik
Soundtrack, ['ßaundträ.k, amerik.], m, -s: Filmmusik

Souper, [su'pe:, frz.], s, -s: festl. Abendessen
soupieren, (frz.): ein Souper einnehmen
Sousaphon, s, -e: Blechblasinstrument in der Jazzmusik
Soutane, (ital.), w, -n: langes Obergewand der Priester
Souterrain, ['ßu:ter*än*, frz.), s, -s: Kellergeschoß
Souvenir, [ßuwe'ni:r, frz.], s, -e: Erinnerungsstück
souverän, [suwe'*rän*, frz.]: 1. staatl. Hoheitsrechte besitzend/ausübend, 2. überlegen, erhaben
Souverän, (frz.), m, -e: unumschränkter Herrscher; der Wähler, das Wahlvolk (in der Demokratie)
Souveränität, (frz.), w, n.E.: 1. unabhängige staatl. Entscheidungsgewalt; Unabhängigkeit, 2. Überlegenheit
Sowjet, (russ. »Rat«), m, -s: Behörde in der Sowjetunion
sowjetisch, (russ.): die ehemalige Sowjetunion betreffend
soziabel, (lat.): gesellig; gesellschaftlich eingliederbar
sozial, (lat.): 1. die gesellschaftl. Beziehungen betreffend, 2. auf das Gemeinwohl gerichtet; wohltätig
Sozialdarwinismus, (lat.), m, n.E.: Ideologie, die das Prinzip der natürl. Auslese auf menschl. Zusammenleben überträgt
Sozialdemokratie, (lat.-gr.), w, n.E.: polit. Richtung; sozialdemokratische Partei(en)
Sozialethik, (lat.-gr.), w, n.E.: Lehre vom richtigen sozialen Verhalten
Sozialisation, (lat.), w, -en: Einordnung und Anpassung des Menschen in bzw. an die Gesellschaft
sozialisieren, (lat.): vergesellschaften; verstaatlichen
Sozialismus, (lat.), m, n.E.: 1. (im Marxismus) Übergangsstadium vom Kapitalismus zum Kommunismus, 2. Bewegung zur Umgestaltung der kapitalist. Wirtschaftsordnung mit dem Ziel gerechterer Verteilung des Wohlstands
Sozialpädagogik, (lat.-gr.), w, n.E.: Lehre von der Erziehung des Individuums zur Gemeinschaft
Sozialpartner, (lat.-dt.), w, n.M.: Arbeitnehmer und Arbeitgeber
Sozialprestige, [..presti:*sch*, lat.-frz.], s, nur Sing.: Ansehen, Geltung eines Menschen in der Gesellschaft
Sozialprodukt, (lat.), s, -e: Geldwert aller jährlich produzierten Güter und Dienstleistungen einer Volkswirtschaft
Sozietät, (lat.), w, -en: 1. menschl. Gemeinschaft, 2. Zusammenschluß von Freiberuflern
Soziologie, (lat.-gr.), w, n.E.: Wissenschaft vom Zusammenleben von Menschen in der Gemeinschaft
Sozius, (lat.), m, -se: 1. Teilhaber, 2. Beifahrer(sitz eines Motorrads)
Spagat, (ital.), m oder s, -e: das Grätschen der Beine bis in den Sitz
Spaghetti, (ital.), w, n.M.: lange, dünne Nudel
Spalier, (ital.), s, -e: 1. Gerüstwand, 2. eine Gasse bildende Ehrenformation
Sparring, (engl.), s, n.E.: Trainingskampf beim Boxen
spartanisch: streng, selbstdiszipliniert; genügsam, einfach
Sparte, (ital.), w, -n: Berufszweig, Fach, Sportdisziplin
spasmisch, spasmodisch, (gr.): krampfhaft, -artig (Med.)
Spastiker, (gr.), m, -: jmd., der an einem spasmischen Leiden erkrankt ist
spastisch, (gr.): vgl. spasmisch
Spediteur, (ital.), m, -e: Fuhr-, Transportunternehmer
Spedition, (ital.), w, -en: 1. das Versenden von Gütern, 2. Fuhr-, Transportunternehmen
Speed, [ßpi:d, engl.], m, -s: Geschwindigkeit; Beschleunigung
Speedway, ['ßpi:dwej, engl.], m, -s: Motorradrennen (auf Eis-, Sandbahnen)
Spektakel, (lat.), s, -: sensationelles Schauspiel; Skandal
Spektakel, (lat.), m, -: Lärm, Krach; Aufruhr
spektakeln, (lat.): lärmen, poltern
spektakulär, (lat.): aufsehenerregend
Spektralanalyse, (lat.-gr.), w, -n: Ermittlung der chem. Zusammensetzung von Stoffen durch Auswertung ihrer Lichtspektren
Spektralfarben, (lat.-dt.), w, M.: die durch Zerlegung von reinweißem Licht entstehenden Farben

Spektroskopie, (lat.-gr.), w, n.E.: Physik, die sich mit der Untersuchung von Spektren beschäftigt
Spektrum, (lat.), s, Spektren: 1. farbiges Band, das beim Zerlegen von reinweißem Licht in seine Wellenlängen entsteht, 2. Gesamtheit vieler Dinge oder Meinungen; Palette
Spekulant, (lat.), m, -en: gewissenloser Geschäftemacher
Spekulation, (lat.), w, -en: 1. Vermutung, Annahme ohne gesicherte Grundlage, 2. Preis- oder Kursschwankungen nutzende gewinnorientierte Geschäftstätigkeit (an der Börse)
Spekulatius, (lat.), m, -: flaches Pfefferkuchengebäck
spekulativ, (lat.): mit Mitteln der Spekulation; rein gedanklich, mutmaßend
spekulieren, (lat.): 1. mutmaßen; Wahrscheinlichkeiten erwägen, 2. Spekulation (2) betreiben
Spelunke, (gr.), w, -n: Kneipe von zweifelhaftem Ruf
spendabel, (lat.): freigebig, großzügig
spendieren, (lat.): ausgeben, für andere bezahlen
Sperenzchen, (lat.), s, n.M.: Umstände, Ausflüchte
Sperma, (gr.), s, -ta oder Spermen: männl. Samenflüssigkeit
Spermium, (gr.), s, Spermien: reife m Keimzelle
Spesen, (ital.), w, n.M.: zu ersetzende Geschäftsunkosten
Spezerei, (lat.), w, -en: feines Gewürz
spezialisieren, (lat.): 1. unterscheiden, bestimmen, 2. sich auf ein Fachgebiet konzentrieren
Spezialist, (lat.), m, -en: Fachmann, Experte
Spezialität, (lat.), w, -en: 1. Besonderheit, 2. Fachgebiet, 3. landes- oder restauranttypisches Gericht
speziell, (lat.): besonders, eigens, vor allem
Spezies, (lat.), w, -: Art einer Gattung (Biol.)
Spezifikation, (lat.), w, -en: Aufführung im Einzelnen
Spezifikum, (lat.), s, -fika: Besonderheit, typisches Merkmal
spezifisch, (lat.): kennzeichnend, eigentümlich, typisch
spezifizieren, (lat.): genauer benennen; einzeln aufführen
Sphäre, (gr.), w, -n: 1. Himmelsgewölbe, 2. Lebens-, Einflußbereich; Umfeld
sphärisch, (gr.): zum Himmelsgewölbe gehörig, kugelförmig
Sphinx, (gr.), w, -e: Fabelwesen mit Menschenkopf und Löwenkörper; sich rätselhaft gebende Person
Spikes, [ßpaik, engl.], m, n.M.: Stahlstifte an der Sohle von Sportschuhen oder an Winterreifen
spinal, (lat.): zur Wirbelsäule, zum Rückenmark gehörend
Spinat, (pers.), m, -e: dunkelgrünes Blattgemüse
Spinett, (ital.), s, -e: cembaloähnliches Instrument
Spinnaker, (engl.), m, -: großes, bauchiges Vorsegel
Spion, (ital.), m, -e: 1. Späher, Spitzel, Kundschafter, Agent, 2. Guckloch in der Wohnungstür
Spionage, [spio'na:*sch*e, ital.], w, n.E.: Späher-, Aushorchdienst; nachrichtendienstl. Tätigkeit
spionieren, (ital.): Spionage treiben
Spirale, (gr.), w, -n: 1. Kurve, die sich unendlich oft um einen Punkt oder eine Achse windet (Math.), 2. so geformter Gegenstand, 3. Intrauterinpessar
Spiritismus, (lat.), m, n.E.: Geisterglaube und -beschwörung; Okkultismus
Spiritual, ['ßpi.ritju(e)l, amerik.], s, -s: schwermütiges, rhythm. religiöses Lied der Farbigen in den USA
Spiritualismus, (lat.), m, n.E.: Weltsicht, die alles Sein als Schöpfung des Geistes ansieht
Spiritualität, (lat.), w, n.E.: Geistigkeit
spirituell, (lat.): geistig; geistlich
Spirituosen, (lat.), w, M.: starke alkohol. Getränke
Spiritus, (lat.), m, -se: Weingeist; Alkohol
Spiritus rector, (lat.): treibende Kraft
Spiritus Sanctus, (lat.): Heiliger Geist
Spleen, [schpli:n, engl.], m, -e oder -s: Eigenart, Marotte
spleenig, [schpli:nig, engl.]: verschroben, sonderbar
splitten, (engl.): in Portionen aufteilen, spalten
Splitting, (engl.), s, -s: Aufteilung

Spoiler, (engl.), m, -: Windleitblech an Fahrzeugen
sponsern, (lat.): (aus Werbegründen) finanziell unterstützen
Sponsor, (lat.), m, -soren: Gönner, Geldgeber
spontan, (lat.): unmittelbar aus eigenem Antrieb; unwillkürlich
Spontaneität, Spontanität, (lat.), w, -en: das Handeln allein aus innerem Antrieb, unmittelbare Reaktion
sporadisch, (gr.): vereinzelt vorkommend; gelegentlich
sportiv, (engl.): sportlich
Spot, (engl.), m, -s: Werbekurzfilm, Reklameeinblendung
Spotgeschäft, (engl.-dt.), s, -e: Geschäft gegen sofortige Bezahlung und Lieferung
Spray, [ßpre:j, engl.], m, -s: Flüssigkeit, die versprüht wird, sowie das Gerät dafür
Sprinkler, (engl.), m, -: automatisch in Gang kommende Beregnungsanlage (zur Brandbekämpfung)
Sprint, (engl.), m, -s: Kurzstrekkenwettkampf
sprinten, (engl.): eine Kurzstrecke in Höchstgeschwindigkeit zurücklegen
Sprit, (lat.), m, -e: Treibstoff, Benzin
Spurt, (engl.), m, -s: Beschleunigung in einem Rennen
spurten (engl.): in einem Rennen das Tempo anziehen
Squash, [skwo:(a)sh, engl.], s, n.E.: Hallentennisart
Squaw, [skwo:(a), indian.], w, -s: Frau eines Indianers
stabil, (lat.): fest; beständig; kräftig; widerstandsfähig
stabilisieren, (lat.): stabil machen, festigen
Stabilität, (lat.), w, n.E.: Beständigkeit; (Stand)festigkeit
staccato, (ital.): kurz angestoßen (Mus.)
Stadion, (gr.), s, -dien: 1. altgr. Längeneinheit, 2. große Wettkampfstätte
Stadium, (gr.), s, -dien: Zustand; (Entwicklungs)stufe
Stafette, (ital.), w, -n: Staffel(lauf)
Staffage, [sta'fa:*sche*, frz.], w, -n: Beiwerk; schmückender Bestandteil; Nebensächliches
Stagflation, (lat.), w, -en: gleichzeitige wirtschaftl. Stagnation und Inflation
Stagnation, (lat.), w, -en: Stockung, Stillstand
stagnieren, (lat.): zum Stillstand kommen; stocken
Staket, (niederl.), s, -e: Lattenzaun
Stalagmit, (gr.), m, -e(n): Tropfstein, der vom Höhlenboden her in die Höhe wächst
Stalaktit, (gr.), m, -e(n): Tropfstein, der von der Höhlendecke nach unten wächst
Standard, (engl.), m, -s: 1. Maßstab, Norm, 2. Leistungs-, Qualitätsniveau
Standarte, (frz.), w, -n: 1. Heeresfahne, Feldzeichen, 2. Hoheitszeichen, Stander
Stand-by, [ßtänd'bai, engl.], s, -s: Flugreise ohne feste Buchung auf Abruf
Stanniol, (lat.), s, -e: silberglänzende Aluminiumfolie
stante pede, (lat.): sofort, auf der Stelle
Star, (engl.), m, -s: Publikumsliebling; berühmte Persönlichkeit des Showgeschäfts
Starlet(t), (engl.), s, -s: Filmsternchen
Stars and Stripes, [ßta:(r)s n(d) ßtraips, engl.], w, n.M.: Nationalflagge der USA, Sternenbanner
State Department, [ßte:jt di'pa:tm(e) nt, engl.], s, n.E.: Außenministerium der USA
Statement, ['ßte:jtm(e)nt, engl.], s, -s: öffentl. Erklärung
Statik, (gr.), w, n.E.: 1. Teilgebiet der Mechanik, 2. Berechnung der Auswirkungen der auf ein Bauwerk einwirkenden Kräfte; Zustand eines Bauwerkes bezügl. Belastbarkeit und Stabilität
Station, (lat.), w, -en: 1. Standort; Haltestelle, Bahnhof; (Aufent)halt, 2. Krankenhausabteilung
stationär, (lat.): 1. in Ruhe bleibend; ortsfest, 2. mehr als einen Tag im Krankenhaus behandelnd (Ggs.: ambulant)
stationieren, (lat.): an einen bestimmten Ort stellen; an einen Standort verlegen
statisch, (gr.): 1. die Statik betreffend, 2. in Ruhe, unbewegt
Statist, (lat.), m, -en: Darsteller einer unwichtigen Rolle

Statisterie, (lat.), w, -n: Gesamtheit der Statisten
Statistik, (lat.), w, -en: zahlenmäßige Untersuchung von Massenerscheinungen; Ergebnis und Darstellung statist. Untersuchungen
statistisch, (lat.): die Statistik betreffend; zahlenmäßig
Stativ, (lat.), s, -e: Gestell zum Aufstellen eines Gerätes
Statue, (lat.), w, -n: Standbild, freistehende plastische Darstellung eines Menschen oder Tieres
Statuette, (lat.), w, -n: kleine Statue
statuieren, (lat.): aufstellen; ein Exempel s.: ein warnendes Beispiel geben
Statur, (lat.), w, -en: Gestalt, Körperbau
Status, (lat.), m, Status: 1. Zustand; (Rechts)lage, 2. Vermögens-, Familienstand; soziale Stellung
Status quo, (lat.): derzeitiger Zustand
Statussymbol, (lat.-gr.), s, -e: äußeres Zeichen der gesellschaftl. Stellung
Statut, (lat.), s, -e: Satzung
Steak, [ßtejk, engl.], s, -s: kurzgebratene Fleischscheibe
Stearin, (gr.), s, -e: wachsartiges Gemisch fester Fettsäuren
Stele, (gr.), w, -n: freistehende Steinplatte oder -pfeiler mit Inschrift
Stellage, [ßte'la:*sch*e, niederl.], w, -n: Gestell
stellar, (lat.): die Sterne betreffend
Stenogramm, (gr.), s, -e: Niederschrift in Stenographie
Stenographie, (gr.), w, n.E.: Kurzschrift
stenographieren, (gr.): in Kurzschrift (mit)schreiben
Stenotypistin, (gr.), w, -nen: weibl. Fachkraft für Stenographie und Maschineschreiben
Step, (engl.), m, -s: Tanz mit klappernden, beschlagenen Schuhen
steppen, (engl.): Step tanzen
stereo: Kurzw. für stereophon
Stereometrie, (gr.), w, n.E.: Geometrie des dreidimensionalen Raumes; Körpermessung
stereophon, (gr.): über mehrere Kanäle aufgenommen oder wiedergegeben; räumlich klingend
Stereophonie, (gr.), w, n.E.: stereophone Aufnahme und Wiedergabe, die räumliches Hören ermöglicht
Stereoskop, (gr.): opt. Gerät, das beim Betrachten zweier Bilder desselben Objekts einen räuml. Eindruck ermöglicht
stereotyp, (gr.): unveränderlich; ständig wiederkehrend; formelhaft
Stereotyp, (gr.), s, -e(n): Klischee; abgenutzte Redensart
steril, (lat.): 1. keimfrei, 2. nicht fortpflanzungsfähig, 3. nicht kreativ
Sterilisation, (lat.), w, -en: das Sterilisieren
sterilisieren, (lat.): 1. keimfrei machen, 2. Unfruchtbarkeit herbeiführen
Sterilität, (lat.), w, n.E.: 1. Keimfreiheit, 2. weibl. Unfruchtbarkeit; Zeugungsunfähigkeit
Stethoskop, (gr.), s, -e: Hörrohr bzw. -schlauch zum Abhören von Atemgeräuschen oder Herztönen
Steward, ['ßtju:(e)rd, engl.], m, -s: Betreuer der Fahr-, bzw. Fluggäste auf Schiffen oder in Flugzeugen
Stewardeß, ['ßtju:ardeß, engl.], w, -dessen: weibl. Steward
Sticker, (engl.), m, -: Aufkleber
Stigma, (gr.), s, -ta oder Stigmen: Mal, Kennzeichen
stigmatisieren, (gr.): jmdn. brandmarken, in eine (negative) Rolle drängen
Stilett, (lat.), s, -e: kurzer Dolch; Schnappmesser
stilisieren, (lat.): Formen künstlerisch vereinfachen, Grundformen herausarbeiten
Stimulans, (lat.), s, -lanzien: anregendes Medikament
Stimulation,(lat.), w, -en: Anregung, Reizung, Erregung
stimulieren, (lat.): anregen, reizen, erregen; ermuntern
Stimulus, (lat.), m, -muli: Reiz; Ansporn; Auslöser
Stipendiat, (lat.), m, -en: Empfänger eines Stipendiums
Stipendium, (lat.), s, -pendien: finanzielle Förderung für Schüler, Studenten
Stoa, (gr.), w, Stoen: 1. altgr. Säulenhalle, 2. eine Schule der gr. Philosophie
Stochastik, (gr.), w, n.E.: Teilgebiet der Wahrscheinlichkeitsrechnung
stoi!, (russ.): stopp!, halt!

Stoiker, (gr.), m, -: 1. Angehöriger der Stoa, 2. stets gelassener Mensch
Stola, (gr.), w, Stolen: 1. altröm. Frauengewand, 2. um die Schultern getragener langer, breiter Schal
stoned, [ßto(u)nd, amerik.]: im Drogenrausch
Store, [schto:r, frz.], m, -s: durchsichtiger Fenstervorhang
stornieren, (ital.): 1. (einen Buchungsfehler) berichtigen, 2. (einen Auftrag) rückgängig machen
Storno, (ital.), m oder s, Storni: 1. Rückbuchung, 2. das Löschen, Rückgängigmachen
Storting, (norw.), s, n.E.: norw. Parlament
Story, ['ßto.ri, engl.], w, -s oder Stories: Geschichte, Erzählung
Stout, [ßtaut, engl.], s, -s: dunkles engl. Bier
strangulieren, (gr.): erdrosseln; erwürgen; erhängen
Strapaze, (ital.), w, -n: (große) Anstrengung, Mühe
strapazieren, (ital.): übermäßig anstrengen, beanspruchen
strapaziös, (ital.): (sehr) anstrengend, beschwerlich
Straps, (engl.), m, -e: Strumpfhalter
Stratege, (gr.), m, -n: weitsichtiger Planer; Feldherr
Strategie, (gr.), w, -n: konzeptionelle Planung polit., wirtschaftl. oder militärischen Vorgehens; Kriegskunst
Stratosphäre, (lat.-gr.), w, n.E.: Schicht der Erdatmosphäre
Stratus, (lat.), m, Strati: graue Schichtwolke
Streetworker, ['ßtri:twö(r)ker, engl.], m, -: Sozialarbeiter
Streptokokken, (gr.), w, M.: Kugelbakterien
Streß, (engl.), m, n.E.: andauernde hohe körperl. und seel. Belastung sowie die Reaktion darauf
stressen, (engl.): Streß verursachen
Strike, [ßtraik, engl.], m, -s: Abräumen aller Kegel mit dem ersten Wurf beim Bowling
strikt, (lat.): streng, peinlich genau
stringent, (lat.): bündig, zwingend
Stringenz, (lat.), w, n.E.: strenge Beweiskraft, Schlüssigkeit; Entschiedenheit
Strip, (engl.), m, -s: Kurzw. für Striptease
strippen, (engl.): einen Striptease vorführen
Stripperin, (engl.), w, -nen: Stripteasevorführerin
Striptease, ['ßtri.pti:s, engl.], m oder s, n.E.: erotisch aufreizender Entkleidungstanz
Strophe, (gr.), w, -n: mehrzeiliger Abschnitt eines Gedichts oder Liedes
strophisch, (gr.): in Strophen gegliedert
Struktur, (lat.), w, -en: Gefüge, Aufbau, innere Gliederung; Anordnung der einzelnen Teile in einem Ganzen
Strukturanalyse, (lat.-gr.), w, -n: Untersuchung des Aufbaus von Körpern, insb. Kristallen
strukturell, (lat.): die Struktur betreffend
strukturieren, (lat.): in eine Struktur bringen, gliedern
Strychnin, (gr.), s, n.E.: giftiges Alkaloid aus den Samen der Brechnuß
Studie, (lat.), w, -n: 1. wissenschaftl. Untersuchung, 2. Vorarbeit, Entwurf
Studio, (lat.), s, -s: 1. Künstlerwerkstatt, Atelier, 2. Film- oder Rundfunkaufnahmeraum, 3. Versuchsbühne
Studiosus, (lat.), m, -diosi: Studierender
Studium, (lat.), s, Studien: 1. Ausbildung (an einer Hochschule), 2. intensive geistige Beschäftigung
Stukkateur, (ital.), m, -e: Handwerker für Stuckarbeiten
Stukkatur, (ital.), w, -en: Stuckarbeit
Stunt, ['ßta.nt, engl.], m, -s: gefährliche Filmszene, in der ein Stuntman zum Einsatz kommt
Stuntman, ['ßta.ntmän, engl.], m, -men: jmd., der in gefährlichen Filmszenen für einen Schauspieler einspringt
stupid(e), (lat.): stumpfsinnig, geistlos, dumm
Stupidität, (lat.), w, -en: Stumpfsinn, Dummheit
Styling, ['ßtailing, engl.], s, n.E.: Formgebung
Stylist, (engl.), m, -en: Formgeber
Styropor, (Wz), (gr.), s, n.E.: schaumstoffartiger Kunststoff
Suada, Suade, (lat.), w, Suaden: Redefluß, Wortschwall

subaltern, (lat.): untergeordnet; unterwürfig
subito, (ital.): plötzlich, sofort
Subjekt, (lat.), s, -e: 1. Satzgegenstand, 2. das denkende, wahrnehmende, handelnde Ich (Philos.), 3. verdächtige Person
subjektiv, (lat.): persönlich; von einem persönl. Standpunkt aus; nicht sachlich, parteiisch
Subjektivismus, (lat.), m, n.E.: 1. an persönl. Interessen orientiertes Urteilen oder Handeln, 2. Auffassung, nach der Erkenntnis an das erkennende Subjekt gebunden ist (Philos.)
Subjektivität, (lat.), w, n.E.: persönliche Auffassung, Voreingenommenheit; Parteilichkeit
Subkontinent, (lat.), m, -e: großer, durch seine Lage ausgezeichneter Teil eines Kontinents (z.B. der ind. S.)
Subkultur, (lat.), w, -en: Kultur von Personengruppen am Rande oder außerhalb der Gesellschaft
subkutan, (lat.): unter der Haut
sublim, (lat.): verfeinert; feinsinnig, feinfühlig
sublimieren, (lat.): 1. Triebbedürfnisse durch Ersatzhandlungen befriedigen, 2. direkt vom festen Zustand in Gasform übergehen (Chem.)
submarin, (lat.): unter der Meeresoberfläche (befindlich)
submers, (lat.): unter Wasser lebend
Subordination, (lat.), w, -en: 1. Unterordnung, Gehorsam, 2. Unterordnung von Sätzen oder Satzteilen
subordinieren, (lat.) unterordnen
Subsidiarität, (lat.), w, n.E.: Prinzip, nach dem nur bei Versagen der untergeordneten Einheiten staatl. Hilfe einsetzen soll
Subsidium, (lat.), s, -sidien: Hilfszahlung
subskribieren, (lat.): sich im Voraus zur Abnahme eines noch nicht erschienenen Buches verpflichten
Subskription, (lat.), w, -en: Vorbestellung von noch nicht erschienenen Büchern
substantiell, (lat.): wesenhaft, substanzartig; stofflich; wichtig
Substantiv, (lat.), s, -e: Hauptwort, Gegenstandswort
substantivieren, (lat.): andere Wortarten als Substantiv verwenden
Substanz, (lat.), w, -en: 1. Stoff, Materie, 2. das Wesentliche, der Kern einer Sache, 3. Vermögen; Reserve
substituieren, (lat.): austauschen, ersetzen
Substitut, (lat.), s, -e: Ersatzmittel
Substitut, (lat.), m, -en: Stellvertreter, Ersatzperson
Substitution, (lat.), w, -en: Ersetzung, Austausch
Substrat, (lat.), s, -e: 1. Grund, Unterlage, 2. Substanz als Träger von Erscheinungen, 3. Nährboden (Biol.)
subsumieren, (lat.): unterordnen, einordnen; zusammenfassen
Subsum(p)tion, (lat.), w, -en: Unter-, Einordnung
subtil, (lat.): sorgsam und feinfühlig vorgehend, fein; schwierig
Subtrahend, (lat.), m, -en: abzuziehende Zahl (Math.)
subtrahieren, (lat.): abziehen, vermindern (Math.)
Subtraktion, (lat.), w, -en: das Subtrahieren
Subtropen, (lat.-gr.), w, M.: zwischen Tropen und den gemäßigten Bereichen liegende Zonen
Subvention, (lat.), w, -en: finanzielle staatl. Unterstützung; öffentl. Zuschuß
subventionieren, (lat.): durch Subventionen unterstützen, bezuschussen
Subversion, (lat.), w, -en: (polit.) Umsturz; umstürzlerische Tätigkeit
subversiv, (lat.): umstürzlerisch; zerstörend
süffisant, (frz.): genüßlich Überlegenheit empfindend, selbstgefällig und spöttisch
Suffragette, (lat.), w, -n: Anhängerin der Frauenbewegung in Großbritannien (vor 1914)
suggerieren, (lat.): etwas einreden; geschickt beeinflussen
Suggestion, (lat.), w, -en: 1. Beeinflussung eines Menschen, 2. suggestive Wirkung
suggestiv, (lat.): geschickt beeinflussend, suggerierend
sui generis, (lat.): von eigener Art, einzig
Suite, [ßwi:t, frz.], w, -n: 1. Zimmer-

flucht, 2. Instrumentalwerk aus einer Folge von Sätzen
Suizid, (lat.), m (auch s), -e: Selbstmord
suizidal, (lat.): durch Selbstmord; zu Selbstmord neigend
Sujet, [ßü'*sche*, frz.], s, -s: Gegenstand, künstler. Thema
Sukkade, (frz.), w, -n: kandierte Schale einer Zitrusfrucht
Sukkulente, (lat.), w, -n: wasserspeichernde Pflanze mit fleischigen Blättern
Sukzession, (lat.), w, -en: Aufeinanderfolge; Thronfolge
sukzessiv, (lat.): zeitlich aufeinanderfolgend; nach und nach
Sulfat, (lat.), s, -e: Salz oder Ester der Schwefelsäure
Sulfid, (lat.), s, -e: Salz oder Ester des Schwefelwasserstoffs
Sulfit, (lat.), s, -e: Salz oder Ester der schwefligen Säure
Sulfonamid, s, -e: Heilmittel auf chem. Grundlage (insb. gegen Infektionskrankheiten)
Sulky, (engl.), s, -s: (Trabrennen) Sitzgestell des Fahrers
Sultanine, (arab.), w, -n: gelbe, kernlose Rosine
Summa, (lat.), w, Summen: (früher für) Summe
summa cum laude, (lat.): mit Auszeichnung (beste Note bei einer Promotion)
Summand, (lat.), m, -en: hinzuzuzählende Zahl
summarisch, (lat.): kurz zusammengefaßt; alles in allem betrachtet
summa summarum, (lat.): alles in allem
Summation, (lat.), w, -en: Summenbildung; Anhäufung
Summe, (lat.), w, -n: 1. Ergebnis einer Addition, 2. Geldbetrag
summieren, (lat.): 1. zusammenzählen, addieren, 2. anwachsen
Sumo, (japan.), s, n.E.: japan. Ringkampfart
Sunnit, (arab.), m, -en: Anhänger der Hauptrichtung im Islam
Suomi, (finn.): Finnland
superb, süperb, (lat.): vorzüglich, prächtig
Superintendent, (lat.), m, -en: Vorsteher eines ev. Kirchenkreises
superior, (lat.): überlegen
Superlativ, (lat.), m, -e: 1. höchste Steigerungsstufe eines Adjektivs, 2. etwas nicht zu Überbietendes
Supernova, (lat.), w, -novä: Nova von besonders starker Helligkeit
Supervisor, ['ßju:pewaiser, engl.], m, -: Überwachungsperson
Supplement, (lat.), s, -e: Ergänzung, Nachtrag
supplementär, (lat.): ergänzend
Suppositorium, (lat.), s, -positorien: Zäpfchen (Med.)
Supremat, (lat.), m oder s, -e: (päpstl.) Oberhoheit; Überordnung, Vorrang
Suprematie, (lat.), w, -n: vgl. Supremat
Sure, (arab.), w, -n: Abschnitt des Korans
surfen, ['ßö:rfen, engl.]: auf einem Brett stehend segeln
Surplus, [ßör'pla.s, engl.], s, -: Überschuß, Gewinn
surreal, ['ßü.real, frz.]: unwirklich, traumhaft
Surrealismus, (frz.), m, n.E.: Literatur und Kunst des 20. Jh., die das Unwirkliche darzustellen sucht
Surrogat, (lat.), s, -e: Ersatz(mittel), Behelfsstoff
suspekt, (lat.): fragwürdig, verdächtig
suspendieren, (lat.): zeitweilig aufheben, (vorübergehend) des Amtes entheben; von einer Verpflichtung lösen
Suspensorium, (lat.), s, -sorien: Tragvorrichtung (zum Schutz der männl. Genitalien)
suum cuique, (lat.): jedem das Seine
Sweatshirt, ['ßwe.tshö(r)t, engl.], s, -s: langärmeliger Pullover aus Baumwolle
Sweetheart, ['ßui:tha:t, engl.], s, -s: Liebste/r
Swimmingpool, ['ßwi.mingpu:l, engl.], m, -s: kleines Schwimmbecken
Swing, (engl.), m, -s: Jazzstil der 30er Jahre
swingen, (engl.): Musik im Swing-Stil machen; danach tanzen
Sybarit, (gr.), m, -en: Schlemmer, Schwelger
Sykophant, (gr.), m, -en: Verräter, Verleumder
Syllogismus, (gr.), m, -gismen: Form des deduktiven logischen Schlusses
Sylphe, Sylphide, (lat.), w, -n: anmutiges Mädchen

Symbiose, (gr.), w, -n: dauerndes Zusammenleben zweier Tiere oder Pflanzen verschiedener Art
symbiotisch, (gr.): in Symbiose lebend
Symbol, (gr.), s, -e: Zeichen, Buchstabe; Sinnbild; Merkmal
Symbolik, (gr.), w, n.E.: sinnbildliche Bedeutung oder Darstellung; Anwendung von Symbolen
symbolisch, (gr.): sinnbildlich; durch Symbole dargestellt
symbolisieren, (gr.): durch Symbole darstellen; versinnbildlichen
Symbolismus, (gr.), m, n.E.: Kunstrichtung, die bevorzugt mit symbolischen Darstellungen arbeitet
Symmetrie, (gr.), w, -n: 1. Gleich-, Ebenmaß, 2. spiegelbildliche Gleichheit
symmetrisch, (gr.): die Symmetrie betreffend; gleichmäßig, spiegelbildlich
Sympathie, (gr.), w, -n: Zuneigung, Wohlwollen
Sympathikus, (gr.), m, -pathizi: Teil des vegetativen Nervensystems
Sympathisant, (gr.), m, -en: jmd., der mit etwas oder jmdm. sympathisiert
sympathisch, (gr.): Sympathie hervorrufend, zusagend
sympathisieren, (gr.): einer Idee, Anschauung, Menschen positiv gegenüberstehen, zugetan sein
Symposion, Symposium, (gr.), s, -posien: Wissenschaftlertagung
Symptom, (gr.), s, -e: Anzeichen, Krankheitszeichen, Vorbote; Merkmal
symptomatisch, (gr.): anzeigend; bezeichnend, typisch
Synagoge, (gr.), w, -n: jüdisches Gotteshaus
Synapse, (gr.), w, -n: Anschlußstelle zwischen Nervenzellen zur Informations- und Reizübertragung
synchron, (gr.): gleichlaufend; zeitgleich; übereinstimmend
Synchronisation, (gr.), w, -en: 1. zum Bild passende »Übersetzung« eines Films von einer Sprache in eine andere, 2. Herstellen des gleichzeitigen Ablaufs von Vorgängen
synchronisieren, (gr.): einen Film »übersetzen«, Gleichlauf herstellen
Synchrotron, ['sü.nkrotron, gr.], s, -chrotone: Beschleuniger für Elementarteilchen (Phys.)
Syndikat, (gr.), s, -e: 1. Amt eines Syndikus, 2. Form eines wirtschaftl. Kartells, 3. Gangsterbanden in den USA
Syndikus, ['sü.ndikuß, gr.], m, -se: ständiger Rechtsberater und Vertreter in Rechtssachen
Syndrom, (gr.), s, -e: Symptomenkomplex (Med.)
Synergie, (gr.), w, -n: das Zusammenwirken
Synklinale, Synkline, (gr.), w, -n: Teil einer geolog. Falte
Synkope, (gr.), w, -n: 1. Wegfall eines Lauts im Wort, 2. Verlagerung des rhythm. auf einen unbetonten Taktteil (Mus.)
Synkretismus, (gr.), m, n.E.: Vermischung verschiedener Religionen, Bekenntnisse, Lehren
Synodale, (gr.), m und w, -n: Mitglied einer Synode
Synode, (gr.), w, -n: Versammlung einer ev. Landeskirche aus Laien und Geistlichen, Körperschaft ev. Selbstverwaltung
synonym, (gr.): sinnverwandt, bedeutungsgleich
Synonym, (gr.), s, -e oder Synonyma: sinnverwandtes oder bedeutungsgleiches Wort
Synopse (Synopsis), (gr.), w, -n: Zusammenschau, Überblick; Gegenüberstellen von Paralleltexten
Synoptiker, (gr.), w, M.: die Evangelisten Matthäus, Markus und Lukas im Neuen Testament
synoptisch, (gr.): zusammenschauend; im Überblick
syntaktisch, (gr.): die Syntax betreffend
Syntax, ['sü.ntakß, gr.], w, -en: 1. Satzlehre als Teil der Grammatik; Satzbau, 2. Struktur von Programmbefehlen (EDV)
Synthese, (gr.), w, -n: 1. Zusammenfügung, 2. Ergebnis von These und Antithese (Philos.), 3. Aufbau von Verbindungen aus einfacheren Bestandteilen (Chem.)
Synthesizer, ['ßi.nteßaiser, engl.], m, -: elektron. Tongenerator
Synthetik, (gr.), w, n.E.: (textile) Kunstfaser
synthetisch, (gr.): 1. zusammenfügend,

mit Hilfe einer Synthese (1), 2. künstlich hergestellt (Chem.)
synthetisieren, (gr.): künstlich herstellen (Chem.)
Syphilis, (lat.) w, n.E.: meldepflichtige Geschlechtskrankheit
System, (gr.), s, -e: 1. gegliedertes, geordnetes Ganzes; Lehrgebäude, 2. Aufbau; Ordnungsprinzip, 3. geolog. Epoche
Systemanalyse, (gr.), w, -n: Untersuchung der Struktur eines Problems (EDV)
Systematik, (gr.), w, -en: 1. Ordnungsprinzip; geordneter Aufbau (eines Lehrgebäudes), 2. Einteilung von Pflanzen oder Tieren in Gruppen
systematisch, (gr.): planmäßig, nach einem System
systematisieren, (gr.): in ein System bringen
systemimmanent, (gr.-lat.): einem System innewohnend; die Grenzen eines Systems nicht überschreitend
systemkonform, (gr.-lat.): gemäß den Regeln eines Systems
Systole, (gr.), w, -n: Zusammenziehung v.a. des Herzmuskels
Szenario, (gr.), s, -s: 1. in Szenen gegliederter Entwurf eines Films, 2. vermuteter Ablauf eines Ereignisses
Szenarium, (gr.), s, -narien: Szenenfolge, Bühnenbuch
Szene, (gr.), w, -n: 1. Schauplatz, Bühne, 2. Auftritt, Spieleinheit eines Dramas oder Films, 3. Zankerei in der Öffentlichkeit
Szenerie, (gr.), w, -n: 1. Bühnenbild, 2. Landschaftsbild, 3. Schauplatz
szenisch, (gr.): eine Szene betreffend; bühnenmäßig
Szintigraphie, (lat.-gr.), w, -: Methode der medizin. Gewebsuntersuchung durch Zuführung von radioaktiven Stoffen

T

Tabasco, (Wz), m, n.E.: scharfe Würzsoße aus roten Chilies
Tabatiere, (frz.), w, -n: Tabakdose; Zigarettendose
tabellarisch (lat.): in Form einer Tabelle angeordnet
Tabellarium, (lat.), s, -laria: tabellar. Übersicht am Buchende
Tabelle, (lat.), w, -n: Zusammenstellung von Werten u.ä. in Form von Listen oder Spalten
Tabernakel, (lat.), s, -: 1. (kath. Kirche) Schrein auf dem Altar zur Aufbewahrung der Hostien, 2. Spitzdach über Standbildern o.ä.
Tableau, [ta'blo: frz.], s, -s: 1. Bild im Theater, 2. Zusammenstellung mehrerer Vorlagen in der Reproduktionstechnik
Tablett, (frz.), s, -s: Servierbrett
Tablette, (frz.), w, -n: Arznei in Pillenform
tabu, (polynes.): geheiligt; unantastbar; verboten
Tabu, (polynes.), s, -s: meist unausgesprochenes Verbot, bestimmte Dinge zu tun, bzw. anzusprechen
tabuisieren, (polynes.): etwas für tabu erklären
Tabula rasa, (lat.), w, n.E.: T. r. machen: reinen Tisch machen
Tabulator, (lat.), m, -en: Vorrichtung an Schreibmaschinen, die das Schreiben von Tabellenspalten erleichtert
Tabun, (türk.), s, n.E.: ein Nervengift, chem. Kampfstoff
Tacheles, (jidd.): T. reden: jmdm. die Meinung sagen
Tachismus, [ta'schi.smus, frz.], m, n.E.: spontane Form- und Farbgebung in der modernen Malerei
Tachometer, (gr.), m oder s -: Geschwindigkeitsmesser
Tackling, ['tä.kling, engl.], s, -s: (Fußball) Technik der Ballabnahme
Taekwondo, [täk'wo.ndo, korean.], s, n.E.: asiat. System der Selbstverteidigung
Taft, (pers.), m, -e: glänzender Stoff
Tagliatelle, (ital.), w, n.M.: ital. Bandnudeln
Taifun, (chines.), m, -e: trop. Wirbelsturm in Asien
Taiga, (russ.), w, n.E.: waldige, sumpfige Landschaft (in Sibirien)
Taille, ['ta.lje, frz.], w, -n: schmalster Teil des Rumpfes; Gürtellinie
taillieren, [ta'ji:ren, frz.]: auf Taille arbeiten

Take, ['tejk, engl.], m oder s, -s: kurzer Abschnitt eines Films
Takelage, [takela:*sch*e, dt.-frz.], w, -n: Segelausrüstung
taktieren, (gr.): eine Taktik anwenden, taktisch vorgehen
Taktik, (gr.), w, -en: 1. berechnendes, planvolles Verhalten oder Vorgehen, 2. Kunst der Kriegsführung
taktisch, (gr.): berechnend und planvoll vorgehend; auf einer Taktik beruhend
Talar, (lat.), m, -e: schwarzes Amtsgewand ev. Geistlicher, Amtstracht von Richtern
Talent, (gr.), s, -e: besondere geistige oder körperl. Fähigkeit, Begabung
talentiert, (gr.): begabt, Talent besitzend
Talisman, (gr.), m, -e: kleiner vermeintl. glückbringender Gegenstand
talken, ['t*o:*k(e)n, engl.]: (sich in einer Talkshow) unterhalten
Talkmaster, ['t*o:*kmast(e)r, engl.], m, -: Leiter einer Talk-Show
Talk-Show, ['t*o:*kscho(u), engl.], w, -s: vom Talkmaster geleitetes Gespräch im Fernsehen
Talkum, (arab.), s, n.E.: weiches Mineral (z.B. in Pudern)
Talmi, s, n.E.: goldfarbige Kupfer-Zink-Legierung; Unechtes, Glitzerkram
Talmud, (hebr.), m, -e: Gesetze und Überlieferungen des nachbiblischen Judentums
Talon, [ta'lo*n*, frz.], m, -s: 1. Erneuerungsschein bei Wertpapieren, 2. Gutschein, 3. Kartenrest; Karstenstock bei Glücksspielen, 4. unterer Teil des Geigenbogens
Tambour, ['ta.mbur, frz.], m, -e: 1. Trommler, 2. Trommel
Tambourin, [tambu'rä*(n)*, frz.], s, -s: längliche Trommel
Tambourmajor, (frz.), -e: Leiter eines Spielmannszuges
Tamburin, (frz.), s, -e: 1. kleine Handtrommel mit Schellen, 2. trommelartiges Taktinstrument für Gymnastik
Tampon, (frz.), m, -s: Watte- oder Mullbausch zum Aufsaugen von Flüssigkeiten
Tamtam, (Hindi.), s, -s: 1. asiat. Gong, 2. Lärm, Aufhebens
Tandem, (lat.), s, -s: Fahrrad mit 2 Sitzen und Tretlagern
Tanga, (indian.), m, -s: modischer, knapper Bikini
Tangens, (lat.), m, n.E.: das Verhältnis von Gegenkathete zu Ankathete im rechtwinkligen Dreieck (Math.)
Tangente, (lat.), w, -n: 1. Gerade, die eine gekrümmte Linie in einem Punkt berührt (Math.), 2. Autostraße am Rande einer Ortschaft
tangential, (lat.): eine gekrümmte Linie berührend (Math.)
tangieren, (lat.): 1. eine gekrümmte Linie berühren (Math.), 2. betreffen, berühren
Tango, (span.), m, -s: langsamer Gesellschaftstanz
Tannin, (frz.), s, -e: pflanzl. Gerbsäure
Tantalusqualen, (gr.-dt.), w, n.M.: Qualen, die durch ein Verlangen nach etwas entstehen, was in der Nähe, aber unerreichbar ist
Tantieme, [ta*n*tj'e:me, frz.], w, -n: 1. an Autoren, Sänger u.a. gezahlte Beteiligung am Erlös aus Aufführungen ihrer Werke, 2. Anteil am Gewinn eines Unternehmens
Tape, ['tejp, engl.], s (auch m), -s: Magnetband(streifen)
Tapedeck, ['tejpdeck, engl.], s, -s: Kassettendeck
Tapet, (gr.), s, -e: aufs T. bringen: zur Sprache bringen
Tapete, (gr.), w, -n: Wandverkleidung aus Papier o.ä.
tapezieren, (gr.): mit Tapete bekleben
Tara, (arab.), w, Taren: Verpackung (sgewicht)
Tarantella, (ital.), w, -s: südital. schneller Volkstanz
tarieren, (arab.): eine Waage auf den Nullpunkt einstellen
Tarif, (arab.), m, -e: vertraglich festgesetzter Preis oder Lohn
Tarifautonomie, (arab.-gr.), w, -n: Vertragsfreiheit der Tarifvertragsparteien
Tarock, (ital.), m oder s, -s: ein Kartenspiel
Tartan, (engl.), m, -s: Kunststoffbelag für Laufbahnen
Tartarus, (gr.), m, n.E.: (gr. Mythologie) Unterwelt
Tartüff, m, -e: Heuchler, Scheinheiliger
Tastatur, (lat.), w, -en: Gesamtheit der Tasten (z.B. an Instrumenten)

Tatar, s, n.E.: rohes zubereitetes Rinderschabefleisch
tätowieren, (polynes.): Zeichnungen auf die Haut bringen durch Einritzen
Tattoo, [tä'tu:, engl.], s, -s: engl. Bez. für Zapfenstreich
Tau, (gr.), s, -s: 19. Buchstabe im gr. Alphabet
Tautologie, (gr.), w, -n: 1. Verwendung mehrerer Wörter sinnverwandter Bedeutung (z.B. alter Greis), 2. vgl. Pleonasmus
Taverne, (lat.), w, -n: Gasthaus, Weinschänke
Taxameter, (lat.), s oder m, -: Zählwerk in Taxis
Taxation, (lat.), w, -en: Schätzung, Ermittlung des Geldwertes
Taxe, (lat.), w, -n: 1. Schätzung, Ermittlung des Geldwertes, 2. festgesetzter Preis, Gebühr, 3. vgl. Taxi
Taxi, (Kurzw.), s, -s: zur Personenbeförderung gegen Entgelt bestimmtes Personenkraftfahrzeug
taxieren, (lat.): den Wert ermitteln, (ab)schätzen
Taxonomie, (gr.), w, n.E.: Einteilung der Organismen in ein biolog. System
Teach-in, ['ti:tsch-'in, engl.], s, -s: Informations- und Demonstrationsveranstaltung
Teakholz, ['ti:kholz, portug.-dt.], s, n.E.: wertvolles Hartholz des Teakbaumes
Team, ['ti:m, engl.], s, -s: 1. (Sport) Mannschaft, 2. Arbeitsgruppe
Teamteaching, ['ti:mti:tsching, engl.], s, -s: Planung und Durchführung von Unterricht durch mehrere Lehrer
Teamwork, ['ti:mwö(r)k, engl.], s, n.E.: das Verrichten einer Arbeit im Team; im Team erstelltes Arbeitsergebnis
Technik, (gr.), w, -en: 1. Verfahren, Methoden, mit denen Kenntnisse über die Natur praktisch nutzbar gemacht werden, 2. Ausstattung mit Instrumenten, 3. zur richtigen Ausübung erforderliche Fertigkeit
Technikum, (gr.), s, -nika (auch: -niken): techn. Fachschule
technisieren, (gr.): 1. den Einsatz von Maschinen vorantreiben, 2. etwas auf techn. Betrieb umstellen
Technokratie, (gr.), w, n.E.: Wirtschaftslehre, Gesellschaftsform, die von der Beherrschung des Menschen durch die Technik geprägt ist
technokratisch, (gr.): 1. die Technokratie betreffend, 2. nur wirtschaftl. und techn. Argumente berücksichtigend
Technologie, (gr.), w, -n: 1. Wissenschaft von Verfahren der Umwandlung von Rohstoffen in Fertigprodukte, 2. Gesamtheit der zur Herstellung eines Produktes nötigen Arbeitsgänge und techn. Instrumente
Technologietransfer, (gr.), m, -s: Weitergabe technolog. Kenntnisse und Verfahren
Tedeum, (lat.), s, -s: 1. frühchristl. Lobgesang, 2. musikal. Werk über diesen Lobgesang
Teenager, ['ti:nejdscher, engl.], m, -: junger Mensch zwischen 13 und 19 Jahren
Teenie, ['ti:ni, engl.], m, -s: Kurzw. für Teenager; junges Mädchen unter 16 Jahren
Teflon, (Wz.), s, n.E.: ein hitzebeständiger Kunststoff
Teint, ['*tä*(n), frz.], m, -s: Beschaffenheit und Farbe der Gesichtshaut
Tektonik, (gr.), w, n.E.: 1. Lehre vom Bau und den inneren Bewegungen der Erdkruste, 2. Zusammenfügen von Einzelteilen; äußerer Aufbau
Telefax, (gr.), s, -e: Gerät zur telefon. Übermittlung von Kopien; Fernkopierer; eine derart übermittelte Kopie
telefaxen, (gr.): mit Hilfe eines Telefax eine Kopie übermitteln
Telefon, (gr.), s, -e: Fernsprechapparat
Telefonat, (gr.), s, -e: Ferngespräch, Anruf
telefonieren, (gr.): mit jmdm. durch das Telefon sprechen
telegen, (gr.): fernsehwirksam
Telegraf, (gr.), m, -en: Apparat zur elektr. Übermittlung von Nachrichten in vereinbarten Zeichen
telegrafieren, (gr.): 1. eine Nachricht in Form von vereinbarten Zeichen übermitteln, 2. ein Telegramm aufgeben
Telegramm, (gr.), s, -e: telegrafisch übermittelte Nachricht
Telemeter, (gr.), s, -: Entfernungsmesser

Telemetrie, (gr.), w, n.E.: Entfernungsmessung
Teleobjektiv, (gr.), s, -e: fotograf. Objektiv für Aufnahmen aus großer Entfernung
Teleologie, (gr.), w, n.E.: Lehre, nach der Naturereignisse und der Verlauf der Geschichte zielgerichtet sind
Telepathie, (gr.), w, n.E.: Gedankenlesen, -übertragung
telepathisch, (gr.): die Telepathie betreffend
Teleskop, (gr.), s, -e: Fernrohr
Teleskopantenne, (gr.-dt.), w, -n: Antenne aus ineinanderschiebbaren Metallröhrchen
Television, (gr.-lat.), w, n.E.: das Fernsehen (Abk. TV)
Telex, (gr.), s, -e: Fernschreiben; Fernschreiber
Temperafarbe, (lat.-dt.), w, -n: Emulsionsfarbe
Temperament, (lat.), s, -e: 1. Wesens- und Gemütsart eines Menschen, 2. Munterkeit, lebhaftes Wesen
Temperatur, (lat.), w, -en: 1. Größe, die den Wärmegrad eines Körpers angibt, 2. Körperwärme; leichtes Fieber
Temperenz, (lat.), w, -en: Mäßigkeit
temperieren, (lat.): Temperatur regeln; mäßigen, mildern
Tempest, ['tä.mpißt, engl.], w, -s: Rennsegelboot
Tempo, (lat.-ital.), s, -s und Tempi: 1. Geschwindigkeit, Zeitmaß, 2. Schnelligkeit, Hast
Tempolimit, (ital.-engl.), s, -s: Geschwindigkeitsbegrenzung
Temporalsatz, (lat.), m, -sätze: Umstandssatz der Zeit
temporär, (lat.): zeitweilig, vorübergehend
Tempus, (lat.), s, Tempora: Zeitform des Verbs (z.B. Präsens)
Tendenz, (lat.), w, -en: 1. Hang, Neigung, Richtung, 2. erkennbare Absicht (z.B. eines Buches)
tendenziell, (lat.): der Tendenz nach
tendenziös, (lat.): eine Tendenz erkennen lassend, parteilich gefärbt
tendieren, (lat.): eine Tendenz haben, neigen zu etwas
Tenno, (japan.), m, -s: Titel des japan. Kaisers
Tenor, (lat.-ital.), m, Tenöre: hohe Stimmlage bei Männern; Sänger mit dieser Stimme
Tenor, (lat.), m, n.E.: 1. Gehalt, Sinn, 2. Inhalt eines Gesetzes
Tensid, (lat.), s, -e: Stoff, der die Oberflächenspannung herabsetzt
Tentakel, (lat.), m oder s, -: Fangarm, bewegliches Tast- oder Greiforgan; Fanghaar (Biol.)
Tequila, ['te'ki:la, span.], m, n.E.: mexikan. Branntwein
teratogen, (gr.): Mißbildungen hervorrufend (Med.)
Teratologie, (gr.), w, n.E.: Medizin, die sich mit Mißbildungen befaßt
Termin, (lat.), m, -e: festgesetzter Zeitpunkt; Zahlungstag
Terminal, ['tö:min(e)l, engl.], m, -s: 1. Halle zur Abfertigung der Fluggäste, 2. Umschlagort, 3. Gerät zur Datenein- und ausgabe einer EDV-Anlage
terminieren, (lat.): befristen, einen Termin bestimmen
Terminologie, (lat.-gr.), w, -n: Fachwortschatz
terminologisch, (lat.-gr.): die Terminologie betreffend
Terminus, (lat.), m, -mini: 1. Begriff, Fachwort, 2. Stichtag
Terminus technicus, (lat.), m, -mini -nici: Fachausdruck
Termite, (lat.), w, -n: staatenbildendes Insekt der (Sub)tropen
Terpentin, (gr.-lat.), s, -e: aus Nadelbaumharz gewonnenes brennbares ätherisches Öl (Lösungsmittel)
Terrain, [tä'rä(*n*), frz.], s, -s: Gelände, Gebiet; Grundstück
Terra incognita, (lat.), w, n.E.: unbekanntes, fremdes Land
Terrakotta, (lat.-ital.), w, -kotten: gebrannter Ton
Terrarium, (lat.), s, Terrarien: Glasbehälter zur Haltung von Amphibien und Reptilien
Terrasse, (lat.), w, -n: 1. stufenförmige Erderhebung im Gelände, 2. in Höhe des Erdgeschosses an ein Haus gebauter Platz
terrassieren, (lat.): stufenförmig anlegen
Terrazzo, (ital.), m, Terrazzi: geschliffener Fußboden aus kleinen Steinkörnern und Zement

terrestrisch, (lat.): irdisch; zum Festland gehörig (Geol.)
Terrine, (lat.), w, -n: Suppenschüssel
territorial, (lat.): zu einem Territorium gehörig; es beherrschend
Territorium, (lat.), s, -torien: Land, Gebiet, Staatsgebiet
Terror, (lat.), m, n.E.: durch ausgeübte oder angedrohte Gewalt verbreiteter Schrecken; Gewaltherrschaft
terrorisieren, (lat.): Schrecken verbreiten, Terror ausüben
Terrorismus, (lat.), m, n.E.: Gewaltanwendung und Verbreitung von Terror
tertiär, (lat.): 1. drittrangig, 2. aus dem Tertiär stammend
Tertiär, (lat.), s, n.E.: erdgeschichtl. Formation des Känozoikums
Terz, (lat.), w, -en: 1. dritter Ton der Tonleiter, 2. Intervall von drei Tonstufen
Terzett, (lat.), s, -e: Musikstück für 3 gleiche Instrumente; Gruppe der 3 ausführenden Musiker
Test, (engl.), m, -s (auch -e): 1. Funktionsprobe, 2. Eignungsprüfung
Testament, (lat.), s, -e: letztwillige Verfügung, letzter Wille; polit. Vermächtnis; Teil der Bibel
testamentarisch, (lat.): auf einem Testament beruhend
Testat, (lat.), s, -e: Bescheinigung, schriftl. Bestätigung
testieren, (lat.): bescheinigen, schriftlich bestätigen
Testikel, (lat.), m, -: Hoden, männl. Keimdrüse
Testimonium, (lat.), s, -monien: Zeugnis (Rechtsw.)
Tetanus, (gr.), m, n.E.: Wundstarrkrampf (Med.)
Tete, ['tä:t, frz.], w, -n: Anfang, Spitze (einer Marschkolonne)
Tete-à-tete, [tä:ta'tä:t, frz.], s, -s: trautes Beisammensein; Liebesstündchen
Tetraeder, (gr.), s, -: von vier Dreiekken begrenzter Körper
Tetragon, (gr.), s, -e: Viereck
Tetrapode, (gr.), m, -n: Wirbeltier mit vier Füßen
Text, (lat.), m, -e: Folge von zusammenhängenden Sätzen
texten, (lat.): Texte herstellen (z.B. Schlagertexte)
Texter, (lat.), m, -: Verfasser von Texten
Textilien, (lat.), w, M.: Kleidungs- und Wäschestücke
Textkritik, (lat.-gr.), w, -en: Untersuchung eines literar. Textes
Thanatologie, (gr.), w, n.E.: Forschung und Lehre, die sich mit dem Tod auseinandersetzt
Theater, (gr.), s, -: 1. Sammelbez. für alle darstellenden Künste, 2. Schauspielhaus, Opernhaus, 3. Unruhe, Aufregung
Theatralik, (gr.), w, n.E.: übertriebenes, gespreiztes Gehabe
theatralisch, (gr.): schauspielerhaft; übertrieben, gespreizt
Theismus, (gr.), m, n.E.: Glaube an einen einzigen persönl. Gott
Theke, (gr.), w, -n: Schanktisch; Ladentisch
Thema, (gr.), s, Themen: 1. Gegenstand, Stoff; Leitgedanke, 2. Hauptmelodie einer Komposition
Thematik, (gr.), w, -en: abgehandeltes Thema, Themenstellung
thematisieren, (gr.): zum Thema machen, diskutieren
Theodolit, (arab.), m, -e: geodät. Gerät zum Messen von Winkeln
Theogonie, (gr.), w, n.E.: myth. Lehre von der Abstammung der Götter
Theokratie, (gr.), w, -n: Herrschaftsform, bei der der Herrscher als Vertreter Gottes betrachtet wird
Theologie, (gr.), w, -n: Religionswissenschaft; Lehre von der christl. Religion
Theophanie, (gr.), w, -n: Gotteserscheinung
Theorem, (gr.), s, -e: wissenschaftl. Lehrsatz
Theoretiker, (gr.), m, -: jmd., der bestimmte Probleme begrifflich betrachtet und gedanklich analysiert
theoretisch, (gr.): 1. die Theorie von etwas betreffend, 2. begrifflich, gedanklich
Theorie, (gr.), w, -n: 1. Lehre; System wissenschaftl. begründeter Aussagen, 2. rein gedankliche Betrachtungsweise
Theosophie, (gr.), w, -n: mystische Lehre
theozentrisch, (gr.): Gott in den Mittelpunkt stellend

Therapeut, (gr.), m, -en: behandelnder Arzt
Therapie, (gr.), w, -n: 1. Behandlung von Krankheiten, 2. vgl. Psychotherapie
therapieren, (gr.): eine Therapie anwenden, jmdn. einer Therapie unterziehen
thermal, (gr.): auf Wärme beruhend, durch Wärme bewirkt
Therme, (gr.), w, -n: warme Quelle
Thermik, (gr.), w, n.E.: aufwärtsströmende Warmluft
thermisch, (gr.): die Wärme betreffend, auf Wärme beruhend
Thermodynamik, (gr.), w, n.E.: Teilgebiet der Physik, das die Beziehungen zwischen Wärme und Teilchenbewegung untersucht
Thermometer, (gr.), s, -: Gerät zum Messen der Temperatur
thermonuklear, (gr.-lat.): auf der durch Kernreaktion entstehenden Wärme beruhend
Thermostat, (gr.), m, -en: Temperaturregler
These, (gr.), w, -n: Behauptung, aufgestellter Lehrsatz
Theta, (gr.), s, -s: Buchstabe des gr. Alphabets
Thora, (hebr.), w, n.E.: das mosaische Gesetzbuch
Thorax, (gr.), m, -e: Brust(korb) (Med.)
Thriller, ['*th*ri.l(e)r, engl.], m, -: reißerischer Roman oder Film
Thrombose, (gr.), w, -n: Blutpfropfbildung innerhalb der Blutgefäße
Thrombus, (gr.), m, Thromben: Blutpfropf innerhalb eines Blutgefäßes
Tiara, (pers.), w, Tiaren: Krone des Papstes
Tick, (engl.), m, -s: Eigenart, Schrulle
Ticket, (engl.), s, -s: Flug-, Fahr-, Eintrittskarte
Tie-Break, ['taibrejk, engl.], m oder s, -s: Zählweise beim Tennis und Volleyball, um einen unentschiedenen Satz schneller zu beenden
Tifoso, (ital.), m, Tifosi: ital. Fußballfan
Tilde, (lat.), w, -n: Aussprachezeichen (~), Wiederholungszeichen
Timbre, ['t*ä*(n)br(e), frz.], s, -s: Klangfarbe der (Sing)stimme
timen, ['taim(e)n, engl.]: 1. Zeit stoppen, 2. den richtigen Zeitpunkt abpassen oder festsetzen
Timing, ['taiming, engl.], s, -s: 1. das Timen, Zeitmessung, 2. Wahl des günstigsten Zeitpunktes
Tinktur, (lat.), w, -en: Auszug aus pflanzl. oder tier. Stoffen
Tinnef, (jidd.), m, n.E.: Schund; Unsinn
Tip, (engl.), m, -s: 1. Wink, Hinweis; 2. Vorhersage
Tirade, (ital.), w, -n: Wortschwall, Redeerguß
Tiramisu, (ital.), s, -s: schaumige Süßspeise
Titan, (gr.), m, -en: Riese der gr. Sage
titanisch, (gr.): riesig, übermenschlich
Titel, (lat.), m, -: 1. Überschrift, Name eines Schrift- oder Kunstwerkes, 2. Bezeichnung eines gesellschaftl. oder dienstl. Standes, bzw. Ranges, 3. Abschnitt eines Gesetz- oder Vertragswerkes
titulieren, (lat.): 1. benennen, 2. beschimpfen
Tivoli, (ital.), s, -s: Vergnügungsort, Gartentheater
Toast, ['to:ßt, engl.], m, -s: 1. geröstete Weißbrotscheibe, 2. Trinkspruch
toasten, ['to:ßt(e)n, engl.]: 1. eine Scheibe Brot rösten, 2. einen Trinkspruch ausbringen, jmdm. zutrinken
Toaster, ['to:ßt(e)r, engl.], m, -: Gerät zum Rösten von Brotscheiben
Toe-Loop, ['tu:lup, engl.], m, -s: Drehsprung im Eiskunstlauf
Toffee, ['to.fi, engl.], s, -s: weiches Sahnebonbon
Toga, (lat.), w, Togen: weites altröm. Obergewand für Männer
Tohuwabohu, (hebr.), s, -s: Wirrwarr, Durcheinander
Toilette, [toa'le.te, frz.], w, -n: 1. (Raum mit) Abort, 2. festl. Kleidung einer Dame, 3. das Ankleiden, Frisieren, Zurechtmachen
Tokaier, Tokajer, (ung.), m, -: Dessertwein
Tokkata, (ital.), w, -ten: stark bewegtes Musikstück (für Klavier)
tolerabel, (lat.): erträglich
tolerant, (lat.): duldsam, verständnisvoll; aufgeschlossen

Toleranz, (lat.), w, -en: 1. Duldsamkeit, Verträglichkeit, 2. begrenzte Widerstandsfähigkeit des Organismus, 3. zulässige Abweichung
tolerieren, (lat.): 1. dulden, zulassen, erlauben, 2. Abweichungen innerhalb bestimmter Grenzen zulassen
Tomahawk, ['to.maho(u)k, indian.], m, -s: Streitaxt der Indianer
Tombola, (ital.), w, -s: Verlosung von Gegenständen, Lotterie
Tomographie, (gr.), w, -n: röntgenolog. Schichtaufnahme(verfahren)
Tonalität, (gr.), w, n.E.: Beziehung zwischen Tönen, Klängen, Akkorden
Tonic, (engl.), s, -s: mit Chinin versetztes Tafelwasser
Tonika, (gr.), w, Toniken: Grundton einer Tonleiter; Dreiklang darauf
Tonnage, ['to'na:(sch), frz.], w, -n: Rauminhalt eines Schiffes (in Registertonnen)
Tonsur, (lat.), w, -en: geschorene Stelle auf dem Kopf kath. Mönche
Tonus, (gr.), m, Toni: Spannungszustand der Muskeln
Topas (gr.), m, -e: seltenes Mineral, ein Edelstein
topfit, (engl.): in ausgezeichnetem Zustand
Topik, (gr.), w, n.E.: Lehre von den Sätzen und Schlüssen (Philos.)
topless, ['to.pleß, engl.]: busenfrei, ohne Oberteil
Topmanagement, ['to.pmänidschm(e) nt, engl.], s, -s: oberste Spitze der Unternehmungsleitung
Topographie, (gr.), w, -n: Beschreibung und Darstellung geograph. Örtlichkeiten
Topos, (gr.), m, Topoi: 1. Gesichtspunkt, Argument, 2. Redewendung, feststehende Formel
top-secret, [top'ßi:krit, engl.]: streng geheim
Topspin, (engl.), m, -s: (Tischtennis) Schlagvariante mit starkem Oberschnitt
Top ten, (engl.), w, n.M.: (aus 10 Titeln bestehende) Hitparade
Torero, (span.), m, -s: Stierkämpfer
Törn, (engl.), m, -s: Fahrt mit einem Segelboot
Tornado, (span.), m, -s: Wirbelsturm im südl. Nordamerika
torpedieren, (lat.): 1. mit Torpedos beschießen, 2. zu verhindern suchen, stören
Torpedo, (lat.), m, -s: Unterwassergeschoß mit Eigenantrieb
Torsion, (lat.), w, -en: Verdrehung fester Körper um die eigene Achse
Torso, (gr.), m, -s: 1. Statue mit fehlenden Gliedmaßen oder fehlendem Kopf, 2. etwas Unvollendetes, Bruchstückhaftes
Tort, (frz.), m, n.E.: Kränkung; Unrecht
Tortelett, (ital.), s, -s: Törtchen
Tortilla, [tor'ti.lja, span.], w, -s: flacher Kuchen aus Maismehl
Tortur, (lat.), w, -en: 1. Qual, Plage, 2. Folter
Tory, (engl.), m, Tories: Mitglied der Konservativen Partei in Großbritannien
total, (lat.): ganz, völlig, gänzlich, vollständig
Totale, (lat.), w, -n: Gesamtaufnahme im Film
Totalisator, (lat.), m, -en: Einrichtung zum Abschließen von Rennwetten
totalitär, (lat.-frz.): 1. auf Totalitarismus beruhend, 2. allumfassend
Totalitarismus, (lat.), m, -tarismen: in einem diktatorisch regierten Staat erzwungene gesellschaftl. Ausrichtung auf ein Machtzentrum
Totalität, (lat.), w, -en: Gesamtheit, Vollständigkeit
Totem, (indian.), s, -s: Lebewesen oder Ding, das bei Naturvölkern als heilig verehrt wird
Toto, s, -s: Sportwette auf Fußballergebnisse und Pferderennen
Touch, ['ta.tsch, engl.], m, -s: Anflug, Beigeschmack
touchieren, (frz.): 1. berühren, 2. betasten (Med.)
Toupet, [tu'pe:, frz.], s, -s: künstl. Haarteil
toupieren, (frz.): Haarsträhnen mit dem Kamm auflockern
Tour, ['tu:r, frz.], w, -en: 1. Ausflug, Reise, 2. Abschnitt, 3. trickreiche Art und Weise, 4. Umdrehung eines rotierenden Körpers
Tour de France, ['tu:r de 'fr*a(n)*ß, frz.], w, -s: Etappenrennen für Radprofis durch Frankreich
Tour d'horizon, ['tu:r doris*o(n)*, frz.], w, -s -: Rundschau

touren, ['tu:ren, frz.]: 1. sich auf einer Tour (1) befinden, 2. auf Tournee gehen
Tourismus, (frz.), m, n.E.: Fremdenverkehr
Tourist, (frz.), m, -en: Urlaubsreisender
Touristik, (frz.), w, n.E.: Touristenverkehr, Reisewesen
Tournedos, [turn(e)'do:, frz.], s, - [turn(e)'do:ß]: kleine gegrillte Rindslendenschnitte
Tournee, (frz.), w, -n: Gastspielreise von Künstlern
Tower, ['tau(e)r, engl.], m, -: Kontrollturm auf Flughäfen
Toxikologie, (gr.), w, -n: Lehre von den Giften und den Vergiftungen des Organismus
Toxin, (gr.), s, -e: organischer Giftstoff (Med.)
toxisch, (gr.): giftig; auf einer Vergiftung beruhend (Med.)
Trabant, (tschech.), m, -en: 1. vgl. Satellit, 2. Automarke eines in der ehemaligen DDR gebauten Zweitakters (Spitzname: Trabi)
Trachea, (gr.), w, Tracheen: Luftröhre (Med.)
Trademark, ['trejdma:k, engl.], w, -s: Handelsmarke; Warenzeichen
tradieren, (lat.): überliefern
Tradition, (lat.), w, -en: Überlieferung; Brauch
traditionell, (lat.): überliefert, der Tradition gemäß
Trafo, m, -s: vgl. Transformator
Tragik, (gr.), w, n.E.: Verhängnis; unabwendbares Geschehen, das zu schwerem Leid führt
Tragiker, (gr.), m, -: Dichter von Trauerspielen
tragikomisch, (gr.): tragisch und komisch zugleich
Tragikomödie, (gr.), w, -n: Schauspiel, in dem komische und tragische Züge enthalten sind
tragisch, (gr.): auf Tragik beruhend; unheilvoll
Tragöde, (gr.), m, -n: Schauspieler, der tragische Rollen verkörpert
Tragödie, (gr.), w, -n: 1. Dramengattung, 2. unabwendbares Geschehen, leidvolles Unglück
Trailer, ['trejl(e)r, engl.], m, -: 1. Ausschnitte aus einem neuen Film, 2. Fahrzeuganhänger
Trainer, ['trä:ner, engl.], m, -: jmd., der Sportler trainiert
trainieren, [trän.., engl.]: sich oder jmdn. für einen Wettkampf vorbereiten, die sportl. Leistungsfähigkeit halten oder erhöhen
Training, ['trä.., engl.], s, -s: das Trainieren
Trajekt, (lat.), m oder s, -e: Fährschiff für Eisenbahnzüge
Trakt, (lat.), m, -e: 1. langgestreckter Gebäudeteil, 2. Strang
Traktat, (lat.), s, -e: Abhandlung; religiöse Flugschrift
traktieren, (lat.): mißhandeln, plagen, quälen
Traktor, (lat.), m, -en: landwirtschaftl. Zugmaschine, Trecker
Tram, (engl.), w, -s: Straßenbahn
Tramp, ['trä.mp, engl.], m, -s: Landstreicher
trampen, ['trä.mpen, engl.]: winken, um kostenlos mitzufahren
Tramper, ['trä.mper, engl.]: jmd., der trampt
Trampolin, (ital.), s, -e: Sportgerät mit stark federndem Tuch zur Ausführung von Sprüngen
Trance, ['tr*a(n)*ß, frz.], w, -n: Entrücktsein, schlafähnlicher Zustand
Tranche, ['tr*a(n)*sch, frz.], w, -n: 1. Fleisch- oder Fischscheibe, 2. Teilbetrag einer Anleihe
tranchieren, [tr*a(n)*'schi:ren, frz.]: sachgerecht zerlegen, zerteilen
Tranquilizer, ['trä.nkilais(e)r, engl.], m, -: psych. dämpfendes Medikament
Transaktion, (lat.), w, -en: großes Geld-, Bank- oder Börsengeschäft
Transfer, (lat.), m, -s: 1. Zahlungen ins Ausland, 2. Übertragung erlernter Vorgänge, 3. Überführung im Reiseverkehr, 4. Wechsel eines Berufssportlers zu einem anderen Verein
transferieren, (lat.), 1. Geldbeträge in eine andere Währung übertragen, bzw. ins Ausland zahlen, 2. einen Transfer (4) durchführen
Transfiguration, (lat.), w, -en: verklärende Darstellung Christi
Transformation, (lat.), w, -en: Umformung, Umwandlung, Übertragung
Transformator, (lat.), m, -en: Gerät zum Regulieren elektr. Spannung

Transfusion, (lat.), w, -en: Übertragung von Blut oder anderen Flüssigkeiten in den Organismus (Med.)
Transistor, (lat.), m, -en: Halbleiterbauelement
Transit, (lat.), m, -e: Durchreise durch ein Land
transitiv, (lat.): (Verben) zielend (ein Akkusativobjekt bindend)
transitorisch, (lat.): (im Wirtschaftswesen:) vorübergehend
Transitvisum, (lat.), s, -visa oder -visen: Durchreisevisum
transkribieren, (lat.): umschreiben
Translation, (lat.), w, -en: Übersetzung, Übertragung
Transmission, (lat.), w, -en: Übertragung; Antrieb mittels Kraftübertragung durch Treibriemen
Transmitter, (lat.), m, -: Überträgersubstanz; Umformer
transparent, (lat.): durchscheinend, durchsichtig
Transparent, (lat.), s, -e: 1. Spruchband, 2. Leuchtbild
Transparenz, (lat.), w, n.E.: Lichtdurchlässigkeit; Durchschaubarkeit
transpirieren, (lat.): schwitzen, ausdünsten
Transplantat, (lat.), s, -e: verpflanztes Gewebestück
Transplantation, (lat.), w, -en: Verpflanzung von lebendem Gewebe
transponieren, (lat.): ein Tonstück umsetzen in eine andere Tonart
Transport, (lat.), m, -e: 1. Beförderung, 2. befördertes Frachtgut
transportabel, (lat.): beförderbar, beweglich, versendbar
Transporter, (lat.), m, -: Fahrzeug, das große Frachten transportiert
Transporteur, (lat.), m, -e: jmd., der etwas transportiert
transportieren, (lat.): 1. befördern, versenden, 2. weiterdrehen
Transrapid, (Kurzw.), m, -s: Hochgeschwindigkeitsmagnetschwebebahn
Transsexualismus, (lat.), m, n.E.: Empfinden, zum anderen Geschlecht zu gehören
Transversale, (lat.), w, -n: eine geometr. Figur durchschneidende Gerade (Math.)
Transvestit, (lat.), m, -en: Mann, der sich aufgrund seiner Veranlagung wie eine Frau schminkt, kleidet und verhält
transzendent, (lat.): die Grenzen des sinnlich Wahrnehmbaren übersteigend, übersinnlich (Philos.)
transzendental, (lat.): vgl. transzendent
Transzendenz, (lat.), w, n.E.: das jenseits der Erfahrung und des Bewußtseins Liegende (Philos.)
transzendieren, (lat.): über sinnl. Wahrnehmung und Erfahrung hinausgehen (Philos.)
Trapez, (gr.), s, -e: 1. Viereck mit einem Paar paralleler Seiten, 2. an Seilen hängende Stange (als Turngerät), 3. (beim Segeln) an der Mastspitze befestigte Haltevorrichtung
Trapper, (engl.), m, -: nordamerik. Pelztierjäger
Trappist, (frz.), m, -en: Angehöriger eines kath. Schweigeordens
Trasse, (lat.), w, -n: Linienführung im Straßen-, Bahn-, Kanal- und Leitungsbau
Trattoria, (ital.), w, -n: ital. Wirtshaus
Trauma, (gr.), s, -ta oder Traumen: 1. starke seel. Erschütterung, 2. Verletzung durch äußere Gewalteinwirkung
traumatisch, (gr.): auf einem Trauma beruhend (Med./Psych.)
Traumatologie, (gr.), w, n.E.: Lehre von der Wundbehandlung
Travellerscheck, ['trä.w(e)l(e)rscheck, engl.], m, -s: Reisescheck
travers, (lat.): (in der Mode:) quergestreift
Traversale, (lat.), w, -n: Seitwärtsbewegung des Pferdes
Traverse, (lat.), w, -n: Querträger; Querverbindung
Travestie, (lat.), w, -n: satir. Umdichtung, Verulkung
Trawl, ['tro:l, engl.], s, -s: Schleppnetz in der Hochseefischerei
Trawler, ['tro:l(e)r, engl.], m, -: Fischereifahrzeug
Treatment, ['tri:tm(e)nt, engl.], s, -s: Vorstufe eines Drehbuchs
Trema, (gr.), s, -ta und -s: Trennpunkte über einem von zwei nebeneinander stehenden Vokalen
Tremolo, (ital.), s, -s und Tremoli: Beben der Stimme, vibrierende Tongebung (Mus.)

Trenchcoat, ['trä.ntschkout, engl.], m, -s: sportl. Regenmantel
Trend, (engl.), m, -s: Grundrichtung einer Entwicklung, Tendenz
Tresor, (gr.), m, -e: Geldschrank, Safe
Triade, (gr.), w, -n: Dreizahl, Dreiheit
Triangel, (lat.), m oder s, -: Musikinstrument aus einem zum Dreieck gebogenen Stahlstab
Triangulation, (lat.), w, -en: Einteilung in Dreiecke
Trias, (gr.), w, -: 1. Abschnitt des Erdmittelalters, 2. Dreizahl
Tribun, (lat.), m, -e: Volksvertreter, Volksführer
Tribunal, (lat.), s, -e: öffentl. Anklage und Verhandlung (außerhalb der Gerichtsbarkeit)
Tribüne, (lat.), w, -n: 1. Rednerbühne, 2. Aufbau mit Sitzplätzen für Zuschauer
Tribut, (lat.), m, -e: 1. Opfer; Steuer, Abgabe, 2. Hochachtung
Trichine, (gr.), w, -n: schmarotzender Fadenwurm
trichinös, (gr.): von Trichinen befallen
Trichotomie, (gr.), w, n.E.: Dreiteilung
triennal, (lat.): alle 3 Jahre stattfindend
Triennium, (lat.), s, Triennien: Zeitraum von 3 Jahren
Trigeminus, (lat.), m, -gemini: aus 3 Ästen bestehender Gesichtsnerv
Trigon, (gr.), s, -e: Dreieck
trigonal, (gr.): dreieckig
Trigonometrie, (gr.), w, n.E.: Dreiecksmessung, -berechnung
Trikolore, (lat.-frz.), w, -n: frz. Nationalflagge
Trikot, (frz.), m, -s: gewirkter Stoff, Strickgewebe
Trikot, (frz.), s, -s: Sportkleidungsstück (Vereinssport)
Trilogie, (gr.), w, -n: drei zusammengehörende Werke
Trimester, (lat.), s, -: Dritteljahr eines Unterrichtsjahres
Trinitarier, (lat.), m, -: Anhänger der Lehre von der Dreieinigkeit
Trinität, (lat.), w, n.E.: Dreieinigkeit, Dreifaltigkeit Gottes
Trinitatis, (lat.), s, n.E.: Fest der Dreifaltigkeit
Trio, (ital.), s, -s: Musikstück für 3 verschiedene Instrumente; Gruppe der 3 ausführenden Musiker
Triole, (lat.-ital.), w, -n: drei Töne im Taktwert von zwei Tönen
Trip, (engl.), m, -s: 1. Ausflug, kurze Reise, 2. Rauschzustand nach Rauschgiftgenuß
Triptychon, (gr.), s, -tychen oder -tycha: dreiteiliges Bild; Flügelaltar
trist, (lat.): öde, trostlos; langweilig
Tristesse, [triß'tä.ß, frz.], w, -n: Traurigkeit, Schwermut
Tritium, (gr.), s, n.E.: radioaktives Wasserstoffisotop
Triumph, (lat.), m, -e: (im antiken Rom) feierl. Einzug des siegreichen Feldherrn; Siegesjubel
triumphal, (lat.): glanzvoll, großartig
Triumphator, (lat.), m, -toren: siegreicher Feldherr; jubelnder Sieger
triumphieren, (lat.): siegen, über einen Sieg oder Erfolg jubeln,
Triumvirat, (lat.), s, -e: (im antiken Rom:) Gremium von 3 Männern, die die Staatsgeschäfte besorgten
trivial, (lat.): platt, alltäglich; geistlos, inhaltlich anspruchslos
Trivialität, (lat.), w, -en: triviale Redensart, Plattheit
Trivialliteratur, (lat.), w, n.E.: anspruchslose Literatur
Trizeps, (lat.), m, -e: dreiköpfiger Muskel
Trochäus, (gr.), m, -chäen: Versfuß aus einer betonten und einer unbetonten Silbe
Troika, (russ.), w, Troiken: Dreigespann
Tropen, (gr.), w, n.M.: heiße Klimazone zwischen den Wendekreisen zu beiden Seiten des Äquators
Trophäe, (gr.), w, -n: 1. Siegeszeichen; erbeutete Fahne, 2. Jagdbeute
Trophologie, (gr.), w, n.E.: Ernährungswissenschaft
tropisch, (gr.): aus den Tropen stammend, zu ihnen gehörig; heiß
Troposphäre, (gr.), w, n.E.: unterste Schicht der Erdatmosphäre
troppo, (ital.): zu sehr (Mus.)
Troß, (lat.), m, Trosse: 1. Begleitfahrzeuge, die Verpflegung und Munition für die Truppen transportieren, 2. Anhang, Gefolge

Trottoir, [tro.to'a:r, frz.], s, -e und -s: Bürgersteig

Trotzkismus, m, n.E.: im Sinne des Revolutionärs Trotzki von der Linie der KPdSU abweichende marxist. Haltung

Troubadour, ['trubadur, frz.], m, -e und -s: provencal. Minnesänger des Mittelalters

Trouble, ['tra.bl, engl.], m, n.E.: Ärger, Schwierigkeiten

Troubleshooter, ['tra.blschu:t(e)r, engl.], m, -: jmd. mit besonderer Eignung, Konflikte oder Probleme aus der Welt zu schaffen

Troupier, [tru:p'je:, frz.], m, -s: altgedienter Soldat

Truck, ['tra.k, engl.], m, -s: (amerik. für:) Lastkraftwagen

Trucker, ['tra.k(e)r, engl.], m, -: Lastwagenfahrer

Trullo, (ital.), m, Trulli: rundes Wohnhaus mit kegelförmigem Dach

Trust, ['tra.st, engl.-amerik.], m, -e oder -s: Zusammenschluß mehrerer Unternehmen

Tschador, (pers.), m, -s: von manchen islam. Frauen getragener schwarzer Umhang, der Körper und Gesicht bis auf die Augen verhüllt

Tschako, (ung.), m, -s: ehemals helmartige Kopfbedeckung bei der Polizei

T-Shirt, ['ti:schö(r)t, engl.], s, -s: kragenloses, kurzärmeliges Hemd

Tuba, (lat.), w, Tuben: 1. tiefstes Blechblasinstrument, 2. Eileiter (Med.) 3. röhrenförmige Verbindung vom Rachen zum Ohr

Tuberkel, (lat.), m, -s: kleine Geschwulst, Tuberkuloseknötchen

Tuberkulin, (lat.), s, n.E.: Giftstoff aus Zerfallsstoffen der Tuberkelbakterien, mit dem Tuberkulose nachgewiesen werden kann

tuberkulös, (lat.): an Tuberkulose leidend

Tuberkulose, (lat.), w, -n: eine Infektionskrankheit

Tubus, (lat.), m, Tuben oder -se: 1. Fassungsrohr; Rohransatz, 2. Kunststoffröhre zur Einführung in die Luftröhre (Med.)

Tumor, (lat.), m, -en: Geschwulst, Gewächs, Gewebswucherung

Tumult, (lat.), m, -e: Unruhe, Auflauf aufgeregter Menschen

tumultuarisch, (lat.): aufgeregt lärmend, erregt

Tundra, (finn.-russ.), w, Tundren: baumlose Kältesteppe im Norden Europas, Asiens und Nordamerikas

tunen, ['tju:nen, engl.]: die Leistung eines Kraftfahrzeugmotors erhöhen, einen Motor frisieren

Tuner, ['tju:ner, engl.], m, -: Kanalwähler an Fernseh- und Rundfunkgeräten; Radiogerät ohne Verstärker

Tunika, (lat.), w, Tuniken: (im antiken Rom:) langes ärmelloses Gewand

Turban, (pers.), m, -e: um den Kopf gewundener Schal als Kopfbedeckung insb. der Moslems und Hindus

Turbine, (lat.), w, -n: Kraftmaschine, die aus der potentiellen Energie von Dampf, Gas oder Wasser eine drehende Bewegung erzeugt

Turbolader, (lat.-dt.), m, -: mit den Abgasen des Verbrennungsmotors betriebene Turbine zum Aufladen des Motors

turbulent, (lat.): stürmisch, sehr unruhig, ungestüm

Turbulenz, (lat.), w, -en: 1. Wirbelströmung der Luft, 2. Unruhe, Wirbel

Turf, ['tö:(r)f, engl.], m, -s: Pferderennbahn, Pferderennen

Turkey, ['tö:(r)ki, engl.], m, -s: Entzugserscheinungen von Rauschgiftsüchtigen

türkis, (türk.): grünlich-blau, türkisfarben

Turn, ['tö:(r)n, engl.] der, -s: 1. Wende, Kehre, 2. Rauschzustand

turnen, ['tö:(r)nen, engl.]: sich in einen Rauschzustand versetzen

Turnier, (gr.), s, -e: 1. (im Mittelalter) ritterl. Kampfspiel, 2. Sportwettbewerb mit großer Teilnehmerzahl

Turnus, (gr.), m, -se: sich regelmäßig wiederholender Ablauf

Tutor, (lat.), m, -toren: 1. Leiter eines Tutoriums, 2. Gesamtschullehrer, der eine Kerngruppe betreut

Tutorium, (lat.), s, -torien: Übungskurs an einer Hochschule

tutti (ital.): alle (Instrumente oder Gesangsstimmen)

Tuttifrutti, (ital.), s, -(s): Süßspeise aus vielen Früchten

Tutu, [tü'tü, frz.], s, -s: kurzes, abstehendes Balettröckchen

Tweed, ['t(u)i:d, engl.], m, -s und -e: kräftiges Woll-, Mischgewebe
Twen, (engl.), m, -s: Mann oder Frau zwischen 20 und 29 Jahren
Twinset, (engl.), m oder s, -s: Kombination von Pullover und Jacke
Twist, (engl.), m, -e: ein Baumwollstopfgarn
Twist, (engl.), m, -s: (in den 60er Jahren:) Modetanz
Twostep, ['tu:ßtäp, engl.], m, -s: engl. Gesellschaftstanz
Tyche, ['tü:che, gr.], w, n.E.: Zufall, Schicksal
Typ, ['tü:p, gr.], m, -en: 1. Urbild, Grundform, Muster, 2. Menschentyp; Gattung, 3. Bauart, Modell
Type, (gr.), w, -n: 1. gegossener Druckbuchstabe, Letter, 2. Feinheitsgrad der Ausmahlung bei Mehlsorten, 3. komischer Kerl
Typhus, (gr.), m, n.E.: fieberhafte schwere Infektionskrankheit
Typik, (gr.), w, -en: psycholog. Lehre von den Typen
typisch, (gr.): kennzeichnend, charakteristisch, bezeichnend
typisieren, (gr.): nach Typen einteilen; einen Typ darstellen
Typographie, (gr.), w, -n: 1. Buchdrukkerkunst, 2. Gestaltung des Schriftsatzes
Typologie, (gr.), w, -n: Typenlehre (Psych.)
Typus, (gr.), m, Typen: vgl. Typ (1, 2)
Tyrann, (gr.), m, -en: 1. Alleinherrscher; Gewaltherrscher, Unterdrücker, 2. rücksichtsloser, herrschsüchtiger Mensch
Tyrannei, (gr.), w, n.E.: Willkür- und Gewaltherrschaft; tyrann. Verhalten
tyrannisch, (gr.): gewaltsam, diktatorisch; herrschsüchtig, rücksichtslos, grausam
tyrannisieren, (gr.): jmdn. unterdrükken, seinen Willen aufzwingen

U

ubiquitär, (lat.): überall vorkommend
UEFA, (Kurzw. aus **U**nion of **E**uropean **F**ootball **A**ssociations, engl.): Europäischer Fußballverband
UFO, Ufo, (Kurzw. aus **u**nidentified **f**lying **o**bjekt, engl.), s, -s: unbekanntes Flugobjekt
Ukas, (russ.), m, -se: 1. Zarenerlaß, 2. Anordnung, Befehl
Ukelele, (hawaiisch), w oder s, -n: kleine vierseitige Hawaiigitarre
Ulan, (türk.-poln.), m, -en: mit einer Lanze bewaffneter Kavallerist, Lanzenreiter (in Polen)
Ultima ratio, (lat.), w, n.E.: letztes, äußerstes Mittel; letzte Hoffnung
ultimativ, (lat.): in Form eines Ultimatums; nachdrücklich, endgültig
Ultimatum, (lat.), s, -s oder Ultimaten: mit Androhung von Gewalt oder Sanktionen verbundene befristete Forderung
ultimo, (lat.): am Letzten (des Monats)
Ultra, (lat.), m, -s: politischer Extremist
Ultraschall, (lat.-dt.), m, n.E.: oberhalb der menschlichen Hörgrenze liegende Schallschwingungen
ultraviolett, (lat.-frz.): sich im Lichtspektrum an Violett anschließend
Ultraviolett, (lat.-frz.), s, n.E.: unsichtbare, chem. und biolog. stark wirksame Strahlung (Abk.: UV)
Umbra, (lat. »Schatten«), w, n.E.: 1. dunkelster Teil, Zentrum eines Sonnenflecks, 2. Erdbraun, dunkelbraune Malerfarbe
UN, (Kurzw. aus **U**nited **N**ations, engl.), w, n.E.: vgl. UNO
Underdog, ['a.nderdog, engl.], m, -s: sozial Schwächergestellter, Benachteiligter
Understatement, [and(e)r'ßte:jtm(e)nt, engl.], s, -s: Untertreibung, Tiefstapelei
uni, [ü'ni:, frz.]: einfarbig (z.B.: bei Stoffen, Tapeten)
unieren, (lat.): vereinigen
Uniform, (lat.), w, -en: einheitliche Dienstkleidung
Uniformismus, (lat.), m, n.E.: Neigung, alles einheitlich zu gestalten
Unikat, (lat.), s, -e: Urschrift; einziges Exemplar
Unikum, (lat.), s, -s oder Unika: 1. nur einmal vorhandenes Exemplar, 2. (umg.) origineller Mensch, Sonderling

Union, (lat.), w, -en: 1. Vereinigung, Bund (insbes. von Staaten, Völkern oder Kirchen)
Union Jack, ['ju:nj(e)n 'd*sch*ä.k, engl.], m, - -s: die britische Nationalflagge
unisono, (italien.): auf demselben Ton oder in derselben Oktave (Mus.); (übertragen:) einstimmig, gemeinsam einer Überzeugung
Unitarier, (lat.), m, -: christl. Sekte, Gegner des Trinitätsdogmas
universal, (lat.): allgemein, gesamt; (die ganze Welt) umspannend, weltweit
Universalgenie, (lat.), s, -s: vielseitig hochbegabter Mensch
Universalien, (lat.), w, M.: Allgemeinbegriffe; allgemeingültige Aussagen (Philos.)
Universalität, (lat.), w, n.E.: 1. Vielseitigkeit; allumfassende Bildung, 2. Allgemeinheit, Gesamtheit
universell, (lat.): allseitig, vielseitig; umfassend
Universität, (lat.), w, -en: wissenschaftliche Hochschule
Universum, (lat.), s, n.E.: Weltall
UNO, (Kurzw. aus **U**nited **N**ations **O**rganization, engl.), w, n.E.: Organisation der Vereinten Nationen (auch: UN)
unterminieren, (dt.-lat.): unterhöhlen, unterwandern
Unze, (lat.), w, -n: alte Gewichtseinheit (ca. 30 g)
Uppercut, ['a.p(e)rkat, engl.], m, -s: kurzer Aufwärtshaken (beim Boxen)
Upper ten, ['a.p(e)r 'tä.n], n.M.: die oberen Zehntausend, Oberschicht
up to date, ['a.p tu 'de:jt, engl.]: auf dem neuesten Stand, zeitgemäß
urban, (lat.): städtisch, weltgewandt; gebildet; weltmännisch
Urbanistik, (lat.), w, n.E.: Wissenschaft des Städtewesens
Urbanität, (lat.), w, n.E.: Bildung, Weltgewandtheit
urbi et orbi, (lat. »der Stadt [Rom] und aller Welt«): päpstl. Segensformel v.a. zu Weihnachten und zu Ostern
Urin, (lat.), m, -e: Harn
urinieren, (lat.): harnen, Wasser lassen
Urologie, (gr.):, w, n.E.: Lehre von den Erkrankungen der Harnorgane
Usance, [ü's*an*ß, frz.], w, -n: Brauch; Handelsbrauch, Gepflogenheit
Usurpation, (lat.), w, -en: widerrechtliche Inbesitznahme; gesetzeswidrige Machtergreifung
Usurpator, (lat.), m, -patoren: jmd., der widerrechtlich (und gewaltsam) die Macht ergreift
usurpieren, (lat.): widerrechtlich in Besitz bringen; widerrechtlich (und gewaltsam) die Macht ergreifen
Usus, (lat.), m, n.E.: Brauch, Gewohnheit, Sitte
Utensil, (lat.), s, -ien: Gebrauchsgegenstand; Gerät
Uterus, (lat.), m, Uteri: Gebärmutter
Utilitarismus, (lat.), m, n.E.: Nützlichkeitslehre oder -streben
Utopie, (gr.), w, -n: 1. Beschreibung erdachter künftiger idealer Zustände, 2. Wunschbild; Hirngespinst
utopisch, (gr.): unerfüllbar, ohne Realitätsbezug, nach Unmöglichem strebend

V

Vabanquespiel, (frz.-dt.), s, n.E.: (beim Glücksspiel) Spiel um den gesamten Einsatz der Bank; (übertragen:) gefährliches Spiel, hohes Risiko
Vademekum, (lat.), s, -s: kleines Lehrbuch, Ratgeber
Vagabund, (frz.), m, -en: Landstreicher, Herumtreiber; Strolch
vage, (lat.): unbestimmt, ungewiß; verschwommen
Vagina, (lat.), w, Vaginen: Scheide; Gleithülle
vaginal, (lat.): die Scheide betreffend
Vaginismus, (lat.), m, Vaginismen: Scheidenkrampf
vakant, (lat.): unbesetzt; frei, leer; erledigt
Vakanz, (lat.), w, -en: 1. unbesetzte (Dienst)Stelle, 2. (früher für:) Ferien
Vakat, (lat.), s, -s: leere, unbedruckte Seite in einem Buch
Vakuum, (lat.), s, Vakuen oder Vakua: (nahezu) luftleerer Raum; (übertragen:) Leere, Unausgefülltheit

vale!, (lat.): lebe wohl!
Valenz, (lat.), w, -en: 1. Wertigkeit (Chem.), 2. Stärke
Valet, (lat.), s, -s: (früher für:) Lebewohl
Validität, (lat.), w, n.E.: 1. Rechtsgültigkeit, 2. Gültigkeit eines wissenschaftlichen Versuchs
Valuta, (lat.-italien.), w, Valuten: 1. ausländische Währung, Zahlungsmittel, 2. Wertstellung auf dem Konto
valutieren, (lat.): 1. einen Termin für eine (geldliche) Leistung festsetzen, 2. den Wert angeben, bewerten
Vamp, ['wä.mp, serb.-engl.], m, -s: anziehende, zugleich kühl berechnende Frau
Vampir, (serb.), m, -e: 1. südamerik. blutleckende Fledermaus, 2. (im Aberglauben) Toter, der als blutsaugendes Nachtgespenst zu den Lebenden zurückkehrt, 3. (übertragen:) Wucherer, Blutsauger
Vandalismus: vgl. Wandalismus
Vanille, (span.), w, n.E.: mexikan. Orchideengattung, deren Früchte zu einem Gewürz verarbeitet werden
Varia, (lat.), w, M.: Vermischtes, Verschiedenes, Allerlei
variabel, (lat.): veränderlich, wandelbar; schwankend
Variabilität, (lat.), w, -en: Veränderlichkeit, Wandelbarkeit
Variable, (lat.), w, -n: veränderliche Größe, Unbekannte
Variante, (lat.), w, -n: 1. Abwandlung; Abart, Spielart; eine von mehreren Möglichkeiten, 2. abweichende Lesart, 3. Wechsel zwischen Moll und Dur (Mus.)
Variation, (lat.), w, -en: Abwechslung; Veränderung, Abwandlung
Varietät, (lat.), w, -en: andersartige Beschaffenheit, Abart
Varieté, (lat.-frz.), s, -s: Bühne für Vorführungen artistischer, tänzerischer, musikalischer Art
variieren, (lat.): verschieden sein, voneinander abweichen; verändern, abwandeln
Variometer, (lat.-gr.), s, -: 1. Gerät, das kleinste Luftdruckänderungen mißt, 2. Spulenanordnung zur Frequenzabstimmung in Hochfrequenzgeräten, 3. Gerät zur Messung der Steig- und Sinkgeschwindigkeit
Vasall, (frz.), m, -en: (im Mittelalter) Lehnsmann; Gefolgsmann; Abhängiger
Vase, (lat.), w, -n: kunstvoll gearbeitetes Gefäß für Schnittblumen; antikes Tongefäß
Vaseline, (Kunstw.), w, n.E.: aus Erdöl gewonnene salbenartige Masse
vaskular, vaskulär, (lat.): zu den Körpergefäßen gehörend
Vatikan, (lat.), m, n.E.: Residenz des Papstes in Rom; päpstliche Regierung
Veda: vgl. Weda
Vedute, (italien.), w, -n: naturgetreue Darstellung einer Landschaft oder Stadt in der Malerei
Vegetabilien, (lat.), w, M.: pflanzliche Nahrungsmittel
Vegetarier, (lat.), m, -: jmd., der sich rein pflanzlich ernährt
Vegetarismus, (lat.), m, n.E.: ausschließl. pflanzliche Ernährung
Vegetation, (lat.), w, -en: Leben und Wachstum der Pflanzen; Pflanzenwelt
vegetativ, (lat.): 1. pflanzlich, 2. unwillkürlich, unbewußt, 3. ungeschlechtlich
vegetieren, (lat.): kümmerlich dahinleben
vehement, (lat.): heftig, ungestüm
Vehemenz, (lat.), w, n.E.: Heftigkeit; Schwung, Elan
Vehikel, (lat.), s, -: 1. Hilfsmittel, 2. (schlechtes) Fahrzeug
Vektor, (lat.), m, Vektoren: gerichtete Größe; durch einen Pfeil dargestellte Strecke mit Richtungssinn (Math.)
Velar, (lat.), m, -e: Gaumensegellaut, Hintergaumenlaut (z.B. »ch« als Ach-Laut)
Velodrom, (lat.-gr.), s, -e: Radrennbahn in einer Halle
Velours, [we'lu:r, frz.], m oder s, -s oder -e: weiches, samtartiges Leder
Velum, (lat.), s, Vela: 1. Seiden- oder Leinentuch in der kath. Kirche, 2. Gaumensegel, 3. Hülle junger Blätterpilze
Velvet, (engl.), m oder s, -s: Samt aus Baumwolle
Vendetta, (italien.), w, Vendetten: Blutrache
Vene, (lat.), w, -n: Blutader, in der das Blut zum Herzen zurückfließt

venerisch, (lat.): geschlechtskrank, auf Geschlechtskrankheiten beruhend
Venerologie, (lat.-gr.), w, n.E.: Lehre von den Geschlechtskrankheiten
veni, vidi, vici, (lat.): ich kam, ich sah, ich siegte (Siegesmeldung Cäsars)
venös, (lat.): zu den Venen gehörend; gefäßreich
Ventil, (lat.), s, -e: 1. Vorrichtung zur Regelung der Zufuhr von Flüssigkeiten oder Gasen; Steuervorrichtung für Maschinen, 2. Vorrichtung zur Tonveränderung bei Blechblasinstrumenten
Ventilation, (lat.), w, -en: Lüftung, Luftaustausch
Ventilator, (lat.), m, Ventilatoren: mechanische Lüftungsvorrichtung; Lüfter
ventilieren, (lat.): 1. Luft erneuern, lüften, 2. etwas sorgfältig erwägen, erörtern, untersuchen
Veranda, (engl.), w, Veranden: Vorbau an Wohnhäusern
Verb, (lat.), s, -en: Tätigkeitswort (z.B. gehen, liegen)
verbal, (lat.): 1. das Verb betreffend, 2. mündlich, durch Worte ausgedrückt
Verbalinjurie, (lat.), w, -n: beleidigender Ausdruck, Schimpfwort, Beleidigung durch Worte
verbalisieren, (lat.): 1. etwas in Worte fassen, 2. zu einem Verb machen
Verbalnote, (lat.-dt.), w, -n: mündlich vorgetragene und nicht unterschriebene diplomat. Note
Verdikt, (lat.), s, -e: Entscheidung, Urteil(sspruch)
Verifikation, (lat.), w, -en: Nachweis der Wahrheit oder Richtigkeit; Beglaubigung
verifizieren, (lat.): den Nachweis der Wahrheit erbringen, bestätigen, beglaubigen
Verismo,(lat.-italien.), m, n.E.: realist. Stilrichtung in Literatur, bildender Kunst und Musik im Italien des 19. Jh.
veritabel, (lat.): wahrhaft, unverfälscht; aufrichtig;
verklausulieren, (dt.-lat.): 1. durch Vorbehalte, Klauseln einschränken, 2. schwer verständlich formulieren
vermaledeien, (dt.-frz.): verwünschen, verfluchen
Vernissage, [werni'ßa:*sch*, frz.], w, -n: Eröffnung einer Ausstellung neuer Bilder eines lebenden Künstlers
Vers, (lat.), m, -e: 1. Zeile einer Strophe, Gedichtzeile, 2. kleiner Abschnitt in der Bibel
Versal, (lat.), m, Versalien: groß geschriebener Buchstabe, Anfangsbuchstabe
versiert, (lat.): bewandert, erfahren; gewandt, gewitzt
Version, (lat.), w, -en: 1. Lesart, Fassung, 2. Ausführung, Modell
versus, (lat.): gegen, im Gegensatz zu
vertikal, (lat.): senkrecht
Vertikale, (lat.), w, -n: Senkrechte
Vertiko, s, -s: kleiner Schrank
vertikutieren, (lat.-frz.): Rasenboden auflockern
Verve, (frz.), w, n.E.: Begeisterung, Schwung, Engagement
Vesper, (lat.), w, -n: 1. Gottesdienst am frühen Abend, 2. Mahlzeit am frühen Abend
Vestibül. (frz.), s, -e: Vorhalle, Eingangshalle
Veteran, (lat.), m, -en: 1. altgedienter Soldat, 2. im Dienst alt gewordener Mensch
Veterinärmedizin, (lat.), w, n.E.: Tiermedizin
Veto, (lat. »ich verbiete«), s, -s: offizieller Einspruch; Einspruchsrecht
Vexierbild, (lat.-dt.), s, -er: Suchbild
via, (lat.): über oder durch
Viadukt, (lat.), s, -e: Straßen- oder Eisenbahnbrücke über eine Schlucht oder ein Tal
Vibraphon, (lat.-gr.), s, -e: mit Hämmerchen zu schlagendes elektrisches Musikinstrument aus Metallstäben
Vibration, (lat.), w, -en: das Vibrieren, Schwingung; Zittern, Beben
vibrato, (italien.): schwingend, leicht zitternd (in bezug auf die Tongestaltung; Mus.)
vibrieren, (lat.): schwingen, leicht zittern, beben
vice versa, (lat.): umgekehrt
Videoclip, ['wi:deoklip, engl.], m, -s: kurzer Videofilm
Videofilm, (lat.), m, -e: mit einer Videokamera aufgenommener Film
Videokamera, (lat.), w, -s: kleine,

tragbare Fernsehkamera zur Aufnahme von Videofilmen
Videokassette, (lat.), w, -n: Magnetband zur Ton- und Bildaufzeichnung
Videorecorder, (lat.-engl.), m, -: Gerät zur Aufzeichnung und Wiedergabe von Videofilmen
Videotelefon, (lat.-gr.), s, -e: Bildtelefon
Videotext, (lat.-gr.), m, -e: auf dem Bildschirm eines Fernsehers zu empfangende Information in Textform
Videothek, (lat.-gr.), w, -en: 1. Sammlung bespielter Videokassetten, 2. Videokassettenverleih
vif, [wi:f, frz.]: aufgeweckt, lebhaft, munter
Vignette, [win'jä.t(e), frz.], w, -n: 1. kleine Verzierung auf mittelalterlichen Handschriften, 2. Zierbildchen auf einer Buchseite, 3. Gebührenmarke
Vikar, (lat.), m, -e: 1. (in der kath. Kirche:) Stellvertreter in einem geistlichen Amt, 2. (in der ev. Kirche) junger Geistlicher im Vorbereitungsdienst
Viktualien, (lat.), w, Plur.: (früher für:) Lebensmittel
Vinaigrette, [winä'grä.t, frz.], w, -n: kalte Kräutersoße
Vinyl, (lat.-gr.), s, n.E.: ungesättigter Kohlenwasserstoffrest
Viola, (lat.-italien.), w, -en: Bratsche
Violation, (lat.), w, -en: Verletzung; Vergewaltigung
violent, (lat.): heftig, gewaltsam
violett, (frz.): veilchenblau, fliederfarben
Violine, (italien.), w, -n: Geige
Violoncello, [violon'tschä.lo, italien.], s, -s: vgl. Cello
VIP, (Abk. für **v**ery **i**mportant **p**erson), w, -s: prominente Person
Virgel, (lat.), w, -n: Schrägstrich zwischen zwei Wörtern (z.B. CDU/CSU)
Virginität, (lat.), w, n.E.: Jungfräulichkeit; Unberührtheit
viril, (lat.): männlich
Virilismus, (lat.), m, n.E.: hormonell bedingte Vermännlichung (einer Frau)
Virilität, (lat.), w, n.E.: Männlichkeit; männliche Zeugungskraft
Virologie, (lat.-gr.), w, n.E.: Lehre von den Viren und den Krankheiten, die sie hervorrufen
virtuell, (lat.): scheinbar, der Möglichkeit nach vorhanden; anlagemäßig
virtuos, (lat.): meisterhaft, technisch perfekt und künstlerisch ausgereift
Virtuose, (lat.), m, -n: Meister seines Faches, insb. Musiker
Virtuosität, (lat.), w, n.E.: meisterhaftes Können, vollkommene Beherrschung insb. eines Musikinstruments
virulent, (lat.): 1. giftig, ansteckend, krankheitserregend, 2. drängend, heftig
Virulenz, (lat.), w, n.E.: 1. Giftigkeit; Fähigkeit zur Ansteckung, 2. (akute) Dringlichkeit
Virus, (lat.), s (umg. auch m), Viren: 1. Krankheitserreger, der sich in lebenden Zellen vermehrt, 2. zerstörerisches Computerprogramm
Visage, [wi'sa:*sch*(e), frz.], w, -n: (umg. abwertend für:) Gesicht; Miene
Visagist, [wisa'*sch*i.st, frz.], m, -en: Spezialist für kosmetische Gesichtsgestaltung
vis-à-vis, [wisa'wi:, frz.]: gegenüber
Visier, (frz.), s, -e: 1. Gesichtsschutz mit Sehschlitz an mittelalterlichem Helm, 2. Zielvorrichtung bei Feuerwaffen
visieren, (frz.): 1. zielen; etwas ins Auge fassen, 2. eichen, ausmessen, 3. (früher für:) beglaubigen
Vision, (lat.), w, -en: Traumbild, Trugbild; phantasievolles Bild von zukünftigen Gegebenheiten
visionär, (lat.): wie eine Vision, traumhaft; seherisch
Visitation, (lat.), w, -en: 1. Durchsuchung (z.B. von Kleidungsstücken) 2. Besichtigung; Untersuchung
Visite, (lat.), w, -n: Besuch; (meist:) Arztbesuch am Krankenbett
visitieren, (lat.): etwas oder jmdn. untersuchen oder besichtigen
Viskose, (lat.), w, n.E.: Faser aus Zellulose
Viskosität, (lat.), w, n.E.: Zähflüssigkeit
visualisieren, (lat.): etwas sichtbar machen; etwas optisch darstellen, veranschaulichen
visuell, (lat.): das Sehen betreffend
Visum, (lat.), s, Visa oder Visen: Sichtvermerk in einem Paß
Vita, (lat.), w, Vitae oder Viten: Leben, Lebenslauf, Lebensbeschreibung

vital, (lat.): lebenskräftig, lebendig; voller Leben; lebensfähig, lebenswichtig
vitalisieren, (lat.): beleben
Vitalität, (lat.), w, n.E.: Lebenskraft, Lebendigkeit; Lebenslust; Lebensfähigkeit
Vitamin, (lat.-gr.), s, -e: für Mensch und Tier lebenswichtiger Wirkstoff
Vitrine, (frz.), w, -n: gläserner Schaukasten
Vitriol, (lat.), s, -e: (ehemals Bez. für:) kristallisiertes Sulfat von Eisen, Zink oder Kupfer
vivace, [wi'wa:tsche, italien.]: lebhaft, munter (Vortragsanw.; Mus.)
vivat!, (lat.): er/sie/es lebe (hoch)!
vivipar, (lat.): lebendgebärend
Vivisektion, (lat.), w, -en: operativer Eingriff am lebenden Tier zu wissenschaftlichen Zwecken
Vize, (lat.), m, -s: (umg.) Stellvertreter
voilà, [woa'la., frz.]: da seht!, sieh da!
Voile, [wo'a:l, frz.], m, -s: ein schleierartiges, durchsichtiges Gewebe
Vokabel, (lat.), w, -n: Wort, Einzelwort (insb. aus einer Fremdsprache)
Vokabular, (lat.), s, -e: 1. Wörterverzeichnis, 2. Wortschatz
vokal, (lat.): die Singstimme betreffend, gesanglich
Vokal, (lat.), m, -e: Selbstlaut
Vokativ, (lat.), m, -e: Kasus der Anrede (z.B. im Lateinischen)
Volant, [wo'*lan*, frz.], m, -s: 1. loser Besatz an Kleidungsstücken, Falbel, 2. Lenkrad
Voliere, [woli'ä:re, frz.], w, -n: Vogelbauer, großer Vogelkäfig
volley, ['wo.li, engl.]: den Ball direkt aus der Luft spielend
Volley, ['wo.li, engl.], m, -s: Flugball (insb. beim Tennis)
Volontär, [wolo*n*'tä:r, frz.], m, -e: Mitarbeiter in der Ausbildung
volontieren, (frz.): als Volontär arbeiten
Volt, s, -: internationale Maßeinheit für die elektrische Spannung (Zeichen: V)
Volte, (frz.), w, -n: 1. eine halbkreisförmige Reitfigur, 3. Verteidigungsart beim Fechten, 3. Kartentrick
voltigieren, [wolti'*sch*i:ren, frz.]: 1. eine Volte (1) reiten, 2. auf einem Pferd an der Longe Turnübungen ausführen
Volumen, (lat.), s, - oder Volumina: Rauminhalt eines Körpers (Zeichen: V)
voluminös, (lat.): umfangreich, massig
Voluntarismus, (lat.), m, n.E.: philosophische Richtung, nach der der Willen das Grundprinzip des Seins ist
Volute, (lat.), w, -n: Bauornament in Form einer Schnecke oder Spirale
votieren, (lat.): für jmdn. oder etwas stimmen; abstimmen, sich entscheiden
Votivbild, (lat.-dt.), s, -er: Bild, das einem Heiligen geweiht ist
Votum, (lat.), s, Voten: 1. Stimmabgabe, Stimme (bei einer Abstimmung), 2. Meinung; Urteil, Gutachten
Voucher, ['wautsch(er), engl.], m oder s, -(s): Buchungsbestätigung (in der Touristikbranche)
Voyeur, [woa'jö:r, frz.], m, -e: jmd., der andere Personen bei sexueller Betätigung heimlich beobachtet und dabei Befriedigung erlangt
vulgär, (lat.): 1. gewöhnlich; ordinär, derb; gemein, 2. oberflächlich und unwissenschaftlich
Vulgarität, (lat.), w, n.E.: Gewöhnlichkeit; vulgäre Äußerung; Plattheit
Vulgata, (lat.), w, n.E.: maßgebliche kath. Bibelübersetzung ins Lateinische
vulgo, (lat.): gemeinhin, gewöhnlich
Vulkan, (lat.), m, -e: 1. Berg, aus dem Magma nach außen tritt, 2. durch Vulkanismus entstandener Berg
Vulkanisation, (lat.), w, n.E.: das Vulkanisieren
vulkanisieren, (lat.): 1. Kautschuk in Gummi verwandeln, 2. Gummiteile durch Verschweißen ausbessern bzw. miteinander verbinden
Vulkanismus, (lat.), m, n.E.: alle mit dem Empordringen von Magma aus dem Erdinnern an die Erdoberfläche zusammenhängenden Kräfte und Erscheinungen
Vulkanologie, (lat.-gr.), w, n.E.: Lehre von den vulkanischen Erscheinungen
vulnerabel, (lat.): verletzbar
Vulva, (lat.), w, Vulven: äußere weibl. Geschlechtsteile

W

Wadi, (arab.), s, -s: trockenliegendes Bett eines Wüstenflusses
Wafer, ['we:jfe(r), engl.], m, -(s): Mikroplättchen (EDV)
Waggon, [wa'*gon*, frz.), m, -s: Eisenbahnwagen
Walkie-talkie, ['wo:(a)ki-'to:(a)ki, engl.], s, -s: tragbares Sprechfunkgerät
Walkman, ['wo:(a)kmen, engl.], m, Walkmen: tragbarer kleiner Kassettenrecorder mit Kopfhörern
Walküre, (altnord.), w, -n: Kampfjungfrau in der altnord. Sage; (umg. für) große blonde Frau
Wallstreet, ['wo:(a)lstri:t], w, n.E.: Straße mit einflußreichen Banken und Börsen in New York
Wandalismus, m, n.E.: Zerstörungswut
Warm-up, ['wo:(r)m-ap, engl.], s,-s: Aufwärmen des Motors im Motorsport
Waterproof, ['uo:(a)t(e)rpru:f, engl.], m, -s: wasserdichter Stoff
Watt, s, -: Maßeinheit der elektrischen Leistung (Zeichen: W)
Weckamin, (Kunstw.), s -e: Kreislaufmittel
Weda, (sanskr.), m, -s oder Weden: die ältesten religiösen Schriften Indiens
Weekend, ['ui:kend, engl.], s, -s: Wochenende
Werst, (russ.), w, -: Längenmaß im zaristischen Rußland (1066,78 m)
Wesir, (arab.), m, -e: (früher für:) Minister mohammedanischer Herrscher
Western, (engl.-amerik.), m, -: Wildwestfilm
Whirlpool, ['wö:(r)lpu:l, engl.], m, -s: (Schwimm-)Bad mit künstlicher Strömung
Whiskey, ['ui.ski, engl.], m, -s: irischer oder amerikanischer Branntwein aus Roggen, Mais oder Gerste
Whisky, ['ui.ski, engl.], m, -s: schottischer Branntwein aus Roggen, Mais oder Gerste
Whist, ['(u)i.st, engl.], s, n.E.: aus England stammendes Kartenspiel
Who's who, ['hu:s 'hu:, engl. »Wer ist wer?«]: Personenlexikon
Wigwam, (indian.), s, -s: Indianerbehausung
Winder, ['uainder, engl.], m, -: Automatik zum Spannen und Transportieren eines Filmes in einer Kamera
Windjammer, (engl.), m, -: großes Segelschiff
Windsurfing, ['wi.ndßö:(r)fing, engl.], s, n.E.: Wassergleiten auf einem flachen Kunststoffbrett
Wodka, (russ. »Wässerchen«), m, -s: russ. Trinkbranntwein
Woiwodschaft, (poln.-dt.), w, -en: poln. Verwaltungsbezirk
Women's Lib, ['ui.m(e)ns 'li.b, engl.], w, n.E.: amerik. Frauenbewegung
Worcestersoße, ['wu:st(e)rsoße], w, -n: pikante Gewürzsoße
Workaholic, ['wö:(r)ke'ho.lik, engl.], m, -s: arbeitssüchtiger Mensch
Workshop, ['wö:(r)kscho.p, engl.], m, -s: Seminarveranstaltung mit freier Diskussion
Worldcup, ['wö:(r)ldkap, engl.], m, -s: Weltpokal; in weltweit ausgetragenen Wettkämpfen vergebener Pokal

X

Xanthippe, (gr.), w, -n: (nach der Ehefrau des altgr. Philosophen Sokrates) zänkische, streitsüchtige Frau
X-Chromosom, (gr.), s, -en: Chromosom, das dem Geschlecht des Kindes die weibliche Ausprägung zuweist
Xenie, (gr.), w, -n: satirisches Spottgedicht
Xenokratie, (gr.), w, -n: Fremdherrschaft
xenophil, (gr.): fremdenfreundlich
xenophob, (gr.): fremdenfeindlich
Xeranthemum, (gr.), s, -themen: (für Dauersträuße geeignete) Strohblume, Papierblume
Xerographie, (gr.), w, -n: ein Trockendruckverfahren
Xerophyt, (gr.), m, -en: an Trockenheit angepaßte Pflanze (Bot.)
Xi, (gr.), s, -s: vierzehnter Buchstabe des gr. Alphabets
Xylographie, (gr.), w, -n: 1. Holzschneidekunst, 2. Holzschnitt
Xylol, (gr.), s, -e: ein Lösungsmittel

Xylophon, (gr.), s, -e: ein Schlaginstrument mit Holzstäben
Xylose, (gr.), w, -n: Holzzucker

Y

Yacht, ['ja.cht, niederl.], w, -en: großes gedecktes Segel- oder Motorboot
Yang, (chin.), s, n.E.: das lichte männliche Prinzip in der altchines. Naturphilosophie
Yankee, ['jä.nki, engl.], m, -s: 1. Spitz- und Schimpfname zunächst für Nordstaatler, später für die Einwohner der USA insges.
Yankee-doodle, ['jä.nki-du:dl, engl.], m, n.E.: Nationallied der USA
Yard, [ja(r)d, engl.], s, -s: engl. Längenmaß [Abk.: 1 yd = 91,44 cm]
Yawl, [jo:(a)l, engl.], w, -s: zweimastige Segelyacht
Y-Chromosom, (gr.), s, -en: Chromosom, das dem Geschlecht des Kindes die männliche Ausprägung zuweist
Yellow Press, ['jä.lopreß, engl.], w, n.E.: Regenbogenpresse
Yen, (japan.), m, -s: Währungseinheit in Japan
Yeti, (nepales.), m, -s: im Himalajagebiet vermuteter legendärer Schneemensch
Yin, (chines.), s, n.E.: das dunkle weibliche Prinzip in der altchines. Naturphilosophie
Yoga: vgl. Joga
Yoghurt: vgl. Joghurt
Youngster, ['ja.ngster, engl.], m, -(s): Neuling, junger Sportler mit geringer Wettkampfpraxis
Ypsilon, ['ü.pßilon, gr.], s, -s: vorletzter Buchstabe des lat. und zwanzigster des gr. Alphabets
Yuan, ['j(u)an, chines.], m, -(s): Währungseinheit in der Volksrepublik China
Yucca, ['ju.ka, indian.], w, -s: Palmlilie
Yuppie, ['ja.pi, auch: 'ju.pi, engl.-amerik.], m, -s: karrierebewußter junger Aufsteiger oder Jungunternehmer

Z

Zabaione, [saba'jo:ne, ital.], w, -s: Weinschaumcreme
Zampano, m, -s: sich angeberhaft gebärdender Mann
Zar, (lat.-russ.), m, -en: früherer Herrschertitel bei Russen, Serben und Bulgaren
Zarewitsch, (russ.), m, -e: Sohn des russ. Zaren, Kronprinz im zarist. Rußland
Zarewna, (russ.), w, -s: Tochter eines russ. Zaren
Zarismus, (russ.), m, n.E.: Herrschaft der Zaren, Zarentum; Epoche des Zarentums
Zäsur, (lat.), w, -en: Pause; Einschnitt (insbes. in der Mus.)
Zaziki, (gr.), m, -s: Knoblauchjoghurt (oder -quark) mit geraspelter Salatgurke
Zebaoth, (hebr. »Herr der Heerscharen«): Beiname Gottes
Zedent, (lat.), m, -en: Gläubiger, der seine Forderungen einem Dritten überträgt
zedieren, (lat.): seine Forderungen einem Dritten übertragen, einen Anspruch abtreten
Zelebrant, (lat.), m, -en: die Messe lesender Priester
zelebrieren, (lat.): 1. feierlich begehen; etwas feierlich gestalten, 2. eine Messe lesen
Zelebrität, (lat.), w, -en: 1. Feierlichkeit, 2. berühmte Person
Zellophan: vgl. Cellophan
zellular, zellulär, (lat.): aus Zellen zusammengesetzt; zellenähnlich
Zellulitis, (lat.), w, Zellulitiden: 1. Entzündung des Zellgewebes, 2. übermäßiges Fettgewebe im Oberschenkel- und Gesäßbereich
Zelluloid, (lat.), s, n.E.: elast. Kunststoff aus Zellulosenitrat
Zellulose, (lat.), w, -n: Hauptbestandteil der pflanzl. Zellwände; Rohstoff zur Papierherstellung
Zelot, (gr.), m, -en: 1. Anhänger einer antiröm. Gruppierung zur Zeit Christi, 2. Glaubenseiferer, Fanatiker
Zement, (lat.), m, -e: wasserfestes Bindemittel aus gebranntem und fein gemahlenem Kalk, Ton oder Mergel

zementieren, (lat.): 1. etwas mit Zement verbinden, 2. etwas endgültig und unveränderbar machen
Zen, (chin.-jap.), s, n.E.: Schule des Buddhismus, die intensive Meditation pflegt
Zenit, (arab.), m, n.E.: 1. höchster Punkt eines gedachten Himmelsgewölbes; Scheitelpunkt, 2. Höhepunkt, Gipfel
zensieren, (lat.): 1. eine Leistung mit einer Note beurteilen, 2. Druckerzeugnisse, Filme o.ä. der Zensur (2) unterwerfen
Zensor, (lat.), m, Zensoren: 1. Beamter im alten Rom, 2. behördl. Kontrolleur, der die Zensur (2) ausübt
Zensur, (lat.), w, -en: 1. Note für eine Leistung, 2. behördl. Überwachung von Druckerzeugnissen, Filmen, Theaterstücken o.ä.
Zensus, (lat.), m, Zensus: 1. Steuer, Pachtzins, 2. Volkszählung
Zentaur, (gr.), m, -en: 1. gr. Fabelwesen mit menschl. Oberkörper und einem Pferdeleib, 2. Sternbild
Zentenarium, (lat.), s, Zentenarien: Hundertjahrfeier
zentesimal, (lat.): hundertteilig; auf die Zahl 100 bezogen
Zenti..., (lat.): Vorsilbe mit der Bedeutung: hundertster Teil
zentral, (gr.): 1. in der Mitte befindlich; vom Mittelpunkt ausgehend, 2. in der Nähe des Stadtzentrums, günstig gelegen, 3. sehr bedeutsam, entscheidend
Zentrale, (gr.), w, -n: 1. Hauptgeschäft, Hauptverwaltung; 2. Fernsprechvermittlung, 3. Verbindungslinie zwischen Kreismittelpunkten
zentralisieren, (gr.): zusammenfassen; Tätigkeiten oder Aufgabenbereiche so organisieren, daß sie von einer Stelle aus gelenkt werden können
Zentralismus, (gr.), m, n.E.: Politik, deren Ziel die Lenkung des Staates nur von einer Stelle aus ist
Zentralkomitee, (gr.-lat.), s, -s: höchstes Führungsorgan einer kommunist. Partei (Abk. ZK)
Zentralnervensystem, (gr.-lat.), s, n.E.: Teil des Nervensystems, der aus Gehirn und Rückenmark besteht
Zentralorgan, (gr.), s, -e: offizielles Presseorgan einer (kommunist. oder sozialist. Partei, Parteizeitung
zentrieren, (gr.): auf die Mitte einstellen, ausrichten
Zentrifugalkraft, (gr.-lat.-dt.), w, n.E.: auf einen Körper wirkende Fliehkraft; radial nach außen gerichtete Trägheitskraft
Zentrifuge, (gr.-lat.), w, -n: Schleudergerät zum Trennen von Flüssigkeiten unter Ausnutzung der Zentrifugalkraft
Zentripetalkraft, (gr.-lat.-dt.), w, n.E.: zum Zentrum einer Drehbewegung hin wirkende Kraft
Zentrum, (gr.), s, Zentren: 1. Mitte, Mittelpunkt, 2. Mittelfelder des Schachbretts, 3. Innenstadt; Innenbezirk, 4. Brennpunkt, 5. 1871 gegründete kath. polit. Partei
Zephir, (gr.), m, -e: 1. feinfädiges Baumwollgewebe, Blusen- und Hemdenstoff, 2. (früher) warmer, feuchter (West)wind
Zepter, (gr.), s, -: 1. Herrscherstab, 2. höchste Gewalt
Zerberus, (gr.), m, -se: (in der gr. Mythologie:) Wachhund an den Pforten der Unterwelt; (scherzhaft) grimmiger Wächter
Zeremonie, (lat.), w, -n: feierliche Handlung
Zeremoniell, (lat.), s, -e: bei feierlichen Anlässen, Zeremonien einzuhaltende Protokollvorschriften
zernieren, (lat.): (eine Festung) durch Truppen einschließen, umzingeln
Zero, ['se:ro, arab.-frz.], w oder s, -s: die Null, das Nichts; Feld im Roulettspiel
Zertifikat, (lat.), s, -e: 1. amtl. Bescheinigung, Zeugnis, 2. Anteilschein, Wertpapierurkunde
Zervelatwurst, (ital.-dt.), w, -würste: Dauerwurst aus Rind- und Schweinefleisch mit Speck
Zession, (lat.), w, -en: Übertragung, Abtretung (eines Anspruchs, einer Forderung)
Zichorie, [zich'o:ri(j)e, gr.], w, -n: 1. Pflanzengattung der Korbblütler (z.B. Wegwarte), 2. die geröstete Wurzel der Zichorie als Kaffeezusatz bzw. -ersatz
Zigarillo, (indian.), s, -s: kleine Zigarre
Zigarre, (indian.), w, -n: 1. in ein Deckblatt aus Tabak gewickeltes

Genußmittel zum Rauchen aus grobgeschnittenem Tabak, 2. (umg.) Vorwurf, Rüffel
Zịkkurat, w, -s: Stufenturm mit einem Tempel an der Spitze in der altoriental. Baukunst
Zịmbel, (gr.), w, -n: 1. antikes (biblisches) Schlaginstrument, 2. Glokkenspiel im Mittelalter, 3. hochliegende Orgelstimme
Zịngulum, (lat.), s, -s oder Zingula: Gürtel der Standeskleidung eines kath. Geistlichen
Zinnober, (pers.-gr.), s, n.E.: 1. leuchtend gelblichrote Farbe, 2. (umg.) Unfug, dummes Zeug
Zionịsmus, m, n.E.: nach dem Tempelberg Zion in Jerusalem benannte jüd. Bewegung für einen Staat Israel in Palästina
zịrka, (gr.-lat.): ungefähr, etwa (Abk. ca.)
Zịrkel, (gr.-lat.), m, -: 1. Personenkreis; Studiengruppe, 2. geometrisches Gerät zum Zeichnen von Kreisen, zum Abtragen von Strecken und für andere Konstruktionen, 3. Kreis, Ring, 4. Sternbild
zịrkeln, (gr.-lat.): 1. einen Kreis zeichnen, 2. genau abmessen, bemessen, 3. (umg.) genau an eine bestimmte Stelle bringen
Zirkulation, (gr.), w, -en: Kreislauf (z.B. des Blutes), Umlauf (z.B. von Geld, Luftmassen)
zirkulieren, (gr.): umlaufen, kreisen, sich in einem Kreislauf bewegen
Zirkumflẹx, (lat.), m, -e: Aussprachekennzeichen für einen gedehnt zu sprechenden Vokal (z.B. ê)
Zịrkus, (gr.-lat.), m, -e: 1. altröm. Kampfbahn für Pferde- und Wagenrennen und Gladiatorenspiele, 2. mobiles Unternehmen, das Tierdressuren, akrobatische Kunststücke, Clownerien u.ä. anbietet, 3. (umg.) lärmendes Durcheinander, unnötiger Trubel
Zirrhose, (gr.), w, -n: narbige Bindegewebsschrumpfung und -verhärtung eines Organs (z.B. der Leber)
Zịrrus, (lat.), m, - oder Zịrren: hohe Federwolke
zirzẹnsisch, (gr.): zum Zirkus gehörend, den Zirkus betreffend
ziselieren, (franz.): in polierte Metalloberflächen Muster und Ornamente einarbeiten
Zistẹrne, (gr.-lat.), w, -n: Auffangbehälter für Niederschlagswasser, Regenwasserspeicher; Brunnen
Zisterziẹnser, m, -s: Angehöriger eines Mönchsordens
Zitadẹlle, (lat.), w, -n: Festung innerhalb oder am Rand einer Stadt
Zitat, (lat.), s, -e: 1. wörtl. Übernahme eines fremden Textes, 2. berühmter Ausspruch, geflügeltes Wort
Zịther, (gr.), w, -n: Zupfinstrument mit kastenförmigem Korpus
zitieren, (lat.): 1. einen fremden Text wörtl. übernehmen, 2. jmdn. zum Erscheinen auffordern, vorladen
Zitronat, (lat.), s, -e: kandierte Schale einer speziellen Zitronenart
Zitrone, (lat.), w, -n: vitaminreiche Frucht des Zitronenbaumes
Zitrusfrucht, (lat.-dt.), w, -früchte: Frucht einer Zitruspflanze (z.B. Apfelsine, Zitrone)
Zivi, m, -s: (umg.) Zivildienstleistender
zivil, (lat.): 1. bürgerlich; nicht militärisch, 2. angemessen, annehmbar, vertretbar
Zivil, (lat.), s, n.E.: bürgerl. Kleidung (Ggs. Uniform)
Zivilcourage, [zi'wi:lkura:*sche*, lat.-frz.], w, n.E.: Mut zur offenen Meinungsäußerung
Zivildienst, (lat.-dt.), m, -e: Wehrersatzdienst in sozialen Einrichtungen
Zivilehe, (lat.-dt.), w, -n: durch einen Standesbeamten geschlossene Ehe
Zivilisation, (lat.), w, -en: Gesamtheit der sozialen und materiellen Lebensbedingungen; Bildungs- und Lebensstandard
zivilisieren, (lat.): die Zivilisation einführen; bilden
Zivilịst, (lat.), m, -en: jmd., der Zivil trägt; Bürger
Zloty, [s(u)'o.ti, poln.], m, -s: Währungseinheit in Polen
Zodiakus, (gr.), m, n.E.: Zone auf der Himmelskugel mit den 12 Tierkreissternbildern
Zọff, (jidd.), m, n.E.: Streit, Ärger
Zöliakie, (gr.), w, -n: chronische Verdauungsstörung im Säuglings- oder Kindesalter

Zölibat, (lat.), m (auch s), n.E.: pflichtgemäße Ehelosigkeit und geschlechtl. Enthaltsamkeit (insbes. bei kath. Geistlichen)
Zombie, (afrik.), m, -s: wiederbelebter Toter, der als willenloses Werkzeug agiert
zonal, (gr.): eine Zone betreffend, zu einer Zone gehörend
Zone, (gr.), w, -n: Gebietsstreifen, abgegrenztes Teilgebiet; Gegend; Erdgürtel
Zoo, m, -s: Tierpark
Zoologe, (gr.), m, -n: Wissenschaftler, Fachmann oder Student auf dem Gebiet der Zoologie
Zoologie, (gr.), w, n.E.: Tierkunde, Wissenschaft von den Tieren
Zoom, ['su:m, engl.], s, -s: photographisches Objektiv mit stufenlos veränderlicher Brennweite; Gummilinse
Zoon politikon, (gr.), s, n.E.: der Mensch als gesellschaftliches Wesen
Zote, w, -n: anzüglicher Witz, unanständige Bemerkung
Zucchini, [zu'ki:ni, ital.], m, n.M.: gurkenähnliches, kürbisartiges Gemüse
Zyanid: vgl. Cyanid
Zyankali, (gr.), s, n.E.: stark giftiges Kaliumsalz der Blausäure
Zyanose, (gr.), w, -n: Sauerstoffmangel im Blut; Blausucht
Zyklame, (gr.), w, -n: Alpenveilchen
zyklisch, (gr.): in regelmäßigen Abständen wieder auftretend; kreis-, ringförmig
Zyklon, (gr.), m, -e: 1. heftiger Wirbelsturm in trop. Gebieten, 2. techn. Anlage zur Abtrennung von Feststoffteilchen aus Gasen, Fliehkraftabscheider
Zyklon B: Handelsbez. für blausäurehaltiges Begasungsmittel, in den Vernichtungslagern der SS zur Massentötung eingesetzt
Zyklone, (gr.), w, -n: Gebiet tiefen Luftdrucks
Zyklop, (gr.), m, -en: einäugiger Riese der gr. Sage
Zyklotron, (gr.), s, -trone: Elementarteilchenbeschleuniger
Zyklus, (gr.), m, Zyklen: 1. Kreislauf von regelmäßig wiederkehrenden Ereignissen oder Dingen, 2. inhaltlich zusammengehörige Schriften, Kompositionen o.ä., 3. regelmäßig auftretende Blutung (Menstruationszyklus)
Zylinder, (gr.), m, -: 1. röhrenförmiger Hohlkörper einer Maschine, 2. geometrischer Körper, 3. hoher Herrenhut mit steifem Kopf und fester Krempe
Zyniker, (gr.), m, -: zynischer Mensch
zynisch, (gr.): bissig, verletzend und spöttisch, verächtlich und schamlos
Zynismus, (gr.), m, n.E.: zynisches Verhalten, bissige und verächtlich machende Ausdrucksweise, verletzender Spott
Zyste, [tsü.ßte, gr.], w, -n: 1. mit Flüssigkeit gefüllter geschwulstartiger Hohlraum im Körpergewebe, 2. von niederen Lebewesen gebildete kapselartige Hülle
Zytologie, (gr.), w, n.E.: Wissenschaft vom Bau und von der Funktion der Zelle

Verzeichnis der Abkürzungen

Außer den nachstehend aufgeführten Abkürzungen werden allgemein übliche verwendet wie etwa für Monatsnamen oder Parteien. Alle Abkürzungen gelten gewöhnlich auch für die gebeugten Formen (also das Jh., des Jh.), die Mehrzahl (die Jh.) und in Zusammensetzungen (Jh.wende). Die Endungen -lich und -isch können entfallen (z.B. menschl., österreich.).

Abk. – Abkürzung
ägypt. – ägyptisch
afrik. – afrikanisch
allg. – allgemein
altind. – altindisch
altnord. – altnordisch
amerik. – amerikanisch
arab. – arabisch
Archäol. – Archäologie
Archit. – Architektur
Astron. – Astronomie

bes. – besonders
best. – bestimmte
Bez. – Bezeichnung
Biochem. – Biochemie
Biol. – Biologie
Bot. – Botanik
bzw. – beziehungsweise

Chem. – Chemie
chem. – chemisch
chin. – chinesisch
christl. – christlich

dän. – dänisch
dgl. – dergleichen
d.h. – das heißt
drawid. – drawidisch
dt. – deutsch

EDV – elektronische Datenverarbeitung
eigtl. – eigentlich
E. – Einzahl
elektr. – elektrisch
eskimo. – eskimoisch
ev. – evangelisch

finn. – finnisch
frz. – französisch

Geogr. – Geographie
Geol. – Geologie
Ggs. – Gegensatz
gr. – griechisch

hebr. – hebräisch
histor. – historisch

i.a. – im allgemeinen
ind. – indisch
indian. – indianisch
insbes. – insbesondere
ital. – italienisch

jap. – japanisch
Jh. – Jahrhundert
jidd. – jiddisch
jmd. – jemand
jmdm. – jemandem
jmdn. – jemanden
jmds. – jemandes

kath. – katholisch
Kunstw. – Kunstwort
Kurzw. – Kurzwort

ladin. – ladinisch
lat. – lateinisch

m. – männlich
Math. – Mathematik
mathem. – mathematisch
Med. – Medizin
M. – Mehrzahl
menschl. – menschlich
Meteorol. – Meteorologie
Mill. – Millionen
Mus. – Musik

niederl. – niederländisch
n.E. – nur Einzahl
n.M. – nur Mehrzahl

o.ä. – oder ähnliche(s)

pers. – persisch
Philos. – Philosophie
Phys. – Physik
poln. – polnisch
port. – portugiesich
Psychol. – Psychologie

Rechtsw. – Rechtswesen
Relig. – Religion
relig. – religiös
röm. – römisch
russ. – russisch

s. – sächlich
Sammelbez. – Sammelbezeichnung
sanskr. – sanskritisch
scherzh. – scherzhaft
schwed. – schwedisch
schweiz. – schweizerisch
slaw. – slawisch
span. – spanisch
Sprachwiss. – Sprachwissenschaft
staatl. – staatlich

tamil. – tamilisch
Theol. – Theologie
tibet. – tibetanisch
türk. – türkisch
tschech. – tschechisch

u.a. – unter anderem
u.ä. – und ähnliche(s)
übertr. – übertragen
umg. – umgangssprachlich
ungar. – ungarisch
urspr. – ursprünglich
usw. – und so weiter

vgl. – vergleiche
volkstüml. – volkstümlich

w. – weiblich
Wz – Warenzeichen

z.B. – zum Beispiel
Zool. – Zoologie